자료분석을 위한

파이썬 프로그램

경남대학교출판부

자료분석을 위한

파이썬 프로그램

박진표 지음

PYTHON

경남대학교출판부

자료분석을 위한

파이썬 프로그램

초판인쇄 2018년 11월 30일
초판발행 2018년 12월 21일

지은이 박진표
펴낸이 박재규
펴낸곳 경남대학교출판부
주소 경남 창원시 마산합포구 경남대학로 7 (월영동)

전화 055-249-2074
팩스 0505-999-2115
전자우편 ko10@kyungnam.ac.kr
홈페이지 www.kyungnam.ac.kr/press

ISBN 978-89-8421-517-7 13000
정가 25,000원

머리말

요즘 4차 산업혁명과 관련된 인공지능, 빅데이터, 데이터 과학 등과 같은 단어들을 많이 접하게 된다. 특히 빅데이터는 여러 분야에서 활용되고 있다. 우리는 매일 수없이 많은 데이터를 접하고 있다. 각 분야에서 의사결정에 도움을 줄 수 있는 정보를 얻기 위해서 방대한 데이터를 수집하고 분석한다. 하지만 데이터를 효과적으로 탐색하고 분석해서 의미 있는 정보를 얻는 것은 쉬운 일이 아니다. 여러 가지 데이터분석도구들의 성능이 급속도로 발전하여 데이터를 분석할 수 있는 방법들이 많이 개발되고 있지만 결국은 수많은 데이터에서 의사결정에 도움을 줄 수 있는 의미 있는 정보를 추출하는 것은 우리가 해야 할 일이다. 데이터를 분석하는 능력을 키우기 위해서 분석도구를 사용할 수 있는 기본 능력과 결과를 분석할 수 있는 능력을 키워야 한다. 이러한 능력을 키우기 위해서 데이터 분석에 적합한 프로그램을 작성하고, 실행한 결과를 분석하여 필요한 정보를 도출하는 과정을 연습해야 한다. 파이썬 언어는 이러한 연습을 할 수 있는 환경을 제공하고 있다. 파이썬 언어는 전문 프로그래머가 아니더라도 쉽게 이용할 수 있는 범용적인 언어이다. 그리고 현재 사용되고 있는 많은 데이터분석도구들이 파이썬 언어를 기본으로 하고 있다. 특히 인공지능 분야의 많은 분석도구들이 파이썬을 근거로 하고 있다.

이 책은 데이터 분석을 처음 시작하는 독자들을 위해서 파이썬 사용법과 파이썬을 사용하여 데이터를 분석하는 과정을 소개하고 여러 가지 종류의 데이터를 분석하고 결과를 해석하는 연습을 할 수 있도록 책을 구성하였다. 이 책에서 소개하고자 하는 중요한 내용은 데이터 분석에 많이 이용하는 파이썬 라이브러리 Numpy, pandas, matplotlib, scikit-learn 등을 소개하고, 이러한 라이브러리를 사용해서 데이터를 탐색하고, 데이터를 시각화하는 방법과 다양한 분야의 데이터를 분석하고 필요한 정보를 도출하는 방법을 소개하고자 한다.

끝으로 이 책이 나올 수 있도록 물심양면으로 도움을 주신 경남대학교출판부 관계자 여러분에게 고마운 마음을 전합니다.

2018년 8월 30일

박진표

목차

제1장
파이썬의 기본 개념

제2장
파이썬의 기본 자료형과 자료구조

제3장

파이썬 라이브러리를 이용한 데이터 처리

제1장

파이썬의 기본 개념

자료분석을 위한 **파이썬 프로그램**

제 1 장 파이썬의 기본 개념

이 책에서 데이터분석을 위해 사용하는 언어는 파이썬(python)이다. 파이썬은 귀도 반 로섬이 1991년에 발표하였다. 파이썬은 오픈소스이며, 다양한 라이브러리를 제공하고 있다. 또한 파이썬은 인터프리터언어로 입력된 소스코드를 한 줄씩 읽어 바로 실행하기 때문에 결과를 바로 확인할 수 있다. 파이썬은 R언어와 더불어 데이터분석도구로 널리 사용되고 있다. 특히, 인공지능, 딥러닝, 웹 개발, 기계학습 등 다양한 분야에서 사용되고 있다. 파이썬 기반 다양한 라이브러리들이 개발되어 데이터 분석을 위해 많이 사용되고 있다.

SECTION 1.
파이썬 설치

파이썬을 이용하기 위해서 https://continuum.io/downloads에 연결하면 아나콘다 홈 https://www.anaconda.com으로 이동한다. 여기서 컴퓨터 운영체제에 맞는 윈도용 아나콘다를 설치할 수 있는 실행 파일 Anaconda3-5.1.0-Windows-x86_64을 다운로드 받고 설치를 한다. 만약 컴퓨터가 32bit이면 Anaconda3-5.1.0-x86을 이용한다. 아나콘다를 설치하면 동시에 Anaconda prompt, Jupyter Notebook, Spyder 등이 설치된다. 그리고 파이썬에서 제공하는 라이브러리들이 동시에 설치가 된다. 이러한 라이브러리는 설치할 필요 없이 import 해서 사용할 수 있다. 파이썬에서 제공하는 라이브러리이외 외부에서 제공하는 라이브러리는 Anaconda prompt에서 인스톨해서 사용할 수 있다. 줄기-잎 그림을 작성하는 stemgraphic==0.3.6 라이브러리를 인스톨해보자. Anaconda prompt에 pip install stemgraphic==0.3.6를 입력하면 라이브러리가 설치가 된다. Jupyter Notebook와 Spyder는 파이썬 프로그램을 작성하고 실행할 수 있는 도구들 이다. 이 책에서는 Spyder를 이용한다. Anaconda Spyder를 실행하면 다음과 같은 화면이 나타난다.

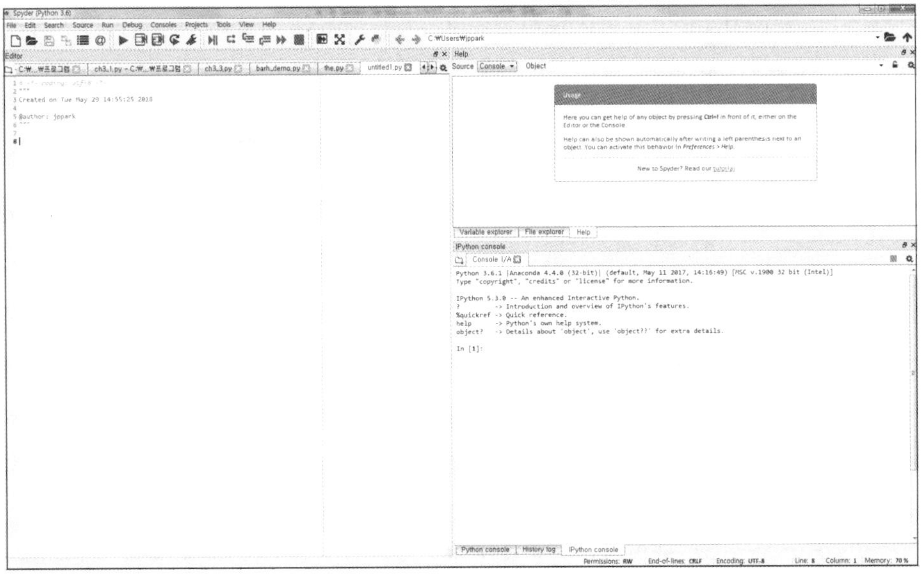

왼쪽 화면에서 파이썬 스크립트를 작성하고 F5 키로 실행을 시키면 파이썬 콘솔 창에 실행결과가 나타난다. 간단한 프로그램을 작성한 예를 보자.

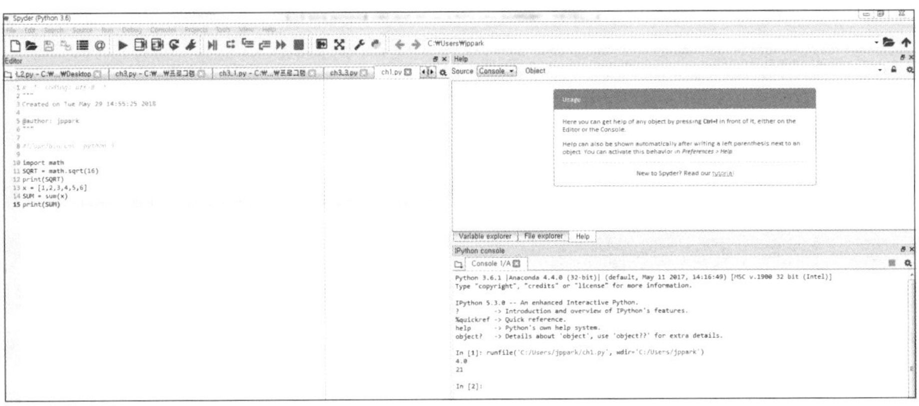

파이썬 스크립트

```
import math
SQRT = math.sqrt(16)
print("[OUT 1]:",SQRT)
x = [1,2,3,4,5,6]
sumx = sum(x)
print("[Out 2]:",sumx)
```

출력결과

```
[OUT 1]: 4.0
[Out 2]: 21
```

#!/usr/bin/env python 3 윈도우용 컴퓨터에서는 아무런 역할을 하지 않지만, 리눅스에서는 사용하는 파이썬 버전을 찾는데 사용한다. 이 문장은 주석으로 처리되기 때문에 윈도우용 컴퓨터에서는 무시한다. File 메뉴에서 New File를 선택해서 새로운 스크립트를 만들고 위와 같은 파이썬 코드를 입력하고 F5 키로 실행하면 [Out 1]과 [Out 2]와 같은 결과가 파이썬 콘솔창에 나타난다. File 메뉴에서 'Save as' 메뉴를 이용하여 지정된 파일에 파이썬 코드를 저장할 수 있다. 이때 파일의 확장자는 *.py이다. 저장된 파일은 File 메뉴에서 Open을 이용해서 불러올 수 있다.

SECTION 2. 함수

파이썬에서는 다양한 라이브러리를 제공한다. 라이브러리는 여러 함수와 모듈을 포함하고 모듈은 여러 함수를 포함하고 있다. 파이썬 내장함수와 모듈에 포함된 함수를 호출하는 방법을 살펴보자.

함수 호출

```
y = [1,2,3,4,5,6,7]
sumy = sum(y)
print("[OUT 3]: sum은 내장함수:", sumy)
import math
SQRT = math.sqrt(16)
print("[OUT 4]: sqrt는 math 모듈에 포함된 함수:",SQRT)
from math import sqrt, log
SQRT = sqrt(67)
print("[OUT 5]:",SQRT)
Log = log(34)
print("[OUT 6]:log는 math 모듈에 포함된 함수",Log)
```

출력결과

```
[OUT 3]: sum은 내장함수: 21
[OUT 4]: sqrt는 math 모듈에 포함된 함수: 4.0
[OUT 5]: 8.18535277187245
[OUT 6]: log는 math 모듈에 포함된 함수 3.5263605246161616
```

sum()은 파이썬에 기본적으로 내장된 함수이다. sum(x)로 함수를 호출하면 x의 원소들의 합을 반환한다. [Out 3]에 결과를 출력하였다. sqrt()와 log() 함수는 math모듈에 포함된 함수이다. 따라서 함수를 임포트해서 사용해야한다. 그냥 사용하면 아래와 같은 오류가 발생한다.

함수 호출

```
sqrt(16)
```

출력결과

```
NameError                                 Traceback (most recent call last)
<ipython-input-1-c3ccd6978c89> in <module>()
----> 1 sqrt(16)
NameError: name 'sqrt' is not defined
```

함수를 임포트하는 방법은 두 가지가 있다. import math는 모듈을 임포트해서 math에 포함된 함수를 이용한다. 이때는 모듈.함수() 형식으로 함수를 호출하고. 또한 from math import sqrt는 math 모듈에 있는 함수 sqrt를 임포트한 것이다. 이 경우에는 함수() 형식으로 함수를 호출한다. [Out 4]는 math.sqrt(16)를 실행한 결과이고, [Out 5]와 [Out 6]은 sqrt(16), log(34)를 실행한 결과이다. 파이썬에서는 필요한 함수를 직접 만들어서 사용할 수도 있다.

함수 만들기

```
def 함수이름(인수 리스트):
    """함수에 대한 설명"""
    파이썬 코드
    return 결과
```

여기서 return은 선택사항이며, 함수가 호출 되었을 때 결과 값을 반환한다. 다른 문장으로 대신할 수도 있다. 예를 들어 print()로 대신할 수도 있다. 파이썬에서는 def 영역에 들어가는 코드는 자동으로 들여쓰기를 한다. 들여 쓰기를 지키지 않으면 오류가 발생한다.

약수를 구하는 함수를 만들어 보자.

약수를 구하는 프로그램

```
num = int(input('1이상 숫자 입력:'))
divisor = []
for i in range(1, num+1):
    if num%i == 0:
        divisor.append(i)
print("[Out 7]:Divisor of {} is {}".format(num, divisor))
```

출력결과

```
1이상 숫자 입력:15
[Out 7]: Divisor of 15 is [1, 3, 5, 15]
```

1보다 큰 정수를 입력 받아서 입력된 수의 약수를 구하고, 그 결과를 [Out 7]에 출력하였다. input()를 이용하여 화면에 값을 입력하도록 하였고, 정수를 입력 받기 위해서

int()함수를 사용했다. 약수를 저장할 빈 리스트 divisor을 만들었다. 입력된 정수를 나머지 없이 나눌 수 있는 정수가 입력된 정수의 약수이기 때문에 num%i==0이 되는 정수를 divisor에 추가하였다. 여기서 연산자 %는 나누기에서 나머지를 구하는 연산자이다. i는 1부터 입력된 정수까지 1씩 증가한다. append()함수는 리스트에 원소를 추가하는 함수이다. 파이썬에서는 for 문, if 문 안에 들어가는 코드는 자동적으로 들여쓰기를 한다. 이러한 약수를 구하는 프로그램을 반복해서 사용할 수 있도록 함수로 만들어 보자.

약수를 구하는 함수

```
def Divisor(num):
    """약수를 구하는 함수"""
    divisor = []
    for i in range(1, num+1):
        if num%i == 0:
            divisor.append(i)
    print("[Out 8]:Divisor of {} is {}".format(num, divisor))
Divisor(15)
```

출력결과

```
[Out 8]: Divisor of 15 is [1, 3, 5, 15]
```

---

def를 이용해서 함수를 만든다. 사용할 함수이름을 붙여주고 선택적으로 인수 리스트를 제공한다. 여기서는 입력받는 숫자를 인수로 하였다. 위에서 작성한 프로그램을 들여쓰기 하였다. 여기서는 print()를 사용했기 때문에 return을 생략하였다.

약수를 구하는 함수

```
def Divisor(num=15):
    """ 약수를 구하는 함수"""
    divisor = []
    for i in range(1, num+1):
        if num%i == 0:
            divisor.append(i)
    print("[Out 9]:Divisor of {} is {}".format(num, divisor))
Divisor()
num=65
Divisor(num)
```

출력결과

```
[Out 9]: Divisor of 15 is [1, 3, 5, 15]
[Out 9]: Divisor of 65 is [1, 5, 13, 65]
```

인수에 기본값을 할당할 수 있다. 다른 값을 전달하고 싶을 때는 값을 명시하면 된다. num의 기본값으로 15를 할당 했고, num=65에 대한 약수를 구하였다.

SECTION 3. 반복문

반복문은 같은 코드를 반복해서 실행해야 하는 경우에 사용하는 문장이다. 파이썬에서 사용하는 반복문에는 for문과 while문이 있다. for문은 반복 횟수를 지정할 수 있는 경우에 적합하고, while 문은 반복 횟수를 지정할 수 없고 주어진 조건이 참 일 동안 계속 반복 되어야할 때 사용한다.

---

for문

```
for 변수 in 반복횟수:
    실행문
```

여기서 for문 영역에 들어가는 코드는 들여쓰기를 해야 한다.

---

for문

```
print("[Out 10]:₩n")
for i in [1,3,5]:
    print(i)
print("[Out 11]:₩n")
for i in 'abcd':
    print('[Out]:',i)
print("[Out 12]:₩n")
Sum = 0
for i in range(6):
    Sum += i
    print(i, Sum)
print("[Out 13]:₩n")
x = [1,3,5,7,9]
for i in range(0, len(x)):
    print(x[i])
print("[Out 14]:₩n")
for i, j in enumerate(x):
    print(i,j)
print("[Out 15]:₩n")
for _, j in enumerate(x):
    print(j)
print("[Out 16]:₩n")
x = [1,2,3,4]
y = ['a','b','c','d']
for i, j in zip(x,y):
    print(i,j)
```

출력결과

```
[Out 10]:
 1
 3
 5
[Out 11]:
 [Out]: a
```

```
 [Out]: b
 [Out]: c
 [Out]: d
[Out 12]:
 0 0
 1 1
 2 3
 3 6
 4 10
 5 15
[Out 13]:
 1
 3
 5
 7
 9
[Out 14]:
 0 1
 1 3
 2 5
 3 7
 4 9
[Out 15]:
 1
 3
 5
 7
 9
[Out 16]:
 1 a
 2 b
 3 c
 4 d
```

[Out 10]은 리스트에 [1, 3, 5] 3개의 원소가 있고, 첫 번째 원소부터 차례대로 i에 할당해서 출력한 결과이다. [Out 11]은 4개의 알파벳으로 이루어진 문자열 abcd에서 첫 번째 알파벳 a부터 i에 할당해서 출력한 결과이다. [Out 12]는 1부터 5까지 합을 구하고 출력한 것이다. 여기서 range(6)은 숫자 [0, 1, 2, 3, 4, 5]를 생성한다. range에서 마지막 원소 6은 제외된다.

range()

```
print(list(range(6)))
```

출력결과

```
[0, 1, 2, 3, 4, 5]
```

[Out 13]은 i에 0부터 4까지 할당해서 x[0], x[1], x[2], x[3], x[4]의 값 1, 3, 5, 7, 9를 출력하였다. 여기서 len(x)는 x의 원소의 개수 5이다. 파이썬은 인덱스가 0부터 시작하기 때문에, x[0]은 x의 첫 번째 원소, x[1]은 x의 두 번째 원소, x[4]는 x의 다섯 번째 원소를 나타낸다. [Out 14]는 enumerate()함수를 이용해서 x의 인덱스와 값을 동시에 출력했다. [Out 15]는 [Out 14]에서 x의 내용만 필요하다면, 변수 i위치에 언더라인(_)을 입력해서 x의 내용만 출력한 것이다. [Out 16]은 zip()함수를 이용해서 x, y의 값을 동시에 출력하였다.

while문

```
while 조건:
    실행문
```

여기서 while 영역에 들어가는 코드는 들여쓰기를 해야 한다.

while문

```
def gugudan(dan):
    i=1
    print("[Out 17]: {}단:".format(dan))
    while i <= 9:
        print("{}X{}={}".format(dan,i,i*dan))
        i += 1
gugudan(2)
gugudan(9)
```

출력결과

```
[Out 17]: 2단:
 2X1=2
 2X2=4
 2X3=6
 2X4=8
 2X5=10
 2X6=12
 2X7=14
 2X8=16
 2X9=18
[Out 17]: 9단:
 9X1=9
 9X2=18
 9X3=27
 9X4=36
 9X5=45
 9X6=54
 9X7=63
 9X8=72
 9X9=81
```

while문을 이용해서 구구단을 구하는 함수를 만들었다.

while문

```
def factorial(n):
    ii=1
    i=1
    while i<= n:
        ii *= i
        i += 1
    print("[Out 18]: {}!={}".format(n,ii))
factorial(4)
factorial(5)
```

출력결과

```
[Out 18]: 4!=24
[Out 18]: 5!=120
```

while문을 이용해서 팩토리얼을 계산하는 함수를 만들었다.

break문과 continue문

break문은 반복문을 멈추게 하고, continue문은 반복을 건너뛰게 한다.

break, continue문

```
print("[Out 19]:합이 3000이상 될 때까지 합을 한다.₩n")
Sum = 0
for i in range(100):
    Sum += i
    if Sum >= 3000:
        break
print(i, Sum)
print("[Out 20]:1~100 사이 홀수 합:₩n")
Sum = 0
for i in range(1,100):
    if i%2 ==0:
        continue
    Sum += i
print(Sum)
```

출력결과

```
[Out 19]:합이 3000이상 될 때까지 합을 한다.
 77 3003
[Out 20]:1~100 사이 홀수 합: 2500
```

break문은 반복문을 벗어나게 한다. 합이 3000이상이면 루프를 벗어나서 그 때 값을 출력한다. [Out 19]에 3003이 출력되었다. continue문은 continue이후의 문장은 실행하지 않고 루프 처음으로 돌아간다. i가 짝수이면 continue문이 실행되어서 "Sum += i"문장은 실행하지 않고 for 루프로 돌아간다. i가 홀수 일 때만 "Sum += i"문장을 실행한다. 따라서 [Out 20]은 1~100 사이의 홀수 합이다.

SECTION 4. 조건문

조건문은 조건에 따라 실행하는 문장이 다를 때 사용한다. 파이썬에서 제공하는 조건문에는 if, if~else, if~elif~else가 있다.

if문

```
if 조건:
    파이썬 코드
```

여기서 if 영역에 들어가는 코드는 들여쓰기를 해야 한다.

if문

```
print("[Out 21]:1~num 사이 짝수 합:₩n")
def even_sum(num):
    Sum = 0
    for i in range(1,num):
        if i%2==0:
            Sum += i
    print(Sum)
even_sum(101)
```

출력결과

```
[Out 21]:1~num 사이 짝수 합: 2550
```

짝수 합을 구하는 함수 even_sum()을 정의하였다. i%2==0을 만족할 때만 "Sum += i"이 실행된다. 따라서 [Out 21]은 1~주어진 숫자까지의 짝수 합이다.

if~else문

```
if 조건:
    파이썬 코드
else:
    파이썬 코드
```

여기서 if 영역과 else영역에 들어가는 코드는 들여쓰기를 해야 한다.

if~else문

```
print("[Out 22]:factorial 값 구하기:₩n")
def Factorial(x):
    if x!=int(x) or x <0:
        print("factorial을 구할 수 없다")
    else:
        factorial(x)
Factorial(-2)
Factorial(5.2)
Factorial(4)
Factorial(0)
```

출력결과

```
[Out 22]:factorial 값 구하기:
 factorial을 구할 수 없다
 factorial을 구할 수 없다
[Out 18]: 4!=24
[Out 18]: 0!=1
```

주어진 숫자가 0이상의 정수가 아닌 경우를 고려해서 factorial을 계산하는 함수 Factorial을 정의하였다. 만약 입력된 숫자가 음수이거나, 정수가 아닌 경우에는 factorial 값을 구할 수 없다는 메시지를 출력하게 하였고, 0이상의 정수가 입력된 경우만 factorial 값을 계산하게 하였다. 함수 Factorial 내의 factorial()함수는 [Out 18]에서 정의한 함수이다. int()함수는 정수를 나타내는 함수이다. -2, 5.2, 4, 0에 대한 factorial 값을 [Out 22]에 출력하였다.

if~elif~else문

```
if 조건:
  파이썬 코드
elif 조건:
  파이썬 코드
elif 조건:
  파이썬 코드
else 조건:
  파이썬 코드
```

여기서 if 영역과 elif 영역 그리고 else영역에 들어가는 코드는 들여쓰기를 해야 한다.

if~elif~else문

```
print("[Out 23]: 신호등:₩n")
def signal(light):
    if light == 'red':
```

```
            print('정지')
        elif light == 'green':
            print('직진')
        elif light == 'arrow_green':
            print('좌회전')
        else:
            print('일시정지')
light = 'red'
signal(light)
light = 'arrow_green'
signal(light)
```

출력결과

```
[Out 23]: 신호등:
 정지
 좌회전
```

light값에 따라 출력을 달리하는 함수 signal을 정의하였다. light='red'이면 '정지'를 출력, red가 아니고, green이면 '직진'을 출력, green이 아니고, arrow_green이면 '좌회전'을 출력하고, 이 외 값이면 '일시정지'를 출력한다. signal()함수를 실행한 결과를 [Out 23]에 출력하였다.

SECTION 5. 라이브러리

파이썬의 라이브러리는 파이썬 프로그래밍에서 사용하는 다양한 함수와 모듈을 포함하고 있다. 파이썬 프로그램을 잘하기 위해서는 라이브러리를 잘 활용해야 한다. 여기서는 데이터 분석에 많이 사용되는 라이브러리를 소개한다. 라이브러리는 import해서 사용한다.

라이브러리 import 방법

import 라이브러리 이름 : 라이브러리 전체를 호출
from 라이브러리 import 함수 : 라이브러리에 포함된 함수 호출
import 라이브러리 as 별명 : 라이브러리 이름이 긴 경우에 별명을 사용한다.

5.1 Numpy

Numpy는 Numerical Python의 줄임 말로 데이터 분석에 기본적으로 필요한 패키지이다. 다차원 배열처리를 위한 기능을 제공한다. 자세한 내용은 제2장에서 설명하고, 여기서는 간단하게 살펴보자.

Numpy: ndarray

```
import numpy as np
nd_array = np.array([1,2,3,4,5,6,7,8])
print("[Out 24]:ndarray:", nd_array)
print("[Out 25]:nd_array의 구조:₩n",type(nd_array))
nd_array1 = np.array([2,3,4,5,6,7,8,9])
print("[Out 26]:nd_array+nd_array1:₩n",nd_array+nd_array1)
print("[Out 27]:상수*ndarray:₩n",3*nd_array)
print("[Out 28]: 배열의 각원소의 제곱근 값:₩n",np.sqrt(nd_array))
print("[Out 29]: 배열의 원소들의 평균:₩n",np.mean(nd_array))
nd_array2 = np.array([nd_array, np.sqrt(nd_array)])
print("[Out 30]: nd_array와 nd_rray의 제곱근 값을 nd_array2에 저장:₩n", nd_array2)
print("[Out 31]: nd_array2의 행 합:₩n", np.sum(nd_array2,axis=1))
print("[Out 32]: nd_array2의 열 합:₩n", np.sum(nd_array2,axis=0))
print("[Out 33]: nd_array의 두 번 째원소:₩n", nd_array[1])
```

출력결과

```
[Out 24]:ndarray: [1 2 3 4 5 6 7 8]
[Out 25]:nd_array의 구조:
 <class 'numpy.ndarray'>
[Out 26]:nd_array+nd_array1:
 [ 3  5  7  9 11 13 15 17]
[Out 27]:상수*ndarray:
 [ 3  6  9 12 15 18 21 24]
[Out 28]: 배열의 각원소의 제곱근 값:
 [ 1. 1.41421356 1.73205081 2. 2.23606798  2.44948974 2.64575131  2.82842712]
[Out 29]: 배열의 원소들의 평균:
 4.5
[Out 30]: nd_array와 nd_rray의 제곱근 값을 nd_array2에 저장:
 [[ 1.     2.          3.     ...,    6.          7.          8.        ]
 [ 1.   1.41421356   1.73205081 ...,  2.44948974   2.64575131   2.82842712]]
[Out 31]: nd_array2의 행 합:
 [ 36.    16.30600053]
[Out 32]: nd_array2의 열 합:
 [ 2. 3.41421356  4.73205081  6. 7.23606798 8.44948974 9.64575131 10.828427]
[Out 33]: nd_array의 두 번 째원소:
 2
```

numpy를 import하고 별명을 np로 하였다. 앞으로 numpy 대신에 np로 사용한다. np.array()를 이용해서 일차원 배열 nd_array를 만들었다. 결과가 [Out 24]에 출력되었다. type()를 사용해서 nd_array의 구조를 확인했다. [Out 25]에서 확인할 수 있듯이 배열을 다루기 위한 클래스는 numpy.ndarray이다. 배열 nd_array1을 생성하고, nd_array +nd_array1을 구하였다. [Out 26]에서 볼 수 있듯이 서로 대응되는 원소들끼리 합하였다. [Out 27]에 배열에 상수 값을 곱한 값을 출력하였다. 이처럼 배열간의 연산이 가능하다. [Out 28]에 np.sqrt()를 이용하여 배열의 각 원소의 제곱근 값을 출력하였다. [Out 29]에 배열의 원소에 대한 평균을 출력하였다. [Out 30]에 두 개의 배열을 저장하여 2차원 배열 nd_array2를 만들었다. [Out 31] nd_array2에서 각 행의 합을 출력하였고, [Out 32]에 nd_array2에서 각 열의 합을 출력하였다. [Out 33]에

nd_array의 두 번째 원소를 출력하였다. 이처럼 numpy는 배열 원소를 다루거나 배열 간 연산을 할 수 있는 여러 가지 함수를 제공하고 있다.

5.2 pandas

pandas는 테이블 형태의 데이터를 취급하는 여러 가지 기능을 제공하고 있다. pandas에서 제공하는 데이터구조는 Series와 DataFrame이다. DataFrame은 일반적인 데이터 세트와 같은 구조를 가지고 있다. pandas는 이러한 데이터프레임 형태의 데이터를 다룰 수 있는 여러 가지 기능을 제공하고 있다. 외부에 있는 데이터 파일을 불러올 수 있는 기능도 제공하고 있다. numpy와 더불어 데이터분석을 위해서 꼭 임포터해야 할 라이브러리다.

pandas: DataFrame

```
import pandas as pd
print("[Out 34]: 간단한 데이터프레임 만들기:")
data = {'Name': ['Park', 'Lee','Hong'],
        'Dept': ['Com', 'Com', 'Math'],
        'Score': [80, 75, 60]
        }
df = pd.DataFrame(data)
print("[Out 34]",df)
print("[Out 35]:₩n",df['Score']>70)
print("[Out 36]:₩n", df[df['Score']>70])
```

출력결과

```
[Out 34]: 간단한 데이터프레임 만들기:
   Dept  Name  Score
 0  Com  Park    80
 1  Com  Lee    75
 2  Math  Hong   60
[Out 35]:
 0  True
 1  True
 2  False
 Name: Score, dtype: bool
[Out 36]:
   Dept  Name  Score
 0  Com  Park    80
 1  Com  Lee    75
```

pandas를 임포터하고 별명을 pd로 하였다. pandas 대신 pd라는 이름을 사용한다. pd.DataFrame() 함수를 이용해서 데이터프레임을 만들고, score가 70점보다 큰 데이터를 추출하게 하였다. 이처럼 pandas는 데이터프레임을 조작할 수 있는 여러 가지 기능을 제공하고 있다.

5.3 scipy

scipy는 여러 가지 수학 계산용 함수들을 모아 놓은 패키지이다. 그 중에서도 데이터분석에서는 데이터 분석에 많이 사용되는 확률분포 함수와 데이터분석 함수를 모아둔 scipy.stats를 많이 이용한다.

scipy: scipy.stats

```
import scipy.stats as scstats
x = scstats.norm.rvs(size=10)
print("[Out 37]: 표준정규분포에서 난수 10개 발생:₩n",x)
print("[Out 38]: 표준정규분포의 누적분포함수 값:₩n",scstats.norm.cdf(1.96))
print("[Out 39]: 표준정규분포의 백분위수:₩n",scstats.norm.ppf(0.975))
print("[Out 40]: 표준정규분포의 평균,분산,비대칭도, 첨도:₩n"₩
      ,scstats.norm.stats(moments='mvsk'))
```

출력결과

```
[Out 37]: 표준정규분포에서 난수 10개 발생:
 [-0.84595726 -0.57051065 -0.50509688 -1.33248776  0.48300056  0.28927016
  -0.72138998  0.68142928 -1.49611692  0.59534483]
[Out 38]: 표준정규분포의 누적분포함수 값:  0.975002104852
[Out 39]: 표준정규분포의 백분위수:  1.95996398454
[Out 40]: 표준정규분포의 평균,분산,비대칭도, 첨도:
 (array(0.0), array(1.0), array(0.0), array(0.0))
```

scipy.stats를 import하고 별명을 scstats로 하였다. norm.rvs()함수를 이용해서 N(0, 1)에서 난수를 10개 발생시키고 [Out 37]에 출력하였다. norm.cdf()함수를 사용해서 표준정규분포의 누적분포함수 값을 구하고 [Out 38]에 출력하였다. norm.ppf()함수를 사용해서 표준정규분포의 백분위수를 구하고 [Out 39]에 출력하였다. norm.stats()함수를 사용해서 표준정규분포의 평균, 분산, 비대칭도, 첨도를 구하고 [Out 40]에 출력하였다.

5.4 matplotlib

matplotlib는 데이터를 다양한 그래프로 시각화할 수 있는 기능을 제공하는 라이브러리다.

matplotlib: matplotlib.pyplot

```
print("[Out 41] : plt.plot()" '₩n')
fig = plt.figure(figsize=(4,4))
data = np.arange(1,10)
x = range(len(data))
plt.plot(x,data)
plt.xlabel('x')
plt.ylabel('data')
plt.title('plt.plot')
plt.show()
```

출력결과

[Out 41] : plt.plot()

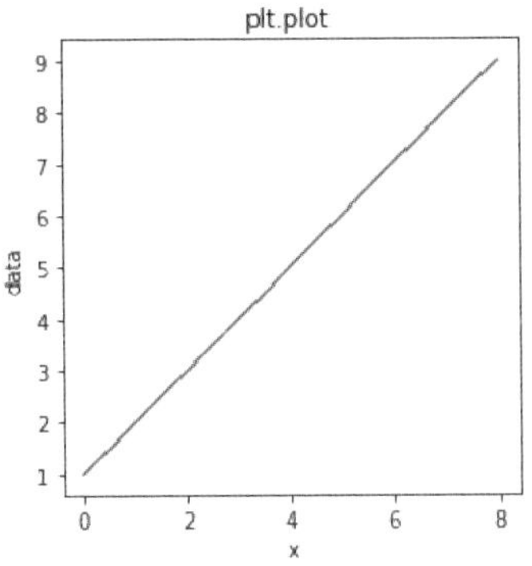

5.5 statsmodels

statsmodels는 회귀분석, 분산분석, 범주형 데이터분석, 시계열분석, 비모수통계 등 통계분석을 할 수 있는 다양한 도구들을 제공하고 있다.

statsmodels: statsmodels.formula.api

```
print("[Out 42] : 단순선형회귀분석:₩n")
from statsmodels.formula.api import ols
x = np.array([21,29,33,36,39,40,48,49,56,59])
y = np.array([39,43,61,50,59,60,79,80,74,99])
data = {'x':x,
        'y':y}
df = pd.DataFrame(data)
model = ols('y ~ x',data=df).fit()
print(model.summary())
```

출력결과

```
[Out 42] : 단순선형회귀분석:
==============================================================================
                 coef    std err          t      P>|t|      [0.025      0.975]
------------------------------------------------------------------------------
Intercept      5.3285      8.530      0.625      0.550     -14.342      24.999
x              1.4408      0.200      7.188      0.000       0.979       1.903
==============================================================================
```

statsmodels.formula.api에 포함된 ols()함수를 이용해서 선형회귀모형을 추정하였다. 추정된 모형은 $\hat{y}$=5.3285+1.4408x이다. [Out 42]는 출력 결과 중 일부만 나타낸 것이다.

5.6 scikit_learn

scikit-learn은 다양한 머신러닝 기법을 제공하는 머신러닝 라이브러리이다.

scikit_learn

```
from sklearn import linear_model
x = np.array([21,29,33,36,39,40,48,49,56,59])
y = np.array([39,43,61,50,59,60,79,80,74,99])
data = {'x':x,
        'y':y}
df = pd.DataFrame(data)
simple_reg = linear_model.LinearRegression()
simple_reg.fit(pd.DataFrame(df['x']),df['y'])
print("[Out 43]: 절편:{}, 기울기{}".format(simple_reg.intercept_, simple_reg.coef_))
```

출력결과

```
[Out 43]: 절편:5.3284615384615535, 기울기[ 1.44076923]
```

sklearn에서 linear_model모듈을 import하고 이 모듈에 포함된 LinearRegression() 함수를 이용해서 회귀직선을 추정했다.

SECTION 6. 데이터 불러오기와 저장하기

pandas에서 제공하는 read_csv()와 read_table()함수를 이용해서 테이블 형태의 데이터를 데이터프레임 형태로 읽어온다. 그리고 to_csv()함수를 이용해서 쉼표로 구분된 형식으로 데이터를 외부에 저장할 수 있다. 여기서 쉼표는 디폴트이고, 다른 구분자도 사용할 수 있다. read_table()함수를 많이 이용하지만, 특별히 read_csv()는 데이터가 쉼표로 구분된 *.csv 파일을 읽을 때 사용한다.

read_table

```
ex1 = pd.read_table('ex1.txt', header=0, sep="\t")
print("[Out 44]:현재 작업디렉토리에 저장된 ex1.txt 파일 읽기:\n{}".format(ex1))
```

출력결과

```
[Out 44]:현재 작업디렉토리에 저장된 ex1.txt 파일 읽기:
   Age  Income     Credit  Item
0   40  medium  excellent   yes
1   40  medium       fair   yes
2   40    high       fair    no
3   20  medium        bad   yes
4   30    high       fair    no
```

```
5  20    high       fair  yes
6  20  medium        bad   no
7  40  medium  excellent  yes
8  30    high        bad   no
9  40    high        bad  yes
```

'ex1.txt' 파일과 같이 데이터 구분이 Tab키로 되어있는 경우 read_table()함수를 사용해서 데이터를 읽을 수 있다. 여기서 sep='₩t'는 Tab키로 데이터가 분리되어 있을 때 사용하는 정규표현식이다. read_table()의 디폴트는 '₩t'이다. header=0은 0행(첫 행)에 변수명이 있는 경우에 사용한다. 기본값은 0이다.

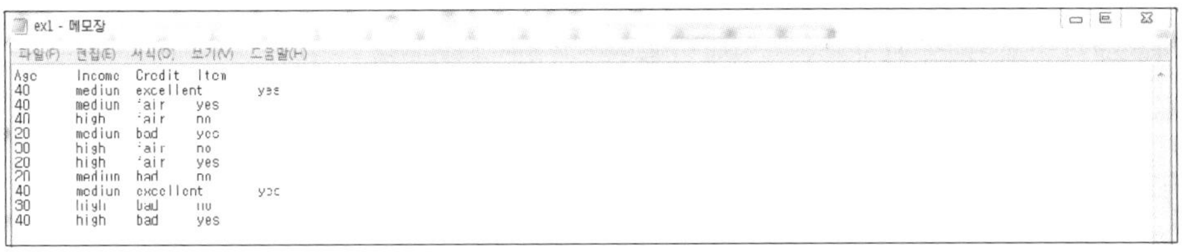
ex1 - 메모장
파일(F) 편집(E) 서식(O) 보기(V) 도움말(H)

```
Age	Income	Credit	Item
40	medium	excellent	yes
40	medium	fair	yes
40	high	fair	no
20	medium	bad	yes
30	high	fair	no
20	high	fair	yes
20	medium	bad	no
40	medium	excellent	yes
30	high	bad	no
40	high	bad	yes
```

read_table

```
ex2 = pd.read_table('ex2.txt', header=0, sep=" ")
print("[Out 45]: 현재 작업디렉토리에 저장된  ex2.txt 파일 읽기:₩n{}".format(ex2))
```

ex2 - 메모장
파일(F) 편집(E) 서식(O) 보기(V) 도움말(H)

```
Age Income Credit Item
40 medium excellent yes
40 medium fair yes
40 high fair no
20 medium bad yes
30 high fair no
20 high fair yes
20 medium bad no
40 medium excellent yes
30 high bad no
40 high bad yes
```

'ex2.txt' 파일과 같이 데이터 구분이 공백으로 되어있는 경우 sep=" "를 사용해서 데이터를 읽을 수 있다. 결과는 [Out 44]와 동일하다.

read_table

```
ex2 = pd.read_table('C:/python_data/ex2.txt', header=0, sep=" ")
print("[Out 46]:'C:/python_data디렉토리에 저장된  ex2.txt 파일 읽기:₩n{}".format(ex2))
```

'ex2.txt' 파일이 저장된 디랙토리가 현재 작업 디랙토리가 아닌 'C:/python_data/에 저장되어 있을 때는 파일이 저장된 디랙토리를 지정해야 한다. 결과는 [Out 44]와 동일하다. 만약 인터넷 상에 있는 파일을 불러온다면 파일이 있는 URL을 지정하면 된다.

```
read_table
ex3 = pd.read_table('ex3.txt', header=None, names=['Age','Income','Credit','Item'], sep=" ")
print("[Out 47]: *.txt 파일 읽기, 변수명이 없는 경우:₩n{}".format(ex3))
```

ex3 - 메모장
파일(F) 편집(E) 서식(O) 보기(V) 도움말(H)

```
40 medium excellent yes
40 medium fair yes
40 high fair no
20 medium bad yes
30 high fair no
20 high fair yes
20 medium bad no
40 medium excellent yes
30 high bad no
40 high bad yes
```

'ex3.txt' 파일과 같이 변수명이 없는 경우에는 header=None로 지정하고, names를 사용해서 변수명을 지정할 수 있다. 결과는 [Out 44]와 동일하다.

```
read_table
ex4 = pd.read_table('ex4.txt', header=1, skiprows=0, sep=",")
print("[Out 48]: *.txt 파일 읽기, 파일 설명이 있는 경우:₩n{}".format(ex4))
```

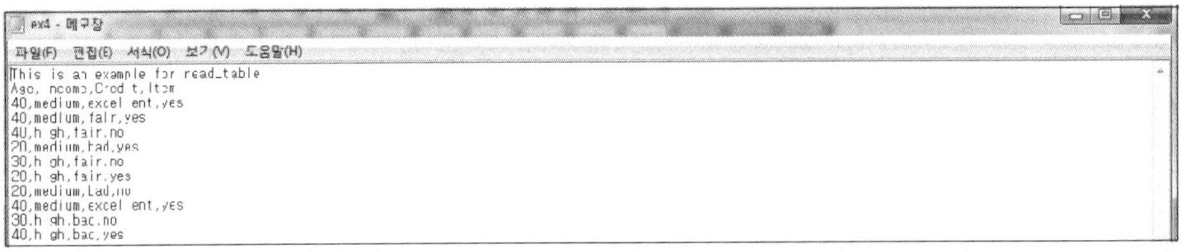
ex4 - 메모장
파일(F) 편집(E) 서식(O) 보기(V) 도움말(H)

```
This is an example for read_table
Age,Income,Credit,Item
40,medium,excellent,yes
40,medium,fair,yes
40,high,fair,no
20,medium,bad,yes
30,high,fair,no
20,high,fair,yes
20,medium,bad,no
40,medium,excellent,yes
30,high,bad,no
40,high,bad,yes
```

'ex4.txt' 파일과 같이 데이터 분석에 필요 없는 설명문 같은 것은 무시하고 데이터를 읽어들 일 때 skiprows를 이용하면 지정된 부분은 무시하고 데이터를 읽어올 수 있다. sep="," 인 경우는 read_csv()함수를 이용하면 sep=","를 지정할 필요가 없다. 결과는 [Out 44]와 동일하다.

```
read_csv
ex5 = pd.read_csv('C:/python_data/ex5.csv',header=0)
print("[Out 49]: 엑셀로 작성된 *.csv파일 읽기:₩n{}".format(ex5))
```

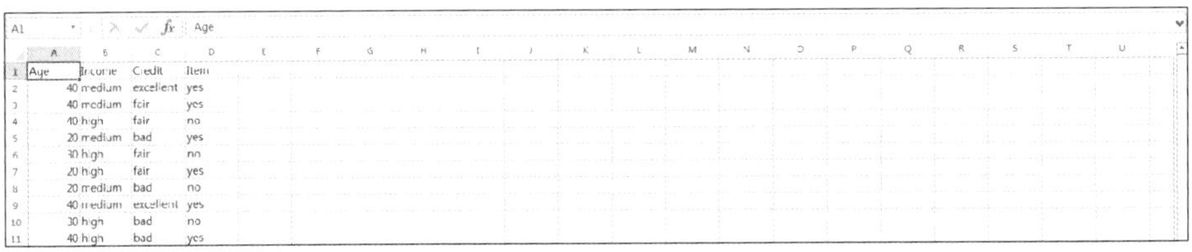
A1 fx Age

	A	B	C	D
1	Age	Income	Credit	Item
2	40	medium	excellent	yes
3	40	medium	fair	yes
4	40	high	fair	no
5	20	medium	bad	yes
6	30	high	fair	no
7	20	high	fair	yes
8	20	medium	bad	no
9	40	medium	excellent	yes
10	30	high	bad	no
11	40	high	bad	yes

‘ex5.csv’ 파일과 같이 엑셀로 작성된 csv파일도 sep=“,”를 지정하지 않고 read_csv() 함수를 이용해서 읽을 수 있다. 결과는 [Out 44]와 동일하다.

```
read_csv
ex6 = pd.read_csv('C:/python_data/ex5.csv',header=0, nrows=4)
print("[Out 50]: 엑셀로 작성된 *.csv파일 읽기:₩n{}".format(ex6))
```

출력결과

```
[Out 50]: 엑셀로 작성된 *.csv파일 읽기:
   Age   Income     Credit   Item
0   40   medium  excellent    yes
1   40   medium       fair    yes
2   40     high       fair     no
3   20   medium        bad    yes
```

‘ex5.csv’ 파일에서 처음 몇 줄만 읽어올 때 nrows를 지정하면 된다. 결과는 [Out 50]에 결과를 출력하였다.

```
to_csv
ex1.to_csv('C:/python_data/ex1_to.csv', index=False)
ex2.to_csv('C:/python_data/ex2_to.txt', sep='|')
```

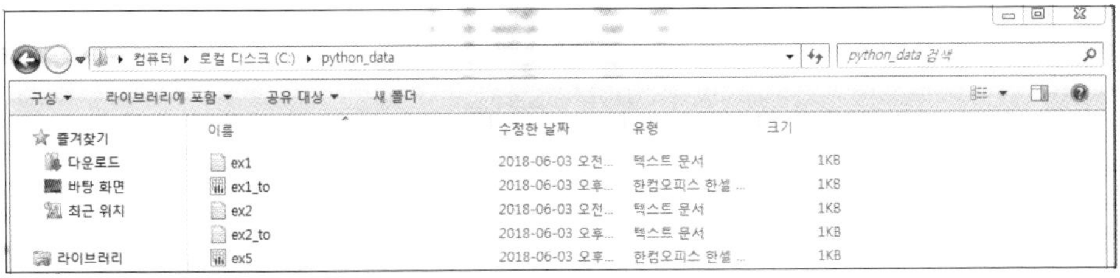

to_csv()함수를 이용해서 ex1과 ex2를 C:/python_data/ 디랙토리에 ex1_to.csv와 ex2_to.txt 파일에 저장하였다. ex2_to.txt 파일은 데이터를 ‘|’로 분리하여 저장하였다. 위 그림에서 C:/python_data/ 디랙토리에 ex1_to.csv와 ex2_to.txt 파일이 생성된 것을 확인할 수 있다. 그리고 ex1_to.csv와 ex2_to.txt 내용을 확인해보자.

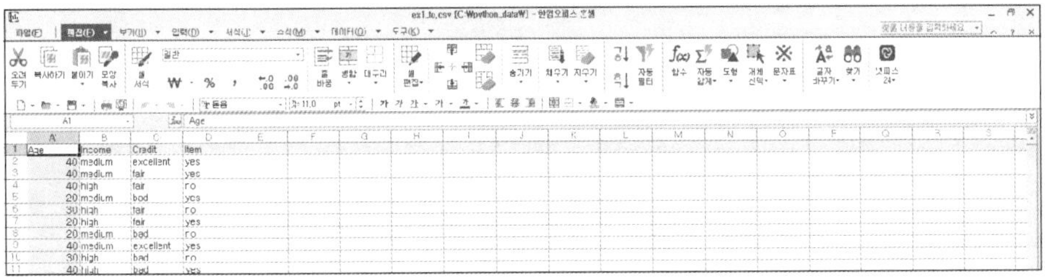

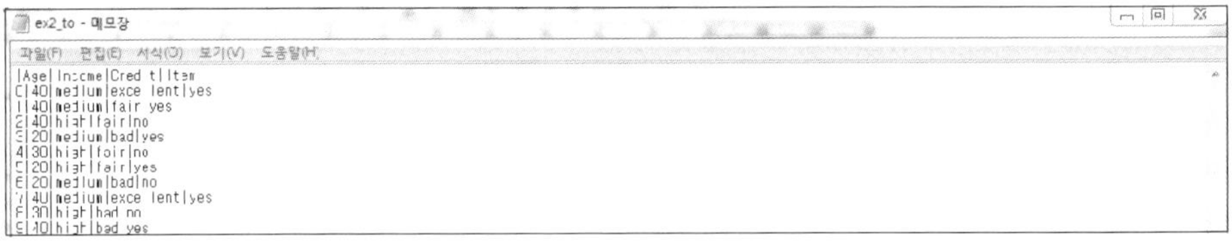

---

to_csv

```
x = np.array([21,29,33,36,39,40,48,49,56,59])
y = np.array([39,43,61,50,59,60,79,80,74,99])
data = {'x':x,
        'y':y}
df = pd.DataFrame(data)
des = np.round(df.describe(),2)
print("[Out 51]₩n",des)
des.to_csv('C:/python_data/des_to.txt', sep='₩t')
```

출력결과

[Out 51]

	x	y
count	10.00	10.00
mean	41.00	64.40
std	12.02	18.61
min	21.00	39.00
25%	33.75	52.25
50%	39.50	60.50
75%	48.75	77.75
max	59.00	99.00

---

describe()함수를 이용해서 x, y변수에 대한 요약통계량을 구하고, 그 결과를 [Out 51]에 출력하였다. 그리고 to_csv() 함수를 이용하여 결과 [Out 51]를 C:/python_data에 sep='₩t'로 지정해서 데이터를 Tab키로 분리해서 des_to.txt로 저장하였다. 이 파일의 내용을 확인해보자. 아래 그림에서 C:/python_data 디랙토리에 des_to.txt 파일이 생성된 것을 확인할 수 있다.

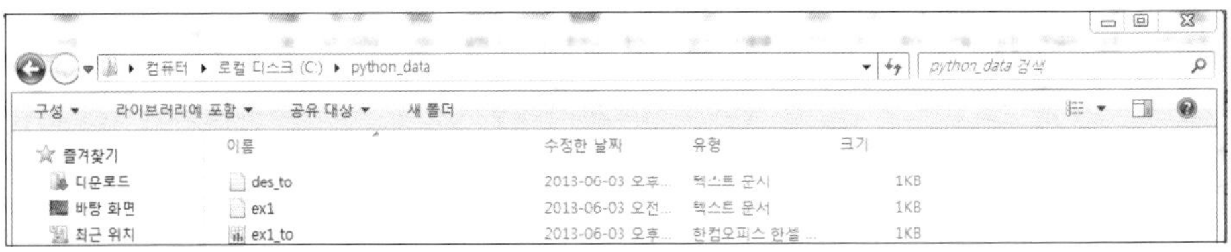

제2장

파이썬의 기본 자료형과 자료구조

자료분석을 위한 **파이썬 프로그램**

제 2 장 파이썬의 기본 자료형과 자료구조

파이션은 기본적으로 흔히 사용하는 몇 가지 자료형과 자료구조를 가지고 있다. 여기서는 파이썬의 여러 가지 변수 생성 방법과 기본 자료형인 정수형, 실수형, 문자열 그리고 부울(bool)형에 대해서 살펴본다. 그리고 자료를 효율적으로 처리하기 위해서 파이썬에서 리스트, 딕셔너리, 집합, 튜플 등 다양한 자료구조를 제공하고 있다. 역시 이장에서 이 네 가지 자료구조를 살펴보겠습니다.

SECTION 1. 변수

변수는 모든 객체들의 이름이다. 이 변수에 숫자, 문자열, 부울형 자료 그리고 함수, 모듈 등 모든 객체들을 할당할 수 있다. 변수에 객체를 할당하면 주어진 변수명으로 그 객체가 컴퓨터에 저장되고, 필요할 때 그것을 사용할 수 있다. 변수는 알파벳, 숫자, 밑줄(_)로 구성되며, 첫 글자는 알파벳과 밑줄(_)로 시작한다. 또한 대문자와 소문자는 다른 변수로 취급한다.

변수 만들기 : 변수 = 변수에 저장할 객체

```
import os
a = 5
a2 = 'park'
a_ = True
_abc = os.getcwd()
print("[Out 1]", a)
print("[Out 2]", a2)
print("[Out 3]", a_)
print("[Out 4]", _abc)
print("[Out 5]", A)
```

출력결과

```
[Out 1] 5
[Out 2] park
[Out 3] True
[Out 4] C:₩Users₩KNUser₩Desktop
NameError: name 'A' is not defined
```

[Out 1]은 변수 a에 할당된 숫자 5를 출력한 결과를 나타낸다. [Out 2]는 변수 a2에 할당된 문자열 'park'를 출력한 결과를 보여준다. [Out 3]은 변수 a_에 할당된 부울형 자료 True를 출력한 결과이다. 그리고 [Out 4]은 변수 _abc에 함수 getcwd()를

할당하고 이 함수를 실행한 결과를 출력한 것이다. getcwd()는 현재 작업 중인 디렉토리를 보여주는 함수이다. 대문자 A는 변수로 지정되지 않았기 때문에 print("[Out 5]", A)의 실행 결과 대신에 에러메시지 NameError가 출력된다. 마침표나 하이픈(-)은 변수로 사용할 수 없으며, 첫 번째 글자로 숫자가 올 수는 없다. 그리고 파이썬에서 미리 사용하고 있는 예약어들 예를 들어 True, False, if, else, import, return, try, while 등은 변수로 쓰지 못한다.

올바르지 않은 변수 형태

```
-a = 25
a- = 30
2a = 34
.a = 67
a. = 80
True = 5
if = 10
else = 20
```

출력결과

```
SyntaxError: can't assign to operator
SyntaxError: invalid syntax
```

이처럼 올바르지 못한 변수 형태에 객체를 할당하고, 실행하면 SyntaxError가 출력된다. 여러 가지 변수의 예를 살펴보자.

다양한 변수의 예

```
a_list = [1,2,3,'park']
a_dict = {'Name':'Park', 'Mail': 'jj@kk.ac.kr'}
a_set = {2,3,4}
a_tuple = (4,5,6)
b1, b2 = 45, 'good'
print("[Out 6] a_list:", a_list)
print("[Out 7] a_dict:", a_dict)
print("[Out 8] a_set:", a_set)
print("[Out 9] a_tuple", a_tuple)
print("[Out 10] b1:", b1)
print("[Out 11] b2:", b2)
```

출력결과

```
[Out 6] a_list: [1, 2, 3, 'park']
[Out 7] a_dict: {'Name': 'Park', 'Mail': 'jj@kk.ac.kr'}
[Out 8] a_set: {2, 3, 4}
[Out 9] a_tuple (4, 5, 6)
[Out 10] b1: 45
[Out 11] b2: good
```

[Out 6]은 변수 a_list에 리스트 구조로 할당된 자료를 출력한 결과를 나타낸다. [Out 7]는 변수 a_dict에 딕셔너리 구조로 할당된 자료를 출력한 결과를 보여준다. [Out 8]은 변수 a_set에 집합 구조로 할당된 자료를 출력한 결과이다. [Out 9]는 a_tuple에 튜플 구조로 할당된 자료를 출력한 것이다. 파이썬에서는 여러 개의 변수를 한 줄의 코드에 동시에 선언할 수 있다. [Out 10]과 [Out 11]을 통해서 변수 b1에 숫자 45가, b2에 문자열 good이 할당되었음을 알 수 있다.

SECTION 2.

변수에 할당된 값을 화면으로 출력하기

변수에 할당된 값은 print()함수를 사용하여 화면에 출력할 수 있다. %d, %f, %s, %c를 이용하여 출력형식을 지정할 수 있다.

```
print(....)
print("출력할 문장")
print("%출력형식" %출력변수)
```

예를 통해서 이들의 역할을 살펴보자.

출력형식의 예

```
print("[Out 12]: 변수에 할당된 값 화면에 출력하기")
print()
a_int = 10
print("[Out 13]: %d" %a_int)
a_float = 10.5
print("[Out 14]: %f" %a_float)
a_str = 'good'
print("[Out 15]: %s" %a_str)
a_one_letter = 'A'
print("[Out 16]: %c" %a_one_letter)
```

출력결과

```
[Out 12]: 변수에 할당된 값 화면에 출력하기

[Out 13]: 10
[Out 14]: 10.500000
[Out 15]: good
[Out 16]: A
```

[Out 12]는 " "(큰따옴표)로 감싸진 내용을 그대로 출력한 것이다. print()는 한 개의 빈 행을 출력한다. [Out 13]은 %d를 이용하여 a_int를 정수 형태로 출력한 결과이다.

[Out 14]는 %f를 이용하여 a_float을 실수 형태로 출력한 결과이다. [Out 15]는 %s를 이용하여 a_str을 문자열 형태로 출력한 결과이다. [Out 16]은 %c를 이용하여 a_one_letter을 문자 형태로 출력한 결과이다.

출력형식의 예

```
a_times = 3.2*4.6
print("[Out 17]: %d %f" %(a_times, a_times))
print("[Out 18]: %d와 %f의 출력형식 비교" %(a_times, a_times))
a_divided = 4.5/3.2
print("[Out 19]: %f 나누기 %f는 %f 이다." %(4.5, 3.2, a_divided))
print("[Out 20]: %4.1f 나누기 %5.3f는 %7.4f 이다." %(4.5, 3.2, a_divided))
print("[Out 21]: %s morning" %a_str)
```

출력결과

```
[Out 17]: 14 14.720000
[Out 18]: 14와 14.720000의 출력형식 비교
[Out 19]: 4.500000 나누기 3.200000는 1.406250 이다.
[Out 20]: 4.5 나누기 3.200는 1.4062 이다.
[Out 21]: good morning
```

[Out 17]은 a_times에 할당된 값을 정수와 실수 형태로 출력한 결과이다. 출력할 대상의 개수와 출력형식의 개수는 일치해야한다. 여기서 a_times를 정수와 실수 형태로 출력하기 위해서 %d와 %f로 출력형식을 나타내었다. %d와 0번째 a_times와 대응되고, %f와 1번째 a_times가 대응된다. [Out 18]은 출력 문장의 중간에 변수 값을 출력한 것이다. 이러한 경우 변수 값을 출력할 위치에 출력형식을 적어준다. [Out 19]는 4.5, 3.2, a_divided 값을 출력 문장의 중간에 출력한 것이다. [Out 20]은 출력할 변수 값의 자리 수를 지정하여 출력한 결과이다. %4.1f는 전체 네 자리 중에서 소수점 아래는 한 자리를 나타낸다는 의미다. [Out 21]은 문자열 good을 morning 앞에 출력시킨 것이다. format()함수를 사용해서 출력형식을 지정할 수도 있다. format()함수는 { }를 이용하여 출력할 변수의 위치와 출력형식을 지정한다.

print(....)

```
print("{n:출력형식}" .format(출력변수))
여기서 n: 출력할 변수의 위치
```

예를 통해서 format() 함수의 사용방법을 살펴보자.

format() 함수를 이용한 출력형식의 예

```
print("[Out 22]: {0:d}".format(a_int))
print("[Out 23]: {0:f}".format(a_float))
```

```
print("[Out 24]: {0:s}".format(a_str))
print("[Out 25]: {0:s}".format(a_one_letter))
print("[Out 26]: {0:d} {1:f}".format(int(a_times), a_times))
print("[Out 27]: {1:f} {0:d}".format(int(a_times), a_times))
print("[Out 28]: {0:.1f} 나누기 {1:.3f}는 {2:.4f} 이다.".format(4.5, 3.2, a_divided))
```

출력결과

```
[Out 22]: 10
[Out 23]: 10.500000
[Out 24]: good
[Out 25]: A
[Out 26]: 14 14.720000
[Out 27]: 14.720000 14
[Out 28]: 4.5 나누기 3.200는 1.4062 이다.
```

[Out 22]는 0번째 위치한 a_int를 정수 형태로 출력한 결과이다. 이때 %d에서 %를 없애고 d로 표시한다. 파이썬에서는 모든 인덱스가 0부터 시작하기 때문에 a_int의 위치는 0이다. [Out 23]은 0번째 위치에 있는 a_float을 실수 형태로 출력한 결과이다. [Out 24]는 0번째 위치에 있는 문자열 a_str을 문자열 형태로 출력한 결과이다. [Out 25]는 format() 함수에서는 출력형식 c를 사용할 수 없다는 것을 보여준다. [Out 26]은 a_times에 할당된 값을 정수와 실수 형태로 출력한 결과이다. 출력할 대상의 개수와 { }의 개수는 일치해야한다. 여기서 a_times를 정수와 실수 형태로 출력하기 위해서 {0:d}와 {1:f}로 나타내었다. {0:d}는 0번째 int(a_times)와 대응되고, {1:f}는 1번째 a_times가 대응된다. 여기서 int(a_times)는 a_times를 정수로 변환한 것이다. [Out 27]에서 순서가 {1:f} {0:d}로 되어있어도 {1:f}는 1번째 a_times와 대응되고, {0:d}는 0번째 int(a_times)와 대응된다. [Out 28]은 출력 문장의 중간에 변수 값을 출력한 것이다. 이러한 경우 변수 값을 출력할 위치에 { }를 적어준다. 그리고 .1f는 소수점 아래는 한 자리로 나타낸다는 의미이다. 출력형식을 지정하지 않고 간단하게 출력할 수도 있다.

---

print(....)

print("출력할 문장" ,출력변수)

출력형식을 지정하지 않은 경우

```
print("[Out 29]: a_int:",a_int)
print("[Out 30]: a_float:",a_float)
print("[Out 31]: a_str:",a_str)
print("[Out 32]:",4.5, 3.2, a_divided)
```

출력결과

```
[Out 29]: a_int: 10
[Out 30]: a_float: 10.5
```

```
[Out 31]: a_str: good
[Out 32]: 4.5 3.2 1.40625
```

SECTION 3. 자료형

자료형이란 변수에 저장되는 자료의 형태를 말한다. 파이썬은 다양한 형태로 자료를 변수에 저장할 수 있다. 여기서는 파이썬에서 기본적으로 사용되는 숫자형, 문자열, 부울(bool)형 자료를 소개하고자 한다. 그리고 네 가지 기본 자료구조에 대해서는 다음 장에서 다룬다. type()함수를 이용하면 변수가 프로그램에서 처리되는 자료의 형식을 확인할 수 있다.

3.1 숫자형

숫자형 자료란 숫자로 이루어진 자료를 말하고, 숫자 고유의 의미를 가진다. 즉 산술 연산이 가능한 자료이다. 파이썬에서 사용하는 숫자형 자료는 정수형, 실수형, 복소수형이 있다. 정수형 자료는 2진수, 8진수, 16진수로 변형할 수 있다. 이러한 진수는 특수한 경우에 사용된다. 여기서는 정수형와 실수형을 다룰 것이다.

정수형

정수형은 소수점이 없는 숫자형 자료이다. int()함수를 사용해서 자료를 정수형으로 변형할 수 있다. 간단하게 몇 개의 정수형 자료를 살펴보자.

정수형 자료

```
a,b,c,d,e = 1,2,3,4,5
print("[Out 33]: {0:d}+{1:d}는 {2:d}는 이다.".format(e,b,e+b))
print("[Out 34]: {0:d}-{1:d}는 {2:d}는 이다.".format(e,b,e-b))
print("[Out 35]: {0:d}/{1:d}는 {2:f}는 이다.".format(e,b,e/b))
print("[Out 36]: {0:d}/{1:d}의 몫은 {2:d}는 이다.".format(e,b,e//b))
print("[Out 37]: {0:d}/{1:d}의 나머지는 {2:d}는 이다.".format(e,b,e%b))
print("[Out 38]: {1:d}*{0:d}는 {2:d}는 이다.".format(e,b,b*e))
print("[Out 39]: {1:d}**{0:d}는 {2:d}는 이다.".format(b,e,e**b))
print("[Out 40]: {1:d}/{0:d}의 정수값은 {2:d}는 이다.".format(c,e,int(e/c)))
```

출력결과

```
[Out 33]: 5+2는 7는 이다.
[Out 34]: 5-2는 3는 이다.
[Out 35]: 5/2는 2.500000는 이다.
[Out 36]: 5/2의 몫은 2는 이다.
[Out 37]: 5/2의 나머지는 1는 이다.
[Out 38]: 2*5는 10는 이다.
[Out 39]: 5**2는 25는 이다.
[Out 40]: 5/3의 정수값은 1는 이다.
```

[Out 33]부터 [Out 39]까지는 산술 연산자를 이용하여 정수형 자료를 연산한 결과를 출력한 것이다. [Out 40]은 int()함수를 사용하여 5/3의 결과를 정수형으로 출력하였다. 산술 연산자는 다음 표와 같다.

연산자	기호	예	결과
더하기	+	5+2	[Out 33]
빼기	-	5-2	[Out 34]
나누기	/	5/2	[Out 35]
나누기-몫	//	5//2	[Out 36]
나누기-나머지	%	5%2	[Out 37]
곱	*	5*2	[Out 38]
거듭제곱	**	5**2	[Out 39]

정수형 변수를 2진수, 8진수, 16진수 형태로 변형하는 방법을 살펴보자.

진수 변환

```
decimal = 6
print("[Out 41]: 십진수 %d" %decimal)
binary = bin(decimal)
print("[Out 42]:", type(binary))
print("[Out 43]: %d의 2진수는 %s 이다." %(decimal, binary))
octal = oct(decimal)
print("[Out 44]:", type(octal))
print("[Out 45]: %d의 8진수는 %s 이다." %(decimal, octal))
hexa = hex(decimal)
print("[Out 46]:", type(hexa))
print("[Out 47]: %d의 16진수는 %s 이다." %(decimal, hexa))
print("[Out 48]: %d의 16진수는 %s 이다." %(decimal, format(decimal,'x')))
```

출력결과

```
[Out 41]: 십진수 6
[Out 42]: <class 'str'>
[Out 43]: 6의 2진수는 0b110 이다.
[Out 44]: <class 'str'>
[Out 45]: 6의 8진수는 0o6 이다.
[Out 46]: <class 'str'>
[Out 47]: 6의 16진수는 0x6 이다.
[Out 48]: 6의 16진수는 6 이다.
```

[Out 41]은 decimal에 할당된 10진수 6을 출력하였다. [Out 42]은 bin()함수를 이용하여 10진수 6을 2진수로 변형한 결과를 변수 binary에 할당했을 때 그 변수는 문자열로 처리된다는 것을 보여준다. 따라서 [Out 43]에서 binary를 출력할 때 %s형식을 사용하였다. 그리고 파이썬에서 숫자 앞에 0b 붙여서 2진수 110을 나타낸다는 것을

확인할 수 있다. 마찬가지로 [Out 44]과 [Out 46]에서 10진수를 oct()함수와 hex() 함수를 이용하여 8진수와 16진수로 변형한 결과는 문자열로 처리된다는 것을 알 수 있고, [Out 45]과 [Out 47]에서 8진수와 16진수를 나타낼 때 숫자 앞에 0o와 0x를 붙여서 0o6, 0x6을 나타낸다는 것을 볼 수 있다. 결과에서 10진수 6의 2진수는 110 이고, 8진수와 16진수는 6이라는 것을 알 수 있다. [Out 48]은 format()함수를 이용해서 2진수, 8진수, 16진수를 화면으로 출력할 때 붙는 접두어(0b-2진수, 0o-8진수, 0x-16진수)를 없애고 출력하는 방법을 보여준다. 여기서는 16진수의 접두어 0x를 없애기 위해서 format() 함수에 'x'를 지정하였다.

진수 변환

```
hexa1 = 0xf
print("[Out 49]:",type(hexa1))
print("[Out 50]: 16진수 %x의 10진수는 %d 이다." % (hexa1, hexa1))
octal1 = 0o144
print("[Out 51]:",type(octal1))
print("[Out 52]: 8진수 %o의 10진수는 %d 이다." % (octal1, octal1))
```

출력결과

```
[Out 49]: <class 'int'>
[Out 50]: 16진수 f의 10진수는 15 이다.
[Out 51]: <class 'int'>
[Out 52]: 8진수 144의 10진수는 100 이다.
```

[Out 49]은 변수 hexa1에 16진수 f를 할당하면 그 변수가 10진수로 처리되는 것을 보여주고, [Out 50]에서 16진수 f가 10진수 15로 출력된 것을 볼 수 있다. 여기서 %x는 16진수의 출력 형식이다. 마찬가지로 [Out 52]에서 8진수 144가 10진수 100으로 변형된 것을 확인할 수 있다. 이때 %o는 8진수의 출력 형식이다.

실수형

실수형은 소수점이 있는 숫자형 자료이다. float()함수를 사용해서 자료를 실수형으로 변형할 수 있다. 간단하게 몇 개의 실수형 자료를 살펴보자. [Out 53]부터 [Out 58]까지는 산술 연산자를 이용하여 실수형 자료를 연산한 결과를 출력한 것이다.

실수형 자료

```
r1, r2 = 10.5, 15.4
print("[Out 53]: {0:f}+{1:f}는 {2:f}는 이다.".format(r1, r2, r1+r2))
print("[Out 54]: {0:.1f}/{1:.1f}는 {2:.6f}는 이다.".format(r1, r2, r1/r2))
print("[Out 55]: {0:.1f}/{1:.1f}의 몫은 {2:.1f}는 이다.".format(r1, r2, r1//r2))
```

```
print("[Out 56]: {0:.1f}/{1:.1f}의 나머지는 {2:.1f}는 이다.".format(r1, r2, r1%r2))
print("[Out 57]: {1:.1f}*{0:.1f}는 {2:.2f}는 이다.".format(r1, r2, r2*r1))
print("[Out 58]: {0:.1f}**2는 {1:.3f}는 이다.".format(r1,r1**2))
```

출력결과

```
[Out 53]: 10.500000+15.400000는 25.900000는 이다.
[Out 54]: 10.5/15.4는 0.681818는 이다.
[Out 55]: 10.5/15.4의 몫은 0.0는 이다.
[Out 56]: 10.5/15.4의 나머지는 10.5는 이다.
[Out 57]: 15.4*10.5는 161.70는 이다.
[Out 58]: 10.5**2는 110.250는 이다.
```

다음은 숫자형 자료에 적용할 수 있는 내장 함수와 math 모듈에서 제공하는 몇 가지 함수를 살펴보자.

내장함수

```
a1, a2, a3, a4, a5, a6 = -10, 5.6, 10.2, -3.5, 5.678, 4
print("[Out 59]: {0:d}과 {1:f}의 절댓값 {2:d}과 {3:f}는 이다."
     .format(a1,a4,abs(a1), abs(a4)))
print("[Out 60]: {0:.1f}와 {1:.3f}의 반올림 값은 {2:d}와 {3:.2f}이다."
     .format(a2, a5, round(a2), round(a5,2)))
print("[Out 61]: %d, %.1f, %.1f 중 최솟값은 %.1f 이다."
     %(a1,a2,a3, min(a1,a2,a3)))
print("[Out 62]: {0:d}, {1:.1f}, {2:.1f} 중 최댓값은 {3:.1f} 이다."
     .format(a1,a2,a3, max(a1,a2,a3)))
print("[Out 63]: %d, %.1f, %.1f %.1f의 합은 %.2f 이다."
     %(a1,a2,a3,a4, sum((a1,a2,a3,a4))))
print("[Out 64]: %.1f/%.1f의 (몫, 나머지)=" %(a3,a2), divmod(a3,a2))
print("[Out 65]: %.1f를 정수형으로 변형 %d" %(a3, int(a3)))
print("[Out 66]: %d를 실수형으로 변형 %.1f" %(a6, float(a6)))
```

출력결과

```
[Out 59]: -10과 -3.500000의 절댓값 10과 3.500000는 이다.
[Out 60]: 5.6와 5.678의 반올림 값은 6와 5.68이다.
[Out 61]: -10, 5.6, 10.2 중 최솟값은 -10.0 이다.
[Out 62]: -10, 5.6, 10.2 중 최댓값은 10.2 이다.
[Out 63]: -10, 5.6, 10.2 -3.5의 합은 2.30 이다.
[Out 64]: 10.2/5.6의 (몫, 나머지)= (1.0, 4.6)
[Out 65]: 10.2를 정수형으로 변형 10
[Out 66]: 4를 실수형으로 변형 4.0
```

[Out 59]부터 [Out 66]까지는 파이썬에서 제공하는 내장함수를 숫자형 자료에 적용한 결과이다. 이외에도 다양한 함수들이 존재한다.

여기서 사용한 함수들을 표로 정리 해보자.

함수	내용	예	결과
abs(x)	x의 절댓값	abs(-10)	[Out 59]
round(x, n)	x의 반올림 함수, n:소수점 아래 자리수	round(5.678,2)	[Out 60]
min(x1,x2,x3...,xn)	원소들의 최솟값	min(-10,5.6,10.2)	[Out 61]
min(x1,x2,x3...,xn)	원소들의 최댓값	max(-10,5.6,10.2)	[Out 62]
sum((x1,x2,x3...,xn))	원소들의 합	sum((-10,5.6,10.2,-3.5))	[Out 63]
divmod(x1,x2)	x1/x2의 몫과 나머지	divmod(10.2,5.6)	[Out 64]
int(x)	x를 정수형으로 변형	int(10.2)	[Out 65]
float(x)	x를 실수형으로 변형	float(4)	[Out 66]

그 다음 math 모듈에 있는 함수를 살펴보자. math 모듈에 있는 함수를 이용하려면 이 모듈을 import 해야만 한다. math 모듈에 있는 함수를 이용하기 위해서는 math.함수명() 형식으로 사용한다.

math 모듈에 있는 함수

```
import math
print("[Out 67]: %.3f보다 큰 가장 작은 정수(올림 값)은 = %d" %(a3, math.ceil(a3)))
print("[Out 68]: %.3f보다 작은 가장 큰 정수(내림 값)은 = %d" %(a2, math.floor(a2)))
print("[Out 69]: %d, %.1f의 절댓값 = (%d, %.1f)"
    %(a1,a4,math.fabs(a1), math.fabs(a4)))
print("[Out 70]: %d!(팩토리얼) = %d " %(a6, math.factorial(a6)))
print("[Out 71]: %.1f, %.1f의 fmod값과 나눗셈의 나머지 연산자의 비교=(%.2f, %.2f)"
    %(a1,a2,math.fmod(a1,a2), a1%a2))
print("[Out 72]: %.1f, %.1f의 fmod값과 나눗셈의 나머지 연산자의 비교=(%.2f, %.2f)"
    %(a3,a2,math.fmod(a3,a2), a3%a2))
print("[Out 73]: %d, %.1f, %.1f, %.1f, %.3f, %d 의 합 = %.3f"
    %(a1,a2,a3,a4,a5,a6, math.fsum((a1,a2,a3,a4,a5,a6))))
print("[Out 74]: fsum과 sum의 비교 :")
print(math.fsum((0.2,0.2,0.2,0.2,0.2,0.2,0.2,0.2,0.2,0.2)),
      sum((0.2,0.2,0.2,0.2,0.2,0.2,0.2,0.2,0.2,0.2)))
print("[Out 75]: exp(%.1f) = %.4f" %(a6, math.exp(a6)))
print("[Out 76]: log(%.1f)(자연로그) = %.6f" %(a6, math.log(a6)))
print("[Out 77]: log10(%.1f)(상용로그) = %.6f" %(a6, math.log10(a6)))
print("[Out 78]: log2(%.1f)(base=2인 로그) = %.4f" %(a6, math.log(a6,2)))
print("[Out 79]: sqrt(%.1f)(제곱근) = %.4f" %(a6, math.sqrt(a6)))
print("[Out 80]: %d**%.1f = %.1f" %(a6,3.0, math.pow(a6,3)))
print("[Out 81]: pi = %f" % math.pi)
print("[Out 82]: e  = %f" % math.e)
print("[Out 83]: pi radian = %d degree" % math.degrees(math.pi))
print("[Out 84]: 180 degree  = %f(pi radian)" % math.radians(180))
print("[Out 85]: sin(pi/2) = %f" % math.sin(math.pi/2))
print("[Out 86]: cos(pi) = %f" % math.cos(math.pi))
print("[Out 87]: tan(pi/3) = %f" % math.tan(math.pi/3))
```

출력결과

```
[Out 67]: 10.200보다 큰 가장 작은 정수(올림 값)은 = 11
[Out 68]: 5.600보다 작은 가장 큰 정수(내림 값)은 = 5
[Out 69]: -10, -3.5의 절댓값 = (10, 3.5)
[Out 70]: 4!(팩토리얼) = 24
[Out 71]: -10.0, 5.6의 fmod값과 나눗셈의 나머지 연산자의 비교=(-4.40, 1.20)
[Out 72]: 10.2, 5.6의 fmod값과 나눗셈의 나머지 연산자의 비교=(4.60, 4.60)
[Out 73]: -10, 5.6, 10.2, -3.5, 5.678, 4 의 합 = 11.978
[Out 74]: fsum과 sum의 비교 :
          2.0 1.9999999999999998
[Out 75]: exp(4.0) = 54.5982
[Out 76]: log(4.0)(자연로그) = 1.386294
[Out 77]: log10(4.0)(상용로그) = 0.602060
[Out 78]: log2(4.0)(base=2인 로그) = 2.0000
[Out 79]: sqrt(4.0)(제곱근) = 2.0000
[Out 80]: 4**3.0 = 64.0
[Out 81]: pi = 3.141593
[Out 82]: e  = 2.718282
[Out 83]: pi radian = 180 degree
[Out 84]: 180 degree  = 3.141593(pi radian)
[Out 85]: sin(pi/2) = 1.000000
[Out 86]: cos(pi) = -1.000000
[Out 87]: tan(pi/3) = 1.732051
```

[Out 67]부터 [Out 87]까지는 math 모듈에서 제공하는 함수를 숫자형 자료에 적용한 결과이다. 이외에도 다양한 함수들이 존재한다. [Out 71]은 fmod(x,y) 함수는 x%y와 다른 결과를 반환할 수 있다는 것을 보여준다. 여기서 사용한 함수들을 표로 정리 해보자.

함수	내용	예	결과
ceil(x)	x보다 크거나 같으면서 제일 작은 정수	math.ceil(10.20)	[Out 67]
floor(x)	x보다 작거나 같으면서 제일 큰 정수	math.floor(5.6)	[Out 68]
fabs(x)	x의 절댓값	math.fabs(-3.5)	[Out 69]
factorial(x)	x!	math.factorial(4)	[Out 70]
fsum((x1,x2,..xn))	원소들의 합	math.fsum((-10, 5.6, 10.2, -3.5, 5.678, 4))	[Out 73]
exp(x)	e^x	math.exp(4)	[Out 75]
log(x)	$\log_e(x)$	math.log(4.0)	[Out 76]
log10(x)	$\log_{10}(x)$	math.log10(4.0)	[Out 77]
log(x,2)	$\log_2(x)$	math.log(4.0,2)	[Out 78]
sqrt(x)	$\sqrt{x}$	math.sqrt(4.0)	[Out 79]
pow(x,y)	x^y	math.pow(4.0,3.0)	[Out 80]
pi	π	math.pi	[Out 81]
e	e	math.e	[Out 82]
degrees(x)	radians를 degrees로 변환	math.degrees(math.pi)	[Out 83]
radians(x)	degrees를 radians로 변환	math.radians(180)	[Out 84]
sin(x)	sin(x), x:radians	math.sin(math.pi/2)	[Out 85]
cos(x)	cos(x), x:radians	math.cos(math.pi)	[Out 86]
tan(x)	tan(x), x:radians	math.tan(math.pi/3)	[Out 87]

from math import 함수명으로 함수를 임포트 했다면, 함수를 직접 호출해서 사용할 수 있다. 예를 들어 exp(2)를 다음과 같이 직접 호출해서 사용할 수 있다.

```
from math import exp
print("[Out 88]: exp(%d)  = %f" % (2, exp(2)))
```

출력결과

```
[Out 88]: exp(2)  = 7.389056
```

3.2 부울형 자료

부울형 자료는 True 또는 False 두 개의 값만 가진다. 일반적으로 컴퓨터에서 False란 어떤 변수가 비어있거나, 값이 존재하지 않거나, 0인 경우이다. 그 외의 경우는 True이다. 예를 통해서 이 사실을 확인해보자.

False 값을 가지는 경우

```
b1, b2, b3, b4, b5, b6, b7, b8 = False, [], {}, "", set(), 0, 0.0, None
print("[Out 89]: boolean({}) = {}".format(b1,bool(b1)))
print("[Out 90]: boolean({}) = {}".format(b2,bool(b2)))
print("[Out 91]: boolean({}) = {}".format(b3,bool(b3)))
print("[Out 92]: boolean({}) = {}".format(b4,bool(b4)))
print("[Out 93]: boolean({}) = {}".format(b5,bool(b5)))
print("[Out 94]: boolean({}) = {}".format(b6,bool(b6)))
print("[Out 95]: boolean({}) = {}".format(b7,bool(b7)))
print("[Out 96]: boolean({}) = {}".format(b8,bool(b8)))
```

True 값을 가지는 경우

```
b9, b10, b11,b12 = 1, True, "frg", [5,6]
print("[Out 97]: boolean({}) = {}".format(b9,bool(b9)))
print("[Out 98]: boolean({}) = {}".format(b10,bool(b10)))
print("[Out 99]: boolean({}) = {}".format(b11,bool(b11)))
print("[Out 100]: boolean({}) = {}".format(b12,bool(b12)))
```

출력결과

```
[Out 89]: boolean(False) = False
[Out 90]: boolean([]) = False
[Out 91]: boolean({}) = False
[Out 92]: boolean() = False
[Out 93]: boolean(set()) = False
[Out 94]: boolean(0) = False
[Out 95]: boolean(0.0) = False
[Out 96]: boolean(None) = False
[Out 97]: boolean(1) = True
[Out 98]: boolean(True) = True
```

```
[Out 99]: boolean(frg) = True
[Out 100]: boolean([5, 6]) = True
```

bool(x) 함수는 x에 따라 True 혹은 False를 반환한다. [Out 89] ~ [Out 96]까지 결과는 어떤 변수가 비어있거나([], {}, “”, set()), 값이 존재하지 않거나(None), 0인 경우 모두 불리언 값이 False인 것을 보았다. 이외 모든 것의 불리언 값이 True라는 것을 [Out 97] ~ [Out 100]까지 결과에서 볼 수 있다. 조건이 True이면 TRUE를 출력하고, False이면 FALSE를 출력하는 두 개의 예제를 살펴보자.

```
if []:
    print("[Out 101] : TRUE")
else:
    print("[Out 102] : FALSE")

x = 2
if x:
    print("[Out 103] : TRUE")
else:
    print("[Out 104] : FALSE")
```

출력결과

```
[Out 102] : FALSE
[Out 103] : TRUE
```

[ ]가 False이기 때문에 [Out 102]가 출력되었고, x는 True 이기 때문에 [Out 103]이 출력되었다. 그 다음 비교 연산자와 논리 연산자를 이용하여 부울형 자료를 나타내보자.

비교연산자

```
c1, c2, c3 = 2.5, 7.8, 2.5
print("[Out 105]: c1 = {0:.1f} is {1}".format(c1,c1 == 2.5))
print("[Out 106]: c2 = {0:.1f} is {1}".format(c1,c2 == 2.5))
print("[Out 107]: c1 not= {0:.1f} is {1}".format(c1,c1 != 2.5))
print("[Out 108]: c2 not = {0:.1f} is {1}".format(c1,c2 != 2.5))
print("[Out 109]: {0:.1f} >= {1:.1f} is {2}".format(c1,c2, c1 >= c2))
print("[Out 110]: {0:.1f} <= {1:.1f} is {2}".format(c1,c2, c1 <= c2))
print("[Out 111]: {0:.1f} > {1:.1f} is {2}".format(c1,c2, c1 > c2))
print("[Out 112]: {0:.1f} < {1:.1f} is {2}".format(c1,c2, c1 < c2))
```

출력결과

```
[Out 105]: c1 = 2.5 is True
[Out 106]: c2 = 2.5 is False
[Out 107]: c1 not= 2.5 is False
[Out 108]: c2 not = 2.5 is True
[Out 109]: 2.5 >= 7.8 is False
```

```
[Out 110]: 2.5 <= 7.8 is True
[Out 111]: 2.5 > 7.8 is False
[Out 112]: 2.5 < 7.8 is True
```

[Out 105] ~ [Out 112]까지의 결과는 비교 연산자를 이용해 부울형 자료를 나타낸 것이다. 비교 연산자를 표로 정리해보자.

연산자	내용	예	결과
x == y	x와 y가 같은가?	c1==2.5	[Out 105]
x != y	x와 y가 같지 않은가?	c1 != 2.5	[Out 107]
x 〉= y	x가 y보다 크거나 같은가?	2.5 〉= 7.8	[Out 109]
x 〈= y	x가 y보다 작거나 같은가?	2.5 〈= 7.8	[Out 110]
x 〉 y	x가 y보다 큰가?	2.5 〉 7.8	[Out 111]
x 〈 y	x가 y보다 작은가?	2.5 〈 7.8	[Out 112]

논리곱 연산자 and를 살펴보자

논리곱(AND)

```
print("[Out 113]: {0:.1f} <= {1:.1f} and {0:.1f} = {2:.1f} is {3}"
      .format(c1,c2,c3, (c1<=c2) and (c1 == c3)))
print("[Out 114]: {0:.1f} >= {1:.1f} and {0:.1f} = {2:.1f} is {3}"
      .format(c1,c2,c3, (c1>=c2) and (c1 == c3)))
print("[Out 115]: {0:.1f} <= {1:.1f} and {0:.1f} not= {2:.1f} is {3}"
      .format(c1,c2,c3, (c1<=c2) and (c1 != c3)))
print("[Out 116]: {0:.1f} >= {1:.1f} and {0:.1f} not= {2:.1f} is {3}"
      .format(c1,c2,c3, (c1>=c2) and (c1 != c3)))
```

출력결과

```
[Out 113]: 2.5 <= 7.8 and 2.5 = 2.5 is True
[Out 114]: 2.5 >= 7.8 and 2.5 = 2.5 is False
[Out 115]: 2.5 <= 7.8 and 2.5 not= 2.5 is False
[Out 116]: 2.5 >= 7.8 and 2.5 not= 2.5 is False
```

[Out 113]~[Out 116]까지의 결과는 논리곱을 나타낸 것이다. 논리곱을 표로 정리해보자.

P	q	p and q	예	결과
True	True	True	2.5 〈= 7.8 and 2.5 = 2.5	[Out 113]
False	True	False	2.5 〉= 7.8 and 2.5 = 2.5	[Out 114]
True	False	False	2.5 〈= 7.8 and 2.5 not= 2.5	[Out 115]
False	False	False	2.5 〉= 7.8 and 2.5 not= 2.5	[Out 116]

논리합 연산자 or를 살펴보자.

논리합(or)

```
print("[Out 117]: {0:.1f} <= {1:.1f} or {0:.1f} = {2:.1f} is {3}"
      .format(c1,c2,c3, (c1<=c2) or (c1 == c3)))
print("[Out 118]: {0:.1f} >= {1:.1f} or {0:.1f} = {2:.1f} is {3}"
      .format(c1,c2,c3, (c1>=c2) or (c1 == c3)))
print("[Out 119]: {0:.1f} <= {1:.1f} or {0:.1f} not= {2:.1f} is {3}"
      .format(c1,c2,c3, (c1<=c2) or (c1 != c3)))
print("[Out 120]: {0:.1f} >= {1:.1f} or {0:.1f} not= {2:.1f} is {3}"
      .format(c1,c2,c3, (c1>=c2) or (c1 != c3)))
```

출력결과

```
[Out 117]: 2.5 <= 7.8 or 2.5 = 2.5 is True
[Out 118]: 2.5 >= 7.8 or 2.5 = 2.5 is True
[Out 119]: 2.5 <= 7.8 or 2.5 not= 2.5 is True
[Out 120]: 2.5 >= 7.8 or 2.5 not= 2.5 is False
```

[Out 117]~[Out 120]까지의 결과는 논리합을 나타낸 것이다. 논리합을 표로 정리해보자.

P	q	p or q	예	결과
True	True	True	2.5 <= 7.8 or 2.5 = 2.5	[Out 117]
False	True	True	2.5 >= 7.8 or 2.5 = 2.5	[Out 118]
True	False	True	2.5 <= 7.8 or 2.5 not= 2.5	[Out 119]
False	False	False	2.5 >= 7.8 or 2.5 not= 2.5	[Out 120]

논리부정 연산자 not를 살펴보자

논리부정(not)

```
print("[Out 121]: not({0:.1f} <= {1:.1f}) is {2}".format(c1,c2, not(c1<=c2)))
print("[Out 122]: not({0:.1f} >= {1:.1f}) is {2}".format(c1,c2, not(c1>=c2)))
```

출력결과

```
[Out 121]: not(2.5 <= 7.8) is False
[Out 122]: not(2.5 >= 7.8) is True
```

[Out 121]와 [Out 122]는 논리부정을 나타낸 것이다. 논리부정을 표로 정리해보자.

P	not p	예	결과
True	False	not(2.5 <= 7.8)	[Out 121]
False	True	not(2.5 >= 7.8)	[Out 122]

배타적 논리합 연산자 ^를 살펴보자

배타적 논리합(^)

```
print("[Out 123]: {0:.1f} <= {1:.1f} xor {0:.1f} = {2:.1f} is {3}"
      .format(c1,c2,c3, (c1<=c2) ^ (c1 == c3)))
print("[Out 124]: {0:.1f} >= {1:.1f} xor {0:.1f} = {2:.1f} is {3}"
      .format(c1,c2,c3, (c1>=c2) ^ (c1 == c3)))
print("[Out 125]: {0:.1f} <= {1:.1f} xor {0:.1f} not= {2:.1f} is {3}"
      .format(c1,c2,c3, (c1<=c2) ^ (c1 != c3)))
print("[Out 126]: {0:.1f} >= {1:.1f} xor {0:.1f} not= {2:.1f} is {3}"
      .format(c1,c2,c3, (c1>=c2) ^ (c1 != c3)))
```

출력결과

```
[Out 123]: 2.5 <= 7.8 xor 2.5 = 2.5 is False
[Out 124]: 2.5 >= 7.8 xor 2.5 = 2.5 is True
[Out 125]: 2.5 <= 7.8 xor 2.5 not= 2.5 is True
[Out 126]: 2.5 >= 7.8 xor 2.5 not= 2.5 is False
```

[Out 123]~[Out 126]까지의 결과는 배타적 논리합을 나타낸 것이다. 배타적 논리합을 표로 정리해보자.

P	q	p · q	예	결과
True	True	False	2.5 <= 7.8 xor 2.5 = 2.5	[Out 123]
False	True	True	2.5 >= 7.8 xor 2.5 = 2.5	[Out 124]
True	False	True	2.5 <= 7.8 xor 2.5 not= 2.5	[Out 125]
False	False	False	2.5 >= 7.8 xor 2.5 not= 2.5	[Out 126]

3.3 문자열

문자열은 일련의 문자들이 나열된 것을 말한다. 파이썬에서 문자열을 작은따옴표(' ')나 큰따옴표(" ") 혹은 삼중따옴표(''' ''' 혹은 """ """)로 감싸서 표현된다. 숫자형 이나 부울형으로 보이지만 따옴표에 감싸져있다면 그것은 문자열로 취급된다. 줄 바꿈(₩n) 혹은 삼중따옴표를 사용하면 여러 개 문장으로 이루어진 문자열을 만드는데 편리하다. 하나의 긴 문장으로 이루어진 문자열을 여러 행으로 입력해서 문자열을 만들기 위해서는 각 행의 문장 마지막에 역슬래시(₩)를 입력해야한다. 몇 가지 예를 살펴보자.

작은따옴표와 큰따옴표를 이용한 문자열 입력

```
str1, str2, str3, str4 = 'park', 'True', "100", '파이썬'
```

```
print("[Out 127]: {0:s}, {1:s}, {2:s}, {3:s}".format(str1,str2,str3,str4))
print("[Out 128]: {}, {}, {}, {}".format(type(str1),type(str2),type(str3),type(str4)))
```

출력결과

```
[Out 127]: park, True, 100, 파이썬
[Out 128]: <class 'str'>, <class 'str'>, <class 'str'>, <class 'str'>
```

[Out 127]은 작은따옴표와 큰따옴표를 이용해서 입력한 문자열을 출력한 결과이다. [Out 128]에서 변수 str1, str2, str3, str4의 자료형이 문자열인 것을 볼 수 있다. 여기서 True는 부울형, 100은 숫자형 자료이지만 따옴표로 묶여 있기 때문에 문자열로 인식되었다.

역슬래시 사용

```
str5 = '하나의 긴 문장으로 이루어진 문자열을 여러 행으로 입력해서 문자열을 ₩
만들기 위해서는 각 행의 문장 마지막에 역슬래시를 입력해야한다.'
print("[Out 129]: %s" %str5)
str6 = '문자열을 만들 때 양쪽에 ₩'같은 종류의 따옴표₩'를 사용해야 한다.'
print("[Out 130]: %s" %str6)
str7 = '문자열을 만들 때 양쪽에 "같은 종류의 따옴표"를 사용해야 한다.'
print("[Out 131]: %s" %str7)
```

출력결과

```
[Out 129]: 하나의 긴 문장으로 이루어진 문자열을 여러 행으로 입력해서 문자열을 만들기 위해서는 각 행의
 문장 마지막에 역슬래시(₩)를 입력해야한다.
[Out 130]: 문자열을 만들 때 양쪽에 '같은 종류의 따옴표'를 사용해야 한다.
[Out 131]: 문자열을 만들 때 양쪽에 "같은 종류의 따옴표"를 사용해야 한다.
```

[Out 129]에서 변수 str5에 한 문장을 ₩로 분리해서 입력했지만, 한 문장으로 문자열이 형성되고 출력된 것을 확인할 수 있다. [Out 130]은 작은따옴표 사이에 작은따옴표를 삽입하고자 할 때 ₩를 사용하는 방법을 보여준다. [Out 131]은 작은따옴표 사이에 큰따옴표를 삽입하는 방법을 보여준다.

역슬래시n, 삼중따옴표 사용

```
str8 = '줄 바꿈 혹은 삼중따옴표로 여러 행으로 된 ₩
문자열을 만들 수 있다.₩n문자열을 만들 때 양쪽에 같은 종류의 따옴표를 사용해야 한다.'
print("[Out 132]: %s" %str8)
str9 = '''줄 바꿈 혹은 삼중따옴표로 여러 행으로 된 문자열을 만들 수 있다.
문자열을 만들 때 양쪽에 같은 종류의 따옴표를 사용해야 한다.'''
print("[Out 133]: %s" %str9)
"""
여러 가지 따옴표로 문자열을 형성하는 방법을 설명한다.
이문장은 코드 실행에 영향을 주지 않는 주석이다.
"""
```

출력결과

```
[Out 132]: 줄 바꿈 혹은 삼중따옴표로 여러 행으로 된 문자열을 만들 수 있다.
 문자열을 만들 때 양쪽에 같은 종류의 따옴표를 사용해야 한다.
[Out 133]: 줄 바꿈 혹은 삼중따옴표로 여러 행으로 된 문자열을 만들 수 있다.
 문자열을 만들 때 양쪽에 같은 종류의 따옴표를 사용해야 한다.
```

변수 str8에 "줄 바꿈 혹은 삼중따옴표로 여러 행으로 된 문자열을 만들 수 있다."와 "문자열을 만들 때 양쪽에 같은 종류의 따옴표를 사용해야 한다."는 두 문장을 한 문자열로 입력되었지만 중간에 삽입된 ₩n 때문에 두 문장으로 따로 출력된 것을 [Out 132]에서 볼 수 있다. [Out 133]은 삼중따옴표를 사용하면 변수 str9에 입력한 그대로 문자열이 만들어지고 출력된다는 것을 보여준다. 마지막에 삼중따옴표로 감싸진 문장은 코드 실행에 영향을 미치지 않는 주석이다. 삼중따옴표는 프로그램 안에 주석을 달 때 많이 사용된다.

공백 인식

```
str10 = '파이썬은 공백을 인식한다. ₩
파이썬과₩
역슬래시.'
print("[Out 134]: %s" %str10)
```

출력결과

```
[Out 134]: 파이썬은 공백을 인식한다. 파이썬과역슬래시.
```

[Out 134]는 ₩ 앞에 공백이 있는 경우 공백을 인식해서 공백으로 출력하였다. 문자열을 만들 때 자주 범하는 오류를 살펴보자.

오류와 오류 메세지

```
error1 = "오류'
              ^
SyntaxError: EOL while scanning string literal
error2 = '오류 '오류' 오류'
                ^
SyntaxError: invalid syntax
error3 = "오류 "오류" 오류"
                ^
SyntaxError: invalid syntax
error4 = 오류
NameError: name '오류' is not defined
error5 = '큰따옴표나 작은따옴표로 문자열을 만드는 경우 줄을 바꾸어서₩
여러 행으로 입력할 때는 각 행의 문장 끝에 반드시 문장 끝에 역슬래시를
입력해야한다. 줄 바꿈은 문자열의 끝으로 생각한다.'
SyntaxError: EOL while scanning string literal
```

첫 번째 오류는 양쪽의 따옴표 모양이 다른 경우이다. 두 번째와 세 번째는 작은따옴표과 큰따옴표 안에 작은따옴표와 큰따옴표가 삽입되었기 때문이다. 내 번째는 따옴표가 빠진 경우이다. 마지막으로 다섯 번째는 줄이 바뀔 때 "역슬래시를" 뒤에 ₩가 없기 때문에 오류가 발생되었다. str()함수로 숫자형이나 다른 유형의 자료를 문자열로 변환할 수 있다. 몇 가지 예를 살펴보자.

str() 함수

```
int1, real1, bool1  = 100, 100.5, True
print("[Out 135]: {0},{1:s}, {2}".format(type(int1),str(int1), type(str(int1))))
print("[Out 136]: {0},{1:s}, {2}".format(type(real1),str(real1), type(str(real1))))
print("[Out 137]: {0},{1},{2}".format(type(bool1),str(bool1), type(str(bool1))))
```

출력결과

```
[Out 135]: <class 'int'>,100, <class 'str'>
[Out 136]: <class 'float'>,100.5, <class 'str'>
[Out 137]: <class 'bool'>,True,<class 'str'>
```

[Out 135]~[Out 137]의 결과는 정수형, 실수형, 부울형 자료가 문자열로 변형된 것을 보여준다. 문자열에서 여러 개의 문자열을 연결하거나, 같은 문자열을 반복하기 위해서 연산자 "+"와 "*"를 사용한다. 몇 가지 예를 살펴보자.

문자열 연결과 반복

```
year, dog, happy = 2018, '무술년', 'Good luck,'
print("[Out 138]:", str(year)+'년은' + ' ' + dog + ' ' + '개 띠 해이다.')
print("[Out 139]: {0:d}년은 {1:s} 개 띠 해이다.".format(year, dog))
print("[Out 140]: {0}".format(happy*3))
```

출력결과

```
[Out 138]: 2018년은 무술년 개 띠 해이다.
[Out 139]: 2018년은 무술년 개 띠 해이다.
[Out 140]: Good luck,Good luck,Good luck,
```

[Out 138]은 "year, 년은, ' ', dog, 개 띠 해이다."를 +로 연결해서 만든 "2018년은 무술년 개 띠 해이다."라는 문장을 보여준다. 여기서 year는 숫자형 자료이다. 숫자형 자료와 문자열은 연결할 수 없기 때문에 str()함수를 이용해서 문자열로 변형한 후에 연결하였다. [Out 139]는 format()를 사용해서 만든 문장을 보여준다. [Out 140]은 변수 happy에 저장된 Good luck을 세 번 반복해서 출력한 것이다.

문자열 함수

문자열에서 사용되는 함수를 살펴보자.

split() 함수

```
str11 = '2018년은 무술년 개 띠 해이다.'
print("[Out 141]:",str11)
str11_split = str11.split()
print("[Out 142]:",str11_split)
str12 = '2018년은|무술년|개|띠|해이다.'
print("[Out 143]:",str12)
str12_split = str12.split('|')
print("[Out 144]:",str12_split)
str13_split = str12.split('|',1)
print("[Out 145]:",str13_split)
```

출력결과

```
[Out 141]: 2018년은 무술년 개 띠 해이다.
[Out 142]: ['2018년은', '무술년', '개', '띠', '해이다.']
[Out 143]: 2018년은|무술년|개|띠|해이다.
[Out 144]: ['2018년은', '무술년', '개', '띠', '해이다.']
[Out 145]: ['2018년은', '무술년|개|띠|해이다.']
```

split()함수는 지정된 구분 문자를 기준으로 문자열을 나누어 리스트를 만든다. [Out 142]는 공백을 기준으로 문자열 나누어 리스트를 만들었다. [Out 144]는 "|"를 기준으로 문자열을 분리하고 리스트를 만들었다. [Out 145]는 첫 번째만 "|"를 기준으로 문자열을 나누고, 나머지는 하나로 묶어서 나타낸다. 따라서 리스트가 2개의 원소로 이루어 있다.

join() 함수

```
str11_split_join = ' '.join(str11_split)
print("[Out 146]:",str11_split_join)
str12_split_join = '#'.join(str12_split)
print("[Out 147]:",str12_split_join)
```

출력결과

```
[Out 146]: 2018년은 무술년 개 띠 해이다.
[Out 147]: 2018년은#무술년#개#띠#해이다.
```

join()함수는 리스트의 원소를 주어진 구분 문자를 기준으로 합쳐서 하나의 문자열을 만든다. [Out 146]은 str11_split를 공백을 기준으로 합쳐서 하나의 문자열로 만들었다. [Out 147]은 str12_split를 "#"을 기준으로 합쳐서 하나의 문자열로 만들었다.

len() 함수

```
print("[Out 148]:",len(str11))
```

출력결과

```
[Out 148]: 19
```

len()함수는 문자열의 길이를 나타내는 함수이다. [Out 148]은 문자열 str11의 길이가 19임을 나타낸다.

index() 함수

```
print("[Out 149]:",str11.index('2'))
print("[Out 150]:",str11.index('0'))
print("[Out 151]:",str11.index('1'))
print("[Out 152]:",str11.index('8'))
print("[Out 153]:",str11.index('년'))
print("[Out 154]:",str11.index('은'))
print("[Out 155]:",str11.index(' '))
print("[Out 156]:",str11.index('무'))
print("[Out 157]:",str11.index('술'))
print("[Out 158]:",str11.index('년',6))
print("[Out 159]:",str11.index(' ',9))
print("[Out 160]:",str11.index('개'))
print("[Out 161]:",str11.index(' ',11))
print("[Out 162]:",str11.index('띠'))
print("[Out 163]:",str11.index(' ',13))
print("[Out 164]:",str11.index('해'))
print("[Out 165]:",str11.index('이'))
print("[Out 166]:",str11.index('다'))
print("[Out 167]:",str11.index('.'))
```

출력결과

```
[Out 149]: 0
[Out 150]: 1
[Out 151]: 2
[Out 152]: 3
[Out 153]: 4
[Out 154]: 5
[Out 155]: 6
[Out 156]: 7
[Out 157]: 8
[Out 158]: 9
[Out 159]: 10
[Out 160]: 11
[Out 161]: 12
[Out 162]: 13
[Out 163]: 14
[Out 164]: 15
[Out 165]: 16
```

```
[Out 166]: 17
[Out 167]: 18
```

index()는 문자열에서 각 문자의 위치를 찾는 함수이다. 파이썬에서 인덱스는 0부터 시작한다. [Out 149]~[Out 167]은 문자열에서 각 문자들의 위치 보여준다. index('년',6)은 6부터 시작해서 "년"의 위치를 나타낸다. 각 문자의 위치를 표로 정리하면 다음과 같다.

index	0	1	2	3	4	5	6	7	8	9	10	11	12	13	14	15	16	17	18
문 자	2	0	1	8	년	은		무	술	년		개		띠		해	이	다	.

특정한 위치의 글자 찾기

```
print("[Out 168]:",str11[0])
print("[Out 169]:",str11[1:4])
print("[Out 170]:",str11[4:])
print("[Out 171]:",str11[:6])
```

출력결과

```
[Out 168]: 2
[Out 169]: 018
[Out 170]: 년은 무술년 개 띠 해이다.
[Out 171]: 2018년은
```

특정한 위치의 문자를 찾기 위해서 [ ]안에 글자의 위치를 지정하면 된다. [Out 168]은 0번에 위치한 글자 2를 출력하였다. [Out 169]는 1번~3번에 위치한 문자 018을 출력하였다. 파이썬에서 마지막 index는 포함되지 않는다. [Out 170]은 4번~끝에 위치한 모든 문자를 출력하였다. [Out 171]은 0번~5번에 위치한 문자를 출력하였다.

find() 함수

```
str11_find = str11.find('무술년')
print("[Out 172]:",str11_find)
str11_find1 = str11.find('2017')
print("[Out 173]:",str11_find1)
```

출력결과

```
[Out 172]: 7
[Out 173]: -1
```

find()는 찾고자 하는 문자열의 첫 번째 위치를 알려준다. [Out 172]는 찾고자 하는 문자열 무술년의 첫 글자 무의 위치 7을 나타내었다. [Out 173]은 2017이라는 문자열이 존재하지 않기 때문에 -1을 출력하였다.

---

sprit(), lsprit(), rsprit()

```
str14 = ' 2018년은 무술년 개 띠 해이다.~~~~~ '
print("[Out 174]:",str14)
print("[Out 175]:",len(str14))
print("[Out 176]:",str14.strip())
print("[Out 177]:",len(str14.strip()))
print("[Out 178]:",str14.rstrip())
print("[Out 179]:",len(str14.rstrip()))
print("[Out 180]:",str14.lstrip())
print("[Out 181]:",len(str14.lstrip()))
print("[Out 182]:",str14.rstrip('~ '))
print("[Out 183]:",str14.strip(' ~ '))
print("[Out 184]:",len(str14.strip(' ~ ')))
```

출력결과

```
[Out 174]:  2018년은 무술년 개 띠 해이다.~~~~~
[Out 175]: 26
[Out 176]: 2018년은 무술년 개 띠 해이다.~~~~~
[Out 177]: 24
[Out 178]:  2018년은 무술년 개 띠 해이다.~~~~~
[Out 179]: 25
[Out 180]: 2018년은 무술년 개 띠 해이다.~~~~~
[Out 181]: 25
[Out 182]:  2018년은 무술년 개 띠 해이다.
[Out 183]: 2018년은 무술년 개 띠 해이다.
[Out 184]: 19
```

---

strip()는 문자열의 양쪽 끝에서 삭제할 문자를 동시에 제거하는 함수이다. lstrip()함수는 문자열의 왼쪽 끝에서 제거할 문자를 삭제한다. rstrip()함수는 문자열의 오른쪽 끝에서 제거할 문자를 삭제한다. str14는 양쪽 끝에 공백과 "~"를 포함하는 길이가 26인 문자열이다. [Out 176]은 str14에서 양쪽 끝의 공백을 제거한 결과이다. 나머지 문자열의 길이가 24인 것을 [Out 177]에서 확인할 수 있다. [Out 178]은 오른쪽 끝의 공백을 삭제한 결과이다. 나머지 문자열의 길이가 25인 것을 [Out 179]에서 확인할 수 있다. [Out 180]은 왼쪽 끝의 공백을 삭제한 결과이다. 나머지 문자열의 길이가 25인 것을 [Out 181]에서 확인할 수 있다. [Out 182]는 제거할 문자열 "~ "을 rstrip()함수의 인수로 지정하여 오른쪽 끝의 "~"와 공백을 제거하였다. [Out 183]은 제거할 문자열 " ~ "을 strip()함수의 인수로 지정하여 왼쪽 끝의 공백과 오른쪽 끝의 "~"와 공백을 제거하였다. 그 결과 나머지 문자열의 길이가 19인 것을 [Out 184]에서 확인할 수 있다.

```
count() 함수
print("[Out 185]:",str14.count('년'))
print("[Out 186]:",str14.count(' '))
print("[Out 187]:",str14.count('무술'))
print("[Out 188]:",str14.count('년',6))
```

출력결과

```
[Out 185]: 2
[Out 186]: 6
[Out 187]: 1
[Out 188]: 1
```

count()는 문자열에 나타난 특정 글자의 개수를 나타낸다. [Out 185]에서 문자열 str14에 문자 "년"이 2번 나타난다는 것을 알 수 있다. [Out 186]은 str14에 공백이 6번 나온다는 것을 나타낸다. [Out 187]은 str14에 "무술"이 1번 나온다는 것을 보여준다. [Out 188]은 str14에서 6번 이후로 "년"이 1번 나온다는 것을 보여준다.

```
Counter() 함수
import collections
str15 = '코코 코코 흰 강아지 예쁜 강아지 사자 닮았네'
letter = collections.Counter(str15)
print("[Out 189]:",letter)
words = collections.Counter(str15.split())
print("[Out 190]:",str15.split())
print("[Out 191]:",words)
print("[Out 192]:")
for voc, num in words.most_common(2):
    print(voc,num)
```

출력결과

```
[Out 189]: Counter({' ': 7, '코': 4, '강': 2, '아': 2, '지': 2, '흰': 1, '예': 1, '쁜': 1, '사': 1, '자': 1, '닮': 1, '았': 1, '네': 1})
[Out 190]: ['코코', '코코', '흰', '강아지', '예쁜', '강아지', '사자', '닮았네']
[Out 191]: Counter({'코코': 2, '강아지': 2, '흰': 1, '예쁜': 1, '사자': 1, '닮았네': 1})
[Out 192]:
 코코 2
 강아지 2
```

Counter()함수를 이용하면 어떤 문자열에 나타나는 문자의 수를 알 수 있다. 이 함수를 사용하려면 모듈 collections를 import해야 한다. [Out 189]는 문자열 str15에 나타난 각 문자의 수를 출력하였다. 예를 들어 str15에는 공백이 7번, "코" 4번, "강"이 2번, "아"가 2번, "지"가 2번 그리고 "흰", "예", "쁜", "사", "자", "닮", "았", "네" 가 각각 한 번 사용되었다. [Out 190]은 split()함수를 사용해서 공백을 기준으로 str15를 분리해서 리스트를 만들었다. [Out 191]은 str15에 나타난 각 단어의 수를 나타낸다.

즉 str15에는 "코코" 2번, "강아지" 2번 그리고 "흰", "예쁜", "사자", "닮았네"가 각각 1번 씩 나온다. [Out 192]는 most_common()함수를 이용하여 빈도수가 가장 높은 단어 두 개와 그들의 빈도수를 나타낸다.

replace() 함수

```
print("[Out 193]:",str15.replace('강아지','개'))
print("[Out 194]:",str15.replace('강아지','개',1))
```

출력결과

```
[Out 193]: 코코 코코 흰 개 예쁜 개 사자 닮았네
[Out 194]: 코코 코코 흰 개 예쁜 강아지 사자 닮았네
```

replace()함수는 문자열의 내용을 변경할 때 사용된다. [Out 193]은 str15에서 "강아지"를 "개"로 바꾸었다. [Out 194]는 두 개의 "강아지" 중에서 앞에 있는 "강아지" 하나만 "개"로 변경하였다.

capitalize(), upper(), lower() 함수

```
str16 = 'park'
print("[Out 195]:",str16)
print("[Out 196]:",str16.capitalize())
print("[Out 197]:",str16.upper())
str17= 'PARK'
print("[Out 198]:",str17)
print("[Out 199]:",str17.lower())
```

출력결과

```
[Out 195]: park
[Out 196]: Park
[Out 197]: PARK
[Out 198]: PARK
[Out 199]: park
```

capitalize()는 문자열에서 첫 글자만 대문자로 변경한다. upper()은 소문자를 대문자로 lower()은 대문자를 소문자로 변경하는 함수이다. [Out 196]은 첫 글자 "p"만 대문자로 변경하였다. [Out 197]은 소문자 "park"를 대문자로 바꾸었다. [Out 199]는 대문자 "PARK"를 소문자로 나타내었다.

SECTION 4. 자료구조

자료를 효율적으로 처리하려면 자료를 어떻게 저장하고 처리하는지 그 방법을 알아야한다. 파이썬에서는 자료를 리스트, 튜플, 딕셔너리, 집합 등 다양한 형태로 저장할 수 있는 다양한 자료구조를 제공하고 있다. 여기서는 이 네 가지 자료구조에 대해서 살펴보자.

4.1 리스트

리스트(list)는 순서가 있고 변경할 수 있는 자료들의 모임이다. 따라서 리스트는 서로 관련된 자료를 차례로 접근해서 처리하려고 할 때 많이 이용한다. 예를 들어 어떤 매장에서 월 매출액을 기록한 연간 자료를 저장하는 경우 리스트를 이용한다. 리스트는 자료가 저장된 위치를 나타내는 인덱스로 자료에 접근할 수 있다. 리스트의 길이는 상황에 따라 변할 수 있다.

리스트 만들기

```
list0 = []
print("[Out 200]: list0= {}".format(list0))
list1 = [80,75,90,42,56,89,91,67,72,81]
print("[Out 201]: list1= {}".format(list1))
list2 = ['2018년', '무술년', '개', '띠']
print("[Out 202]: list2= {}".format(list2))
list3 = ['박이김', '남자', 180, 70.5]
print("[Out 203]: list3= {}".format(list3))
list4 = [list0, list1,list2,list3]
print("[Out 204]: list4= {}".format(list4))
list5 = list(str15)
print("[Out 205]: list5= {}".format(list5))
tuple1 = (2,3,4,5,6)
print("[Out 206]: tuple1= {}".format(tuple1))
list6 = list(tuple1)
print("[Out 207]: list6= {}".format(list6))
list7 = ['park', 'lee', list1, tuple1]
print("[Out 208]: list7= {}".format(list7))
print("[Out 209]: type: list0={0}, list1={1}, list4={2}, list7={3}"
      .format(type(list0),type(list1),type(list4),type(list7)))
print("[Out 210]: size of list: list0={0}, list1={1}, list4={2}, list7={3}"
      .format(len(list0), len(list1), len(list4),len(list7)))
```

출력결과

```
[Out 200]: list0= []
[Out 201]: list1= [80, 75, 90, 42, 56, 89, 91, 67, 72, 81]
[Out 202]: list2= ['2018년', '무술년', '개', '띠']
[Out 203]: list3= ['박이김', '남자', 180, 70.5]
[Out 204]: list4= [[], [80, 75, 90, 42, 56, 89, 91, 67, 72, 81], ['2018년', '무술년', '개', '띠'], ['박이김', '남자',
           180, 70.5]]
```

```
[Out 205]: list5= ['코', '코', ' ', '코', '코', ' ', '흰', ' ', '강', '아', '지', ' ', '예', '쁜', ' ', '강', '아', '지', ' ', '사', '자', ' ', '닮', '
            았', '네']
[Out 206]: tuple1= (2, 3, 4, 5, 6)
[Out 207]: list6= [2, 3, 4, 5, 6]
[Out 208]: list7= ['park', 'lee', [80, 75, 90, 42, 56, 89, 91, 67, 72, 81], (2, 3, 4, 5, 6)]
[Out 209]: type: list0=<class 'list'>, list1=<class 'list'>, list4=<class 'list'>, list7=<class 'list'>
[Out 210]: size of list: list0=0, list1=10, list4=4, list7=4
```

리스트는 대괄호 [ ]안에 각 자료를 콤마로 분리해서 만든다. [Out 200]은 list0에 []를 할당해서 빈 리스트를 만든 것이다. [Out 201]은 10명의 학생들의 성적을 list1에 리스트 형식으로 저장한 것이다. [Out 202]는 문자열을 list2에 리스트 형식으로 할당하였다. [Out 203]은 박이김이라는 사람의 정보 리스트를 list3에 저장한 것이다. 여기서 우리는 리스트에 서로 다른 유형의 자료들이 포함될 수 있다는 것을 볼 수 있다. [Out 204]는 리스트를 원소로 갖는 리스트를 list4에 저장한 것이다. [Out 205]는 list()함수를 사용하여 문자열 str15를 리스트로 변환하여 list5에 저장한 결과이다. [Out 207]은 list()함수를 이용하여 tuple1을 리스트로 변환하여 list6에 할당한 것이다. [Out 208]은 문자열, 숫자, 리스트, 튜플 등 여러 가지 유형의 자료들이 리스트의 원소가 될 수 있다는 것을 보여준다. [Out 209]는 type()함수를 이용하여 각 변수들의 유형이 리스트라는 것을 확인하였다. [Out 210]은 len()함수를 이용하여 각 변수들의 크기를 나타내었다. list0은 빈 리스트이므로 크기가 0, list1은 원소가 10개이므로 길이가 10, list4는 4개의 리스트를 원소로 가지기 때문에 크기가 4이다. 그리고 list7은 문자열 2개, 리스트 1개, 튜플 1개로 이루어졌기 때문에 크기가 4이다.

리스트 인덱싱

```
list8 = list(str11)
print("[Out 211]: list8= ",list8)
print("[Out 212]: index 0 = ",list8[0])
print("[Out 213]: index 1 = ",list8[1])
print("[Out 214]: index 2 = ",list8[2])
print("[Out 215]: index 3 = ",list8[3])
print("[Out 216]: index 4 = ",list8[4])
print("[Out 217]: index 5 = ",list8[5])
print("[Out 218]: index 6 = ",list8[6])
print("[Out 219]: index 7 = ",list8[7])
print("[Out 220]: index 8 = ",list8[8])
print("[Out 221]: index 9 = ",list8[9])
print("[Out 222]: index 10 = ",list8[10])
print("[Out 223]: index 11 = ",list8[11])
print("[Out 224]: index 12 = ",list8[12])
print("[Out 225]: index 13 = ",list8[13])
print("[Out 226]: index 14 = ",list8[14])
print("[Out 227]: index 15 = ",list8[15])
print("[Out 228]: index 16 = ",list8[16])
```

```
print("[Out 229]: index 17 = ",list8[17])
print("[Out 230]: index 18 = ",list8[18])
print("[Out 231]: index -1 = ",list8[-1])
print("[Out 232]: index -2 = ",list8[-2])
print("[Out 233]: index -3 = ",list8[-3])
print("[Out 234]: index -4 = ",list8[-4])
print("[Out 235]: index -5 = ",list8[-5])
print("[Out 236]: index -6 = ",list8[-6])
print("[Out 237]: index -7 = ",list8[-7])
print("[Out 238]: index -8 = ",list8[-8])
print("[Out 239]: index -9 = ",list8[-9])
print("[Out 240]: index -10 = ",list8[-10])
print("[Out 241]: index -11 = ",list8[-11])
print("[Out 242]: index -12 = ",list8[-12])
print("[Out 243]: index -13 = ",list8[-13])
print("[Out 244]: index -14 = ",list8[-14])
print("[Out 245]: index -15 = ",list8[-15])
print("[Out 246]: index -16 = ",list8[-16])
print("[Out 247]: index -17 = ",list8[-17])
print("[Out 248]: index -18 = ",list8[-18])
print("[Out 249]: index -19 = ",list8[-19])
```

출력결과

```
[Out 211]: list8= ['2', '0', '1', '8', '년', '은', ' ', '무', '술', '년', ' ', '개', ' ', '띠', ' ', '해', '이', '다', '.']
[Out 212]: index 0 =  2
[Out 213]: index 1 =  0
[Out 214]: index 2 =  1
[Out 215]: index 3 =  8
[Out 216]: index 4 =  년
[Out 217]: index 5 =  은
[Out 218]: index 6 =
[Out 219]: index 7 =  무
[Out 220]: index 8 =  술
[Out 221]: index 9 =  년
[Out 222]: index 10 =
[Out 223]: index 11 =  개
[Out 224]: index 12 =
[Out 225]: index 13 =  띠
[Out 226]: index 14 =
[Out 227]: index 15 =  해
[Out 228]: index 16 =  이
[Out 229]: index 17 =  다
[Out 230]: index 18 =  .
[Out 231]: index -1 =  .
[Out 232]: index -2 =  다
[Out 233]: index -3 =  이
[Out 234]: index -4 =  해
[Out 235]: index -5 =
[Out 236]: index -6 =  띠
[Out 237]: index -7 =
[Out 238]: index -8 =  개
[Out 239]: index -9 =
[Out 240]: index -10 =  년
```

```
[Out 241]: index -11 =  술
[Out 242]: index -12 =  무
[Out 243]: index -13 =
[Out 244]: index -14 =  은
[Out 245]: index -15 =  년
[Out 246]: index -16 =  8
[Out 247]: index -17 =  1
[Out 248]: index -18 =  0
[Out 249]: index -19 =  2
```

인덱싱이란 대괄호에 인덱스를 지정하여 리스트의 한 원소에 접근하는 방법을 말한다. [Out 211]은 문자열 str11을 리스트로 변환하여 list8에 저장한 결과이다. [Out 212]~[Out 249]까지는 각 인덱스의 위치에 저장된 자료를 나타내었다. 그 결과를 그림으로 요약해보면 다음과 같다.

index	0	1	2	3	4	5	6	7	8	9	10	11	12	13	14	15	16	17	18
문 자	2	0	1	8	년	은		무	술	년		개		띠		해	이	다	.
index	-19	-18	-17	-16	-15	-14	-13	-12	-11	-10	-9	-8	-7	-6	-5	-4	-3	-2	-1

list[0]은 리스트의 첫 번째 원소이고, list[-1]은 리스트의 마지막 원소를 나타낸다.

리스트 슬라이싱

```
print("[Out 250]: index(0~5) = ",list8[0:6])
print("[Out 251]: index(7~9) = ",list8[7:10])
print("[Out 252]: index(7~) = ",list8[7:])
print("[Out 253]: index(~5) = ",list8[:6])
print("[Out 254]: index(0,2,4,6) = ",list8[0:7:2])
print("[Out 255]: index(7,10,13,16) = ",list8[7::3])
print("[Out 256]: index(0,3,6,9) = ",list8[:10:3])
print("[Out 257]: index(0,4,8,,12,16) = ",list8[::4])
print("[Out 258]: index(0,3,6,9,12,15) = ",list8[:-3:3])
print("[Out 259]: index(17,15,13,11,9,7,5) = ",list8[17:4:-2])
print("[Out 260]: index(-4,-3,-2,-1) = ",list8[-4:])
print("[Out 261]: index(-1~-19)= ",list8[::-1])
print("[Out 262]: index(-1~5)= ",list8[:4:-1])
```

출력결과

```
[Out 250]: index(0~5) =  ['2', '0', '1', '8', '년', '은']
[Out 251]: index(7~9) =  ['무', '술', '년']
[Out 252]: index(7~) =  ['무', '술', '년', ' ', '개', ' ', '띠', ' ', '해', '이', '다', '.']
[Out 253]: index(~5) =  ['2', '0', '1', '8', '년', '은']
[Out 254]: index(0,2,4,6) =  ['2', '1', '년', ' ']
[Out 255]: index(7,10,13,16) =  ['무', ' ', '띠', '이']
[Out 256]: index(0,3,6,9) =  ['2', '8', ' ', '년']
```

```
[Out 257]: index(0,4,8,12,16) =  ['2', '년', '술', ' ', '이']
[Out 258]: index(0,3,6,9,12,15) =  ['2', '8', ' ', '년', ' ', '해']
[Out 259]: index(17,15,13,11,9,7,5) =  ['다', '해', '띠', '개', '년', '무', '은']
[Out 260]: index(-4,-3,-2,-1) =  ['해', '이', '다', '.']
[Out 261]: index(-1~-19)=  ['.', '다', '이', '해', ' ', '띠', ' ', '개', ' ', '년', '술', '무', ' ', '은', '년', '8', '1', '0', '2']
[Out 262]: index(-1~5)=  ['.', '다', '이', '해', ' ', '띠', ' ', '개', ' ', '년', '술', '무', ' ', '은']
```

슬라이싱은 리스트[시작:끝:증분]을 지정하여 리스트에서 [시작, 끝) 사이에 있는 자료에 접근하는 방법이다. 슬라이싱은 기존 리스트의 일부를 선택하고자 할 때 사용된다. [Out 250]은 처음 여섯 개의 글자를 선택하였다. 여기서 특이한 것은 list8[0:6]이면 7개의 문자가 나와야 할 것 같은데 6개의 글자만 출력되었다. 우리는 여기서 슬라이싱에서 끝 값(인덱스 6)에 저장된 자료는 포함되지 않는다는 것을 볼 수 있다. [Out 251]은 일곱 번째부터 3개의 문자를 나타내었다. [Out 252]는 인덱스 7이후의 모든 문자를 반환하였다. 여기서 우리는 리스트의 원소를 계산할 때 공백도 원소로 취급된다는 것을 볼 수 있다. [Out 253]은 인덱스 6미만에 있는 문자를 모두 나타내었다. [Out 254]는 인덱스 0부터 7사이에서 매 두 번째(0, 2, 4, 6)에 위치하는 문자를 출력하였다. [Out 255]는 인덱스 7이후에 매 세 번째(7, 10, 13, 16)에 해당하는 문자를 나타내었다. [Out 256]은 인덱스 10미만에서 매 세 번째(0, 3, 6, 9)에 저장된 문자를 반환하였다. [Out 257]은 0부터 매 네 번째(0, 4, 8, 12, 16)에 저장된 글자를 출력하였다. [Out 258]은 0과 -3사이에서 매 세 번째(0, 3, 6, 9, 12, 15)에 있는 원소를 나타내었다. [Out 259]는 17부터 4까지 왼쪽 방향으로 매 두 번째(17, 15, 13, 11, 9, 7, 5)에 있는 원소를 출력하였다. [Out 260]은 마지막 네 개(-4, -3, -2, -1)의 원소를 선택하였다. [Out 261]은 리스트 원소의 순서를 거꾸로 나열하였다. [Out 262]는 5~18까지의 리스트 원소의 순서를 거꾸로 뒤집었다.

리스트 원소의 변경, list.copy(), 리스트 병합(+)

```
list1 = [80,75,90,42,56,89,91,67,72,81]
print("[Out 263]: list1= {}".format(list1))
list9 = list1
print("[Out 264]: list1을 list9 = {} 에 복사".format(list9))
list9[2] = 85
print("[Out 265]: list9[2]를 85로 변환 후의 list9 = {}".format(list9))
print("[Out 266]: list1[2]도 85로 변환된 list1 = {}".format(list1))
list10 = list9.copy()
print("[Out 267]: list9를 list10 = {}에 복사".format(list10))
list10[2:3] = [76, 66]
print("[Out 268]: list10[2]를 76,66로 변환 후의 list10= {}".format(list10))
print("[Out 269]: 변화 없는 list9= {}".format(list9))
list10[2] = ['p','k']
print("[Out 270]: list10[2]를 ['p','k']로 변환 후의 list10= {}".format(list10))
list1[4:6] = [42, 54, 32]
print("[Out 271]: list1[4]와 list1[5]를 42.54,32로 변환 후의 list1= {}".format(list1))
```

```
list1[4:6] = [88]
print("[Out 272]: list1[4]와 list1[5]를 88로 변환 후의  list1= {}".format(list1))
list11 = list1[:5] + [89, 56] + list1[5:]
print("[Out 273]: list1[4]와 list1[5] 사이에 89,56 삽입 후의 list11= {}".format(list11))
```

출력결과

```
[Out 263]: list1= [80, 75, 90, 42, 56, 89, 91, 67, 72, 81]
[Out 264]: list1을 list9 = [80, 75, 90, 42, 56, 89, 91, 67, 72, 81] 에 복사
[Out 265]: list9[2]를 85로 변환 후의 list9 = [80, 75, 85, 42, 56, 89, 91, 67, 72, 81]
[Out 266]: list1[2]도 85로 변환된 list1 = [80, 75, 85, 42, 56, 89, 91, 67, 72, 81]
[Out 267]: list9를 list10 = [80, 75, 85, 42, 56, 89, 91, 67, 72, 81]에 복사
[Out 268]: list10[2]를 76,66로 변환 후의 list10= [80, 75, 76, 66, 42, 56, 89, 91, 67, 72, 81]
[Out 269]: 변화 없는 list9= [80, 75, 85, 42, 56, 89, 91, 67, 72, 81]
[Out 270]: list10[2]를 ['p','k']로 변환 후의 list10= [80, 75, ['p', 'k'], 66, 42, 56, 89, 91, 67, 72, 81]
[Out 271]: list1[4]와 list1[5]를 42,54,32로 변환 후의 list1= [80, 75, 85, 42, 42, 54, 32, 91, 67, 72, 81]
[Out 272]: list1[4]와 list1[5]를 88로 변환 후의 list1= [80, 75, 85, 42, 88, 32, 91, 67, 72, 81]
[Out 273]: list1[4]와 list1[5] 사이에 89,56 삽입 후의 list11= [80, 75, 85, 42, 88, 89, 56, 32, 91, 67, 72, 81]
```

리스트 값을 변경하면서 기존의 리스트를 보존하기 위해서 list1을 list9에 할당하였다. [Out 263]과 [Out 264]가 같은 결과는 나타내고 있다. [Out 265]는 list9[2]에 저장된 90을 85로 변환한 것이다. 그런데 [Out 266]의 결과를 보면 list1[2]의 값도 85로 변한 것을 확인할 수 있다. 여기서 list1을 할당한 list9가 변하면 그 변화가 list1에도 영향을 미친다는 것을 볼 수 있다. 즉 list1를 list9에 복사한 것은 참조(reference)였다. 리스트를 복사하려면 list.copy()함수를 사용해야 한다. [Out 267]은 list.copy()를 이용하여 list9를 list10에 복사하였다. [Out 268]은 list10[2]에 저장된 85를 76, 66으로 변환하였다. 그러나 원본인 list9 전혀 변화가 없다는 것을 [Out 269]에서 볼 수 있다. [Out 270]은 list10[2]=76을 리스트 ['p', 'k']로 변경하였다. [Out 271]은 list1[4]=56과 list1[5]=89를 42, 54, 32로 바꾸었다. [Out 272]는 list1[4]=42와 list1[5]=54를 88로 변환하였다. [Out 273]은 list1의 다섯 번째 원소(88)와 여섯 번째 원소(32) 사이에 89, 56을 추가하여 만든 새로운 리스트를 list11에 할당하였다. 이 결과는 세 개의 리스트 list1[:5], [89, 56], list1[5:]를 병합한 것이다. 여기서 우리는 여러 개의 리스트를 병합할 때 "+" 연산자를 사용한다는 것을 보았다.

---

list.append()

```
list0 = []
print("[Out 274]: 빈 리스트 list0= {}".format(list0))
print("[Out 275]: list0의 크기 :  {}".format(len(list0)))
list0.append(1)
print("[Out 276]: list0에 1 추가 : list0 = {}".format(list0))
list0.append(2)
print("[Out 277]: list0에 2 추가 : list0 = {}".format(list0))
list0.append(3)
print("[Out 278]: list0에 3 추가 : list0 = {}".format(list0))
```

```
print("[Out 279]: list12에 원소가 추가되는 과정")
list12 = []
for i in range(1,21):
    list12.append(i)
    print(list12)
print("[Out 280]: list12 = {}".format(list12))
list13 = []
for element in list12[:10]:
    list13.append(element)
print("[Out 281]: list12에 1~10까지 추출 : list13 = {}".format(list13))
list14 = []
for element in list12:
    if element % 2 is 0:
        list14.append(element)
print("[Out 282]: list12에서 짝수 추출 : list14 = {}".format(list14))
```

출력결과

```
[Out 274]: 빈 리스트 list0= []
[Out 275]: list0의 크기 :  0
[Out 276]: list0에 1 추가 : list0 = [1]
[Out 277]: list0에 2 추가 : list0 = [1, 2]
[Out 278]: list0에 3 추가 : list0 = [1, 2, 3]
[Out 279]: list12에 원소가 추가되는 과정
 [1]
 [1, 2]
 [1, 2, 3]
 [1, 2, 3, 4]
 [1, 2, 3, 4, 5]
 [1, 2, 3, 4, 5, 6]
 [1, 2, 3, 4, 5, 6, 7]
 [1, 2, 3, 4, 5, 6, 7, 8]
 [1, 2, 3, 4, 5, 6, 7, 8, 9]
 [1, 2, 3, 4, 5, 6, 7, 8, 9, 10]
 [1, 2, 3, 4, 5, 6, 7, 8, 9, 10, 11]
 [1, 2, 3, 4, 5, 6, 7, 8, 9, 10, 11, 12]
 [1, 2, 3, 4, 5, 6, 7, 8, 9, 10, 11, 12, 13]
 [1, 2, 3, 4, 5, 6, 7, 8, 9, 10, 11, 12, 13, 14]
 [1, 2, 3, 4, 5, 6, 7, 8, 9, 10, 11, 12, 13, 14, 15]
 [1, 2, 3, 4, 5, 6, 7, 8, 9, 10, 11, 12, 13, 14, 15, 16]
 [1, 2, 3, 4, 5, 6, 7, 8, 9, 10, 11, 12, 13, 14, 15, 16, 17]
 [1, 2, 3, 4, 5, 6, 7, 8, 9, 10, 11, 12, 13, 14, 15, 16, 17, 18]
 [1, 2, 3, 4, 5, 6, 7, 8, 9, 10, 11, 12, 13, 14, 15, 16, 17, 18, 19]
 [1, 2, 3, 4, 5, 6, 7, 8, 9, 10, 11, 12, 13, 14, 15, 16, 17, 18, 19, 20]
[Out 280]: list12 = [1, 2, 3, 4, 5, 6, 7, 8, 9, 10, 11, 12, 13, 14, 15, 16, 17, 18, 19, 20]
[Out 281]: list12에 1~10까지 추출 : list13 = [1, 2, 3, 4, 5, 6, 7, 8, 9, 10]
[Out 282]: list12에서 짝수 추출 : list14 = [2, 4, 6, 8, 10, 12, 14, 16, 18, 20]
```

리스트에 원소를 추가하려면 리스트가 먼저 생성되어 있어야한다. 그래서 먼저 list0을 만들었다. list0은 길이가 0인 빈 리스트라는 것을 [Out 274]와 [Out 275]에서 볼

수 있다. list.append()는 기존 리스트에 자료를 추가하는 함수이다. [Out 276]은 list0에 1을 추가하였다. [Out 277]은 list0에 2를, [Out 278]은 list0에 3을 추가하였다. 결과에서 보는 거와 같이 append()함수는 리스트의 마지막에 원소를 추가한다. append() 함수를 for 문과 같이 사용하면 편리하게 리스트를 만들 수 있다. [Out 279]는 1~20까지를 for문과 append()함수를 이용하여 원소가 list12에 추가되는 과정을 보였다. 첫 번째 for 루프에서 i값 1이 리스트에 추가되고 두 번째 루프에서 2가 추가되었다. 그리고 계속 루프가 반복되면서 20까지 리스트에 추가된다. [Out 281]은 list12에서 1~10까지 추출해서 list13에 추가하였다. 첫 번째 for 루프에서 element 값 list12[0]=1이 리스트에 추가되었고 두 번째 루프에서 list12[1]=2가 추가되었다. 그리고 계속 루프가 반복되면서 list12[9]=10까지 리스트에 추가되었다. [Out 282]는 list12의 원소 중에서 짝수만 선택해서 list14에 추가하였다. 첫 번째 for 루프에서 element 값 list12[0]=1은 홀수이기 때문에 리스트에 추가되지 않았고, 두 번째 루프에서 list12[1]=2는 짝수 이므로 리스트에 추가되었다. 그리고 계속 루프가 반복되면서 홀수는 빠지고, 짝수만 리스트에 추가되었다.

---

list.extend()

```
list15 = [1,2,3]
print("[Out 283]: list15 = %s" %list15)
list15.append([4,6])
print("[Out 284]: append([4,6])의 결과 : list15 = %s" %list15)
list15.extend([4,6])
print("[Out 285]: extend([4,6])의 결과 : list15 = %s" %list15)
list16 = [1,2,3]
print("[Out 286]: list16 = %s" %list16)
list17 = [4,5,6]
print("[Out 287]: list17 = %s" %list17)
list16.extend(list17)
print("[Out 288]: list16.extend(list17)의 결과 : list16 = %s" %list16)
list18 = [1,2,3] + [4,5,6]
print("[Out 289]: [1,2,3]+[4,5,6]의 결과 : list18 = %s" %list18)
```

출력결과

```
[Out 283]: list15 = [1, 2, 3]
[Out 284]: append([4,6])의 결과 : list15 = [1, 2, 3, [4, 6]]
[Out 285]: extend([4,6])의 결과 : list15 = [1, 2, 3, [4, 6], 4, 6]
[Out 286]: list16 = [1, 2, 3]
[Out 287]: list17 = [4, 5, 6]
[Out 288]: list16.extend(list17)의 결과 : list16 = [1, 2, 3, 4, 5, 6]
[Out 289]: [1,2,3]+[4,5,6]의 결과 : list18 = [1, 2, 3, 4, 5, 6]
```

---

append()함수로 한 개의 원소를 추가할 수 있다는 것은 앞에서 이야기 했다. [Out 284]에서 append()를 이용해서 [4,6]을 추가했을 때 리스트가 원소로 추가된 것을

볼 수 있다. 여러 개의 원소를 리스트에 추가하기 위해서 list.extend()함수를 사용하면 된다. extend()함수는 리스트를 인수로 받아 주어진 리스트의 원소를 기존 리스트에 추가한다. [Out 285]는 인자로 주어진 리스트의 원소 4, 6을 기존 list15에 추가된 것을 보여준다. [Out 288]은 list17을 list16에 extend한 결과를 보여준다. 이것은 두 리스트를 연산자 "+"로 병합한 것과 동일하다. 이 사실은 [Out 289]에서 확인할 수 있다.

---

list.insert()

```
list16.insert(0,4)
print("[Out 290]: list16 = %s" %list16)
list17.insert(2,[10,4])
print("[Out 291]: list17 = %s" %list17)
```

출력결과

```
[Out 290]: list16 = [4, 1, 2, 3, 4, 5, 6]
[Out 291]: list17 = [4, 5, [10, 4], 6]
```

---

list.insert()는 지정한 위치 앞에 원소를 삽입한다. 따라서 insert()는 원하는 위치에 원소를 추가하려고 할 때 사용한다. append()와 extend()는 리스트 마지막에 원소를 추가한다. [Out 290]은 지정된 위치 list16[0]에 원소 4를 추가하였다. [Out 291]은 지정된 위치 list17[2]앞에 리스트 [10, 4]를 추가하였다.

---

del()

```
del(list16[0:2])
print("[Out 292]: list16[0]와 list16[1]을 제거: list16 = %s" %list16)
del(list17[2])
print("[Out 293]: list17[2]를 제거 : list17 = {}".format(list17))
del(list17[:])
print("[Out 294]: list17의 모든 원소를 제거 : list17 = {}".format(list17))
```

출력결과

```
[Out 292]: list16[0]와 list16[1]을 제거: list16 = [2, 3, 4, 5, 6]
[Out 293]: list17[2]를 제거 : list17 = [4, 5, 6]
[Out 294]: list17의 모든 원소를 제거 : list17 = []
```

---

del()함수는 리스트의 인덱스를 인수로 받아 그 위치에 해당하는 원소를 제거한다. [Out 292]는 list16[0]과 list16[1]에 있는 원소를 제거하였다. [Out 293]은 list17[2]에 있는 원소를 제거하였다. [Out 294]는 list17의 모든 원소를 제거하였다.

```
list.pop()
list18 = [6,7,8,9,10]
print("[Out 295]: list18 = {}".format(list18))
list18_pop = list18.pop()
print("[Out 296]: list18 에서 마지막 원소 제거: list18  = {}".format(list18))
print("[Out 297]: list18 에서 마지막 원소를 제거하고 반환한 값: list18_pop = {}"
      .format(list18_pop))
list18_pop_2 = list18.pop(2)
print("[Out 298]: list18[2]에 있는 원소 제거: list18  = {}".format(list18))
print("[Out 299]: list18[2]에 있는 원소 제거하고 반환한 값: list18_pop_2 = {}"
      .format(list18_pop_2))
```

출력결과

```
[Out 295]: list18 = [6, 7, 8, 9, 10]
[Out 296]: list18 에서 마지막 원소 제거: list18  = [6, 7, 8, 9]
[Out 297]: list18 에서 마지막 원소를 제거하고 반환한 값: list18_pop = 10
[Out 298]: list18[2]에 있는 원소 제거: list18  = [6, 7, 9]
[Out 299]: list18[2]에 있는 원소 제거하고 반환한 값: list18_pop_2 = 8
```

list.pop()함수는 리스트의 인덱스 값을 인수로 받아서 그 위치에 있는 원소를 제거하고 제거된 값은 반환한다. 인덱스를 지정하지 않으면 마지막 원소를 제거하고 반환한다. [Out 296]은 list18의 마지막 원소를 제거하였다. [Out 297]은 제거된 값 10을 반환한 것이다. [Out 298]은 list18[2]의 원소를 제거하였다. [Out 299]는 제거된 값 8을 반환한 것이다.

```
list.remove()
list19 = [2,4,6,8,10,8]
print("[Out 300]: list19 = {}".format(list19))
list19_remove = list19.remove(8)
print("[Out 301]: list19에서 원소 8을 제거: list19  = {}".format(list19))
print("[Out 302]: list19에서 제거된 8은 없어짐: list19_remove = {}"
      .format(list19_remove))
print("[Out 303]: list19에 제거할 원소가 없으면 오류 발생")
list19_remove = list19.remove(9)
if 6 in list19:
    list19.remove(6)
print("[Out 304]: 6이 list19의 원소이면 제거: list19 = {}".format(list19))
```

출력결과

```
[Out 300]: list19 = [2, 4, 6, 8, 10, 8]
[Out 301]: list19에서 원소 8을 제거: list19  = [2, 4, 6, 10, 8]
[Out 302]: list19에서 제거된 8은 없어짐: list19_remove = None
[Out 303]: list19에 제거할 원소가 없으면 오류 발생
 ValueError: list.remove(x): x not in list
[Out 304]: 6이 list19의 원소이면 제거: list19 = [2, 4, 10, 8]
```

list.remove()는 삭제할 원소를 인수로 지정하여 삭제하는 함수이다. 삭제할 원소가 리스트에 여러 개 있을 경우에는 첫 번째 원소만 제거한다. 삭제할 원소를 알고 있는 경우에 많이 사용된다. [Out 301]은 list19의 원소 중에 8을 제거하였다. 8은 list19[3]과 list19[5]에 저장되어 있다. 처음 나타나는 list19[3]에 저장된 8만 제거한다. [Out 302]에서 삭제된 원소 8은 완전히 없어진 것을 볼 수 있다. 리스트에 제거할 원소가 없으면 [Out 303]과 같은 오류가 발생한다. if문과 in 연산자를 이용하여 삭제할 원소가 리스트에 속하는 지를 확인하여 제거할 수 있다. [Out 304]는 6이 리스트의 원소로 확인되었기 때문에 6을 제거하였다.

---

list.index()

```
list2 = ['2018년', '무술년', '개', '띠']
print("[Out 305]: list2 = {}".format(list2))
list2_index = list2.index('무술년')
print("[Out 306]: list2에서 무술년의 위치 : list2_insex = {}".format(list2_index))
try:
    list2_index = list2.index('2017년')
except ValueError:
    print("[Out 307]: 2017년은 list2의 원소가 아닙니다.")
print("[Out 308]: list2 안에 있는 원소의 인덱스")
for list2_index in range(4):
    list2_element_index = list2.index(list2[list2_index])
    print("{} 의 인덱스: {}". format(list2[list2_index],list2_element_index))
list20 = [1,2,3,4,2,2,5,6]
print("[Out 309]: list20 = {}".format(list20))
print("[Out 310]: list20에서 2의 위치 = {}".format(list20.index(2)))
print("[Out 311]: list20에서 인덱스 3이후 2의 위치 = {}".format(list20.index(2,3)))
print("[Out 312]: list20에서 인덱스 4와 6 사이에 있는 2의 위치 = {}"
      .format(list20.index(2,4,6)))
```

출력결과

```
[Out 305]: list2 = ['2018년', '무술년', '개', '띠']
[Out 306]: list2에서 무술년의 위치 : list2_insex = 1
[Out 307]: 2017년은 list2의 원소가 아닙니다.
[Out 308]: list2 안에 있는 원소의 인덱스
 2018년 의 인덱스: 0
 무술년 의 인덱스: 1
 개 의 인덱스: 2
 띠 의 인덱스: 3
[Out 309]: list20 = [1, 2, 3, 4, 2, 2, 5, 6]
[Out 310]: list20에서 2의 위치 = 1
[Out 311]: list20에서 인덱스 3이후 2의 위치 = 4
[Out 312]: list20에서 인덱스 4와 6 사이에 있는 2의 위치 = 4
```

---

list.index()함수는 특정 원소를 인수로 지정하여 그 위치를 찾을 때 사용한다. [Out 306]은 무술년이 list2[1]위치에 있다는 것을 나타낸다. index()함수의 인수로 지정된

원소가 리스트에 없으면 오류가 발생한다. [Out 307]은 예외처리를 사용하여 "2017년은 list2의 원소가 아닙니다."라는 문장을 출력하였다. [Out 308]은 list2에 있는 각 원소들의 인덱스 값을 나타내었다. 첫 번째 for루프에서 list2_index=0이므로 list2[0]=2018년이다. 따라서 list2.index('2018년')=0이므로 2018년의 인덱스 값이 0으로 출력되었다. 두 번째 루프에서 무술년의 인덱스 값이 1로 출력되었다. 그리고 계속 for 루프가 계속 되면서 각 원소의 인덱스 값이 출력되었다. 지정된 원소가 리스트에 여러 개 있을 경우에는 첫 번째 원소의 위치만 나타낸다. list20에는 3개의 2가 포함되어있다. [Out 310]은 첫 번째 2의 인덱스 값을 나타내었다. [Out 311]은 인덱스 3이후에 존재하는 2 중에서 첫 번째 2의 인덱스 값을 나타내었다. [Out 312]은 인덱스 4~6 사이에 존재하는 2 중에서 첫 번째 2의 인덱스 값을 나타내었다.

---

list.sort()

```
list21 = ['임이이', '박김이', '홍차조', '왕조리']
print("[Out 313]: list21 = {}".format(list21))
list22 = list21.sort()
print("[Out 314]: 기존 리스트 자체가 순서대로 정렬되므로 새로운 list22의 값은 None:₩list22 = {}".format(list22))
print("[Out 315]: list21을 가나다 순으로 정렬 : list21 = {}".format(list21))
list23 = [78,56,90,34,67,44]
print("[Out 316]: list23 = {}".format(list23))
list24 = list23[:]
print("[Out 317]: list24 = {}".format(list24))
list24.sort()
print("[Out 318]: list24을 오름차순으로 정렬 : list24 = {}".format(list24))
print("[Out 319]: list23 = {}".format(list23))
list23.sort(reverse=True)
print("[Out 320]: list23을 내림차순으로 정렬 : list23 = {}".format(list23))
```

출력결과

```
[Out 313]: list21 = ['임이이', '박김이', '홍차조', '왕조리']
[Out 314]: 기존 리스트 자체가 순서대로 정렬되므로 새로운 list22의 값은 None: list22 = None
[Out 315]: list21을 가나다순으로 정렬 : list21=['박김이', '왕조리', '임이이', '홍차조']
[Out 316]: list23 = [78, 56, 90, 34, 67, 44]
[Out 317]: list24 = [78, 56, 90, 34, 67, 44]
[Out 318]: list24을 오름차순으로 정렬 : list24 = [34, 44, 56, 67, 78, 90]
[Out 319]: list23 = [78, 56, 90, 34, 67, 44]
[Out 320]: list23을 내림차순으로 정렬 : list23 = [90, 78, 67, 56, 44, 34]
```

---

list.sort()함수는 리스트안의 원소들을 순서대로 나열한다. sort()는 정렬한 결과를 기존 리스트에 바로 저장하므로 기존 리스트 자체가 변경된다. 이러한 경우를 인플레이스(in place)라고 한다. 따라서 정렬한 새로운 리스트를 만들지 않는다. list21안에는 네 명의 이름 있다. 이름을 가, 나, 다 순으로 나열하여 list22에 할당하였다. 그러나 [Out 314]에서 list22에 할당된 값이 없기 때문에 None로 출력된 것을 볼 수 있다. [Out 315]는 list21의 원소가 정렬된 결과이다. 여기서 리스트 list21 자체가 변경된 것

을 볼 수 있다. 기존 리스트를 그대로 보존하고 리스트를 정렬하고자 한다면, 리스트의 복사본을 만든 후에 정렬을 해야 한다. [Out 317]은 list23을 list24로 복사한 것이다. list23[:]은 list23.copy()와 동일한 결과를 나타낸다. [Out 318]은 복사한 list24를 오름차순으로 정렬하였다. [Out 319]에서 list23이 그대로 보존된 것을 확인하였다. [Out 320]은 reverse =True로 지정해서 list23을 내림차순으로 정렬하였다.

sorted()

```
list25 = [78,56,90,34,67,44]
print("[Out 321]: list25 = {}".format(list25))
list25_sorted = sorted(list25)
print("[Out 322]: list25를 오름차순으로 정렬 = {}".format(list25_sorted))
print("[Out 323]: list25 = {}".format(list25))
list25_sorted_descending = sorted(list25, reverse=True)
print("[Out 324]: list25를 내림차순으로 정렬 = {}".format(list25_sorted_descending))
list26 = [['박김이', 'M', 89], ['김차조', 'F', 84], ['홍팔오', 'M', 78], ['박조이', 'F', 90]]
print("[Out 325]: list26 = {}".format(list26))
list26_sorted_key_0 = sorted(list26, key=lambda name:name[0])
print("[Out 326]: list26을 이름을 기준으로 배열 = {}".format(list26_sorted_key_0))
list26_sorted_key_1 = sorted(list26, key=lambda sex: sex[1])
print("[Out 327]: list26을 성별을 기준으로 정렬 = {}".format(list26_sorted_key_1))
list26_sorted_key_2 = sorted(list26, key=lambda score: score[2])
print("[Out 328]: list26을 점수를 기준으로 정렬 = {}".format(list26_sorted_key_2))
list26_sorted_key_1_2 = sorted(list26, key=lambda col: (col[1],col[2]))
print("[Out 329]: list26을 성별에 따라 정렬 그리고 점수를 기준으로 정렬 = {}"
      .format(list26_sorted_key_1_2))
```

출력결과

```
[Out 321]: list25 = [78, 56, 90, 34, 67, 44]
[Out 322]: list25를 오름차순으로 정렬 = [34, 44, 56, 67, 78, 90]
[Out 323]: list25 = [78, 56, 90, 34, 67, 44]
[Out 324]: list25를 내림차순으로 정렬 = [90, 78, 67, 56, 44, 34]
[Out 325]: list26 = [['박김이', 'M', 89], ['김차조', 'F', 84], ['홍팔오', 'M', 78], ['박   조이', 'F', 90]]
[Out 326]: list26을 이름을 기준으로 배열 = [['김차조', 'F', 84], ['박김이', 'M', 89], ['박조이', 'F', 90], ['홍팔오', 'M', 78]]
[Out 327]: list26을 성별을 기준으로 정렬 = [['김차조', 'F', 84], ['박조이', 'F', 90], ['박김이', 'M', 89], ['홍팔오', 'M', 78]]
[Out 328]: list26을 점수를 기준으로 정렬 = [['홍팔오', 'M', 78], ['김차조', 'F', 84], ['박김이', 'M', 89], ['박조이', 'F', 90]]
[Out 329]: list26을 성별에 따라 정렬 그리고  점수를 기준으로 정렬 = [['김차조', 'F', 84], ['박조이', 'F', 90], ['홍팔오', 'M',
           78], ['박김이', 'M', 89]]
```

sorted()함수는 기존 리스트는 그대로 보존하고, 정렬된 결과로 새로운 리스트를 만든다. 또한 key함수를 이용하여 정렬 기준을 설정할 수 있다. [Out 322]는 list25를 정렬하여 새로운 만든 리스트 list25_sorted를 출력하였다. [Out 323]에서 list25가 변화가 없음을 확인할 수 있다. [Out 324]은 reverse=True로 지정해서 list25을 내림차순으로 정렬한 list25_sorted_descending을 출력하였다. list26은 네 명의 학생에 대한 이름, 성별, 성적으로 만들어진 리스트이다. [Out 326]은 key를 lambda함수로 지정하여 인덱스 0에 위치한 값 즉 이름을 기준으로 list26을 정렬한 list26_sorted_key_0에 할당한 것을 나타내었다. [Out 327]은 인덱스 1에 위치한 값 즉 성별을 기준으로 list26을 정렬한 list26_sorted_key_1에 할당한 것을 출력하였다. [Out 328]은 인덱스 2에 위치한 값 즉 성적을 기준으로 list26을 정렬한 list26_sorted_key_2에 할당한 것을 나타내었다. [Out 329]는 인덱스 1, 2에 위치한 값 즉 성별과 성적을 기준으로 list26을 정렬한 list26_sorted_key_1_2에 할당한 것을 나타내었다. 이 결과는 성별을 기준으로 먼저 정렬을 하고, 그 상태에서 다시 성적을 기준으로 정렬한 한다. 다시 말해서 남녀를 분리하여 남자들끼리 성적순으로 여자들끼리 성적순으로 정렬한다.

---

operator.itemgetter()

```
import operator as op
list26_sorted_itemgetter = sorted(list26, key=op.itemgetter(1))
print("[Out 330]: list26을 성별을 기준으로 정렬 = {}".format(list26_sorted_itemgetter))
list26_sorted_itemgetter_1_2 = sorted(list26, key=op.itemgetter(1,2))
print("[Out 331]: list26을 성별에 따라 정렬 그리고  점수를 기준으로 정렬 = {}"
        .format(list26_sorted_itemgetter_1_2))
```

출력결과

```
[Out 330]: list26을 성별을 기준으로 정렬 = [['김차조', 'F', 84], ['박조이', 'F', 90], ['박김이', 'M', 89], ['홍팔오', 'M', 78]]
[Out 331]: list26을 성별에 따라 정렬 그리고  점수를 기준으로 정렬 = [['김차조', 'F', 84], ['박조이', 'F', 90], ['홍팔오', 'M',
           78], ['박김이', 'M', 89]]
```

---

key함수로 itemgetter() 지정하면 좀 더 편리하게 정렬을 할 수 있다. 이 함수를 사용하기 위해서 operator 모듈을 import해야 한다. 프로그램에서 op는 operator의 별명이다. [Out 330]은 키로 itemgetter함수를 사용하여 인덱스 1에 위치한 값 즉 성별을 기준으로 list26을 정렬한 list26_sorted_itemgetter을 출력하였다. [Out 331]은 인덱스 1, 2에 위치한 값 즉 성별과 성적을 기준으로 list26을 정렬한 list26_sorted_itemgetter_1_2에 할당한 것을 나타내었다.

---

list.reverse()

```
list27 = list('ACKLRNPWSJ')
print("[Out 332]: list27 = %s" %list27)
list28 = list27.copy()
list28.sort()
print("[Out 333]: list28를 알파벳 순으로 정렬 : list28 = %s" %list28)
list28.reverse()
print("[Out 334]: list28를 역순으로 정렬 : list28  = %s" %list28)
list27.sort(reverse=True)
print("[Out 335]: list27을 내림차순으로 정렬 : list27  = %s" %list27)
list29 = list('ㄱㅇㅍㅂㅎㅅㄹㅁ')
print("[Out 336]: list29 = %s" %list29)
list29.reverse()
print("[Out 337]: list29을 역순으로 변경 = %s" %list29)
```

출력결과

```
[Out 332]: list27 = ['A', 'C', 'K', 'L', 'R', 'N', 'P', 'W', 'S', 'J']
[Out 333]: list28를 알파벳 순으로 정렬 : list28 = ['A', 'C', 'J', 'K', 'L', 'N', 'P', 'R', 'S', 'W']
[Out 334]: list28를 역순으로 정렬 : list28  = ['W', 'S', 'R', 'P', 'N', 'L', 'K', 'J', 'C', 'A']
[Out 335]: list27을 내림차순으로 정렬 : list27  = ['W', 'S', 'R', 'P', 'N', 'L', 'K', 'J', 'C', 'A']
[Out 336]: list29 = ['ㄱ', 'ㅇ', 'ㅍ', 'ㅂ', 'ㅎ', 'ㅅ', 'ㄹ', 'ㅁ']
[Out 337]: list29을 역순으로 변경 = ['ㅁ', 'ㄹ', 'ㅅ', 'ㅎ', 'ㅂ', 'ㅍ', 'ㅇ', 'ㄱ']
```

list.reverse()는 리스트의 원소를 역순으로 변경한다. [Out 333]은 list28을 알파벳 순으로 정렬하였다. [Out 334]는 [Out 333]의 결과를 다시 역순으로 나열하였다. 이것이 list27.sort(reverse=True)와 결과가 동일한 것을 [Out 335]에서 볼 수 있다. sort() 함수와 같이 reverse()도 인플레이스로 결과를 반환한다.

list.count()

```
str18 = '아리랑 아리랑 아라리료 아리랑 아리랑 고개로 넘어간다.'
print("[Out 338]: str18 = %s" %str18)
list30 = str18.split()
print("[Out 339]: list30 = %s" %list30)
print("[Out 340]: list30 안에 있는 아리랑의 개수 = %d" %list30.count('아리랑'))
list31 = [10,10,20,30,10,20]
print("[Out 341]: list31 = %s" %list31)
print("[Out 342]: list31에 있는 10개수 = %d " %list31.count(10))
```

출력결과

```
[Out 338]: str18 = 아리랑 아리랑 아라리료 아리랑 아리랑 고개로 넘어간다.
[Out 339]: list30 = ['아리랑', '아리랑', '아라리료', '아리랑', '아리랑', '고개로', '넘어간다.']
[Out 340]: list30 안에 있는 아리랑의 개수 = 4
[Out 341]: list31 = [10, 10, 20, 30, 10, 20]
[Out 342]: list31에 있는 10개수 = 3
```

list.count()함수는 특정 원소를 인자로 지정하여 그 원소가 리스트에 몇 번 나타나는지를 센다. [Out 339]는 민요 아리랑 가사의 일부를 나타내는 문자열 str18을 split()함수를 이용하여 list30으로 변환하였다. [Out 340]은 아리랑 가사에서 아리랑이 4번 나온다는 것을 나타낸다. [Out 342]에서 list31에 10이 3번 있다는 것을 알 수 있다.

Counter()

```
import collections as coll
word_count = coll.Counter(list30)
print("[Out 343]: list30 안에 있는 각 단어들의 개수 = %s" %word_count)
num_count = coll.Counter(list31)
print("[Out 344]: list31안에 있는 각 원소의 개수  = %s" %num_count)
```

출력결과
```
[Out 343]: list30 안에 있는 각 단어들의 개수 = Counter({'아리랑': 4, '아라리요': 1, '고개로': 1, '넘어간다.': 1})
[Out 344]: list31안에 있는 각 원소의 개수 = Counter({10: 3, 20: 2, 30: 1})
```

Counter()함수는 리스트에 있는 항목들의 개수를 셀 때 편리하게 사용할 수 있다. 이 함수를 이용하기 위해서 collections 모듈을 임포터 해야한다. 위 프로그램에서 coll은 collections의 별명이다. [Out 343]에서 주어진 아리랑 가사에서 "아리랑"이 4번 "아라리요"가 1번, "고개로"가 1번, "넘어간다"가 1번 나타났다는 것을 볼 수 있다. [Out 344]에서 list31의 원소 중 10이 3개, 20이 2개, 30이 1개 인 것을 알 수 있다.

리스트 원소가 리스트인 경우
```
print("[Out 345]: list33이 생성되는 과정")
list32 = [['소주','맥주','콜라'], ['소주','주스','와인'], ['맥주', '소주']]
list33 = []
for i in  range(len(list32)):
    for j in list32[i]:
        list33.append(j)
        print(list33)
print("[Out 346]: list33 = {}".format(list33))
print("[Out 347]: list32에서 소주 개수 = %d " %list33.count('소주'))
```

출력결과
```
[Out 345]: list33이 생성되는 과정
 ['소주']
 ['소주', '맥주']
 ['소주', '맥주', '콜라']
 ['소주', '맥주', '콜라', '소주']
 ['소주', '맥주', '콜라', '소주', '주스']
 ['소주', '맥주', '콜라', '소주', '주스', '와인']
 ['소주', '맥주', '콜라' , '소주', '주스', '와인', '맥주']
 ['소주', '맥주', '콜라', '소주', '주스', '와인', '맥주', '소주']
[Out 346]: list33 = ['소주', '맥주', '콜라', '소주', '주스', '와인', '맥주', '소주']
[Out 347]: list32에서 소주 개수 = 3
```

list32는 마트에서 3명의 장바구니에 담긴 항목들을 가지고 만든 리스트다. list32[0]는 첫 번째 고객이 구매한 목록이고, list[1]은 두 번째 고객이, list[2]는 세 번째 고객이 구매한 목록이다. list32는 리스트를 원소로 갖는 리스트이다. [Out 345]는 list32에 포함된 항목들의 수를 세기 위해서 새로운 list33을 생성하였다. 그 과정을 살펴보자. list32의 길이가 3이기 때문에 len(list32)=3이다. 따라서 i=0일 때 list32[0]=['소주', '맥주', '콜라']이므로 j=소주가 list33에 추가된다. 그 다음 j=맥주가 list33에 맥주가 추가되고 마지막으로 콜라가 추가된다. i=1일 때 list32[1]=['소주', '주스', '와인']이므로 j=소주가 list33에 추가된다. 그 다음 j=주스가 list33에 추가되고 마지막에 와인이 추가된다. i=2일 때 list32[2]=['맥주', '소주']이므로 j=맥주가 list33에 추가되고 끝으로 j=소주가 list33에 추가된다. 그래서 최종적으로 list33이 생성되었다. [Out 346]은 list33을 나타내었다. [Out 347]은 새로 만든 list33을 이용해서 list32에 있는 소주의 개수를 나타내었다.

리스트 원소가 리스트인 경우

```
print("[Out 348]: list32안에 있는 리스트의 원소에 접근하기")
list32 = [['소주','맥주','콜라'], ['소주','주스','와인'], ['맥주', '소주']]
for i in  range(len(list32)):
    for j in range(len(list32[i])):
        print(list32[i][j])
```

출력결과

```
[Out 348]: list32안에 있는 리스트의 원소에 접근하기
 소주
 맥주
 콜라
 소주
 주스
 와인
 맥주
 소주
```

리스트 안에 있는 리스트의 원소에 접근하려면 두 개의 대괄호를 사용하면 된다. [Out 348]은 list32안에 있는 리스트의 원소에 접근하는 과정을 보여준다. 처음 i=0 일 때 len(list32[0])=3이므로 j는 0~2까지 움직인다. 따라서 j=0 일 때 list32[0][0]=소주가 출력되었고, j=1 일 때 list32[0][1]=맥주가, 마지막으로 j=2일 때 list32[0][2]=콜라가 출력되었다. 그리고 i=1 일 때 len(list32[1])=3이므로 j는 0~2까지 움직인다. 따라서 j=0 일 때 list32[1][0]=소주가 출력되었고, j=1 일 때 list32[1][1]=주스가, 마지막으로 j=2 일 때 list32[1][2]=와인이 출력되었다. 끝으로 i=2 일 때 len(list32[2])=2이므로 j는 0~1까지 움직인다. 따라서 j=0 일 때 list32[2][0]=맥주가 출력되었고, j=1 일 때 list32[2][1]=소주가 출력되었다.

리스트 원소가 리스트인 경우

```
print("[Out 349]: list32안에 있는 리스트를 풀어 새로운 리스트 만들기")
list32 = [['소주','맥주','콜라'], ['소주','쥬스','와인'], ['맥주', '소주']]
list34 = []
for i in  range(len(list32)):
    for j in range(len(list32[i])):
        list34.append(list32[i][j])
print("list34 = {}".format(list34))
```

출력결과

```
[Out 349]: list32안에 있는 리스트를 풀어 새로운 리스트 만들기
 list34 = ['소주', '맥주', '콜라', '소주', '주스', '와인', '맥주', '소주']
```

[Out 349]는 리스트 안에 있는 리스트원소를 추출하여 새로운 list34를 만들었다. 그 과정은 다음과 같다. 처음 i=0 일 때 len(list32[0])=3이므로 j는 0~2까지 움직인다. 따라서 j=0 일 때 list32[0][0]=소주가 list34에 추가되었고, j=1 일 때 list32[0][1]=맥주가, 마지막으로 j=2일 때 list32[0][2]=콜라가 추가되었다. 그리고 i=1 일 때 len(list32[1])=3이므로 j는 0~2까지 움직인다. 따라서 j=0 일 때 list32[1][0]=소주가 추가되었고, j=1 일 때 list32[1][1]=주스가, 마지막으로 j=2일 때 list32[1][2]=와인이 추가되었다. 끝으로 i=2 일 때 len(list32[2])=2이므로 j는 0~1까지 움직인다. 따라서 j=0 일 때 list32[2][0]=맥주가 추가되었고, j=1 일 때 list32[2][1]=소주가 추가되었다.

Counter()

```
import collections as coll
item_count = coll.Counter(list34)
print("[Out 350]: 각 항목들의 개수 = %s" %item_count)
```

출력결과

```
[Out 350]: 각 항목들의 개수 = Counter({'소주': 3, '맥주': 2, '콜라': 1, '쥬스': 1, '와인': 1})
```

[Out 350]은 Counter()함수를 이용해서 list32안에 있는 각 항목들의 개수를 출력하였다. 이 결과에서 우리는 고객들이 소주 3병, 맥주 2병, 콜라 1병, 주스 1병, 그리고 와인 1병을 구입한 사실을 알 수 있다. 이처럼 고객들의 구매 항목들을 분석함으로써 고객들의 구매 패턴을 알 수 있다. 마케팅 담당자는 마케팅 전략을 수립하는데 이러한 정보를 이용할 수 있다.

list.clear()

```
list36 = [1,2,3,4,5]
list36.clear()
print("[Out 351]: 리스트 내용 모두 지우기: lisr36 = %s" %list36)
```

출력결과

```
[Out 351]: 리스트 내용 모두 지우기: lisr36 = []
```

list.clear()함수는 리스트의 내용을 지우는데 사용된다. [Out 351]은 list36의 내용을 삭제하였다.

리스트 함수와 리스트 슬라이싱 비교

```
str19 = '소주와인주스맥주'
list37 = list(str19)
print("[Out 352]: list37 = %s" %list37)
list38 = []
for i in range(2):
    list38.append(list37.pop())
print("[Out 353]: list38 = %s" %list38)
list38.reverse()
print("[Out 354]: list38 = %s" %list38)
list38.insert(0,list37.pop(0))
print("[Out 355]: list38 = %s" %list38)
list38.remove('주')
new_str19 = ''.join(list38)
print("[Out 356]: list37 = %s" %list37)
print("[Out 357]: list38 = %s" %list38)
print("[Out 358]: new_str19 = %s" %new_str19)
str19 = '소주와인주스맥주'
list39 = list(str19)
str20 = ''.join([list39[0],list39[-2]])
print("[Out 359]: list39 = %s" %list39)
print("[Out 360]: str20 = %s" %str20)
```

출력결과

```
[Out 352]: list37 = ['소', '주', '와', '인', '주', '스', '맥', '주']
[Out 353]: list38 = ['주', '맥']
[Out 354]: list38 = ['맥', '주']
[Out 355]: list38 = ['소', '맥', '주']
[Out 356]: list37 = ['주', '와', '인', '주', '스']
[Out 357]: list38 = ['소', '맥']
[Out 358]: new_str19 = 소맥
[Out 359]: list39 = ['소', '주', '와', '인', '주', '스', '맥', '주']
[Out 360]: str20 = 소맥
```

문자열 str19의 내용에서 "소"와 "맥"을 추출하여 새로운 문자열 "소맥"을 만들어 보자. [Out 353]은 pop함수를 이용해서 list37에서 마지막 원소 "주"와 "맥"을 추출하여 list38에 추가하였다. pop()에서 인덱스가 지정되지 않으면 리스트의 마지막 원소를 삭제하고 그 값을 반환하기 때문에 "주"가 첫 번째로 추가되었다. [Out 354]는 list38의 원소를 역순으로 정렬하였다. [Out 355]는 list37[0]를 추출하여 list38[0]에 삽입하였다. [Out 357]은 list38에서 "주"를 삭제하였다. [Out 358]은 join()함수를 이용하여 list38의 원소를 합쳐서 새로운 문자열 new_str19을 만들었다. 새로운 문자열의 내용이 "소맥"임을 볼 수 있다. [Out 356]에서 list37의 내용이 변경된 것을 볼 수 있다. [Out 360]은 list39[0]=소와 list39[-2]=맥을 추출하여 join()함수를 이용하여 두 문자를 합쳐서 문자열 str20을 생성하였다. [Out 359]에서 list39의 내용이 원본 그대로 유지되는 것을 볼 수 있다. 다시 말해서 리스트 함수를 이용했을 때는 원본이 변하였고, 리스트 슬라이싱을 사용했을 때는 원본이 변하지 않는다는 사실을 알 수 있다.

리스트 축약(comprehension)

```
list40 = [65,68,70,72,72,73,74,74,75,76,78,78,77,82,83,85,86,90,95]
list41 = []
for num in list40:
    if num % 2 is 0:
        list41.append(num)
print("[Out 361]: list40에서 짝수 추출: list41 = {}".format(list41))
list42 = [num for num in list40 if num % 2 is 0]
print("[Out 362]: list40에서 짝수 추출: list42 = {}".format(list42))
```

출력결과

```
[Out 361]: list40에서 짝수 추출: list41 = [68, 70, 72, 72, 74, 74, 76, 78, 78, 82, 86, 90]
[Out 362]: list40에서 짝수 추출: list41 = [68, 70, 72, 72, 74, 74, 76, 78, 78, 82, 86, 90]
```

list40에서 짝수를 찾아 새로운 list41을 생성해보자. 여기서 두 가지 방법으로 프로그램을 작성해보자. [Out 361]은 for 루프를 이용한 결과이고, [Out 362]는 리스트 축약을 사용한 것이다. 리스트 축약은 for 루프를 간결하게 쓴 것이다. 이것은 기존 리스트에서 특정 항목을 추출하거나, 변경하여 새로운 리스트를 만들 때 많이 사용한다. 두 결과를 비교해보면 list41과 list42는 같은 원소들을 포함하고 있다는 사실을 알 수 있다. 그러면 for 루프와 리스트 축약이 어떻게 대응되는지 살펴보자. "list41 = [" 이 "list42 = ["로 대치되고, 그 다음 list41.append(num)에서 "num"만을 입력하고, 끝으로 for 문과 if 문을 입력하고 대괄호를 닫으면 된다.

중앙값(median) 구하기

```
list43 = [65,70,68,72,72,74,73,74,75,78,76,78,77,82,83,86,85,90,95,88]
n_obs = len(list43)
median_point = n_obs // 2
list43_sort =  sorted(list43)
if n_obs % 2 is 1:
    median = list43_sort[median_point]
else:
    median = (list43_sort[median_point-1]+list43_sort[median_point])/2
print("[Out 363]: list43의 중앙값: = {}".format(median))
```

출력결과

```
[Out 363]: list43의 중앙값: = 76.5
```

중앙값은 주어진 자료의 중심의 위치를 나타내는 측도이다. 우선 중앙값을 구하는 방법을 살펴보자. 중앙값은 자료를 크기 순서대로 나열했을 때 중앙에 위치하는 자료의 값이다. 자료의 개수가 n이면 (n+1)/2 번째에 해당하는 자료 값이다.

중앙값 구하기	1) 자료의 개수를 구한다. 2) 자료를 크기 순서대로 정렬한다. 3) 중앙값의 위치를 계산한다.(n+1)/2 4) n이 홀수 이면 (n+1)/2에 해당하는 자료가 중앙값, n이 짝수이면 n/2번째 자료와 (n/2 +1) 번째 자료의 평균이 중앙값이다.

이 과정을 프로그램을 작성해보자. [Out 363]은 작성된 프로그램을 실행한 결과이다. 즉 주어진 자료의 중앙값은 76.5이다. 프로그램을 살펴보자. list43의 크기는 n_obs=20, median_point=10, list43_sort은 list43을 정렬한 것이다. n_obs가 짝수이기 때문에 10번째 자료와 11번째 자료의 평균이 중앙값이다. 여기서 주의해야할 점은 파이썬에서 인덱스는 0부터 시작하기 때문에 10번째 자료의 위치는 list43_sort[9]이고 11번째 자료의 위치는 list43_sort[10]이다. 따라서 프로그램에서 median 값이 (list43_sort[median_point-1] +list43_sort[median_point])/2로 코딩되었다.

분산 및 표준편차 구하기

```
list43 = [65,70,68,72,72,74,73,74,75,78,76,78,77,82,83,86,85,90,95,88]
n_obs = len(list43)
list43_sum = sum(list43)
print("[Out 364]: list43의 합: = {}".format(list43_sum))
list43_mean = list43_sum/n_obs
print("[Out 365]: list43의 평균 : = {}".format(list43_mean))
list43_deviation_sq = [(num-list43_mean)**2 for num in list43]
print("[Out 366]: list43의 편차의 제곱: = {}".format(list43_deviation_sq))
list43_deviation_sq_sum = sum(list43_deviation_sq)
print("[Out 367]: list43의 편차의 제곱합: = {}".format(list43_deviation_sq_sum))
list43_var = list43_deviation_sq_sum/(n_obs-1)
print("[Out 368]: list43의 분산: = {}".format(list43_var))
import math
print("[Out 369]: list43의 표준편차: = {}".format(math.sqrt(list43_var)))
```

출력결과

```
[Out 364]: list43의 합: = 1561
[Out 365]: list43의 평균 : = 78.05
[Out 366]: list43의 편차의 제곱: = [170.30249999999992, 64.80249999999995, 101.00249999999994,
 36.602499999999964, 36.602499999999964, 16.40249999999998, 25.502499999999973,
 16.40249999999998, 9.302499999999982, 0.002499999999999716, 4.202499999999988,
 0.002499999999999716, 1.102499999999994, 15.602500000000022, 24.50250000000003,
 63.20250000000004, 48.30250000000004, 142.80250000000007, 287.3025000000001,
 99.00250000000005]
[Out 367]: list43의 편차의 제곱합: = 1162.9499999999998
[Out 368]: list43의 분산: = 61.20789473684209
[Out 369]: list43의 표준편차: = 7.823547452201085
```

분산과 표준편차는 자료의 흩어진 정도(산포도)를 나타내는 측도이다. 분산과 표준편차가 크면 자료들이 흩어진 정도가 크다. 분산과 표준편차를 구하는 과정을 살펴보자.

분산과 표준편차 구하기

분산과 표준편차를 구하는 공식:

$x_1, x_2, \cdots, x_n$: 자료

분산 = $\sum_{i=1}^{n}(x_i - \bar{x})^2/(n-1)$, 표준편차 = $\sqrt{분산}$

1) 자료의 개수를 구한다.
2) 평균을 구한다.
3) 편차제곱$((x_i - \bar{x})^2), i = 1, 2, \cdots, n$ 을 구한다.
4) 편차제곱합을 구한다.
5) 분산 = 편차제곱합/(n-1)
6) 표준편차 = $\sqrt{분산}$

이 과정을 프로그램으로 작성하는 과정을 살펴보자. [Out 368]과 [Out 369]는 분산과 표준편차를 출력한 결과이다. 분산은 61.20789473684209이고 표준편차는 7.823547이다. [Out 364]는 내장함수 sum()을 이용해서 list43의 합을 구하였다. [Out 365]는 평균을 계산하였다. [Out 366]은 리스트 축약을 사용하여 각 원소의 편차제곱을 계산하고 그 것을 이용해서 list43_deviation_sq=[$(65-78.05)^2$, $(70-78.05)^2$, $(68-78.05)^2$,$\cdots$,$(88-78.05)^2$]을 생성하였다. [Out 367]은 편차제곱합을 구하였다. [Out 368]은 분산을 계산하였다. [Out 369] math모듈에 있는 함수 sqrt()를 이용하여 표준 편차를 계산하였다.

zip() 함수

```
list44 = ['호랑이', '고등어', '닭', '뱀', '개구리']
list45 = ['포유류','어류', '조류', '파충류', '양서류']
pair_list44_list45 = list(zip(list44,list45))
print("[Out 370]: list44와 list45를 대응되는 원소 끼리 쌍으로 묶음 : = {}"
        .format(pair_list44_list45))
```

출력결과

```
[Out 370]: list44와 list45를 대응되는 원소 끼리 쌍으로 묶음 : = [('호랑이', '포유류'), ('고등어', '어류'), ('닭',
           '조류'), ('뱀', '파충류'), ('개구리', '양서류')]
```

zip()함수는 여러 개의 리스트를 서로 대응되는 원소끼리 묶어 주는 역할을 한다. [Out 370]은 list44와 list45를 서로 대응되는 원소들끼리 묶어서 새로운 리스트 pair_list44_list45를 만들었다.

zip() 함수를 이용해 여러 리스트에 동시에 접근

```
print("[Out 371]: 동시에 여러 리스트에 접근:")
list44 = ['호랑이', '고등어', '닭', '뱀', '개구리']
list45 = ['포유류','어류', '조류', '파충류', '양서류']
for animal, species in zip(list44,list45):
    print("₩t {}는 {}이다 ".format(animal,species))
```

출력결과

```
[Out 371]: 동시에 여러 리스트에 접근:
         호랑이는 포유류이다.
         고등어는 어류이다.
         닭는 조류이다.
         뱀는 파충류이다.
         개구리는 양서류이다.
```

zip()함수를 이용하면 여러 개의 리스트에 동시에 접근할 수 있다. 첫 번째 for루프에서 animal에 list44[0]에 위치한 호랑이, species에 list45[0]에 위치한 포유류가 할당되고, print문에 지정된 포맷에 따라 그 값이 출력되었다. 루프가 계속 반복되면 [Out 371]과 같은 결과를 얻을 수 있다. print 문에서 "₩t"는 tab효과를 주는 들여쓰기를 하라는 의미이다. 따라서 결과를 보면 모든 문장이 tab효과만큼 들여쓰기가 되어있다.

공분산(covariance) 계산

```
import statistics as sta
list46 = [168,153,163,157,152,168,149,163,168,145]
list47 = [50,43,40,45,51,44,50,51,50,45]
list46_list47_pair = list(zip(list46,list47))
print("[Out 372]: 서로 대응되는 원소 끼리 묶음: list46_list47_pair= {}"
      .format(list46_list47_pair))
n_obs = len(list46_list47_pair)
list46_mean = sta.mean(list46)
print("[Out 373]: list46의 평균: list46_mean= {}".format(list46_mean))
list47_mean = sta.mean(list47)
print("[Out 374]: list47의 평균: list47_mean= {}".format(list47_mean))
list46_list47_dev_prod = [round((i-list46_mean)*(j-list47_mean),2) for i, j in
list46_list47_pair]
print("[Out 375]: (list46- list46_평균)*(list47-list47_평균): list46_list47_dev_prod= {}"
      .format(list46_list47_dev_prod))
list46_list47_dev_prod_sum = sum(list46_list47_dev_prod)
print("[Out 376]: (list46- list46_평균)*(list47-list47_평균)의 합:
    list46_list47_dev_prod_sum= {:.3f}".format(list46_list47_dev_prod_sum))
list46_list47_cov = list46_list47_dev_prod_sum/(n_obs-1)
print("[Out 377]: list46과 list47의 공분산: list46_list47_cov= {:.4f}"
      .format(list46_list47_cov))
```

출력결과

```
[Out 372]: 서로 대응되는 원소 끼리 묶음: list46_list47_pair= [(168, 50), (153, 43), (163, 40), (157, 45),
           (152, 51), (168, 44), (149, 50), (163, 51), (168, 50), (145, 45)]
```

[Out 373]: list46의 평균: list46_mean= 158.6
[Out 374]: list47의 평균: list47_mean= 46.9
[Out 375]: (list46- list46_평균)*(list47-list47_평균): list46_list47_dev_prod= [29.14, 21.84, -30.36, 3.04, -27.06, -27.26, -29.76, 18.04, 29.14, 25.84]
[Out 376]: (list46- list46_평균)*(list47-list47_평균)의 합: list46_list47_dev_prod_sum= 12.600
[Out 377]: list46과 list47의 공분산: list46_list47_cov= 1.4000

공분산은 한 변수의 변화에 따른 다른 한 변수의 변화를 나타낸다. 이것은 두 변수가 각각의 평균에서 얼마나 떨어져 있는지를 조사해서 측정한다. 한 변수가 증가할 때 다른 한 변수도 증가하면 공분산이 양수이며, 한 변수가 증가할 때 다른 한 변수가 감소하면 공분산은 음수가 된다. 두 변수가 같은 방향으로 변화하면 공분산은 양수이고, 서로 반대 방향으로 변화하면 음수가 된다. 주어진 자료를 이용해서 공분산을 어떻게 구하는지 살펴보자.

공분산 구하기

공분산 구하는 공식:

자료 : $((x_1,y_1),(x_2,y_2),\cdots,(x_n,y_n))$,

공분산 = $\sum_{i=1}^{n}(x_i-\bar{x})(y_i-\bar{y})/(n-1)$,

1) 자료의 개수를 구한다.
2) x, y 각각의 평균을 구한다.
3) 각각의 편차의 곱$((x_i-\bar{x})(y_i-\bar{y})), i=1,2,\cdots,n$ 을 구한다.
4) 편차의 곱 합을 구한다.
5) 공분산 = 편차의 곱 합/(n-1)

이 과정을 파이썬으로 코딩을 해보자. 모듈 statistics에 있는 mean()함수를 사용하기 위해서 statistics 모듈을 임포터 하면서 별명을 sta로 하였다. [Out 372]는 zip()함수를 이용하여 list46과 list47을 서로 대응하는 원소들끼리 묶어서 list46_list47_pair를 만들었다. 그 다음 자료 수 nobs를 구하였다. [Out 373]과 [Out 374]에서 mean()을 이용하여 각 리스트의 평균을 계산하였다. [Out 375]에서 리스트 축약과 zip()을 사용하여 각각의 편차의 곱을 계산하고 그것을 이용해서 list46_list47_dev_prod= [$(168-158.6)(50-46.9)$, $(153-158.6)(43-46.9)$, $\cdots,(145-158.6)(45-46.9)$]을 생성하였다. 그리고 계산 결과는 round()를 사용하여 소수 3째 자리에서 반올림하게 하였다. 프로그램에서 list46_list47_dev_prod를 좀 더 자세히 살펴보면 첫 번째 for 루프에서 i=168, j=50이므로 (168-158.6)×(50-46.9)=29.140000000000033이다. 소수 셋째 자리에서 반올림해서 29.14이다. 루프가 계속 반복되어 [Out 375]와 같은 결과를 얻었다. [Out 376]은 편차의 곱의 합을 구하였고, 마지막으로 [Out 377]에서 공분산을 계산하였다.

4.2 딕셔너리

리스트는 파이썬에서 아주 많이 사용하는 자료구조이다. 그러나 다음과 같은 자료 "이름: 박이김, 성별: 남자, 키: 180, 몸무게: 80"를 생각해보자. 이러한 자료를 리스트로 처리하는 것은 적절하지 않을 수도 있다. 파이썬에서는 특정 값과 관련된 키를 가지는 자료를 처리하는데 편리한 딕셔너리라는 자료구조를 제공한다. 딕셔너리는 키와 연결된 값을 한 쌍으로 하여 자료를 저장하는 구조다. 딕셔너리는 순서가 없고 변경할 수 있다. 키를 이용해서 대응되는 특정 값을 빠르게 검색할 수 있다.

딕셔너리(dictionary) 만들기

```
dict1 = {'이름' : '박이김',
         '성별' : '남자',
         '키' : 180,
         '몸무게' : 80}
print("[Out 378]: dict1 = {}".format(dict1))
list48 = ['이름','성별', '키','몸무게']
list49 = ['박이김','남자',180,80]
dict2 = dict(zip(list48,list49))
print("[Out 379]: dict2 = {}".format(dict2))
dict3 = {}
dict3['이름'] = '박이김'
dict3['성별'] = '남자'
dict3['키'] = 180
dict3['몸무게'] = 80
print("[Out 380]: dict3 = {}".format(dict3))
```

출력결과

```
[Out 378]: dict1 = {'이름': '박이김', '성별': '남자', '키': 180, '몸무게': 80}
[Out 379]: dict2 = {'이름': '박이김', '성별': '남자', '키': 180, '몸무게': 80}
[Out 380]: dict3 = {'이름': '박이김', '성별': '남자', '키': 180, '몸무게': 80}
```

딕셔너리는 중괄호({ })를 사용해서 만든다. 키와 관련된 값은 콜론(:)으로 연결하고 각 키:자료 값 쌍은 콤마로 구분한다. [Out 378]은 다음과 같은 자료를 딕셔너리 형태로 저장하였다.

이름	성별	키	몸무게
박이김	남자	180	80

[Out 379]는 zip()과 dict()를 이용하여 두 개의 리스트 list48과 list49를 서로 대응되는 원소들끼리 짝지어서 딕셔너리 dict2를 만들었다. [Out 380]은 먼저 빈 딕셔너리 dict3를 만들고, 대괄호 안에 키를 지정하고 그 키와 연결된 값을 지정하여 dict3에 키:값 쌍을 추가하였다.

딕셔너리(dictionary) 만들기

```
dict4 = {'이름':['박이김','홍김이','이김조'],
         '성별':['남자','여자','남자'],
         '키':[180,165,176],
         '몸무게':[80,55,76]}
print("[Out 381]: dict4 = {}".format(dict4))
```

출력결과

```
[Out 381]: dict4 = {'이름': ['박이김', '홍김이', '이김조'], '성별': ['남자', '여자', '남자'], '키': [180, 165, 176], '몸무게':
           [80, 55, 76]}
```

[Out 381]은 다음과 같은 자료를 딕셔너리 구조로 저장하였다.

이름	성별	키	몸무게
박이김	남자	180	80
홍김이	여자	165	55
이김조	남자	176	76

키를 이용해 자료 값을 검색하기

```
dict1_weight = dict1['몸무게']
print("[Out 382]: 몸무게에 대응되는 값 = {}".format(dict1_weight))
dict1_gender = dict1['성별']
print("[Out 383]: 성별에 대응되는 값 = {}".format(dict1_gender))
dict4_name = dict4['이름']
print("[Out 384]: 이름에 대응되는 값 list_이름 = {}".format(dict4_name))
dict4_name_0 = dict4['이름'][0]
print("[Out 385]: 첫 번째 개체의 이름 = {}".format(dict4_name_0))
dict4_height_0 = dict4['키'][0]
print("[Out 386]: 첫 번째 개체의 키 = {}".format(dict4_height_0))
```

출력결과

```
[Out 382]: 몸무게에 대응되는 값 = 80
[Out 383]: 성별에 대응되는 값 = 남자
[Out 384]: 이름에 대응되는 값 list_이름 = ['박이김', '홍김이', '이김조']
[Out 385]: 첫 번째 개체의 이름 = 박이김
[Out 386]: 첫 번째 개체의 키 = 180
```

딕셔너리에서는 대괄호에 키를 지정해서 키와 연관된 값을 검색한다. [Out 382]는 dict1에서 키-몸무게와 연관된 값 80을 출력했다. [Out 383]은 키-성별과 관련된 값 남자를 출력했다. [Out 384]는 list4에서 키-이름과 연관된 값 ['박이김', '홍김이', '이김조']을 출력하였다. [Out 385]에서 dict4['이름']은 리스트이기 때문에 인덱싱을 이용하여 이름 중에 인덱스 0에 위치한 값 "박이김"을 출력하였다. [Out 386]은 첫 번째 관측의 키 180을 출력하였다.

KeyError
```
dict3['나이']
```

출력결과
```
KeyError: '나이'
```

딕셔너리에 존재하지 않는 키를 입력하면 KeyError가 나온다.

키가 딕셔너리에 존재하는지 확인
```
dict3_age = '나이' in dict3
print("[Out 387]: 나이가 dict3의 원소인가? = {}".format(dict3_age))
```

출력결과
```
[Out 387]: 나이가 dict3의 원소인가? = False
```

in 연산자를 사용해서 키가 딕셔너리의 원소 인지를 확인한다. 원소이면 True, 아니면 False가 출력된다. [Out 387]은 나이가 dict3의 원소가 아니기 때문에 False가 출력되었다.

오류 발생을 방지하기
```
if '나이' in dict3:
    print("[Out 388]: 나이와 연관된 값 출력 = {}".format(dict3['나이']))
else:
    print("[Out 389]: 나이는 dict3의 원소가 아니다.")
```

출력결과
```
[Out 389]: 나이는 dict3의 원소가 아니다.
```

사전에 if문을 사용하여 키가 딕셔너리의 원소인가를 확인한 후에 키를 사용해서 자료를 검색한다. 나이가 dict3에 없기 때문에 [Out 389]가 출력되었다.

오류 발생을 방지하기
```
try:
    dict3['나이']
except KeyError:
    print("[Out 390]: 나이는 list3의 원소가 아니다.")
```

출력결과
```
[Out 390]: 나이는 dict3의 원소가 아니다.
```

예외 처리를 통해서 오류를 처리하였다. [Out 390]은 나이가 dict3에 없기 때문에 except 블록이 실행되었다.

오류 발생을 방지하기 (get() 함수이용)

```
print("[Out 391]: 키가 딕셔너리 원소인 경우 get()를 이용: {}"
        .format(dict3.get('몸무게')))
print("[Out 392]: 키가 딕셔너리 원소가 아닌 경우 get()를 이용: {}"
        .format(dict3.get('나이')))
print("[Out 393]: 키가 딕셔너리 원소가 아닌 경우 get()를 이용: {}"
        .format(dict3.get('나이',0)))
```

출력결과

```
[Out 391]: 키가 딕셔너리 원소인경우 get()를 이용: 80
[Out 392]: 키가 딕셔너리 원소가 아닌 경우 get()를 이용: None
[Out 393]: 키가 딕셔너리 원소가 아닌 경우 get()를 이용: 0
```

---

dict.get()를 이용하면 지정한 키가 딕셔너리에 없어도 오류를 발생하지 않고 기본값을 반환한다. [Out 391]은 키-몸무게가 dict3에 있기 때문에 대응값 80을 출력하였다. [Out 392]는 키-나이가 dict3에 없기 때문에 None를 출력하였다. [Out 393]에서는 기본값이 0으로 주었기 때문에 0이 출력되었다.

대괄호를 이용하여 키:자료 값 쌍을 추가하기

```
dict1['나이'] = 45
print("[Out 394]: dict1 = {}".format(dict1))
dict4['이름'].append('석임김')
dict4['성별'].append('여자')
dict4['키'].append(160)
dict4['몸무게'].append(50)
print("[Out 395]: dict4 = {}".format(dict4))
```

출력결과

```
[Out 394]: dict1 = {'이름': '박이김', '성별': '남자', '키': 180, '몸무게': 80, '나이': 45}
[Out 395]: dict4 = {'이름': ['박이김', '홍김이', '이김조', '석임김'], '성별': ['남자', '여자', '남자', '여자'], '키': [180,
           165, 176, 160], '몸무게': [80, 55, 76, 50]}
```

대괄호 안에 추가할 키를 지정하고, 키와 연관된 자료를 할당하면 키:자료 값 쌍이 딕셔너리에 추가된다. [Out 394]은 dict1에 "나이:45"를 추가하였다. [Out 395]는 각 키와 연결된 자료 값이 리스트 구조이기 때문에 append()를 이용해서 "석임김"이라는 사람의 정보를 입력하였다. 결과를 보면 이름에 석임김, 성별에 여자, 키에 160, 몸무게에 50이 추가된 것을 확인할 수 있다.

copy(), del(), pop() clear() 함수

```
dict5 = dict4.copy()
print("[Out 396]: dict4를 dict5에 복사: dict5 = {}".format(dict5))
del dict3['몸무게']
print("[Out 397]: dict3에서 몸무게 삭제: dict3 = {}".format(dict3))
dict3_pop = dict3.pop('키')
print("[Out 398]: dict3에서 키 추출: dict3_pop = {}".format(dict3_pop))
print("[Out 399]: dict3에서 키 제거: dict3 = {}".format(dict3))
dict3.clear()
print("[Out 400]: dict3를 삭제: dict3 = {}".format(dict3))
```

출력결과

```
[Out 396]: dict4를 dict5에 복사: dict5 = {'이름': ['박이김', '홍김이', '이김조', '석임김'], '성별': ['남자', '여자', '남자', '여자'], '키': [180, 165, 176, 160], '몸무게': [80, 55, 76, 50]}
[Out 397]: dict3에서 몸무게 삭제: dict3 = {'이름': '박이김', '성별': '남자', '키': 180}
[Out 398]: dict3에서 키 추출: dict3_pop = 180
[Out 399]: dict3에서 키 제거: dict3 = {'이름': '박이김', '성별': '남자'}
[Out 400]: dict3를 삭제: dict3 = {}
```

[Out 396]은 copy()를 사용해서 dict4를 dict5에 복사하였다. [Out 397]은 del()를 이용해서 dict3에서 몸무게:80을 삭제하였다. [Out 398]은 pop()를 이용해서 dict3에서 키:180을 삭제하고, 키에 관련된 자료 값 180을 반환하였다. [Out 399]는 dict3에서 키:180이 삭제된 것을 보여준다. [Out 400]은 clear()을 이용해서 dict3의 내용을 모두 삭제하였다.

dict.keys(), dict.values(), dict.items() 함수

```
dict2_key = dict2.keys()
print("[Out 401] {}".format(dict2_key))
dict2_value = dict2.values()
print("[Out 402] {}".format(dict2_value))
dict2_key_value = dict2.items()
print("[Out 403]: {}".format(dict2_key_value))
```

출력결과

```
[Out 401] dict_keys(['이름', '성별', '키', '몸무게'])
[Out 402] dict_values(['박이김', '남자', 180, 80])
[Out 403]: dict_items([('이름', '박이김'), ('성별', '남자'), ('키', 180), ('몸무게', 80)])
```

keys()는 딕셔너리의 모든 키 값을 반환한다. values()는 딕셔너리의 모든 자료 값을 반환한다. items()는 딕셔너리의 모든 키:자료 값 쌍을 반환한다. [Out 401], [Out 402], [Out 403]에서 그 결과를 확인할 수 있다.

딕셔너리에 반복해서 접근하기

```
print("[Out 404]: k는 키에 만 접근, 대괄호를 이용해서 자료 값과 연결")
for k in dict2:
    print("k = {}".format(k))
    print("{}:{}".format(k, dict2[k]))
key_list = []
for key in dict2.keys():
    key_list.append(key)
print("[Out 405]: key_list: {}".format(key_list))
value_list = []
for value in dict2.values():
    value_list.append(value)
print("[Out 406]: value_list: {}".format(value_list))
key_value_list = []
for key, value in dict2.items():
    key_value_list.append((key,value))
print("[Out 407]: key_value_list: {}".format(key_value_list))
```

출력결과

```
[Out 404]: k는 키에 만 접근, 대괄호를 이용해서 자료 값과 연결
 k = 이름
 이름:박이김
 k = 성별
 성별:남자
 k = 키
 키:180
 k = 몸무게
 몸무게:80
[Out 405]: key_list: ['이름', '성별', '키', '몸무게']
[Out 406]: value_list: ['박이김', '남자', 180, 80]
[Out 407]: key_value_list: [('이름', '박이김'), ('성별', '남자'), ('키', 180), ('몸무게', 80)]
```

일반적인 for 루프를 딕셔너리에 적용하면 키에만 접근할 수 있다. [Out 404]를 보면 for 루프내의 첫 번째 print()함수가 실행되어 k가 이름, 성별, 키, 몸무게로 출력되었다. 두 번째 print 문에서 k에 키가 할당되고, dict2[k]로 키에 관련된 값에 접근할 수 있다. 따라서 for 루프가 반복되면서 이름:박이김, 성별:남자, 키:180, 몸무게:80이 출력되었다. [Out 405]는 for 루프가 반복되면서 딕셔너리 내에 있는 키만으로 리스트 key_list를 생성하였다. [Out 406]은 for 루프가 반복되면서 딕셔너리 내에 있는 자료 값만으로 리스트 value_list를 만들었다. [Out 407]은 for 루프가 반복되면서 딕셔너리 내에 있는 키:자료 값 쌍으로 리스트 key_value_list를 생성하였다.

딕셔너리 정렬

```
dict6 = {'소주': 10,
         '맥주': 7,
         '주스': 1,
         '콜라': 5,
         '와인': 2,
```

```
        '우유': 3}
print("[Out 408]: dict6 = {}".format(dict6))
dict6_sorted = sorted(dict6)
print("[Out 409]: key를 기준으로 정렬, key만 반환 : {}".format(dict6_sorted))
dict6_key_sorted = sorted(dict6.items(), key=lambda i:i[0])
print("[Out 410] key를 기준으로 정렬: {}".format(dict6_key_sorted))
dict6_value_sorted = sorted(dict6.items(), key=lambda i:i[1])
print("[Out 411] value를 기준으로 정렬: {}".format(dict6_value_sorted))
```

출력결과

```
[Out 408]: dict6 = {'소주': 10, '맥주': 7, '주스': 1, '콜라': 5, '와인': 2, '우유': 3}
[Out 409]: key를 기준으로 정렬, key만 반환 : ['맥주', '소주', '와인', '우유', '주스', '콜라']
[Out 410] key를 기준으로 정렬: [('맥주', 7), ('소주', 10), ('와인', 2), ('우유', 3), ('주스', 1), ('콜라', 5)]
[Out 411] value를 기준으로 정렬: [('주스', 1), ('와인', 2), ('우유', 3), ('콜라', 5), ('맥주', 7), ('소주', 10)]
```

딕셔너리는 키를 이용해서 자료에 접근하기 때문에 순서가 없지만, 딕셔너리 전체를 정렬해서 출력해야할 경우가 있다. 상점에서 판매된 항목과 개수를 딕셔너리 구조로 dict6에 저장하였다. [Out 408]은 dict6을 출력한 것이다. [Out 409]는 sorted()를 이용하여 dict6를 정렬하였다. 결과를 살펴보면 sorted()의 인수를 dict6(변수 이름)로 지정했을 때 key를 기준으로 정렬하고 키만 리스트 구조로 반환한다. [Out 410]은 함수의 인수를 dict6.items()로 지정하고, 정렬의 기준인 key를 lambda함수로 지정하여 딕셔너리를 정렬하였다. key=lambda i:i[0]로 지정되었기 때문에 딕셔너리 전체를 키(key)를 기준으로 정렬하고 그 결과를 리스트로 반환한다. 리스트를 살펴보면 키:자료값 쌍이 튜플(('주스', 1))로 변경된 것을 볼 수 있다. 튜플은 다음에 설명할 것이다. [Out 411]은 key=lambda i:i[1]로 지정되었기 때문에 딕셔너리 전체를 자료 값(value)을 기준으로 정렬하고 그 결과를 리스트로 반환하였다.

딕셔너리 정렬

```
import operator as op
dict6_value_sorted_itemge = sorted(dict6.items(), key=op.itemgetter(1))
print("[Out 412] value를 기준으로 정렬: {}".format(dict6_value_sorted_itemge))
```

출력결과

```
[Out 412] value를 기준으로 정렬: [('주스', 1), ('와인', 2), ('우유', 3), ('콜라', 5), ('맥주', 7), ('소주', 10)]
```

[Out 412]는 모듈 operator의 함수 itemgetter를 이용하여 dict6을 정렬하였다. 다. itemgetter를 사용하기 위해서 operator를 임포터해야 한다.

상점에서 판매된 항목을 항목의 개수 순으로 정렬

```
import operator as op
print("[Out 413] 상점에서 판매된 항목과 개수")
```

```
for key, value in sorted(dict6.items(), key=op.itemgetter(1),reverse=True):
    print("{}가 {}개 팔렸다.".format(key, value))
```

출력결과

```
[Out 413] 상점에서 판매된 항목과 개수
 소주가 10개 팔렸다.
 맥주가 7개 팔렸다.
 콜라가 5개 팔렸다.
 우유가 3개 팔렸다.
 와인가 2개 팔렸다.
 주스가 1개 팔렸다.
```

먼저 itemgetter를 사용하기 위해서 operator를 임포터하고, 별명을 op로 하였다. [Out 413]은 상점에서 판매된 항목을 판매된 항목의 개수 순으로 정렬한 결과이다. 여기서는 dict.items()함수는 (key, value) 튜플에 대한 리스트를 반환하기 때문에 두 개의 for 루프 변수(key, value)를 사용하였다. 그리고 출력 순서를 sorted()로 제어하였다. 첫 번째 루프에서 key=소주, value=10, 두 번째 루프에서 key=맥주, value=7이 반환된다. 루프가 계속 반복되면서 [Out 413]과 같은 결과를 얻는다.

KeyError

```
dict_item = {}
goods = input('판매된 상품 이름을 입력하세요:')
if goods not in dict_item:
    dict_item[goods] += 1
print("[Out 414] dict_item = {}".format(dict_item))
```

출력결과

```
판매된 상품 이름을 입력하세요: 소주
KeyError: '소주'
```

빈 딕셔너리 dict_item을 생성하였다. input()을 이용하여 판매된 제품명을 입력하도록 하였다. "소주"를 입력하면 소주가 dict_item에 있는 키인지를 확인한다. 그리고 소주의 개수를 1증가 시켰다.(dict_item[goods] += 1). 그러나 현재 딕셔너리는 비어있기 때문에 소주가 딕셔너리에 없고, 소주와 연관된 값도 없다. 그래서 증가시킬 값을 찾을 수가 없어 KeyError가 반환되었다. 오류가 발생했기 때문에 마지막 문장 print("[Out 414] dict_item = {}".format(dict_item))는 실행되지 않았다. 여기서 주의해서 볼 곳은 연산자 "+="이다. 키-소주를 딕셔너리에 추가하는 방법을 살펴보자(초기화).

KeyError 방지(키 초기화)

```
dict_item = {}
goods = input('판매된 상품 이름을 입력하세요:')
```

```
if goods not in dict_item:
    dict_item[goods] = 0
print("[Out 415] dict_item = {}".format(dict_item))
```

출력결과

```
판매된 상품 이름을 입력하세요: 소주
[Out 415] dict_item = {'소주': 0}
```

빈 딕셔너리 dict_item을 생성하였다. input()을 이용하여 판매된 제품명을 입력하도록 하였다. "소주"를 입력하면 소주가 dict_item에 있는 키인지를 확인한다. 그리고 dict_item에 새로운 키-소주와 연관된 값 0, 즉 "소주:0"을 추가하였다. 현재 딕셔너리는 비어있기 때문에 소주가 딕셔너리에 없다. 하지만 딕셔너리는 대괄호를 이용해서 새로운 키:값을 추가할 수 있다는 사실을 위에서 설명한바 있다. 여기서 연산자 "="가 사용되었다.

상점에서 판매된 항목과 개수 저장하기

```
print("[Out 416] 상점에서 판매된 항목과 개수 저장하기:")
dict_item = {}
while True:
    goods = input('판매된 상품 이름을 입력하세요:')
    if goods == '끝':
        break
    if goods not in dict_item:
        dict_item[goods] = 1
    else:
        dict_item[goods] +=1
print("[Out 417] 상점에서 판매된 항목과 개수: dict_item = {}".format(dict_item))
```

출력결과

```
[Out 416] 상점에서 판매된 항목과 개수 저장하기:
 판매된 상품 이름을 입력하세요:소주
 판매된 상품 이름을 입력하세요:맥주
 판매된 상품 이름을 입력하세요:소주
 판매된 상품 이름을 입력하세요:콜라
 판매된 상품 이름을 입력하세요:맥주
 판매된 상품 이름을 입력하세요:와인
 판매된 상품 이름을 입력하세요:끝
[Out 417] 상점에서 판매된 항목과 개수: dict_item = {'소주': 2, '맥주': 2, '콜라': 1, '와인': 1}
```

상점에서 판매된 제품과 개수를 저장해보자. 먼저 이러한 자료를 저장하기 위해서 빈 딕셔너리 dict_item을 만들었다. while문을 이용하여 break문을 만날 때까지 무한반복을 하도록 했다. input()을 이용하여 판매된 제품명을 입력하도록 하였다. 입력된 제품명은 goods에 할당하였다. 만약 제품명으로 "끝"이 입력되면 while 루프를 탈출해

[Out 417]을 출력한다. 만약 입력된 제품이 dict_item안에 없다면, 그 제품을 dict_item에 추가한다(연산자 =). 그렇지 않으면 개수를 증가시킨다(연산자 +=). [Out 416]을 살펴보면 첫 번째로 입력된 제품은 "소주"이다(goods='소주'). 처음에는 dict_item이 비어있기 때문에 소주가 dict_item의 원소가 아니다. 따라서 "소주:1"을 dict_item에 추가한다. 그 다음 "맥주:1"이 추가되고, 그 다음 "소주"가 dict_item안에 이기 때문에 개수를 1증가시켜서 "소주:2"가 된다. 이처럼 "끝"이 입력될 때까지 계속 반복하여 [Out 417]와 같은 결과를 얻었다.

---

setdefault()(초기화)

```
dict_item = {}
goods = input('판매된 상품 이름을 입력하세요:')
dict_item.setdefault(goods,0)
print("[Out 418] dict_item_setdefault = {}".format(dict_item.setdefault(goods,0)))
print("[Out 419] dict_item = {}".format(dict_item))
```

출력결과

```
판매된 상품 이름을 입력하세요: 소주
[Out 418] dict_item_setdefault = 0
[Out 419] dict_item = {'소주': 0}
```

---

setdefault()를 이용하면 딕셔너리에 없는 키를 사용했을 때 발생하는 오류(KeyError)를 좀 더 편리하게 방지할 수 있다. [Out 415]의 프로그램에 있는 "if key in(혹은 not in) dict: dict[key]=0" 대신 dict. setdefault(key, 0)를 사용하면 좀 더 간편하다. 이 함수는 딕셔너리에 키가 없으면 주어진 기본값을 반환한다. [Out 418]에서 dict_item은 빈 딕셔너리기 때문에 입력된 "소주"가 dict_item에 없는 키이다. 따라서 기본값 0이 반환되었다. 그리고 [Out 419]에서 "소주:0"이 dict_item에 추가된 것을 볼 수 있다. 즉 초기화 된 것을 알 수 있다.

상점에서 판매된 항목과 개수 저장하기

```
print("[Out 420] 상점에서 판매된 항목과 개수 저장하기  setdefault 사용:")
sales_item = {}
while True:
    goods = input('판매된 상품 이름을 입력하세요:')
    if goods == '끝':
        break
    sales_item.setdefault(goods,0)
    sales_item[goods] +=1
print("[Out 421] 상점에서 판매된 항목과 개수: sales_item = {}".format(sales_item))
```

출력결과

```
[Out 420] 상점에서 판매된 항목과 개수 저장하기  setdefault 사용:
 판매된 상품 이름을 입력하세요:맥주
```

```
 판매된 상품 이름을 입력하세요:소주
 판매된 상품 이름을 입력하세요:우유
 판매된 상품 이름을 입력하세요:맥주
 판매된 상품 이름을 입력하세요:빵
 판매된 상품 이름을 입력하세요:사과
 판매된 상품 이름을 입력하세요:끝
[Out 421] 상점에서 판매된 항목과 개수: sales_item = {'맥주': 2, '소주': 1, '우유': 1, '빵': 1, '사과': 1}
```

빈 딕셔너리 sales_item을 만들었다. while 문을 이용하여 break문을 만날 때까지 무한반복을 하도록 했다. input()을 이용하여 판매된 제품명을 입력하도록 하였다. 입력된 제품명은 goods에 할당하였다. 만약 제품명으로 "끝"이 입력되면 while 루프를 탈출해 [Out 421]을 출력한다. [Out 420]을 보면 첫 번째로 입력된 제품은 "맥주"이다. 처음에는 sales_item이 비어있기 때문에 맥주가 sales_item의 원소가 아니다. 따라서 sales_item.setdefault(goods, 0)의해서 {'맥주': 0}으로 초기화되고, sales_item[goods]+=1이 실행되어 {'맥주': 1}로 값이 1 증가한다. 마찬가지로 그 다음 "소주:1", "우유:1"이 추가되고, 다음 맥주가 sales_item안에 이기 때문에 개수를 1증가시켜서 "맥주:2"가 된다. 키가 딕셔너리에 있을 때는 setdefault는 아무일도 하지 않는다. 이처럼 "끝"이 입력될 때까지 계속 반복하여 [Out 421]과 같은 결과를 얻었다.

defaultdict()

```
from collections import defaultdict
selling_item = defaultdict(int)
print("[Out 422]: selling_item = {}".format(selling_item))
goods = input('판매된 상품 이름 입력하세요:')
selling_item[goods] += 1
print("[Out 423] selling_item = {}".format(selling_item))
```

출력결과

```
[Out 422]: selling_item = defaultdict(<class 'int'>, {})
 판매된 상품 이름 입력하세요:소주
[Out 423] selling_item = defaultdict(<class 'int'>, {'소주': 1})
```

먼저 defaultdict를 이용하기 위해서 모듈 collections를 임포터 하였다. [Out 422]에서 defaultdict인 selling_item을 만들었다. defaultdict가 일반 딕셔너리와 다른점은 존재하지 않는 키를 사용했을 때 KeyError을 발생시키지 않고 키:값을 딕셔너리에 추가한다. 입력된 제품 "소주"가 딕셔너리의 원소가 아니지만 오류가 발생하지 않고 "소주:1"이 딕셔너리에 추가된 것을 [Out 423]에서 볼 수 있다.

상점에서 판매된 항목과 개수 저장하기

```
from collections import defaultdict
print("[Out 424] 상점에서 판매된 항목과 개수 저장하기 defaultdict 사용:")
```

```
selling_item = defaultdict(int)
while True:
    goods = input('판매된 상품 이름 입력하세요:')
    if goods == '끝':
        break
    selling_item[goods] += 1
print("[Out 425] 상점에서 판매된 항목과 개수: selling_item = {}".format(selling_item))
```

출력결과

```
[Out 424] 상점에서 판매된 항목과 개수 저장하기 defaultdict 사용:
 판매된 상품 이름 입력하세요:빵
 판매된 상품 이름 입력하세요:사과
 판매된 상품 이름 입력하세요:콜라
 판매된 상품 이름 입력하세요:포도
 판매된 상품 이름 입력하세요:콜라
 판매된 상품 이름 입력하세요:사과
 판매된 상품 이름 입력하세요:주스
 판매된 상품 이름 입력하세요:끝
[Out 425] 상점에서 판매된 항목과 개수: selling_item = defaultdict(<class 'int'>, {'빵': 1, '사과': 2, '콜라': 2, '포도': 1,
          '주스': 1})
```

먼저 collections를 임포터 하였다. defaultdict selling_item을 만들었다. while 문을 이용하여 break문을 만날 때까지 무한반복을 하도록 했다. input()을 이용하여 판매된 제품명을 입력하도록 하였다. 입력된 제품명은 goods에 할당하였다. 만약 제품명으로 "끝"이 입력되면 while 루프를 탈출해 [Out 425]을 출력한다. [Out 424]을 보면 첫 번째로 입력된 제품은 "빵"이다. 처음에는 selling_item이 비어있기 때문에 빵이 selling_item의 원소가 아니다. 하지만 selling_item[goods] += 1을 실행해서 {'빵': 1}을 selling_item에 추가하였다. 마찬가지로 그 다음 "사과:1", "콜라:1", "포도:1"이 추가되고, 다음 사과가 selling_item안에 이기 때문에 개수를 1증가시켜서 "사과:2"가 된다. 이처럼 "끝"이 입력될 때까지 계속 반복하여 [Out 425]와 같은 결과를 얻었다.

딕스너리 축약(comprehension)

```
dict6 = {'소주': 10,
         '맥주': 7,
         '주스': 1,
         '콜라': 5,
         '와인': 2,
         '우유': 3}
dict7 = {}
for key, value in dict6.items():
    if value > 4:
        dict7[key] = value
print("[Out 426] 개수가 5이상인 항목: dict7 = {}".format(dict7))
dict8 = {key:value for key, value in dict6.items() if value > 4 }
```

```
print("[Out 427] 개수가 5이상인 항목: dict8 = {}".format(dict8))
```

출력결과

```
[Out 426] 개수가 5이상인 항목: dict7 = {'소주': 10, '맥주': 7, '콜라': 5}
[Out 427] 개수가 5이상인 항목: dict8 = {'소주': 10, '맥주': 7, '콜라': 5}
```

dict6에서 항목의 개수가 5개 이상인 항목을 찾아서 새로운 딕셔너리 dict7을 생성해 보자. 여기서 두 가지 방법을 생각해보자. [Out 426]은 for 루프를 이용한 결과이고, [Out 427]은 딕셔너리 축약을 사용한 것이다. 딕셔너리 축약은 for 루프를 간결하게 쓴 것이다. 이것은 기존 딕셔너리에서 특정 항목을 추출하거나, 변경하여 새로운 딕셔너리를 만들 때 많이 사용한다. 두 결과를 비교해보면 dict7과 dict8은 같은 원소들을 포함하고 있다는 사실을 알 수 있다. 그러면 for 루프와 축약이 어떻게 대응되는지 살펴보자. "dict7 = {"이 "dict8 = {"로 대치되고, 그 다음 key:value가 들어가고, 끝으로 for 문과 if 문을 입력하고 중괄호를 닫으면 된다.

연령 별 평균 수입 계산하기

```
from collections import defaultdict
age_income = [('20',200),('20',150),('30',300),('40',400),('40',450),
              ('40',420),('30',320),('20',180),('20',160),('40',380),
              ('20',175),('30',250),('30',370),('40',340)]
print("[Out 428] age_income = {}".format(age_income))
age_income_def = defaultdict(list)
for age, income in age_income:
    age_income_def[age].append(income)
print("[Out 429] 나이별 수입: age_income_def = {}".format(age_income_def))
age_income_average = {age: sum(income)/len(income) for age, income in
                      age_income_def.items() }
print("[Out 430] 나이별 평균 수입: age_income_average = {}"
      .format(age_income_average))
```

출력결과

```
[Out 428] age_income = [('20', 200), ('20', 150), ('30', 300), ('40', 400), ('40', 450), ('40', 420), ('30',
          320), ('20', 180), ('20', 160), ('40', 380), ('20', 175), ('30',    250), ('30', 370), ('40', 340)]
[Out 429] 나이별 수입: age_income_def = defaultdict(<class 'list'>, {'20': [200, 150, 180, 160, 175], '30':
          [300, 320, 250, 370], '40': [400, 450, 420, 380, 340]})
[Out 430] 나이별 평균 수입: age_income_average = {'20': 173.0, '30': 310.0, '40': 398.0}
```

age_income은 (연령, 수입)으로 이루어진 리스트이다. [Out 428]은 age_income을 출력하였다. 키와 연관된 값이 리스트 구조를 갖는 딕셔너리를 만들기 위해서 빈 딕셔너리 age_income_def를 정의하였다. 키와 관련된 값이 리스트 구조이기(age_income_def[key]는 리스트구조) 때문에 append()를 이용해서 키와 관련된 값을 추가하였다. 첫 번째 for 루프에서 age='20', income=200이므로 age_income_def['20'].

append(200)가 실행되어 age_income_def에 {'20':[200]}추가 된다. 두 번째 루프에서 age='20', income=150이므로 '20'과 대응되는 값이 [200, 150]으로 변경된다. 세 번째 루프에서는 age='30', income=300이므로 age_income_def에 '30':[300]이 추가되어 {'20':[200, 150], '30':[300]}이 된다. 계속 반복되어 [Out 429]와 같은 결과를 얻었다. 이처럼 defaultdict를 이용하면 키가 존재하는지 확인할 필요 없이 딕셔너리를 만들 수 있다. 아래와 같이 일반 딕셔너리를 사용하면 KeyError가 발생한다.

```
test_dict = {}
for age, income in age_income:
    test_dict[age].append(income)
KeyError: '20'
```

[Out 430]은 딕셔너리 함축을 사용해서 각 연령별 평균 수입을 계산하였다. 프로그램을 좀 살펴보면 age가 키이고 대응되는 값은 각 연령의 평균수입이다. 이것을 age: sum(income)/len(income)로 나타내었다. 첫 번째 for 루프에서 age='20', income=[200, 150, 180, 160, 175]이므로 sum(income)/len(income)=865/5=173.0이다. 따라서 '20':173.0이 age_income_average에 추가 되었다. 계속 반복 수행해서 [Out 430]과 같은 결과를 나타내었다.

수입에 따른 컴퓨터 구매비율

```
from collections import defaultdict
income_computer = [('high',0),('high',0),('high',1),('medium',1),
                   ('low',1),('low',0),('low',1),('medium',0),
                   ('low',1),('medium',1),('medium',1),('medium',1),
                   ('high',1),('medium',0)]
print("[Out 431] income_computer = {}".format(income_computer))
income_computer_def = defaultdict(list)
for income, computer in income_computer:
    income_computer_def[income].append(computer)
print("[Out 432] 수입에 따른 컴퓨터 구매여부: income_computer_def = {}"
      .format(income_computer_def))
income_computer_prop = {income:sum(computer)/len(computer)
                        for income, computer in income_computer_def.items() }
print("[Out 433] 수입에 따른 컴퓨터 구매 비율: income_computer_prop = {}"
      .format(income_computer_prop))
```

출력결과

```
[Out 431] income_computer = [('high', 0), ('high', 0), ('high', 1), ('medium', 1), ('low', 1), ('low', 0), ('low', 1),
          ('medium', 0), ('low', 1), ('medium', 1), ('medium', 1), ('medium', 1), ('high', 1), ('medium', 0)]
[Out 432] 수입에 따른 컴퓨터 구매여부: income_computer_def = defaultdict(<class 'list'>, {'high': [0, 0, 1,
          1], 'medium': [1, 0, 1, 1, 1, 0], 'low': [1, 0, 1, 1]})
[Out 433] 수입에 따른 컴퓨터 구매 비율: income_computer_prop = {'high': 0.5, 'medium': 0.6666666666666666,
          'low': 0.75}
```

income_computer은 (수입, 컴퓨터 구매여부(1:구매, 0:구매하지 않음))으로 이루어진 리스트이다. [Out 431]은 income_computer을 출력하였다. 빈 딕셔너리 income_computer_def를 정의하였다. append()를 이용해서 키와 관련된 값을 추가하였다. 첫 번째 for 루프에서 income='high', computer=0이므로 income_computer_def에 {'high':[0]}추가 된다. 두 번째 루프에서 income='high', computer=0이므로 'high'와 관련된 값이 [0, 0]으로 변경된다. 세 번째 루프에서도 income='high', computer=1이므로 [0, 0, 1]이 된다. 계속 반복되어 [Out 432]와 같은 결과를 얻었다. [Out 433]은 딕셔너리 함축을 사용해서 각 수입별 컴퓨터 구매 비율을 계산하였다. 프로그램을 좀 살펴보면 sum(computer)는 각 수입별 컴퓨터 구매자수이고, len(computer)은 각 수입에 속하는 인원수이므로 sum(computer)/len(computer)은 각 그룹에서 컴퓨터 구매율이 된다.

딕셔너리를 원소로 갖는 딕셔너리

```
dict_dict = {'20181001':{'이름':'박이김',
                         '성별':'남자',
                         '전공':'컴퓨터',
                         '중간고사':23,
                         '기말':20,
                         '보고서':10},
             '20181002':{'이름':'홍조김',
                         '성별':'여자',
                         '전공':'컴퓨터',
                         '중간고사':20,
                         '기말':20,
                         '보고서':10},
             '20181003':{'이름':'석김이',
                         '성별':'여자',
                         '전공':'컴퓨터',
                         '중간고사':27,
                         '기말':26,
                         '보고서':9 },
             '20181004':{'이름':'조차김',
                         '성별':'남자',
                         '전공':'전기',
                         '중간고사':22,
                         '기말':21,
                         '보고서':8},
             '20181005':{'이름':'왕홍조',
                         '성별':'남자',
                         '전공':'전기',
                         '중간고사':24,
                         '기말':25,
                         '보고서':10 }}
print("[Out 434] 딕셔너리를 원소로 갖는 딕셔너리: dict_dict = {}"
      .format(dict_dict))
print("[Out 435] 딕셔너리를 보기 좋게 출력하기")
import pprint
pprint.pprint(dict_dict )
```

출력결과

[Out 434] 딕셔니리를 원소로 갖는 딕셔너리: dict_dict = {'20181001': {'이름': '박이김', '성별': '남자', '전공': '컴퓨터', '중간고사': 23, '기말': 20, '보고서': 10}, '20181002': {'이름': '홍조김', '성별': '여자', '전공': '컴퓨터', '중간고사': 20, '기말': 20, '보고서': 10}, '20181003': {'이름': '석김이', '성별': '여자', '전공': '컴퓨터', '중간고사': 27, '기말': 26, '보고서': 9}, '20181004': {'이름': '조차김', '성별': '남자', '전공': '전기', '중간고사': 22, '기말': 21, '보고서': 8}, '20181005': {'이름': '왕홍조', '성별': '남자', '전공': '전기', '중간고사': 24, '기말': 25, '보고서': 10}}

[Out 435] 딕셔니리를 보기 좋게 출력하기

```
{'20181001': {'기말': 20,
              '보고서': 10,
              '성별': '남자',
              '이름': '박이김',
              '전공': '컴퓨터',
              '중간고사': 23},
 '20181002': {'기말': 20,
              '보고서': 10,
              '성별': '여자',
              '이름': '홍조김',
              '전공': '컴퓨터',
              '중간고사': 20},
 '20181003': {'기말': 26,
              '보고서': 9,
              '성별': '여자',
              '이름': '석김이',
              '전공': '컴퓨터',
              '중간고사': 27},
 '20181004': {'기말': 21,
              '보고서': 8,
              '성별': '남자',
              '이름': '조차김',
              '전공': '전기',
              '중간고사': 22},
 '20181005': {'기말': 25,
              '보고서': 10,
              '성별': '남자',
              '이름': '왕홍조',
              '전공': '전기',
              '중간고사': 24}}
```

dict_dict는 학번을 키로 딕셔너리 구조로 다음 자료를 저장한 것이다. [Out 434]는 그 결과를 출력한 것이다. [Out 435]는 pprint()를 이용하여 딕셔너리를 보기 좋게 출력한 것이다. 이 함수를 사용하기 위해서 pprint를 임포터 해야 한다.

학번	이름	전공	중간고사	기말	보고서	성별
20181001	박이김	컴퓨터	23	20	10	남자
20181002	홍조김	컴퓨터	20	20	10	여자
20181003	석김이	컴퓨터	27	26	9	여자
20181004	조차김	전기	22	21	8	남자
20181005	왕홍조	전기	24	25	10	남자

딕셔너리를 원소로 갖는 딕셔너리의 원소에 접근하기

```
print("[Out 436] 20181004에 대한 정보:", dict_dict['20181004'])
print("[Out 437] 20181004의 전공:",dict_dict['20181004']['전공'])
print("[Out 438] dict_dict.item")
for num, student in dict_dict.items():
    print(num,student)
print("[Out 439] dict_dict['20181003'].items")
for key, value in dict_dict['20181003'].items():
    print(key, value)
dict_20181003 = dict_dict['20181003'].items()
print("[Out 440] dict_dict['20181003'].items:", dict_20181003)
```

출력결과

```
[Out 436] 20181004에 대한 정보: {'이름': '조차김', '성별': '남자', '전공': '전기', '중간고사': 22, '기말': 21, '보
          고서': 8}
[Out 437] 20181004의 전공: 전기
[Out 438] dict_dict.item
 20181001 {'이름': '박이김', '성별': '남자', '전공': '컴퓨터', '중간고사': 23, '기말': 20, '보고서': 10}
 20181002 {'이름': '홍조김', '성별': '여자', '전공': '컴퓨터', '중간고사': 20, '기말': 20, '보고서': 10}
 20181003 {'이름': '석김이', '성별': '여자', '전공': '컴퓨터', '중간고사': 27, '기말': 26, '보고서': 9}
 20181004 {'이름': '조차김', '성별': '남자', '전공': '전기', '중간고사': 22, '기말': 21, '보고서': 8}
 20181005 {'이름': '왕홍조', '성별': '남자', '전공': '전기', '중간고사': 24, '기말': 25, '보고서': 10}
[Out 439] dict_dict['20181003'].items
 이름 석김이
 성별 여자
 전공 컴퓨터
 중간고사 27
 기말 26
 보고서 9
[Out 440] dict_dict['20181003'].items: dict_items([('이름', '석김이'), ('성별', '여자'), ('전공', '컴퓨터'), ('중간고사',
          27), ('기말', 26), ('보고서', 9)])
```

[Out 436]은 학번이 20181004인 학생에 대한 자료 값을 나타낸다. [Out 437]은 두 개의 대괄호를 사용해서 20181004번 학생의 전공에 접근하였다. 이 학생의 전공은 전기이다. [Out 438]은 for문을 이용해서 dict_dict.items()에 반복해서 접근한 결과를 출력하였다. [Out 439]는 for문을 이용해서 dict_dict[20181003].items()에 반복해서 접근한 결과를 출력하였다. [Out 440]은 dict_dict[20181003].items()를 출력하였다.

4.3 튜플

튜플은 리스트와 가장 비슷한 자료구조이다. 그러나 리스트와 가장 큰 차이점은 변경할 수 없다는 것이다. 리스트와 같이 순서가 있는 구조이다. 튜플은 리스트에 비해 접근 속도가 빠르고, 딕셔너리의 키로 사용할 수 있는 장점이 있다. 변경이 필요 없는 자료는 튜플을 사용하면 장점이 있을 수도 있다. 튜플은 ()로 생성한다.

튜플 만들기

```
tuple1 = ('월','화','수','목','금','토','일')
print("[Out 441] tuple1 = {}".format(tuple1))
print("[Out 442] type: {}".format(type(tuple1)))
tuple2 = 'Monay','Tuesday','Wednesday','Thursday','Friday','saturday','sunday'
print("[Out 443] 괄호를 생략해도 됨: tuple2 = {}".format(tuple2))
print("[Out 444] type: {}".format(type(tuple2)))
```

출력결과

```
[Out 441] tuple1 = ('월', '화', '수', '목', '금', '토', '일')
[Out 442] type: <class 'tuple'>
[Out 443] 괄호를 생략해도 됨: tuple2 = ('Monay', 'Tuesday', 'Wednesday', 'Thursday', 'Friday', 'saturday',
          'sunday')
[Out 444] type: <class 'tuple'>
```

튜플은 소괄호를 속에 원소들을 콤마로 구분해서 저장한다. [Out 441]은 요일을 원소로하는 튜플 tuple1을 만들었다. [Out 442]는 type()를 이용하여 tuple1의 구조가 튜플이라는 것을 나타냈다. 괄호를 생략해도 된다. [Out 443]은 괄호 없이 tuple2를 생성하였다. [Out 444]는 tuple2의 구조가 튜플이라는 것을 확인하였다.

한 개의 원소를 갖는 튜플

```
tuple3 = (20)
print("[Out 445] tuple3 = {}".format(tuple3))
print("[Out 446] type: {}".format(type(tuple3)))
tuple4 = (20,)
print("[Out 447] tuple4 = {}".format(tuple4))
print("[Out 448] type: {}".format(type(tuple4)))
```

출력결과

```
[Out 445] tuple3 = 20
[Out 446] type: <class 'int'>
[Out 447] tuple4 = (20,)
[Out 448] type: <class 'tuple'>
```

[Out 445]는 tuple3를 출력하였다. 결과를 보면 정수이다. [Out 446]에서 tuple3의 구조가 int 인 것을 볼 수 있다. [Out 447]는 tuple4를 나타낸 것이다. [Out 448]에서 tuple4의 구조가 tuple인 것을 확인할 수 있다. 이처럼 한 개의 원소를 갖는 튜플을 만들 때는 마지막에 콤마를 붙여야한다.

서로 다른 유형의 자료를 원소로 갖는 튜플

```
tuple5 = ('park',[20,30,40])
print("[Out 449] tuple5: {}".format(tuple5))
```

출력결과

```
[Out 449] tuple5: ('park', [20, 30, 40])
```

tuple5는 문자열과 리스트를 원소로 갖는 튜플이다. [Out 449]는 tuple5를 출력하였다.

인댁싱/슬라이싱

```
tuple2_2 = tuple2[2]
print("[Out 450]  {}".format(tuple2_2))
print("[Out 451]  {}".format(tuple2[1:3]))
```

출력결과

```
[Out 450]  Wednesday
[Out 451]  ('Tuesday', 'Wednesday')
```

튜플도 리스트와 마찬가지로 순서를 가지고 있기 때문에 인덱서를 가지고 각 항목에 접근할 수 있다. 대괄호에 인덱서를 지정하면 원하는 위치의 항목을 얻을 수 있다. [Out 450]은 tuple2의 세 번째 항목을 추출하여 tuple2_2에 저장한 결과이다. 인덱스가 0부터 시작하기 때문 인덱스는 2로 지정되었다. 그래서 "wednseday"가 반환되었다. [Out 451]는 두 번째와 세 번째 항목을 추출하였다. 마지막 인덱스는 포함되지 않는다. 따라서 "('Tuesday', 'Wednesday')"가 출력되었다.

튜플은 변경할 수 없다.

```
tuple1[1] = 'Tuesday'
```

출력결과

```
TypeError: 'tuple' object does not support item assignment
```

tuple1의 두 번째 원소를 "Thesday"로 변경하라고 했지만 TypeError가 출력되었다. 이처럼 튜플은 한번 생성이 되면 구성 원소를 변경할 수 없다. 따라서 리스트에서 사용하는 append, insert 등과 같은 함수는 사용할 수 없다.

튜플의 원소 중 변할 수 있는 것은 변경할 수 있다.

```
tuple5 = ('park',[20,30,40])
tuple5[1][0] = 200
print("[Out 452] [20,30,40]의 첫번째 원소를 200으로 변경 : {}".format(tuple5))
tuple5[1].append(50)
print("[Out 453] [20,30,40]에 50 추가 : {}".format(tuple5))
```

출력결과

```
[Out 452] [20,30,40]의 첫번째 원소를 200으로 변경 : ('park', [200, 30, 40])
[Out 453] [20,30,40]에 50 추가 : ('park', [200, 30, 40, 50])
```

tuple5[1]=[20, 30, 40]이므로 리스트다. 리스트는 변경 가능한 구조이므로 이 리스트의 첫 번째 원소 즉 tuple5[1][0]를 200으로 변경하였다. [Out 452]에서 결과를 확인할 수 있다. 그 다음 append()를 이용하여 50을 추가하였다. [Out 453]은 결과를 보여준다.

튜플 → 리스트, 리스트→튜플

```
tuple6 = (10,30,40,50)
list_tuple6 = list(tuple6)
print("[Out 454] tuple6이 리스트로 변경됨: list_tuple = {}".format(type(list_tuple6)))
list48 = [90,80,70,60]
tuple_list48 =tuple(list48)
print("[Out 455] list48이 튜르로 변경됨: tuple_list48: {}".format(type(tuple_list48)))
```

출력결과

```
[Out 454] tuple6이 리스트로 변경됨: list_tuple = <class 'list'>
[Out 455] list48이 튜르로 변경됨: tuple_list48: <class 'tuple'>
```

[Out 454]에서 list_tuple6의 구조가 list인 것을 볼 수 있다. list()로 tuple6를 리스트로 변경하였다. [Out 455]에서 tuple_list48의 구조가 tuple인 것을 볼 수 있다. tuple()로 list48을 튜플로 변경하였다.

듀플의 병합과 반복

```
print("[Out 456] tuple4 + tuple5 : {}".format(tuple4+tuple5))
print("[Out 457] tuple4*3 {}".format(tuple4*3))
```

출력결과

```
[Out 456] tuple4 + tuple5 : (20, 'park', [200, 30, 40, 50])
[Out 457] tuple4*3 (20, 20, 20)
```

"+" 연산자로 두 개 이상의 튜플을 병합할 수 있다. [Out 456]은 tuple4와 tuple5를 병합한 결과이다. "*" 연산자로 튜플을 반복할 수 있다. [Out 457]은 tuple4를 3번 반복한 것이다.

튜플 자료를 이용해서 기본 통계량 계산하기

```
import statistics as sta
```

```
def description(x):
      return(sum(x),min(x),max(x),sta.mean(x),sta.median(x),sta.stdev(x),
                sta.variance(x))
tuple7 = (52,74,58,40,42,57,25,60,34,56,98)
measure = description(tuple7)
print("[Out 458]:기술통계량:{}".format(measure))
print("[Out 459]:기술통계량 : 합:{0:.2f}, 최솟값:{1:.2f}, 최댓값:{2:.2f}, ₩
평균:{3:.2f}, 중앙값{4:.2f}, 표준편차:{5:.2f}, 분산:{6:.2f}"
.format(measure[0],measure[1],measure[2],measure[3],measure[4],
measure[5],measure[6]))
```

출력결과

```
[Out 458]: 기술통계량:(596, 25, 98, 54.18181818181818, 56, 19.96405861451114, 398.56363636363636)
[Out 459]: 기술통계량 : 합:596.00, 최솟값:25.00, 최댓값:98.00, 평균:54.18, 중앙값 56.00, 표준편차:19.96,
           분산:398.56
```

모듈 statistics에서 제공하는 함수를 이용하기 위해서 statistics를 임포터 하였다. 기술 통계량을 계산하기 위해서 description함수를 정의하였다. 결과를 튜플 구조로 반환하도록 하였다. tuple7를 정의하고, description함수로 기술통계를 계산하고, 그 결과를 measure에 저장하고, 출력하였다. 결과는 [Out 458]이다. 여기서 measure가 튜플 구조라는 것을 확인할 수 있다. [Out 459]는 format()으로 출력 형식을 지정하여 출력한 것이다. 각 통계값의 위치를 인덱스로 지정하였다. 예를 들어 합은 튜플 measure의 첫 번째 원소이므로 measure[0]로하고, 최솟값은 두 번째 원소이므로 measure[1], 최댓값은 measure[2]로, 평균은 measure[3], 중앙값은 measure[4], 표준편차는 measure[5], 분산은 measure[6]으로 지정하였다.

리스트 자료를 이용해서 기본 통계량 계산하기

```
import statistics as sta
def description(x):
      return(sum(x),min(x),max(x),sta.mean(x),sta.median(x),sta.stdev(x),
                sta.variance(x))
list49 = [56,78,34,56,98,23]
measure_list = description(list49)
sumx, minx, maxx,meanx,medianx,stdevx,variancex = measure_list
print("[Out 460]:기술통계량 : 합:{0:.2f}, 최솟값:{1:.2f}, 최댓값:{2:.2f}, ₩
평균:{3:.2f}, 중앙값{4:.2f}, 표준편차:{5:.2f}, 분산:{6:.2f}"
.format(sumx,minx,maxx,meanx,medianx,stdevx,variancex))
```

출력결과

```
[Out 460]: 기술통계량 : 합:345.00, 최솟값:23.00, 최댓값:98.00, 평균:57.50, 중앙값 56.00, 표준편차:27.60,
           분산:761.50
```

list49를 정의하고, description함수로 기술통계를 계산하였다. 그리고 그 결과를 measure_list에 저장하였다. 그 다음 튜플 measure_list를 풀어서 안에 있던 각 항목들을 각각의 변수에 할당 하였다. 예를 들어 첫 번째 원소는 sumx라는 변수에, 두 번째 원소는 minx, 세 번째 원소는 maxx, 네 번째는 meanx, 다섯 번째는 stdevx, 여섯 번째는 variancex에 저장하였다. [Out 460]는 format()으로 출력 형식을 지정하여 출력한 것이다. 이처럼 함수에서 값을 여러 개 반환할 때 튜플을 사용하면 편리하다. 그리고 튜플을 풀어서 각 항목들을 각각의 변수에 할당할 수 있다.

변수 값 교환

```
x, y = 100,200
print("[Out 461] x={}, y={}".format(x,y))
y, x = x, y
print("[Out 462] x={}, y={}".format(x,y))
```

출력결과

```
[Out 461] x=100, y=200
[Out 462] x=200, y=100
```

---

x=100, y=200을 할당하고, x, y의 변수 값을 교환하였다. [Out 461]은 x, y값을 출력하였다. [Out 462]는 서로 교환된 값을 출력하였다. 변수 교환은 자료를 정렬할 때 자주 사용되는 기법이다.

리스트 내의 원소 위치 바꾸기

```
list50 = [100,200]
print("[Out 463] list50 = {}".format(list50))
temp = list50[1]
list50[1]=list50[0]
list50[0]=temp
print("[Out 464] list50 = {}".format(list50))
list51 = [100,200]
print("[Out 465]:list51[0]={}, list51[1]={}".format(list51[0],list51[1]))
list51[0],list51[1] = list51[1],list51[0]
print("[Out 466]:list51[0]={}, list51[1]={}".format(list51[0],list51[1]))
print("[Out 467] list51 = {}".format(list51))
```

출력결과

```
[Out 463] list50 = [100, 200]
[Out 464] list50 = [200, 100]
[Out 465]:list51[0]=100, list51[1]=200
[Out 466]:list51[0]=200, list51[1]=100
[Out 467] list51 = [200, 100]
```

리스트 내의 원소 위치를 바꾸는 두 가지 방법을 생각해보자. 먼저 temp에 list50[1]을 임시로 저장하고, list50[1]에 list50[0]를 할당하고, list50[0]에 temp값을 할당한

다. [Out 464]는 이 세 단계를 거쳐서 나온 결과 list50의 원소 위치가 바뀐 것을 확인할 수 있다. 다음은 파이션에서 많이 이용하는 변수 값 교환 방법을 사용하였다. 즉 x, y = y, x를 이용하였다. 이 프로그램에서는 list51[0], list51[1] = list51[1], list51[0]로 나타내었다. 다시 말해서 list51[0]에 list51[1]을, list51[1]에 list51[0]을 할당하였다. [Out 465]와 [Out 466]에서 두 값이 바뀐 것을 볼 수 있다. 결과적으로 [Out 467]에서 list51의 원소 위치가 바뀐 것을 볼 수 있다. 이처럼 변수 값 교환 방법을 이용하면 좀 더 간편하다. 이러한 방법들은 리스트 정렬에 많이 사용된다.

리스트 정렬

```
list52 = [68,77,88,98,88]
for i in range(0, len(list52)):
    for j in range(0, len(list52)):
        if list52[i] < list52[j]:
            temp = list52[j]
            list52[j] = list52[i]
            list52[i] = temp
print("[Out 468] 정렬된 리스트: {}".format(list52))
```

출력결과

```
[Out 468] 정렬된 리스트: [68, 77, 88, 88, 98]
```

중첩 for문으로 리스트에 있는 원소들끼리 비교하고, 비교한 다른 원소의 값이 커면 두 원소의 위치를 바꾼다. 여기서 list50[i] < list50[j]이면 list50[i]와 list50[j]에 있는 원소 위치를 바꾼다. 예를 들어 i=0, j=0일 때 if 조건을 만족하지 않기 때문에 이 과정이 실행되지 않는다. i=0, j=1일 때 list50[0]=68, list50[1]=77이므로 if 조건이 만족한다. 따라서 temp= list50[1], list50[1]=list50[0]을 그리고 list50[0]=temp를 할당한다. 그래서 리스트가 [77,68,88,98,88]로 변경되었다. 첫 번째와 두 번째 원소가 바뀐 것이다. i=0, j=2일 때 list50[0] =77, list50[2]=88이므로 리스트가 [88,68,77,98,88]로 변경된다. i=0, j=3일 때 list50[0] =88, list50[3]=98이므로 리스트가 [98,68,77,88,88]로 변경된다. i=0, j=4일 때 list50[0]=98, list50[4]=88이므로 리스트는 변경 없이 [98,68,77,88,88]이다. i=1, j=0일 때 list50[1]=68, list50[0]=98이므로 리스트는 [68,98,77,88,88]로 변경되었다. 이처럼 루프가 계속 반복되어 [Out 468]과 같은 결과를 얻었다.

리스트 정렬(변수 값 교환 방법)

```
list53 = [68,77,88,98,88]
for i in  range(0, len(list53)):
    for j in range(0, len(list53)):
        if list53[i] < list53[j]:
            list53[i],list53[j] = list53[j],list53[i]
```

```
print("[Out 469] 정렬된 리스트: {}".format(list53))
```

출력결과

```
[Out 469] 정렬된 리스트: [68, 77, 88, 88, 98]
```

여기서는 변수 값 교환 방법을 사용하였다. 즉 list53[i], list53[j] = list53[j], list53[i]로 코딩하였다. 예를 들어 i=0, j=0일 때 if 조건을 만족하지 않기 때문에 이 과정이 실행되지 않았다. i=0, j=1일 때 list53[0]=68, list53[1]=77이므로 if 조건이 만족된다. 따라서 list53[0]에 list53[1]이 list53[1]에 list53[0]이 할당되어 리스트가 [77, 68, 88, 98, 88]로 변경되었다. i=0, j=2일 때 list53[0]=77, list53[2]=88이므로 [88, 68, 77, 98, 88]로 변경된다. i=0, j=3일 때 list53[0]=88, list53[3]=98이므로 [98,68,77,88,88]로 변경된다. i=0, j=4일 때 list53[0]=98, list53[4]=88이므로 변경 없이 [98, 68, 77, 88, 88]이다. i=1, j=0일 때 list53[1]=68, list53[0]=98이므로 [68, 98, 77, 88, 88]로 변경되었다. 이처럼 루프가 계속 반복되어 [Out 469]와 같은 결과를 얻었다. 두 가지 방법을 비교해보면 변수 값 교환 방법이 더 간편하다는 것을 알 수 있다.

튜플 정렬(sorted()함수)

```
tuple7.sort()
print("[Out 470] 정렬된 리스트: {}".format(tuple7))
list54 = sorted(tuple7)
print("[Out 471] 정렬된 튜플: {}".format(list54))
```

출력결과

```
AttributeError: 'tuple' object has no attribute 'sort'
[Out 471] 정렬된 튜플: [25, 34, 40, 42, 52, 56, 57, 58, 60, 74, 98]
```

튜플은 변경할 수 없기 때문에 sort()함수는 제공하지 않는다. sort()를 사용하면 AttributeError가 발생한다. sorted()함수를 사용하면 결과는 리스트 구조로 반환된다. [Out 471]은 그 결과를 보여준다.

튜플 삭제(del()함수)

```
tuple8 = (23,56,78,90)
del(tuple8)
print("[Out 472] tuple8: {}".format(tuple8))
```

출력결과

```
NameError: name 'tuple8' is not defined
```

del()은 튜플 자체를 삭제한다. 따라서 tuple8을 출력하면 NameError이 출력된다.

리스트 축약과 생성기(generator)

```
import math
list55 = [34,67,23,89,90]
list_com = [round(math.sqrt(x),2) for x in list55]
print("[Out 473] 리스트 축약: {}".format(list_com))
generator = (round(math.sqrt(x),2) for x in list55)
print("[Out 474] 생성기: {}".format(generator))
def generator_sqrt():
    for x in list55:
        yield round(math.sqrt(x),2)
gen_sqrt = generator_sqrt()
print("[Out 475] 생성기: {}".format(gen_sqrt))
def generator_sqrt_1():
    for x in list55:
        return round(math.sqrt(x),2)
gen_sqrt_1 = generator_sqrt_1()
print("[Out 476] return 사용: {}".format(gen_sqrt_1))
```

출력결과

```
[Out 473] 리스트 축약: [5.83, 8.19, 4.8, 9.43, 9.49]
[Out 474] 생성기: <generator object <genexpr> at 0x000000000AB98678>
[Out 475] 생성기: <generator object generator_sqrt at 0x000000000AB98E08>
[Out 476] return 사용: 5.83
```

생성기(generator)는 자료를 생성하는 함수이다. 생성기를 만드는 방법은 두 가지다. 리스트 축약과 유사한 방법으로 생성할 수 있다. 이때 대괄호 대신 소괄호를 사용한다. 다른 한 가지 방법은 함수에서 return 대신 yield를 사용해서 생성할 수도 있다. 이 프로그램에서 math 모듈 함수 sqrt()를 사용하기 위해서 math를 임포터 하였다. list55를 생성하였다. 그리고 리스트 축약을 이용해서 리스트 원소들의 제곱근을 구하고, 결과를 list_com에 저장하였다. [Out 473]은 그 결과를 나타내었다. 소괄호를 이용해서 생성기 generator을 만들었다. 그리고 결과를 출력하였다. [Out 474]는 그 결과를 보여준다. [Out 474]와 같이 생성기는 계산 결과를 반환하지 않고 생성기가 저장된 주소를 보여준다. 그 다음은 yield가 포함된 함수 generator_sqrt()를 만들었다. gen_sqrt에 저장하였다. 만약 return문을 사용한다면 return문이 실행된 후 함수가 종료가 되기 때문에 반복해서 자료를 생성할 수 없다. [Out 476]에서 첫 번째 루프 값 5.83만 반환된 것을 볼 수 있다. 하지만 yield는 반복해서 결과를 반환할 수 있게 해준다. [Out 475]에서 generator_sqrt가 저장된 주소만 출력된 것을 볼 수 있다.

생성기의 값 구하기(for문)

```
print("[Out 477]리스트 원소를 순차적으로 얻기")
for i in list_com:
    print("{}".format(i))
print("[Out 478] 생성기 원소를 순차적으로 얻기")
```

```
for j in generator:
    print("{}".format(j))
print("[Out 479] 생성기가 반환할 원소: {}".format((next(generator))))
```

출력결과

```
[Out 477]리스트 원소를 순차적으로 얻기
 5.83
 8.19
 4.8
 9.43
 9.49
[Out 478] 생성기 원소를 순차적으로 얻기
 5.83
 8.19
 4.8
 9.43
 9.49
[Out 479]
 StopIteration
```

생성기의 값을 볼 수 있는 방법을 살펴보자. [Out 477]은 for루프로 list_com의 원소를 순차적으로 출력한 것이다. [Out 478]은 for루프로 생성기 generator의 원소를 순차적으로 나타낸 것이다. [Out 477]과 [Out 478]에서 리스트축약과 생성기가 같은 결과를 가진다는 것을 볼 수 있다. 하지만 두 개의 for 루프가 작동하는 방법은 서로 다르다. 그 차이점은 잠시 후에 설명하기로 하자. [Out 479]는 next()로 generator에서 값을 추출하려고 하였으나, 이미 [Out 478]에서 값을 모두 꺼냈다. 따라서 추출할 원소가 존재하지 않기 때문에 오류 StopIteration이 발생하였다. 이처럼 생성기는 여러 번 반복해서 값을 추출할 수 없다. next()함수로 반복자(iterator)에서 값을 회수할 수 있다. 생성기도 반복자의 일종이기 때문에 next()로 생성기에서 값을 회수할 수 있다.

---

next()로 생성기 값 회수하기

```
import math
def generator_sqrt():
    for x in list55:
        yield round(math.sqrt(x),2)
gen_sqrt = generator_sqrt()
print("[Out 480] 생성기가 반환할 원소: {}".format((next(gen_sqrt))))
print("[Out 481] 생성기가 반환할 원소: {}".format((next(gen_sqrt))))
print("[Out 482] 생성기 원소를 순차적으로 얻기")
for k in gen_sqrt:
    print("{}".format(k))
```

출력결과

```
[Out 480] 생성기가 반환할 원소: 5.83
[Out 481] 생성기가 반환할 원소: 8.19
```

```
[Out 482] 생성기 원소를 순차적으로 얻기
 4.8
 9.43
 9.49
```

generator_sqrt()를 만들어 gen_sqrt에 저장하였다. [Out 480]은 next()함수로 yield에서 정의한 자료의 제곱근을 회수하였다. 첫 번째 next()이 때문에 5.83이 추출되었고, [Out 481]은 두 번째 이므로 8.19가 출력되었다. [Out 482]는 for문으로 나머지 세 개 값을 회수하였다.

반복자(iterator)

```
import math
list55 = [34,67,23,89,90]
list_com = [round(math.sqrt(x),2) for x in list55]
print("[Out 483] next()를 리스트에 적용")
#next(list_com)
list_com_iter = iter(list_com)
print("[Out 484]: 반복자(iterator): {}".format(list_com_iter))
print("[Out 485]: 반복자가 반환할 원소: {}".format((next(list_com_iter))))
print("[Out 486]: 반복자가 반환할 원소: {}".format((next(list_com_iter))))
print("[Out 487]")
for l in list_com_iter:
    print("{}".format(l))
```

출력결과

```
[Out 483] next()를 리스트에 적용
 TypeError: 'list' object is not an iterator
[Out 484]: 반복자(iterator): <list_iterator object at 0x000000000AB16400>
[Out 485]: 반복자가 반환할 원소: 5.83
[Out 486]: 반복자가 반환할 원소: 8.19
[Out 487]
 4.8
 9.43
 9.49
```

반복자는 반복 가능한 자료를 순차적으로 접근하기 위해서 사용하는 방법이다. 반복 가능하다는 것은 반복문으로 순환이 가능한 것을 말한다. list55를 정의하고, 리스트 축약으로 자료의 제곱근을 원소로 하는 list_com을 만들었다. list_com에 next()를 적용해보면, [Out 483]과 같이 TypeError: 'list' object is not an iterator가 출력되었다. 리스트는 반복자가 아니다. 그래서 iter()함수로 list_com을 반복자로 만들고, list_item_iter에 저장하였다. [Out 484]에서 반복자를 출력했지만 저장된 주소만 출력되었다. next()함수는 반복자를 인수로 받아 반복자의 값을 추출하는 함수다. [Out 485]와 [Out 486]은 next()로 반복자 list_com_iter의 값을 차례로 추출하였다. 그리고 나머지 세 개는 for 루프를 이용해서 추출하였다. [Out 487]에 결과가 있다.

리스트 축약과 생성기 비교

```
print("[Out 488] 리스트 축약:")
for number in [int(input('숫자를 입력하세요:')) for _ in range(3)]:
    print("number = {}".format(number))
print("[Out 489] 생성기:")
for number in (int(input('숫자를 입력하세요:')) for _ in range(3)):
    print("number = {}".format(number))
```

출력결과

```
[Out 488] 리스트 축약:
 숫자를 입력하세요:10
 숫자를 입력하세요:20
 숫자를 입력하세요:30
 number = 10
 number = 20
 number = 30
[Out 489] 생성기:
 숫자를 입력하세요:100
 number = 100
 숫자를 입력하세요:200
 number = 200
 숫자를 입력하세요:300
 number = 300
```

생성기와 리스트 축약의 형식이 비슷하지만, 두 방법이 동작하는 방식은 서로 다르다. [Out 488]에서 리스트 축약이 작동하는 과정을 보면 먼저 3개의 숫자를 연속해서 받아들인 후 연속해서 이 세 수를 출력하였다. 이 과정에서 3개의 자료를 저장할 수 있는 메모리가 필요하다. 소량의 자료에 대해서는 문제가 없지만 대용량의 자료에 대해서는 문제가 생길 수 있다. 예를 들어 만약에 100억 개의 자료가 입력된다면 100억 개의 자료를 저장할 수 있는 메모리가 필요하다. 이때 메모리가 부족하면 아래와 같이 MemorryError가 발생한다.

MemoryError

```
[x for x in range(1000000000)]
 MemoryError
```

하지만 생성기는 [Out 489]에서 보는 것과 같이 숫자가 입력될 때마다 바로 그 숫자가 출력되는 것을 볼 수 있다. 이처럼 생성기는 자료가 생성 되면 바로 그 자료를 처리하기 때문에 기다리는 시간이 적다. 그리고 한 개의 자료를 저장할 수 있는 메모리만 있으면 충분하므로 메모리 걱정을 할 필요가 없다. 아래 프로그램을 실행하면

[Out 490]과 같은 결과가 바로 출력된다. 이것은 생성기가 있는 주소를 나타낸다.

생성기

```
gen = (x for x in range(1000000000))
print("[Out 490] 생성기:", gen)
print("[Out 491]: 반복자가 반환할 원소: {}".format((next(gen))))
print("[Out 492]: 반복자가 반환할 원소: {}".format((next(gen))))
```

출력결과

```
[Out 490] 생성기: <generator object <genexpr> at 0x0000000009EF1EB8>
[Out 491]: 반복자가 반환할 원소: 0
[Out 492]: 반복자가 반환할 원소: 1
```

[Out 491]과 [Out 492]에서 보는 것과 같이 생성기의 각 원소는 필요한 순간 next() 함수를 만나면 그때 그때 생성된다.

프로그램 실행시간 비교

```
import time
print("#########실행시간#############")
start = time.time()
[x for x in range(100000000)]
finish = time.time()
print("[Out 493] {}초".format(finish-start))
print("#########실행시간#############")
start = time.time()
(x for x in range(100000000))
finish = time.time()
print("[Out 494] {}초".format(finish-start))
```

출력결과

```
#########실행시간#############
[Out 493] 8.800415515899658초
#########실행시간#############
[Out 494] 0.0초
```

1억 개의 수를 리스트 축약 방법과 생성기로 만드는 두 프로그램을 실행 했을 때 걸리는 시간을 살펴보자. 컴퓨터의 현재 시간을 나타내는 함수인 time()을 이용하기 위해서 이 함수가 있는 time 모듈을 임포터 했다. start~finish 사이에 실행할 프로그램을 끼워 넣고, 프로그램 실행 시작과 끝 시간을 측정해서 실행시간을 계산하였다. 실행 시간이 리스트 축약은 약 8.8초, 생성기는 거의 0.0초인 것을 [Out 493]과 [Out 494]에서 확인할 수 있다. 여기서 리스트 축약이 1억 개의 원소를 갖는 리스트를 만드는데 약 8.8초가 걸린 것을 볼 수 있다. 생성기가 바로 반환되었기 때문에 거의 시간이 걸리지 않았다.

구매 상품 등록 생성기 만들기

```
print("[Out 495] goods_generator(구매 상품 목록")
from collections import defaultdict
goods_dict = defaultdict(int)
def input_goods():
    while True:
        goods = input('판매된 상품 이름 입력하세요:')
        goods_dict[goods]+= 1
        yield goods_dict
goods_generator = input_goods()
for _ in range(3):
    print(next(goods_generator))
```

출력결과

```
[Out 495] goods_generator(구매 상품 목록)
 판매된 상품 이름 입력하세요:소주
 defaultdict(<class 'int'>, {'소주': 1})
 판매된 상품 이름 입력하세요:맥주
 defaultdict(<class 'int'>, {'소주': 1, '맥주': 1})
 판매된 상품 이름 입력하세요:콜라
 defaultdict(<class 'int'>, {'소주': 1, '맥주': 1, '콜라': 1})
```

[Out 495]는 goods_generator생성기를 만들어, next()로 생성기의 값을 출력한 것이다. 생성기의 값은 yield 뒤에 나오는 딕셔너리 goods_dict이다. 함수 input_goods()는 while의 조건이 True이기 때문에 무한 반복한다. 생성기가 next()함수를 만나게 되면, yield 뒤에 정의된 값을 반환하고, 다음 next()까지 멈춘다. 이처럼 사용한 next()함수의 수만큼의 자료를 얻을 수 있다. [Out 495]에서 next()를 3번 선언했기 때문에 딕셔너리에 3개의 원소가 있다.

두 변수 X, Y의 상관계수 구하기

```
import statistics as sta
import math
mid_tuple = (16.5,18.9,23.5,26.9,23.6,15.2,12.3,28.4,20.9,24.7)
final_tuple = (28.4,21.5,35.4,39.9,35.1,25.1,16.4,31.5,31.1,39.4)
mid_final = tuple(zip(mid_tuple,final_tuple))
mid_tuple_mean = sta.mean(mid_tuple)
final_tuple_mean = sta.mean(final_tuple)
ss_mid_tuple = sum((element-mid_tuple_mean)**2 for element in mid_tuple )
ss_final_tuple = sum((element-final_tuple_mean)**2 for element in final_tuple )
ss_mid_final = sum((i-mid_tuple_mean)*(j-final_tuple_mean) for i, j in mid_final)
corr_coef = ss_mid_final/math.sqrt(ss_mid_tuple*ss_final_tuple)
print("[Out 496] mid_tuple의 제곱합: {0:.2f}, final_tuple의 제곱합: {1:.2f},₩
 ss_mid_final: {2:.2f}, 상관계수:{3:.2f}"
```

```
      .format(ss_mid_tuple,ss_final_tuple,ss_mid_final,corr_coef))
```

출력결과

```
[Out 496] mid_tuple의 제곱합: 250.19, final_tuple의 제곱합: 527.34, ss_mid_final: 302.39, 상관계수:0.83
```

표본상관계수는 두 양적 변수 사이의 선형관계의 정도를 나타내는 수치 측도이다. 이 수치는 보통 r로 나타낸다. r은 $-1 \le r \le 1$ 이다. r이 1에 가까울수록 두 변수 사이에 양의 선형관계가 강하다. 즉 한 변수가 증가하면 다른 변수도 강하게 증가한다. r이 0에 가까우면 두 변수가 선형관계가 약하다. r이 -1에 가까울수록 음의 상관이 강하다. 즉 한 변수가 증가하면 다른 변수는 감소하는 정도가 강하다. 주어진 자료를 이용해서 상관계수를 어떻게 구하는지 살펴보자.

상관계수 구하기

상관계수 구하는 공식:

자료 : $((x_1,y_1),(x_2,y_2),\cdots,(x_n,y_n))$,

상관계수: $$r = \frac{\sum_{i=1}^{n}(x_i-\bar{x})(y_i-\bar{y})}{\sqrt{\sum_{i=1}^{n}(x_i-\bar{x})^2\sum_{i=1}^{n}(y_i-\bar{y})^2}}$$

1) 자료의 개수를 구한다.
2) x, y 각각의 평균을 구한다.
3) 각각의 편차의 곱$((x_i-\bar{x})(y_i-\bar{y})), i=1,2,\cdots,n$ 을 구한다.
4) 편차의 곱합을 구한다.($\sum_{i=1}^{n}(x_i-\bar{x})(y_i-\bar{y})$)
5) 각 변수의 제곱합을 구한다.($\sum_{i=1}^{n}(x_i-\bar{x})^2$, $\sum_{i=1}^{n}(y_i-\bar{y})^2$)
6) 상관계수를 계산한다.

이 과정을 파이션으로 코딩을 해보자. 모듈 statistics에 있는 mean()함수를 사용하기 위해서 statistics 모듈을 임포터 하면서 별명을 sta로 하였다. zip()함수를 이용하여 mid_tuple와 final_tuple을 서로 대응하는 원소들끼리 묶어서 mid_final을 만들었다. mean()을 이용하여 각 튜플의 평균을 계산하였다. 각 변수의 제곱합을 구하였다. 그리고 각 변수의 편차곱의 합을 구하고, 마지막으로 상관계수를 계산하였다. [Out 496]에 그 결과를 출력하였다. 결과에서 mid_tuple과 final_tuple의 상관계수가 0.83으로 양의 상관이 있다는 것을 알 수 있다. 즉 mid_tuple가 증가하면 final_tuple도 증가하는 경향을 나타낸다. 그 정도는 약간 강한 편이다.

4.4 세트

세트(set)는 중복을 허용하지 않고 순서가 없는 구조이다. 키 값만 있는 딕셔너리 라고 생각하면 된다. 리스트보다 검색이 빠르고 크기를 변경할 수 있다. 세트는 중괄호를 이용해서 각 원소를 콤마로 분리해서 만든다. 혹은 set()함수로 만들 수도 있다.

set 만들기

```
set1 = {'HH','HT','TH','TT'}
set2 = {1,2,3,4,5,6}
set3 ={(1,'H'),(1,'T'),(2,'H'),(2,'T'),(3,'H'),(3,'T'),
        (4,'H'),(4,'T'),(5,'H'),(5,'T'),(6,'H'),(6,'T')}
print("[Out 497]₩n 동전:{}₩n 주사위:{}₩n 동전_주사위:{}₩n".format(set1,set2,set3))
print("[Out 498]₩n 동전:{}₩n 주사위:{}₩n 동전_주사위:{}₩n"
      .format(type(set1),type(set2),type(set3)))
set4 = set(['홍김이','장석이','홍장석','홍김이','장석이'])
dict9 = {}
set5 = set()
print("[Out 499]₩n 리스트로 세트 만들기 :{}₩n 빈 딕셔너리:{}₩n 빈 세트:{}₩n"
      .format(set4,dict9,set5))
print("[Out 500]₩n₩t set4:{}₩n₩t dict9:{}₩n₩t set5:{}₩n₩t"
      .format(type(set4),type(dict9),type(set5)))
print("[Out 501] 세트에 리스트가 포함된 경우:")
set6 = {1,2,3,[9,10]}
print("[Out 502] {}".format(set6))
```

출력결과

```
[Out 497]
 동전:{'HT', 'HH', 'TT', 'TH'}
 주사위:{1, 2, 3, 4, 5, 6}
 동전_주사위:{(4, 'T'), (2, 'T'), (6, 'T'), (1, 'H'), (4, 'H'), (3, 'T'), (1, 'T'), (5, 'H'), (6, 'H'), (5, 'T'), (2, 'H'), (3,
           'H')}
[Out 498]
 동전:<class 'set'>
 주사위:<class 'set'>
 동전_주사위:<class 'set'>
[Out 499]
 리스트로 세트 만들기 :{'홍장석', '장석이', '홍김이'}
 빈 딕셔너리:{}
 빈 세트:set()
[Out 500]
 set4:<class 'set'>
 dict9:<class 'dict'>
 set5:<class 'set'>
[Out 501] 세트에 리스트가 포함된 경우:
 TypeError: unhashable type: 'list'
```

set1은 동전을 두 번 던졌을 때 나올 수 있는 모든 경우를 세트로 나타냈다. set2는 주사위를 한 번 던졌을 때 나타날 수 있는 눈의 수를 집합으로 나타냈다. set3는 주사위와 동전을 던졌을 때 나올 수 있는 모든 경우를 집합으로 나타냈다. 결과는 [Out 497]에서 볼 수 있다. 여기서 set3은 튜플은 세트의 원소가 될 수 있다는 것을 보여준다. [Out 498]에서 세 개 모두의 자료구조가 세트 인 것이 확인되었다. set4는 리스트를 세트로 만든 것이다. [Out 499]에 있는 결과를 보면 원래 리스트에는 '홍김이'가 두 번 있지만 세트는 중복을 허용하지 않기 때문에 set4에는 '홍김이'가 한 번 나타난 것을 볼 수 있다. 빈 세트를 만들 때는 set()를 사용해야 한다. { }를 사용하면 딕셔너리로 인식한다. [Out 500]에서 dict9는 딕셔너리이고, set5는 세트인 것을 확인할 수 있다. set6과 같이 변할 수 있는 구조인 리스트는 세트의 원소가 될 수 없다. [Out 501]과 같이 세트에 리스트가 포함되어 있으면 오류가 발생한다.

인댁싱과 슬라이싱

```
print("[Out 503] 세트에서 인덱싱과 슬라이싱:")
set3[1]
set3[1:3]
```

출력결과

```
[Out 503] 세트에서 인덱싱:
 TypeError: 'set' object does not support indexing
[Out 504] 세트에서 슬라이싱 :
 TypeError: 'set' object is not subscriptable
```

세트는 순서가 없는 구조이기 때문에 세트에서는 인덱스를 사용할 수 없다. 인덱스를 사용하면 [Out 503]과 [Out 594]와 같은 오류가 발생한다.

세트에 원소 추가하기

```
set5 = set()
set5.add(7)
print("[Out 505]₩n set5에 원소 한 개 추가: {}".format(set5))
set5.update(['a','b','c'],{1,2,3},'무술년')
print("[Out 506]₩n set5에 여러 개의 원소 동시에 추가: {}".format(set5))
```

출력결과

```
[Out 505]
 set5에 원소 한 개 추가: {7}
[Out 506]
 set5에 여러 개의 원소 동시에 추가: {1, 2, 3, 7, '년', 'b', '술', 'c', '무', 'a'}
```

---

set5는 빈 세트이다. set5에 새로운 원소를 추가해보자. [Out 505]는 add()로 set5에 새로운 원소 7을 추가한 결과이다. [Out 506]은 update()함수를 이용해서 여러 개의 원소를 동시에 추가한 것을 보여준다. 이때 추가할 원소들을 리스트, 세트, 문자열로

묶었다.

세트에서 원소 제거하기

```
set5.discard('무')
print("[Out 507]₩n set5에서 '무' 삭제: {}".format(set5))
set5.remove('술')
print("[Out 508]₩n set5에서 '술' 제거: {}".format(set5))
set5.pop()
print("[Out 509]₩n set5에서 임의로 한 원소를 제거, 반환: {}".format(set5.pop()))
print("[Out 510]₩n set5에서 임의로 한 원소를 제거: {}".format(set5))
```

출력결과

```
[Out 507]
 set5에서 '무' 삭제: {1, 2, 3, 7, '년', 'b', '술', 'c', 'a'}
[Out 508]
 set5에서 '술' 제거: {1, 2, 3, 7, '년', 'b', 'c', 'a'}
[Out 509]
 set5에서 임의로 한 원소를 제거, 반환: 2
[Out 510]
 set5에서 임의로 한 원소를 제거: {3, 7, '년', 'b', 'c', 'a'}
```

---

discard(), remove(), pop()를 이용해서 세트의 원소를 제거할 수 있다. [Out 507]은 discard()로 '무'를 제거한 결과이다. [Out 508]은 remove()로 '술'을 제거한 결과이다. [Out 509]는 pop()으로 제거한 원소를 반환 하였다. 세트는 순서가 없기 때문에 제거될 원소가 랜덤하게 선택된다. 여기서는 '2'를 세트에서 제거하고 반환하였다. [Out 510]에서 2가 삭제된 것을 볼 수 있다.

---

discard()와 remove() 비교

```
set5.discard('f')
print("[Out 511]₩n set5에 'f'가 존재하지 않는 경우: {}".format(set5))
print("[Out 512]₩n set5에 'f'가 존재하지 않는 경우: {}".format(set5))
set5.remove('f')
```

출력결과

```
[Out 511]
 set5에 'f'가 존재하지 않는 경우: {3, 7, '년', 'b', 'c', 'a'}
[Out 512]
 set5에 'f'가 존재하지 않는 경우:
 KeyError: 'f'
```

---

discard()는 지정된 원소가 세트에 없어도 오류가 발생하지 않고 실행된다. [Out 511]에서 그것을 볼 수 있다. 하지만 remove()는 오류를 발생시킨다. [Out 512]에서 KeyError가 발생한 것을 확인할 수 있다.

clear()

```
set5.clear()
print("[Out 513]₩n set5에 있는 모든 원소 제거: {}".format(set5))
```

출력결과

```
[Out 513]
 set5에 있는 모든 원소 제거: set()
```

clear()로 세트를 빈 세트로 만든다. [Out 513]에서 set5가 빈 것을 알 수 있다.

세트 정렬(sorted)

```
print("[Out 514]₩n set3: {}".format(set3))
import operator as op
set7 = sorted(set3, key=op.itemgetter(0,1))
print("[Out 515]₩n set3 정렬 : {}".format(set7))
```

출력결과

```
[Out 514]
 set3: {(4, 'T'), (2, 'T'), (6, 'T'), (1, 'H'), (4, 'H'), (3, 'T'), (1, 'T'), (5, 'H'), (6, 'H'), (5, 'T'), (2, 'H'), (3, 'H')}
[Out 515]
 set3 정렬 : [(1, 'H'), (1, 'T'), (2, 'H'), (2, 'T'), (3, 'H'), (3, 'T'), (4, 'H'), (4, 'T'), (5, 'H'), (5, 'T'), (6, 'H'), (6, 'T')]
```

[Out 514]를 보면 set3가 입력된 순서에 관계없이 출력된 것을 볼 수 있다. sorted() 함수를 이용하면, 원하는 순서대로 출력을 할 수 있다. itemgetter()함수로 먼저 숫자를 기준으로 정렬한 후 다시 문자를 기준으로 정렬하도록 하였다. 결과 [Out 515]를 보면 숫자를 기준으로 정렬하고, 다시 문자를 기준으로 정렬한 것을 알 수 있다.

판매된 제품 항목 만들기

```
print("[Out 516]₩n판매된 제품 :")
selling_item = set()
def selling_goods():
    while True:
        goods = input('판매된 상품 이름 입력하세요:')
        selling_item.add(goods)
        yield selling_item
selling_list = selling_goods()
for _ in range(10):
    print(next(selling_list))
```

출력결과

```
[Out 516]
 판매된 제품 :
 판매된 상품 이름 입력하세요:소주
```

```
{'소주'}
판매된 상품 이름 입력하세요:소주
{'소주'}
판매된 상품 이름 입력하세요:맥주
{'소주', '맥주'}
판매된 상품 이름 입력하세요:맥주
{'소주', '맥주'}
판매된 상품 이름 입력하세요:와인
{'소주', '와인', '맥주'}
판매된 상품 이름 입력하세요:와인
{'소주', '와인', '맥주'}
판매된 상품 이름 입력하세요:소주
{'소주', '와인', '맥주'}
판매된 상품 이름 입력하세요:콜라
{'소주', '콜라', '와인', '맥주'}
판매된 상품 이름 입력하세요:소주
{'소주', '콜라', '와인', '맥주'}
판매된 상품 이름 입력하세요:사이다
{'콜라', '맥주', '소주', '와인', '사이다'}
```

판매 상품 목록을 만드는 생성기 selling_list를 만들었다. 판매 수량보다 제품 종류를 파악할 목적으로 제품이 중복 등록되는 것을 막기 위해서 세트를 사용하였다. 먼저 빈 세트 selling_item을 만들었다. selling_goods함수를 만들고 마지막으로 생성기를 만들고 next()함수를 이용해서 생성기 값을 추출하였다. 생성기에 대한 자세한 설명은 이미 튜플에서 설명하였다, 결과 [Out 516]을 보면 처음에 소주가 입력되어 소주를 세트에 추가하였다. 그 다음 또 소주가 입력되었으나 이미 세트에 소주가 있기 때문에 추가되지 않았다. for 루프에서 next()가 10번 사용되었기 때문에 10개의 자료를 추출하였다. 하지만 10개 중에 중복되는 것은 중복 추가 되지 않았다. 따라서 판매된 상품의 목록은 {'콜라', '맥주', '소주', '와인', '사이다'}로 출력되었다.

합집합, 교집합, 차집합, 대칭차집합

```
sample_space = {1,2,3,4,5,6}
even_event = {2,4,6}
event_2 = {3,4,5,6}
odd_event = {1,3,5}
event_4 = {1,2,3,4}
print("[Out 517]₩n 표본공간: {}₩n 짝수: {}₩n 3이상: {}₩n 홀수: {}₩n 4이하: {}"
      .format(sample_space,even_event,event_2,odd_event,event_4))
even_event_union_event2 = even_event.union(event_2)
even_event_intersection_event2 = even_event.intersection(event_2)
sample_difference = sample_space.difference(odd_event)
odd_event_symmetric_event_4 = odd_event.symmetric_difference(event_4)
even_intersection_odd = even_event & odd_event
print("[Out 518]₩n 합집합: {}₩n 교집합: {}₩n 차집합: {}₩n 대칭차집합: {}₩n 교집합: {}".format(even_event_union_event2,even_event_intersection_event2,
        sample_difference,odd_event_symmetric_event_4,even_intersection_odd))
```

출력결과

```
[Out 517]
 표본공간: {1, 2, 3, 4, 5, 6}
 짝수: {2, 4, 6}
 3이상: {3, 4, 5, 6}
 홀수: {1, 3, 5}
 4이하: {1, 2, 3, 4}
[Out 518]
 합집합: {2, 3, 4, 5, 6}
 교집합: {4, 6}
 차집합: {2, 4, 6}
 대칭차집합: {2, 4, 5}
 교집합: set()
```

주사위를 한번 던지는 실험을 생각해보자. 주사위를 한번 던졌을 때 나올 수 있는 모든 경우를 sample_space(표본공간)로 표시하였다. 주사위를 한번 던져서 짝수가 나타나는 경우를 even_event로, 3이상 나오는 경우를 event_2로, 홀수 인 경우를 odd_event로, 4이하인 경우를 event_4로 나타내었다. [Out 517]에서 각 세트를 출력하였다. 그리고 union()함수를 이용해서 even_event와 event_2의 합집합 even_event_union_event2를, intersection()으로 even_event와 event_2의 교집합 even_event_intersection_event2를, difference()로 sample_space와 odd_event의 차집합 sample_difference를, 그리고 symmetric_difference()를 이용해서 odd_event와 event4에 대한 대칭차집합 odd_event_symmetric_event4를 만들었다. 그리고 마지막으로 even_event와 odd_event의 교집합을 구하였다. [Out 518]에 그 결과를 보여준다. 여기서 마지막에 even_intersection_odd는 짝수이면서 홀수인 수는 없기 때문에 빈 집합(공집합)이다. 각 집합의 정의를 간단히 살펴보자.

집합의 연산

집합 A, B에 대해서

합집합: 집합 A에 속하거나 혹은 B에 속하는 원소들로 이루어진 집합.

$$A \cup B = \{x \mid x \in A \text{ or } x \in B\}$$

교집합: 집합 A와 B에 공통으로 속해있는 원소들로 이루어진 집합.

$$A \cap B = \{x \mid x \in A \text{ and } x \in B\}$$

차집합: 집합 A에는 속하지만 B에는 속하지 않는 원소들로 이루어진 집합.

$$A - B = \{x \mid x \in A \text{ and } x \notin B\}$$

대칭차집합: 집합 $A \cup B$에는 속하지만 $A \cap B$에는 속하지 않는 원소들로 이루어진 집합.

$$A \oplus B = \{x \mid x \in A \cup B \text{ and } x \notin A \cap B\}$$

확률

```
p_even_event = len(even_event)/len(sample_space)
p_event_2 = len(event_2)/len(sample_space)
p_odd_event = len(odd_event)/len(sample_space)
p_event_4 = len(event_4)/len(sample_space)
print("[Out 519]: 확률₩n 짝수: {0:.2f}₩n 3이상: {1:.2f}₩n 홀수: {2:.2f}₩n 4이하: {3:.2f}".format(p_even_
event,p_event_2,p_odd_event,p_event_4))
p_even_event_union_event2 = len(even_event_union_event2)/len(sample_space)
p_even_event_intersection_event2
=len(even_event_intersection_event2)/len(sample_space)
p_sample_difference  = len(sample_difference)/len(sample_space)
p_even_intersection_odd = len(even_intersection_odd)/len(sample_space)
print("[Out 520]: 확률₩n 짝수이거나 3이상: {0:.2f}₩n 짝수이면서 3이상: {1:.2f}₩n₩
짝수:{2:.2f}₩n 짝수이면서 홀수: {3:.2f}"
      .format(p_even_event_union_event2,p_even_event_intersection_event2,
              p_sample_difference,p_even_intersection_odd))
```

출력결과

```
[Out 519]: 확률
 짝수: 0.50
 3이상: 0.67
 홀수: 0.50
 4이하: 0.67
[Out 520]: 확률
 짝수 이거나 3이상: 0.83
 짝수이면서 3이상: 0.33
 짝수:0.50
 짝수이면 홀수: 0.00
```

한 개의 주사위를 던지는 실험에서 각 사건이 일어날 확률을 계산해보자. 실험에서 일어날 수 있는 모든 경우들의 집합을 표본공간이라 한다. 이 실험에서 표본공간은 {1, 2, 3, 4, 5, 6}이다. 이것을 sample_space로 정의하였다. 이러한 실험에서 일어나는 몇 가지 특정한 결과, 즉 짝수가 나오는 경우, 홀수가 나오는 경우 등과 같은 것에 관심을 갖는다. 이런 관심 있는 결과들의 집합을 사건이라 한다. 사건은 표본공간의 부분집합이다. 다음과 같이 확률을 계산할 수 있다.

확률

표본공간 S에 대해서 사건 A가 일어날 확률 P(A)는 다음과 같이 정의된다.
표본공간의 모든 원소가 일어날 가능성이 같은 때

$$p(A) = \frac{\text{사건 } A\text{에 속하는 원소의 수}}{\text{표본공간의 원소 개수}}$$

이다.

사건도 집합이기 때문에 집합의 연산이 그대로 적용될 수 있다. len()함수를 이용해서 각 사건이 일어날 확률을 계산하였다. 주사위를 한번 던져서 짝수가 나올 확률을 계산해서 p_even_event에 저장하였다. 3이상 나올 확률을 p_event_2에, 홀수가 나올 확률을 p_odd_event에, 그리고 4이하가 나올 확률을 p_event_4에 저장하였다. [Out 519]에 그 결과를 나타내었다. 결과를 살펴보면 표본공간의 원소 개수=6, 짝수가 나올 경우의 수=3이므로 확률이 0.5, 3이상이 나올 경우의 수=4이므로 확률이 0.67, 홀수가 나올 경우의 수=3이므로 확률이 0.5, 4이하가 나올 경우의 수=4이므로 확률이 0.67로 출력 되었다. 그리고 주사위를 한번 던져서 짝수이거나 3이상이 나올 확률을 계산해서 p_even_event_union_event2에, 짝수이면서 3이상 나올 확률을 p_even_event_intersection_event2에, 짝수가 나올 확률을 p_sample_difference에, 그리고 짝수이면서 홀수일 확률을 p_even_intersection_odd에 저장하였다. [Out 520]에 그 결과를 출력하였다. 결과를 보면 짝수이거나 3이상일 확률 0.83, 짝수이면서 3이상일 확률 0.33, sample_difference는 표본공간에서 홀수를 뺐기 때문에 짝수일 확률 0.5 그리고 마지막으로 짝수이면서 홀수인 수는 존재하지 않기 때문에 확률이 0으로 출력되었다.

세트 축약

```
set8 = set()
for even in range(10):
    if even % 2 == 0:
        set8.add(even)
print("[Out 521]:₩n for 루프: {}".format(set8))
set9 = {even for even in range(10) if even % 2 == 0}
print("[Out 522]:₩n 세트 축약: {}".format(set9))
```

출력결과

```
[Out 521]:
 for 루프: {0, 2, 4, 6, 8}
[Out 522]:
 세트 축약: {0, 2, 4, 6, 8}
```

세트 축약은 리스트 축약과 딕셔너리 축약과 비슷하다. 딕셔너리 축약도 중괄호를 사용하지만 딕셔너리는 키와 값 사이에 콜론을 사용한다. 콜론 사용 유무에 따라 세트와 딕셔너리가 구분된다.

SECTION 5. 다차원배열

배열은 동일한 유형의 자료가 여러 개 저장되어 있는 저장소이다. 많은 자료를 하나의 변수에 저장하고 관리할 때 리스트는 속도가 느리고 메모리를 많이 차지한다. 배열은 빠르고 메모리를 효율적으로 사용하여 자료를 처리할 수 있다. 실제 대용량의 자료분석에서 많이 사용되는 자료구조이다.

2 차원 리스트

```
list_1 = [1,2,3,4]
list_2 = [5,6,7,8]
list_3 = [9,10,11,12]
list_2_dim = [list_1,
              list_2,
              list_3]
print("[Out 523]:₩n 2차원 리스트: {}".format(list_2_dim))
print("[Out 524]:₩n 1행 3열의 원소: {}".format(list_2_dim[0][2]))
print("[Out 525]:₩n type: {}".format(type(list_2_dim)))
list_2_dim[0][1] = 'park'
print("[Out 526]:₩n 1행 2열의 원소를 park로 변형: {}".format(list_2_dim))
```

출력결과

```
[Out 523]:
 2차원 리스트: [[1, 2, 3, 4], [5, 6, 7, 8], [9, 10, 11, 12]]
[Out 524]:
 1행 3열의 원소: 3
[Out 525]:
 type: <class 'list'>
[Out 526]:
 1행 2열의 원소를 park로 변형: [[1, 'park', 3, 4], [5, 6, 7, 8], [9, 10, 11, 12]]
```

list_1, list_2, list_3를 이용하여 새로운 list_2_dim을 만들었다. 이것은 [Out 523]에서 3행, 4열의 이차원 리스트인 것을 볼 수 있다. [Out 524]에서 2개의 인덱스를 이용해서 원소에 접근한 것을 볼 수 있다. [Out 525]에서 list_2_dim이 리스트 인 것을 확인하였다. [Out 526]에서 1행 2열의 원소가 'park'로 변경된 것을 볼 수 있다. 이처럼 파이션에서 기본적으로 배열 구조를 제공하지 않는다. 배열을 사용하기 위해서 NumPy(Numerical Python)라는 패키지를 임포터 해야 한다. NumPy에서 배열 유형을 다루기 위한 클래스는 numpy.ndarray이다. ndarray는 같은 유형의 자료를 여러 개 저장할 수 있는 n-차원 배열이다.

n-차원 배열(ndarray) 만들기

```
import numpy as np
array1 = np.array([6,7,8,9,10])
print("[Out 527]:₩n 1차원 배열:₩n {}".format(array1))
```

```
print("[Out 528]:₩n 변수의 유형: {}".format(type(array1)))
print("[Out 529]:₩n 배열의 크기: {}".format(array1.shape))
print("[Out 530]:₩n 자료의 유형: {}".format(array1.dtype))
print("[Out 531]:₩n 배열의 차원: {}".format(array1.ndim))
array2 = np.array([[2.2,3.4,4.1,5.3],
                   [6.1,7.2,8.3,9.4],
                   [4.1,4.2,5.3,6.7]])
print("[Out 532]:₩n 2차원 배열:₩n {}₩n".format(array2))
print("[Out 533]:₩n 배열의 크기: {}".format(array2.shape))
print("[Out 534]:₩n 자료의 유형: {}".format(array2.dtype))
print("[Out 535]:₩n 배열의 차원: {}".format(array2.ndim))
array3 = np.array([[[1,2,3],
                   [4,5,6]],
                  [[7,8,9],
                   [10,11,12]]],dtype=np.float64)
print("[Out 536]:₩n 3차원 배열:₩n {}₩n".format(array3))
print("[Out 537]:₩n 배열의 크기: {}".format(array3.shape))
print("[Out 538]:₩n 자료의 유형: {}".format(array3.dtype))
print("[Out 539]:₩n 배열의 차원: {}".format(array3.ndim))
array4 = np.array([(4,5,6),(7,8,9)])
print("[Out 540]:₩n 튜플로 만들어진 배열:₩n {}₩n".format(array4))
```

출력결과

```
[Out 527]:
 1차원 배열:
 [ 6  7  8  9 10]
[Out 528]:
 변수의 유형: <class 'numpy.ndarray'>
[Out 529]:
 배열의 크기: (5,)
[Out 530]:
 자료의 유형: int32
[Out 531]:
 배열의 차원: 1
[Out 532]:
 2차원 배열:
 [[ 2.2  3.4  4.1  5.3]
 [ 6.1  7.2  8.3  9.4]
 [ 4.1  4.2  5.3  6.7]]
[Out 533]:
 배열의 크기: (3, 4)
[Out 534]:
 자료의 유형: float64
[Out 535]:
 배열의 차원: 2
[Out 536]:
 3차원 배열:
 [[[  1.   2.   3.]
  [  4.   5.   6.]]
 [[  7.   8.   9.]
  [ 10.  11.  12.]]]
[Out 537]:
 배열의 크기: (2, 2, 3)
```

```
[Out 538]:
 자료의 유형: float64
[Out 539]:
 배열의 차원: 3
[Out 540]:
 튜플로 만들어진 배열:
 [[4 5 6]
 [7 8 9]]
```

NumPy 패키지를 임포터 하였다. numpy의 별명을 np로 사용한다. array()함수를 이용해서 n-차원 배열을 생성할 수 있다. 이 함수는 자료를 받아 배열 형태로 저장한다. array1은 리스트를 받아 배열 형태로 저장된 것이다. [Out 527]은 array1을 출력한 것이다. [Out 528]에서 type()로 array1이 배열(NumPy.ndarray) 형태인 것을 확인하였다. [Out 529]은 shape()를 이용하여 배열의 크기를 보였다. [Out 530]에서 배열에 있는 원소의 자료형은 int32인 것을 알 수 있다. [Out 531]은 array1이 1차원 배열이라는 것을 보여준다. array1은 정수형 자료 5개로 이루어진 1차원 배열이다. 이차원 리스트로 배열을 만들어 array2에 저장하였다. [Out 532]은 array2을 출력한 것이다. [Out 533]은 shape()를 이용하여 배열의 크기를 보였다. 크기가 3×4이다. 즉 행이 3개, 열이 4개인 배열이다. [Out 534]에서 배열에 있는 원소의 자료형은 float64인 것을 알 수 있다. [Out 535]는 array2가 2차원 배열이라는 것을 보여준다. 따라서 array2은 실수형 자료 12개로 이루어진 크기가 3×4인 2차원 배열이다. array3은 실수형 자료 12개로 이루어진 크기가 2×2×3(층:2, 행:2, 열:3)인 3차원 배열이다. [Out 536], [Out 537], [Out 538], [Out 539]에서 확인할 수 있다. array4는 튜플을 받아 배열 형태로 저장한 것이다.

패턴을 가지는 n-차원 배열(ndarray) 만들기(zeros(), ones(), arange(), reshape(), linespace(), eye(), diag())

```
array5 = np.zeros((3,3))
print("[Out 541]:₩n 원소가 모두 0인 배열:₩n {}₩n".format(array5))
print("[Out 542]:₩n 자료의 유형: {}".format(array5.dtype))
array6 = np.ones((3,3))
print("[Out 543]:₩n 원소가 모두 1인 배열:₩n {}₩n".format(array6))
array7 = np.arange(0,11,2)
print("[Out 544]::₩n arange {}₩n".format(array7))
array8 = array7.reshape(2,3)
print("[Out 545]:₩n 배열 모양 변경(reshape):₩n {}₩n".format(array8))
array9 = array8.reshape(3,2)
print("[Out 546]:₩n 배열 모양 변경(reshape):₩n {}₩n".format(array9))
array10 = np.linspace(0,10,5)
print("[Out 547]:₩n linespace:₩n {}₩n".format(array10))
array11 = np.eye(3)
print("[Out 548]:₩n eye:₩n {}₩n".format(array11))
array12 = np.diag([1,2,3])
print("[Out 549]:₩n diag:₩n {}₩n".format(array12))
```

출력결과

```
[Out 541]:
 원소가 모두 0인 배열:
 [[ 0.  0.  0.]
 [ 0.  0.  0.]
 [ 0.  0.  0.]]
[Out 542]:
 자료의 유형: float64
[Out 543]:
 원소가 모두 1인 배열:
 [[ 1.  1.  1.]
 [ 1.  1.  1.]
 [ 1.  1.  1.]]
[Out 544]:
 arange: [ 0  2  4  6  8 10]
[Out 545]:
 배열 모양 변경(reshape):
 [[ 0  2  4]
 [ 6  8 10]]
[Out 546]:
 배열 모양 변경(reshape):
 [[ 0  2]
 [ 4  6]
 [ 8 10]]
[Out 547]:
 linespace:
 [  0.    2.5   5.    7.5  10. ]
[Out 548]:
 eye:
 [[ 1.  0.  0.]
 [ 0.  1.  0.]
 [ 0.  0.  1.]]
[Out 549]:
 diag:
 [[1 0 0]
 [0 2 0]
 [0 0 3]]
```

array5는 zeros()를 이용해서 모든 원소가 0인 3×3 배열을 만들어 저장한 것이다. [Out 541]은 array5를 출력한 것이다. [Out 543]은 ones()로 모든 원소가 1인 3×3 배열을 만들어 저장한 array6를 나타내었다. arange()는 일정한 규칙을 갖는 자료를 배열 형태로 만들 때 사용한다. 파이썬 내장함수 range()와 비슷하다. array7은 0부터 11까지 2씩 증가하는 수열을 배열 형식으로 저장한 것이다. [Out 544]는 array7을 출력하였다. [Out 545]는 reshape()함수로 1차원 배열 array7을 크기가 2×3인 2차원 배열로 새로 만든 array8을 나타내었다. [Out 546]은 array8을 3×2 형태로 바꾼 array9를 출력하였다. [Out 547]은 linespace()를 이용하여 0~10까지의 수로 만든 크기가 5인 1차원 배열 array10을 보여준다. [Out 548]은 eye()함수를 이용하여 만든 크기가 3×3

인 단위행렬 array11을 출력한 것이다. [Out 549]은 diag()함수를 이용하여 생성한 크기가 3×3인 대각행렬 array12를 출력한 것이다.

반복(* 연산자, repeat())

```
array13 = np.array([1,2,3]*2)
print("[Out 550]:₩n [1,2,3]을 2번 반복: {}₩n".format(array13))
array14 = np.repeat(10,3)
print("[Out 551]:₩n 10을 3번 반복: {}₩n".format(array14))
array15 = np.repeat([1,2,3],2)
print("[Out 552]:₩n 각 원소를 각 각 2번씩 반복: {}₩n".format(array15))
array16 = np.repeat([10,20,30],[1,2,3])
print("[Out 553]:₩n 10-1번,20-2번, 30-3번 반복: {}₩n".format(array16))
array17 = np.array([[10,20],
                    [30,40]])
print("[Out 554]:₩n array17: ₩n {}".format(array17))
array17_rep = np.repeat(array17,2)
print("[Out 555]:₩n 각 원소를 2번씩 반복:{}₩n".format(array17_rep))
array17_rep_0 = np.repeat(array17,2,axis=0)
print("[Out 556]:₩n 각 행을 2번씩 반복:₩n {}".format(array17_rep_0))
array17_rep_1 = np.repeat(array17,2,axis=1)
print("[Out 557]:₩n 각 열을 2번씩 반복:₩n {}".format(array17_rep_1))
array17_rep_2 = np.repeat(array17,[1,2], axis=0)
print("[Out 558]:₩n 첫행-1번, 두 번째행-2번 반복₩n {}".format(array17_rep_2))
```

출력결과

```
[Out 550]:
 [1,2,3]을 2번 반복: [1 2 3 1 2 3]
[Out 551]:
 10을 3번 반복: [10 10 10]
[Out 552]:
 각 원소를 각각 2번씩 반복: [1 1 2 2 3 3]
[Out 553]:
 10-1번,20-2번, 30-3번 반복: [10 20 20 30 30 30]
[Out 554]:
 array17:
 [[10 20]
 [30 40]]
[Out 555]:
 각 원소를 2번씩 반복:
 [10 10 20 20 30 30 40 40]
[Out 556]:
 각 행을 2번씩 반복:
 [[10 20]
 [10 20]
 [30 40]
 [30 40]]
[Out 557]:
 각 열을 2번씩 반복:
 [[10 10 20 20]
 [30 30 40 40]]
```

```
[Out 558]:
 첫행-1번, 두 번째행-2번 반복
 [[10 20]
 [30 40]
 [30 40]]
```

"*"연산자로 [1,2,3]을 두 번 반복해서 배열 array13을 만들었다. [Out 550]에 그 결과를 출력하였다. repeat()로 10을 3번 반복해서 배열 array14를 생성했다. [Out 551]은 array14를 보여준다. array15는 각 원소를 각각 2번 씩 반복해서 만든 배열이다. [Out 552]는 그 결과를 나타낸다. array16은 10을 1번, 20을 2번, 30을 3번 반복해서 만들어진 배열이다. [Out 553]은 그 결과를 보여준다. array17_rep은 배열 array17의 원소를 각각 2번씩 반복해서 만든 1차원 배열이다. [Out 555]는 그 결과를 출력하였다. repeat()의 인자로 axis를 지정하면 지정된 축에 따라 원소를 반복한다. axis=0이면 세로축(행), axis=1이면 가로축(열)에 따라 원소를 반복한다. array17_rep_0은 axis=0으로 지정되었기 때문에 array17의 각 행을 2번 씩 반복해서 만든 배열이다. 이것을 [Out 556]에 나타내었다. array17_rep_1은 axis=1로 지정되었기 때문에 array17의 각 열을 2번 씩 반복해서 만든 배열이다. 이것을 [Out 557]에 나타내었다. array17_rep_2는 axis=0으로 지정되었고, 반복이 [1,2]로 지정되었기 때문에 array17의 첫 행을 1번, 두 번째 행을 2번 반복해서 만든 배열이다. 이것을 [Out 558]에 출력하였다.

배열 결합(vstack(), hstack())

```
array7 = np.arange(0,11,2)
array8 = array7.reshape(2,3)
array9 = array8.reshape(3,2)
array17 = np.array([[10,20],
                    [30,40]])
arr9_arr17_vstack = np.vstack((array9,array17))
print("[Out 559]:₩n 두 배열을 행(세로축)으로 결합하기 ₩n {}"
      .format(arr9_arr17_vstack))
arr8_arr17_hstack = np.hstack((array8,array17))
print("[Out 560]:₩n 두 배열을 열(가로축)로 결합하기 ₩n {}"
      .format(arr8_arr17_hstack))
```

출력결과

```
[Out 559]:
 두 배열을 행(세로축)으로 결합하기
 [[ 0  2]
 [ 4  6]
 [ 8 10]
 [10 20]
 [30 40]]
[Out 560]:
 두 배열을 열(가로축)로 결합하기
```

```
[[ 0  2  4 10 20]
 [ 6  8 10 30 40]]
```

vstack()과 hstack()를 이용하여 여러 개 배열을 axis에 따라 하나의 배열로 합칠 수 있다. arr9_arr17_vstack은 vsack()으로 array9와 array17을 세로로 결합한 것이다. [Out 559]는 그 결과를 보여준다. arr8_arr17_hstack은 hsack()으로 array8와 array17을 가로로 결합한 것이다. [Out 560]은 그 결과를 보여준다.

배열 분리(split())

```
array18 = np.array([[1,2,3,4],
                    [5,6,7,8],
                    [9,10,11,12],
                    [13,14,15,16]])
print("[Out 561]:₩n   array18: ₩n {}".format(array18))
print("[Out 562]: ₩n array18을 2행을 기준으로 분리: ₩n {}"
      .format(np.split(array18, [2])))
sp_1, sp_2 = np.split(array18,[2])
print("[Out 563]: ₩n array18을 2행을 기준으로 분리-첫 번째:₩n {}"
      .format(sp_1))
print("[Out 564]: ₩n array18을 2행을 기준으로 분리-두 번째:₩n {}"
      .format(sp_2))
sp_c1, sp_c2 = np.split(array18,[2], axis=1)
print("[Out 565]: ₩n array18을 2열을 기준으로 분리-첫 번째:₩n {}"
      .format(sp_c1))
print("[Out 566]: ₩n array18을 2열을 기준으로 분리-두 번째:₩n {}"
      .format(sp_c2))
sp_r1, sp_r2, sp_r3 = np.split(array18,[2,3])
print("[Out 567]: ₩n array18을 2행, 3행을 기준으로 분리-첫 번째:₩n {}"
      .format(sp_r1))
print("[Out 568]: ₩n array18을 2행, 3행을 기준으로 분리-두 번째:₩n {}"
      .format(sp_r2))
print("[Out 569]: ₩n array18을 2행, 3행을 기준으로 분리-세 번째:₩n {}"
      .format(sp_r3))
```

출력결과

```
[Out 561]:
 array18:
 [[ 1  2  3  4]
 [ 5  6  7  8]
 [ 9 10 11 12]
 [13 14 15 16]]
[Out 562]:
 array18을 2행을 기준으로 분리:
 [array([[1, 2, 3, 4],
        [5, 6, 7, 8]]), array([[ 9, 10, 11, 12],
        [13, 14, 15, 16]])]
[Out 563]:
 array18을 2행을 기준으로 분리-첫 번째:
```

```
 [[1 2 3 4]
 [5 6 7 8]]
[Out 564]:
 array18을 2행을 기준으로 분리-두 번째:
 [[ 9 10 11 12]
 [13 14 15 16]]
[Out 565]:
 array18을 2열을 기준으로 분리-첫 번째:
 [[ 1  2]
 [ 5  6]
 [ 9 10]
 [13 14]]
[Out 566]:
 array18을 2열을 기준으로 분리-두 번째:
 [[ 3  4]
 [ 7  8]
 [11 12]
 [15 16]]
[Out 567]:
 array18을 2행, 3행을 기준으로 분리-첫 번째:
 [[1 2 3 4]
 [5 6 7 8]]
[Out 568]:
 array18을 2행, 3행을 기준으로 분리-두 번째:
 [[ 9 10 11 12]]
[Out 569]:
 array18을 2행, 3행을 기준으로 분리-세 번째:
 [[13 14 15 16]]
```

split()함수를 사용해서 특정 axis를 따라 지정된 위치를 기준으로 배열을 분리한다. [Out 562]를 array18을 2행을 기준으로 세로축(행)을 따라 분리한 것을 나타내었다. array18을 2행을 기준으로 세로축(행)을 따라 분리해서 sp_1과 sp_2에 저장하였다. [Out 563]과 [Out 564]에 그 결과를 출력하였다. array18을 2열을 기준으로 가로축(열)을 따라 분리해서 sp_c1과 sp_c2에 저장하였다. [Out 565]과 [Out 566]에 그 결과를 출력하였다. array18을 2행, 3행을 기준으로 세로축(행)을 따라 분리해서 sp_r1, sp_r2, sp_r3에 저장하였다. [Out 567], [Out 568], [Out 569]에 그 결과를 출력하였다.

배열 원소의 자료 유형(dtype, astype)

```
array19 = np.array([[23,45],
                    [56,78]], dtype=np.float64)
print("[Out 570]: ₩n array19: ₩n{}".format(array19))
print("[Out 571]: ₩n array19 원소들의 자료 유형: {} ₩n".format(array19.dtype))
array20 = array19.astype(np.int32)
print("[Out 572]: ₩n array19 원소들을 정수형으로 변경: {}".format(array20.dtype))
```

출력결과

```
[Out 570]:
 array19:
 [[ 23.  45.]
  [ 56.  78.]]
[Out 571]:
 array19 원소들의 자료 유형: float64
[Out 572]:
 array19 원소들을 정수형으로 변경: int32
```

dtype는 배열 원소의 자료 유형에 대한 정보를 나타낸다. array19에 실수형 자료를 원소로 갖는 배열을 만들어 저장하였다. [Out 570]에 그 결과를 출력하였다. [Out 571]에서 dtype로 array19에 있는 원소들이 실수형 인 것을 확인하였다. array20은 astype를 이용해서 array19의 원소들을 정수형 자료로 변경하여 저장한 것이다. [Out 572]에서 array20은 정수형으로 바뀐 것을 확인할 수 있다.

배열 연산

```
array17 = np.array([[10,20],
                    [30,40]])
array19 = np.array([[23,45],
                    [56,78]], dtype=np.float64)
array21 = array17 + array19
print("[Out 573]: ₩n array17과  array9의 대응 원소들의 합:  ₩n {}"
      .format(array21))
array22 = array17 * array19
print("[Out 574]: ₩n array17과  array9의 대응 원소들의 곱:  ₩n {}"
      .format(array22))
array23 = array17/array19
print("[Out 575]: ₩n array17과  array9의 대응 원소들의 나누기:  ₩n {}"
      .format(array23))
array24 = array17*2
print("[Out 576]: ₩n array17의 원소들의 2배:  ₩n {}"
      .format(array24))
array25 = array17**2
print("[Out 577]: ₩n array17의 원소들의 제곱:  ₩n {}"
      .format(array25))
```

출력결과

```
[Out 573]:
 array17과 array9의 대응 원소들의 합:
 [[  33.   65.]
 [  86.  118.]]
[Out 574]:
 array17과  array9의 대응 원소들의 곱:
 [[  230.   900.]
 [ 1680.  3120.]]
[Out 575]:
 array17과  array9의 대응 원소들의 나누기:
```

```
 [[ 0.43478261  0.44444444]
 [ 0.53571429  0.51282051]]
[Out 576]:
 array17의 원소들의 2배:
 [[20 40]
 [60 80]]
[Out 577]:
 array17의 원소들의 제곱:
 [[ 100  400]
 [ 900 1600]]
```

배열에서 기본적인 연산을 할 수 있다. 이때 연산은 배열의 각 원소들끼리 이루어진다. array17과 array19의 합을 array21에 저장하였다. 그 결과를 [Out 573]에 출력하였다. 결과 값이 두 배열에서 서로 대응되는 원소끼리의 합인 것을 확인할 수 있다. array22는 array17과 array19의 곱을 저장한 것이다. 그 결과를 [Out 574]에 출력하였다. 결과 값이 두 배열에서 서로 대응되는 원소끼리의 곱인 것을 확인할 수 있다. array23는 array17을 array19로 나눈 값을 저장한 것이다. 그 결과를 [Out 575]에 출력하였다. array23의 원소가 두 배열에서 서로 대응되는 원소들끼리 나눈 값인 것을 볼 수 있다. array24에는 array17의 각 원소들의 2배 값을, array25에는 array17의 각 원소들의 제곱값을 저장하였다. 그 결과를 [Out 576]과 [Out 577]에서 볼 수 있다. numpy에서는 브로드캐스팅(broadcasting)으로 크기가 다른 배열 간의 연산을 가능하게 한다. 브로드캐스팅이란 크기가 다른 배열 간에 연산을 할 때 연산이 가능하도록 배열의 크기를 자동적으로 조절하는 것을 말한다. 가장 간단한 브로드캐스팅은 배열과 스칼라 간의 연산이다. array24에서 array17은 크기가 2×2이다. 하지만 2는 스칼라 즉 상수이기 때문에 크기가 1×1이다. 따라서 array17의 각 원소에 곱할 2가 부족하다. 즉 첫 번째 원소 10에 2를 곱하고 나면, 나머지 원소 20, 30, 40에 곱할 2가 없다. 이때 나머지 원소에도 2를 곱할 수 있도록 확장하는 것이 브로드캐스팅이다. 그래서 array17의 모든 원소에 2를 곱하여 array24와 같은 결과를 얻는다.

배열에서 사용할 수 있는 다양한 함수(유니버설 함수)

```
array26 = np.array([0.436, -0.559, 0.748, -0.889, 0.299])
print("[Out 578]: ₩n array26:  ₩n {}".format(array26))
array27 = np.fabs(array26)
print("[Out 579]: ₩n array26의 원소들의 절댓값: ₩n {}".format(array27))
array28 = np.sqrt([25,36,49])
print("[Out 580]: ₩n [25,36,49]의 제곱근: ₩n {}" .format(array28))
array29 = np.exp([0,1,2])
print("[Out 581]: ₩n [0,1,2]의 exp(x) 값: ₩n {}" .format(array29))
array30 = np.log(array29)
print("[Out 582]: ₩n array29의 log(x) 값: ₩n {}" .format(array30))
array31 = np.ceil(array26)
print("[Out 583]: ₩n array26의 원소들의 올림 값: ₩n {}" .format(array31))
```

```
array32 = np.floor(array26)
print("[Out 584]: ₩n array26의 원소들의 내림 값: ₩n {}" .format(array32))
array33 = np.array([0, math.pi/3, math.pi/2, 2*math.pi/3, 2*math.pi])
print("[Out 585]: ₩n array33: ₩n {}" .format(array33))
array34 = np.sin(array33)
print("[Out 586]: ₩n array33 원소의 sin 값: ₩n {}" .format(array34))
```

출력결과

```
[Out 578]:
 array26:
 [ 0.436 -0.559  0.748 -0.889  0.299]
[Out 579]:
 array26의 원소들의 절댓값:
 [ 0.436  0.559  0.748  0.889  0.299]
[Out 580]:
 [25,36,49]의 제곱근:
 [ 5.  6.  7.]
[Out 581]:
 [0,1,2]의 exp(x) 값:
 [1.  2.71828183  7.3890561 ]
[Out 582]:
 array29의 log(x) 값:
 [ 0.  1.  2.]
[Out 583]:
  array26의 원소들의 올림 값:
[1. -0.  1. -0.  1.]
[Out 584]:
 array26의 원소들의 내림 값:
 [ 0. -1.  0. -1.  0.]
[Out 585]:
 array33 :
 [ 0. 1.04719755  1.57079633  2.0943951   6.28318531]
[Out 586]:
 array33 원소의 sin 값:
 [0.00000000e+00  8.66025404e-01  1.00000000e+00  8.66025404e-01  -2.44929360e-16]
```

[Out 579]부터 [Out 586]까지는 numpy에서 제공하는 함수를 숫자형 자료에 적용한 결과이다. 이외에도 다양한 함수들이 존재한다. 여기서 사용한 함수들을 표로 정리 해 보자.

함수	내용	예	결과
abs(), fabs()	배열의 각 원소의 절댓값	np.fabs(ndarray)	[Out 579]
sqrt()	배열의 각 원소의 제곱근	np.sqrt(ndarray)	[Out 580]
exp()	배열의 각 원소의 exp	np.exp(ndarray)	[Out 581]
log()	배열의 각 원소의 log	np.log(ndarray)	[Out 582]
ceil()	배열의 각 원소의 올림 값	np.ceil(ndarray)	[Out 583]
floor()	배열의 각 원소의 내림 값	np.floor(ndarray)	[Out 584]
sin()	배열의 각 원소의 sin 값	np.sin(ndarray)	[Out 586]

배열에서 사용할 수 있는 다양한 함수

```
array35 = np.array([[20,30,40,50,50,60,70,70,80,90],
                    [30,39,60,70,80,95,100,105,119,130]])
print("[Out 587]: ₩n array35: ₩n {}" .format(array35))
print("[Out 588]: ₩n array35 원소의 합: {}" .format(array35.sum()))
print("[Out 589]: ₩n array35 원소의 행기준 합: {}"
      .format(array35.sum(axis=1)))
print("[Out 590]: ₩n array35 원소의 평균: {}" .format(array35.mean()))
print("[Out 591]: ₩n array35 원소의 행기준 평균: {}"
      .format(array35.mean(axis=1)))
print("[Out 592]: ₩n array35 원소의 중앙값: {}" .format(np.median(array35)))
print("[Out 593]: ₩n array35 원소의 행기준 중앙값: {}"
      .format(np.median(array35,axis=1)))
print("[Out 594]: ₩n array35 원소의 최솟값: {}" .format(array35.min()))
print("[Out 595]: ₩n array35 원소의 최댓값: {}" .format(array35.max()))
print("[Out 596]: ₩n array35 원소의 행기준 최댓값: {}"
      .format(array35.max(axis=1)))
print("[Out 597]: ₩n array35 원소의 최소값 위치: {}"
      .format(array35.argmin()))
print("[Out 598]: ₩n array35 원소의 행기준 최댓값 위치: {}"
      .format(array35.argmax(axis=1)))
print("[Out 599]: ₩n array35 원소의 분산(분모가 n): {}"
      .format(np.round(array35.var(),2)))
print("[Out 600]: ₩n array35 원소의 행기준 분산(분모가 n-1): {}"
      .format(np.round(array35.var(axis=1,ddof=1),2)))
print("[Out 601]: ₩n array35 원소의 표준편차(분모가 n): {}"
      .format(np.round(array35.std(),2)))
print("[Out 602]: ₩n array35 원소의 행기준 표준편차(분모가 n-1): {}"
      .format(np.round(array35.std(axis=1,ddof=1),2)))
print("[Out 603]: ₩n array35 원소의 누적합: {}"
      .format(array35.cumsum()))
print("[Out 604]: ₩n array35 원소의 누적곱: {}"
      .format(array35.cumprod()))
```

출력결과

```
[Out 587]:
 array35:
 [[ 20  30  40 ...,  70  80  90]
 [ 30  39  60 ..., 105 119 130]]
[Out 588]:
 array35 원소의 합: 1388
[Out 589]:
 array35 원소의 행기준 합: [560 828]
[Out 590]:
 array35 원소의 평균: 69.4
[Out 591]:
 array35 원소의 행기준 평균: [ 56.    82.8]
[Out 592]:
 array35 원소의 중앙값: 70.0
[Out 593]:
 array35 원소의 행기준 중앙값: [ 55.    87.5]
[Out 594]:
 array35 원소의 최솟값: 20
```

```
[Out 595]:
 array35 원소의 최댓값: 130
[Out 596]:
 array35 원소의 행기준 최댓값: [ 90 130]
[Out 597]:
 array35 원소의 최소값 위치: 0
[Out 598]:
 array35 원소의 행기준 최댓값 위치: [9 9]
[Out 599]:
array35 원소의 분산(분모가 n): 895.24
[Out 600]:
array35 원소의 행기준 분산(분모가 n-1): [  493.33  1097.07]
[Out 601]:
 array35 원소의 표준편차(분모가 n): 29.92
[Out 602]:
 array35 원소의 행기준 표준편차(분모가 n-1): [ 22.21  33.12]
[Out 603]:
 array35 원소의 누적합: [20  50  90 ..., 1139 1258 1388]
[Out 604]:
 array35 원소의 누적곱: [20 600 24000 ..., 939524096 134217728 268435456]
```

[Out 588]부터 [Out 604]까지는 numpy에서 제공하는 함수를 이용하여 배열이나 배열에서 한 axis을 기준으로 숫자형 자료를 요약하였다. 여기서 axis를 지정하지 않으면 배열 원소 전체를 요약하고, axis=0이면, 열 기준으로 자료를 처리하고, axis=1이면 행 기준으로 자료를 처리한다. 여기서 사용한 함수들을 표로 정리 해보자. 이외에도 다양한 함수들이 있다. 분산과 표준편차에서 분모는 기본적으로 n이다. 분모를 n-1로 하려면 ddof=1로 지정해야한다.

함수	내용	예	결과
sum()	배열 원소의 합	array.sum() array.sum(axis=1)	[Out 588] [Out 589]
mean()	배열 원소의 평균	array.mean() array.mean(axis=1)	[Out 590] [Out 591]
median()	배열 원소의 중앙값	np.median(array) np.median(array,axis=1)	[Out 592] [Out 593]
min()	배열 원소의 최솟값	array.min(axis=)	[Out 594]
max()	배열 원소의 최댓값	array.max() array.max(axis=1)	[Out 595] [Out 596]
argmin()	배열 원소의 최솟값의 위치	array.argmin(axis=)	[Out 597]
argmax()	배열 원소의 최댓값의 위치	array.argmax(axis=1)	[Out 598]
var()	배열 원소의 분산(기본값: 분모 n ddof=1: 분모 n-1)	array.var() array.var(axis=1,ddof=1)	[Out 599] [Out 600]
std()	배열 원소의 표준편차(기본값: 분모 n, ddof=1: 분모 n-1)	array.std() array.std(axis=1,ddof=1)	[Out 601] [Out 602]
cumsum()	배열 원소의 누적합	array.cumsum(axis=)	[Out 603]
cumprod	배열 원소의 누적곱	array.cumprod(axis=)	[Out 604]

행렬 연산

```
array36 = np.array([[1,2,3],
                    [4,5,6]])
array37 = np.array([[1,2],
                    [3,4],
                    [5,6]])
arr36_dot_arr37 = np.dot(array36,array37)
print("[Out 605]: ₩n array36과 array37의 행렬곱:₩n {}"
      .format(arr36_dot_arr37))
array38 = np.array([[4,1,1],
                    [1,-1,2],
                    [2,1,-3]])
array38_trace = np.trace(array38)
print("[Out 606]: ₩n array39의 대각 원소 합: {}".format(array38_trace))
array38_transpose = array38.T
print("[Out 607]: ₩n array39의 전치행렬:₩n {}".format(array38_transpose))
arr36_add_arr37_T = array36 +  array37.T
print("[Out 608]: ₩n array36과 array37의 전치행렬 합:₩n {}"
      .format(arr36_add_arr37_T))
k_array36 = 2*array36
print("[Out 609]: ₩n array36 원소의 2배:₩n {}".format(k_array36))
```

출력결과

```
[Out 605]:
 array36과 array37의 행렬곱:
 [[22 28]
  [49 64]]
[Out 606]:
 array39의 대각 원소 합: 0
[Out 607]:
 array39의 전치행렬:
  [[ 4  1  2]
   [ 1 -1  1]
   [ 1  2 -3]]
[Out 608]:
 array36과 array37의 전치행렬 합:
  [[ 2  5  8]
  [ 6  9 12]]
[Out 609]:
 array36 원소의 2배:
 [[ 2  4  6]
  [ 8 10 12]]
```

행렬은 2차원 배열 형태이므로 ndarray 형태를 이용해서 여러 가지 행렬 연산을 용이하게 할 수 있다. 먼저 행렬 연산에 대해서 간단히 살펴보자.

두 행렬 A, B에 대한 행렬 연산:

$$A = \begin{pmatrix} a_{11}\, a_{12}\, a_{13} \\ a_{21}\, a_{22}\, a_{23} \\ a_{31}\, a_{32}\, a_{33} \end{pmatrix},\quad B = \begin{pmatrix} b_{11}\, b_{12}\, b_{13} \\ b_{21}\, b_{22}\, b_{23} \\ b_{31}\, b_{32}\, b_{33} \end{pmatrix}$$

행렬 곱

행렬 A와 B의 곱을 행렬 C로 두자.

$$AB= \begin{pmatrix} a_{11}\, a_{12}\, a_{13} \\ a_{21}\, a_{22}\, a_{23} \\ a_{31}\, a_{32}\, a_{33} \end{pmatrix} \begin{pmatrix} b_{11}\, b_{12}\, b_{13} \\ b_{21}\, b_{22}\, b_{23} \\ b_{31}\, b_{32}\, b_{33} \end{pmatrix} = C = \begin{pmatrix} c_{11}\, c_{12}\, c_{13} \\ c_{21}\, c_{22}\, c_{23} \\ c_{31}\, c_{32}\, c_{33} \end{pmatrix}$$

여기서,

$$c_{11} = (a_{11}\, a_{12}\, a_{13}) \begin{pmatrix} b_{11} \\ b_{21} \\ b_{31} \end{pmatrix} = a_{11}b_{11} + a_{12}b_{21} + a_{13}b_{31}\ ,\quad c_{12} = (a_{11}\, a_{12}\, a_{13}) \begin{pmatrix} b_{12} \\ b_{22} \\ b_{32} \end{pmatrix} = a_{11}b_{12} + a_{12}b_{22} + a_{13}b_{32}$$

$$c_{13} = (a_{11}\, a_{12}\, a_{13}) \begin{pmatrix} b_{13} \\ b_{23} \\ b_{33} \end{pmatrix} = a_{11}b_{13} + a_{12}b_{23} + a_{13}b_{33}\ ,\quad c_{33} = (a_{31}\, a_{32}\, a_{33}) \begin{pmatrix} b_{13} \\ b_{23} \\ b_{33} \end{pmatrix} = a_{31}b_{13} + a_{32}b_{23} + a_{33}b_{33}$$

c_{11}은 A의 첫 행과 B의 첫 열의 곱, c_{12}은 A의 첫 행과 B의 두 번째 열의 곱, 마지막으로 c_{33}는 A의 셋째 행과 B의 세 번째 열의 곱이다. 일반적으로 A=$(a_{ij})_{n\times p}$, B=$(b_{ij})_{p\times m}$ 일 때 AB는 A의 I-번째 행과 B의 j-번째 열의 곱 $c_{ij} = \sum_{k=1}^{p} a_{ik}b_{kj}$ $(i=1,2,\cdots,m\ ,\ j=1,2\cdots,n)$로 이루어진 행렬 C=$(c_{ij})_{m\times n}$이다. A행렬의 열의 개수와 B행렬의 개수가 같은 경우에만 행렬 곱이 성립한다.

행렬의 트레이스(trace);

tr(A) = $\sum_{i=1}^{n} a_{ii}$ 행렬 A의 대각 원소의 합.

행렬의 합

A + B는 서로 대응되는 원소의 합이다.

전치행렬

A의 전치행렬 A^T는 A의 행과 열을 바꾼 행렬이다.

스칼라 k와 행렬 A의 곱

A의 모든 원소를 k배 한다.

[Out 605]부터 [Out 609]까지는 numpy에서 제공하는 함수를 이용하여 행렬 연산을 한 결과이다. 여기서 사용한 함수들을 표로 정리 해보자.

함수	내용	예	결과
dot()	행렬 A와 B의 곱	np.dot(A,B) 혹은 A.dot(B)	[Out 605]
trace()	행렬 A의 대각원소의 합	np.trace(A)	[Out 606]

함수	내용	예	결과
T	A의 전치행렬	A.T	[Out 607]
+	행렬 A와 B의 합	A + B	[Out 608]
*	행렬 A의 각 원소 k배	k*A	[Out 609]

행렬식 계산(det())

```
import numpy.linalg as lia
array38_det = np.round(lia.det(array38),2)
print("[Out 610]: ₩n array38의 행렬식 값 :₩n {}".format(array38_det))
```

출력결과

```
[Out 610]:
 array38의 행렬식 값 :
 14.0
```

det()로 행렬의 행렬식(determinant)을 계산할 수 있다. 이 함수를 사용하기 위해서 numpy.linalg를 임포터해야 한다. 여기서는 as 다음의 lia는 numpy.linalg의 별명을 이다. 그럼 행렬식에 대해서 간단히 살펴보자.

행렬식(determinant) det(A), |A|

행렬식은 행의 수와 열의 수가 같은 정방행렬 $A=(a_{ij})_{n\times n}$ 에 실수를 대응시키는 함수이다. 행렬식은 다음과 같이 나타낸다.

$$\det(A) = |A| = \begin{vmatrix} a_{11} & a_{12} & \cdots & a_{1n} \\ a_{21} & a_{22} & \cdots & a_{2n} \\ \vdots & \vdots & \vdots & \vdots \\ a_{n1} & a_{n2} & \cdots & a_{nn} \end{vmatrix}$$

행렬식은 연립방정식의 해가 존재하는지의 여부를 판단하기 위해서 개발되었고, 해를 구하는데도 사용한다. 2,3차 정방행렬에 대해서는 다음과 같이 행렬식을 간편하게 구할 수 있다. 하지만 4차 이상은 여인수(cofactor)를 이용해서 행렬식을 구할 수 있다.

$$\det(A)=\begin{vmatrix} a_{11} & a_{12} \\ a_{21} & a_{22} \end{vmatrix} = a_{11}a_{22} - a_{12}a_{21}$$

$$\det(A)=\begin{vmatrix} a_{11} & a_{12} & a_{13} \\ a_{21} & a_{22} & a_{23} \\ a_{31} & a_{32} & a_{33} \end{vmatrix} = (a_{11}a_{22}a_{33} + a_{31}a_{12}a_{23} + a_{32}a_{21}a_{13}) - (a_{13}a_{22}a_{31} + a_{11}a_{23}a_{32} + a_{21}a_{12}a_{33})$$

[Out 610]은 det()로 다음 행렬의 행렬식을 구한 결과이다.

$$A=\begin{pmatrix} 4 & 1 & 1 \\ 1 & -1 & 2 \\ 2 & 1 & -3 \end{pmatrix}$$

역행렬식 계산(inv())

```
import numpy.linalg as lia
array38_inv = lia.inv(array38)
print("[Out 611]: ₩n array38의 역행렬 :₩n {}".format(array38_inv))
check_inv = array38.dot(array38_inv)
print("[Out 612]: ₩n array38의 역행렬 확인  :₩n {}".format(np.round(check_inv),2))
```

출력결과

```
[Out 611]:
 array38의 역행렬 :
  [[ 0.07142857  0.28571429  0.21428571]
   [ 0.5          -1.           -0.5        ]
   [ 0.21428571 -0.14285714 -0.35714286]]
[Out 612]:
 array38의 역행렬 확인  :
 [[ 1. -0.  0.]
  [ 0.  1.  0.]
  [-0.  0.  1.]]
```

inv()로 행렬의 역행렬을 구할 수 있다. 이 함수를 사용하기 위해서 numpy.linalg를 임포터해야 한다. 그럼 역행렬에 대해서 간단히 살펴보자.

역행렬 행의 수와 열의 수가 같은 정방행렬 $A=(a_{ij})_{n\times n}$에 대해 $AB=I$를 만족하는 행렬 B를 A의 역행렬 이라고 한다. 여기서 I는 n차 단위 행렬이다.

$$I=\begin{pmatrix}1 & 0 & \cdots & 0\\ 0 & 1 & \cdots & 0\\ \vdots & \vdots & \vdots & 0\\ 0 & 0 & \cdots & 1\end{pmatrix}$$

역행렬은 A^{-1}로 나타낸다.
행렬식과 여인수 행렬을 이용해서 역행렬을 구할 수 있다.

$$A^{-1}=\frac{1}{|A|}(A_{ij})^T,\ |A|\neq 0$$

여기서 A_{ij}는 여인수 행렬이다. $|A|=0$ 이면 역행렬이 존재하지 않는다. 역행렬을 구할 수 있는 다양한 방법들이 있다.

[Out 611]은 inv()로 다음 행렬의 역행렬을 구한 결과이다.

$$A=\begin{pmatrix}4 & 1 & 1\\ 1 & -1 & 2\\ 2 & 1 & -3\end{pmatrix}$$

[Out 612]는 역행렬의 정의 $AA^{-1}=I$가 만족하는 것을 보여준다.

연립방정식 해구하기(solve())

```
import numpy.linalg as lia
array_A = np.array([[3,-4,5],
                    [2,1,-3],
                    [1,-2,1]])
array_b = np.array([[0],
                    [-5],
                    [1]])
array_x = lia.solve(array_A, array_b)
print("[Out 613]: \n 연립방정식의 해:\n {}".format(array_x))
print("[Out 614]: \n 연립방정식의 해 검산: \n {}"
      .format(np.round(array_A.dot(array_x),2)))
```

출력결과

```
[Out 613]:
 연립방정식의 해:
 [[-1.85]
  [-1.45]
  [-0.05]]
[Out 614]:
 연립방정식의 해 검산:
 [[-0.]
  [-5.]
  [ 1.]]
```

solve()로 연립방정식의 해를 구할 수 있다. 이 함수를 사용하기 위해서 numpy.linalg를 임포터해야 한다. 그럼 연립방정식에 대해서 간단히 살펴보자.

연립방정식

$$\begin{cases} a_{11}x_1 + a_{12}x_2 + \cdots + a_{1n}x_n = b_1 \\ a_{21}x_1 + a_{22}x_2 + \cdots + a_{2n}x_n = b_2 \\ \vdots \qquad \vdots \qquad \vdots \qquad \vdots \\ a_{n1}x_1 + a_{n2}x_2 + \cdots + a_{nn}x_n = b_n \end{cases}$$ 을 행렬 형태로 고쳐보자.

$$A = \begin{pmatrix} a_{11} & a_{12} & \cdots & a_{1n} \\ a_{21} & a_{22} & \cdots & a_{2n} \\ \vdots & \vdots & & \vdots \\ a_{n1} & a_{n2} & \cdots & a_{nn} \end{pmatrix},\ X = \begin{pmatrix} x_1 \\ x_2 \\ \vdots \\ x_n \end{pmatrix},\ b = \begin{pmatrix} b_1 \\ b_2 \\ \vdots \\ b_n \end{pmatrix}$$ 이라하면

연립방정식을 $AX = b$ 로 표시할 수 있다.
이 방정식의 해는 $X = A^{-1}b$ 로 구할 수 있다.

[Out 613]은 다음 연립방정식의 해를 구한 결과이다.

$$\begin{cases} 3x_1 - 4x_2 + 5x_3 = 0 \\ 2x_1 + x_2 \ - 3x_3 = -5 \\ \ x_1 - 2x_2 + x_1 \ = 1 \end{cases}$$

여기서 $A=\begin{pmatrix}3 & -4 & 5\\ 2 & 1 & -3\\ 1 & -2 & 1\end{pmatrix}$, $X=\begin{pmatrix}x_1\\ x_2\\ x_3\end{pmatrix}$, $b=\begin{pmatrix}0\\ -5\\ 1\end{pmatrix}$ 이다. 위 프로그램에서 array_A는 행렬 A를, array_b는 벡터 b를 나타낸다. [Out 614]는 해를 연립방정식에 대입해서 해를 검산하였다.

회귀직선 구하기(lstsq())

```
import numpy.linalg as lia
array_indep = np.array([20,30,40,50,50,60,70,70,80,90])
array_depen = np.array([30,39,60,70,80,95,100,105,119,130])
array_indep_2dim = array_indep.reshape(1,10)
print("[Out 615]: ₩n array_indep를 2차원 배열로 재형성: ₩n {}"
      .format(array_indep_2dim))
reg_coeff_b = lia.lstsq(array_indep_2dim.T,array_depen)[0]
print("[Out 616]: ₩n 원점지나는 직선의 기울기(y=bx에서 b값): ₩n {}"
      .format(reg_coeff_b))
arr_one = np.ones(len(array_indep))
print("[Out 617]: ₩n 1로 이루어진 1차원 배열: ₩n {}".format(arr_one))
X = np.vstack((arr_one,array_indep)).T
print("[Out 618]: ₩n 독립변수 행렬: ₩n {}".format(X))
intercept, slope = np.round(lia.lstsq(X,array_depen)[0],2)
print("[Out 619]: ₩n 직선(y=a+bx)의 절편(a): {}, 기울기(b): {}:"
      .format(intercept, slope))
```

출력결과

```
[Out 615]:
 array_indep를 2차원 배열로 재형성:
  [[20 30 40 50 50 60 70 70 80 90]]
[Out 616]:
 원점지나는 직선의 기울기(y=bx에서 b값):
  [ 1.47877095]
[Out 617]:
 1로 이루어진 1차원 배열:
  [ 1.  1.  1.  1.  1.  1.  1.  1.  1.  1.]
[Out 618]:
 독립변수 행렬:
  [[  1.  20.]
   [  1.  30.]
   [  1.  40.]
       ...,
   [  1.  70.]
   [  1.  80.]
   [  1.  90.]]
[Out 619]:
 직선(y=a+bx)의 절편(a): -0.09, 기울기(b): 1.48:
```

---

lstsq()로 회귀직선을 추정할 수 있다. 이 함수를 사용하기 위해서 numpy.linalg를 임포터해야 한다. 그럼 회귀직선에 대해서 간단히 살펴보자.

회귀직선 한 변수(독립변수)의 값의 변화에 따라 다른 변수(종속변수)의 변화를 예측하고자 하는 경우 많다. 예를 들어 부모들의 키에 따라 자식들의 키를 예측하고자 한다거나, 운동량에 따라 체중을 예측하고자 하는 경우 등 여러 가지가 있다. 이때 부모의 키, 운동량과 같이 다른 변수에 영향을 주는 변수를 독립변수, 자식의 키, 체중 같이 다른 변수에 영향을 받는 변수를 종속변수라 한다. 회귀직선은 독립변수의 값으로부터 종속변수의 값을 예측하기 위해서 두 변수의 관계를 구체적인 함수 형태로 나타낸 것이다. 독립변수는 x, 종속변수는 y로 나타낸다. 다음과 같은 n개의 관측된 자료를 생각해보자.

$$(x_1, y_1), (x_2, y_2), \cdots, (x_n, y_n)$$

여기서 두 변수의 관계를 직선모형으로 설정하였다. 즉 두 변수는 다음과 같은 함수관계가 있다고 가정하였다.

$$y_i = \alpha + \beta x_i + \epsilon_i, i = 1, 2, \cdots, n$$

n개의 관측된 자료를 이용해서 α와 β를 추정한다.
추정된 값을 a, b라고 하면 추정된 회귀직선은 다음과 같이 나타낼 수 있다.

$$\hat{y}_i = a + bx_i, i = 1, 2, 3, \cdots, n$$

여기서 a, b는 α, β의 최소자승추정치이다.

최소자승추정치는 $\sum_{i=1}^{n}\epsilon_i^2 = \sum_{i=1}^{n}(y_i - \alpha - \beta x_i)^2$ 을 최소로 하는 α, β의 값이다. lstsq($X, \underline{y}$)함수로 a, b를 구할 수 있다.

$$y_1 = \alpha + \beta x_1 + \epsilon_1$$

$y_2 = \alpha + \beta x_2 + \epsilon_2$ 를 행렬로 나타내어 보자.

$$\vdots$$

$$y_n = \alpha + \beta x_n + \epsilon_n$$

$\underline{y} = \begin{pmatrix} y_1 \\ y_2 \\ \vdots \\ y_n \end{pmatrix}$, $X = \begin{pmatrix} 1 & x_1 \\ 1 & x_2 \\ \vdots & \vdots \\ 1 & x_n \end{pmatrix}$, $\underline{\beta} = \begin{pmatrix} \alpha \\ \beta \end{pmatrix}$, $\underline{\epsilon} = \begin{pmatrix} \epsilon_1 \\ \epsilon_2 \\ \vdots \\ \epsilon_n \end{pmatrix}$ 이라 하면

$\underline{y} = X\underline{\beta} + \underline{\epsilon}$ 로 나타낼 수 있다. 만약에 절편이 없는 직선이라면($y = \beta x + \epsilon$)

$X = \begin{pmatrix} x_1 \\ x_2 \\ \vdots \\ x_n \end{pmatrix}$ 로 바뀐다.

[Out 616]과 [Out 619]는 다음 자료를 이용하여 회귀직선을 구한 결과이다. [Out 616]은 절편이 없는 직선(y=bx)을 구하였고, [Out 619]는 절편이 있는 직선(y=a+bx)을 구하였다.

x_i	20	30	40	50	50	60	70	70	80	90
y_i	30	39	60	70	80	95	100	105	119	130

[Out 616]은 절편이 없는 직선의 기울기를 계산한 결과이다. 프로그램을 살펴보면 array_indep는 x_i를, array_depen은 y_i를 ndarray 형태로 저장한 것이다. lstsq(X, y)로 최소자승추정치를 구한다. 여기서 $X=(20,30,40,50,50,60,70,70,80,90)^T$ 이고, 위 프로그램에서 array_indep_2dim.T가 X에 해당한다. X는 이차원 배열 형태이므로 array_indep를 크기 1×10으로 재형성해서 array_indep_2dim에 저장했다. [Out 615]에 그 결과를 나타내었다. y는 array_depen이다. reg_coeff_b라인의 마지막에 있는 [0]은 lstsq()를 실행한 결과에서 b값의 위치를 나타낸 것이다. 즉 결과에서 첫 번째 위치에 있는 값을 reg_coeff_b에 저장하였다. 그 결과를 [Out 616]에 출력하였다. 결과에서 회귀직선이 $\hat{y}_i = 1.47877095x_i$로 추정되었다. 만약 $x_i = 25$라면 y_i는 36.96927375로 예측 된다. [Out 619]는 모형을 절편이 있는 직선으로 설정했을 때 절편과 기울기를 구한 결과이다. lstsq(X, y)에서 $X=\begin{pmatrix} 1 & 1 & 1 & 1 & 1 & 1 & 1 & 1 & 1 & 1 \\ 20 & 30 & 40 & 50 & 50 & 60 & 70 & 70 & 80 & 90 \end{pmatrix}^T$ 이다. 위 프로그램에서 "X"가 X에 해당한다. X와 같은 행렬을 만들기 위해서 먼저 ones()함수를 이용하여 1로 이루어진 배열을 만들어 arr_one에 저장하였다. 이때 배열의 크기는 array_indep의 원소 개수와 일치한다. 그 결과를 [Out 617]에 나타내었다. 그리고 vstack()으로 배열 arr_one와 array_indep를 가로로 결합하고, T를 이용하여 배열을 전치시켰다. 그 결과를 [Out 618]에 나타내었다. lstsq()를 실행한 결과에서 첫 번째 위치에 있는 값을 intercept와 slope에 저장하였다. 그 결과를 [Out 619]에 출력하였다. 결과에서 회귀직선이 $\hat{y}_i = -0.09 + 1.48x_i$ 로 추정되었다. 만약 $x_i = 25$라면 y_i는 36.91로 예측 된다.

인덱싱과 슬라이싱(일차원배열)

```
array_indep = np.array([20,30,40,50,50,60,70,70,80,90])
print("[Out 620]: array_indep의 두 번째, 네 번째 원소: {}, {}"
      .format(array_indep[1], array_indep[3]))
print("[Out 621]: array_indep의 2 번째~4 번째, 8번째~10번째 원소:₩n {}, {}"
      .format(array_indep[1:4], array_indep[-3:]))
print("[Out 622]: array_indep의 오른 쪽에서 4번째~3 번째,₩
      1~10사이에서 매 3번째 마다의 원소:₩n {}, {}"
      .format(array_indep[-4:-2], array_indep[0:10:3]))
print("[Out 623]: array_indep의 오른 쪽에서 4번째 부터 왼쪽으로 2 번째 마다,₩
 오른쪽에서 4번째 부터 왼쪽으로 1번째 마다의 원소:₩n {}, {}"
      .format(array_indep[-4::-2], array_indep[-4::-1]))
print("[Out 624]: array_indep의 6번째 부터 10번째까지 원소를 역순으로 나열:₩n {}"
      .format(array_indep[10:4:-1]))
```

출력결과

```
[Out 620]: array_indep의 두 번째, 네 번째 원소: 30, 50
[Out 621]: array_indep의 2 번째~4 번째, 8번째~10번째 원소:
 [30 40 50], [70 80 90]
[Out 622]: array_indep의 오른 쪽에서 4번째~3 번째,1~10사이에서 매 3번째 마다의 원소:
 [70 70], [20 50 70 90]
```

```
[Out 623]: array_indep의 오른 쪽에서 4번째 부터 왼쪽으로 2 번째 마다, 오른쪽에서 4 번째 부터 왼쪽으로 1 번째 마다의 원소:
 [70 50 40 20], [70 60 50 50 40 30 20]
[Out 624]: array_indep의 6번째 부터 10번째까지 원소를 역순으로 나열:
 [90 80 70 70 60]
```

리스트와 마찬가지로 대괄호[시작:끝:증분]를 사용해서 배열에서 인덱싱과 슬라이싱을 할 수 있다. array_indep에 대해 살펴보자. [Out 620]은 array_indep의 두 번째와 네 번째 원소를 추출한 것이다. [Out 621]은 array_indep의 두 번째부터 네 번째까지에 위치한 원소, 오른쪽에서 세 번째부터 마지막까지 원소를 나타내었다. 리스트와 마찬가지로 "-" 인덱스는 오른쪽 끝에서부터 시작해서 역방향으로 움직인다. 따라서 오른쪽에서 세 번째 원소인 70부터 끝까지 70, 80, 90이 출력되었다. [Out 622]는 오른쪽 끝에서 네 번째와 두 번째 사이에 있는 원소를 나타내었다. 그리고 첫 번째부터 열 번째까지 매 세 번째 원소를 나타내었다. [Out 623]은 오른쪽 끝에서 네 번째부터 역방향으로 매 두 번째 원소를 보여주었다. 그리고 오른쪽 끝에서 네 번째부터 역방향으로 모든 원소를 보여주었다. [Out 624]는 6 번째부터 10 번째까지의 원소를 역순으로 나열한 것이다.

인덱싱과 슬라이싱(이차원배열)

```
array_depen = np.array([30,39,60,70,80,95,100,105,119,130])
array_depen.resize(2,5)
print("[Out 625]: array_depen의 크기를 변형 ₩n{}".format(array_depen))
array_depen1 = np.array([30,39,60,70,80,95,100,105,119,130])
print("[Out 626]: array_depen1 ₩n{}".format(array_depen1))
array_depen2 = array_depen1.reshape(2,5)
print("[Out 627]: array_depen1의 재형성 ₩n{}".format(array_depen2))
print("[Out 628]: array_depen의 첫 행: ₩n{}".format(array_depen[0]))
print("[Out 629]: array_depen의 두 번째행: ₩n{}".format(array_depen[1]))
print("[Out 630]: array_depen의 세 번째열: ₩n{}".format(array_depen[:,2]))
print("[Out 631]: array_depen의 (2행,5열)-번째의 원소:₩n{}"
      .format(array_depen[1,4]))
print("[Out 632]: array_depen1의 6번째 원소: ₩n{}".format(array_depen1[5]))
print("[Out 633]: array_depen2의 첫 열:₩n{}".format(array_depen2[:,0]))
print("[Out 634]: array_depen의 (1,2행),(1,2열)의 원소:₩n{}"
      .format(array_depen[0:2,0:2]))
print("[Out 635]: array_depen의 첫 행에서 마지막 열 전까지: ₩n{}"
      .format(array_depen[:-1,:-1]))
print("[Out 636]: array_depen의 두 번째 행에서 매 두 번째 원소: ₩n{}"
      .format(array_depen[-1,::2]))
print("[Out 637]: array_depen의 매 두 번째 원소: ₩n{}"
      .format(array_depen[:,::2]))
print("[Out 638]: array_depen의 매 두 번째 원소: ₩n{}"
      .format(array_depen[0:2:1,0:6:2]))
```

출력결과

```
[Out 625]: array_depen의 크기를 변형
 [[ 30  39  60  70  80]
  [ 95 100 105 119 130]]
[Out 626]: array_depen1
  [ 30  39  60  70  80  95 100 105 119 130]
[Out 627]: array_depen1의 재형성
 [[ 30  39  60  70  80]
  [ 95 100 105 119 130]]
[Out 628]: array_depen의 첫 행:
 [30 39 60 70 80]
[Out 629]: array_depen의 두 번째행:
 [ 95 100 105 119 130]
[Out 630]: array_depen의 세 번째열:
 [ 60 105]
[Out 631]: array_depen의 (2행,5열)-번째의 원소:
 130
[Out 632]: array_depen1의 6번째 원소:
  95
[Out 633]: array_depen2의 첫 열:
 [30 95]
[Out 634]: array_depen의 (1,2행),(1,2열)의 원소:
 [[ 30  39]
  [ 95 100]]
[Out 635]: array_depen의 첫 행에서 마지막 열 전까지:
  [[30 39 60 70]]
[Out 636]: array_depen의 두 번째 행에서 매 두 번째 원소:
  [ 95 105 130]
[Out 637]: array_depen의 매 두 번째 원소:
  [[ 30  60  80]
   [ 95 105 130]]
[Out 638]: array_depen의 매 두 번째 원소:
  [[ 30  60  80]
   [ 95 105 130]]
```

resize()함수는 새로운 배열을 생성하지 않고 배열 자체의 사이즈를 변경한다. 결과 [Out 625]를 보면 배열 array_depen이 크기가 2×5인 배열로 변경된 것을 확인할 수 있다. 반면에 reshape()는 배열의 크기를 변경하여 새로운 배열을 만든다. reshape()로 일차원 배열 array_depen1을 2×5인 이차원 배열로 변경하여 array_depen2에 저장하였다. 그 결과를 [Out 627]에 나타내었다. 이차원배열인 경우 대괄호가 다음과 같이 이용된다. [시작:끝:증분, 시작:끝:증분] 여기서 콤마(,)는 행과 열을 분리한다. array_depen[0]은 배열의 첫 행, array_depen[1]은 배열의 두 번째 행을 나타낸다. [Out 628]과 [Out 629]에서 그 결과를 볼 수 있다. array_depen[:, 2]는 배열의 3열을 나타낸다. [Out 630]에 그 결과를 나타내었다. array_depen[1, 4]은 배열의 2행-5열의 원소이다. [Out 631]은 그 결과를 보여준다. [Out 632]는 array_depen1의 6번째 원소를 나타낸다. [Out 633]은 array_depen2의 1열을 나타낸다. array_depen [0:2,

0:2]은 array_depen의 1, 2행과 1, 2열 원소로 이루어진 슬라이스이다. [Out 634]는 그 결과를 보여준다. array_depen [:-1, :-1]은 처음부터 끝 행전까지, 처음부터 끝 열 전까지 원소로 이루어진 슬라이스이다. 즉 array_depen은 2×5이기 때문에 첫 행에서 마지막 원소를 제외한 나머지 원소로 이루어진 배열이다. [Out 635]는 그 결과를 보여준다. array_depen[-1,::2]는 끝 행에서 매 두 번째에 있는 원소로 배열을 만든다. [Out 636]에 그 결과가 출력되었다. array_depen[:,::2]은 모든 행에서 매 두 번째에 있는 원소로 배열을 만든다. [Out 637]에 그 결과를 나타내었다. array_depen[0:2:1, 0:6:2]은 1, 2행에서 1열부터 5열까지 매 두 번째 원소로 배열을 만든다. [Out 638]은 그 결과를 보여준다.

인덱싱과 슬라이싱(이차원배열)

```
array_A = np.array([[3,-4,5],
                    [2,1,-3],
                    [1,-2,1]])
print("[Out 639]: array_A의 1,2행과 2,3열:₩n{}".format(array_A[:2,1:]))
print("[Out 640]: array_A의 2행:₩n{}".format(array_A[1]))
print("[Out 641]: array_A의 2행:₩n{}".format(array_A[1,:]))
print("[Out 642]: array_A의 2행:₩n{}".format(array_A[1:2,:]))
print("[Out 643]: array_A[1]의 크기:₩n{}".format(array_A[1].shape))
print("[Out 644]: array_A[1:2,:]의 크기:₩n{}".format(array_A[1:2,:].shape))
print("[Out 645]: array_A[1]의 차원:₩n{}".format(array_A[1].ndim))
print("[Out 646]: array_A[1:2,:]의 차원:₩n{}".format(array_A[1:2,:].ndim))
print("[Out 647]: array_A의 1행과 1,2열:₩n{}".format(array_A[0,:2]))
print("[Out 648]: array_A의 1행과 1,2열:₩n{}".format(array_A[0:1,:2]))
print("[Out 649]: array_A[0,:2]의 크기:₩n{}".format(array_A[0,:2].shape))
print("[Out 650]: array_A[0:1,:2]의 크기:₩n{}".format(array_A[0:1,:2].shape))
print("[Out 651]: array_A[0,:2]의 차원:₩n{}".format(array_A[0,:2].ndim))
print("[Out 652]: array_A[0:1:,:2]의 차원:₩n{}".format(array_A[0:1,:2].ndim))
```

출력결과

```
[Out 639]: array_A의 1,2행과 2,3열:
 [[-4  5]
  [ 1 -3]]
[Out 640]: array_A의 2행:
 [ 2  1 -3]
[Out 641]: array_A의 2행:
 [ 2  1 -3]
[Out 642]: array_A의 2행:
 [[ 2  1 -3]]
[Out 643]: array_A[1]의 크기:
 (3,)
[Out 644]: array_A[1:2,:]의 크기:
 (1, 3)
[Out 645]: array_A[1]의 차원:
 1
[Out 646]: array_A[1:2,:]의 차원:
 2
```

```
[Out 647]: array_A의 1행과 1,2열:
 [ 3 -4]
[Out 648]: array_A의 1행과 1,2열:
 [[ 3 -4]]
[Out 649]: array_A[0,:2]의 크기:
 (2,)
[Out 650]: array_A[0:1,:2]의 크기:
 (1, 2)
[Out 651]: array_A[0,:2]의 차원:
 1
[Out 652]: array_A[0:1:,:2]의 차원:
 2
```

array_A[:2, 1:]은 배열의 1, 2행과 2, 3열의 원소로 배열을 만든다. [Out 639]는 그 결과를 나타낸다. array_A[1], array_A[1, :], array_A[1:2, :]는 모두 배열의 2행의 원소로 배열을 만든다. [Out 640], [Out 641], [Out 642]에 그 결과를 출력하였다. 그러나 array_A[1]와 array_A[1, :]는 크기가 3인 일차원배열이고, array_A[1:2, :]는 크기가 1×3인 이차원배열이다. 이 사실을 [Out 643], [Out 644], [Out 645] 그리고 [Out 646]에서 확인할 수 있다. array_A[0, :2]와 array_A[0:1, :2]은 배열의 1행과 1, 2열 원소로 배열을 생성한다. [Out 647], [Out 648]에 그 결과를 출력하였다. 그러나 array_A[0, :2]는 크기가 2인 일차원배열이고, array_A[0:1, :2]는 크기가 1×2인 이차원 배열이다. 이 사실을 [Out 649], [Out 650], [Out 651] 그리고 [Out 652]에서 확인할 수 있다.

인덱싱과 슬라이싱(이차원배열)

```
array_score = np.arange(10,110,5)
array_score.resize(4,5)
print("[Out 653]: array_score:₩n{}".format(array_score))
print("[Out 654]: array_score의 원소중 70보다 큰 원소: ₩n{}"
      .format(array_score[array_score>70]))
array_score[array_score>100]=100
print("[Out 655]: array_score의 원소 중에서 100보다 큰 원소는 모두 100으로 변경: ₩n{}".format(array_score))
print("[Out 656]: array_score의 원소가 짝수 인지를 확인: ₩n{}"
      .format(array_score%2==0))
print("[Out 657]: array_score의 원소중  짝수인 원소: ₩n{}"
      .format(array_score[array_score%2==0]))
print("[Out 658]: array_score의 첫 행에서 짝수 원소: {}"
      .format(array_score[0][array_score[0]%2==0]))
array_index = np.array([1,2,3,4])
print("[Out 659]: array_index: ₩n{}".format(array_index))
print("[Out 660]: array_index의 원소가 짝수?: ₩n{}".format(array_index%2==0))
print("[Out 661]: array_score의 짝수 행의 원소: ₩n{}"
      .format(array_score[array_index%2==0]))
array_and = (array_index%2 != 0) & (array_index >=2)
print("[Out 662]: array_and:  ₩n{}".format(array_and))
```

```
print("[Out 663]: array_score의 홀수 이면서 2이상인 행의 원소:  ₩n{}"
        .format(array_score[array_and]))
print("[Out 664]: array_score의 3행에서 2번째 이후의 모든 원소:  ₩n{}"
        .format(array_score[array_and, 1:]))
```

출력결과

```
[Out 653]: array_score:
 [[ 10  15  20  25  30]
  [ 35  40  45  50  55]
  [ 60  65  70  75  80]
  [ 85  90  95 100 105]]
[Out 654]: array_score의 원소중 70보다 큰 원소:
 [ 75  80  85  90  95 100 105]
[Out 655]: array_score의 원소 중에서 100보다 큰 원소는 모두 100으로 변경:
 [[ 10  15  20  25  30]
  [ 35  40  45  50  55]
  [ 60  65  70  75  80]
  [ 85  90  95 100 100]]
[Out 656]: array_score의 원소가 짝수 인지를 확인:
 [[ True False  True False  True]
  [False  True False  True False]
  [ True False  True False  True]
  [False  True False  True  True]]
[Out 657]: array_score의 원소중  짝수인 원소:
 [ 10  20  30 ...,  90 100 100]
[Out 658]: array_score의 첫 행에서 짝수 원소: [10 20 30]
[Out 659]: array_index:
 [1 2 3 4]
[Out 660]: array_index의 원소가 짝수?:
 [False  True False  True]
[Out 661]: array_score의 짝수 행의 원소:
 [[ 35  40  45  50  55]
  [ 85  90  95 100 100]]
[Out 662]: array_and:
 [False False  True False]
[Out 663]: array_score의 홀수 이면서 2이상인 행의 원소:
 [[60 65 70 75 80]]
[Out 664]: array_score의 3행에서 1열 이후의 모든 원소:
 [[65 70 75 80]]
```

[Out 653]은 크기가 4×5인 배열 array_score를 나타낸 것이다. [Out 654]는 array_score 원소 중 70보다 큰 원소들로 만들어진 배열을 출력하였다. array_score [array_score>100] =100은 array_score 원소 중 100보다 큰 원소를 100으로 변경한다. [Out 655]는 그 결과를 보여준다. array_score%2==0은 array_score의 원소가 짝수인가를 확인하였다. 원소가 짝수이면 True, 아니면 False가 반환된다. [Out 656]에 그 결과가 출력되었다. array_score[array_score%2==0]은 원소 중 짝수만으로 배열을 만든다. [Out 657]은 그 결과를 보여준다. array_score[0][array_score[0]%2==0]은 배열의 1행 원소 중 짝수만으로 배열을 만든다. [Out 658]은 그 결과를 나타낸다.

array_index는 [1, 2, 3, 4]로 만들어진 배열이다. 결과는 [Out 659]에 출력하였다. array_index%2==0은 array_index의 원소가 짝수인가를 확인하였다. 원소가 짝수이면 True, 아니면 False가 반환된다. 결과는 [Out 660]에 출력하였다. array_index%2==0과 같은 부울 배열은 배열의 인덱스로 사용할 수 있다. array_score [array_index%2==0]은 부울 값이 True인 원소에 대응되는 array_score의 행만으로 배열을 만든다. 즉 array_index%2==0의 2, 4번째 원소만 True이기 때문에 array_score의 2, 4행만으로 배열을 만든다. 결과는 [Out 661]에서 보여준다. array_index의 원소가 짝수가 아니면서 2이상인지를 확인하였다. 원소가 짝수가 아니면서 2이상이면 True, 아니면 False가 반환된다. 반환된 부울 값으로 만들어진 배열을 array_and에 저장하였다. [Out 662]는 그 결과를 나타낸다. array_and의 3번째 원소만 True이기 때문에 array_score [array_and]는 array_score의 3행만으로 배열을 만든다. [Out 663]에 그 결과를 출력하였다. array_score[array_and,1:]은 array_score의 3행에서 2열 이후의 모든 원소로 배열을 만든다. [Out 664]에 그 결과를 나타내었다. 부울 값을 인덱스로 사용할 때는 인덱싱 하려는 배열과 axis의 길이가 같아야한다. 위에서 array_index 원소의 개수(4개)와 array_score의 행의 개수(4개)와 일치하는 것을 볼 수 있다.

배열의 복사(할당)

```
arr_original = np.arange(10,35).reshape(5,5)
print("[Out 665]: arr_original:₩n{}".format(arr_original))
arr_original_assign = arr_original
print("[Out 666]: arr_original_assign:₩n{}".format(arr_original_assign))
print("[Out 667]: arr_original_assign과 arr_original이 서로 다른 배열인가?:₩n{}"
      .format(arr_original_assign is not arr_original))
arr_original_assign[2:4,2:4]=300
print("[Out 668]: arr_original_assign:₩n{}".format(arr_original_assign))
print("[Out 669]: arr_original:₩n{}".format(arr_original))
arr_original_assign.resize(1,25)
print("[Out 670]: arr_original_assign의 크기 변경:₩n{}"
      .format(arr_original_assign))
print("[Out 671]: arr_original:₩n{}".format(arr_original))
```

출력결과

```
[Out 665]: arr_original:
 [[10 11 12 13 14]
  [15 16 17 18 19]
  [20 21 22 23 24]
  [25 26 27 28 29]
  [30 31 32 33 34]]
[Out 666]: arr_original_assign:
 [[10 11 12 13 14]
  [15 16 17 18 19]
  [20 21 22 23 24]
  [25 26 27 28 29]
  [30 31 32 33 34]]
[Out 667]: arr_original_assign과 arr_original이 서로 다른 배열인가?:
```

```
  False
[Out 668]: arr_original_assign:
  [[ 10  11  12  13  14]
   [ 15  16  17  18  19]
   [ 20  21 300 300  24]
   [ 25  26 300 300  29]
   [ 30  31  32  33  34]]
[Out 669]: arr_original:
  [[ 10  11  12  13  14]
   [ 15  16  17  18  19]
   [ 20  21 300 300  24]
   [ 25  26 300 300  29]
   [ 30  31  32  33  34]]
[Out 670]: arr_original_assign의 크기 변경:
  [[10 11 12 ..., 32 33 34]]
[Out 671]: arr_original:
  [[10 11 12 ..., 32 33 34]]
```

10부터 35까지 정수로 크기가 5×5인 배열을 만들어 arr_original에 할당하였다. 그 결과는 [Out 665]에 출력하였다. arr_original_assign에 arr_orignal에 할당하였다. 결과를 [Out 666]에 나타내었다. "is not"으로 두 배열이 같은 배열인가를 검토하였다. [Out 667]에서 두 배열은 같은 배열이라는 것을 알 수 있다. 두 배열은 서로 다른 이름을 갖는 같은 배열이다. arr_original_assign의 3,4행 - 3,4열에 300을 할당하였다. [Out 668]은 그 결과를 보여준다. 그리고 arr_original_assign의 크기를 1×25로 변경하였다. [Out 670]에서 그 결과를 볼 수 있다. [Out 669]와 [Out 671]에서 원래의 배열 arr_original도 arr_original_assign과 똑 같이 변형된 것을 볼 수 있다. 결국 할당 연산자로 배열을 복사할 수 없다는 것을 알 수 있다.

배열의 복사(view())

```
arr_original1 = np.arange(20,51,2).reshape(4,4)
print("[Out 672]: arr_original1:₩n{}".format(arr_original1))
arr_original1_view = arr_original1.view()
print("[Out 673]: arr_original1_view:₩n{}".format(arr_original1_view))
print("[Out 674]: arr_original1_view와 arr_original1이 서로 다른 배열인가?:₩n{}"
        .format(arr_original1_view is not arr_original1))
arr_original1_view[1:3,1:3] = 2*arr_original1_view[1:3,1:3]
print("[Out 675]: arr_original1_view:₩n{}".format(arr_original1_view))
print("[Out 676]: arr_original1:₩n{}".format(arr_original1))
arr_original1_view.resize(1,16)
print("[Out 677]: arr_original_view의 크기 변경:₩n{}".format(arr_original1_view))
print("[Out 678]: arr_original1:₩n{}".format(arr_original1))
```

출력결과

```
[Out 672]: arr_original1:
  [[20 22 24 26]
   [28 30 32 34]
```

```
    [36 38 40 42]
    [44 46 48 50]]
[Out 673]: arr_original1_view:
  [[20 22 24 26]
    [28 30 32 34]
    [36 38 40 42]
    [44 46 48 50]]
[Out 674]: arr_original1_view와 arr_original10이 서로 다른 배열인가?:
    True
[Out 675]: arr_original1_view:
  [[20 22 24 26]
    [28 60 64 34]
    [36 76 80 42]
    [44 46 48 50]]
[Out 676]: arr_original1:
  [[20 22 24 26]
    [28 60 64 34]
    [36 76 80 42]
    [44 46 48 50]]
[Out 677]: arr_original_view의 크기 변경:
  [[20 22 24 ..., 46 48 50]]
[Out 678]: arr_original1:
  [[20 22 24 26]
    [28 60 64 34]
    [36 76 80 42]
    [44 46 48 50]]
```

20부터 51까지 정수로 크기가 4×4인 배열을 만들어 arr_original1에 할당하였다. 그 결과는 [Out 672]에 출력하였다. view()함수로 arr_original1과 같은 값을 갖는 새로운 배열 arr_original1_view를 만들고, [Out 673]결과를 나타내었다. "is not"으로 두 배열이 같은 배열인가를 검토하였다. [Out 674]에서 두 배열은 같은 배열이 아닌 것을 볼 수 있다. 두 배열은 같은 값을 갖는 다른 배열이다. arr_original1_view의 2,3행 - 2,3열에 그 위치에 있는 원소의 2배 값을 할당하였다. [Out 675]는 그 결과를 보여준다. [Out 676]에서 원래의 배열 arr_original1도 arr_original1_view와 똑 같이 변형된 것을 볼 수 있다. 그리고 arr_original1_view의 크기를 1×16로 변경하였다. [Out 677]에서 그 결과를 볼 수 있다. 그러나 [Out 678]에서 원래의 배열 arr_original1은 변형되지 않은 것을 볼 수 있다. 결국 view()로도 배열을 완전히 복사할 수 없다는 것을 알 수 있다.

배열의 복사(copy())

```
arr_original2 = np.arange(300,751,30).reshape(4,4)
print("[Out 679]: arr_original2:₩n{}".format(arr_original2))
arr_original2_copy = arr_original2.copy()
print("[Out 680]: arr_original2_copy:₩n{}".format(arr_original2_copy))
print("[Out 681]: arr_original2_copy와 arr_original2가 서로 다른 배열인가?:₩n{}"
```

```
        .format(arr_original2_copy is not arr_original2))
arr_original2_copy[1:3,1:3] = np.sqrt(arr_original2_copy[1:3,1:3])
print("[Out 682]: arr_original2_copy:₩n{}".format(arr_original2_copy))
print("[Out 683]: arr_original2:₩n{}".format(arr_original2))
```

출력결과

```
[Out 679]: arr_original2:
 [[300 330 360 390]
  [420 450 480 510]
  [540 570 600 630]
  [660 690 720 750]]
[Out 680]: arr_original2_copy:
 [[300 330 360 390]
  [420 450 480 510]
  [540 570 600 630]
  [660 690 720 750]]
[Out 681]: arr_original2_copy와 arr_original2가 서로 다른 배열인가?:
  True
[Out 682]: arr_original2_copy:
 [[300 330 360 390]
  [420  21  21 510]
  [540  23  24 630]
  [660 690 720 750]]
[Out 683]: arr_original2:
 [[300 330 360 390]
  [420 450 480 510]
  [540 570 600 630]
  [660 690 720 750]]
```

300부터 751까지 정수로 크기가 4×4인 배열을 만들어 arr_original2에 할당하였다. 그 결과는 [Out 679]에 출력하였다. copy()함수로 arr_original2과 같은 값을 갖는 새로운 배열 arr_original2_copy를 만들고, [Out 680]결과를 나타내었다. "is not"으로 두 배열이 같은 배열인가를 검토하였다. [Out 681]에서 두 배열은 같은 배열이 아닌 것을 볼 수 있다. 두 배열은 같은 값을 갖는 다른 배열이다. arr_original2_copy의 2,3행 - 2,3열에 그 위치에 있는 원소의 제곱근 값을 할당하였다. [Out 682]는 그 결과를 보여준다. [Out 683]에서 원래의 배열 arr_original2가 arr_original2_copy의 변화에 전혀 영향을 받지 않고 원래의 상태를 그대로 유지된 것을 볼 수 있다. 이처럼 copy()를 사용하면 배열을 완전히 복사할 수 있다. 원래의 배열을 그대로 보존하기 위해서는 copy()를 이용해서 배열을 복사해야 한다.

배열의 인덱싱과 슬라이싱은 배열의 view를 반환

```
import numpy.random as npran
npran.seed(3456)
arr_original3 = npran.randn(5,5)
print("[Out 684]: arr_original3:₩n{}".format(arr_original3))
```

```
arr_original3_sub = arr_original3[:3,:3]
print("[Out 685]: arr_original3의 1,2,3행-1,2,3열_sub:\n{}".format(arr_original3_sub))
arr_original3_sub[:2,:2] = npran.randint(1,10,size=(2,2))
print("[Out 686]: arr_original3_sub의 1,2행-1,2에 1~10사이의 랜덤넘버 입력\n{}"
      .format(arr_original3_sub))
print("[Out 687]:arr_original3:\n{}".format(arr_original3))
```

출력결과

```
[Out 684]: arr_original3:
 [[-0.55277589  2.13710207 -0.34088035 -0.68899445 -0.88707868]
  [-0.69870165  0.63420838 -0.56037601 -2.30443566 -1.53175557]
  [ 0.01950206 -0.25154033 -0.71449257  0.18189278 -0.32936666]
  [ 0.47641922  1.49019888 -0.20851658  0.49975351 -0.053553  ]
  [ 1.51233675 -0.46160632  0.91189938 -1.19044093  0.60985781]]
[Out 685]: arr_original3의 1,2,3행-1,2,3열_sub:
 [[-0.55277589  2.13710207 -0.34088035]
  [-0.69870165  0.63420838 -0.56037601]
  [ 0.01950206 -0.25154033 -0.71449257]]
[Out 686]: arr_original3_sub의 1,2행-1,2에 1~10사이의 랜덤넘버 입력
 [[ 5.          6.         -0.34088035]
  [ 1.          4.         -0.56037601]
  [ 0.01950206 -0.25154033 -0.71449257]]
[Out 687]:arr_original3:
 [[ 5.          6.         -0.34088035 -0.68899445 -0.88707868]
  [ 1.          4.         -0.56037601 -2.30443566 -1.53175557]
  [ 0.01950206 -0.25154033 -0.71449257  0.18189278 -0.32936666]
  [ 0.47641922  1.49019888 -0.20851658  0.49975351 -0.053553  ]
  [ 1.51233675 -0.46160632  0.91189938 -1.19044093  0.60985781]]
```

numpy에서 제공하는 난수 발생 함수를 사용하기 위해서 numpy.random을 임포터하고, 그 별명을 npran으로 하였다. seed()로 초기치를 지정하였다. randn()함수로 표준정규분포(평균 0, 분산이 1인 정규분포)에서 난수를 25개를 생성해서 크기가 5×5인 배열을 만들어 arr_original3에 저장하였다. [Out 684]에 그 결과를 출력하였다. arr_original3의 1,2,3행 - 1,2,3열로 부분 배열을 생성해서 arr_orginal3_sub에 할당하였다. [Out 685]는 그 결과를 보여준다. arr_orignal3_sub[;2,:2]=npran.randint(1,10,size=(2,2))는 1~10 범위 안에 있는 정수에서 난수 4개를 발생해서 크기가 2×2 배열을 만들어 arr_original3_sub의 1,2행-1,2열에 할당한다. 그 결과를 [Out 686]에 출력하였다. [Out 687]에서 원래의 배열 arr_original3의 1,2행 - 1,2열에도 arr_original3_sub에 할당된 값과 똑같은 값이 입력된 것을 볼 수 있다. 즉 arr_original3의 부분 배열 arr_original3_sub의 변화가 원래의 배열 arr_original3에 그 대로 반영이 된다는 것을 알 수 있다. 이 사실에서 부분배열은 원래의 배열의 뷰(view)라는 것을 알 수 있다.

정수 배열 혹은 리스트를 인덱스로 활용(팬시(fancy indexing))

```
import numpy.random as npran
```

```
npran.seed(4657)
arr_randint = npran.randint(1,10,size=(6,6))
print("[Out 688]:arr_randint:₩n{}".format(arr_randint))
print("[Out 689]:정수 인덱스:₩n{}".format(arr_randint[0]))
print("[Out 690]:리스트 인덱스:₩n{}".format(arr_randint[[0]]))
print("[Out 691]:정수 인덱스 배열의 형태₩n{}".format(arr_randint[0].shape))
print("[Out 692]:리스트 인덱스 배열의 형태:₩n{}".format(arr_randint[[0]].shape))
arr_i = np.array([0])
print("[Out 693]:배열 인덱스-첫 행:₩n{}".format(arr_randint[arr_i]))
print("[Out 694]:리스트 인덱스-첫열:₩n{}".format(arr_randint[:,[0]]))
print("[Out 695]:배열 인덱스-첫열:₩n{}".format(arr_randint[:,arr_i]))
arr_i1 = np.array([3,0,1,2])
print("[Out 696]:배열 인덱스-4,1,2,3행:₩n{}".format(arr_randint[arr_i1]))
print("[Out 697]:4,1,2,3열:₩n{}".format(arr_randint[:,[3,0,1,2]]))
arr_i2 = np.array([1,4,0,3])
print("[Out 698]:(4,2),(1,5),(2,1),(3,4) 원소:₩n{}"
      .format(arr_randint[arr_i1,arr_i2]))
print("[Out 699]:4,1,2,3행-2,5,1,4열:₩n{}"
      .format(arr_randint[arr_i1][:,arr_i2]))
arr_i3 = np.array([[2,4],
                   [3,1]])
print("[Out 700]:3,5행,4,2행-이차원배열:₩n{}".format(arr_randint[arr_i3]))
print("[Out 701]:3,5행,4,2행-이차원배열의 형태:₩n{}"
      .format(arr_randint[arr_i3].shape))
```

출력결과

```
[Out 688]:arr_randint:
 [[9 9 6 7 4 5]
  [4 5 3 6 1 8]
  [1 2 8 1 3 8]
  [5 3 5 4 1 6]
  [7 1 8 7 7 4]
  [9 3 8 8 8 9]]
[Out 689]:정수 인덱스:
 [9 9 6 7 4 5]
[Out 690]:리스트 인덱스:
 [[9 9 6 7 4 5]]
[Out 691]:정수 인덱스 배열의 형태
 (6,)
[Out 692]:리스트 인덱스 배열의 형태:
 (1, 6)
[Out 693]:배열 인덱스-첫 행:
 [[9 9 6 7 4 5]]
[Out 694]:리스트 인덱스-첫열:
 [[9]
  [4]
  [1]
  [5]
  [7]
  [9]]
[Out 695]:배열 인덱스-첫열:
 [[9]
  [4]
```

```
    [1]
    [5]
    [7]
    [9]]
[Out 696]:배열 인덱스-4,1,2,3행:
    [[5 3 5 4 1 6]
     [9 9 6 7 4 5]
     [4 5 3 6 1 8]
     [1 2 8 1 3 8]]
[Out 697]:4,1,2,3열:
  [[7 9 9 6]
   [6 4 5 3]
   [1 1 2 8]
   [4 5 3 5]
   [7 7 1 8]
   [8 9 3 8]]
[Out 698]:(4,2),(1,5),(2,1),(3,4) 원소:
   [3 4 4 1]
[Out 699]:4,1,2,3행-2,5,1,4열:
  [[3 1 5 4]
   [9 4 9 7]
   [5 1 4 6]
   [2 3 1 1]]
[Out 700]:3,5행,4,2행-이차원배열:
  [[[1 2 8 1 3 8]
    [7 1 8 7 7 4]]
   [[5 3 5 4 1 6]
    [4 5 3 6 1 8]]]
[Out 701]:3,5행,4,2행-이차원배열의 형태:
    (2, 2, 6)
```

randint()함수로 1~10 범위 안에 있는 정수로부터 난수 36개를 발생시켜 크기가 6×6인 배열을 만들어 arr_randint에 할당하였다. [Out 688]에 그 결과를 출력하였다. [Out 689]는 0을 인덱스로 지정하여, arr_randint의 1행으로 만든 부분배열을 출력하였다. [Out 691]에서 정수 인덱스 0을 이용해서 만든 부분 배열은 일차원배열인 것을 볼 수 있다. [Out 690]는 리스트 [0]을 인덱스로 지정해서, arr_randint의 1행으로 만든 부분배열을 나타내었다. [Out 692]에서 리스트 인덱스 0을 이용해서 만든 부분 배열은 크기가 1×6인 이차원배열인 것을 볼 수 있다. arr_i는 한 개의 원소(0)로 만들어진 배열이다. [Out 693]은 정수 배열을 인덱스로 지정하여 만든 부분배열을 출력하였다. 인덱스로 리스트를 지정한 경우와 정수 배열을 지정한 경우는 결과가 동일하다. 이처럼 리스트나 정수 배열을 인덱스로 사용하는 경우를 팬시인덱싱(fancy indexing)이라한다. [Out 694]와 [Out 695]를 리스트와 정수 배열을 인덱스로 지정하여 1열을 추출한 결과이다. arr_i1은 [3,0,1,2]로 만들어진 배열이다. [Out 696]은 arr_i1을 행 인덱스로 지정하였기 때문에 4,1,2,3행 순으로 추출하여 만든 배열을 출력한 것이다. [Out 697]은 리스트 [3,0,1,2]를 열 인덱스로 지정하였기 때문에 4,1,2,3열 순으로 추출하여 만든 배열을 출력한 것이다. arr_i2는 [1,4,0,3]으로 만들어진 배열이다. arr_randint[arr_i1, arr_i2]는 두 배열을 서로 대응하는 원들끼리 짝을 지었을 때, 즉 (3,1), (0,4), (1,0), (2,3)으로 짝을 지었을 때 그 위치에 있는 원소를 추출한다. 따라서 (4행,2열), (1행,5열), (2행,1열), (3행,4열)에 있는 원소로 배열을 만들었다. 그 결과는 [Out 698]에 출력하였다. arr_randint [arr_i1][:, arr_i2]는 arr_i1의 원소에 대응되는 행(4,1,2,3행)과 arr_i2의 원소에 대응되는 열(2,5,1,4열)로 이루어진 arr_randint의 부분배열을 만든다. [Out 699]는 그 결과를 보여준다. arr_i3는 이차원배열이다. arr_i3는 크기가 2×2인 이차원배열 이므로 층이 2개인 삼차원배열을 형성한다. 이때 첫 번째 층은 arr_i3의 1행의 원소가 [2,4]이기 때문에 arr_randint의 3,5행으로 만들어지고, 두 번째 층은 arr_i3의 2행의 원소가 [3,1]이므로 4행과 2행으로 형성된다. [Out 700]은 그 결과를 보여준다. [Out 701]은 새로 형성된 부분 배열의 크기가 2×2×6인 것을 나타낸다.

정수 배열 활용(np.ix_이용)

```
arr_i1 = np.array([3,0,1,2])
arr_i2 = np.array([1,4,0,3])
arr_ix = np.ix_(arr_i1,arr_i2)
print("[Out 702]: arr_ix :\n{}".format(arr_ix))
print("[Out 703]: arr_ix의 구조 :\n{}".format(type(arr_ix)))
print("[Out 704]: arr_ix의 첫 번째 원소:\n{}".format(arr_ix[0]))
print("[Out 705]: arr_ix의 첫 번째 원소 형태:\n{}".format(arr_ix[0].shape))
print("[Out 706]: arr_ix의 두 번째 요소:\n{}".format(arr_ix[1]))
print("[Out 707]: arr_ix의 두 번째 요소 형태:\n{}".format(arr_ix[1].shape))
print("[Out 708]: arr_ix[0]에 대응되는 행 반환:\n{}"
      .format(arr_randint[arr_ix[0]]))
print("[Out 709]: arr_ix[1]에 대응되는 열 반환:\n{}"
      .format(arr_randint[:,arr_ix[1]]))
print("[Out 710]: arr_ix[0]과 arr_ix[1]에 대응되는 배열 반환\n{}"
      .format(arr_randint[arr_ix[0],arr_ix[1]]))
print("[Out 711]: arr_ix에 대응되는 배열 반환\n{}".format(arr_randint[arr_ix]))
print("[Out 712]: arr_ix[0]와 arr_ix[1]의 모든 원소들 끼리 + 연산:\n{}"
     .format(arr_ix[0]+arr_ix[1]))
```

출력결과

```
[Out 702]: arr_ix :
  (array([[3],
          [0],
          [1],
          [2]]), array([[1, 4, 0, 3]]))
[Out 703]: arr_ix의 구조 :
  <class 'tuple'>
[Out 704]: arr_ix의 첫 번째 원소:
  [[3]
   [0]
   [1]
   [2]]
```

```
[Out 705]: arr_ix의 첫 번째 원소 형태: (4, 1)
[Out 706]: arr_ix의 두 번째 요소:
 [[1 4 0 3]]
[Out 707]: arr_ix의 두 번째 요소 형태: (1, 4)
[Out 708]: arr_ix[0]에 대응되는 행 반환:
 [[[5 3 5 4 1 6]]
  [[9 9 6 7 4 5]]
  [[4 5 3 6 1 8]]
  [[1 2 8 1 3 8]]]
[Out 709]: arr_ix[1]에 대응되는 열 반환:
 [[[9 4 9 7]]
  [[5 1 4 6]]
  [[2 3 1 1]]
  [[3 1 5 4]]
  [[1 7 7 7]]
  [[3 8 9 8]]]
[Out 710]: arr_ix[0]과 arr_ix[1]에 대응되는 배열 반환
 [[3 1 5 4]
  [9 4 9 7]
  [5 1 4 6]
  [2 3 1 1]]
[Out 711]: arr_ix에 대응되는 배열 반환
 [[3 1 5 4]
  [9 4 9 7]
  [5 1 4 6]
  [2 3 1 1]]
[Out 712]: arr_ix[0]와 arr_ix[1]의 모든 원소들 끼리 + 연산:
[[4 7 3 6]
 [1 4 0 3]
 [2 5 1 4]
 [3 6 2 5]]
```

np.ix_는 두 개의 일차원 정수 배열을 튜플로 반환한다. 이때 튜플은 일차원배열이 이차원으로 변경된 두 개의 배열로 형성되었다. 그 결과를 [Out 702]에 출력하였다. [Out 703]은 arr_ix가 튜플인 것을 보여준다. [Out 704]에 arr_ix의 첫 번째 원소를 출력하였다. [Out 705]는 arr_ix[0]은 크기가 4×1인 이차원배열이라는 것을 나타낸다. [Out 706]에 arr_ix의 두 번째 원소를 출력하였다. [Out 707]은 arr_ix[1]은 크기가 1×4인 이차원배열이라는 것을 나타낸다. [Out 708]은 arr_ix[0]을 행 인덱스로 지정하여 arr_randint의 부분 배열을 만들어서 출력한 것이다. 즉 arr_randint의 4,1,2,3행으로 부분 배열을 만든다. [Out 709]은 arr_ix[1]을 열 인덱스로 지정하여 arr_randint의 부분 배열을 만들어서 출력한 것이다. 즉 arr_randint의 2,5,1,4열로 부분 배열을 만든다. [Out 710]은 arr_ix[0]와 arr_ix[1]을 인덱스로 지정하여 arr_ ix[0]과 arr_i[1]의 원소에 대응하는 위치에 있는 행과 열을 선택하여 arr_randint의 부분 배열을 형성하여 출력한 것이다. 다시 말해서 arr_ix[0]의 원소 3,0,1,2에 대응되는 4,1,2,3행과 arr_ix[1]의 원소 1,4,0,3에 대응되는 2,5,1,4열을 선택하여 arr_randint의 부분 배열을 만든다.

여기서 행과 열 번호가 실제 배열의 원소 보다 1이 큰 것은 파이션에서는 인덱스가 0부터 시작하기 때문이다. [Out 711]는 arr_ix를 인덱스로 지정하여 arr_randint의 부분배열을 생성하여 출력한 것이다. [Out 710]과 [Out 711]은 같은 결과를 가진다. 여기서 np.ix_는 두 개 일차원배열을 부분 배열 생성에서 사용할 수 있는 인덱스로 반환한다는 것을 볼 수 있다. 또한 [Out 711]은 위에서 정수 배열을 이용한 결과인 [Out 699]와 같은 결과를 반환한다는 사실을 알 수 있다. [Out 712]는 arr_ix[0]와 arr_ix[1]의 모든 원소들끼리 각각 합한 결과로 배열을 만들어 출력하였다. 즉 arr_ix[0]의 첫 번째 원소 3과 arr_ix[1]의 모든 원소를 합하여 1행(4,7,3,6)을 만들고, 다음 arr_ix[0]의 두 번째 원소 0과 arr_ix[1]의 모든 원소를 합하여 2행(1,4,0,3)을 만든다. arr_ix[0]의 모든 원소에 대해서 이와 같은 방법을 적용하면 [Out 712]와 같은 결과를 얻을 수 있다. 이처럼 np.ix_는 벡터의 각 원소들끼리 연산할 때도 사용할 수 있다.

팬시 인덱싱은 copy 이다.

```
arr_fancy = arr_randint[arr_ix]
print("[Out 713]:4,1,2,3행-2,5,1,4열:₩n{}".format(arr_fancy))
arr_fancy[:2,:2] = 10
print("[Out 714]:arr_fancy의 1,2행-1,2열에 10을 할당:₩n{}".format(arr_fancy))
print("[Out 715]:arr_randint:₩n{}".format(arr_randint))
```

출력결과

```
[Out 713]:arr_randint의 부분배열:arr_fancy:
 [[3 1 5 4]
  [9 4 9 7]
  [5 1 4 6]
  [2 3 1 1]]
[Out 714]:arr_fancy의 1,2행-1,2열에 10을 할당:
 [[10 10  5  4]
  [10 10  9  7]
  [ 5  1  4  6]
  [ 2  3  1  1]]
[Out 715]:arr_randint:
 [[9 9 6 7 4 5]
  [4 5 3 6 1 8]
  [1 2 8 1 3 8]
  [5 3 5 4 1 6]
  [7 1 8 7 7 4]
  [9 3 8 8 8 9]]
```

---

arr_fancy는 arr_randint의 부분 배열이다. arr_fancy의 1,2행 - 1,2열에 10을 할당 하였다. 그 결과를 [Out 714]에 출력하였다. 그러나 원래의 배열 arr_randint는 전혀 변화가 없는 것을 [Out 715]에서 확인할 수 있다. 즉 슬라이싱의 변화가 원본에는 영향을 미치지 않는다는 의미이다. 이것은 팬시인덱싱은 부분 배열을 새로운 객체에 copy 한다는 의미이다. 그러나 우리는 앞에서 일반적인 인덱싱과 슬라이싱은 view를 반환

한다는 것을 살펴보았다.

다차원 배열

```
import numpy.random as npran
npran.seed(4657)
arr_3dim = npran.randint(1,10,size=(6,6)).reshape(3,3,4)
print("[Out 716]:arr_3dim:₩n{}".format(arr_3dim))
print("[Out 717]:arr_3dim의 크기:₩n{}".format(arr_3dim.shape))
print("[Out 718]:arr_3dim-2층:₩n{}".format(arr_3dim[1,...]))
print("[Out 719]:arr_3dim-2층의 크기:₩n{}".format(arr_3dim[1,...].shape))
print("[Out 720]:arr_3dim-2층-3행-4열의 원소:₩n{}".format(arr_3dim[1,2,3]))
print("[Out 721]:arr_3dim-2층-3행-4열의 원소 크기:₩n{}"
        .format(arr_3dim[1,2,3].shape))
print("[Out 722]:arr_3dim-2층-3행:₩n{}".format(arr_3dim[1,2,...]))
print("[Out 723]:arr_3dim-2층-2행의 크기:₩n{}".format(arr_3dim[1,2,...].shape))
print("[Out 724]:arr_3dim-모든 층-1,2행:₩n{}".format(arr_3dim[:,0:2,...]))
print("[Out 725]:arr_3dim-3열:₩n{}".format(arr_3dim[...,3]))
```

출력결과

```
[Out 716]:arr_3dim:
  [[[9 9 6 7]
    [4 5 4 5]
    [3 6 1 8]]
   [[1 2 8 1]
    [3 8 5 3]
    [5 4 1 6]]
   [[7 1 8 7]
    [7 4 9 3]
    [8 8 8 9]]]
[Out 717]:arr_3dim의 크기: (3, 3, 4)
[Out 718]:arr_3dim-2층:
  [[1 2 8 1]
   [3 8 5 3]
   [5 4 1 6]]
[Out 719]:arr_3dim-2층의 크기:  (3, 4)
[Out 720]:arr_3dim-2층-3행-4열의 원소: 6
[Out 721]:arr_3dim-2층-3행-4열의 원소 크기: ()
[Out 722]:arr_3dim-2층-3: [5 4 1 6]
[Out 723]:arr_3dim-2층-3행의 크기: (4,)
[Out 724]:arr_3dim-모든 층-1,2행:
  [[[9 9 6 7]
    [4 5 4 5]]
   [[1 2 8 1]
    [3 8 5 3]]
   [[7 1 8 7]
    [7 4 9 3]]]
[Out 725]:arr_3dim-3열:
  [[7 5 8]
   [1 3 6]
   [7 3 9]]
```

---

randint()함수로 1~10 범위 안에 있는 정수로부터 난수 36개를 발생시켜 크기가 3×3×4인 삼차원배열을 만들어 arr_3dim에 할당하였다. [Out 716]에 그 결과를 출력하였다. [Out 717]에서 arr_3dim의 크기가 3층-3행-4열 이라는 것을 볼 수 있다. 삼차원에서 인덱스를 지정할 때 [층, 행, 열]로 나타낼 수 있다. 만약 인덱스를 모두 사용하지 않을 때 ":" 혹은 점들(...)로 처리할 수 있다. [Out 718]은 2층만 선택해서 출력하였다. 여기서 인덱스를 층에만 지정하고 나머지는 점들로 처리한 것을 볼 수 있다. 또한 크기가 3×4인 이차원배열이 반환된 것을 알 수 있다. [Out 719]에서 그 부분 배열의 크기를 확인할 수 있다. [Out 720]은 2층-3행-4열에 있는 원소를 선택해서 출력한 것이다. 이때 출력된 결과가 스칼라이기 때문에 [Out 721]에서 빈 튜플만 출력되었다. [Out 722]는 2층-3행을 선택해서 출력하였다. 이것은 크기가 4인 일차원배열이다. [Out 723]에서 그 크기를 확인할 수 있다. [Out 724]는 모든 층-1,2행을 선택해서 출력하였다. [Out 725]는 모든 층-3열을 선택해서 출력하였다.

---

for 루프

```
import numpy.random as npran
print("[Out 726]:1차원 배열에 대한 for 루프")
arr_1dim_iter = np.array([1,2,3])
for i in arr_1dim_iter:
    print(i)
npran.seed(2435)
arr_2dim_iter = npran.randint(1,10, size=(3,3))
print("[Out 727]:arr_2dim_iter:₩n{}".format(arr_2dim_iter))
print("[Out 728]:2차원 배열에 대한 for 루프")
for row in arr_2dim_iter:
    print(row)
npran.seed(1020)
arr_3dim_iter =  npran.randint(1,10, size=(6,6)).reshape(4,3,3)
print("[Out 729]:arr_3dim_iter:₩n{}".format(arr_3dim_iter))
print("[Out 730]: 3차원 배열에 대한 for 루프")
for _, stratum in enumerate(arr_3dim_iter):
    print(stratum)
arr_initialize = np.zeros((3,3))
print("[Out 731]:배열을 0 으로 초기화:₩n{}".format(arr_initialize))
print("[Out 732]: 인덱스와 항목 동시에 번환")
for index, row in enumerate(arr_2dim_iter):
        print(index, row)
print("[Out 733]: arr_2dim_iter의 원소를 arr_initialize에 입력")
for index, row in enumerate(arr_2dim_iter):
       arr_initialize[index]=row
print(arr_initialize)
```

출력결과

```
[Out 726]:1차원 배열에 대한 for 루프
 1
 2
 3
[Out 727]:arr_2dim_iter:
```

```
[[5 2 8]
 [7 2 5]
 [6 6 7]]
[Out 728]:2차원 배열에 대한 for 루프
[5 2 8]
[7 2 5]
[6 6 7]
[Out 729]:arr_3dim_iter:
[[[8 6 5]
  [1 6 3]
  [6 5 5]]
 [[5 7 8]
  [9 5 7]
  [4 4 7]]
 [[2 7 6]
  [4 9 5]
  [8 8 7]]
 [[5 5 7]
  [1 8 4]
  [5 2 9]]]
[Out 730]: 3차원 배열에 대한 for 루프
[[8 6 5]
 [1 6 3]
 [6 5 5]]
[[5 7 8]
 [9 5 7]
 [4 4 7]]
[[2 7 6]
 [4 9 5]
 [8 8 7]]
[[5 5 7]
 [1 8 4]
 [5 2 9]]
[Out 731]:배열을 0 으로 초기화:
[[ 0.  0.  0.]
 [ 0.  0.  0.]
 [ 0.  0.  0.]]
[Out 732]: 인댁스와 항목 동시에 반환
0 [5 2 8]
1 [7 2 5]
2 [6 6 7]
[Out 733]: arr_2dim_iter의 원소를 arr_initialize에 입력
[[ 5.  2.  8.]
 [ 7.  2.  5.]
 [ 6.  6.  7.]]
```

일차원배열 일 때는 리스트와 같이 루프를 반복할 때 마다 배열의 원소를 출력한다. [Out 726]은 그 결과를 보여준다. 이차원배열인 경우에는 루프를 반복할 때 마다 배열의 각 행을 출력한다. [Out 728]은 그 결과를 보여준다. 삼차원배열인 경우에는 루프를 반복할 때 마다 배열의 각 층을 출력한다. [Out 730]은 그 결과를 보여준다. 이처럼 배열에서 루프를 반복할 때 마다 첫 번째 axis에 해당하는 부분을 반환한다. 루

프로 배열을 반복할 때 인덱스와 배열의 원소가 모두 필요한 경우 enumerate()를 사용하면 편리하다. 인덱스나 배열의 원소 중에 하나만 필요한 경우에는 밑줄(_)로 처리하면 된다. for_,stratum in enumerate(arr_3dim_iter)에서 배열의 원소만 필요하기 때문에 인덱스 위치에 밑줄(_)로 표시하였다. np.zeros((3, 3))는 "0" 9개로 크기가 3×3인 배열을 만들어 arr_initialize에 저장하였다. 그리고 그 결과는 [Out 731]에 출력하였다. for index, raw in enumerate(arr_2dim_iter): print(index, row)로 인덱스와 배열의 항목을 동시에 생성하고 출력하였다. [Out 732]에서 그 결과를 볼 수 있다. for index, raw in enumerate (arr_2dim_iter): arr_initialize[index]=row로 인덱스와 배열의 항목을 동시에 생성하고 arr_initialize의 index위치에 row를 할당하였다. 그 결과는 [Out 733]에서 볼 수 있다.

---

for 루프

```
arr_score = np.array([[[26,10,25],
                       [11,15,10],
                       [30,30,29]],
                      [[36,20,35],
                       [40,30,20],
                       [25,35,45]]])
print("[Out 734]: arr_score: ₩n{}".format(arr_score))
print("[Out 735]:")
for i, stratum in enumerate(arr_score):
    print("₩n{}층의 합: {}, 평균: {:.2f}, 분산: {:.2f}₩n"
          .format(i+1,stratum.sum(), stratum.mean(),stratum.var(ddof=1)))
    for j in range(len(stratum)):
        print("{}층-{}행의 합:{}, 평균:{:.2f}, 분산:{:.2f}"
          .format(i+1, j+1,stratum[j].sum(),stratum[j].mean(),stratum[j].var(ddof=1)))
print("[Out 736]:")
for i, stratum in enumerate(arr_score):
    for j in range(len(stratum)):
        print("{}층-{}열의 합:{}, 평균:{:.2f}, 분산:{:.2f}"
        .format(i+1,j+1,stratum[:,j].sum(),stratum[:,j].mean(),stratum[:,j].var(ddof=1)))
print("[Out 737]")
for i,j in zip(arr_score[0], arr_score[1]):
    print("중간고사: {},₩기말고사: {},₩n중간과 기말고사의 각 과목 평균: {}"
          .format(i,j, (i+j)/2))
```

출력결과

```
[Out 734]: arr_score:
 [[[26 10 25]
   [11 15 10]
   [30 30 29]]
  [[36 20 35]
   [40 30 20]
   [25 35 45]]]
[Out 735]:
 1층의 합: 186, 평균: 20.67, 분산: 80.50
   1층-1행의 합:61, 평균:20.33, 분산:80.33
```

```
      1층-2행의 합:36, 평균:12.00, 분산:7.00
      1층-3행의 합:89, 평균:29.67, 분산:0.33
   2층의 합: 286, 평균: 31.78, 분산: 75.94
      2층-1행의 합:91, 평균:30.33, 분산:80.33
      2층-2행의 합:90, 평균:30.00, 분산:100.00
      2층-3행의 합:105, 평균:35.00, 분산:100.00
[Out 736]:
   1층-1열의 합:67, 평균:22.33, 분산:100.33
   1층-2열의 합:55, 평균:18.33, 분산:108.33
   1층-3열의 합:64, 평균:21.33, 분산:100.33
   2층-1열의 합:101, 평균:33.67, 분산:60.33
   2층-2열의 합:85, 평균:28.33, 분산:58.33
   2층-3열의 합:100, 평균:33.33, 분산:158.33
[Out 737]
   중간고사: [26 10 25],
   기말고사: [36 20 35],
   중간과 기말고사의 각 과목 평균 [ 31.  15.  30.]
   중간고사: [11 15 10],
   기말고사: [40 30 20],
   중간과 기말고사의 각 과목 평균 [ 25.5  22.5  15. ]
   중간고사: [30 30 29],
   기말고사: [25 35 45],
   중간과 기말고사의 각 과목 평균 [ 27.5  32.5  37. ]
```

세 명의 학생이 2차에 걸쳐서 국어, 영어, 수학 시험을 친 결과가 다음과 같다고 하자. 이 자료를 입력해서 크기가 3×3인 배열 arr_score를 만들었다. [Out 734]에 그 결과를 출력하였다. print("[Out 735]")아래에 있는 중첩 반복문으로 각 시기의 전체 점수에 대한 합, 평균, 그리고 분산을 구하였다. 그리고 시기 별로 각 학생에 대한 세 과목 점수의 합, 평균 그리고 분산을 구하였다. 중첩 반복에서 i는 층을 나타내는 인덱스이고 stratum은 배열 항목을 나타낸다. 첫 루프에서 i=0 일 때 1층의 합, 평균, 분산을 출력하고, 두 번째 루프에서 j=0 일 때 stratum[0]은 1층-1행, j=1 일 때 stratum[1]은 1층-2행, j=2 일 때 stratum[2]는 1층-3행의 합, 평균, 분산을 계산한다. 즉 박이김, 홍조김, 석김이에 대한 세 과목의 중간고사 성적의 합, 평균, 분산을 계산한다. 다음 첫 루프에서 i=1 일 때 2층의 합, 평균, 분산을 출력하고, 두 번째 루프에서 j=0 일 때 stratum[0]은 2층-1행, j=1 일 때 stratum[1]은 2층-2행, j=2 일 때 stratum[2]는 2층-3행의 합, 평균, 분산을 계산한다. 즉 박이김, 홍조김, 석김이에 대한 세 과목의 기말고사 성적의 합, 평균, 분산을 계산한다. 그 결과는 [Out 735]에서 볼 수 있다. 결과를 살펴보면 중간고사에서 세 과목에 대한 박이김의 평균은 20.33, 분산은 80.33이고, 기말고사에서 세 과목에 대한 박이김의 평균은 30.33, 분산은 80.33인 것을 알 수 있다. 기말고사에 성적이 많이 향상된 것을 볼 수 있다.

시기	학번	이름	국어	영어	수학
중간고사	20181001	박이김	26	10	25
	20181002	홍조김	11	15	10
	20181003	석김이	30	30	29
기말고사	20181001	박이김	36	20	35
	20181002	홍조김	40	30	20
	20181003	석김이	25	35	45

print("[Out 736]")아래에 있는 중첩 반복문으로 시기 별 각 과목에 대한 점수의 합, 평균 그리고 분산을 구하였다. 첫 루프에서 i=0 이고, 두 번째 루프에서 j=0 일 때 stratum[:,0]은 1층-1열, j=1 일 때 stratum[:.1]은 1층-2열, j=2 일 때 stratum[:.2]는 1층-3열의 합, 평균, 분산을 계산한다. 즉 국어, 영어, 수학에 대한 중간고사 성적의 합, 평균, 분산을 계산한다. 다음 첫 루프에서 i=1 이고, 두 번째 루프에서 j=0 일 때 stratum[:,0]은 2층-1열, j=1 일 때 stratum[:,1]은 2층-2열, j=2 일 때 stratum [:,2]는 2층-3열의 합, 평균, 분산을 계산한다. 즉 국어, 영어, 수학에 대한 기말고사 성적의 합, 평균, 분산을 계산한다. 그 결과는 [Out 736]에서 볼 수 있다. 결과를 살펴보면 중간고사에서 국어는 평균 22.33, 분산 100.33이고, 영어는 평균 18.33, 분산 108.33이다. [Out 737]에 학생들이 치른 두 번의 시험 성적의 과목 별 평균을 나타내었다. 결과를 살펴보면 박이김은 국어의 평균이 31, 영어의 평균이 15, 수학의 평균이 30인 것을 볼 수 있다. 홍조김은 국어의 평균이 25.5 영어의 평균이 22.5, 수학의 평균이 15인 것을 볼 수 있다. 석김이는 국어의 평균이 27.5, 영어의 평균이 32.5, 수학의 평균이 37인 것을 볼 수 있다.

SECTION 6. Series

series는 여러 가지 유형의 자료를 저장할 수 있는 1차원 자료구조이다. 두 열로 이루어진 형태이다. 1열은 인덱스를 나타내고, 2열은 실제 자료를 나타낸다. 이처럼 series는 인덱스와 자료 값을 가지고 있는 pandas 내 자료구조 중 하나이다. 따라서 series를 사용하기 위해서 pandas를 임포터해야 한다. pandas.Seires(자료, index)로 series를 생성할 수 있다.

series 생성

```
import pandas as pd
import numpy as np
import numpy.random as npran
list_data = [25,23,14,26]
series1 = pd.Series(list_data, index=['Park','Lee','Hong','Kang'])
print("[Out 738]: 리스트를 이용해서 series 만들기:₩n{}".format(series1))
```

```
list_str = ['orange','apple','grapefruit','peach']
series2 = pd.Series(list_str)
print("[Out 739]: 문자 리스트를 이용해서 series 만들기:₩n{}".format(series2))
npran.seed(3456)
ndarray = npran.randint(1,10,size=(5))
print("[Out 740]: ndarray:₩n{}".format(ndarray))
series3 = pd.Series(ndarray, name='randint')
print("[Out 741]: ndarray로 series 생성:₩n{}".format(series3))
dictionary = {'소주': 10,
              '맥주': 7,
              '주스': 1,
              '콜라': 5,
              '와인': 2,
              '우유': 3}
print("[Out 742]: dictionary:₩n{}".format(dictionary))
series4 = pd.Series(dictionary)
print("[Out 743]: dictionary로 series 생성:₩n{}".format(series4))
series5 = pd.Series(dictionary, index=['소주','맥주','사이다','콜라','와인','우유','주스'])
print("[Out 744]: dictionary로 series 생성-missing 값이 있는 경우:₩n{}"
      .format(series5))
```

출력결과

```
[Out 738]: 리스트를 이용해서 series 만들기:
  Park     25
  Lee      23
  Hong     14
  Kang     26
  dtype: int64
[Out 739]: 문자 리스트를 이용해서 series 만들기:
  0   orange
  1   apple
  2   grapefruit
  3   peach
  dtype: object
[Out 740]: ndarray:
  [3 3 1 5 4]
[Out 741]: ndarray로 series 생성:
  0   3
  1   3
  2   1
  3   5
  4   4
  Name: randint, dtype: int32
[Out 742]: dictionary:
  {'소주': 10, '맥주': 7, '주스': 1, '콜라': 5, '와인': 2, '우유': 3}
[Out 743]: dictionary로 series 생성:
  맥주     7
  소주    10
  와인     2
  우유     3
  주스     1
  콜라     5
  dtype: int64
```

```
[Out 744]: dictionary로 series 생성-missing 값이 있는 경우:
  소주      10.0
  맥주       7.0
  사이다     NaN
  콜라       5.0
  와인       2.0
  우유       3.0
  주스       1.0
  dtype: float64
```

먼저 series를 이용하기 위해서 pandas를 임포터 했다. pandas의 별명을 pd로 하였다. 그리고 ndarray와 난수생성을 위해서 numpy와 numpy.random을 임포터 했다. pd.Series(자료, index)를 이용해 자료와 index를 지정하여 series를 만든다. 이때 자료는 여러 가지 유형이 될 수 있다. 즉 문자열, 숫자, 파이션의 기본 자료구조 등이 될 수 있다. pd.Series(list_data, index=['park', 'Lee', 'Hong', 'Kang'])같이 입력한다. list_data는 리스트 구조인 숫자형 자료이고, 여기에 대응되는 index가 주어졌다. 'park'에 대응되는 값은 25, 'Lee'에 대응되는 값은 23, 'Hong'에 대응되는 값은 14, 'Kang'에 대응되는 값은 26 이다. index는 기본구조 딕셔너리의 key와 비슷한 역할을 한다. 생성된 결과를 series1에 할당하였고, [Out 738]에 그 결과를 출력하였다. 결과를 살펴보면 테이블 형태인 것을 볼 수 있다. [Out 739]는 문자열 리스트로 만든 series2를 출력한 것이다. 여기서 index를 지정하지 않았기 때문에 기본적으로 0부터 len(자료)-1까지의 정수가 index로 주어졌다. [Out 741]은 ndarray로 만든 series3를 나타낸 것이다. 여기서 name속성으로 series의 이름을 지정하였다. [Out 743]은 딕셔너리로 생성한 series4를 출력하였다. 이때 딕셔너리의 key가 index에 자동적으로 할당된다. [Out 744]는 딕셔너리로 생성한 series5를 출력하였다. 이때 series5에서는 index를 지정하였다. 지정된 index 중에서 "사이다"는 딕셔너리에 없다. 따라서 사이다에 대응되는 값이 없기 때문에 "NaN"을 대응시켰다. 파이션에서 값이 없는 경우에는 NaN으로 나타낸다.

name 속성

```
import pandas as pd
import numpy as np
import numpy.random as npran
npran.seed(3241)
ndarray = npran.randint(1,10,size=(4))
series3 = pd.Series(ndarray, name='randint')
print("[Out 745]: ndarray로 series 생성:₩n{}".format(series3))
series4.name = 'number'
print("[Out 746]: series4에 이름 붙이기:₩n{}".format(series4))
series5.index.name = 'items'
print("[Out 747]: index에 이름 붙이기:₩n{}".format(series5))
```

출력결과

```
[Out 745]: ndarray로 series 생성:
  0  8
  1  8
  2  9
  3  4
Name: randint, dtype: int32
[Out 746]: series4에 이름 붙이기:
  맥주     7
  소주    10
  와인     2
  우유     3
  주스     1
  콜라     5
  Name: number, dtype: int64
[Out 747]: index에 이름 붙이기:
  items
  소주     10.0
  맥주      7.0
  사이다    NaN
  콜라      5.0
  와인      2.0
  우유      3.0
  주스      1.0
  dtype: float64
```

series3은 pd.Series()에서 name를 'randint'로 지정하였다. series와 index에 이름을 붙일 수 있다. series4.name='number', series.index.name='item'로 series와 index에 이름 속성을 부여하였다. [Out 745], [Out 746], [Out 747]에 그 결과를 출력하였다.

index와 자료에 접근

```
print("[Out 748]: index의 내용 보기:₩n{}".format(series5.index))
print("[Out 749]: series의 항목 보기:₩n{}".format(series5.values))
```

출력결과

```
[Out 748]: index의 내용 보기:
  Index(['소주', '맥주', '사이다', '콜라', '와인', '우유', '주스'], dtype='object', name='items')
[Out 749]: series의 항목 보기:
  [ 10.   7.  nan   5.   2.   3.   1.]
```

index, value 속성을 통해서 index 값과 자료 값을 얻을 수 있다. [Out 748]과 [Out 749]는 series5의 index와 자료 값을 출력한 것이다.

series의 자료에 접근(querying)

```
print("[Out 750]: series5의 1 항목 보기:₩n{}".format(series5[0]))
print("[Out 751]: series5의 1,2,3 항목 보기:₩n{}".format(series5[:3]))
print("[Out 752]: series5의 마지막 항목 보기:₩n{}".format(series5[-1]))
print("[Out 753]: index-소주에 대응되는 series5의 항목:₩n{}"
      .format(series5['소주']))
print("[Out 754]: index-맥주에 대응되는 series5의 항목:₩n{}"
      .format(series5.loc['맥주']))
print("[Out 755]: index-3위치에 있는  series5의 항목 :₩n{}"
      .format(series5.iloc[3]))
print("[Out 756]: index-맥주와 소주에 대응되는 series5의 항목:₩n{}"
      .format(series5.loc[['맥주', '소주']]))
print("[Out 757]: index-2까지에 있는 series5의 항목 :₩n{}"
      .format(series5.iloc[:3]))
```

출력결과

```
[Out 750]: series5의 1 항목 보기: 10.0
[Out 751]: series5의 1,2,3 항목 보기:
  items
  소주     10.0
  맥주      7.0
  사이다    NaN
  dtype: float64
[Out 752]: series5의 마지막 항목 보기: 1.0
[Out 753]: index-소주에 대응되는 series5의 항목: 10.0
[Out 754]: index-맥주에 대응되는 series5의 항목: 7.0
[Out 755]: index-3위치에 있는  series5의 항목 : 5.0
[Out 756]: index-맥주와 소주에 대응되는 series5의 항목:
  items
  맥주      7.0
  소주     10.0
  dtype: float64
[Out 757]: index-2까지에 있는 series5의 항목 :
  items
  소주     10.0
  맥주      7.0
  사이다    NaN
  dtype: float64
```

리스트와 같이 자료가 저장된 위치나, 딕셔너리와 같이 인덱스를 지정해서 series의 값에 접근할 수 있다. 또한 iloc, loc속성을 이용해서 접근할 수도 있다. iloc와, loc는 다음에 설명하고자 하는 데이터프레임에서 더 유용하게 사용된다. iloc는 행 번호를 이용할 때 사용되고, loc는 index의 값(label)을 이용할 때 사용한다. series5[0]으로 series5에서 첫 번째 자료 값을 선택하여 [Out 750]에 출력하였다. series5[:3]으로 series5에서 1, 2, 3번째 자료 값을 선택해서 [Out 751]에 출력하였다. series5[-1]로 마지막 번째 자료 값을 선택해서 [Out 752]에 나타내었다. series5['소주']로 소주 인덱스에 대응되는 값을 선택해서 [Out 753]에 출력하였다. series5.loc['맥주']로 맥주

인덱스에 대응되는 값을 선택해서 [Out 754]에 나타내었다. series에서는 serires['소주']와 series.loc['소주']가 같은 역할을 한다. series5.iloc[3]로 네 번째 자료 값을 선택해서 [Out 755]에 나타내었다. series5.loc[['소주', '맥주']]로 소주 맥주에 대응되는 자료 값을 선택하여 [Out 756]에 출력하였다. series5.iloc[:3]으로 1, 2, 3번째 자료 값을 선택하여 [Out 757]에 출력하였다.

---

series의 자료 추가 및 변경

```
import pandas as pd
import numpy as np
series5.loc['우유']=5
print("[Out 758]: series5에 우유 추가 :₩n{}".format(series5))
series5['소주']=14
print("[Out 759]: series5에 소주 값 변경 :₩n{}".format(series5))
series5.iloc[2:4] = [8,9]
print("[Out 760]: series5에 사이다, 콜라 값 변경 :₩n{}".format(series5))
series5.loc[['와인', '주스']] = [2,3]
print("[Out 761]: series5에 와인, 주스 값 변경:₩n{}".format(series5))
dictionary1 = {'사과': 20,
              '복숭아': 10,
              '바나나': 21,
              '상추': 22,
              '고추': 40,
              '빵': 10}
print("[Out 762]: dictionary1:₩n{}".format(dictionary1))
series6 = pd.Series(dictionary1)
print("[Out 763]: dictionary1으로 series 생성:₩n{}".format(series6))
series_append = series5.append(series6)
print("[Out 764]: series5와 series6 결합:₩n{}".format(series_append))
print("[Out 765]: series5:₩n{}".format(series5))
print("[Out 766]: series6:₩n{}".format(series6))
```

출력결과

```
[Out 758]: series5에 우유 추가 :
  items
  소주     10.0
  맥주      7.0
  사이다    NaN
  콜라      5.0
  와인      2.0
  우유      5.0
  주스      1.0
  dtype: float64
[Out 759]: series5에 소주 값 변경 :
  items
  소주     14.0
  맥주      7.0
  사이다    NaN
  콜라      5.0
  와인      2.0
```

```
  우유       5.0
  주스       1.0
  dtype: float64
[Out 760]: series5에 사이다, 콜라 값 변경 :
  items
  소주      14.0
  맥주       7.0
  사이다     8.0
  콜라       9.0
  와인       2.0
  우유       5.0
  주스       1.0
  dtype: float64
[Out 761]: series5에 와인, 주스 값 변경:
  items
  소주      14.0
  맥주       7.0
  사이다     8.0
  콜라       9.0
  와인       2.0
  우유       5.0
  주스       3.0
  dtype: float64
[Out 762]: dictionary1:
  {'사과': 20, '복숭아': 10, '바나나': 21, '상추': 22, '고추': 40, '빵': 10}
[Out 763]: dictionary1으로 series 생성:
  고추       40
  바나나     21
  복숭아     10
  빵         10
  사과       20
  상추       22
  dtype: int64
[Out 764]: series5와 series6 결합:
  소주      14.0
  맥주       7.0
  사이다     8.0
  콜라       9.0
  와인       2.0
  우유       5.0
  주스       3.0
  고추      40.0
  바나나    21.0
  복숭아    10.0
  빵        10.0
  사과      20.0
  상추      22.0
  dtype: float64
[Out 765]: series5:
  items
  소주      14.0
  맥주       7.0
  사이다     8.0
```

```
  콜라     9.0
  와인     2.0
  우유     5.0
  주스     3.0
  dtype: float64
[Out 766]: series6:
  고추     40
  바나나    21
  복숭아    10
  빵      10
  사과     20
  상추     22
  dtype: int64
```

---

index를 이용해서 새로운 값을 추가하거나, 기존의 값을 수정할 수도 있다. 그리고 append()를 사용해서 series를 결합할 수 있다. series5.loc['우유'] = 5는 series5에 새로운 index 우유를 추가하고 대응하는 자료 값으로 5를 입력한다. [Out 758]에서 "우유" "5"가 추가된 것을 확인할 수 있다. series5['소주'] = 14는 series5에 있는 기존 index 소주에 대응하는 값을 14로 변경한다. [Out 759]에서 그 결과를 확인할 수 있다. series5.iloc[2:4] = [8, 9]는 series5의 3, 4번째 index(사이다, 콜라)에 대응하는 값을 8,9로 변경한다. [Out 760]에서 그 결과를 확인할 수 있다. series5.loc ['와인', '주스'] = [2, 3]은 series5의 기존 index 와인, 주스에 대응하는 값을 2, 3으로 변경한다. [Out 761]에서 그 결과를 확인할 수 있다. [Out 764]는 append()를 이용하여 series5와 series6을 결합하여 새로 만든 series_append를 출력하였다. [Out 765]와 [Out 766]에서 기존의 series5와 series6은 변화가 없다는 것을 확인할 수 있다.

SECTION 7. 데이터 프레임

데이터프레임은 스프레드시트 같은 표 형태의 이차원 자료구조이다. 외관상으로 행과 열을 갖는다. 각 열은 서로 다른 종류의 값을 저장할 수 있다. 데이터분석에서 가장 일반적으로 사용되는 자료구조이다. 데이터프레임은 여러 가지 유형의 자료 구조(리스트, 딕셔너리, ndarray, serise 등)로 부터 생성할 수 있다. 또한 외부에 저장된 데이터 파일을 읽어 데이터프레임을 생성할 수도 있다. pandas.DataFrame(data, index, columns)로 데이터프레임을 만들 수 있다. 이때 data는 여러 가지 자료구조로 주어질 수 있다. index는 행 라벨, columns는 열 라벨을 지정한다. 다음 자료를 이용하여 데이터 프레임을 생성해보자.

Name	Gender	Korean	English	Math
Park	M	26	10	25
Lee	F	11	15	10
Kim	F	30	30	29
Hong	M	36	20	35
Cho	M	40	30	20
Cha	F	25	35	45

데이터프레임 생성

```
score = {'Name':['Park','Lee','Kim','Hong','Cho','Cha'],
         'Gender':['M','F','F','M','M','F'],
         'Korean':[26,11,30,36,40,25],
         'English':[10,15,30,20,30,35],
         'Math':[25,10,29,35,20,45]}
print("[Out 767]: score:₩n{}".format(score))
print("[Out 768]: score의 자료구조:₩n{}".format(type(score)))
df_score = pd.DataFrame(score)
print("[Out 769]: 딕셔너리를 이용한 데이터프레임:₩n{}".format(df_score))
series_dict = {'Name':pd.Series(['Park','Lee','Kim','Hong','Cho','Cha'],
                                index=[1,2,3,4,5,6]),
         'Gender':pd.Series(['M','F','F','M','M','F'], index=[1,2,3,4,5,6]),
         'Korean':pd.Series([26,11,30,36,40,25], index=[1,2,3,4,5,6]),
         'English':pd.Series([10,15,30,20,30,35], index=[1,2,3,4,5,6]),
         'Math':pd.Series([25,10,29,35,20,45], index=[1,2,3,4,5,6])}
print("[Out 770]: series_dict의 자료구조:₩n{}".format(type(series_dict)))
df_series_dict=pd.DataFrame(series_dict,
                            columns=['Name','Gender','Korean','English','Math'])
print("[Out 771]: series 딕셔너리로 데이터프레임 :₩n{}".format(df_series_dict))
```

출력결과

```
[Out 767]: score:
  {'Name': ['Park', 'Lee', 'Kim', 'Hong', 'Cho', 'Cha'], 'Gender': ['M', 'F', 'F', 'M', 'M', 'F'], 'Korean': [26, 11, 30,
  36, 40, 25], 'English': [10, 15, 30, 20, 30, 35], 'Math': [25, 10, 29, 35, 20, 45]}
[Out 768]: score의 자료구조:
  <class 'dict'>
[Out 769]: 딕셔너리를 이용한 데이터프레임:
     English  Gender  Korean  Math  Name
  0    10       M       26     25   Park
  1    15       F       11     10   Lee
  2    30       F       30     29   Kim
  3    20       M       36     35   Hong
  4    30       M       40     20   Cho
  5    35       F       25     45   Cha
[Out 770]: series_dict의 자료구조:
  <class 'dict'>
[Out 771]: series 딕셔너리로 데이터프레임 :
     Name  Gender  Korean  English  Math
  1  Park    M       26      10      25
  2  Lee     F       11      15      10
  3  Kim     F       30      30      29
```

```
4  Hong    M    36    20    35
5  Cho     M    40    30    20
6  Cha     F    25    35    45
```

df_score는 리스트의 딕셔너리를 이용해서 데이터프레임을 생성한 것이다. [Out 768]에서 score의 자료구조가 딕셔너리인 것을 볼 수 있다. score의 키는 Name, Gender, Korean, English, Math이고 score의 자료 값은 각 키에 대응되는 리스트이다. score를 이용해서 데이터프레임을 만들 때 키는 데이터프레임의 column되고, index는 행을 나타낸다. 여기서는 index는 지정되지 않았기 때문에 디폴트로 0부터 n-1까지 정수로 할당된다. 여기서 n은 행의 수이다. 그 결과를 [Out 769]에서 볼 수 있다. df_series_dict는 series의 딕셔너리를 이용해서 데이터프레임을 생성한 것이다. [Out 770]에서 series_dict의 자료구조가 딕셔너리인 것을 볼 수 있다. series_dict의 키는 Name, Gender, Korean, English, Math이고 series_dict의 자료 값은 각 키에 대응되는 series이다. series_dict를 이용해서 데이터프레임을 만들 때 키는 데이터프레임의 column되고, index는 행을 나타낸다. 여기서는 index는 지정되지 않았기 때문에 series에 지정된 index들의 합집합으로 지정된다. 결과 [Out 769]를 살펴보면 출력된 columns의 순서가 입력한 순서대로 출력 되지 않은 것을 볼 수 있다. columns를 지정하면 columns에 지정된 순서대로 데이터프레임이 생성된다. 그 결과를 [Out 771]에서 볼 수 있다. 결과를 살펴보면 우리가 columns에 지정한 순서대로 출력이 된 것을 확인할 수 있다.

데이터프레임 생성

```
series_dict1 = {'a':pd.Series([1,2,3,4],index=[0,1,2,3]),
                'b':pd.Series([5,6,7,8],index=[2,3,4,5])}
df_series_dict1 = pd.DataFrame(series_dict1)
print("[Out 772]: series 딕셔너리로 데이터프레임 :₩n{}".format(df_series_dict1))
```

출력결과

```
[Out 772]: series 딕셔너리로 데이터프레임 :
     a     b
0  1.0   NaN
1  2.0   NaN
2  3.0   5.0
3  4.0   6.0
4  NaN   7.0
5  NaN   8.0
```

series_dict1은 series의 딕셔너리 구조이다. 여기서는 각 series의 index가 서로 다르게 지정되어 있다. [Out 772]에서 series_dict1으로 만들어진 데이터프레임을 보면 index가 두 series의 index의 합집합으로 표시된 것을 볼 수 있다. b열에는 index 0,

1에 해당 자료가 없고, a열에는 index 4, 5에 해당하는 자료가 없기 때문에 NaN으로 출력되었다. 다음 자료를 이용하여 데이터프레임을 만들어 보자.

Region	Items	sales	amount
Dague	TV	25	400
Seoul	TV	22	350
Busan	TV	38	550
Dague	Refrigerator	100	800
Seoul	Refrigerator	150	1000
Busan	Refrigerator	200	1800

데이터프레임 생성

```
list_dict = [{'item':'TV',
            'sales':25,
            'amount':400},
            {'item':'TV',
            'sales':22,
            'amount':350},
            {'item':'TV',
            'sales':38,
            'amount':550},
            {'item':'Refrigerator',
            'sales':100,
            'amount':800},
            {'item':'Refrigerator',
            'sales':150,
            'amount':1000},
            {'item':'Refrigerator',
            'sales':200,
            'amount':1800}]
print("[Out 773]: list_dict의 type:₩n{}".format(type(list_dict)))
df_sales = pd.DataFrame(list_dict,
                        index=['Dague','Seoul','Busan','Dague','Seoul','Busan'],
                        columns=['item','sales','amount'])
print("[Out 774]: 딕셔너리의 리스트로 데이터프레임:₩n{}".format(df_sales))
```

출력결과

```
[Out 773]: list_dict의 type:
 <class 'list'>
[Out 774]: 딕셔너리의 리스트로 데이터프레임:
                 item  sales  amount
 Dague             TV     25     400
 Seoul             TV     22     350
 Busan             TV     38     550
 Dague   Refrigerator    100     800
 Seoul   Refrigerator    150    1000
 Busan   Refrigerator    200    1800
```

list_dict는 딕셔너리를 원소로 갖는 리스트 구조이다. [Out 773]에서 list_dict의 자료구조를 확인할 수 있다. [Out 774]에서 list_dict로 만들어진 데이터프레임을 보면 각 딕셔너리의 키를 columns로 region을 index로 지정한 것을 볼 수 있다.

데이터프레임 생성

```
import numpy.random as npran
npran.seed(4657)
arr_2dim = npran.randint(1,10,size=(4,4))
df_ndarray = pd.DataFrame(arr_2dim, index=['r1','r2','r3','r4'],
                          columns=['c1','c2','c3','c4'])
print("[Out 775]: arr_2dim:₩n{}".format(arr_2dim))
print("[Out 776]: arr_2dim의 type:₩n{}".format(type(arr_2dim)))
print("[Out 777]: ndarray로 데이터프레임:₩n{}".format(df_ndarray))
```

출력결과

```
[Out 775]: arr_2dim:
 [[9 9 6 7]
  [4 5 4 5]
  [3 6 1 8]
  [1 2 8 1]]
[Out 776]: arr_2dim의 type:
 <class 'numpy.ndarray'>
[Out 777]: ndarray로 데이터프레임:
    c1  c2  c3  c4
r1   9   9   6   7
r2   4   5   4   5
r3   3   6   1   8
r4   1   2   8   1
```

---

arr_2dim는 크기가 4×4인 이차원배열 구조이다. [Out 776]에서 arr_2dim의 구조를 확인할 수 있다. [Out 777]에서 arr_2dim으로 생성된 데이터프레임을 볼 수 있다. 이것은 이차원배열에 행과 열 이름을 붙인 형태이다. 머신러닝에서 많이 사용되는 파이션 라이브러리 scikit-learn의 기본 자료구조는 ndarray 형태이다. ndarray를 이용한 데이터프레임 생성은 많이 이용되고 있다. scikit-learn의 datasets 모듈에 있는 통계학이나 머신러닝에서 많이 사용하는 iris 데이터를 읽어서 데이터프레임을 생성해보자.

데이터프레임 생성

```
import sklearn.datasets as skda
iris = skda.load_iris()
print("[Out 778]: iris:₩n{}".format(iris))
print("[Out 779]: iris의 자료구조:₩n{}".format(type(iris)))
print("[Out 780]: iris의 key값 자료구조:₩n{}".format(iris.keys()))
print("[Out 781]: iris의 key-fearture_names에 대응되는 값:₩n{}"
      .format(iris['feature_names']))
print("[Out 782]: iris의 key-data에 대응되는 값의 크기:₩n{}"
```

```
        .format(iris['data'].shape))
print("[Out 783]: iris의 key-data에 대응되는 값의 일부:₩n{}"
        .format(iris['data'][:4]))
print("[Out 784]: iris의 key-data에 대응되는 값의 자료구조:₩n{}"
        .format(type(iris['data'])))
df_iris = pd.DataFrame(iris['data'], columns=iris.feature_names,
                       index=iris.target)
print("[Out 785]: df_iris중 일부:₩n{} ".format(df_iris.head()))
```

출력결과

```
[Out 778]: iris:
 {'data': array([[ 5.1,  3.5,  1.4,  0.2],
        [ 4.9,  3. ,  1.4,  0.2],
        [ 4.7,  3.2,  1.3,  0.2],
        ...,
        [ 6.5,  3. ,  5.2,  2. ],
        [ 6.2,  3.4,  5.4,  2.3],
        [ 5.9,  3. ,  5.1,  1.8]]),
 'target': array([0, 0, 0, ..., 2, 2, 2]),
 'target_names': array(['setosa', 'versicolor', 'virginica'],dtype='<U10'),
  'DESCR': 'Iris Plants Database
  ====================
  ====================
  ====================',
  'feature_names': ['sepal length (cm)', 'sepal width (cm)', 'petal length (cm)', 'petal width (cm)']gth (cm)',
  'petal width (cm)']}
[Out 779]: iris의 자료구조:
 <class 'sklearn.datasets.base.Bunch'>
[Out 780]: iris의 key값 자료구조:
 dict_keys(['data', 'target', 'target_names', 'DESCR', 'feature_names'])
[Out 781]: iris의 key-fearture_names에 대응되는 값:
 ['sepal length (cm)', 'sepal width (cm)', 'petal length (cm)', 'petal width (cm)']
[Out 782]: iris의 key-data에 대응되는 값의 크기:
 (150, 4)
[Out 783]: iris의 key-data에 대응되는 값의 일부:
 [[ 5.1  3.5  1.4  0.2]
  [ 4.9  3.   1.4  0.2]
  [ 4.7  3.2  1.3  0.2]
  [ 4.6  3.1  1.5  0.2]]
[Out 784]: iris의 key-data에 대응되는 값의 자료구조:
 <class 'numpy.ndarray'>
[Out 785]: df_iris중 일부:
   sepal length (cm)  sepal width (cm)  petal length (cm)  petal width (cm)
0        5.1               3.5               1.4               0.2
0        4.9               3.0               1.4               0.2
0        4.7               3.2               1.3               0.2
0        4.6               3.1               1.5               0.2
0        5.0               3.6               1.4               0.2
```

iris 자료는 유전학자들이 붓꽃을 속성에 따라 분류하기 위해서 150개의 붓꽃에 대해서 꽃잎의 길이와 너비, 꽃받침의 길이와 너비를 조사한 자료이다. 먼저 이 자료를 이용하기 위해서 sklearn.datasets 모듈을 임포터하고, 별명을 skda로 표시하였다. load_iris()함수는 sklearn.datasets 모듈에서 제공하는 iris자료를 읽어오는 함수이다. load_iris()함수로 읽은 iris 자료를 iris에 저장하였다. [Out 778]에 iris를 출력하였다. 이 결과에서 iris는 파이션의 기본구조인 딕셔너리와 유사한 구조로 키와 값으로 구성되어 있는 것을 볼 수 있다. [Out 779]에 iris의 자료구조를 출력하였다. 여기서 iris는 Bunch 구조임을 알 수 있다. [Out 780]에 iris의 키 값을 출력하였다. 키는 'data', 'target', 'target_names', 'DESCR', 'feature_names'이다. 여기서 data는 측정한 실제 자료 값, taregt은 붓꽃을 분류하는 클래스(세 클래스), target_names는 클래스 이름, DESCR은 iris 데이터세트에 대한 설명, feature_names은 붓꽃을 분류하는데 사용하는 속성의 이름(변수)을 나타낸다. [Out 781]에 feature_names에 대응되는 값을 출력하였다. 결과가 꽃잎의 길이와 너비, 꽃받침의 길이와 너비 즉 붓꽃의 속성을 나타내는 속성의 이름인 것을 볼 수 있다. [Out 782], [Out 783], [Out 784]에서 키 data에 대응되는 값의 자료구조는 크기가 150×4인 이차원배열인 것을 볼 수 있다. [Out 783]은 150개 중에서 상위 4개의 행에 있는 자료만 출력한 것이다. 키 data에 대응되는 자료 값을 이용하여 데이터프레임을 만들고 df_iris에 저장하였다. 이때 columns로 속성의 이름으로 지정하고, index는 target로 지정하였다. [Out 785]에서 그 결과의 일부를 볼 수 있다. 여기서 head()함수는 데이터프레임의 일부를 출력할 때 사용한다.

데이터프레임 조작

```
print("[Out 786]: df_ndarray의 index:₩n{} ".format(df_ndarray.index))
print("[Out 787]: df_ndarray의 columns:₩n{} ".format(df_ndarray.columns))
print("[Out 788]: df_ndarray의 c1(1열)값:₩n{} ".format(df_ndarray['c1']))
print("[Out 789]: df_ndarray의 c2(2열)값:₩n{} ".format(df_ndarray.c2))
print("[Out 790]: df_sales의 1행:₩n{} ".format(df_sales[:1]))
print("[Out 791]: df_sales의 2행~끝까지:₩n{} ".format(df_sales[1:]))
print("[Out 792]: df_sales의 2행~5행 까지 값:₩n{} ".format(df_sales[1:5]))
print("[Out 793]: df_sales의 sales>100:₩n{} ".format(df_sales['sales']>100))
print("[Out 794]: df_sales의 item-sales(1,2열):₩n{} "
      .format(df_sales[['item','sales']]))
```

출력결과

```
[Out 786]: df_ndarray의 index:
  Index(['r1', 'r2', 'r3', 'r4'], dtype='object')
[Out 787]: df_ndarray의 columns:
  Index(['c1', 'c2', 'c3', 'c4'], dtype='object')
[Out 788]: df_ndarray의 c1(1열)값:
  r1    9
  r2    4
  r3    3
  r4    1
  Name: c1, dtype: int32
[Out 789]: df_ndarray의 c2(2열)값:
```

```
  r1    9
  r2    5
  r3    6
  r4    2
  Name: c2, dtype: int32
[Out 790]: df_sales의 1행:
              item  sales  amount
  Dague     TV       25     400
[Out 791]: df_sales의 2행~끝까지:
                     item  sales  amount
  Seoul                TV     22     350
  Busan                TV     38     550
  Dague   Refrigerator    100     800
  Seoul   Refrigerator    150    1000
  Busan   Refrigerator    200    1800
[Out 792]: df_sales의 2행~5행 까지 값:
                     item  sales  amount
  Seoul                TV     22     350
  Busan                TV     38     550
  Dague   Refrigerator    100     800
  Seoul   Refrigerator    150    1000
[Out 793]: df_sales의 sales>100:
  Dague     False
  Seoul     False
  Busan     False
  Dague     False
  Seoul     True
  Busan     True
  Name: sales, dtype: bool
[Out 794]: df_sales의 item-sales(1,2열):
                     item  sales
  Dague                TV     25
  Seoul                TV     22
  Busan                TV     38
  Dague   Refrigerator    100
   Seoul  Refrigerator    150
   Busan  Refrigerator    200
```

[Out 786]은 [Out 777]의 데이터프레임 df_ndarray의 index 값을 출력하였다. [Out 787]은 데이터프레임 df_ndarray의 columns 값을 출력하였다. [Out 788]은 데이터프레임 df_ndarray의 1열의 값을 출력하였다. 이때 대괄호 안에 출력하고자 하는 열 이름을 지정한다. 혹은 "데이터프레임 이름.열 이름" 형식을 이용해도 된다. [Out 789]는 이 형식을 이용해서 df_ndarray의 2열을 출력하였다. [Out 790]은 df_sales의 1행을 출력하였다. 이 경우는 대괄호 안에 행의 위치를 지정하여야한다. [Out 791]은 df_sales의 2행부터 끝까지를 출력하였다. [Out 792]은 df_sales의 2행부터 5행까지를 출력하였다. [Out 793]에 sales>100이 만족되면 True, 그렇지 않으면 False 값을 갖는 부울 배열을 출력하였다. [Out 794]는 df_sales의 1, 2열을 출력하였다.

데이터프레임 조작(iloc(), loc(), ix())

```
print("[Out 795]: df_sales에서 Dague 지역 자료만 출력:₩n{}"
      .format(df_sales.loc['Dague']))
iris_setosa = df_iris.loc[0]
print("[Out 796]: df_iris에서 setosa만 출력:₩n{}"
      .format(iris_setosa.head()))
print("[Out 797]: df_sales에서 Seoul, Busan지역의 item와 sales만 출력:₩n{}"
      .format(df_sales.loc[['Seoul','Busan'],['item','sales']]))
idx = df_sales['sales']>100
print("[Out 798]₩n",idx)
print("[Out 799]: df_sales에서 sales가 100보다 큰 경우의 'item,sales,₩
      amount만 출력:₩n{}".format(df_sales.loc[idx,['item','sales','amount']]))
print("[Out 800]: df_sales에서 item=TV인 경우의 item과 sales만 출력:₩n{}"
      .format(df_sales.loc[df_sales['item']=='TV',['item','sales']]))
idx = df_series_dict['Gender'] == 'M'
print("[Out 801]: df_series_dict에서 남학생 성적 만 출력:₩n{}"
      .format(df_series_dict.loc[idx]))
idx = df_series_dict['English'] > df_series_dict['English'].mean()
print("[Out 802]: df_series_dict에서 영어 평균보다 높은 학생만 출력:₩n{}"
      .format(df_series_dict.loc[idx]))
```

출력결과

```
[Out 795]: df_sales에서 Dague 지역 자료만 출력:
                 item  sales  amount
  Dague            TV     25     400
  Dague  Refrigerator    100     800
[Out 796]: df_iris에서 setosa만 출력:
     sepal length (cm)  sepal width (cm)  petal length (cm)  petal width (cm)
  0                5.1               3.5                1.4               0.2
  0                4.9               3.0                1.4               0.2
  0                4.7               3.2                1.3               0.2
  0                4.6               3.1                1.5               0.2
  0                5.0               3.6                1.4               0.2
[Out 797]: df_sales에서 Seoul, Busan지역의 item sales만 출력:
                 item  sales
  Seoul            TV     22
  Seoul  Refrigerator    150
  Busan            TV     38
  Busan  Refrigerator    200
[Out 798]
  Dague    False
  Seoul    False
  Busan    False
  Dague    False
  Seoul     True
  Busan     True
  Name: sales, dtype: bool
[Out 799]: df_sales에서 sales가 100보다 큰 경우의 'item, sales, amount만 출력:
                 item  sales  amount
  Seoul  Refrigerator    150    1000
  Busan  Refrigerator    200    1800
[Out 800]: df_sales에서 item=TV인 경우의 item과 sales만 출력:
```

```
        item  sales
 Dague   TV    25
 Seoul   TV    22
 Busan   TV    38
[Out 801]: df_series_dict에서 남학생 성적 만 출력:
      Name Gender  Korean  English  Math
 1    Park    M      26      10      25
 4    Hong    M      36      20      35
 5    Cho     M      40      30      20
[Out 802]: df_series_dict에서 영어 평균보다 높은 학생만 출력:
      Name Gender  Korean  English  Math
 3    Kim     F      30      30      29
 5    Cho     M      40      30      20
 6    Cha     F      25      35      45
```

데이터프레임.loc[행, 열]을 이용하여 데이터프레임의 일부분을 선택할 수 있다. 이때 행에는 행 이름 혹은 부울 인덱스가 올 수 있다. 열에는 열 이름을 지정한다. df_sales.loc['Dague']는 데이터프레임 df_sales에서 index가 "Dague"에 해당하는 자료만 선택한다. 그 결과를 [Out 795]에 나타내었다. df_iris.loc[0]는 index가 "0"인 모든 자료를 선택해서 iris_setosa에 저장하였다. 그 결과의 일부를 [Out 796]에 출력하였다. df_sales.loc[['Seoul', 'Busan'], ['items', 'sales']]는 행 이름이 "Seoul", "Busan"이고, 열 이름이 "item", "sales"인 자료만 선택한다. 그 결과를 [Out 797]에 출력하였다. 여기서는 행과 열을 이름의 리스트로 지정하였다. df_sales['sales']>100은 df_sales에서 sales가 100보다 크면 Ture, 그렇지 않으면 False 값을 반환한다. 그 결과를 idx에 저장하고, [Out 798]에 출력하였다. df_sales.loc[idx,['item', 'sales', 'amount']]는 df_sales에서 sales값이 100보다 큰 자료의 item, sales, amount 값을 선택한다. 그 결과를 [Out 799]에 출력하였다. 여기서 idx는 [Out 798]에서 출력한 부울 인덱스이다. [Out 800]은 df_sales에서 TV에 대한 item과 sales 값을 출력하였다. [Out 801]은 df_series_dict에서 남학생에 대한 모든 과목의 점수를 출력하였다. [Out 802]는 df_series_dict에서 영어 점수가 평균 보다 높은 학생에 대한 모든 과목의 점수를 출력하였다.

데이터프레임 조작(iloc(), loc())

```
print("[Out 803]: df_sales의 1행:\n{}".format(df_sales.iloc[0]))
print("[Out 804]: df_sales의 1행의 type:\n{}".format(type(df_sales.iloc[0])))
print("[Out 805]: df_sales의 1행:\n{}".format(df_sales.iloc[[0]]))
print("[Out 806]: df_sales의 1행의 type:\n{}".format(type(df_sales.iloc[[0]])))
print("[Out 807]: df_sales의 마지막 행:\n{}".format(df_sales.iloc[-1]))
print("[Out 808]: df_sales의 1 열:\n{}".format(df_sales.iloc[:,0]))
print("[Out 809]: df_sales의 1 열의 type:\n{}".format(type(df_sales.iloc[:,0])))
print("[Out 810]: df_sales의 마지막 열:\n{}".format(df_sales.iloc[:,-1]))
print("[Out 811]: df_sales의 3,4,5행:\n{}".format(df_sales.iloc[2:5]))
```

```
print("[Out 812]: df_sales의 1,2열:₩n{}".format(df_sales.iloc[:,0:2]))
print("[Out 813]: df_sales의 1,5행, 2,3열:₩n{}".format(df_sales.iloc[[0,4],[1,2]]))
print("[Out 814]: df_sales의 2,3행, 1,2열:₩n{}".format(df_sales.iloc[1:3, 0:2]))
```

출력결과

```
[Out 803]: df_sales의 1행:
  item        TV
  sales       25
  amount     400
  Name: Dague, dtype: object
[Out 804]: df_sales의 1행의 type:
  <class 'pandas.core.series.Series'>
[Out 805]: df_sales의 1행:
          item  sales  amount
  Dague    TV     25     400
[Out 806]: df_sales의 1행의 type:
  <class 'pandas.core.frame.DataFrame'>
[Out 807]: df_sales의 마지막 행:
   item        Refrigerator
   sales         200
   amount       1800
   Name: Busan, dtype: object
[Out 808]: df_sales의 1 열:
  Dague             TV
  Seoul             TV
  Busan             TV
  Dague    Refrigerator
  Seoul    Refrigerator
  Busan    Refrigerator
  Name: item, dtype: object
[Out 809]: df_sales의 1 열의 type:
  <class 'pandas.core.series.Series'>
[Out 810]: df_sales의 마지막 열:
  Dague      400
  Seoul      350
  Busan      550
  Dague      800
  Seoul     1000
  Busan     1800
  Name: amount, dtype: int64
[Out 811]: df_sales의 3,4,5행:
                 item  sales  amount
  Busan            TV     38     550
  Dague  Refrigerator    100     800
  Seoul  Refrigerator    150    1000
[Out 812]: df_sales의 1,2열:
                 item  sales
  Dague            TV     25
  Seoul            TV     22
  Busan            TV     38
  Dague  Refrigerator    100
  Seoul  Refrigerator    150
  Busan  Refrigerator    200
```

```
[Out 813]: df_sales의 1,5행, 2,3열:
          sales  amount
 Dague     25     400
 Seoul    150    1000
[Out 814]: df_sales의 2,3행, 1,2열:
          item    sales
 Seoul     TV      22
 Busan     TV      38
```

데이터프레임.iloc[행,열]을 이용하여 데이터프레임의 일부분을 선택할 수 있다. 이때 행에는 행의 위치를 열에는 열의 위치를 지정한다. df_sales.iloc[0]은 df_sales의 1행을 선택한다. 그 결과를 [Out 803]에 출력하였다. 이것이 Dague라는 이름을 갖는 series 형태인 것을 [Out 804]에서 확인할 수 있다. df_sales.iloc[[0]]은 df_sales의 1행을 선택한다. 그 결과를 [Out 805]에 출력하였다. 이것이 데이터프레임 형태인 것을 [Out 806]에서 확인할 수 있다. df_sales.iloc[-1]은 df_sales의 마지막 행을 선택한다. 그 결과를 [Out 807]에 출력하였다. 이것은 Busan이라는 이름을 갖는 series 형태로 나타났다. df_sales.iloc[:,0]은 df_sales의 1열을 선택한다. 그 결과를 [Out 808]에 출력하였다. 이것이 item이라는 이름을 갖는 series 형태인 것을 [Out 809]에서 볼 수 있다. df_sales. iloc[:,-1]은 df_sales의 마지막 열을 선택한다. 그 결과를 [Out 810]에 출력하였다. 이것은 amount라는 이름을 갖는 series 형태로 출력되었다. df_sales.iloc[2:5]은 df_sales의 3,4,5행을 선택한다. 그 결과를 [Out 811]에 출력하였다. df_sales.iloc[:,0:2]은 df_sales의 1,2열을 선택한다. 그 결과를 [Out 812]에 출력하였다. df_sales.iloc[[0,4], [1,2]]는 df_sales의 1,5행과 2,3열을 선택한다. 그 결과를 [Out 813]에 출력하였다. df_sales.iloc [1:3, 0:2]는 df_sales의 2,3행과 1,2열을 선택한다. 그 결과를 [Out 814]에 출력하였다.

데이터프레임 조작(set_index, reset_index)

```
df_sales1 = df_sales.set_index('item')
print("[Out 815]: df_sales의 item를 index로 지정:₩n{}".format(df_sales1))
print("[Out 816]: df_sales1의 item중 TV만 출력:₩n{}"
      .format(df_sales1.loc['TV']))
df_sales2 = df_sales1.reset_index()
print("[Out 817]: item을 열로 이동:₩n{}".format(df_sales2))
df_sales3 = df_sales.set_index('item', drop=False)
print("[Out 818]: df_sales의 item를 index로 지정:₩n{}".format(df_sales3))
print("[Out 819]: df_sales:₩n{}".format(df_sales))
```

출력결과

```
[Out 815]: df_sales의 item를 index로 지정:
               sales  amount
 item
 TV              25    400
```

```
TV              22    350
TV              38    550
Refrigerator   100    800
Refrigerator   150   1000
Refrigerator   200   1800
[Out 816]: df_sales1의 item중 TV만 출력:
        sales  amount
item
 TV       25     400
 TV       22     350
 TV       38     550
[Out 817]: item을 열로 이동:
           item  sales  amount
0            TV     25     400
1            TV     22     350
2            TV     38     550
3  Refrigerator    100     800
4  Refrigerator    150    1000
5  Refrigerator    200    1800
[Out 818]: df_sales의 item를 index로 지정:
                      item  sales  amount
item
TV                      TV     25     400
TV                      TV     22     350
TV                      TV     38     550
Refrigerator  Refrigerator    100     800
Refrigerator  Refrigerator    150    1000
Refrigerator  Refrigerator    200    1800
[Out 819]: df_sales:
               item  sales  amount
Dague            TV     25     400
Seoul            TV     22     350
Busan            TV     38     550
Dague  Refrigerator    100     800
Seoul  Refrigerator    150    1000
Busan  Refrigerator    200    1800
```

---

df_sales.set_index('item')은 set.index()를 이용해서 columns item을 index로 지정하여 새로운 데이터프레임 df_sales1을 생성하였다. 그 결과를 [Out 815]에 출력하였다. reset_index()함수는 set_index()와 반대로 index를 columns로 이동시킨다. [Out 817]에서 reset_index()를 이용하여 df_sales1에서 index item을 columns로 이동해서 새로운 df_sales2를 생성하고 출력하였다. [Out 815]에서 set_index('item')를 이용하여 item을 인덱스로 지정하였을 때 item이 columns에서 삭제되는 것을 보았다. item을 columns에 그대로 남겨두려면 drop=False를 지정하면 된다. df_sales3은 drop=False를 지정해서 만든 데이터프레임이다. 그 결과는 [Out 818]에서 볼 수 있다. [Out 819]에서 df_sales는 원본 형태를 그대로 유지되는 것을 볼 수 있다.

데이터프레임 조작(데이터프레임.T)

```
print("[Out 820]: df_sales의 index와 columns을 바꿈:₩n{}".format(df_sales.T))
print("[Out 821]:₩n",df_sales.T.loc['sales'])
print("[Out 822]:₩n",df_sales.T[0:])
print("[Out 823]:₩n",df_sales.T.iloc[:,2])
```

출력결과

```
[Out 820]: df_sales의 index와 columns을 바꿈:
         Dague Seoul Busan       Dague        Seoul        Busan
 item       TV    TV    TV Refrigerator Refrigerator Refrigerator
 sales      25    22    38         100          150          200
 amount    400   350   550         800         1000         1800
[Out 821]:
 Dague      25
 Seoul      22
 Busan      38
 Dague     100
 Seoul     150
 Busan     200
 Name: sales, dtype: object
[Out 822]:
         Dague Seoul Busan       Dague        Seoul        Busan
 item       TV    TV    TV Refrigerator Refrigerator Refrigerator
 sales      25    22    38         100          150          200
 amount    400   350   550         800         1000         1800
[Out 823]:
 item       TV
 sales      38
 amount    550
 Name: Busan, dtype: object
```

데이터프레임.T를 이용해서 데이터프레임의 index와 columns를 바꾼다. [Out 820]은 df_sales의 index와 columns를 바꾸어 출력한 것이다. [Out 821]은 sales 행, [Out 822]는 모든 행, [Out 823]은 3열을 출력한 것이다.

데이터프레임 행, 열 추가

```
print("[Out 824]: df_series_dict:₩n{}".format(df_series_dict))
df_series_dict['Com'] = [23,21,25,22,19,20]
print("[Out 825]: df_series_dict에 Com열 추가:₩n{}".format(df_series_dict))
df_series_dict.loc[[3], ['Korean']] = 85
print("[Out 826]: df_series_dict의 3행-Korean열에 85 입력:₩n{}"
        .format(df_series_dict))
df_series_dict.loc[1:4,['Gender','Korean']] = [['F',26],['M',34],['F',34],['M',40]]
print("[Out 827]: df_series_dict의 1-4행,Gender,Korean열에 주어진 값을 입력:₩n{}"
        .format(df_series_dict))
df_series_dict['Grade'] = pd.DataFrame(['A','B','A','A','C','A'],index=[2,1,3,4,5,6])
print("[Out 828]: index를 지정해서 index 순서대로 열을 추가:₩n{}"
        .format(df_series_dict))
```

```
df_series_dict.loc[df_series_dict['Math']<=20, 'Grade'] = 'F'
print("[Out 829]: Math 20점 이하 인 경우 Grade를 F로 처리:₩n{}"
        .format(df_series_dict))
df_series_dict['Mean'] = (df_series_dict['Korean']+ df_series_dict['English']+
                df_series_dict['Math']+ df_series_dict['Com'])/4
print("[Out 830]:korean, English, Math, Com 의 평균:₩n{}"
        .format(df_series_dict))
df_series_dict1 = df_series_dict.reindex([1,2,3,4,5,6,7])
print("[Out 831]: index를 새로 지정:₩n{}".format(df_series_dict1))
print("[Out 832]:  7행 출력:₩n{}".format(df_series_dict1.loc[7]))
df_series_dict1.loc[7] = ['Kang','M',29,12,23,34,'A',24.5]
print("[Out 833]:  7행에 ['Kang','M',29,12,23,34,'A',24.5]  추가:₩n{}"
        .format(df_series_dict1))
```

출력결과

```
[Out 824]: df_series_dict:
    Name  Gender  Korean  English  Math
 1  Park    M       26      10      25
 2  Lee     F       11      15      10
 3  Kim     F       30      30      29
 4  Hong    M       36      20      35
 5  Cho     M       40      30      20
 6  Cha     F       25      35      45
출력결과
[Out 825]: df_series_dict에 Com열 추가:
    Name  Gender  Korean  English  Math   Com
 1  Park    M       26      10      25    23
 2  Lee     F       11      15      10    21
 3  Kim     F       30      30      29    25
 4  Hong    M       36      20      35    22
 5  Cho     M       40      30      20    19
 6  Cha     F       25      35      45    20
[Out 826]: df_series_dict의 3행-Korean열에 85 입력:
    Name  Gender  Korean  English  Math   Com
 1  Park    M       26      10      25    23
 2  Lee     F       11      15      10    21
 3  Kim     F       85      30      29    25
 4  Hong    M       36      20      35    22
 5  Cho     M       40      30      20    19
 6  Cha     F       25      35      45    20
[Out 827]: df_series_dict의 1-4행, Gender, Korean열에 주어진 값을 입력:
     Name  Gender  Korean  English  Math   Com
 1  Park   F       26      10      25     23
 2  Lee    M       34      15      10     21
 3  Kim    F       34      30      29     25
 4  Hong   M       40      20      35     22
 5  Cho    M       40      30      20     19
 6  Cha    F       25      35      45     20
[Out 828]: index를 지정해서 index 순서대로 열을 추가:
     Name  Gender  Korean  English  Math   Com  Grade
 1  Park   F       26      10      25     23     B
 2  Lee    M       34      15      10     21     A
 3  Kim    F       34      30      29     25     A
```

```
  4  Hong    M      40     20     35     22     A
  5  Cho     M      40     30     20     19     C
  6  Cha     F      25     35     45     20     A
[Out 829]: Math 20점 이하 인 경우 Grade를 F로 처리:
     Name  Gender  Korean  English  Math  Com  Grade
  1  Park    F       26      10      25    23    B
  2  Lee     M       34      15      10    21    F
  3  Kim     F       34      30      29    25    A
  4  Hong    M       40      20      35    22    A
  5  Cho     M       40      30      20    19    F
  6  Cha     F       25      35      45    20    A
[Out 830]:korean, English, Math, Com 의 평균:
     Name  Gender  Korean  English  Math  Com  Grade  Mean
  1  Park    F       26      10      25    23    B    21.00
  2  Lee     M       34      15      10    21    F    20.00
  3  Kim     F       34      30      29    25    A    29.50
  4  Hong    M       40      20      35    22    A    29.25
  5  Cho     M       40      30      20    19    F    27.25
  6  Cha     F       25      35      45    20    A    31.25
[Out 831]: reindex를 사용하여 index를 새로 지정:
     Name  Gender  Korean  English  Math  Com  Grade  Mean
  1  Park    F      26.0   10.0    25.0  23.0   B    21.00
  2  Lee     M      34.0   15.0    10.0  21.0   F    20.00
  3  Kim     F      34.0   30.0    29.0  25.0   A    29.50
  4  Hong    M      40.0   20.0    35.0  22.0   A    29.25
  5  Cho     M      40.0   30.0    20.0  19.0   F    27.25
  6  Cha     F      25.0   35.0    45.0  20.0   A    31.25
  7  NaN    NaN     NaN    NaN     NaN   NaN   NaN   NaN
[Out 832]:  7행 출력:
  Name      NaN
  Gender    NaN
  Korean    NaN
  English   NaN
  Math      NaN
  Com       NaN
  Grade     NaN
  Mean      NaN
  Name: 7, dtype: object
[Out 833]:  7행에 ['Kang','M',29,12,23,34,'A',24.5]  추가:
     Name  Gender  Korean  English  Math  Com  Grade  Mean
  1  Park    F      26.0   10.0    25.0  23.0   B    21.00
  2  Lee     M      34.0   15.0    10.0  21.0   F    20.00
  3  Kim     F      34.0   30.0    29.0  25.0   A    29.50
  4  Hong    M      40.0   20.0    35.0  22.0   A    29.25
  5  Cho     M      40.0   30.0    20.0  19.0   F    27.25
  6  Cha     F      25.0   35.0    45.0  20.0   A    31.25
  7  Kang    M      29.0   12.0    23.0  34.0   A    24.50
```

[Out 824]는 df_series_dict를 출력한 것이다. df_series_dict['Com'] = [23,21,25,22,19,20]은 df_series_dict에 새로운 열 Com을 추가하고 그 열에 23,21,25,22,19,20을

배정하였다. 그 결과를 [Out 825]에 출력하였다. df_series_dict.loc[[3], ['Korean']] =85는 3행-Korean열에 85를 할당하였다. [Out 826]에서 그 결과를 볼 수 있다. df_series_dict.loc[1:4, ['Gender', 'Korean']] = [['F',26], ['M',34], ['F',34], ['M',40]]은 1-4행, Gender, Korean열에 ['F',26], ['M',34], ['F',34], ['M',40]을 배정하였다. 그 결과를 [Out 827]에 출력하였다. df_series_dict['Grade']=pd.DataFrame(['A','B','A', 'A','C','A'], index=[2,1,3,4,5,6])은 Grade를 열에 추가하면서, 주어진 값을 지정된 index 순서대로 할당한다. [Out 828]에서 그 결과를 볼 수 있다. df_series_dict.loc [df_series_dict['Math']<=20, 'Grade']='F'는 수학 점수가 20 이하인 사람의 Grade를 모두 F로 할당한다. 그 결과를 [Out 829]에 나타내었다. df_series_dict['Mean'] = (df_series_dict['Korean'] + df_series_dict['English'] + df_series_dict['Math'] + df_series_dict['Com'])/4는 Mean을 열에 추가하면서 각 학생들의 네 과목 평균을 배당한다. [Out 830]에서 그 결과를 볼 수 있다. df_series_dict1 = df_series_dict.reindex ([1,2,3,4,5,6,7])은 주어진 새로운 index에 맞추어 새로운 데이터프레임 df_series_dict1을 생성하였다. reindex()는 새로 주어진 index에 맞도록 새로운 데이터프레임을 생성한다. 그 결과는 [Out 831]에 출력하였다. 그 결과를 보면 7행에 해당하는 자료가 없기 때문에 모두 NaN이 할당되었다. [Out 832]는 df_series_dict1의 7행을 출력하였다. df_series_dict1.loc[7] = ['Kang','M',29,12,23,34,'A',24.5]는 df_series_dict1의 7행에 Kang, M, 29, 12, 23, 34, A, 24.5를 할당하였다. 그 결과를 [Out 833]에 출력하였다.

데이터프레임 행, 열 제거

```
df_series_dict2 = df_series_dict.drop(6,axis=0)
print("[Out 834]:  df_series_dict에서 6행 제거:₩n{}".format(df_series_dict2))
print("[Out 835]:  df_series_dict:₩n{}".format(df_series_dict))
print("[Out 836]:  df_series_dict1에서 6,7 행 제거:₩n{}"
      .format(df_series_dict1.drop([6,7])))
print("[Out 837]:  df_series_dict1에서 Grade열 제거:₩n{}"
      .format(df_series_dict1.drop('Grade',axis=1)))
del df_series_dict1['Grade']
print("[Out 838]:  df_series_dict1에서 Grade 열 제거:₩n{}".format(df_series_dict1))
```

출력결과

```
[Out 834]:  df_series_dict에서 6행 제거:
    Name  Gender  Korean  English  Math  Com  Grade  Mean
 1  Park    F       26      10      25    23    B    21.00
 2  Lee     M       34      15      10    21    F    20.00
 3  Kim     F       34      30      29    25    A    29.50
 4  Hong    M       40      20      35    22    A    29.25
 5  Cho     M       40      30      20    19    F    27.25
[Out 835]:  df_series_dict:
    Name  Gender  Korean  English  Math  Com  Grade  Mean
 1  Park    F       26      10      25    23    B    21.00
 2  Lee     M       34      15      10    21    F    20.00
 3  Kim     F       34      30      29    25    A    29.50
```

```
4  Hong   M     40   20   35   22   A   29.25
5  Cho    M     40   30   20   19   F   27.25
6  Cha    F     25   35   45   20   A   31.25
[Out 836]:  df_series_dict1에서 6,7 행 제거:
    Name  Gender  Korean  English  Math  Com  Grade  Mean
1   Park   F      26.0    10.0     25.0  23.0  B     21.00
2   Lee    M      34.0    15.0     10.0  21.0  F     20.00
3   Kim    F      34.0    30.0     29.0  25.0  A     29.50
4   Hong   M      40.0    20.0     35.0  22.0  A     29.25
5   Cho    M      40.0    30.0     20.0  19.0  F     27.25
[Out 837]:  df_series_dict1에서 Grade열 제거:
    Name  Gender  Korean  English  Math  Com   Mean
1   Park   F      26.0    10.0     25.0  23.0  21.00
2   Lee    M      34.0    15.0     10.0  21.0  20.00
3   Kim    F      34.0    30.0     29.0  25.0  29.50
4   Hong   M      40.0    20.0     35.0  22.0  29.25
5   Cho    M      40.0    30.0     20.0  19.0  27.25
6   Cha    F      25.0    35.0     45.0  20.0  31.25
7   Kang   M      29.0    12.0     23.0  34.0  24.50
[Out 838]:  df_series_dict1에서 Grade 열 제거:
    Name  Gender  Korean  English  Math  Com   Mean
1   Park   F      26.0    10.0     25.0  23.0  21.00
2   Lee    M      34.0    15.0     10.0  21.0  20.00
3   Kim    F      34.0    30.0     29.0  25.0  29.50
4   Hong   M      40.0    20.0     35.0  22.0  29.25
5   Cho    M      40.0    30.0     20.0  19.0  27.25
6   Cha    F      25.0    35.0     45.0  20.0  31.25
7   Kang   M      29.0    12.0     23.0  34.0  24.50
```

drop()함수는 데이터프레임에서 지정된 행과 열을 삭제하고 새로운 데이터프레임을 생성한다. 원래 데이터프레임은 원본 그대로 유지가 된다. df_series_dict.drop(6,axis=0)은 df_series_dict에서 6행을 삭제하고 새로운 데이터프레임을 생성한다. 생성된 데이터프레임을 df_series_dict2에 저장하였다. [Out 834]에 그 결과를 출력하였다. [Out 835]에서 df_series_dict는 변화가 없는 것을 볼 수 있다. 여기서 axis=0은 행을 삭제하라는 의미다. 이것은 디폴트 이므로 생략해도 된다. df_series_dict1.drop([6,7])은 df_series_dict1에서 6, 7행을 삭제하고 새로운 데이터프레임을 만든다. [Out 836]에서 그 결과를 볼 수 있다. df_series_dict1.drop('Grade', axis=1)은 df_series_dict1에서 Grade열을 삭제하고 새로운 데이터프레임을 만든다. 여기서 axis=1은 열을 삭제 한다는 의미다. 그 결과를 [Out 837]에 출력하였다. del df_series_dict1['Grade']은 df_series_dict1에서 Grade열을 삭제한다. del()은 새로운 데이터프레임을 생성하지 않고 df_series_dict1 자체에서 Grade열을 삭제한다. 따라서 [Out 838]에서 df_sales_dict1에서 Grade열이 삭제된 것을 확인할 수 있다.

데이터프레임 복사

```
df_series_copy = df_series_dict1.copy()
print("[Out 839]:  df_series_copy:₩n{}".format(df_series_copy))
del df_series_copy['Mean']
print("[Out 840]:  df_series_copy:₩n{}".format(df_series_copy))
print("[Out 841]:  df_series_dict1:₩n{}".format(df_series_dict1))
```

출력결과

```
[Out 839]:  df_series_copy:
   Name  Gender  Korean  English  Math   Com   Mean
1  Park     F      26.0    10.0   25.0  23.0  21.00
2  Lee      M      34.0    15.0   10.0  21.0  20.00
3  Kim      F      34.0    30.0   29.0  25.0  29.50
4  Hong     M      40.0    20.0   35.0  22.0  29.25
5  Cho      M      40.0    30.0   20.0  19.0  27.25
6  Cha      F      25.0    35.0   45.0  20.0  31.25
7  Kang     M      29.0    12.0   23.0  34.0  24.50
[Out 840]:  df_series_copy:
   Name  Gender  Korean  English  Math   Com
1  Park     F      26.0    10.0   25.0  23.0
2  Lee      M      34.0    15.0   10.0  21.0
3  Kim      F      34.0    30.0   29.0  25.0
4  Hong     M      40.0    20.0   35.0  22.0
5  Cho      M      40.0    30.0   20.0  19.0
6  Cha      F      25.0    35.0   45.0  20.0
7  Kang     M      29.0    12.0   23.0  34.0
[Out 841]:  df_series_dict1:
   Name  Gender  Korean  English  Math   Com   Mean
1  Park     F      26.0    10.0   25.0  23.0  21.00
2  Lee      M      34.0    15.0   10.0  21.0  20.00
3  Kim      F      34.0    30.0   29.0  25.0  29.50
4  Hong     M      40.0    20.0   35.0  22.0  29.25
5  Cho      M      40.0    30.0   20.0  19.0  27.25
6  Cha      F      25.0    35.0   45.0  20.0  31.25
7  Kang     M      29.0    12.0   23.0  34.0  24.50
```

데이터프레임.copy()를 이용하여 df_series_dict1을 df_series_copy에 복사하였다. df_series_copy를 조작하더라도 원본은 변화가 없다. [Out 839]는 복사본 df_series_copy를 출력한 것이다. [Out 840]은 df_series_copy에서 Mean열을 삭제한 결과를 출력한 것이다. [Out 841]은 원본 자료 df_series_dict1이 변화가 없다는 것을 보여준다.

데이터프레임 연산

```
df_series_copy['Korean+10'] = df_series_copy['Korean']+10
print("[Out 842]:  df_series_copy에서 Korean+10열 추가:₩n{}"
      .format(df_series_copy))
Math1 = df_series_copy['Math']
print("[Out 843]:  Math1:₩n{}".format(Math1))
```

```
Math1 *=0.5
print("[Out 844]: Math1*0.5:₩n{}".format(Math1))
print("[Out 845]:  df_series_copy에서 Math*0.5:₩n{}".format(df_series_copy))
```

출력결과

```
[Out 842]:  df_series_copy에서 Korean+10열 추가:
     Name  Gender  Korean  English  Math   Com  Korean+10
 1   Park    F       26.0    10.0    25.0   23.0   36.0
 2   Lee     M       34.0    15.0    10.0   21.0   44.0
 3   Kim     F       34.0    30.0    29.0   25.0   44.0
 4   Hong    M       40.0    20.0    35.0   22.0   50.0
 5   Cho     M       40.0    30.0    20.0   19.0   50.0
 6   Cha     F       25.0    35.0    45.0   20.0   35.0
 7   Kang    M       29.0    12.0    23.0   34.0   39.0
[Out 843]: Math1:
 1   25.0
 2   10.0
 3   29.0
 4   35.0
 5   20.0
 6   45.0
 7   23.0
 Name: Math, dtype: float64
[Out 844]: Math1*0.5:
 1   12.5
 2    5.0
 3   14.5
 4   17.5
 5   10.0
 6   22.5
 7   11.5
 Name: Math, dtype: float64
[Out 845]:  df_series_copy에서 Math*0.5:
     Name  Gender  Korean  English  Math   Com  Korean+10
 1   Park    F       26.0    10.0    12.5   23.0   36.0
 2   Lee     M       34.0    15.0     5.0   21.0   44.0
 3   Kim     F       34.0    30.0    14.5   25.0   44.0
 4   Hong    M       40.0    20.0    17.5   22.0   50.0
 5   Cho     M       40.0    30.0    10.0   19.0   50.0
 6   Cha     F       25.0    35.0    22.5   20.0   35.0
 7   Kang    M       29.0    12.0    11.5   34.0   39.0
```

---

df_series_copy['Korean+10'] = df_series_copy['Korean']+10은 df_series_copy에서 Korean +10열을 추가하고, 그 열에 Korean 값+10을 배당한다. [Out 842]에 그 결과를 출력하였다. Math1=df_series_copy['Math']은 Math열을 Math1에 할당한다. 그 결과를 [Out 843]에 나타내었다. Math1*=0.5는 Math1=Math1*0.5와 같다. 즉 Math1*0.5 값을 Math1에 저장한다. [Out 844]에서 그 결과를 볼 수 있다. Math1*=0.5는 df_series_copy ['Math'] *= 0.5를 실행한 결과와 같은 결과를 가진다. 그리고 [Out 845]에서 그 결과를 확인할 수 있다.

데이터프레임 연산(기술통계 계산)

```
score = {'Name':['Park','Lee','Kim','Hong','Cho','Cha'],
         'Gender':['M','F','F','M','M','F'],
         'Korean':[26,11,30,36,40,25],
         'English':[10,15,30,20,30,35],
         'Math':[25,10,29,35,20,45]}
df_score = pd.DataFrame(score,columns=['Name','Gender','Korean','English'])
print("[Out 846]: df_score:₩n{}".format(df_score))
df_score1 = df_score.reindex([0,1,2,3,4,5,6])
print("[Out 847]: index를 새로 지정:₩n{}".format(df_score1))
```

출력결과

```
[Out 846]: df_score:
   Name  Gender  Korean  English
0  Park    M       26      10
1  Lee     F       11      15
2  Kim     F       30      30
3  Hong    M       36      20
4  Cho     M       40      30
5  Cha     F       25      35
[Out 847]: index를 새로 지정- df_score1을 생성:
   Name  Gender  Korean  English
0  Park    M      26.0    10.0
1  Lee     F      11.0    15.0
2  Kim     F      30.0    30.0
3  Hong    M      36.0    20.0
4  Cho     M      40.0    30.0
5  Cha     F      25.0    35.0
6  NaN    NaN     NaN     NaN
```

[Out 846]은 df_score를 출력한 것이다. reindex()로 새로운 데이터프레임 df_score1을 만들고 [Out 847]에 출력하였다.

데이터프레임 연산(기술통계 계산)

```
df_score_sum = df_score.sum()
print("[Out 848]: df_score의 각 열의 합:₩n{}".format(df_score_sum))
print("[Out 849]: df_score1의 각 열의 합:₩n{}".format(df_score1.sum()))
print("[Out 850]: df_score1의 각 열의 합(NaN 포함):₩n{}"
      .format(df_score1.sum(skipna=False)))
print("[Out 851]: df_score의 Korean과 English의 합:₩n{}"
      .format(df_score[['Korean','English']].sum(axis=0)))
print("[Out 852]: df_score의 각 행의 합:₩n{}".format(df_score.sum(axis=1)))
```

출력결과

```
[Out 848]: df_score의 각 열의 합:
  Name       ParkLeeKimHongChoCha
  Gender          MFFMMF
  Korean                        168
```

```
  English                      140
  dtype: object
[Out 849]: df_score1의 각 열의 합:
  Korean      168.0
  English     140.0
  dtype: float64
[Out 850]: df_score1의 각 열의 합(NaN 포함):
  Korean     NaN
  English    NaN
  dtype: float64
[Out 851]: df_score의 Korean과 English의 합:
  Korean      168
  English     140
  dtype: int64
[Out 852]: df_score의 각 행의 합:
  0    36
  1    26
  2    60
  3    56
  4    70
  5    60
  dtype: int64
```

df_score_sum = df_score.sum()은 df_score의 각 열에 대한 합을 구하고, 그 결과를 df_score_sum에 할당하였다. [Out 848]은 그 결과를 출력한 것이다. 여기서 문자 자료는 자료 값을 그대로 출력한 것을 볼 수 있다. [Out 849]에 df_score1.sum()으로 df_score1의 각 열에 대한 합을 구하고 그 결과를 출력하였다. 여기서 df_score1의 마지막 행에는 결측치(NaN)이 포함되어 있다. 디폴트로 skipna=True로 지정하여 NaN은 무시하고 각 열에 대한 합을 구하였다. 따라서 결과가 [Out 848]의 경우와 동일하다. [Out 850]에 skipna=False로 지정하여 df_sales1의 각 열에 대한 합을 구하고 출력하였다. 그러나 결측치를 무시하지 않기(skipn=False) 때문에 합을 구하지 못해서 결과가 NaN으로 출력되었다. [Out 851]에 df_score[['Korean','English']].sum(axis=0)으로 df_score의 Korean과 English에 대해서만 합을 구하고 출력하였다. Name, Gender는 문자열 자료이기 때문에 합이 의미가 없다. 따라서 숫자형 자료 Korean과 English에 대해서만 합을 계산하였다. [Out 852]에 df_score.sum(axis=1)를 이용하여 df_score의 각 행에 대한 합을 구하고 출력하였다. 여기서 axis=1은 행에 대한 연산을 하라는 의미이다.

데이터프레임 연산(기술통계 계산)

```
print("[Out 853]: df_score1의 각 열의 자료의 개수(결측치 제외):₩n{}"
      .format(df_score1.count()))
print("[Out 854]: df_score의 각 열의 평균:₩n{}".format(df_score.mean()))
print("[Out 855]: df_score의 각 열의 백분위수:₩n{}"
      .format(df_score.quantile([0.1,0.25,0.5,0.75])))
```

```
print("[Out 856]: df_score의 각 열의 중앙값:₩n{}".format(df_score.median()))
print("[Out 857]: df_score의 각 열의 편차의 절댓값 평균:₩n{}"
        .format(df_score.mad()))
```

출력결과

```
[Out 853]: df_score1의 각 열의 자료의 개수(결측치 제외):
  Name       6
  Gender     6
  Korean     6
  English    6
  dtype: int64
[Out 854]: df_score의 각 열의 평균:
  Korean     28.000000
  English    23.333333
  dtype: float64
[Out 855]: df_score의 각 열의 백분위수:
         Korean  English
  0.10   18.00   12.50
  0.25   25.25   16.25
  0.50   28.00   25.00
  0.75   34.50   30.00
[Out 856]: df_score의 각 열의 중앙값:
  Korean     28.0
  English    25.0
  dtype: float64
[Out 857]: df_score의 각 열의 편차의 절댓값 평균:
  Korean     7.333333
  English    8.333333
  dtype: float64
```

[Out 853]은 df_score1.count()를 이용하여 각 열의 관측수를 구하고 출력하였다. 이때 NaN은 제외시킨다. df_score1는 각 열의 관측수가 7이다. 그러나 그 중에 NaN가 1개 포함되어 있다. 따라서 결과가 6으로 출력되었다. [Out 854]는 df_score.mean()을 이용하여 각 열의 평균을 구하고 출력하였다. [Out 855]는 df_score.quantile([0.1, 0.25,0.5,0.75])를 이용하여 각 열의 제10, 제25, 제50, 제75백분위수를 구하고 출력하였다. 제p백분위수란 자료 값 중 p%가 제p백분위수보다 작거나 같고, (100-p)%가 제p백분위 수 보다 크거나 같게 하는 위치에 있는 값이다. [Out 856]은 df_score.median()을 이용하여 각 열의 중앙값을 구하고 출력하였다. 중앙값은 제50백분위수와 같다. [Out 857]은 df_score.mad()을 이용하여 각 열에 대한 편차의 절댓값의 평균을 구하고 출력하였다.

데이터프레임 연산(기술통계 계산)

```
print("[Out 858]: df_score의 각 열의 분산:₩n{}".format(df_score.var()))
print("[Out 859]: df_score의 각 열의 표준편차:₩n{}".format(df_score.std()))
print("[Out 860]: df_score의 각 열의 왜도:₩n{}".format(df_score.skew()))
```

```
print("[Out 861]: df_score의 각 열의 첨도:₩n{}".format(df_score.kurt()))
print("[Out 862]: df_score의 Korean의 변화율:₩n{}"
        .format(df_score['Korean'].pct_change()))
print("[Out 863]: df_score의 각 열의 최솟값:₩n{}"
        .format(df_score[['Korean','English']].min()))
print("[Out 864]: df_score의 각 열의 최솟값이 있는 인덱스의 값 위치:₩n{}"
        .format(df_score['Korean'].idxmin()))
print("[Out 865]: df_score의 각열의 누적합:₩n{}"
        .format(df_score[['Korean','English']].cumsum()))
```

출력결과

```
[Out 858]: df_score의 각 열의 분산:
  Korean     102.800000
  English     96.666667
  dtype: float64
[Out 859]: df_score의 각 열의 표준편차:
  Korean     10.139033
  English     9.831921
  dtype: float64
[Out 860]: df_score의 각 열의 왜도:
  Korean    -0.777133
  English   -0.254274
  dtype: float64
[Out 861]: df_score의 각 열의 첨도:
  Korean     0.934647
  English   -1.828181
  dtype: float64
[Out 862]: df_score의 Korean의 변화율:
  0         NaN
  1   -0.576923
  2    1.727273
  3    0.200000
  4    0.111111
  5   -0.375000
  Name: Korean, dtype: float64
[Out 863]: df_score의 각 열의 최솟값:
  Korean     11
  English    10
  dtype: int64
[Out 864]: df_score의 각열의 최솟값이 있는 인덱스의 값 위치: 1
[Out 865]: df_score의 각열의 누적합:
     Korean  English
  0     26      10
  1     37      25
  2     67      55
  3    103      75
  4    143     105
  5    168     140
```

[Out 858]은 df_score.var()을 이용하여 각 열의 분산을 구하고 출력하였다. [Out 859]는 df_score.std()이용하여 각 열의 표준편차를 구하고 출력하였다. [Out 860]은

df_score.skew()를 이용하여 각 열의 왜도를 구하고 출력하였다. 왜도(skewness)는 자료의 분포 형태를 나타내는 측도이다. 이 값이 0이면 대칭, 음이면 왼쪽으로 꼬리가 긴, 양이면 오른쪽으로 꼬리가 긴 형태의 분포를 가진다. [Out 861]은 df_score.kurt()를 이용하여 각 열의 첨도를 구하고 출력하였다. 첨도(kurtosis)는 자료의 뾰족도를 나타내는 측도이다. 이 값이 음이면 종모양(정규)분포에 비해서 짧은 꼬리를 갖고, 양이면 종모양 분포에 비해서 긴 꼬리를 갖는 분포의 형태를 나타낸다. [Out 862]는 df_score['Korean'].pct_change()를 이용하여 Korean의 상대적 변화율을 구하고 출력하였다. 예를 들어 (11-26)/26=-0.5769이다. [Out 863]은 df_score[['Korean', 'English']].min()을 이용하여 Korean과 English의 최솟값을 구하고 출력하였다. [Out 864]는 df_score[['Korean']].idxmin()을 이용하여 Korean의 최솟값이 속하는 인덱스의 이름을 찾고 출력하였다. Korean의 최소값은 index 1에 있다. [Out 865]는 df_score[['Korean', 'English']].cumsum()을 이용하여 Korean과 Ehglish의 누적합을 구하고 출력하였다.

데이터프레임 연산(요약 통계 계산)

```
print("[Out 866]: df_score의 각열의 요약 통계:₩n{}".format(df_score.describe()))
```

출력결과

```
[Out 866]: df_score의 각열의 요약 통계:
          Korean     English
count   6.000000    6.000000
mean   28.000000   23.333333
std    10.139033    9.831921
min    11.000000   10.000000
25%    25.250000   16.250000
50%    28.000000   25.000000
75%    34.500000   30.000000
max    40.000000   35.000000
```

[Out 866]은 df_score.describe()은 df_score의 각 열에 대한 요약 통계량을 구하고 출력하였다. 관측 개수, 평균, 표준편차, 최솟값, 제1사분위수(제25백분위수), 중앙값, 제3사분위수(제75백분위수), 최댓값이 출력된다.

데이터프레임 연산(공분산 행렬)

```
import sklearn.datasets as skda
iris = skda.load_iris()
df_iris = pd.DataFrame(iris['data'], columns=iris.feature_names, index=iris.target)
print("[Out 867]:iris:₩n{}".format(df_iris.head(3)))
print("[Out 868]:iris:₩n{}".format(df_iris.cov()))
```

출력결과

```
[Out 867]:iris:
   sepal length (cm)  sepal width (cm)  petal length (cm)  petal width (cm)
0                5.1               3.5                1.4               0.2
0                4.9               3.0                1.4               0.2
0                4.7               3.2                1.3               0.2
[Out 868]: 공분산 행렬:
                   sepal length (cm)  sepal width (cm)  petal length (cm)  ₩
sepal length (cm)           0.685694         -0.039268           1.273682
sepal width (cm)           -0.039268          0.188004          -0.321713
petal length (cm)           1.273682         -0.321713           3.113179
petal width (cm)            0.516904         -0.117981           1.296387
                  petal width (cm)
sepal length (cm)          0.516904
sepal width (cm)          -0.117981
petal length (cm)          1.296387
petal width (cm)           0.582414
```

[Out 868]은 df_iris.cov()를 이용하여 sepal length, sepal width, petal length, petal width사이의 공분산 행렬을 구하고 출력하였다. 변수 X_1, X_2, X_3, X_4 에 대한 공분산 행렬은 다음과 같이 정의된다.

공분산 행렬 변수 X_1, X_2, X_3, X_4 에 대한 공분산 행렬:

$$\begin{pmatrix} var(X_1) & cov(X_1,X_2) & cov(X_1,X_3) & cov(X_1,X_4) \\ & Var(X_2) & cov(X_2,X_3) & cov(X_2,X_4) \\ & & Var(X_3) & cov(X_3,X_4) \\ & & & Var(X_4) \end{pmatrix}$$

데이터프레임 연산(상관계수 행렬)

```
print("[Out 869]: 상관계수 행렬iris:₩n{}".format(df_iris.corr()))
```

출력결과

```
[Out 869]: 상관계수 행렬iris:
                   sepal length (cm)  sepal width (cm)  petal length (cm)  ₩
sepal length (cm)           1.000000         -0.109369           0.871754
sepal width (cm)           -0.109369          1.000000          -0.420516
petal length (cm)           0.871754         -0.420516           1.000000
petal width (cm)            0.817954         -0.356544           0.962757
                  petal width (cm)
sepal length (cm)          0.817954
sepal width (cm)          -0.356544
petal length (cm)          0.962757
petal width (cm)           1.000000
```

[Out 869]은 df_iris.corr()을 이용하여 sepal length, sepal width, petal length, petal width사이의 상관계수를 구하고 출력하였다. 변수 X_1, X_2, X_3, X_4 에 대한 상관계수 행렬은 다음과 같이 정의된다.

상관계수 행렬 변수 X_1, X_2, X_3, X_4 에 대한 상관계수 행렬:

$$\begin{pmatrix} 1 & corr(X_1,X_2) & corr(X_1,X_3) & corr(X_1,X_4) \\ & 1 & corr(X_2,X_3) & corr(X_2,X_4) \\ & & 1 & corr(X_3,X_4) \\ & & & 1 \end{pmatrix}$$

위에서 사용한 함수들을 정리해보자.

함수	내용	예	결과
sum	행 혹은 열 합	df.sum(axis=, skipna=)	[Out 850] [Out 852]
count	관측수	df.count(axis=)	[Out 853]
mean	행 혹은 열 평균	df.mean(axis=, skipna=)	[Out 854]
quantile	백분위수	df.quantile(axis=, skipna=)	[Out 855]
median	중앙값	df.median(axis=, skipna=)	[Out 856]
mad	편차 절댓값의 평균	df.mad(axis=,skipna=)	[Out 857]
var	분산	df.var(axis=,skipna=)	[Out 858]
std	표준편차	df.std(axis=,skipna=)	[Out 859]
skew	왜도	df.skew(axis=,skipna=)	[Out 860]
kurt	첨도	df.kurt(axis=,skipna=)	[Out 861]
pct_change	상대적 변화율	df.pct_change(axis=,skipna=)	[Out 862]
min	최솟값	df.min(axis=,skipna=)	[Out 863]
idxmin	최솟값이 속한 인덱스 값	df.idxmin(axis=,skipna=)	[Out 864]
cumsum	누적합	df.cumsum(axis=,skipna=)	[Out 865]
describe	요약 통계	df.describe()	[Out 866]
cov	공분산 행렬	df.cov()	[Out 868]
corr	상관계수 행렬	df.corr()	[Out 869]

그룹별 연산(groupby)

```
list_dict = [{'item':'TV',
           'sales':25,
           'amount':400},
           {'item':'TV',
           'sales':22,
           'amount':350},
           {'item':'TV',
           'sales':38,
```

```
            'amount':550},
            {'item':'Refrigerator',
            'sales':100,
            'amount':800},
            {'item':'Refrigerator',
            'sales':150,
            'amount':1000},
            {'item':'Refrigerator',
            'sales':200,
            'amount':1800}]
df_split = pd.DataFrame(list_dict,columns=['item','sales','amount'])
df_split['region'] = ['Dague','Seoul','Busan','Dague','Seoul','Busan']
print("[Out 870]: df_split:₩n{}".format(df_split))
```

출력결과

```
[Out 870]: df_split:
           item  sales  amount region
0            TV     25     400  Dague
1            TV     22     350  Seoul
2            TV     38     550  Busan
3  Refrigerator    100     800  Dague
4  Refrigerator    150    1000  Seoul
5  Refrigerator    200    1800  Busan
```

데이터프레임 df_split를 만들고 region열 추가하고 그 결과를 [Out 870]에 출력하였다.

그룹별 연산(groupby)

```
splitting = df_split.groupby('item')
print("[Out 871]: df_split를 item을 기준으로 split :₩n{}".format(splitting))
print("[Out 872]: splitting을 view:₩n{}".format(splitting.groups))
```

출력결과

```
[Out 871]: df_split를 item을 기준으로 split :
  <pandas.core.groupby.DataFrameGroupBy object at 0x0BA2CBD0>
[Out 872]: splitting을 view:
  {'Refrigerator': Int64Index([3, 4, 5], dtype='int64'), 'TV': Int64Index([0, 1, 2], dtype='int64')}
```

데이터프레임.groupby(키, axis=)함수로 하나 이상의 키를 이용해서 데이터프레임을 여러 개의 그룹으로 분리할 수 있다. 이때 키는 데이터프레임의 열 이름, 함수, 열 등이 될 수 있다. axis=0은 디폴트이고, axis=1로도 그룹을 만들 수도 있다. splitting은 df_split를 item을 기준으로 분리한 결과이다. 그 결과를 [Out 871]에 출력하였다. 결과는 GroupBy 객체 splitting이 저장된 주소를 나타내고 있다. 객체에는 많은 정보가 포함되어 있다. splitting.groups로 splitting의 속성을 살펴보았다. 그 결과를 [Out

872]에 나타내었다. 여기서 splitting은 딕셔너리 구조인 것을 볼 수 있다. 키는 각 그룹의 이름이고, 키에 대응되는 값은 각 그룹에 속하는 자료의 속성 값이다. 결과에서 df_split가 Refrigerator와 TV 두 그룹으로 분리되었고, 그룹 이름이 딕셔너리의 키인 것을 볼 수 있다. 키에 대응되는 값은 각 그룹에 속하는 자료의 유형과 각각의 index 값을 나타낸다. 자료의 유형은 int64이고, 각각의 index 값은 Int64Index[3, 4, 5]), Int64index ([0, 1, 2])인 것을 알 수 있다. 여기서 Int64Index는 정수 값을 위한 index이다. pandas에는 몇 가지 특수한 경우를 위한 특수한 index 객체가 있다. 이러한 정보들은 그룹별 연산에 이용 된다.

그룹별 연산(groupby)

```
list_splitting = list(splitting)
print("[Out 873]: splitting을 list 구조로 출력:₩n{}".format(list_splitting))
print("[Out 874]: list_splitting의 첫 번째 항목 출력:₩n{}".format(list_splitting[0]))
dict_splitting = dict(list_splitting)
print("[Out 875]: splitting를 dict 구조로 출력:₩n{}".format(dict_splitting))
print("[Out 876]: dict_splittiing에서 TV를 출력:₩n{}".format(dict_splitting['TV']))
print("[Out 877]: dict_splitting에서 TV를 출력:₩n{}".format(splitting.get_group('TV')))
```

출력결과

```
[Out 873]: splitting을 list 구조로 출력:
 [('Refrigerator',    item     sales amount   region
 3          Refrigerator    100    800     Dague
 4          Refrigerator    150   1000     Seoul
 5          Refrigerator    200   1800     Busan), ('TV',    item   sales   amount region
 0                    TV     25    400     Dague
 1                    TV     22    350     Seoul
 2                    TV     38    550    Busan)]
 [Out 874]: list_splitting의 첫 번째 자료 출력:
  ('Refrigerator',    item     sales amount   region
  3         Refrigerator    100    800     Dague
  4         Refrigerator    150   1000     Seoul
  5         Refrigerator    200   1800    Busan)
 [Out 875]: splittiing를 dict 구조로 출력:
  {'Refrigerator':    item     sales amount   region
  3         Refrigerator    100    800     Dague
  4         Refrigerator    150   1000     Seoul
  5         Refrigerator    200   1800     Busan, 'TV':    item   sales   amount region
  0                   TV     25    400     Dague
  1                   TV     22    350     Seoul
  2                   TV     38    550    Busan}
 [Out 876]: dict_splitting에서 TV를 출력:
      item  sales    amount  region
  0   TV    25        400   Dague
  1   TV    22        350    Seoul
  2   TV    38        550   Busan
 [Out 877]: splitting에서 TV를 출력:
      item  sales    amount  region
  0   TV    25        400   Dague
```

```
1   TV   22       350   Seoul
2   TV   38       550   Busan
```

분리된 자료 중 일부를 이용하기 위해서 splitting을 리스트와 딕셔너리 구조로 변경하였다. 그 결과를 [Out 873]과 [Out 875]에 출력하였다. [Out 874]에 list_splitting의 첫 번째 항목 Refrigerator를 선택하고 출력하였다. [Out 876]에 dict_splitting에서 키-TV를 선택하고 출력하였다. get_group()을 사용하면 [Out 876]과 같은 결과를 얻을 수 있다. [Out 877]에 splitting.get_group('TV')를 이용하여 splitting 중에서 TV만 선택을 하고 출력하였다.

그룹별 연산(groupby)

```
splitting1 = df_split.groupby(['item', 'region'])
print("[Out 878]: splitting1을 view:₩n{}".format(splitting1.groups))
print("[Out 879]: splitting1을 딕셔너리 구조로 출력:₩n{}".format(dict(list(splitting1))))
```

출력결과

```
[Out 878]: splitting1을 view:
{('Refrigerator', 'Busan'): Int64Index([5], dtype='int64'),
 ('Refrigerator', 'Dague'): Int64Index([3], dtype='int64'),
 ('Refrigerator', 'Seoul'): Int64Index([4],  dtype='int64'),
 ('TV', 'Busan'): Int64Index([2], dtype='int64'),
 ('TV', 'Dague'): Int64Index([0], dtype='int64'),
 ('TV', 'Seoul'): Int64Index([1], dtype='int64')}
[Out 879]: splitting1을 딕셔너리 구조로 출력:
{('Refrigerator', 'Busan'):          item  sales  amount  region
  5              Refrigerator   200    1800   Busan,
 ('Refrigerator', 'Dague'):          item  sales  amount  region
  3              Refrigerator   100     800   Dague,
 ('Refrigerator', 'Seoul'):          item  sales  amount  region
  4              Refrigerator   150    1000   Seoul,
 ('TV', 'Busan'):                    item  sales  amount  region
  2                        TV    38     550   Busan,
 ('TV', 'Dague'):                    item  sales  amount  region
  0                        TV    25     400   Dague,
 ('TV', 'Seoul'):                    item  sales  amount  region
  1                        TV    22     350   Seoul}
```

splitting1에 두 개의 키 item과 region을 기준으로 df_split을 분리하여 그 결과를 저장하였다. [Out 878]에 splitting1의 속성을 출력하였다. [Out 879]에 splitting1을 딕셔너리 구조로 변경하고, 출력하였다.

그룹별 연산(groupby)

```
import numpy.random as npran
npran.seed(4657)
arr_2dim_1 = npran.randint(1,24,size=(4,4))
df_ndarray_1 = pd.DataFrame(arr_2dim_1, index=[0,0,1,1],columns=['c1','c2','c3','c4'])
df_ndarray_1['c5'] = ['F','M','F','M']
print("[Out 880]: df_ndarray_1:₩n{}".format(df_ndarray_1))
```

출력결과

```
[Out 880]: df_ndarray_1:
   c1  c2  c3  c4  c5
0   9   6  23  20   F
0   5   4   5  11   M
1  12  15   3  14   F
1  22  13  10  17   M
```

크기가 4×4인 ndarray, arr_2dm_1을 이용하여 데이터프레임 df_ndarray_1을 생성하고, 새로운 열 c5를 첨가하였다. 그리고 그 결과를 [Out 880]에 출력하였다.

그룹별 연산(groupby)

```
df_index = df_ndarray_1.index
print("[Out 881]: df_ndarray_1의 index:₩n{}".format(df_index))
df_columns = df_ndarray_1.columns
print("[Out 882]: df_ndarray_1의 columns:₩n{}".format(df_columns))
df_dtypes = df_ndarray_1.dtypes
print("[Out 883]: df_ndarray_1의 dtype:₩n{}".format(df_dtypes))
```

출력결과

```
[Out 881]: df_ndarray_1의 index:
  Int64Index([0, 0, 1, 1], dtype='int64')
[Out 882]: df_ndarray_1의 columns:
  Index(['c1', 'c2', 'c3', 'c4', 'c5'], dtype='object')
[Out 883]: df_ndarray_1의 dtype:
  c1      int32
  c2      int32
  c3      int32
  c4      int32
  c5     object
  dtype: object
```

df_index에 df_ndarray_1의 index 값을 저장하였다. 그 결과는 [Out 881]에 출력하였다. df_columns에 df_ndarray_1의 columns 값을 저장하였다. 그 결과는 [Out 882]에 출력하였다. df_dtypes에 df_ndarray_1의 자료의 유형을 저장하였다. 그 결과는 [Out 883]에 출력하였다.

그룹별 연산(groupby)

```
print("[Out 884]: df_ndarray_1의 index에 따라 분리:₩n{}"
      .format(dict(list(df_ndarray_1.groupby(df_index,axis=0)))))
```

출력결과

```
[Out 884]: df_ndarray_1의 index에 따라 분리:
 {0:     c1  c2  c3  c4  c5
    0   9   6  23  20   F
    0   5   4   5  11   M,
  1:     c1  c2  c3  c4  c5
    1  12  15   3  14   F
    1  22  13  10  17   M}
```

[Out 884]에 index를 기준으로 df_ndarray_1을 axis=0에 대해 분리하고, 출력하였다.

그룹별 연산(groupby)

```
print("[Out 885]: df_ndarray_1의 columns에 따라 분리:₩n{}"
      .format(dict(list(df_ndarray_1.groupby(df_columns,axis=1)))))
```

출력결과

```
[Out 885]: df_ndarray_1의 columns에 따라 분리:
 {'c1':     c1
    0     9
    0     5
    1    12
    1    22,
  'c2':     c2
    0     6
    0     4
    1    15
    1    13,
  'c3':     c3
    0    23
    0     5
    1     3
    1    10,
  'c4':     c4
    0    20
    0    11
    1    14
    1    17,
  'c5':     c5
    0     F
    0     M
    1     F
    1     M}
```

[Out 885]에 columns를 기준으로 df_ndarray_1을 axis=1에 대해 분리하고, 출력하였다.

그룹별 연산(groupby)

```
print("[Out 886]: df_ndarray_1의 자료의 유형에 따라 분리:₩n{}"
      .format(dict(list(df_ndarray_1.groupby(df_dtypes,axis=1)))))
```

출력결과

```
[Out 886]: df_ndarray_1의 자료의 유형에 따라 분리:
 {dtype('int32'):      c1  c2  c3  c4
     0                 9   6  23  20
     0                 5   4   5  11
     1                12  15   3  14
     1                22  13  10  17,
  dtype('O'):         c5
     0                 F
     0                 M
     1                 F
     1                 M}
```

[Out 886]에 dtypes를 기준으로 df_ndarray_1을 axis=1에 대해 분리하고, 출력하였다.

그룹별 연산(groupby)

```
splitting_sales = df_split[['sales']].groupby(df_split['item'])
print("[Out 887]: df_split의 sales를 item을 기준으로 분리:₩n{}"
      .format(dict(list(splitting_sales))))
print("[Out 888]: df_split의 sales를 item을 기준으로 분리:₩n{}"
      .format(type(splitting_sales)))
splitting_sales_1 = df_split['sales'].groupby(df_split['item'])
print("[Out 889]: df_split의 sales를 item을 기준으로 분리:₩n{}"
      .format(dict(list(splitting_sales_1))))
print("[Out 890]: df_split의 sales를 item을 기준으로 분리:₩n{}"
      .format(type(splitting_sales_1)))
```

출력결과

```
[Out 887]: df_split의 sales를 item을 기준으로 분리:
 {'Refrigerator':    sales
     3               100
     4               150
     5               200,
  'TV':              sales
     0                25
     1                22
     2                38}
[Out 888]: df_split의 sales를 item을 기준으로 분리:
 <class 'pandas.core.groupby.DataFrameGroupBy'>
[Out 889]: df_split의 sales를 item을 기준으로 분리:
 {'Refrigerator':
       3    100
```

```
            4      150
            5      200
            Name: sales, dtype: int64,
    'TV':
            0      25
            1      22
            2      38
            Name: sales, dtype: int64}
[Out 890]: df_split의 sales를 item을 기준으로 분리:
  <class 'pandas.core.groupby.SeriesGroupBy'>
```

splitting_sales에 [Out 870]에 있는 df_split의 sales열을 item을 기준으로 분리하고 그 결과를 저장하였다. [Out 887]에 splitting_sales를 딕셔너리 구조로 변경하고, 출력하였다. [Out 888]에서 인덱스를 리스트(예: ['sales'])로 지정하면 DataFrame 형태로 분리된다는 것을 확인할 수 있다. splitting_sales_1에 df_split의 sales열을 item을 기준으로 분리하고 그 결과를 저장하였다. [Out 889]에 splitting_sales_1을 딕셔너리 구조로 변경하고, 출력하였다. [Out 890]에서 인덱스를 열 이름(예: 'sales')으로 지정하면 Series 형태로 분리된다는 것을 확인할 수 있다. 이처럼 지정되는 인덱스의 형태에 따라 객체의 형태가 달라지는 것을 확인할 수 있다.

for 루프

```
splitting = df_split.groupby('item')
print("[Out 891]: splitting의 속성:₩n{}".format(splitting.groups))
print("[Out 892]: item에 따라 분리:")
for item, split in splitting:
    print(item)
    print(split)
splitting_sales_amount = df_split[['sales','amount']].groupby(df_split['item'])
print("[Out 893]: splitting_sales_amount의 속성:₩n{}"
        .format(splitting_sales_amount.groups))
print("[Out 894]: sales와 amount를 item에 따라 분리:")
for item, split in splitting_sales_amount:
    print(item)
    print(split)
```

출력결과

```
[Out 891]: splitting의 속성:
 {'Refrigerator': Int64Index([3, 4, 5], dtype='int64'),
  'TV': Int64Index([0, 1, 2], dtype='int64')}
[Out 892]: item에 따라 분리:
Refrigerator
                    item   sales   amount   region
    3        Refrigerator   100      800    Dague
    4        Refrigerator   150     1000    Seoul
    5        Refrigerator   200     1800    Busan
TV
```

```
            item  sales  amount  region
  0           TV     25     400   Dague
  1           TV     22     350   Seoul
  2           TV     38     550   Busan
[Out 893]: splitting_sales_amount의 속성:
 {'Refrigerator': Int64Index([3, 4, 5], dtype='int64'),
  'TV':  Int64Index([0, 1, 2], dtype='int64')}
[Out 894]: sales와 amount를 item에 따라 분리:
Refrigerator
     sales  amount
  3    100     800
  4    150    1000
  5    200    1800
TV
     sales  amount
  0     25     400
  1     22     350
  2     38     550
```

[Out 891]에 splitting의 속성을 출력하였다. 결과를 살펴보면 딕셔너리 구조를 띠고 있는 것을 볼 수 있다. for 루프를 이용하여 각 속성에 접근할 수 있다. for item, split in splitting:에서 item는 키, split는 키에 대응되는 자료 값을 반환한다. 여기서 키는 그룹 이름이다. 결과 [Out 892]를 보면 첫 번째 루프에서 이름 Refrigerator와 그에 대응되는 자료 값 즉 인덱스 3, 4, 5에 위치하는 모든 열을 출력하고, 두 번째 루프에서 이름 TV와 그에 대응되는 자료 값 즉 인덱스 0, 1, 2에 위치하는 모든 열을 출력한 것을 볼 수 있다. [Out 893]에 splitting_sales_amount의 속성을 출력하였다. for 루프를 이용하여 각 속성에 접근할 수 있다. 결과 [Out 894]를 살펴보면 인덱스로 sales와 amount를 지정하였기 때문에 sales와 amount에 해당하는 자료만 출력된 것을 볼 수 있다.

그룹별 연산(sum(), mean())

```
print("[Out 895]:item별 각 변수의 합:\n {} ".format(splitting.sum()))
print("[Out 896]:item별 각 변수의 평균:\n {} "
      .format(splitting_sales_amount.mean()))
```

출력결과

```
[Out 895]:item별 각 변수의 합:
              sales  amount
item
Refrigerator    450    3600
TV               85    1300
[Out 896]:item별 각 변수의 평균:
                 sales       amount
item
Refrigerator  150.000000  1200.000000
```

```
TV          28.333333     433.333333
```

[Out 895]에 각 item별 sales와 amount의 합을 구하고 출력하였다. Refrigerator의 총판매액은 450, 총판매량은 3600이고, TV의 총판매액은 85, 총판매량은 1300이다. [Out 896]에 각 item별 sales와 amount의 평균을 구하고 출력하였다. Refrigerator의 판매액의 평균은 150, 판매량의 평균 1200이고, TV의 판매액의 평균은 28.3, 판매량의 평균은 433.3이다.

그룹별 연산(그룹.함수())

```
df_iris1 = pd.DataFrame(iris['data'], columns=iris.feature_names)
print("[Out 897]: df_iris1:\n{}".format(df_iris1.head(3)))
df_iris1['species'] = iris.target
df_iris1_rename = df_iris1.rename(columns={'sepal length (cm)':'SLen',
                                           'sepal width (cm)':'SWth',
                                           'petal length (cm)':'PLen',
                                           'petal width (cm)':'PWth'})
print("[Out 898]: df_iris1_rename:\n{}".format(df_iris1_rename.head(3)))
df_iris1_rename_groupby = df_iris1_rename.groupby(['species'])
print("[Out 899]: iris의 종류별 각 속성의 평균:\n {}"
      .format(df_iris1_rename_groupby.mean()))
print("[Out 900]: iris의 종류별 꽃 잎의 길이에 대한 평균:\n {}"
      .format(df_iris1_rename_groupby.SLen.mean()))
print("[Out 901]: iris의 종류별  꽃잎의 너비에 대한 평균:\n {}".
      format(df_iris1_rename_groupby[['SWth']].mean()))
```

출력결과

```
[Out 897]: df_iris1:
   sepal length (cm)  sepal width (cm)  petal length (cm)  petal width (cm)
0                5.1               3.5                1.4               0.2
1                4.9               3.0                1.4               0.2
2                4.7               3.2                1.3               0.2
[Out 898]: df_iris1_rename:
   SLen  SWth  PLen  PWth   species
0   5.1   3.5   1.4   0.2         0
1   4.9   3.0   1.4   0.2         0
2   4.7   3.2   1.3   0.2         0
[Out 899]: iris의 종류별 각 속성의 평균:
          SLen   SWth   PLen   PWth
species
0        5.006  3.418  1.464  0.244
1        5.936  2.770  4.260  1.326
2        6.588  2.974  5.552  2.026
[Out 900]: iris의 종류별 꽃잎의 길이에 대한 평균:
 species
0    5.006
1    5.936
2    6.588
```

```
Name: SLen, dtype: float64
[Out 901]: iris의 종류별  꽃잎의 너비에 대한 평균:
          SWth
species
0         3.418
1         2.770
2         2.974
```

iris['data']로 데이터프레임을 만들어 df_iris1에 저장하고, 그 결과를 [Out 897]에 출력하였다. df_iris1에 species열을 만들고, 그 열에 iris의 target값을 배당하였다. 데이터프레임.rename()함수를 이용하여 열 이름을 변경하고, 그 결과를 df_iris1_rename에 저장하고, 결과는 [Out 898]에 출력하였다. df_iris1_rename을 species를 기준으로 분리하고 df_iris1_rename_groupby에 저장하였다. [Out 899]에 df_iris1_rename_groupby.mean()을 이용하여 그룹별로 각 변수의 평균을 계산하고 출력하였다. species-0은 평균 꽃잎의 길이(SLen)가 5.006, species-1은 평균 꽃잎의 길이가 5.936, species-2는 평균 꽃잎의 길이가 6.588이다. [Out 900]에 그룹별 꽃잎 길이의 평균을 계산하고 출력하였다. 인덱스를 단일 값으로 지정하면 결과가 Series로 출력된다. [Out 901]에 꽃잎 너비(SWth)의 평균을 그룹별로 구하고 출력하였다. 인덱스를 리스트로 지정하면 결과가 데이터프레임으로 출력된다.

그룹별 연산(그룹.함수())

```
print("[Out 902]: iris의 종류별 각 속성에 대한 상자그림")
df_iris1_rename[['SLen','SWth','PLen','PWth']]₩
.groupby(df_iris1_rename['species']).boxplot()
print("[Out 903]: iris의 종류별 각 속성에 대한 평균의 막대그래프")
df_iris1_rename_groupby.mean().plot(kind='bar')
df_iris1_SWth = df_iris1_rename[['SWth']].groupby(df_iris1_rename['species'])
print("[Out 904]: iris의 종류별 꽃잎 너비에 대한 상자그림")
df_iris1_SWth.boxplot()
```

출력결과

[Out 902]: iris의 종류별 각 속성에 대한 상자그림

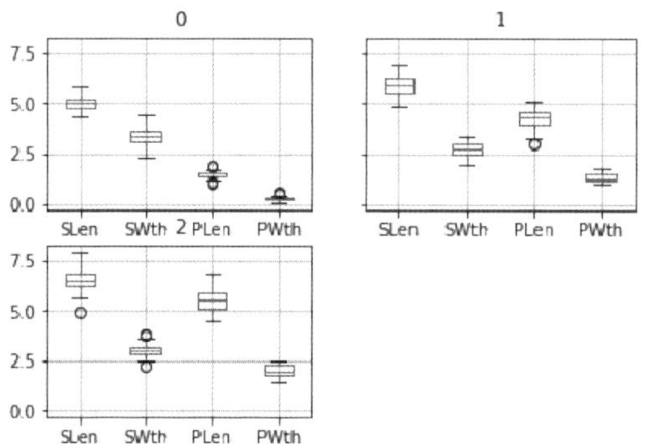

[Out 903]: iris의 종류별 각 속성에 대한 평균의 막대그래프

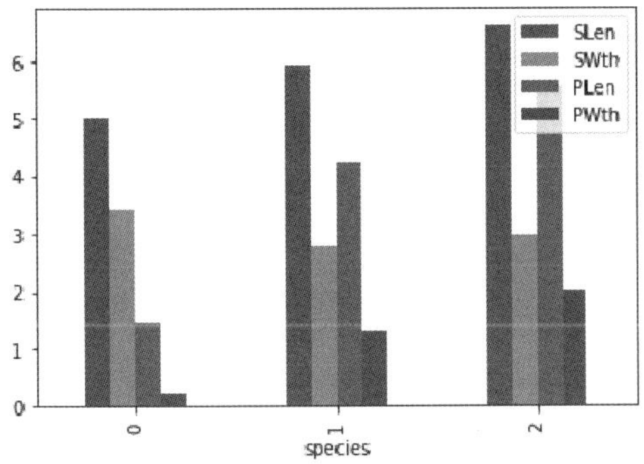

[Out 904]: iris의 종류별 꽃잎 너비에 대한 상자그림

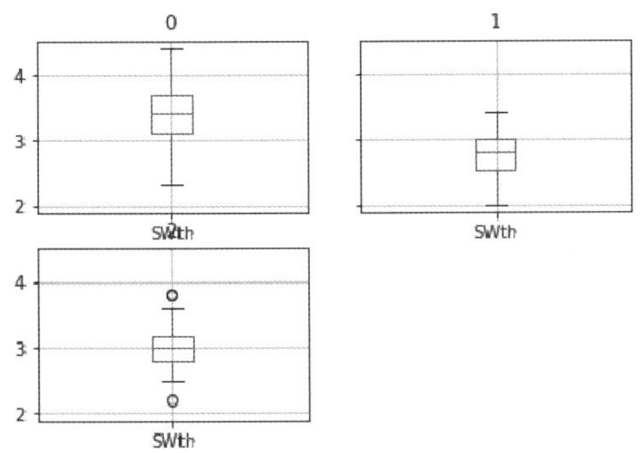

그룹.boxplot()를 이용하여 그룹별 상자그림을 작성한다. df_iris1_rename[['SLen', 'SWth', 'PLen', 'PWth']].groupby(df_iris1_rename['species']).boxplot()를 이용하여 종류별로 각 속성에 대한 상자그림을 작성하였다. [Out 902]에 그 결과를 나타내었다. 상자그림을 통해서 각 그룹별 속성의 특징을 시각적으로 표현하였다. 꽃잎의 길이(SLen)는 species-0<species-1<species-2, 꽃잎의 너비(SWth)는 species-1<species-2<species-0, 꽃받침의 길이(PLen)는 species-0<species-1<species-2, 꽃받침의 너비(PWth)는 species-0<species-1<species-2 순이다. 그룹.plot(kind='bar')를 이용하여 막대그래프를 작성한다. df_iris1_rename_groupby.mean().plot(kind='bar')를 이용하여 그룹별 각 속성의 평균에 대한 막대그래프를 작성하였다. 그 결과를 [Out 903]에 나타내었다. [Out 904]에 그룹별 SWth에 대한 상자그림을 나타내었다.

그룹별 요약통계(그룹.describe())

```
df_iris1_rename_groupby = df_iris1_rename.groupby(['species'])
df_iris_stat = df_iris1_rename_groupby.describe()
print("[Out 905]:iris의 종류별 각 속성에 대한 요약통계:₩n{}"
      .format(df_iris_stat))
print("[Out 906]:iris의 종류별 꽃받침의 요약통계:₩n{}"
      .format(df_iris_stat['PLen']))
```

```
print("[Out 907]:iris의 species-0의 꽃받침의 평균:₩n{}"
      .format(df_iris_stat['PLen'].loc[[0],'mean']))
print("[Out 908]:iris의 각 종류별 꽃잎의 길이에 대한 요약통계:₩n{}"
      .format(df_iris1_rename_groupby.SLen.describe()))
```

출력결과

```
[Out 905]:iris의 종류별 각 속성에 대한 요약통계:
        PLen                                                        PWth        ...  ₩
        count  mean    std       min   25%   50%   75%    max   count  mean   ...
species                                                                         ...
0       50.0   1.464   0.173511  1.0   1.4   1.50  1.575  1.9   50.0   0.244  ...
1       50.0   4.260   0.469911  3.0   4.0   4.35  4.600  5.1   50.0   1.326  ...
2       50.0   5.552   0.551895  4.5   5.1   5.55  5.875  6.9   50.0   2.026  ...
        SLen         SWth
        75%  max  count  mean   std       min  25%    50%  75%    max
species
0       5.2  5.8  50.0   3.418  0.381024  2.3  3.125  3.4  3.675  4.4
1       6.3  7.0  50.0   2.770  0.313798  2.0  2.525  2.8  3.000  3.4
2       6.9  7.9  50.0   2.974  0.322497  2.2  2.800  3.0  3.175  3.8
 [3 rows x 32 columns]
 [Out 906]:iris의 종류별 꽃받침의 요약통계:
         count  mean   std       min  25%  50%   75%    max
species
0        50.0   1.464  0.173511  1.0  1.4  1.50  1.575  1.9
1        50.0   4.260  0.469911  3.0  4.0  4.35  4.600  5.1
2        50.0   5.552  0.551895  4.5  5.1  5.55  5.875  6.9
 [Out 907]:iris의 species-0의 꽃받침의 평균:
  species
  0    1.464
 Name: mean, dtype: float64
 [Out 908]:iris의 각 종류별 꽃잎의 길이에 대한 요약통계:
         count  mean   std       min  25%    50%  75%  max
species
 0       50.0   5.006  0.352490  4.3  4.800  5.0  5.2  5.8
 1       50.0   5.936  0.516171  4.9  5.600  5.9  6.3  7.0
 2       50.0   6.588  0.635880  4.9  6.225  6.5  6.9  7.9
```

그룹.describe()를 이용해서 그룹별 요약통계를 구한다. df_iris1_rename_groupby.describe()를 이용하여 iris의 종류별로 각 속성에 대한 요약통계를 구하고, df_iris_stat에 저장하였다. 그리고 그 결과를 [Out 905]에 출력하였다. 결과는 일부만 출력되었다. 결과에서 count는 관측수, mean은 평균, std는 표준편차, min은 최솟값, 25%는 제1사분위수, 50%는 중앙값, 75%는 제3사분위수, max는 최댓값이다. df_iris_stat의 열은 계층적 구조를 가진다. [Out 906]에 df_iris_stat의 PLen 열을 선택하여 출력하였다. 즉 iris 종류별 꽃받침 길이(PLen)의 요약통계를 출력하였다. [Out 907]에 species-0의 꽃받침 길이의 평균을 선택하고, 출력하였다. 출력된 구조는 series 구조이다. [Out 908]은 꽃잎의 길이에 대한 요약통계를 구하고, 출력하였다.

그룹별 통계(그룹.agg())

```
print("[Out 909]:iris의 각 종류별 꽃잎의 너비에 대한 평균, 중앙값, 표준편차:₩n{}"
      .format(df_iris1_rename_groupby.SWth.agg(['mean','median','std'])))
print("[Out 910]:iris의 각 종류별 꽃받침의 길이에 대한 평균, 꽃받침 너비에 대한 중앙값:₩n{}".format (df_iris1
_rename_groupby.agg({'PLen': 'mean','PWth':'median'})))
df_stat = df_iris1_rename_groupby['SLen','SWth'].agg(['mean','std','quantile','max'])
print("[Out 911]:iris의 각 종류별 꽃잎의 길이와 너비에 대한 평균, 표준편차₩
      사분위수, 최댓값:₩n{}".format(df_stat))
print("[Out 912]:iris의 각 종류별 꽃잎의 너비에 대한 평균, 표준편차,사분위수, 최댓값:₩n{}".format(df_stat['SWth']))
print("[Out 913]:iris의 각 종류별 꽃받침의 길이에 대한 평균, 꽃받침 너비에 대한₩중앙값에 대한 막대그래프")
df_iris1_rename_groupby.agg({'PLen': 'mean','PWth':'median'}).plot(kind='bar')
```

출력결과

```
[Out 909]:iris의 각 종류별 꽃잎의 너비에 대한 평균, 중앙값, 표준편차:
          mean  median       std
 species
 0        3.418     3.4  0.381024
 1        2.770     2.8  0.313798
 2        2.974     3.0  0.322497
[Out 910]:iris의 각 종류별 꽃받침의 길이에 대한 평균, 꽃받침 너비에 대한 중앙값:
          PLen  PWth
 species
 0        1.464   0.2
 1        4.260   1.3
 2        5.552   2.0
[Out 911]:iris의 각 종류별 꽃잎의 길이와 너비에 대한 평균,표준편차,사분위수,최댓값:
         SLen                               SWth
         mean       std  quantile  max      mean       std  quantile  max
species
0        5.006  0.352490      5.0  5.8     3.418  0.381024       3.4  4.4
1        5.936  0.516171      5.9  7.0     2.770  0.313798       2.8  3.4
2        6.588  0.635880      6.5  7.9     2.974  0.322497       3.0  3.8
[Out 912]:iris의 각 종류별 꽃잎의 너비에 대한 평균, 표준편차,사분위수, 최댓값:
          mean       std  quantile  max
 species
 0        3.418  0.381024       3.4  4.4
 1        2.770  0.313798       2.8  3.4
 2        2.974  0.322497       3.0  3.8
[Out 913]:iris의 각 종류별 꽃받침의 길이에 대한 평균, 꽃받침 너비에 대한 중앙값에 대한 막대그래프
```

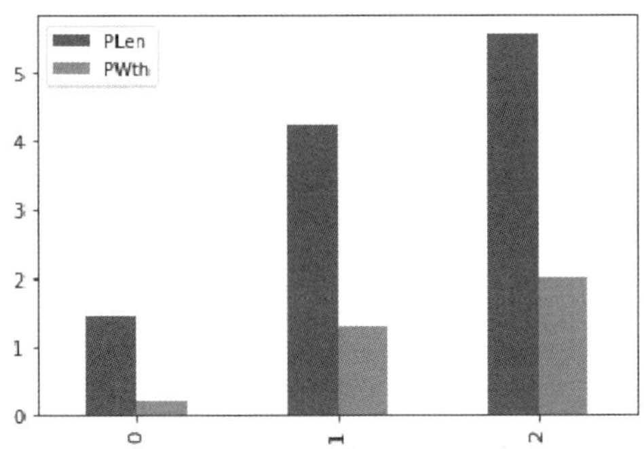

그룹.agg()를 사용해서 여러 가지 통계량을 동시에 얻는다거나, 열마다 다른 통계량을 얻을 수 있다. df_iris1_rename_groupby.SWth.agg(['mean', 'median', 'std'])를 이용하여 꽃잎의 너비(SWth)의 평균, 중앙값, 표준편차를 구하고, 그 결과를 [Out 909]에 출력하였다. df_iris1_rename_groupby.agg({'PLen': 'mean', 'PWth': 'median'})을 이용하여 꽃받침의 길이(PLen)에 대한 평균과 꽃받침의 너비(PWth)에 대한 중앙값을 계산하고, 그 결과를 [Out 910]에 출력하였다. df_iris1_rename_groupby['SLen', 'SWth'].agg(['mean', 'std', 'quantile', 'max'])을 이용하여 iris의 종류별 꽃잎의 길이와 너비에 대한 평균, 표준편차, 백분위수, 최댓값을 구하고, 그 결과를 df_stat에 저장하였다. 그리고 [Out 911]에 출력하였다. 여기서 df_stat의 열은 계층적 구조를 띤다는 것을 볼 수 있다. df_stat에서 SWth열을 선택하고, 그것을 [Out 912]에 출력하였다. [Out 913]에 iris의 종류별 꽃받침 길이에 대한 평균과 꽃받침 너비에 대한 중앙값에 대한 막대그래프를 나타내었다.

그룹별 연산(그룹.transform())

```
df_series_dict = pd.DataFrame(series_dict,
                              columns=['Name','Gender','Korean','English','Math'])
print("[Out 914]: series 딕셔너리로 데이터프레임 :₩n{}".format(df_series_dict))
df_series_dict_group = df_series_dict.groupby('Gender')
print("[Out 915]")
for gender, split in df_series_dict_group:
    print(gender)
    print(split)
```

출력결과

```
[Out 914]: series 딕셔너리로 데이터프레임 :
    Name  Gender  Korean  English  Math
 1  Park    M       26      10      25
 2  Lee     F       11      15      10
 3  Kim     F       30      30      29
 4  Hong    M       36      20      35
 5  Cho     M       40      30      20
 6  Cha     F       25      35      45
[Out 915]
 F
    Name  Gender  Korean  English  Math
 2  Lee     F       11      15      10
 3  Kim     F       30      30      29
 6  Cha     F       25      35      45
M
    Name  Gender  Korean  English  Math
 1  Park    M       26      10      25
 4  Hong    M       36      20      35
 5  Cho     M       40      30      20
```

[Out 914]에 데이터프레임 df_series_dict를 출력하였다. df_series_dict를 Gender을 기준으로 분리하고, df_series_dict_group에 저장하였다. for 루프를 사용해서 그룹 이름과 그에 따른 자료 값을 [Out 915]에 출력하였다.

그룹별 연산(그룹.transform())

```
print("[Out 916]: 각 그룹의 속성에 대한 평균과 표본표준편차:₩n{}"
      .format(df_series_dict_group.agg(['mean','std'])))
df_series_mean = df_series_dict_group.transform('mean')
print("[Out 917]: df_series_mean:₩n{}".format(df_series_mean))
```

출력결과

```
[Out 916]: 각 그룹의 속성에 대한 평균과 표본표준편차:
         Korean              English              Math
           mean       std       mean       std       mean        std
 Gender
 F           22  9.848858  26.666667  10.40833  28.000000  17.521415
 M           34  7.211103  20.000000  10.00000  26.666667   7.637626
[Out 917]: df_series_mean:
       Korean    English       Math
  1        34  20.000000  26.666667
  2        22  26.666667  28.000000
  3        22  26.666667  28.000000
  4        34  20.000000  26.666667
  5        34  20.000000  26.666667
  6        22  26.666667  28.000000
```

그룹.transform()을 이용하여 다양한 그룹 연산을 할 수 있다. [Out 916]에 그룹별 각 속성의 평균과 표본표준편차를 출력하였다. 여자 그룹에서 Korean, English, Math에 대한 각각의 평균은 22.0, 26.67, 28.0이고, 표본표준편차는 9.84, 10.41, 17.52이다. 남자 그룹에서 Korean, English, Math에 대한 각각의 평균은 34.0, 20.0, 26.67이고, 표본표준편차는 7.21, 10.0, 7.64이다. df_series_dict_group.transform('mean')을 이용하여 각 그룹의 속성에 대한 평균을 구하고, 각 해당 위치에 그 평균값을 배정하였다. df_series_mean에 그 결과를 저장하고, [Out 917]에 출력하였다. 결과를 살펴보면 df_series_dict에서 첫 번째 관측은 Gender가 M이므로 Korean, English, Math열에 각각 M의 평균 34, 20.0, 26.67이 배정된 것을 볼 수 있다. 나머지 관측에서도 Gender가 M이면 M의 평균이, F이면 F의 평균이 할당 된 것을 볼 수 있다.

그룹별 연산(그룹.transform())

```
def zscore(x):
    return (x-np.mean(x))/np.std(x, ddof=1)
df_series_zscore = df_series_dict_group.transform(zscore)
print("[Out 918]: 그룹별 각 속성의 표준점수:₩n{}".format(df_series_zscore))
```

```
def deviation_sq(x):
    return (x-np.mean(x))**2
df_series_deviation_sq = df_series_dict_group.transform(deviation_sq)
print("[Out 919]: 그룹별 각 속성의 편차의 제곱:₩n{}"
      .format(df_series_deviation_sq))
def deviation_sq_sum(x):
    return sum((x-np.mean(x))**2)
df_series_deviation_sq_sum = df_series_dict_group.transform(deviation_sq_sum)
print("[Out 920]: 그룹별 각 속성의 편차의 제곱합:₩n{}"
      .format(df_series_deviation_sq_sum))
df_series_zscore_korean = df_series_dict_group[['Korean']].transform(zscore)
print("[Out 921]: 그룹별 Korean의 표준점수:₩n{}".format(df_series_zscore_korean))
```

출력결과

```
[Out 918]: 그룹별 각 속성의 표준점수:
     Korean    English      Math
1  -1.109400  -1.000000  -0.218218
2  -1.116881  -1.120897  -1.027314
3   0.812277   0.320256   0.057073
4   0.277350   0.000000   1.091089
5   0.832050   1.000000  -0.872872
6   0.304604   0.800641   0.970241
[Out 919]: 그룹별 각 속성의 편차의 제곱:
   Korean     English        Math
1      64  100.000000    2.777778
2     121  136.111111  324.000000
3      64   11.111111    1.000000
4       4    0.000000   69.444444
5      36  100.000000   44.444444
6       9   69.444444  289.000000
[Out 920]: 그룹별 각 속성의 편차의 제곱합:
   Korean     English        Math
1     104  200.000000  116.666667
2     194  216.666667  614.000000
3     194  216.666667  614.000000
4     104  200.000000  116.666667
5     104  200.000000  116.666667
6     194  216.666667  614.000000
[Out 921]: 그룹별 Korean의 표준점수:
     Korean
1 -1.109400
2 -1.116881
3  0.812277
4  0.277350
5  0.832050
6  0.304604
```

표준점수를 계산하는 함수 zscore(x)를 만들었다. 여기서 np.std(x,ddof=1)의 인수 ddof=1은 분모를 (n-1)로 사용한다는 의미이다. 즉 표본 표준편차를 계산한다. np.std에서 디폴트는 분모를 n으로 사용한다. df_series_dict_group.transform(zscore)를 이

용하여 각 그룹의 속성에 대한 표준점수를 구하고, 각 해당 위치에 그 값을 배정하였다. df_series_zscore에 그 결과를 저장하고, [Out 918]에 출력하였다. 결과를 살펴보면 df_series_dict에서 첫 번째 관측은 Gender가 M이므로 Korean에 대한 표준점수는(((26-34)/7.211103)=-1.1094)이다. 두 번째 관측은 Gender가 F이므로 Korean에 대한 표준점수는(((11-22)/9.848858)=-1.116881)이다. 같은 방법으로 나머지 관측에 대해서도 표준점수가 할당 된 것을 볼 수 있다. 각 그룹의 평균과 표본표준편차는 [Out 916]에서 확인할 수 있다. pandas_데이터프레임에서 std는 표본표준편차이다. 편차의 제곱을 구하는 함수 deviation_sq(x)를 만들었다. df_series_dict_group.transform (deviation_sq)을 이용하여 각 그룹의 속성에 대한 편차의 제곱을 구하고, 각 해당 위치에 할당하였다. df_series_deviation_sq에 그 결과를 저장하고, [Out 919]에 출력하였다. 결과를 살펴보면 df_series_dict에서 첫 번째 관측은 Gender가 M이므로 Korean에 대한 편차의 제곱은 $((26-34)^2)=64)$이다. 두 번째 관측은 Gender가 F이므로 Korean에 대한 편차의 제곱은 $((11-22)^2=121)$이다. 똑같은 방법으로 나머지 관측대해서도 편차의 제곱 값이 할당된 것을 볼 수 있다. 편차의 제곱합을 구하는 함수 deviation_sq_sum(x)를 만들었다. df_series_dict_group.transform(deviation_sq_sum)을 이용하여 각 그룹의 속성에 대한 편차의 제곱합을 구하고, 각 해당 위치에 할당하였다. df_series_deviation_sq_sum에 그 결과를 저장하고, [Out 920]에 출력하였다. 결과를 살펴보면 df_series_dict에서 첫 번째 관측은 Gender가 M이므로 Korean에 대한 편차의 제곱합은 ((64+4+36)=104)이다. 두 번째 관측은 Gender가 F이므로 Korean에 대한 편차의 제곱합은 ((121+64+9)=194)이다. 똑같은 방법으로 나머지 관측대해서도 편차의 제곱합이 할당된 것을 볼 수 있다. df_series_dict_group[['Korean']].transform (zscore)을 이용하여 각 그룹의 Korean에 대한 표준점수를 구하고, df_series_zscore_korean에 저장하였다. [Out 921]에 그 결과를 저장하였다.

데이터프레임.transform()

```
print("[Out 922]: korean,english,math의 평균,표준편차(성별에 따라 분리하지 않음):₩n{}"
      .format(df_series_dict.agg(['mean','std'])))
df_series_zscore_t = df_series_dict[['Korean','English','Math']].transform(zscore)
print("[Out 923]: korean,english,math의 표준점수(성별에 따라 분리하지 않음):₩n{}"
      .format(df_series_zscore_t))
df_series_dev_sq_t =df_series_dict[['Korean','English','Math']].transform(deviation_sq)
print("[Out 924]: 각 속성의 편차의 제곱(성별에 따라 분리 하지 않음):₩n{}"
     .format(df_series_deviation_sq_t))
```

출력결과

```
[Out 922]: korean, english, math의 평균, 표준편차(성별에 따라 분리 하지 않음):
              Korean      English        Math
   mean 28.000000    23.333333    27.333333
    std   10.139033     9.831921    12.110601
[Out 923]: korean, english, math의 표준점수(성별에 따라 분리 하지 않음):
              Korean      English        Math
     1     -0.197257    -1.356127    -0.192669
```

```
  2   -1.676688  -0.847579  -1.431253
  3    0.197257   0.678064   0.137620
  4    0.789030  -0.339032   0.633054
  5    1.183545   0.678064  -0.605530
  6   -0.295886   1.186611   1.458777
[Out 924]: 각 속성의 편차의 제곱(성별에 따라 분리 하지 않음):
    Korean    English        Math
 1     4.0  177.777778    5.444444
 2   289.0   69.444444  300.444444
 3     4.0   44.444444    2.777778
 4    64.0   11.111111   58.777778
 5   144.0   44.444444   53.777778
 6     9.0  136.111111  312.111111
```

[Out 922]에 데이터프레임을 성별에 따라 분리하지 않고, 각 속성에 대해 6명 전체의 평균과 표본표준편차를 구하고, 출력하였다. df_series_dict[['Korean', 'English', 'Math']].transform(zscore)을 이용하여 각 속성에 대한 표준점수를 구하고, df_series_zscore_t에 저장하였다. 그 결과를 [Out 923]에 출력하였다. 결과에서 첫 번째 관측의 Korean에 대한 표준점수 -0.197257은 (26-28)/10.139033을 계산한 값이다. df_series_dict[['Koran', 'English', 'Math']].transform(deviation_sq)를 이용하여 각 속성에 대한 편차의 제곱을 구하고, df_series_dev_sq_t에 저장하였다. 그 결과를 [Out 924]에 출력하였다. 결과에서 첫 번째 관측의 Korean에 대한 편차의 제곱값 4는 $(26-28)^2$을 계산한 값이다.

데이터프레임.map()

```
df_series_dict['Gender_nomi']=df_series_dict.Gender.map({'M':1, 'F':0})
print("[Out 925]: Gender-F,M을 0,1로 변경: ₩n{}".format(df_series_dict))
print("[Out 926]: df_series_dict의 1~4행, gender, gender_nomi열 선택: ₩n{}"
      .format(df_series_dict.loc[0:4,['Gender', 'Gender_nomi']]))
```

출력결과

```
[Out 925]: Gender-F,M을 0,1로 변경:
    Name Gender  Korean  English  Math  Gender_nomi
 1  Park      M      26       10    25            1
 2   Lee      F      11       15    10            0
 3   Kim      F      30       30    29            0
 4  Hong      M      36       20    35            1
 5   Cho      M      40       30    20            1
 6   Cha      F      25       35    45            0
[Out 926]: df_series_dict의 1~4행, gender, gender_nomi열 선택:
   Gender  Gender_nomi
 1      M            1
 2      F            0
 3      F            0
 4      M            1
```

df_series_dict['Gender_nomi']=df_series_dict.Gender.map({'M':1, 'F':0})를 이용하여 df_series_dict의 속성 Gender 값 F, M을 0, 1로 치환하고, 그 결과를 df_series_dict에 Gender_nomi열로 추가하였다. [Out 925]에 그 결과를 출력하였다. [Out 926]에 Gender와 Gender_nomi열을 1행에서 4행까지 출력하였다.

데이터프레임.apply()

```
df_series_mean_app =  df_series_dict[['Korean','English','Math']]₩
.apply(['mean','std'], axis=0)
print("[Out 927]: 각 속성의 평균과 표본표준편차:₩n{}".format(df_series_mean_app))
df_series_mean_app1 = df_series_dict[['Korean','English','Math']]₩
.apply('mean',axis=1)
print("[Out 928]: 각 행의 평균:₩n{}".format(df_series_mean_app1))
df_series_dict['average'] = df_series_dict[['Korean','English','Math']]₩
.apply('mean', axis=1)
print("[Out 929]: 각 행의 평균을 df_series_dict에 average열로 추가₩n{}"
      .format(df_series_dict))
df_series_zscore_app = df_series_dict[['Korean','English','Math']]₩
.apply(zscore,axis=0)
print("[Out 930]: 각 속성의 표준점수:₩n{}".format(df_series_zscore_app))
df_series_argmax_app = df_series_dict[['Korean','English','Math']]₩
.apply('idxmax')
print("[Out 931]: 각 속성의 최댓값의 위치:₩n{}".format(df_series_argmax_app))
```

출력결과

```
[Out 927]: 각 속성의 평균과 표본표준편차:
         Korean    English       Math
mean  28.000000  23.333333  27.333333
 std  10.139033   9.831921  12.110601
[Out 928]: 각 행의 평균:
 1    20.333333
 2    12.000000
 3    29.666667
 4    30.333333
 5    30.000000
 6    35.000000
 dtype: float64
[Out 929]: 각 행의 평균을 df_series_dict에 average열로 추가
    Name  Gender  Korean  English  Math  Gender_nomi    average
 1  Park       M      26       10    25            1  20.333333
 2   Lee       F      11       15    10            0  12.000000
 3   Kim       F      30       30    29            0  29.666667
 4  Hong       M      36       20    35            1  30.333333
 5   Cho       M      40       30    20            1  30.000000
 6   Cha       F      25       35    45            0  35.000000
[Out 930]: 각 속성의 표준점수:
      Korean   English      Math
 1 -0.197257 -1.356127 -0.192669
 2 -1.676688 -0.847579 -1.431253
 3  0.197257  0.678064  0.137620
 4  0.789030 -0.339032  0.633054
```

```
  5    1.183545  0.678064 -0.605530
  6   -0.295886  1.186611  1.458777
[Out 931]: 각 속성의 최댓값의 위치:
  Korean    5
  English   6
    Math    6
  dtype: int64
```

데이터프레임.apply()를 이용하여 행, 열 연산을 할 수 있다. df_series_dict[['Korean', 'English', 'Math']].apply(['mean', 'std'], axis=0)을 이용해서 df_series_dict의 각 속성에 대한 평균과 표본표준편차를 구하고, df_series_mean_app에 저장하였다. [Out 927]에 그 결과를 출력하였다. df_series_dict[['Korean', 'English', 'Math']].apply('mean', axis=1)를 이용하여 각 행의 평균을 구하고, df_series_mean_app1에 저장하였다. [Out 928]에 그 결과를 출력하였다. 1행의 값 20.33은 첫 번째 관측에 대해 Korean, English, Math 세 과목의 평균(((26+10+25)/3=20.33)을 계산한 것이다. df_series_dict['average']=df_series_dict[['Korean', 'English', 'Math']].apply('mean', axis=1)를 이용하여 계산한 각행의 평균을 df_series_dict에 average열로 추가하였다. [Out 929]에 그 결과를 출력하였다. df_series_dict[['Korean', 'English', 'Math']].apply(zscore, axis=0)을 이용하여 각 속성의 표준점수를 구하고, df_series_zscore_app에 저장하였다. [Out 930]에 그 결과를 나타내었다. df_series_dict[['Korean', 'English', 'Math']].apply('idxmax')를 이용하여 각 속성의 최댓값의 위치를 찾고, df_series_argmax_app에 저장하였다. [Out 931]에 그 결과를 저장하였다. Korean에서 최댓값은 다섯 번째에 위치한 값, English에서 최댓값은 여섯 번째에 있는 값, Math에서 최댓값은 여섯 번째에 위치한 값이다.

데이터프레임.apply()

```
stat_score = {'Name':['Park','Lee','Kim','Hong','Cho','Cha','Jin','Cha','Song'],
              'Gender':['M','F','F','M','M','F','M','M','F'],
              'Major':['Com','Com','Com','Com','Math','Math','Math','Busi','Busi'],
              'Mid':[23,25,21,25,29,27,24,27,22],
              'Final':[25,26,29,24,20,26,28,27,21],
              'Report':[20,20,20,10,19,18,15,20,5]}
df_stat_score = pd.DataFrame(stat_score,
                    columns=['Name','Gender','Major','Mid','Final','Report'])
print("[Out 932]: df_stat_score:₩n{}".format(df_stat_score))
df_stat_score['Sum'] = df_stat_score.loc[:,['Mid','Final','Report']]₩
.apply(sum, axis=1)
print("[Out 933]: df_stat_score에 Sum열 추가 :₩n{}".format(df_stat_score))
df_stat_score_sort = df_stat_score.sort_values(by='Sum',ascending=True)
print("[Out 934]: df_stat_score_sort:₩n{}".format(df_stat_score_sort))
```

출력결과

```
[Out 932]: df_stat_score:
```

```
   Name  Gender  Major  Mid  Final  Report
0  Park       M    Com   23     25      20
1   Lee       F    Com   25     26      20
2   Kim       F    Com   21     29      20
3  Hong       M    Com   25     24      10
4   Cho       M   Math   29     20      19
5   Cha       F   Math   27     26      18
6   Jin       M   Math   24     28      15
7   Cha       M   Busi   27     27      20
8  Song       F   Busi   22     21       5
[Out 933]: df_stat_score에 Sum열 추가 :
   Name  Gender  Major  Mid  Final  Report  Sum
0  Park       M    Com   23     25      20   68
1   Lee       F    Com   25     26      20   71
2   Kim       F    Com   21     29      20   70
3  Hong       M    Com   25     24      10   59
4   Cho       M   Math   29     20      19   68
5   Cha       F   Math   27     26      18   71
6   Jin       M   Math   24     28      15   67
7   Cha       M   Busi   27     27      20   74
8  Song       F   Busi   22     21       5   48
[Out 934]: df_stat_score_sort:
   Name  Gender  Major  Mid  Final  Report  Sum
8  Song       F   Busi   22     21       5   48
3  Hong       M    Com   25     24      10   59
6   Jin       M   Math   24     28      15   67
0  Park       M    Com   23     25      20   68
4   Cho       M   Math   29     20      19   68
2   Kim       F    Com   21     29      20   70
1   Lee       F    Com   25     26      20   71
5   Cha       F   Math   27     26      18   71
7   Cha       M   Busi   27     27      20   74
```

아래에 있는 자료를 이용하여 데이터프레임 df_stat_score를 만들었다. [Out 932]에 출력하였다.

Name	Gender	Major	Mid	Final	Report
Park	M	Com	23	25	20
Lee	F	Com	25	26	20
Kim	F	Com	21	29	20
Hong	M	Com	25	24	10
Cho	M	Math	29	20	19
Cha	F	Math	27	26	18
Jin	M	Math	24	28	15
Cha	M	Busi	27	27	20
Song	F	Busi	22	21	5

df_stat_score['Sum']=df_stat_score.loc[:,['Mid', 'Final', 'Report']].apply(sum, axis=1)를 이용하여 각 행의 합을 구하고, 그 결과를 df_stat_score에 Sum열로 추가하였다. 그 결과를 [Out 933]에 출력하였다. Sum: 68은 23+25+20을 계산한 값이다.
데이터프레임.sort_values()를 이용하여 열을 기준으로 자료 값을 정렬한다. df_stat_score.sort_values(by='Sum', ascending=True)를 이용하여 Sum 값을 오름차순으로 정렬하고, df_stat_score_sort에 저장하였다. 그 결과를 [Out 934]에 출력하였다. 이때 원본 파일도 Sum 값 순서대로 변경된다.

데이터프레임.apply()

```
print("[Out 935]: df_stat_score의 마지막열 Sum에 대한 요약 통계:₩n{}"
      .format(df_stat_score.iloc[:,-1].describe()))
```

출력결과

```
[Out 935]: df_stat_score의 마지막열 Sum에 대한 요약 통계:
   count      9.000000
   mean      66.222222
     std      7.996527
     min     48.000000
     25%     67.000000
     50%     68.000000
     75%     71.000000
     max     74.000000
     Name: Sum, dtype: float64
```

describe()를 이용하여 [Out 935]에 df_stat_score의 마지막 열 Sum에 대한 요약통계를 구하고 출력하였다. 전체 자료의 개수는 9, 합의 평균은 66.2, 표본표준편차는 7.997, 최솟값은 48.0, 제1사분위수는 67.0, 중앙값은 68.0, 제3사분위수는 71.0, 최댓값은 74.0이다.

그룹연산(그룹.apply())

```
df_stat_score_group = df_stat_score.groupby('Major')
print("[Out 936]: df_stat_score를 Major을 기준으로 분리:₩n{}"
        .format(df_stat_score_group))
print("[Out 937]: df_stat_score_group 뷰:₩n{}"
      .format(df_stat_score_group.groups))
print("[Out 938]")
for Major, Score in df_stat_score_group:
    print(Major)
    print(Score)
```

출력결과

```
[Out 936]: df_stat_score를 Major을 기준으로 분리:
 <pandas.core.groupby.DataFrameGroupBy object at 0x0A727110>
```

```
[Out 937]: df_stat_score_group 뷰:
{'Busi': Int64Index([7, 8], dtype='int64'), 'Com': Int64Index([0, 1, 2, 3], dtype='int64'), 'Math': Int64Index
 ([4, 5, 6], dtype='int64')}
[Out 938]
Busi
    Name  Gender  Major  Mid  Final  Report  Sum
 7   Cha       M   Busi   27     27      20   74
 8  Song       F   Busi   22     21       5   48
Com
    Name  Gender  Major  Mid  Final  Report  Sum
 0  Park       M    Com   23     25      20   68
 1   Lee       F    Com   25     26      20   71
 2   Kim       F    Com   21     29      20   70
 3  Hong       M    Com   25     24      10   59
Math
    Name  Gender  Major  Mid  Final  Report  Sum
 4   Cho       M   Math   29     20      19   68
 5   Cha       F   Math   27     26      18   71
 6   Jin       M   Math   24     28      15   67
```

[Out 936]은 DataFrame GroupBy 객체 df_stat_score_group이 저장된 위치를 나타낸다. [Out 937]에 df_stat_score_group의 속성을 나타내었다. [Out 938]에 for 루프를 이용하여 그룹 이름과 그에 따른 자료를 출력하였다.

그룹연산(그룹.apply())

```
def average(x):
    return x.mean(axis=1)
df_stat_score_group_mean = df_stat_score.iloc[:,3:6]₩
.groupby(df_stat_score['Major']).apply(average)
print("[Out 939]: df_stat_score의 그룹별 각 관측에 대한 Mid,Final,Report의 평:₩n{}"
      .format(df_stat_score_group_mean))
def describe(x):
    return x.describe()
df_stat_score_group_desc = df_stat_score_group.Sum.apply(describe)
print("[Out 940]: df_stat_score의 Major별 Sum에 요약통계:₩n{}"
      .format(df_stat_score_group_desc))
```

출력결과

```
[Out 939]: df_stat_score의 그룹별 각 관측에 대한 Mid,Final,Report의 평균:
  Major
  Busi  7     24.666667
        8     16.000000
  Com   0     22.666667
        1     23.666667
              23.333333
        3     19.666667
  Math  4     22.666667
        5     23.666667
```

```
    6          22.333333
  dtype: float64
[Out 940]: df_stat_score의 Major별  Sum에 요약통계:
  Major
   Busi   count     2.000000
          mean     61.000000
            std    18.384776
   min             48.000000
  25%              54.500000
  50%              61.000000
  75%              67.500000
  max              74.000000
   Com   count      4.000000
 mean              67.000000
   std              5.477226
   min             59.000000
  25%              65.750000
  50%              69.000000
  75%              70.250000
  max              71.000000
   Math  count      3.000000
 mean              68.666667
   std              2.081666
   min             67.000000
  25%              67.500000
  50%              68.000000
  75%              69.500000
  max              71.000000
  Name: Sum, dtype: float64
```

각 행의 평균을 계산하기 위한 함수 average를 만들었다. df_stat_score.iloc[:,3:6].groupby(df_stat_score['Major']).apply(average)를 이용해서 df_stat_score의 3, 4, 5열을 Major별로 평균을 구하고, df_stat_score_group_mean에 저장하였다. [Out 939]에 출력하였다. 결과에서 Busi 7의 24.67은 74/3을 계산한 결과이다. 요약통계를 구하는 describe()함수를 만들었다. df_stat_score_group.Sum.apply(describe)를 이용하여 df_stat_score의 Sum에 대해 Major별로 요약통계를 구하고, df_stat_score_group_desc에 저장하였다. [Out 940]에 그 결과를 나타내었다. 결과에서 전공이 Busi인 학생은 2명, 2명에 대한 Sum의 평균 61, 표본표준편차 18.38, 최솟값 48.0, 제1사분위수는 54.5, 중앙값은 61.0, 제3사분위수는 67.5, 최댓값은 74.0이다.

그룹연산(그룹.apply())

```
def order(df_stat_score,l,m,n,columns):
   return df_stat_score.sort_values(by=columns)[l:m:n]
print("[Out 941]: df_stat_score에서 Gender-Sum을 기준으로 정렬:₩n{}"
      .format(order(df_stat_score,l=0,m=10,n=1,columns=['Gender','Sum'])))
```

출력결과

```
[Out 941]: df_stat_score에서 Gender-Sum을 기준으로 정렬:
   Name Gender Major  Mid  Final  Report  Sum
8  Song      F  Busi   22     21       5   48
2   Kim      F   Com   21     29      20   70
1   Lee      F   Com   25     26      20   71
5   Cha      F  Math   27     26      18   71
3  Hong      M   Com   25     24      10   59
6   Jin      M  Math   24     28      15   67
0  Park      M   Com   23     25      20   68
4   Cho      M  Math   29     20      19   68
7   Cha      M  Busi   27     27      20   74
```

열을 기준으로 df_stat_score의 자료를 정렬하기 위해서 order()함수를 만들었다. 데이터프레임.sort_values()함수는 데이터프레임을 정렬하는 함수이다. order(df_stat_score,l=0,m=10,n=1,columns=['Gender', 'Sum']))를 이용하여 df_stat_score의 자료를 먼저 Gender를 기준으로 정렬하고, 그 다음 Sum을 기준으로 정렬하였다. 그 결과를 [Out 941]에 출력하였다.

그룹연산(그룹.apply())

```
print("[Out 942]: df_stat_score에서 Major별로 Gender-Sum을 기준으로 정렬:₩n{}"
    .format(df_stat_score_group.apply(order,l=0,m=10,n=1,columns=['Gender','Sum'])))
print("[Out 943]: df_stat_score에서 Major별로 Sum의 상위 2명:₩n{}"
    .format(df_stat_score_group.apply(order,l=-1,m=-3,n=-1,columns='Sum')))
```

출력결과

```
[Out 942]: df_stat_score에서 Major별로 Gender-Sum을 기준으로 정렬:
        Name Gender Major  Mid  Final  Report  Sum
Major
Busi  8  Song      F  Busi   22     21       5   48
      7   Cha      M  Busi   27     27      20   74
Com   2   Kim      F   Com   21     29      20   70
      1   Lee      F   Com   25     26      20   71
      3  Hong      M   Com   25     24      10   59
      0  Park      M   Com   23     25      20   68
Math  5   Cha      F  Math   27     26      18   71
      6   Jin      M  Math   24     28      15   67
      4   Cho      M  Math   29     20      19   68
[Out 943]: df_stat_score에서 Major별로 Sum의 상위 2명:
        Name Gender Major  Mid  Final  Report  Sum
Major
Busi  7   Cha      M  Busi   27     27      20   74
      8  Song      F  Busi   22     21       5   48
Com   1   Lee      F   Com   25     26      20   71
      2   Kim      F   Com   21     29      20   70
Math  5   Cha      F  Math   27     26      18   71
      4   Cho      M  Math   29     20      19   68
```

df_stat_score_group.apply(order,l=0,m=10,n=1,columns=['Gender', 'Sum'])를 이용하여 df_stat_score 자료를 Major별로 먼저 Gender을 기준으로 정렬하고, 그 다음 Sum을 기준으로 정렬하였다. [Out 942]에 그 결과를 출력하였다. Com 전공에서 남자 중 1등은 Sum이 68이다. 여자 중 1등은 71이다. df_stat_score_group.apply(order, l=-1, m=-3, n=-1, columns='Sum')을 이용하여 Major별로 Sum 값의 상위 두 명을 선택하고 그 결과를 [Out 943]에 출력하였다. 여기서 인덱스[-1:-3:-1]은 Major별로 끝 행에서 역순으로 2행 까지를 나타낸다. 예를 들어 Com 전공의 성적을 순서대로 나열하면 59, 68, 70, 71이다. 끝 행에 71이 있고, 역순으로 그 다음은 70이 있다. [Out 943]에서 Com의 결과를 보면 71, 70이 출력된 것을 볼 수 있다.

그룹연산(그룹.apply())

```
import os
print("[Out 944]: 현재 작업 디렉토리:₩n{}".format(os.getcwd()))
```

출력결과

```
[Out 944]: 현재 작업 디렉토리:
 C:₩Users₩KNUser₩Desktop
```

---

os.getcwd()를 이용하여 현재 작업 디렉토리를 확인할 수 있다. getcwd()를 사용하기 위해서 os 모듈을 임포터 해야 한다.

그룹연산(그룹.apply())

```
import pandas as pd
data = pd.read_csv('data.csv')
print("[Out 945]:data:₩n{}".format(data.head(4)))
data_group = data[['x1','y']].groupby(data['x2'])
print("[Out 946]:")
for x2, data in data_group:
    print(x2)
    print(data)
print("[Out 947]: 성별에 따라 x1과 y에 대한 산점도:")
data_group.plot(kind='scatter', x='x1', y='y')
```

출력결과

```
[Out 945]:data:
      x1   x2  y
  0  141   F  17
  1   82   F  26
  2  165   F  21
  3   21   F  30
[Out 946]:
  F
          x1   y
```

```
  0  141  17
  1   82  26
  2  165  21
  3   21  30
  4   94  22
  5  267   1
  6  200  12
  7  110  19
  8  280   4
  9  228  16
[Out 946]
 M
        x1   y
  10  154  28
  11  262  15
  12  285  11
  13   58  38
  14   85  31
  15  214  21
  16  156  20
  17  295  13
  18  114  30
  19  236  14
```

[Out 947]: 성별에 따라 x1과 y에 대한 산점도:

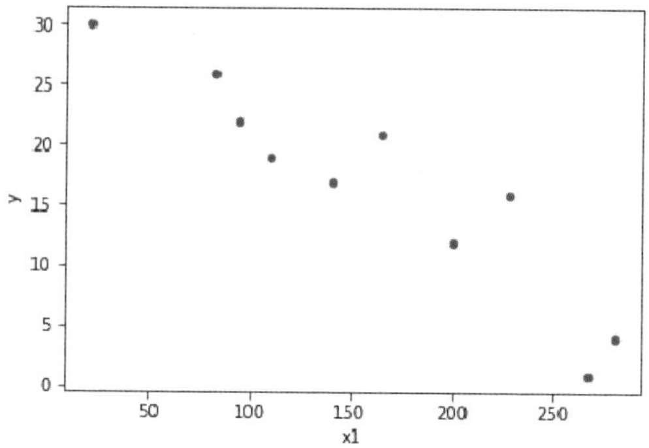

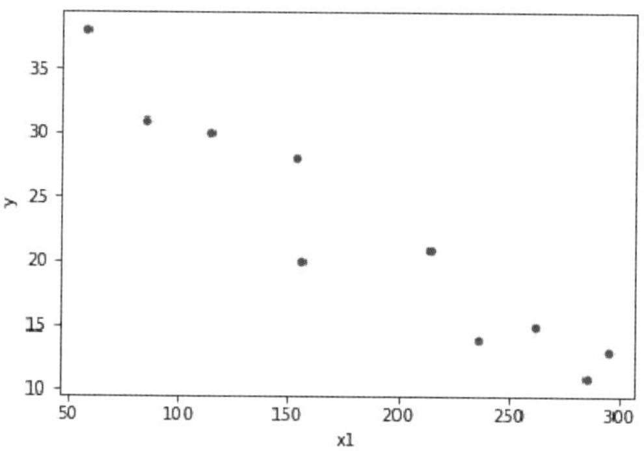

---

pd.read_csv()를 이용하여 data.csv 파일에 저장된 다음 표와 같은 자료를 읽어서 data에 저장하였다. [Out 945]에 data의 처음 네 행만 출력하였다.

x1	x2	y
141	F	17
82	F	26
165	F	21
21	F	30
94	F	22
267	F	1
200	F	12
110	F	19
280	F	4
228	F	16
154	M	28
262	M	15
285	M	11
58	M	38
85	M	31
214	M	21
156	M	20
295	M	13
114	M	30
236	M	14

data를 x1과 y에 대해 x2(성별)를 기준으로 분리하고, 그 결과를 [Out 946]에 출력하였다. 분리된 자료로 x1과 y에 대한 산점도를 작성하고 [Out 947]에 나타내었다.

그룹연산(그룹.apply())

```
from sklearn import linear_model
def reg(data, x1,y):
    X = data['x1']
    Y = data['y']
    linear_reg = linear_model.LinearRegression()
    linear_reg.fit(X=pd.DataFrame(X), y=Y)
    return {'intercept':np.round(linear_reg.intercept_,4),
              'slop':np.round(linear_reg.coef_,4)}
print("[Out 948]: 성별에 따라 x1과 y에 대한 회귀직선:₩n{}"
      .format(data_group.apply(reg,'x1','y')))
```

출력결과

```
[Out 948]: 성별에 따라 x1과 y에 대한 회귀직선:
  x2
    F     {'intercept': 32.6575, 'coef': [-0.0999]}
    M     {'intercept': 41.4153, 'coef': [-0.1039]}
    dtype: object
```

scikit-learn(sklearn) 라이브러리에서 제공하는 선형회귀분석 함수 LinearRegression()을 이용하기 위해서 sklearn의 linear_model을 임포터 했다. LinearRegression()을 이용하여 선형회귀직선을 구하는 함수 reg를 만들었다. linear_reg = linear_model.LinearRegression()을 이용하여 선형회귀분석 함수를 linear_reg에 저장하였다. linear_reg.fit(x,y)를 이용하여 모형을 적합 시켰다. 이때 x는 데이터프레임 형태로 입력하였다. linear_reg.intercept_와 linear_reg.coef_는 모형의 절편과 회귀계수 값을 반환한다. [Out 948]에 reg 함수를 이용하여 x2(성별)를 기준으로 분리된 그룹별로 회귀직선을 구하고, 출력하였다. 결과에서 여자의 모형은 y=32.6575-0.0999x1, 남자의 모형은 y=41.4153-0.1039x1인 것을 알 수 있다.

그룹연산(그룹.apply())

```
def correlation(data):
    return data.corr()
print("[Out 949]: 성별에 따라 x1과 y의 상관계수:₩n{}"
      .format(data_group.apply(correlation)))
```

출력결과

```
[Out 949]: 성별에 따라 x1과 y의 상관계수:
                 x1          y
 x2
  F  x1   1.000000  -0.930257
      y  -0.930257   1.000000
  M  x1   1.000000  -0.958659
      y  -0.958659   1.000000
```

데이터프레임.corr()을 이용하여 상관계수를 구하는 함수 correlation()을 만들었다. [Out 949]에 correlation()을 이용하여 x2를 기준으로 분리된 그룹별로 x1과 y의 상관계수를 구하였다. 상관계수가 여자는 -0.930257, 남자는 -0.958659이다.

그룹연산(그룹.apply())

```
def reg_slop(data, x, y):
    return sum((data[x]-data[x].mean())*(data[y]-data[y].mean()))/sum(₩
               (data[x]-data[x].mean())**2)
print("[Out 950]: 성별에 따라 x1와 y에 대한 회귀모형의 기울기:₩n{}"
      .format(data_group.apply(reg_slop, 'x1', 'y')))
```

출력결과

```
[Out 950]: 성별에 따라 x1와 y에 대한 회귀모형의 기울기:
x2
  F   -0.099858
  M   -0.103902
  dtype: float64
```

회귀직선의 기울기를 구하는 함수 reg_slop()을 만들었다. [Out 950]에 reg_slop()를 이용하여 x2를 기준으로 분리된 그룹별로 x1과 y에 대한 회귀직선의 기울기를 구하였다. 회귀직선의 기울기는 다음과 같이 구할 수 있다.

회귀직선 기울기

n개의 관측된 자료를 생각해보자.

$$(x_1, y_1), (x_2, y_2), \cdots, (x_n, y_n)$$

서 두 변수의 관계를 직선모형으로 설정하였다. 즉 두 변수는 다음과 같은 함수관계가 있다고 가정하였다.

$$y_i = \alpha + \beta x_i + \epsilon_i, i = 1,2,\cdots,n$$

n개의 관측된 자료를 이용해서 α와 β는 다음과 같이 구할 수 있다.

$$\hat{\beta} = \frac{\sum_{i=1}^{n}(x_i - \bar{x})(y_i - \bar{y})}{\sum_{i=1}^{n}(x_i - \bar{x})^2}, \quad \hat{\alpha} = \bar{y} - \hat{\beta}\bar{x}.$$

피벗 테이블(pivot_table)

```
list_dict = [{'item':'TV','sales':25,'amount':400},{'item':'TV','sales':22,'amount':350},
  {'item':'TV','sales':38,'amount':550},{'item':'Refrigerator','sales':100,'amount':800},
     {'item':'Refrigerator','sales':150,'amount':1000},{'item':'Refrigerator','sales':200,
     'amount':1800}]
df_sales_item = pd.DataFrame(list_dict, columns=['item','sales','amount'])
df_sales_item['region'] = ['Dague','Seoul','Busan','Dague','Seoul','Busan']
print("[Out 951]: df_sales_item:₩n", df_sales_item)
```

출력결과

```
[Out 951]: df_sales_item:
           item  sales  amount  region
0            TV     25     400   Dague
1            TV     22     350   Seoul
2            TV     38     550   Busan
3  Refrigerator    100     800   Dague
4  Refrigerator    150    1000   Seoul
5  Refrigerator    200    1800   Busan
```

[Out 951]은 데이터프레임 df_sales_item을 출력한 것이다.

피벗 테이블(pivot_table)

```
df_sales_item_pivot = df_sales_item.pivot_table(values='sales', index='region',
                                                 aggfunc='sum', margins=True)
print("[Out 952]:각 region의 sales 합:₩n{} ".format(df_sales_item_pivot))
```

출력결과

```
[Out 952]:각 region의 sales 합:
         sales
region
Busan    238.0
Dague    125.0
Seoul    172.0
All      535.0
```

데이터프레임.pivot_table()을 이용해서 자료를 피벗 테이블로 요약할 수 있다. df_sales_item.pivot_table(values='sales', index='region', aggfunc='sum', margins=True)을 이용하여 각 region의 sales값에 대한 합 구하고, df_sales_item_pivot에 저장하였다. [Out 952]에 그 결과를 출력하였다. 여기서 values는 요약할 열 이름(숫자형), index는 행에 위치할 열 이름(범주형), aggfunc는 요약 함수, margins는 행 합이나, 열 합을 추가할 것인지를 결정한다. 디폴트 값은 False이다. 각 지역의 sales 합은 Busan은 238.0, Dague는 125.0, Seoul은 172.0이고, 총 sales는 535.0이다.

피벗 테이블(pivot_table)

```
df_sales_item_pivot_1 = df_sales_item.pivot_table(values='sales',index= ['region','item'],
                                    aggfunc='sum', margins=True)
print("[Out 953]: region과 item의 각 수준에서 sales의 합 :₩n",df_sales_item_pivot_1)
df_sales_item_pivot_2 = df_sales_item.pivot_table(values=['sales'], index=['region'],
                              columns=['item'],aggfunc='sum', margins=True)
print("[Out 954]:region과 item의 각 수준에서 sales의 합:₩n",df_sales_item_pivot_2)
```

출력결과

```
[Out 953]: region과 item의 각 수준에서 sales의 합:
                     sales
region  item
Busan   Refrigerator 200.0
        TV            38.0
Dague   Refrigerator 100.0
        TV            25.0
Seoul   Refrigerator 150.0
        TV            22.0
        All          535.0
[Out 954]:region과 item의 각 수준에서 sales의 합:
                     sales
item    Refrigerator   TV     All
region
Busan          200.0  38.0  238.0
Dague          100.0  25.0  125.0
Seoul          150.0  22.0  172.0
All            450.0  85.0  535.0
```

df_sales_item.pivot_table(values='sales', index= ['region', 'item'], aggfunc='sum', margins= True)을 이용하여 region과 item의 각 수준에 대한 sales값의 합 구하고, df_sales_item_pivot_1에 저장하였다. [Out 953]에 그 결과를 출력하였다. Busan에서 Refrigerator의 총 sales값은 200.0, TV의 총 sales 값은 38.0이다. df_sales_item .pivot_table(values=['sales'], index=['region'], columns=['item'], aggfunc='sum', margins=True)을 이용하여 행 변수를 region, 열 변수를 item으로 지정하여 각 수준에서 sales의 합을 구하였다. [Out 954]에 그 결과를 출력하였다. 여기서 columns에 열 변수 이름을 할당한다. [Out 954]는 [Out 953]에서 item을 열로 지정하여 출력행태를 변경한 것이다.

도수분포표와 분할표(crosstab())

```
credit = pd.read_csv('credit.csv',dtype={'Age':'category','Income':'category',₩
                                          'Credit':'category'})
print("[Out 955]: credit:₩n{}".format(credit.head(4)))
print("[Out 956]: credit에서 열의 데이터 유형:₩n{}".format(credit.dtypes))
```

출력결과

```
[Out 955]: credit:
   Age  Income     Credit  purchas
0   40  medium  excellent      850
1   40  medium       fair      752
2   40    high       fair      900
3   20  medium        bad      684
[Out 956]: credit에서 열의 데이터 유형:
 Age        category
 Income     category
 Credit     category
 purchas       int64
 dtype: object
```

---

credit.csv에 저장된 다음 자료를 pd.read_csv()를 이용하여 읽어서 credit에 저장하였다. 이때 Age와 Income, Credit는 자료의 유형을 category로 지정하였다. 그 결과의 일부를 [Out 955]에 출력하였다. [Out 956]에 각 열의 자료의 유형을 나타내었다. Age, Income, Credit는 범주형 자료이고, Purchase는 정수형 자료이다.

Age	Income	Credit	Purchase	Age	Income	Credit	Purchase
40	medium	excellent	850	40	low	bad	594
40	medium	fair	752	40	low	bad	610
40	high	fair	900	40	medium	excellent	751
20	medium	bad	684	30	medium	fair	722
30	high	fair	764	40	low	bad	600

Age	Income	Credit	Purchase	Age	Income	Credit	Purchase
20	high	fair	710	30	low	excellent	687
20	medium	bad	650	30	low	fair	621
40	medium	excellent	800	30	high	excellent	744
30	high	bad	861	40	medium	excellent	813
40	high	bad	657	20	low	bad	511
40	medium	bad	666	30	medium	fair	732
40	medium	bad	761	20	high	excellent	854
40	high	excellent	910	20	high	fair	701
30	medium	bad	540	20	high	bad	521
20	high	bad	600	30	medium	fair	675

도수분포표와 분할표(crosstab())

```
credit_freq = pd.crosstab(index = credit.Age, columns='count')
print("[Out 957]: credit의 Age의 도수분포표:₩n{}".format(credit_freq))
```

출력결과

```
[Out 957]: credit의 Age의 도수분포표:
 col_0    count
 Age
  20         8
  30         9
  40        13
```

pd.crosstab(index=credit.Age, columns='count')를 이용하여 Age의 각 범주에 속하는 자료의 수를 구하였다. 그 결과는 [Out 957]에 출력하였다. pd.crosstab()를 이용하여 범주형 자료에 대한 도수분포표와 분할표를 작성한다. 여기서 index는 분할표에서 행에 위치할 열 이름, columns에는 분할표에서 열에 위치할 열 이름을 지정한다. 여기서 Age의 각 범주에 속하는 자료의 수를 구해야 하므로 index에 Age, columns에 count를 지정했다. 도수분포표와 분할표는 범주형 자료 분석에 많이 이용된다.

도수분포표와 분할표(crosstab())

```
credit_margin = pd.crosstab(index = credit.Age, columns='count', margins=True)
print("[Out 958]: credit의 Age의 도수분포표 행/열 합 추:₩n{}".format(credit_margin))
credit_prop =pd.crosstab(index = credit.Age, columns='count', normalize='columns')
print("[Out 959]: credit의 Age의 도수분포표-비율:₩n{}".format(credit_prop))
credit_percent = credit_prop.round(4)*100
print("[Out 960]: credit의 Age의 도수분포표-백분율:₩n{}".format(credit_percent))
```

출력결과

```
[Out 958]: credit의 Age의 도수분포표 행/열 합 추가:
  col_0      count     All
```

```
   Age
   20          8    8
   30          9    9
   40         13   13
   All        30   30
[Out 959]: credit의 Age의 도수분포표-비율:
  col_0      count
   Age
    20       0.266667
    30       0.300000
    40       0.433333
[Out 960]: credit의 Age의 도수분포표-백분율:
  col_0     count
   Age
    20      26.67
    30      30.00
    40      43.33
```

pd.crosstab()에서 인수 margins에 True를 지정해서 각 행과 열의 합을 추가한 도수분포표를 만들고 그 결과를 credit_margin에 할당하였다. [Out 958]에 그 결과를 출력하였다. pd.crosstab()에서 인수 normalize에 columns를 지정해서 열의 비율을 구하고 그 결과를 credit_prop에 저장하였다. [Out 959]에 그 결과를 출력하였다. 여기서 1행 값 0.266667은 8/30을 계산한 결과이다. round(4)를 이용하여 소수 셋째 자리에서 반올림하고 100을 곱하여 비율을 백분율로 나타내고 그 결과를 credit_prop에 저장하였다. [Out 960]에서 그 결과를 볼 수 있다. 위의 결과를 정리하면 다음 표와 같은 Age의 도수분포표를 만들 수 있다. 아래 표에서 조사 대상자 중 20대가 26.67%, 30대가 30.0%, 40대가 43.33%인 것을 확인할 수 있다.

Age	도수	비율	백분율
20	8	0.266667	26.67
30	9	0.300000	30.00
40	13	0.43333	43.33
합계	30	1.00	100

도수분포표와 분할표(crosstab())

```
credit_age_income = pd.crosstab(index=credit.Age, columns=credit.Income,₩
                               margins=True)
print("[Out 961]: credit에서 Age와 Income의 분할표:₩n{}"
      .format(credit_age_income))
```

출력결과

```
[Out 961]: credit에서 Age와 Income의 분할표:
  Income    high  low  medium  All
   Age
    20        5    1     2      8
```

```
 30      3   2    4    9
 40      3   3    7   13
 All    11   6   13   30
```

행을 Age, 열을 Income으로 분할표를 작성하고, 그 결과를 credit_age_income에 저장하였다. [Out 961]에서 분할표를 볼 수 있다. 결과를 살펴보면 나이 20대 중 소득이 high인 사람 5명, low인 사람 1명, medium인 사람 2명이다. 소득이 high인 사람 중에 나이가 20대 5명, 30대 3명, 40대가 3명이다.

도수분포표와 분할표(crosstab())

```
credit_age_income_row = pd.crosstab(index=credit.Age, columns=credit.Income,₩
                                    normalize='index', margins=True)
print("[Out 962]: credit에서 Age와 Income의 분할표에서 행비율:₩n{}"
      .format(credit_age_income_row.round(4)))
```

출력결과

```
[Out 962]: credit에서 Age와 Income의 분할표에서 행비율:
 Income     high     low      medium
 Age
  20       0.6250   0.1250   0.2500
  30       0.3333   0.2222   0.4444
  40       0.2308   0.2308   0.5385
  All      0.3667   0.2000   0.4333
```

pd.crosstab()에서 인수 normalize에 index를 지정해서 행의 비율을 구하고 그 결과를 credit_age_income_row에 저장하였다. [Out 962]에 그 결과를 출력하였다. 여기서 1행 값 0.6250, 0.1250, 0.2500은 5/8, 1/8, 2/8을 계산한 결과이다. 이때 margins가 True이면 All에 대한 비율도 계산한다.

도수분포표와 분할표(crosstab())

```
credit_age_income_col = pd.crosstab(index=credit.Age, columns=credit.Income,₩
                                    normalize='columns',margins=True)
print("[Out 963]: credit에서 Age와 Income의 분할표에서 열비율:₩n{}"
      .format(credit_age_income_col.round(4)))
```

출력결과

```
[Out 963]: credit에서 Age와 Income의 분할표에서 열비율:
 Income    high    low    medium    All
 Age
  20      0.4545  0.1667  0.1538  0.2667
  30      0.2727  0.3333  0.3077  0.3000
  40      0.2727  0.5000  0.5385  0.4333
```

pd.crosstab()에서 인수 normalize에 columns를 지정해서 열의 비율을 구하고 그 결과를 credit_age_income_col에 저장하였다. [Out 963]에 그 결과를 출력하였다. 여기서 1열 값 0.4545, 0.2727, 0.2727은 5/11, 3/11, 3/11을 계산한 결과이다.

도수분포표와 분할표(crosstab())

```
credit_age_income_total = pd.crosstab(index=credit.Age, columns=credit.Income,₩
                                      normalize=True ,margins=True)
print("[Out 964]: credit에서 Age와 Income의 분할표에서  전체 비율:₩n{}"
      .format(credit_age_income_total.round(4)))
```

출력결과

```
[Out 964]: credit에서 Age와 Income의 분할표에서  전체 비율:
  Income    high     low    medium    All
  Age
  20        0.1667  0.0333  0.0667  0.2667
  30        0.1000  0.0667  0.1333  0.3000
  40        0.1000  0.1000  0.2333  0.4333
  All       0.3667  0.2000  0.4333  1.0000
```

pd.crosstab()에서 인수 normalize에 True를 지정해서 전체의 비율을 구하고 그 결과를 credit_age_income_total에 저장하였다. [Out 964]에 그 결과를 출력하였다. 여기서 1열 값 0.1667, 0.1000, 0.1000, 0.3667은 5/30, 3/30, 3/30, 11/30을 계산한 결과이다. 위 결과를 정리하면 다음과 같은 Age와 Income에 대한 분할표를 작성할 수 있다.

<table>
<tr><th colspan="2">도수</th><th colspan="3">Incomet</th><th>합계</th></tr>
<tr><td colspan="2">행비율</td><td rowspan="3">high</td><td rowspan="3">low</td><td rowspan="3">medium</td><td>합계</td></tr>
<tr><td colspan="2">열비율</td><td></td></tr>
<tr><td colspan="2">전체비율</td><td></td></tr>
<tr><td rowspan="12">Age</td><td rowspan="4">20</td><td>5</td><td>1</td><td>2</td><td>8</td></tr>
<tr><td>0.6250</td><td>0.1250</td><td>0.2500</td><td>1.00</td></tr>
<tr><td>0.4545</td><td>0.1667</td><td>0.1538</td><td>0.2667</td></tr>
<tr><td>0.1667</td><td>0.0333</td><td>0.0667</td><td></td></tr>
<tr><td rowspan="4">30</td><td>3</td><td>2</td><td>4</td><td>9</td></tr>
<tr><td>0.333</td><td>0.222</td><td>0.444</td><td>1.00</td></tr>
<tr><td>0.2727</td><td>0.3333</td><td>0.3077</td><td>0.300</td></tr>
<tr><td>0.1000</td><td>0.0667</td><td>0.1333</td><td></td></tr>
<tr><td rowspan="4">40</td><td>3</td><td>3</td><td>7</td><td>13</td></tr>
<tr><td>0.2308</td><td>0.2308</td><td>0.5385</td><td>1.00</td></tr>
<tr><td>0.2727</td><td>0.5000</td><td>0.5385</td><td>0.433</td></tr>
<tr><td>0.1000</td><td>0.1000</td><td>0.2333</td><td></td></tr>
<tr><td colspan="2">합계</td><td>11</td><td>6</td><td>13</td><td>30</td></tr>
<tr><td colspan="2"></td><td>0.3667</td><td>0.200</td><td>0.4333</td><td>1.00</td></tr>
<tr><td colspan="2">합계</td><td>1.00</td><td>1.00</td><td>1.00</td><td></td></tr>
</table>

도수분포표와 분할표(crosstab())

```
credit_age_credit_income = pd.crosstab(index=[credit.Age, credit.Credit],₩
                                       columns=credit.Income,margins=True)
print("[Out 965]: credit에서 Age,Credit와 Income의 분할표:₩n{}"
      .format(credit_age_credit_income))
```

출력결과

```
[Out 965]: credit에서 Age,Credit와 Income의 분할표:
   Income          high  low  medium  All
    Age     Credit
    20        bad     2    1    2    5
          excellent   1    0    0    1
    fair        2     0    0    2
    30        bad     1    0    1    2
          excellent   1    1    0    2
    fair        1     1    3    5
    40        bad     1    3    2    6
          excellent   1    0    4    5
    fair        1     0    1    2
    All        11     6   13   30
```

행 변수로 Age와 Credit를 지정하고, 열 변수로 Income을 지정해서 분할표를 작성하고, 그 결과를 credit_age_credit_income에 저장하였다. [Out 965]에 그 결과를 나타내었다. Age-20대, Credit-bad인 사람 중에서 Income이 high인 사람 2명, low인 사람 1명, medium인 사람 2명이다.

Age에 대한 막대그래프

```
print("[Out 966]: Age에 대한 막대그래프:")
credit_freq.plot(kind='bar')
```

출력결과

[Out 966]: Age에 대한 막대그래프:

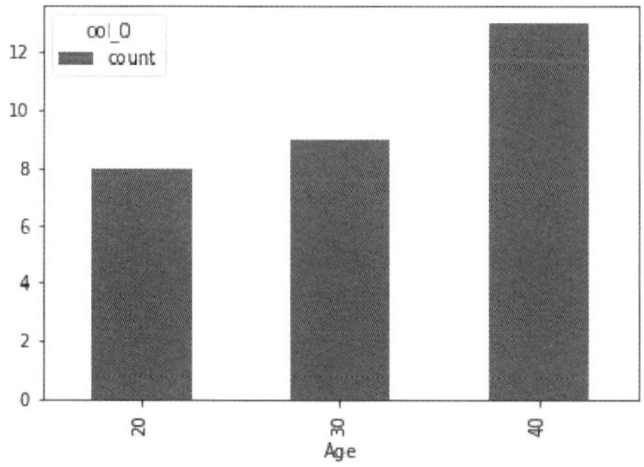

Age의 도수분포표를 막대그래프로 나타내고, 그 결과를 [Out 966]에 출력하였다. 이

그림을 통해서 조사대상자 중에 40대가 가장 많은 것을 볼 수 있다.

Age에 대한 원그래프

```
print("[Out 967]: Age에 대한 원그래프:")
credit_percent.plot(kind='pie', subplots='True',autopct='%1.1f%%')
```

출력결과

[Out 967]: Age에 대한 원그래프:

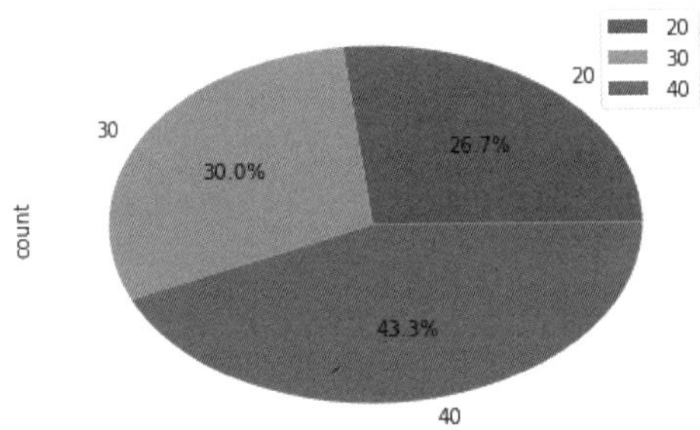

Age의 도수분포표를 원그래프로 나타내고, 그 결과를 [Out 967]에 출력하였다.

Age와 Income에 대한 군집막대그래프

```
print("[Out 968]: Age와 Income에 대한 군집막대그래프:")
credit_age_income.plot(kind='bar', stacked=False)
```

출력결과

[Out 968]: Age와 Income에 대한 군집막대그래프:

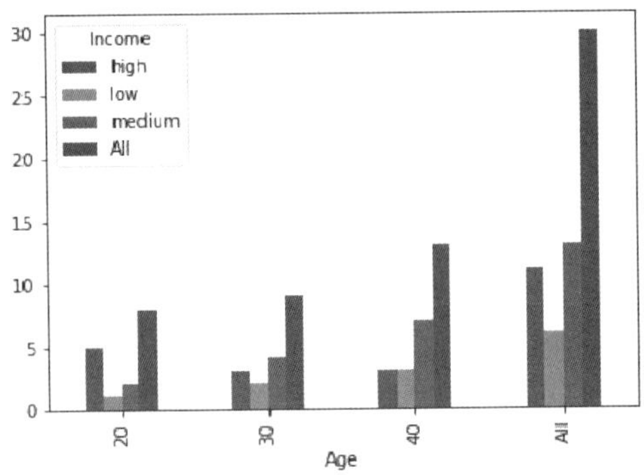

Age와 Income의 분할표를 군집막대그래프로 나타내고, 그 결과를 [Out 968]에 출력하였다. 이 그래프에서 Age별로 Income 막대의 패턴이 다른 패턴을 가지는 것을 볼 수 있다. 이 사실에서 Age에 따라 Income 수준이 다른 경향을 가진다는 것을 알 수 있다. 즉 Age와 Income은 서로 관련이 있는 변수라고 추측할 수 있다.

Age와 Income에 대한 비율누적막대그래프

```
print("[Out 969]: Age와 Income에 대한 비율누적막대그래프:")
credit_age_income_row.plot(kind='bar',stacked=True)
```

출력결과

[Out 969]: Age와 Income에 대한 비율누적막대그래프:

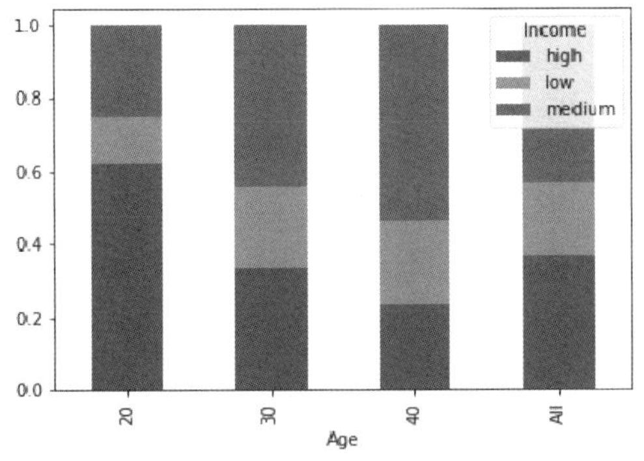

Age와 Income의 분할표를 비율누적막대그래프로 나타내고, 그 결과를 [Out 969]에 출력하였다.

Age와 Income의 각 수준에서 purchase의 평균

```
credit_age_income_purchas=pd.crosstab(index=credit.Age, columns=credit.Income,₩
                                      values=credit.purchase, aggfunc='mean')
print("[Out 970]: credit에서 Age와 Income의 각 수준에서 purchase의 평균:₩n{}"
      .format(credit_age_income_purchase.round(2)))
```

출력결과

```
[Out 970]: credit에서 Age와 Income의 각 수준에서 purchase의 평균:
  Income     high     low   medium
  Age
   20      677.20  511.00  667.00
   30      789.67  654.00  667.25
   40      822.33  601.33  770.43
```

pd.crosstab()에서 인수 values에 요약 통계를 구할 열 purchase를 지정하고, aggfunc에 mean을 지정하여 Age와 Income의 각 수준에서 purchase의 평균을 구하고 그 결과를 credit_age_income_purchase에 저장하였다. [Out 970]에 그 결과를 출력하였다. 20대, income이 high인 사람들에 대한 purchase의 평균은 677.20이다.

연속형 자료의 도수분포표와 분할표(cut())

```
credit_purchase_cut = pd.cut(credit.purchase, 5)
```

```
print("[Out 971]: credit의 purchase를 5개의 범주로 묶는다.:\n{}"
      .format(credit_purchase_cut))
```

출력결과

```
[Out 971]: credit의 purchase를 5개의 범주로 묶는다.:
 0        (830.2, 910.0]
 1        (750.4, 830.2]
 2        (830.2, 910.0]
 3        (670.6, 750.4]
 4        (750.4, 830.2]
             생략 :
 26       (830.2, 910.0]
 27       (670.6, 750.4]
 28     (510.601, 590.8]
 29       (670.6, 750.4]
Name: purchase, dtype: category
Categories (5, interval[float64]): [(510.601, 590.8] < (590.8, 670.6] < (670.6, 750.4] < (750.4, 830.2] <
(830.2, 910.0]]
```

pd.cut()를 이용하여 연속형 자료를 범주형 자료로 변경한다. 원래 purchase는 int64 형인 숫자형 자료이다. 이것을 pd.cut()함수를 이용하여 5개의 범주 [(510.601, 590.8] < (590.8, 670.6] < (670.6,750.4] < (750.4, 830.2] < (830.2, 910.0]]로 묶었다. 그 결과를 [Out 971]에 출력하였다. 결과를 살펴보면 첫 번째 값 850은 범주 (830.2, 910.0], 752는 (750.4, 830.2], 그리고 마지막 자료값 675는 (670.6, 750.4]에 속하는 것을 볼 수 있다. 그리고 purchase의 유형이 범주형(category)으로 변경된 것을 볼 수 있다. 범주형으로 변경된 자료를 이용하여 연속형 자료에 대한 도수분포표를 만든다.

연속형 자료의 도수분포표와 분할표(cut())

```
credit_purchase_cut_freq = pd.value_counts(credit_purchase_cut)
print("[Out 972]: 각 범주에 속하는 자료 개수:\n{}".format(credit_purchase_cut_freq))
print("[Out 973]: 각 범주의 상대도수:\n{}"
      .format((credit_purchase_cut_freq/credit_purchase_cut_freq.sum()).round(3)))
```

출력결과

```
[Out 972]: 각 범주에 속하는 자료 개수:
  (670.6, 750.4]     8
  (590.8, 670.6]     8
  (750.4, 830.2]     6
  (830.2, 910.0]     5
  (510.6, 590.8]     3
  Name: purchase, dtype: int64
[Out 973]: 각 범주의 상대도수:
 (670.6, 750.4]     0.267
 (590.8, 670.6]     0.267
 (750.4, 830.2]     0.200
```

```
(830.2, 910.0]      0.167
(510.6, 590.8]      0.100
Name: purchase, dtype: float64
```

pd.value_counts()를 이용하여 각 범주에 속하는 자료의 수 즉 도수를 구할 수 있다. pd.value_counts(credit_purchase_cut)를 이용하여 각 범주의 도수를 구하고 그 결과를 credit_purchase_cut_freqdp 저장하였다. [Out 972]에서 그 결과를 볼 수 있다. [Out 973]에는 각 범주의 상대도수(각 범주의 도수/전체도수)를 출력하였다. 이 두 결과를 정리하면 다음과 같은 purchase에 대한 도수 분포표를 얻는다.

purchase	도수	상대도수	백분율
510.6~590.8	3	0.100	10.0
590.8~670.6	8	0.267	26.7
670.6~750.4	8	0.267	26.7
750.4~830.2	6	0.200	20.0
830.2~910.0	5	0.167	16.7
합계	30	1.00	100

연속형 자료의 도수분포표와 분할표(cut())

```
import math
num_category = math.ceil(1+3.322*math.log10(30))
print("[Out 974]: 범주의 개수 :{}".format(num_category))
max_pu = max(credit['purchase'])
print("[Out 975]: purchase의 최댓값 :{}".format(max_pu))
min_pu = min(credit['purchase'])
print("[Out 976]: purchase의 최솟값 :{}".format(min_pu))
width_category = math.ceil((max_pu-min_pu)/num_category)
print("[Out 977]: 범주의 너비 :{}".format(width_category))
first_category_l = min_pu-1*0.5
print("[Out 978]: 첫 번째 범주의 하한 :{}".format(first_category_l))
last_category_u = first_category_l + num_category*width_category
print("[Out 979]: 마지막 범주의 상한 :{}".format(last_category_u))
bins = np.arange(first_category_l,last_category_u+width_category, width_category)
print("[Out 980]: bins :{}".format(bins))
```

출력결과

```
[Out 974]: 범주의 개수 : 6
[Out 975]: purchase의 최댓값 : 910
[Out 976]: purchase의 최솟값 : 511
[Out 977]: 범주의 너비 : 67
[Out 978]: 첫 번째 범주의 하한 : 510.5
[Out 979]: 마지막 범주의 상한 : 912.5
[Out 980]: bins : [ 510.5  577.5  644.5  711.5  778.5  845.5  912.5]
```

스터지공식 [$1+3.322\log_{10}n$]을 이용하여 범주의 개수를 구한다. [x]는 x보다 크거나 같은 가장 작은 정수를 나타내고, n은 자료 개수이다. 파이썬에서 math.ceil()을 이용하여 [x]를 구할 수 있다. ceil()를 이용하기 위해서 모듈 math를 임포터했다. math.ceil(1+3.322*math.log10(30))를 이용하여 범주의 개수를 구하고, num_category에 저장하였다. [Out 974]에 그 결과를 출력하였다. [Out 975]에 purchase의 최댓값, [Out 976]에 purchase의 최솟값을 출력하였다. [Out 977]에 계급의 너비(최댓값-최솟값)/범주의 수), [Out 978]에 첫 번째 범주의 하한, [Out 979]에 마지막 범주의 상한을 나타내었다. np.arange(first_category_l,last_category_u+width_category, width_category)를 이용 각 범주를 구하고, bins에 저장하였다. [Out 980]에 그 결과를 출력하였다.

연속형 자료의 도수분포표와 분할표(cut())

```
credit['purchase_cut'] =pd.cut(credit.purchase, bins)
print("[Out 981]: credit :₩n{}".format(credit.head(4)))
print("[Out 982]: credit에서 열의 데이터 유형:₩n{}".format(credit.dtypes))
print("[Out 983]: credit의 purchase의 도수분포:₩n{}"
      .format(pd.crosstab(index=credit.purchase_cut, columns='count',margins=True)))
print("[Out 984]: credit의 purchase의 상대도수:₩n{}"
      .format(pd.crosstab(index=credit.purchase_cut, columns='relFreq',₩
                          normalize='columns').round(3)))
```

출력결과

```
[Out 981]: credit :
   Age  Income     Credit    purchase    purchase_cut
0   40   medium   excellent     850      (845.5, 912.5]
1   40   medium      fair       752      (711.5, 778.5]
2   40    high       fair       900      (845.5, 912.5]
3   20   medium      bad        684      (644.5, 711.5]
[Out 982]: credit에서 열의 데이터 유형:
  Age              category
  Income           category
  Credit           category
  purchase            int64
  purchase_cut     category
  dtype: object
[Out 983]: credit의 purchase의 도수분포:
  col_0            count   All
 purchase_cut
 (510.5, 577.5]      3      3
 (577.5, 644.5]      5      5
 (644.5, 711.5]      8      8
 (711.5, 778.5]      7      7
 (778.5, 845.5]      2      2
 (845.5, 912.5]      5      5
       All          30     30
[Out 984]: credit의 purchase의 상대도수:
 col_0               relFreq
  purchase_cut
```

```
(510.5, 577.5]     0.100
(577.5, 644.5]     0.167
(644.5, 711.5]     0.267
(711.5, 778.5]     0.233
(778.5, 845.5]     0.067
(845.5, 912.5]     0.167
```

credit['purchase_cut']=pd.cut(credit.purchase, bins)를 이용하여 [Out 980]에서 만든 bins로 purchase를 6개의 그룹으로 묶고, 그 결과를 credit에 purchase_cut열로 추가하였다. [Out 981]에서 credit에 새로운 열 purchase_cut가 추가된 것을 확인할 수 있다. [Out 982]에 credit의 각 열의 자료 유형을 나타내었다. 여기서 purchase_cut의 유형이 category인 것을 볼 수 있다. [Out 983]에는 각 범주에 속하는 도수, [Out 984]에는 각 범주의 상대도수를 구하고, 출력하였다.

데이터프레임 합치기(merge())

```
df_1 = pd.DataFrame([{'Name': 'Park','Score':75, 'Class':'A'},
                     {'Name': 'Lee', 'Score':80, 'Class':'A'},
                     {'Name': 'Jang', 'Score':96,'Class':'A'}],₩
                      columns=['Name','Score','Class'])
print("[Out 985]: df_1:₩n{}".format(df_1))
df_2 = pd.DataFrame([{'Name': 'Park','Gpa':'C'},
                     {'Name': 'Lee', 'Gpa':'B'},
                     {'Name': 'Jang','Gpa':'A'},
                     {'Name': 'Hang','Gpa':'B'}],₩
                      columns=['Name','Gpa'])
print("[Out 986]: df_2:₩n{}".format(df_2))
df_3 = pd.DataFrame([{'name': 'Hong','Score':76, 'Class':'B'},
                     {'name': 'Kang', 'Score':88, 'Class':'B'},
                     {'name': 'Song', 'Score':96,'Class':'B'}],₩
                      columns=['name','Score','Class'])
print("[Out 987]: df_3:₩n{}".format(df_3))
```

출력결과

```
[Out 985]: df_1:
    Name   Score   Class
 0  Park    75       A
 1   Lee    80       A
 2  Jang    96       A
[Out 986]: df_2:
    Name    Gpa
 0  Park     C
 1   Lee     B
 2  Jang     A
 3  Hang     B
[Out 987]: df_3:
     name   Score   Class
 0  Hong    76       B
```

```
1   Kang   88   B
2   Song   96   B
```

데이터프레임 df_1, df_2, df_3을 만들고 [Out 985], [Out 986], [Out 987]에 출력하였다.

데이터프레임 합치기(merge())

```
df_12 = pd.merge(df_1,df_2, on='Name')
print("[Out 988]: Name을 기준으로 df_1과 df_2를 병합:₩n{}".format(df_12))
```

출력결과

```
[Out 988]: Name을 기준으로  df_1과  df_2를 병합:
   Name  Score  Class  Gpa
0  Park    75     A     C
1   Lee    80     A     B
2  Jang    96     A     A
```

pd.merge(df1, df2)를 이용하여 df1과 df2가 공통으로 가지는 변수를 기준으로 df2를 df1옆에 붙인다. pd.merge(df_1, df_2, on='Name')를 이용하여 Name을 기준으로 df_2를 df_1 오른쪽에 붙이고 그 결과를 df_12에 저장하였다. [Out 988]에 그 결과를 출력하였다. 여기서 on에 기준변수를 명시하였다. df_1과 df_2에서 같은 이름을 가지는 사람이 Park, Lee, Jang이므로 이 세 사람에 대해서만 df_2를 df_1 오른쪽에 부쳤다.

데이터프레임 합치기(merge())

```
df_12_how_left = pd.merge(df_1, df_2, on='Name', how='left')
print("[Out 989]: 콤마 왼쪽 데이터프레임에 있는  Name을 기준으로 ₩
     df_1과  df_2를 병합:₩n{}".format(df_12_how_left))
```

출력결과

```
[Out 989]: 콤마 왼쪽 데이터프레임에 있는  Name을 기준으로 df_1과  df_2를 병합:
   Name   Score  Class  Gpa
0  Park    75      A     C
1   Lee    80      A     B
2  Jang    96      A     A
```

pd.merge()의 인수 how를 left로 지정해서 콤마 왼쪽에 있는 df_1의 이름을 기준으로 두 데이터프레임을 병합하고, 그 결과를 df_12_how_left에 저장하였다. [Out 989]에서 그 결과를 볼 수 있다. df_1에 있는 사람의 이름이 Park, Lee, Jang이므로 이 세 명에 대해서 두 데이터프레임을 병합하였다.

데이터프레임 합치기(merge())

```
df_12_how_right = pd.merge(df_1, df_2, on='Name', how='right')
print("[Out 990]: 콤마 오른쪽 데이터프레임에 있는 Name을 기준으로 ₩
      df_1과 df_2를 병합:₩n{}".format(df_12_how_right))
```

출력결과

```
[Out 990]: 콤마 오른쪽 데이터프레임에 있는 Name을 기준으로 df_1과 df_2를 병합:
   Name  Score Class Gpa
0  Park   75.0     A   C
1   Lee   80.0     A   B
2  Jang   96.0     A   A
3  Hang    NaN   NaN   B
```

pd.merge()의 인수 how를 right로 지정해서 콤마 오른쪽에 있는 df_2의 이름을 기준으로 두 데이터프레임을 병합하고, 그 결과를 df_12_how_right에 저장하였다. [Out 990]에서 그 결과를 볼 수 있다. df_2에 있는 사람의 이름이 Park, Lee, Jang, Hang이므로 이 네 명에 대해서 두 데이터프레임을 병합하였다. Hang는 df_1에 속하는 사람이 아니기 때문에 Hang에 대한 Score, Class의 자료가 없기 때문에 NaN으로 반환되었다.

데이터프레임 합치기(merge())

```
df_12_how_outer = pd.merge(df_1, df_2, on='Name', how='outer')
print("[Out 991]: 두 데이터프레임에 있는 Name의 합집합을 기준으로 ₩
                 df_1과 df_2를 병합:₩n{}".format(df_12_how_outer))
```

출력결과

```
[Out 991]: 두 데이터프레임에 있는 Name의 합집합을 기준으로 df_1과 df_2를 병합:
   Name  Score Class Gpa
0  Park   75.0     A   C
1   Lee   80.0     A   B
2  Jang   96.0     A   A
3  Hang    NaN   NaN   B
```

pd.merge()의 인수 how를 outer로 지정해서 df_1과 df_2의 Name의 합집합을 기준으로 두 데이터프레임을 병합하고, 그 결과를 df_12_how_outer에 저장하였다. [Out 991]에서 그 결과를 볼 수 있다. df_1과 df_2에 있는 사람의 이름의 합집합은 Park, Lee, Jang, Hang이므로 이 네 명에 대해서 두 데이터프레임을 병합하였다. Hang는 df_1에 속하는 사람이 아니기 때문에 Hang에 대한 Score, Class의 자료가 없기 때문에 NaN으로 반환되었다.

데이터프레임 합치기(merge())

```
df_12_how_inner = pd.merge(df_1, df_2, on='Name', how='inner')
print("[Out 992]: 두 데이터프레임에 있는  Name의 교집합을 기준으로 ₩
            df_1과 df_2를 병합:₩n{}".format(df_12_how_inner))
```

출력결과

```
[Out 992]: 두 데이터프레임에 있는  Name의 교집합을 기준으로  df_1과 df_2를 병합:
   Name  Score  Class  Gpa
0  Park     75      A    C
1   Lee     80      A    B
2  Jang     96      A    A
```

pd.merge()의 인수 how를 inner로 지정해서 df_1과 df_2의 Name의 교집합을 기준으로 두 데이터프레임을 병합하고, 그 결과를 df_12_how_inner에 저장하였다. [Out 992]에서 그 결과를 볼 수 있다. df_1과 df_2에 있는 사람의 이름의 교집합은 Park, Lee, Jang이므로 이 세 명에 대해서 두 데이터프레임을 병합하였다. inner은 디폴트이다.

데이터프레임 합치기(merge())

```
df_12_on_left_right = pd.merge(df_1, df_2, left_on='Name',right_on='Name')
print("[Out 993]: 두 데이터프레임에 있는  Name을 기준으로 ₩
            df_1과 df_2를 병합:₩n{}".format(df_12_on_left_right))
```

출력결과

```
[Out 993]: 두 데이터프레임에 있는  Name을 기준으로  df_1과 df_2를 병합:
   Name  Score  Class  Gpa
0  Park     75      A    C
1   Lee     80      A    B
2  Jang     96      A    A
```

pd.merge()의 인수 left_on, right_on에 Name를 지정해서 df_1과 df_2의 Name을 기준으로 두 데이터프레임을 병합하고, 그 결과를 df_12_left_right에 저장하였다. [Out 993]에서 그 결과를 볼 수 있다. 여기서 left_on에는 콤마 왼쪽 데이터프레임 df_1에서 병합할 기준변수를 명시하고, right_on에는 콤마 오른쪽 데이터프레임 df_2에서 병합할 기준변수를 명시한다. df_1과 df_2가 공통변수 Name를 가지기 때문에 on=Name 했을 때와 결과가 같다.

데이터프레임 합치기(merge())

```
df_13_on_left_right = pd.merge(df_1, df_3, left_on='Name',right_on='name')
print("[Out 994]: 두 데이터프레임에 있는  Name과 name를 기준으로 ₩
            df_1과 df_3를 병합:₩n{}".format(df_13_on_left_right))
```

출력결과

```
[Out 994]: 두 데이터프레임에 있는  Name과 name를 기준으로 df_1과 df_3를 병합:
 Empty DataFrame
 Columns: [Name, Score_x, Class_x, name, Score_y, Class_y]
```

df_1과 df_3에 공통되는 열 이름이 없어서 left_on에 Name을 명시하고 right_on에 name을 명시하여 두 데이터프레임을 병합하였다. df_13_on_left_right에 그 결과를 저장하고, [Out 994]에 출력하였다. 디폴트로 how=inner로 지정되었다. Name와 name에서 일치하는 이름이 하나도 없기 때문에 두 변수의 공통집합(how=inner)은 공집합이다. 따라서 [Out 994]를 보면 반환된 값이 없다.

데이터프레임 합치기(merge())

```
df_13_on_left_right_outer = pd.merge(df_1, df_3, left_on='Name',right_on='name',₩
                                                    how='outer')
print("[Out 995]: 두 데이터프레임에 있는  Name과 name를 기준으로 ₩
                df_1과 df_3를 병합:₩n{}".format(df_13_on_left_right_outer))
```

출력결과

```
[Out 995]: 두 데이터프레임에 있는  Name과 name를 기준으로  df_1과 df_3를 병합:
        Name  Score_x   Class_x   name   Score_y   Class_y
  0     Park    75.0          A    NaN      NaN       NaN
  1      Lee    80.0          A    NaN      NaN       NaN
  2     Jang    96.0          A    NaN      NaN       NaN
  3      NaN     NaN        NaN   Hong     76.0         B
  4      NaN     NaN        NaN   Kang     88.0         B
  5      NaN     NaN        NaN   Song     96.0         B
```

how를 outer로 지정하여 Name와 name의 합집합에 대해서 두 데이터프레임을 병합하였다. [Out 995]에서 그 결과를 볼 수 있다. Score_x는 왼쪽 데이터프레임의 Score를 나타내고, Score_y는 오른쪽 데이터프레임의 Score를 나타낸다. 따라서 0, 1, 2행에서 df_2에 속하는 부분은 자료 값이 없기 때문에 NaN으로 반환되었다. 3, 4, 5행에서도 df_1에 속하는 자료가 없기 때문에 NaN으로 반환되었다.

데이터프레임 합치기(merge())

```
df_2_index = df_2.set_index('Name')
print("[Out 996]: df_2를 Name를 index로 해서 새로운  데이터프레임을 만듬:₩n{}"
      .format(df_2_index))
```

출력결과

```
[Out 996]: df_2를 Name를 index로 해서 새로운  데이터프레임을 만듬:
           Gpa
 Name
  Park     C
```

```
  Lee    B
  Jang   A
  Hang   B
```

df_2를 Name을 index로 지정해서 새로운 데이터프레임 df_2_index를 만들었다. df.set_index('x')는 df에 있는 변수 x를 index로 하는 새로운 데이터프레임을 만든다. [Out 996]에 df_2_index를 출력하였다.

데이터프레임 합치기(merge())

```
df_12_index = pd.merge(df_1, df_2_index, left_on='Name',right_index=True,₩
                                          how='outer')
print("[Out 997]: 두 데이터프레임에 있는  Name을 기준으로 ₩
                df_1과 df_2_index를 병합:₩n{}".format(df_12_index))
```

출력결과

```
[Out 997]: 두 데이터프레임에 있는  Name을 기준으로 df_1과 df_2_index를 병합:
     Name   Score   Class   Gpa
 0   Park    75.0      A     C
 1    Lee    80.0      A     B
 2   Jang    96.0      A     A
 2   Hang     NaN    NaN     B
```

df_1은 Name이 열이고, df_2는 Name이 index이기 때문에 이름을 기준으로 병합할 때 left_on='Name', right_index=True로 명시하였다. 병합하려는 기준변수가 index로 되어있을때 left_index=True와 right_index=True 인자를 사용한다. [Out 997]에 df_12_index를 출력하였다.

데이터프레임 합치기(concat())

```
df_4 = pd.DataFrame([{'Name': 'Hong', 'Score':76, 'Class':'B'},
                     {'Name': 'Kang', 'Score':88, 'Class':'B'},
                     {'Name': 'Song', 'Score':96,'Class':'B'}],₩
                      columns=['Name','Score','Class'])
print("[Out 998]: df_4:₩n{}".format(df_4))
df_5 = pd.DataFrame({'Dept': ['Com','Math', 'Busi']})
print("[Out 999]: df_5:₩n{}".format(df_5))
```

출력결과

```
[Out 998]: df_4:
     Name   Score  Class
  0  Hong     76     B
  1  Kang     88     B
  2  Song     96     B
[Out 999]: df_5:
```

```
     Dept
0    Com
1    Math
2    Busi
```

데이터프레임 df_4와 df_5를 만들고 [Out 998]과 [Out 999]에 출력하였다.

데이터프레임 합치기(concat())

```
df_14_concat =pd.concat([df_1,df_4])
print("[Out 1000]: df_1과 df_4를 행으로 결합:₩n{}".format(df_14_concat))
```

출력결과

```
[Out 1000]: df_1과 df_4를 행으로 결합:
   Name  Score  Class
0  Park   75     A
1   Lee   80     A
2  Jang   96     A
0  Hong   76     B
1  Kang   88     B
2  Song   96     B
```

pd.concat()는 행과 열로 데이터프레임을 합칠 때 사용한다. pd.concat([df_1, df_4])를 이용하여 df_1과 df_4를 행으로 결합하고, 그 결과를 df_14_concat에 저장하였다. 이때 axis=0은 디폴트이다.

데이터프레임 합치기(concat())

```
df_15_concat =pd.concat([df_1,df_5],axis=1)
print("[Out 1001]: df_1과 df_5를 열로 결합:₩n{}".format(df_15_concat))
```

출력결과

```
[Out 1001]: df_1과 df_5를 열로 결합:
   Name  Score  Class  Dept
0  Park   75     A     Com
1   Lee   80     A     Math
2  Jang   96     A     Busi
```

pd.concat([df_1,df_5],axis=1)를 이용하여 df_1과 df_5를 열로 결합하고, 그 결과를 df_15_concat에 저장하였다. 이때 axis=1은 열을 의미한다.

데이터프레임 합치기(concat())

```
df_12_concat_outer = pd.concat([df_1,df_2],axis=1,join='outer')
```

```
print("[Out 1002]: df_1과 df_2를 열로 결합-합집합 :₩n{}"
      .format(df_12_concat_outer))
```

출력결과

```
[Out 1002]: df_1과 df_2를 열로 결합-합집합 :
   Name  Score  Class  Name  Gpa
0  Park   75.0      A  Park    C
1   Lee   80.0      A   Lee    B
2  Jang   96.0      A  Jang    A
3   NaN    NaN    NaN  Hang    B
```

join을 outer로 명시하여 두 데이터프레임의 합집합으로 열 결합을 하고, 그 결과를 df_12_concat_outer에 저장하고 한다. [Out 1002]에서 그 결과를 볼 수 있다.

데이터프레임 합치기(concat())

```
df_12_concat_inner = pd.concat([df_1,df_2],axis=1,join='inner')
print("[Out 1003]: df_1과 df_2를 열로 결합-교집집합 :₩n{}"
      .format(df_12_concat_inner))
```

출력결과

```
[Out 1003]: df_1과 df_2를 열로 결합-교집집합 :
    Name  Score   Class  Name   Gpa
0   Park    75       A   Park    C
1    Lee    80       A    Lee    B
2   Jang    96       A   Jang    A
```

join을 inner로 명시하여 두 데이터프레임의 교집합으로 열 결합을 하고, 그 결과를 df_12_concat_inner에 저장하고 한다. [Out 1003]에서 그 결과를 볼 수 있다.

제3장

파이썬 라이브러리를 이용한 데이터 처리

자료분석을 위한 **파이썬 프로그램**

제 3 장 파이썬 라이브러리를 이용한 데이터 처리

파이썬은 데이터를 분석하기 위해서 사용할 수 있는 다양한 라이브러리를 제공하고 있다. 파이썬에서 제공하는 다양한 라이브러리를 잘 사용하면 데이터분석을 용이하게 할 수 있다. 여기서는 파이썬에서 제공하는 numpy, pandas, matplotlib, scipy, statsmodels, scikit_learn 등을 활용해서 데이터를 분석하는 방법을 설명하고자한다.

SECTION 1. 데이터 시각화

데이터 분석 과정에서 데이터를 그래프로 시각화 하는 것은 중요한 부분이다. 데이터 분석 초기 단계에서 데이터 시각화를 통해서 데이터에 내포된 여러 가지 특징, 즉 데이터의 중심의 위치, 흩어진 정도, 분포, 데이터들 사이의 관계, 패턴 등을 파악할 수 있다. 또한 분석 결과를 보고 단계에서도 사용된다. 여기서는 파이썬의 기본적인 시각화 라이브러리인 matplotlib를 이용해서 그래프를 작성하는 방법을 소개하고, matplotlib를 기반으로 그래프 작성과정을 좀 단순화 시킨 seaborn과 pandas로 데이터 시각화 하는 방법을 간단하게 소개할 것이다.

1.1 선 그래프

(x,y)에 대한 선그래프(plt.plot())

```
import matplotlib.pyplot as plt
import numpy as np
plt.style.use('ggplot')
print("[Out 1] : plt.plot()" '₩n')
data = np.arange(1,10)
x = range(len(data))
plt.plot(x,data)
plt.show()
```

출력결과

```
[Out 1] : plt.plot()
```

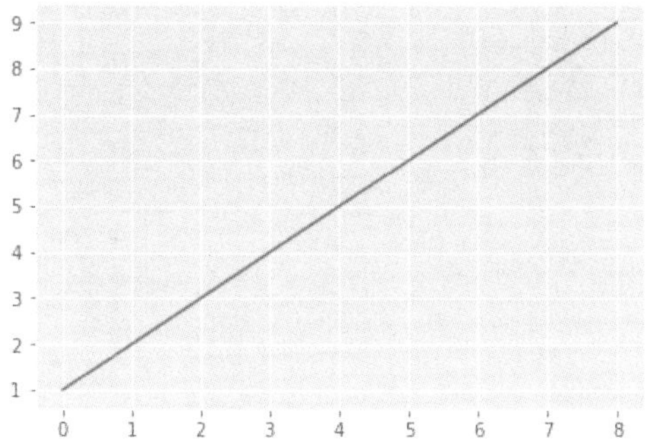

matplotlib.pyplot 모듈을 이용하여 그림을 작성하기 위해서 이 모듈을 임포터하고 그 별명을 plt로 하였다. R언어용 패키지 ggplot2 형태로 그래프를 작성하기 위해서 plt.style.use('ggplot')를 명시하였다. plt.plot(x,y)을 이용하여 간단한 선 그래프를 작성하기 위해서 그래프에 나타낼 데이터를 np.array형태로 만들어 data에 저장하고, data의 길이만큼의 정수를 만들어 x에 저장하였다. 그리고 x에 x-축에 나타낼 변수를 지정하고, y에 y-축에 나타낼 변수를 지정한다. 여기서 x, y에 각각 x와 data를 입력하였다. 그리고 plt.show()를 이용하여 그래프를 화면에 출력한다. 그 결과를 [Out 1]에 출력하였다. 이처럼 간단하게 그래프를 그릴 수도 있다.

plt.figure()

```
print("[Out 2] : plt.figure" '₩n')
fig = plt.figure(figsize=(4,4))
data = np.arange(1,10)
x = range(len(data))
plt.plot(x,data)
plt.show()
```

출력결과

[Out 2] : plt.figure

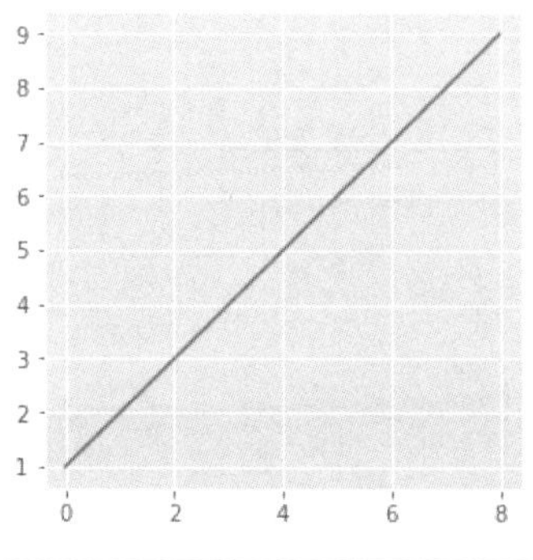

그래프를 만들기 위해 plt.figure()를 이용하여 여러 가지 옵션으로 그래프의 크기, 배경 색깔 등과 같은 그래프의 전체적인 모양을 만든다. 여기서는 그래프의 크기를 (4,

4)로 지정하였다. 작성된 그래프를 [Out 2]에 나타내었다. [Out 1]과 비교해보면 그래프의 크기가 작아진 것을 볼 수 있다.

add_subplot(행 개수, 열 개수, 그림 번호)

```
print("[Out 3]: subplot" '₩n')
fig = plt.figure(figsize=(4,4))
sub1 = fig.add_subplot(2,1,1)
sub2 = fig.add_subplot(2,1,2)
data = np.arange(1,10)
x = range(len(data))
sub1.plot(x,data)
sub2.plot(x,data, marker='o')
plt.show()
```

출력결과

[Out 3]: subplot

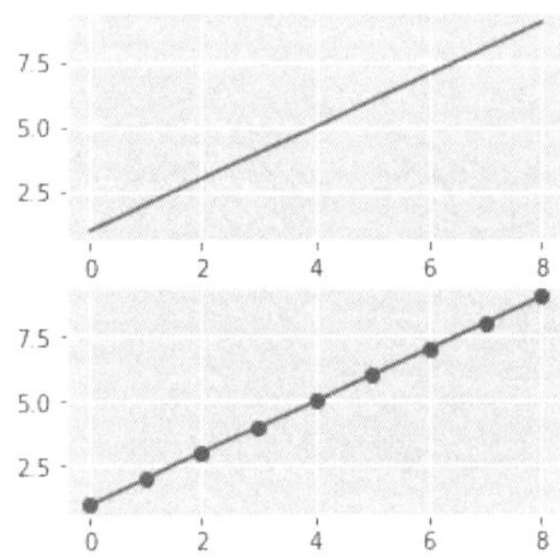

plt.figure()를 이용하여 하나의 그림을 만들고, 그리고 add_subplot를 사용해 하나 이상의 서브플롯을 만든다. [Out 3]은 크기가 (4, 4)인 하나의 그림(figure)에 두 개의 서브플롯을 그린 것이다. fig.add_subplot(2, 1, 1)에서 2는 행의 개수, 1은 열의 개수, 1은 서브플롯의 번호이다. sub1은 두 개의 서브플롯 중 첫 번째 그래프를 나타고, sub2는 두 번째 그래프를 나타낸다.

add_subplot(행 개수, 열 개수, 그림 번호)

```
print("[Out 4]: subplot" '₩n')
fig, sub = plt.subplots(2,2,figsize=(4,4))
data = np.arange(1,10)
x = range(len(data))
sub[0,0].plot(x,data)
sub[0,1].plot(x,data, marker='o')
sub[1,0].plot(x,data, color='b')
sub[1,1].plot(x,data, linestyle='--')
plt.subplots_adjust(wspace=0.5)
plt.show()
```

출력결과

[Out 4]: subplot

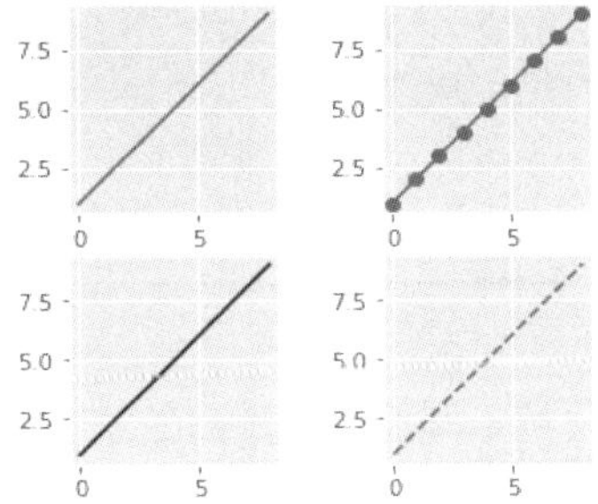

---

fig, sub = plt.subplots(2,2,figsize=(4,4))를 이용하여 그림과 서브플롯을 동시에 지정하였다. 여시서 "2,2"는 한 면을 분할 할 때 행과 열의 개수를 나타내고, figsize는 한 면의 크기를 나타낸다. sub[0, 0]은 1행, 1열에 서브 그래프를 나타내고, sub[0, 1]은 1행, 2열에 서브그래프를 나타낸다. plt.subplots_adjust(wspace=0.5)은 서브그래프 간의 간격을 조정한다. wspace는 열 간격, hspace는 행 가격을 조절한다. 인자 marker은 마크의 모양을 지정한다. 여기서 마크의 모양을 원(circle)로 지정하였다. color는 색깔을 지정하는 인자이다. 여기서 b(blue)로 명시하였다. linestyle은 선 모양을 명시하는 인자이다. --(dashed)로 지정하였다. [Out 4]에 네 개의 서브 그래프를 나타내었다. 결과에서 plot()의 각 인자의 역할을 확인할 수 있다.

---

x-축, y-축 이름, 그래프 제목

```
print("[Out 5]: x-축 이름, y-축이름, 그래프 제목"'₩n')
fig = plt.figure(figsize=(4,4))
data = np.arange(1,10)
x = range(len(data))
plt.plot(x,data)
plt.xlabel('range(len(data))')
plt.ylabel('np.arange(1,10)')
plt.title('Line graph')
plt.savefig('graph5_ch3.png', dpi = 400, bbox_inches='tight')
plt.show()
```

출력결과

[Out 5]: x-축 이름, y-축이름, 그래프 제목

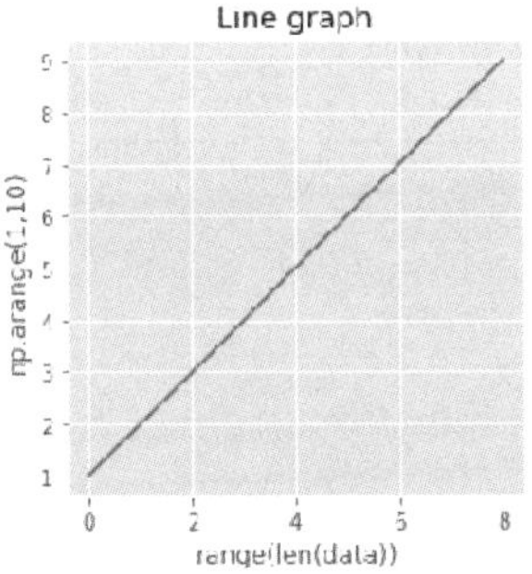

---

plt.xlabel()은 x축의 이름을 설정하는 함수, plt.ylabel()은 y축의 이름을 설정하는 함수, plt.title()은 그래프 제목을 명시하는 함수이다. plt.savefig()는 그래프를 외부 파일로 저장하는 함수이다. dpi는 그림의 해상도, bbox_inches='tight'는 그림 주위의 비어있는 공간 제거한다.

---

x-축, y-축의 눈금 설정(plt.axis())

```
print("[Out 6]: x-축과 y축의 눈금"'₩n')
fig = plt.figure(figsize=(4,4))
data = np.arange(1,10)
x = range(len(data))
plt.plot(x,data)
plt.axis()
plt.xlabel('range(len(data))')
plt.ylabel('np.arange(1,10)')
plt.title('Line graph')
plt.show()
```

출력결과

[Out 6]: x-축과 y축의 눈금의 한계

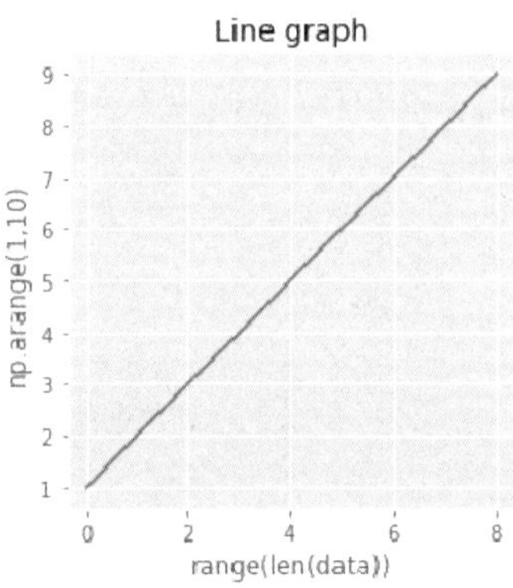

---

plt.axis()를 이용하여 x, y축의 눈금의 한계(범위)를 설정한다. 인수를 지정하지 않으면 현재 축의 [xmin, xmax, ymin, ymax]로 간주한다. plt.axis([2, 8, 2, 9])와 같이 x와 y축의 한계를 임의로 지정할 수도 있다. 이외에도 사용할 수 있는 인수들이 있다. x축과 y축의 한계를 각각 따로 지정할 때는 plt.xlim(), plt.ylim()을 사용한다.

범례(plt.legend())

```
print("[Out 7]: 범례"'₩n')
fig = plt.figure(figsize=(4,4))
data = np.arange(1,10)
x = range(len(data))
plt.plot(x,data,label='red_solid')
plt.axis()
```

```
plt.xlabel('range(len(data))')
plt.ylabel('np.arange(1,10)')
plt.legend(loc='best')
plt.title('Line graph')
plt.show()
```

출력결과

[Out 7]: 범례

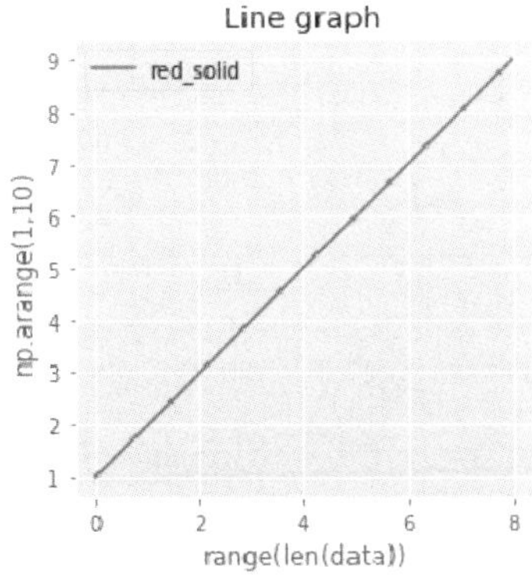

plt.legend()를 이용하여 그래프에 범례를 추가한다. 범례는 그래프를 해석하는데 중요한 요소이다. plt.plot(x, data, label='red_line')의 인자 label에 범례에 표시될 레이블을 지정하고, plt.legend(loc='best')를 이용하여 범례를 표시한다. 이때 인자 loc에 범례를 표시할 위치를 지정한다. best는 그래프에서 최상의 위치에 범례를 표시되게 한다. red_solid가 data를 나타낸 것이다. 결과를 [Out 7]에서 볼 수 있다.

한 figure에 여러 개의 그림을 동시에 그리기

```
print("[Out 8]: 한 그림에 여러 개의 그래프를 동시에 그리기"'₩n')
fig = plt.figure(figsize=(4,4))
data = np.arange(1,10)
data1 = np.sqrt(data)
x = range(len(data))
plt.plot(x,data,label='red_solid')
plt.plot(x,data1, linestyle='--', color='b',label='blue_dashed')
plt.axis()
plt.xlabel('range(len(data))')
plt.ylabel('np.arange(1,10)')
plt.legend(loc='best')
plt.title('Line graph')
plt.show()
```

출력결과

[Out 8]: 한 그림에 여러 개의 그래프를 동시에 그리기

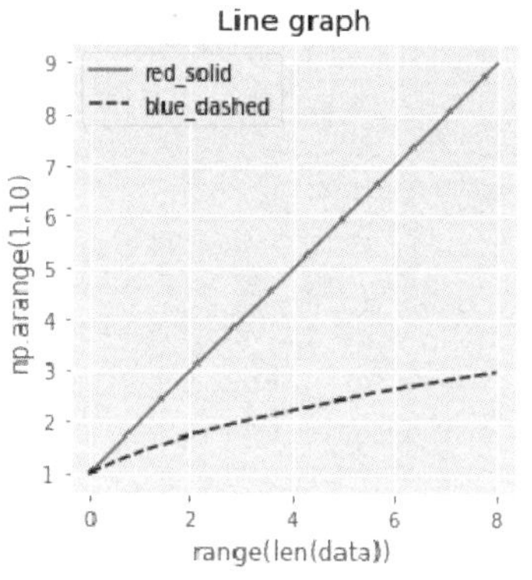

plt.plot()를 여러 개 나열해서 한 figure에 여러 개의 그래프를 동시에 작성할 수 있다. blue_dashed 그래프는 $\sqrt{data}$ 값을 그래프로 나타낸 것이다. 인수 linestyle은 선 모양을 지정하고, color는 선 색상을 지정한다. 여기서 선 모양은 dash 기호로, 색상은 파란색으로 지정하였다. 다음은 데이터프레임 데이터를 선 그래프로 나타내는 방법을 살펴보자.

DataFrame에서 선그래프 그리기(데이터프레임.plot())

```
import matplotlib.pyplot as plt
import numpy as np
import pandas as pd
plt.style.use('ggplot')
print("[Out 9]: DataFrame에서 선 그래프 그리기:"'₩n')
fig = plt.figure(figsize=(6,6))
np.random.seed(1234)
nor_0_1 = np.random.normal(0,1,50)
nor_0_1_list = list(nor_0_1)
nor_1_1 = np.random.normal(2,1,50)
nor_1_1_list = list(nor_1_1)
nor_0_2 = np.random.normal(0,2,50)
nor_0_2_list = list(nor_0_2)
data ={'N(0,1)': nor_0_1_list, 'N(2,1)': nor_1_1_list,  'N(0,4)': nor_0_2_list}
df_normal = pd.DataFrame(data)
df_normal.plot()
plt.xlim([0,50])
plt.ylim([-6,6])
plt.title("Random sample of N(0,1),N(0,4),N(2,1)")
plt.xlabel('Index')
plt.ylabel('Random Sample')
plt.show()
```

출력결과

```
[Out 9]: DataFrame에서 선 그래프 그리기:
<matplotlib.figure.Figure at 0x90de2f0>
```

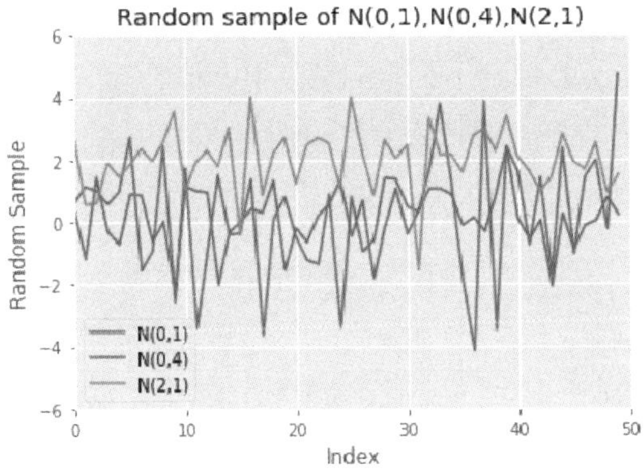

데이터프레임.plot()을 이용하여 시리즈와 데이터프레임 형태의 데이터를 다양한 그래프로 나타낼 수 있다. 데이터프레임.plot()은 라이브러리 pandas가 제공하는 시각화 함수이다. 이 함수를 사용하기 위해서 pandas를 임포터해야 한다. plot()의 기본은 선 그래프를 그려준다. 인수 kind에 다양한 형태의 그래프를 지정하여 다른 그래프를 작성한다. 예를 들어 막대그래프는 kind에 bar를 파이그래프는 pie를, 히스토그램은 hist를, 상자그림은 box를, 산점도는 scatter를 명시한다. 이외도 여러 가지 그래프를 제공한다. matplotlib에서 사용하는 여러 가지 기능을 pandas에서도 사용할 수 있다. [Out 9]는 평균 0, 분산 1인 정규분포와 평균 0, 분산 4인 정규분포 그리고 평균 2, 분산 1인 정규분포에서 각각 50개의 난수를 생성해서 이 난수들이 갖는 패턴을 선 그래프로 비교한 것이다. 이 결과에서 평균이 0인 정규분포는 선들이 0을 중심으로 상하로 랜덤하게 움직이고, 평균이 2인 정규분포는 선들이 2을 중심으로 상하로 랜덤하게 움직이는 것을 볼 수 있다. 그리고 분산이 4인 정규분포는 분산이 1인 정규분포보다 선이 상하로 움직이는 폭이 큰 것을 확인할 수 있다. 이것은 정규분포에서 평균과 분산의 의미를 잘 나타내고 있다. 그럼 프로그램을 간단히 살펴보자. np.random.normal()을 이용해서 각 정규분포에서 50개의 난수를 생성하였다. list()를 사용해서 배열을 리스트로 변경하였다. 이 리스트를 이용하여 딕셔너리 형태의 data를 만들고, 이 data를 이용하여 데이터프레임 df_normal을 생성하였다. 마지막으로 df_normal.plot()을 이용하여 선 그래프를 작성하였다. kind는 지정하지 않고 디폴트 line을 사용하였다. 그리고 축 레이블, 눈금의 한계, 그래프 제목은 matplotlib에서 사용하는 방법과 동일하게 설정하였다.

1.2 막대그래프

막대그래프는 범주형 데이터를 그래프로 나타낼 때 많이 사용한다. 막대그래프는 각 범주(x축)에 속하는 숫자(y축)의 크기를 막대로 나타낸 것이다. 다음 표에 있는 데이터가 각 지역에서 판매된 총판매액을 나타낸다고 했을 때 이 데이터를 막대그래프로 나타내보자.

Region	Dague	Seoul	Busan	Inchen	Suwon
Sales	1350	1700	2280	2320	1270

막대그래프(plt.bar())

```
print("[Out 10]: 막대그래프 그리기"'₩n')
fig = plt.figure(figsize=(5,5))
region = ["Daegu","Seoul","Busan","Inchen","Suwon"]
sales = [1350, 1700,2280,2320,1270]
region_in = np.arange(len(region))
plt.bar(region_in, sales,align='center', color='b')
plt.ylim([0,2400])
plt.xlabel('Region', fontsize=14)
plt.ylabel('Sales', fontsize=14, color='r')
plt.title('Sales per Region', fontsize=18 )
plt.show()
```

출력결과

[Out 10]: 막대그래프 그리기

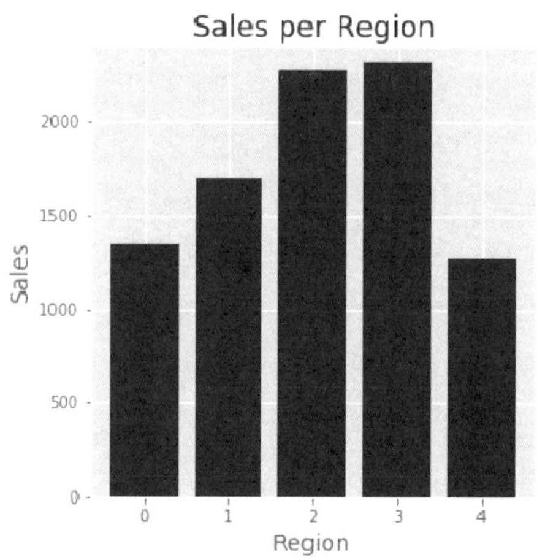

plt.bar(x,y)를 이용하여 막대그래프를 작성한다. 이때 x에는 막대의 x-좌표를 나타낼 범주형 변수의 인덱스를 지정하고, y에는 막대의 높이를 나타낼 변수를 지정한다. 그래프로 작성할 데이터를 만들어 region과 sales에 저장하였다. 그리고 x에 지정할 인덱스도 만들어 region_in에 저장하였다. plt.bar(region_in, sales, align='center', color='b')를 이용하여 막대그래프를 작성하고 [Out 10]에 나타내었다. 각 지역의 총 매출액을 막대그래프로 나타내야하기 때문에 x에 region_in, y에 sales를 지정하였다. 여기서 인수 align은 막대의 위치를 지정하는 옵션이다. 이때 center는 막대를 x축 눈금 레이블의 중앙에 위치시킨다. 그리고 color는 막대 면의 색상을 지정한다. 여기서 b는 파란색을 의미한다. plt.ylim()을 이용하여 y-축의 한계를 (0, 2400)로 설정하였다. x와 y축 레이블의 글씨 크기를 14로 지정하였고, 제목 글씨의 크기를 18로 하였다. y축 레이블의 글씨를 붉은색으로 하였다.

막대그래프(plt.bar())

```
print("[Out 11]: 막대그래프 그리기-x축 눈금 레이블"'\n')
fig = plt.figure(figsize=(5,5))
region = ["Daegu","Seoul","Busan","Inchen","Suwon"]
sales = [1350, 1700,2280,2320,1270]
region_in = np.arange(len(region))
plt.bar(region_in, sales,align='center', color='b')
plt.xticks(region_in,region, rotation=0, fontsize='small')
plt.ylim([0,2500])
plt.xlabel('Region', fontsize=14)
plt.ylabel('Sales', fontsize=14, color='r')
plt.title('Sales per Region', fontsize=18 )
plt.show()
```

출력결과

[Out 11]: 막대그래프 그리기-x축 눈금 레이블

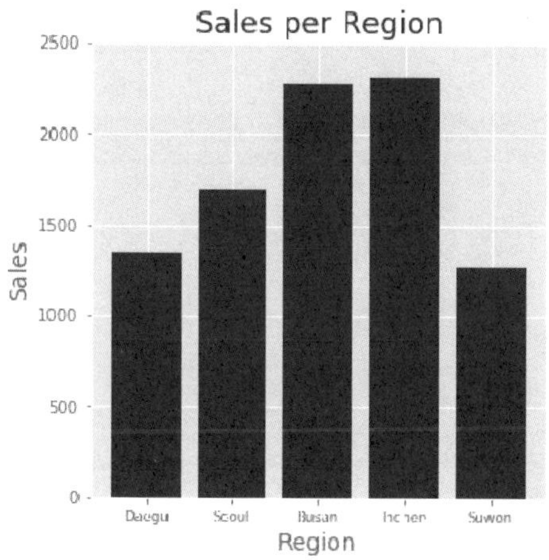

plt.xticks(x, x-label)를 이용하여 x축 눈금 레이블을 변경한다. x에 현재 눈금의 레이블을 지정하고, x-label에 새로운 레이블(각 범주)을 지정한다. plt.xticks(region_in, region, rotation=0, fontsize='small')을 이용하여 x축 눈금 레이블 region_in=(0, 1, 2, 3, 4)를 region=(Daegu, Seoul, Busan, Inchen, Suwon)으로 변경하였다. rotation은 레이블의 회전각도를 나타낸다. 0이면 수평, 90이면 수직으로 표시한다. 그래프를

[Out 11]에 나타내었다. x축의 눈금 레이블이 변경된 것을 볼 수 있다.

막대그래프(plt.bar())

```
print("[Out 12]: 막대그래프 그리기- 막대에 레이블 추가""₩n')
fig = plt.figure(figsize=(5,5))
region = ["Daegu","Seoul","Busan","Inchen","Suwon"]
sales = [1350, 1700,2280,2320,1270]
region_in = np.arange(len(region))
bar_plot = plt.bar(region_in, sales,align='center', color='b')
plt.xticks(region_in,region, rotation=0, fontsize='small')
plt.ylim([0,2500])
plt.xlabel('Region', fontsize=14)
plt.ylabel('Sales', fontsize=14, color='r')
plt.title('Sales per Region', fontsize=18 )
def barlabel(plot):
    for label in plot:
        height=label.get_height()
        plt.text(label.get_x() + label.get_width()/2., 1*height,'%d' %int(height),₩
                 ha='center', va='bottom')
barlabel(bar_plot)
print("[Out 13]:""₩n')
for label in bar_plot:
    print("label:", label)
    print("막대 높이(레이블이 위치할 y-좌표):",label.get_height())
    print("막대의 왼쪽 변의 x-좌표:", label.get_x())
    print("막대 너비:", label.get_width())
    print("레이블이 위치할 x-좌표:",label.get_x() + label.get_width()/2.)
    print("---------------------------------------------")
plt.show()
```

출력결과

[Out 12]: 막대그래프 그리기- 막대에 레이블 추가

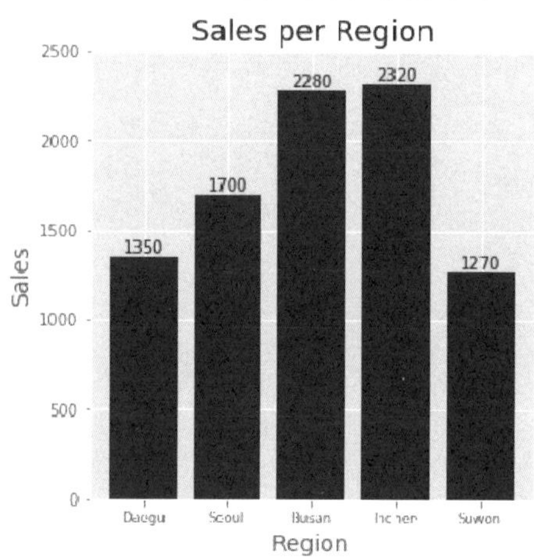

[Out 13]:
label: Rectangle(-0.4,0;0.8x1350)
막대 높이(레이블이 위치할 y-좌표): 1350.0
막대의 왼쪽 변의 x-좌표: -0.4

```
막대 너비: 0.8
레이블이 위치할 x-좌표: 0.0
----------------------------------------------
label: Rectangle(0.6,0;0.8x1700)
막대 높이(레이블이 위치할 y-좌표): 1700.0
막대의 왼쪽 변의 x-좌표: 0.6
막대 너비: 0.8
레이블이 위치할 x-좌표: 1.0
----------------------------------------------
label: Rectangle(1.6,0;0.8x2280)
막대 높이(레이블이 위치할 y-좌표): 2280.0
막대의 왼쪽 변의 x-좌표: 1.6
막대 너비: 0.8
레이블이 위치할 x-좌표: 2.0
----------------------------------------------
label: Rectangle(2.6,0;0.8x2320)
막대 높이(레이블이 위치할 y-좌표): 2320.0
막대의 왼쪽 변의 x-좌표: 2.6
막대 너비: 0.8
레이블이 위치할 x-좌표: 3.0
----------------------------------------------
label: Rectangle(3.6,0;0.8x1270)
막대 높이(레이블이 위치할 y-좌표): 1270.0
막대의 왼쪽 변의 x-좌표: 3.6
막대 너비: 0.8
레이블이 위치할 x-좌표: 4.0
```

---

plt.text(x, y)를 이용해서 막대에 레이블을 추가하는 함수 barlabel()함수를 만들었다. 여기서 (x, y)는 데이터의 좌표를 나타낸다. 즉 레이블을 추가할 좌표를 지정한다. barlabel()함수를 살펴보자. for 루프에서 label에는 각 막대에 대한 기본 정보가 저장되어 있다. [Out 13]에서 첫 번째 label 값은 첫 번째 막대에 대한 정보를 가지고 있다. 결과를 살펴보면 사각형 밑변 왼쪽 꼭짓점의 좌표가 (-0.4, 0), 막대 너비가 0.8, 막대의 높이가 1350임을 알 수 있다. 두 번째 막대는 밑변 왼쪽 꼭짓점의 좌표가 (0.6, 0), 막대 너비가 0.8, 막대의 높이가 1700임을 알 수 있다. 나머지 막대에 대해서도 같은 정보를 볼 수 있다. label.get_height()를 사용해서 label로 부터 막대의 높이 값을 얻어 height에 할당하였다. 따라서 height에는 각 막대의 높이가 저장되어 있다. label.get_x()를 사용해서 label로부터 꼭짓점의 x-좌표 값을, label.get_width()를 사용해서 label로부터 막대의 너비를 얻었다. 그 결과를 [Out 13]에서 확인할 수 있다. plt.text(label.get_x() + label.get_width()/2., 1*height, '%d' %int(height), ha='center', va='bottom')를 이용하여 height값을 레이블로 막대의 상단 중앙 아래에 추가하였다. label.get_x() + label.get_width()/2.의 첫 번째 값은-0.4+0.8/2=0, 1×height=1350이므로 좌표 (0, 1350)에 height 값 1350을 정수 형태('%d' %int(height))로 추가하였다. 그리고 ha='center', va='bottom'은 레이블의 위치를 중앙 하단에 위치시킨다. barlabel(bar_plot)함수를 호출해서 각 막대에 레이블을 추가한 그래프를 작성하고,

[Out 12]에 출력하였다. 다음 표는 각 지역에서 판매된 냉장고와 TV의 총판매액을 정리한 데이터로 가정할 때 이 데이터를 이용하여 한 figure에 각 항목의 총판매액을 막대그래프로 동시에 나타내보자.

Region	Dague	Seoul	Busan	Inchen	Suwon
Refrigerator-Sales	1400	1600	2328	2032	1400
TV-Sales	1350	1700	2280	2320	1270

막대그래프(plt.bar())

```
print("[Out 14]: 한 figure에 막대그래프 동시에 그리기"'₩n')
fig = plt.figure(figsize=(6,6))
region = ["Daegu","Seoul","Busan","Inchen","Suwon"]
sales_TV = [1350, 1700,2280,2320,1270]
sales_refrigerator =[1400,1600,2328,2032,1400]
region_in = np.arange(len(region))
bar_plot1 = plt.bar(region_in, sales_TV,width=0.4, color='b', label='TV')
bar_plot2 = plt.bar(region_in+0.4,sales_refrigerator,width=0.4,color='r',₩
                    label='Refrigeretor')
plt.xticks(region_in+0.4/2.,region, rotation=0, fontsize='small')
plt.ylim([0,2500])
plt.xlabel('Region', fontsize=14)
plt.ylabel('Sales', fontsize=14, color='r')
plt.legend(loc='best')
plt.title('Sales of  TV and Refrigerator  per Region', fontsize=16 )
def barlabel(plot):
    for label in plot:
        height=label.get_height()
        plt.text(label.get_x() + label.get_width()/2., 1*height,'%d' %int(height),₩
              ha='center', va='bottom')
barlabel(bar_plot1)
barlabel(bar_plot2)
plt.show()
```

출력결과

[Out 14]: 한 figue에 막대그래프 동시에 그리기:

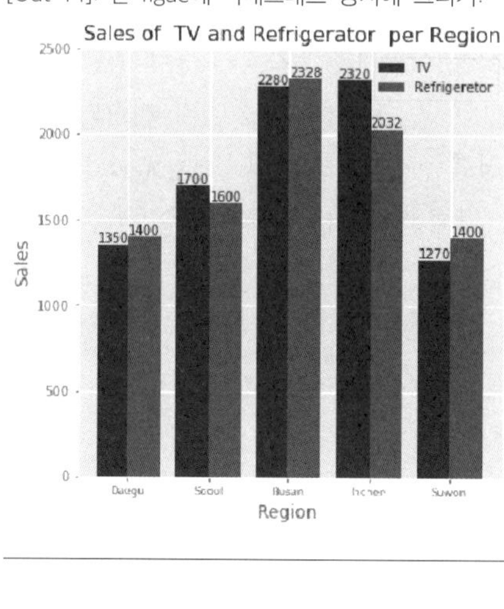

막대의 너비를 조절해서 두 막대를 묶을 때 막대 사이의 거리를 조정하였다. 막대 하나의 너비는 디폴트로 0.8이다. 따라서 각 막대의 너비를 0.4(width=0.4)로 조절해서 두 개의 막대를 하나로 묶었다. 그리고 냉장고 막대 왼쪽 변의 x-좌표를 TV 막대 왼쪽 변의 x-좌표 + 0.4로 지정하였다. 여기서 region_in은 TV 막대 중심의 x-좌표 값이다. x 축의 눈금의 위치를 region_in+0.2로 설정하였다. TV 막대 왼쪽 변의 x-좌표는 {(-0.4, 0), (0.6, 0), (1, 6, 0), (2.6, 0), (3, 6, 0)}인 것을 [Out 13]에서 알 수 있다. 냉장고 막대 왼쪽 변의 x-좌표는 {(0, 0), (1, 0), (2, 0), (3, 0), (4, 0)}이다. TV 막대 중심의 x-좌표는 {(-0.2, 0), (0.8, 0), (1.8, 0), (2.8, 0), (3.8, 0)} 값이다. barlabel()함수를 이용하여 각 막대에 레이블을 추가하였다. 완성된 그래프를 [Out 14]에 출력하였다. 다음은 위자료가 데이터프레임 형태 되어있을 때 막대그래프를 작성하는 방법을 살펴보자.

DataFrame에서 막대그래프 그리기(데이터프레임.plot(kind='bar'))

```
import matplotlib.pyplot as plt
import numpy as np
import pandas as pd
plt.style.use('ggplot')
print("[Out 15]: DataFrame에서 막대 그래프 그리기:"'₩n')
fig = plt.figure(figsize=(6,6))
data ={'Region': ['Daegu','Seoul','Busan','Inchen','Suwon'],
        'Sales_TV' : [1350, 1700,2280,2320,1270],
        'Sales_refrigerator': [1400,1600,2328,2032,1400]}
df_sales = pd.DataFrame(data, index=['Daegu','Seoul','Busan','Inchen','Suwon'])
bar_plot=df_sales.plot(kind='bar', rot=0, width=0.8)
plt.ylim([0,2500])
plt.xlabel('Region', fontsize=14)
plt.ylabel('Sales', fontsize=14)
plt.title('Sales of  TV and Refrigerator  per Region', fontsize=16 )
def barlabel(plot):
    for label in plot.patches:
            height = label.get_height()
            plot.text(label.get_x()+label.get_width()/2., 1*height, '%d' %int(height),₩
                  ha='center',va='bottom',fontsize=10, color='r',rotation=45)
barlabel(bar_plot)
print("[Out 16]: "'₩n')
for label in bar_plot.patches:
    print("label:", label)
    print("막대 높이:",label.get_height())
    print("막대의 왼쪽 변의 x-좌표:", round(label.get_x(),2))
    print("막대 너비:", label.get_width())
    print("레이블이 위치할 x-좌표:",round((label.get_x() + label.get_width()/2.),2))
    print("----------------------------------------------")
plt.show()
```

출력결과

[Out 15]: DataFrame에서 막대 그래프 그리기:

<matplotlib.figure.Figure at 0x968a0b0>

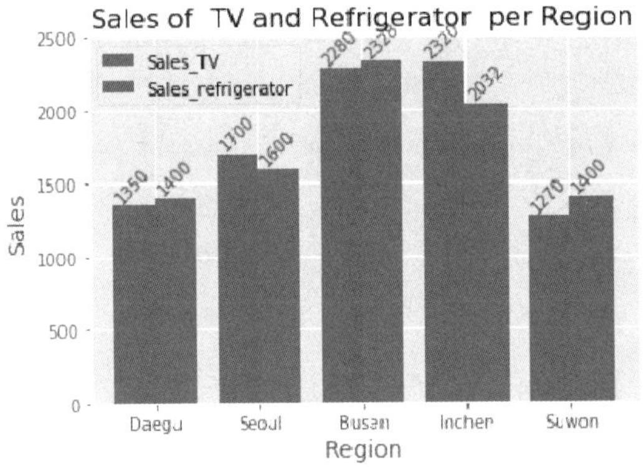


```
[Out 16]:
label: Rectangle(-0.4,0;0.4x1350)
막대 높이(레이블이 위치할 y-좌표): 1350.0
막대의 왼쪽 변의 x-좌표: -0.4
막대 너비: 0.4
레이블이 위치할 x-좌표: -0.2
---------------------------------------------
label: Rectangle(0.6,0;0.4x1700)
막대 높이(레이블이 위치할 y-좌표): 1700.0
막대의 왼쪽 변의 x-좌표: 0.6
막대 너비: 0.4
레이블이 위치할 x-좌표: 0.8
---------------------------------------------
label: Rectangle(1.6,0;0.4x2280)
막대 높이(레이블이 위치할 y-좌표): 2280.0
막대의 왼쪽 변의 x-좌표: 1.6
막대 너비: 0.4
레이블이 위치할 x-좌표: 1.8
---------------------------------------------
label: Rectangle(2.6,0;0.4x2320)
막대 높이(레이블이 위치할 y-좌표): 2320.0
막대의 왼쪽 변의 x-좌표: 2.6
막대 너비: 0.4
레이블이 위치할 x-좌표: 2.8
---------------------------------------------
label: Rectangle(3.6,0;0.4x1270)
막대 높이(레이블이 위치할 y-좌표): 1270.0
막대의 왼쪽 변의 x-좌표: 3.6
막대 너비: 0.4
레이블이 위치할 x-좌표: 3.8
---------------------------------------------
label: Rectangle(5.55112e-17,0;0.4x1400)
막대 높이(레이블이 위치할 y-좌표): 1400.0
막대의 왼쪽 변의 x-좌표: 0.0
막대 너비: 0.4
레이블이 위치할 x-좌표: 0.2
---------------------------------------------
label: Rectangle(1,0;0.4x1600)
막대 높이(레이블이 위치할 y-좌표): 1600.0
```

```
막대의 왼쪽 변의 x-좌표: 1.0
막대 너비: 0.4
레이블이 위치할 x-좌표: 1.2
---------------------------------------------
label: Rectangle(2,0;0.4x2328)
막대 높이(레이블이 위치할 y-좌표): 2328.0
막대의 왼쪽 변의 x-좌표: 2.0
막대 너비: 0.4
레이블이 위치할 x-좌표: 2.2
---------------------------------------------
label: Rectangle(3,0;0.4x2032)
막대 높이(레이블이 위치할 y-좌표): 2032.0
막대의 왼쪽 변의 x-좌표: 3.0
막대 너비: 0.4
레이블이 위치할 x-좌표: 3.2
---------------------------------------------
label: Rectangle(4,0;0.4x1400)
막대 높이(레이블이 위치할 y-좌표): 1400.0
막대의 왼쪽 변의 x-좌표: 4.0
막대 너비: 0.4
레이블이 위치할 x-좌표: 4.2
```

앞에서 주어진 데이터를 이용하여 데이터프레임 df_sales를 만들었다. 이때 region을 x축의 눈금(ticks)으로 사용하기 위해서 index로 지정하였다. df_sales.plot(kind='bar', rot=0, width=0.8)을 사용해서 막대그래프를 작성하였다. 결과를 [Out 15]에 출력하였다. index 값을 함께 묶어서 범주마다 각각의 막대를 나타낸다. 그리고 columns가 범례로 사용된 것을 볼 수 있다. rot=0은 x축 눈금 레이블을 수평으로 나타내다. width는 막대의 너비를 나타낸다. 각 막대에 레이블을 추가하기 위해서 barlabel()함수를 만들었고, 이 함수를 호출하여 각 막대에 레이블을 추가하였다. bar_plot.patches에는 bar_plot의 각 막대에 대한 기본 정보가 저장되어 있다. [Out 16]에 막대의 기본정보를 출력하였다. 즉 각 막대의 왼쪽 변 좌표, 너비, 높이를 출력하였다.

DataFrame에서 막대그래프 그리기(데이터프레임.plot(kind='bar', subplots=True))

```
print("[Out 17]: subplots "'₩n')
fig = plt.figure(figsize=(8,8))
data ={'Region': ['Daegu','Seoul','Busan','Inchen','Suwon'],
          'Sales_TV' : [1350, 1700,2280,2320,1270],
          'Sales_refrigerator': [1400,1600,2328,2032,1400]}
df_sales = pd.DataFrame(data, index=['Daegu','Seoul','Busan','Inchen','Suwon'])
df_sales.plot(kind='bar', rot=0, subplots=True)
plt.subplots_adjust(hspace=0.5)
plt.xlabel('Region', fontsize=14)
plt.show()
```

출력결과

[Out 17]: subplots
<matplotlib.figure.Figure at 0xade11d0>

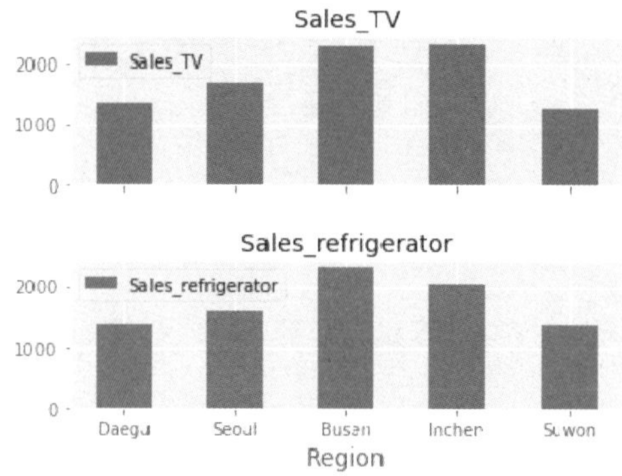

데이터프레임.plot()에서 인수 subplots=True는 데이터프레임의 열 변수별로 따로 그래프를 작성한다. [Out 17]에 그래프를 출력하였다.

DataFrame에서 막대그래프 그리기(데이터프레임.plot(kind='bar'))

```
print("[Out 18]: 데이터프레임에서 한 변수에 대한 그래프: "'₩n')
fig = plt.figure(figsize=(6,4))
data ={'Region': ['Daegu','Seoul','Busan','Inchen','Suwon'],
        'Sales_TV' : [1350, 1700,2280,2320,1270],
        'Sales_refrigerator': [1400,1600,2328,2032,1400]}
df_sales = pd.DataFrame(data, index=['Daegu','Seoul','Busan','Inchen','Suwon'])
df_sales['Sales_TV'].plot(kind='bar', rot=0, ylim=[0,2500],₩
         title='Bar Chart for Sales_TV')
plt.ylabel('Sales', fontsize=14)
plt.xlabel('Region', fontsize=14)
plt.show()
```

출력결과

[Out 18]: 데이터프레임에서 한 변수에 대한 그래프:

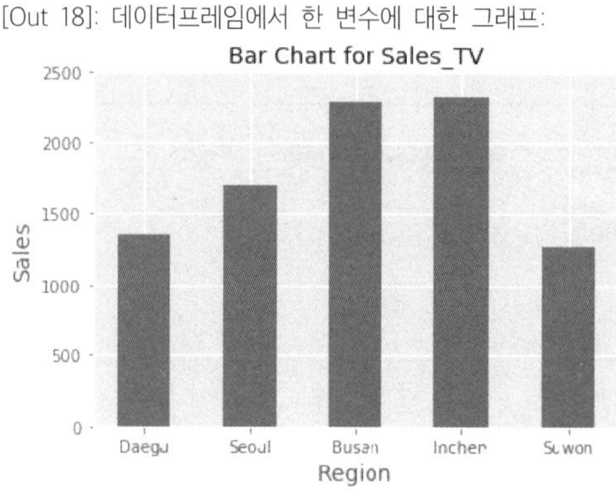

데이터프레임 df_sales에서 Sales_TV에 대해서만 막대그래프를 작성하였다. [Out 18]에 그래프를 나타내었다.

DataFrame에서 막대그래프 그리기(데이터프레임.plot(kind='bar'))

```
print("[Out 19]: subplots "'₩n')
fig, sub = plt.subplots(1,2,figsize=(6,6))
sub1, sub2 = sub.ravel()
df_sales['Sum'] = df_sales[['Sales_TV','Sales_refrigerator']].apply(sum,axis=1)
df_sales['Ratio_TV']= df_sales['Sales_TV']/ df_sales['Sum']
df_sales['Ratio_refrigerator']= df_sales['Sales_refrigerator']/ df_sales['Sum']
df_sales[['Sales_TV','Sales_refrigerator']].plot(kind='bar', ax=sub1, rot=45,₩
        title='Sales amount', ylim=[0,2500] )
sub1.set_xlabel('Region')
sub1.set_ylabel('Sales amount of Items')
df_sales[['Ratio_TV','Ratio_refrigerator']].plot(kind='bar', ax=sub2, stacked=True,₩
        rot=45, title='Sales ratio')
sub2.set_xlabel('Region')
sub2.set_ylabel('Sales ratio of Items')
plt.subplots_adjust(wspace=0.5)
print("[Out 20]:" '₩n')
print(sub)
print(sub[0])
print(sub[1])
print(sub1)
print(sub2)
plt.show()
```

출력결과

[Out 19]: subplots

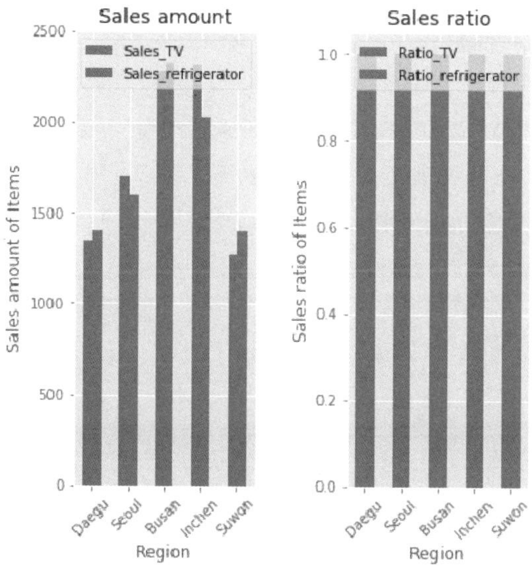


```
[Out 20]:
[<matplotlib.axes._subplots.AxesSubplot object at 0x000000000C4BE080>
 <matplotlib.axes._subplots.AxesSubplot object at 0x000000000C267C18>]
```

```
Axes(0.125,0.125;0.31x0.755)
Axes(0.59,0.125;0.31x0.755)
Axes(0.125,0.125;0.31x0.755)
Axes(0.59,0.125;0.31x0.755)
```

fig, sub=plt.subplots(1, 2, figsize=(6, 6))를 이용하여 한 개의 figure와 1행, 2열의 서브플롯을 만들었다. sub1, sub2=sub.ravel()을 이용하여 서브플롯을 나누어 sub1과 sub2에 저장하였다. df_sales에 새로운 열 Sum과 Ratio_TV 그리고 Ratio_refrigerator 열을 추가하였다. 여기서 Sum=Sales_TV+Sales_refrigerator, Ratio_TV=Sales_TV/Sum, Ratio_refrigerator=Sales_refrigerator/Sum을 나타낸다. df_sales[['Sales_TV', 'Sales_refrigerator']]. plot(kind='bar', ax=sub1, rot=45, ylim=[0,2500], title='Sales amount')를 이용하여 Sales_TV와, Sales_refrigerator에 대한 군집막대그래프를 작성하였다. ax에 그래프를 나타낼 서브플롯을 명시한다. 여기서 ravel()함수를 이용해서 서브플롯을 sub1과 sub2로 나누어 저장하였기 때문에 ax에 sub1을 지정하였다. sub1은 sub[0]을 의미한다. sub1.set_xlabel('Region')을 이용하여 sub1에 있는 그래프의 x축 레이블을 설정한다. df_sales [['Ratio_TV', 'Ratio_refrigerator']]. plot(kind='bar', ax=sub2, stacked=True, rot=45, title='Sales ratio')를 이용하여 Ratio_TV와 Ratio_refrigerator에 대한 비율누적막대그래프를 작성하였다. ax에 sub2를 지정하였다. sub2는 sub[1]을 의미한다. sub2.set_ylabel('Sales ratio of Items')을 이용하여 sub2에 있는 그래프의 y축 레이블을 설정한다. ravel()함수는 다차원배열을 낮은 차원으로 변환하는 함수이다. [Out 20]에 sub, sub1, sub[0], sub2, sub[1]에 할당된 값을 출력하였다.

1.3 히스토그램

히스토그램은 양적자료를 서로 인접한 데이터들끼리 그룹화하여 전체 데이터를 몇 개의 그룹(bin)으로 나눈 후, 각 그룹에 속하는 데이터의 개수나 혹은 상대도수밀도(density)를 막대로 나타낸 것이다. 이때 상대도수 밀도는 다음과 같이 계산된다.

$$\text{상대도수 밀도} = \frac{\text{각 그룹의 상대도수}}{\text{각 그룹의 너비}}$$

히스토그램 그리기(plt.hist())

```
print("[Out 21]: 히스토그램 "'₩n')
import math
fig,sub = plt.subplots(2,1,figsize=(6,6))
sub1,sub2=sub.ravel()
data = [37,38,31,32,34,36,33,36,32,36,31]
n_bins = math.ceil(1+3.322*math.log10(len(data)))
```

```
n, bins, patches = sub1.hist(data, bins=n_bins)
sub1.set_xlabel('bins')
sub1.set_ylabel('Frequency')
print("[Out 21]:"'\n')
print(n)
print(bins)
print(patches)
for patch in patches:
    print(patch)
n, bins, patches = sub2.hist(data, bins=n_bins, density=True)
sub2.set_xlabel('bins')
sub2.set_ylabel('density')
print("[Out 22]:"'\n')
print(n)
print(bins)
print(patches)
for patch in patches:
    print(patch)
plt.subplots_adjust(hspace=0.5)
plt.show()
```

출력결과

[Out 21]: 히스토그램:

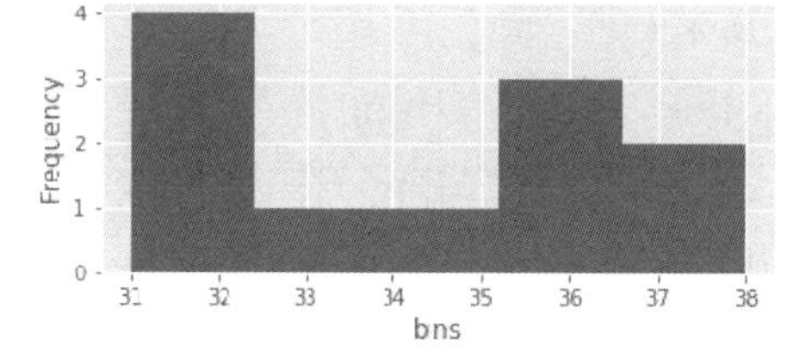

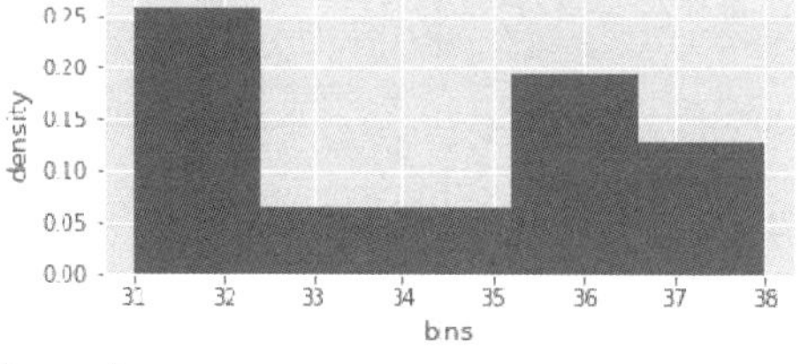

```
[Out 22]:
[ 4.  1.  1.  3.  2.]
[ 31.   32.4  33.8  35.2  36.6  38. ]
<a list of 5 Patch objects>
Rectangle(31,0;1.4x4)
Rectangle(32.4,0;1.4x1)
Rectangle(33.8,0;1.4x1)
Rectangle(35.2,0;1.4x3)
Rectangle(36.6,0;1.4x2)
[Out 23]:
[ 0.25974026  0.06493506  0.06493506  0.19480519  0.12987013]
[ 31.   32.4  33.8  35.2  36.6  38. ]
<a list of 5 Patch objects>
Rectangle(31,0;1.4x0.25974)
Rectangle(32.4,0;1.4x0.0649351)
```

```
Rectangle(33.8,0;1.4x0.0649351)
Rectangle(35.2,0;1.4x0.194805)
Rectangle(36.6,0;1.4x0.12987)
```

스터지 공식 [$1+3.322\times\log_{10}(n)$]을 이용해서 bin의 수를 정하였다. n, bins, patches =sub1.hist(data, bins=n_bins)를 이용하여 서브플롯 sub1에 data의 히스토그램을 작성하였다. 여기서 막대의 개수를 나타내는 bins를 스터지 공식으로 구한 값을 설정하였다. 지정하지 않으면 임으로 bin의 개수를 정한다. n은 각 bin에 속하는 데이터의 개수를 나타내고, bins는 각 bin의 하한 값을 나타낸다. 그리고 patches는 각 막대에 대한 기본 정보를 가지고 있다. 예를 들어 첫 번째 사각형(bin) 밑변의 왼쪽 꼭지점의 좌표 (31, 0), 사각형의 너비 1.4, 사각형의 높이는 4이다. 각 bin에 대한 값들을 [Out 22]에 출력하였다. sub1.set_xlabel('bins')을 이용하여 x축의 레이블을 붙였다. n, bins, patches =sub2.hist(data, bins=n_bins, density=True)이용하여 서브플롯 sub2에 data의 히스토그램을 작성하였다. 여기서 density=True로 설정하여 막대의 높이를 상대도수밀도로 지정하였다. 첫 번째 사각형의 상대도수밀도 값은 (4/11)/1.4를 계산한 0.25974026이다. n은 각 bin의 상대도수밀도 값을 나타내고, bins는 각 bin의 하한 값을 나타낸다. 그리고 patches는 각 막대에 대한 기본 정보를 가지고 있다. 예를 들어 첫 번째 사각형 밑변의 왼쪽 꼭지점의 좌표 (31,0), 사각형의 너비 1.4, 사각형의 높이는 0.25974이다. sub2의 히스토그램에서 각 사각형의 넓이는 각 bin의 상대도수를 나타낸다. 예를 들어 첫 번째 사각형의 넓이는 $1.4\times0.25974=0.363636$이다. 이것은 첫 번째 bin의 상대도수를 나타낸다. sub2의 히스토그램에서 각 사각형의 넓이의 합은 1이다. 각 사각형에 대한 값들을 [Out 23]에 출력하였다.

히스토그램에 밀도 곡선 추가하기

```
print("[Out 24]: 히스토그램에 커널 밀도 곡선 추가하기 ""₩n')
import math
import pandas as pd
fig,sub = plt.subplots(1,1,figsize=(6,6))
data = [37,38,31,32,34,36,33,36,32,36,31]
n_bins = math.ceil(1+3.322*math.log10(len(data)))
n, bins, patches = sub.hist(data, bins=n_bins, density=True)
df_data = pd.DataFrame(data)
df_data.plot(kind='density', ax=sub, xlim=[30, 40], legend=False)
sub.set_xlabel('bins')
sub.set_ylabel('density')
plt.show()
```

출력결과

```
[Out 24]: 히스토그램에 커널 밀도 곡선 추가하기:
```

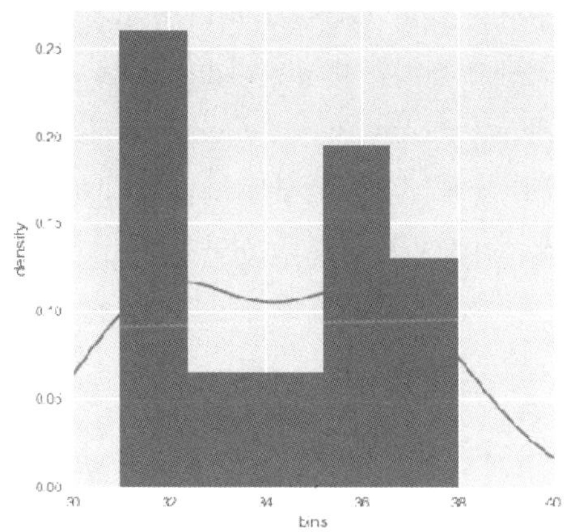

히스토그램에 밀도 곡선을 추가하는 방법을 알아보자. pandas의 plot함수를 이용해서 히스토그램에 밀도곡선을 첨가할 수 있다. pandas의 plot함수를 사용하기 위해서 pd.DataFrame(data)을 이용해서 data를 데이터프레임 형태로 변경하여 df_data에 저장하였다. 밀도 곡선을 작성하기 위해서 plot에서 kind를 density로 설정하였다. ax를 sub로 지정하고, legend를 False로 설정해서 범례를 추가하지 않았다.

데이터프레임에서 히스토그램 작성하기(데이터프레임.plot())

```
print("[Out 25]: DataFrame에서  히스토그램 작성하기:"'₩n')
import math
import pandas as pd
fig,sub = plt.subplots(1,1,figsize=(6,4))
data = [37,38,31,32,34,36,33,36,32,36,31]
n_bins = math.ceil(1+3.322*math.log10(len(data)))
df_data = pd.DataFrame(data)
df_data.plot(kind='hist',bins=n_bins,density=True,ax=sub,legend=False)
sub.set_xlabel('bins')
sub.set_ylabel('density')
plt.show()
```

출력결과

[Out 25]: DataFrame에서 히스토그램 작성하기:

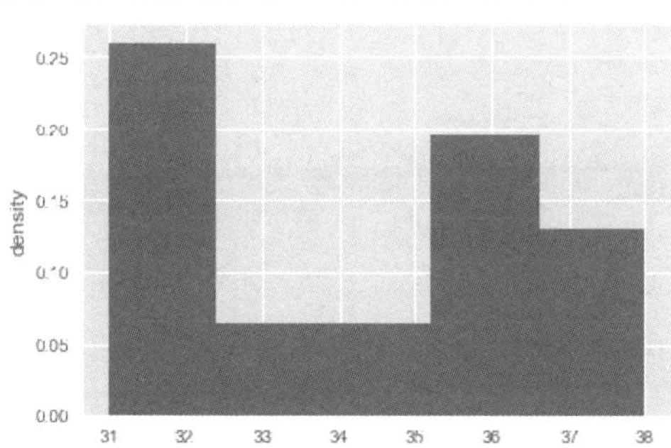

데이터프레임.plot(kind='hist')를 이용해서 데이터프레임 형태의 데이터를 히스토그램으로 나타낼 수 있다. 주어진 데이터를 데이터프레임 형태로 변경하여 df_data에 저장하였다. df_data.plot(kind='hist', bins=n_bins, density=True, ax=sub, lengend=False)를 이용해서 히스토그램을 작성하였다. 히스토그램을 작성하기 위해서 kind를 hist로 설정하였다. plt.hist에서 사용하는 인수 bins와 density를 그대로 사용하였다. 그리고 ax에 서브플롯 객체 sub를 지정하였다.

1.4 원그래프

원(pie)그래프는 각 범주에 속하는 데이터의 개수나 비율의 크기에 따라 원을 분할해서 그린 그림이다. 각 범주의 원조각의 크기는 360°×각 범주의 비율이다. 다음 데이터에 대한 원그래프를 작성해보자.

Region	Dague	Seoul	Busan	Inchen	Suwon
Sales	1350	1700	2280	2320	1270
ratio	0.151	0.191	0.256	0.260	0.142
size of wedges	54.48°	68.61°	92.02°	93.63°	51.26°

원그래프 작성하기(plt.pie())

```
print("[Out 26]: 원그래프 작성하기:"'₩n')
fig = plt.figure(figsize=(4,4))
region = ["Daegu","Seoul","Busan","Inchen","Suwon"]
sales = [1350,1700,2280,2320,1270]
plt.pie(sales,labels=region, autopct='%1.1f%%')
plt.title('Pie Chart of Sales')
plt.show()
```

출력결과

[Out 26]: 원그래프 작성하기:

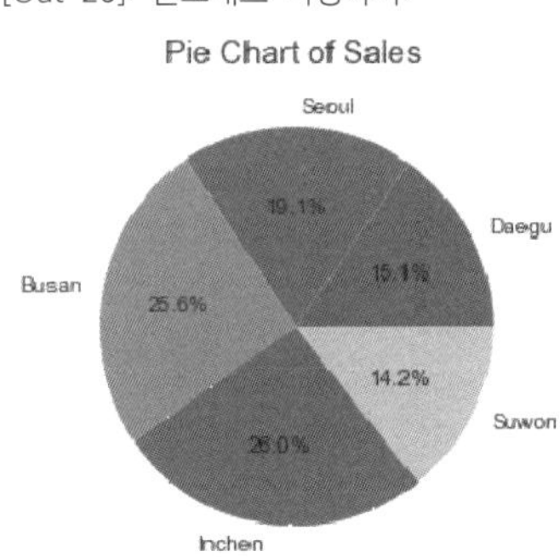

plt.pie()를 이용해서 원그래프를 작성한다. plt.pie(sales, labels=region, autopct='%1.1f%%')을 이용하여 원그래프를 작성하였다. 여기서 sales는 원조각으로 나타낼 데이터이고, labels에 각 조각의 레이블로 나타낼 값을 지정하고, autopct는 각 조각의 크기를 주어진 형식에 따라 퍼센트로 표시한다. 작성된 그래프를 [Out 26]에 출력하였다.

원그래프에서 레이블 크기 조절하기(plt.pie())

```
print("[Out 27]: 원그래프 작성하기-레이블의 크기 조절:"'₩n')
fig = plt.figure(figsize=(4,4))
region = ["Daegu","Seoul","Busan","Inchen","Suwon"]
sales = [1350,1700,2280,2320,1270]
explode = [0.1,0.2,0,0,0]
wedges, labels, autopct = plt.pie(sales,labels=region, autopct='%1.1f%%',₩
                              shadow=True,explode=explode)
print("[Out 28]: 레이블 크기조절:"'₩n')
for i in wedges:
   print(i)
 for i in labels:
    i.set_size('larger')
    print(i)
 for i in autopct:
   i.set_size('x-large')
   print(i)
plt.show()
```

출력결과

[Out 27]: 원그래프 작성하기-레이블의 크기 조절:

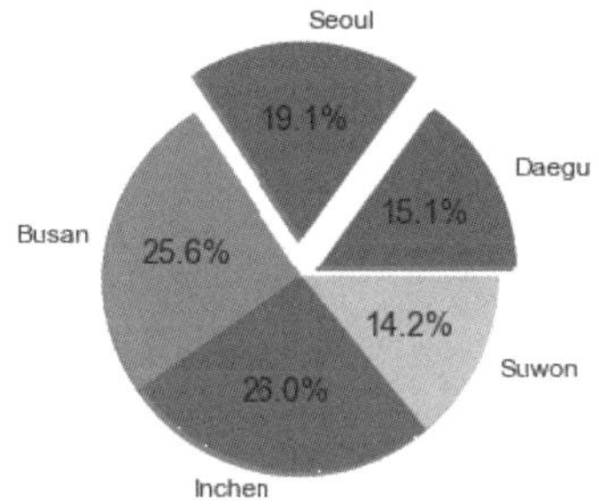


```
[Out 28]: 레이블 크기조절:
Wedge(0,54.4843)
Wedge(54.4843,123.094)
Wedge(123.094,215.112)
Wedge(215.112,308.744)
Wedge(308.744,360)
Text(1.0669,0.549303,'Daegu')
Text(0.0274692,1.29971,'Seoul')
Text(-1.08017,0.207946,'Busan')
Text(-0.154454,-1.0891,'Inchen')
Text(0.991785,-0.475776,'Suwon')
Text(0.622356,0.320427,'15.1%')
```

```
Text(0.0169041,0.799821,'19.1%')
Text(-0.589181,0.113425,'25.6%')
Text(-0.0842478,-0.594056,'26.0%')
Text(0.540974,-0.259514,'14.2%')
```

wedges, labels, autopct=plt.pie(sales, labels=region, autopct='%1.1f%%', shadow True, explode=explode)를 이용하여 원그래프를 작성하였다. 그리고 Wedge에 각 원조각의 각도를 할당하고, labels에 레이블의 위치정보, autopct에 autopct의 위치정보를 할당하였다. 예를 들어 첫 번째 원조각의 각도는 54.48°(Daegu), 두 번째 원조각의 각도는 68.61°(Seoul)이다. 여기서 plt.pie() 함수의 인수 explode는 원조각을 돋보이게 분리한다. explode에 비율을 지정한다. shadow=True는 그래프에 그림자를 나타낸다. 그리고 set_size()를 이용하여 레이블의 크기를 조절하였다. [Out 26]에 비해서 [Out 27]에 있는 그래프의 레이블의 크기가 커진 것을 볼 수 있다.

데이터프레임에서 원그래프 그리기(데이터프레임.plot(kind='pie'))

```
print("[Out 29]: DataFrame에서 원그래프 작성하기:"'₩n')
import pandas as pd
fig,sub = plt.subplots(1,1,figsize=(6,4))
region = ["Daegu","Seoul","Busan","Inchen","Suwon"]
sales = [1350, 1700,2280,2320,1270]
data = {'region': region,
        'sales': sales}
df_data = pd.DataFrame(data, index=["Daegu","Seoul","Busan","Inchen","Suwon"])
explode = [0.1,0.2,0,0,0]
df_data.plot(kind='pie',y='sales',autopct='%1.1f%%',₩
                                    ax=sub, legend=False,shadow=True,₩
                                    explode=explode,fontsize=15)
plt.ylabel('')
plt.show()
```

출력결과

[Out 29]: DataFrame에서 원그래프 작성하기:

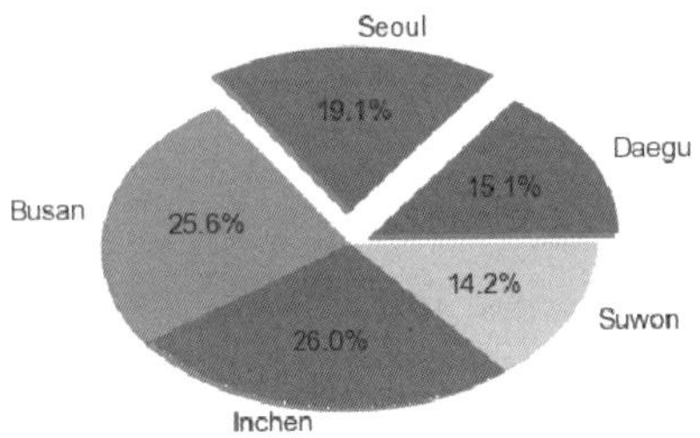

데이터프레임.plot(kind='pie')를 이용해서 데이터프레임 형태의 데이터를 원그래프로 나타낼 수 있다. 주어진 데이터를 데이터프레임 형태로 변경하여 df_data에 저장하였다. 이때 region을 x축 눈금(레이블)으로 사용하기 위해서 region을 index로 지정하였다. df_data.plot(kind='pie', y='sales', autopct='%1.1f%%', ax=sub, legend=False, shadow=True, explode=explode, fontsize=15)을 이용해서 원그래프를 작성했다. 여기서 y에 원조각으로 나타낼 데이터 sales를 지정하였다. fontsize에 원조각의 레이블의 크기를 지정하였다. y축 레이블을 삭제하기 위해서 plt.ylabel('')를 사용하였다. 작성된 그래프를 [Out 29]에 출력하였다.

1.5 상자그림

상자그림은 주어진 데이터를 크기순서대로 정렬하고, 4등분해서 얻을 수 있는 5가지 수치를 이용해서 작성한 그래프이다. 여기서 5가지 수치는 최솟값, 제25백분위수, 중앙값, 제75백분위수, 최댓값이다. 상자그림은 먼저 제25백분위수와 제75백분위수를 이어서 상자를 만들고, 상자 안에 중앙값을 나타낸다. 그리고 제25백분위수-1.5×상자길이(=제75백분위수-제25백분위수)와 제75백분위수+1.5×상자길이의 범위 내에 있는 데이터 중에서 최댓값과 최솟값을 나타내고 상자의 양 끝에서 그 점까지 직선으로 연결한다. 이 점을 벗어나는 데이터는 이상치로 간주한다.

상자그림 그리기(plt.boxplot())

```
print("[Out 30]: 상자그림 작성하기:"'₩n')
fig = plt.figure(figsize=(4,4))
data = [23,43,56,78,34,56,24,54,66,54,32,67,56,45,55,72]
data_x =['data']
box =plt.boxplot(data,labels=data_x,showmeans=True,vert=True)
print("[Out 31]: 상자그림의 returns:"'₩n')
for i in box.items():
    print(i)
plt.setp(box['whiskers'], color='r', linestyle='--')
plt.setp(box['fliers'], markersize=3.0)
plt.setp(box['means'],marker='p',markersize=10)
plt.show()
```

출력결과

[Out 30]: 상자그림 작성하기:

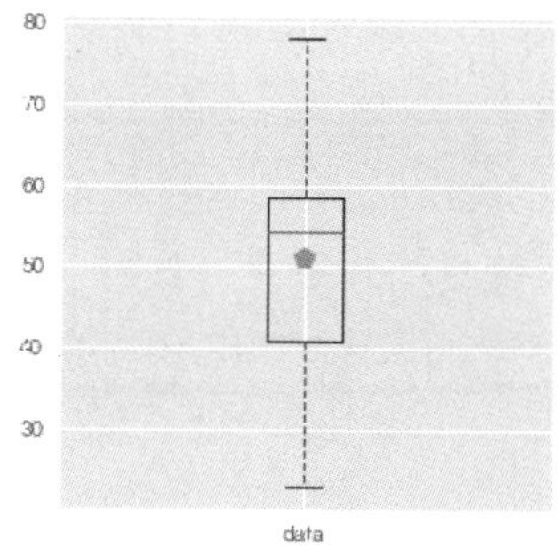

```
[Out 31]: 상자그림의 returns:
('whiskers', [<matplotlib.lines.Line2D object at 0x0A3599B0>,
              <matplotlib.lines.Line2D object at 0x0A36C090>])
('caps', [<matplotlib.lines.Line2D object at 0x0A36C650>,
          <matplotlib.lines.Line2D object at 0x0A36CC30>])
('boxes', [<matplotlib.lines.Line2D object at 0x0A359890>])
('medians', [<matplotlib.lines.Line2D object at 0x0A37C770>])
('fliers', [<matplotlib.lines.Line2D object at 0x0A37CE50>])
('means', [<matplotlib.lines.Line2D object at 0x0A37CD30>])
```

plt.boxplot()를 이용해서 상자그림을 작성한다. data_x에는 x축 눈금으로 사용할 값을 할당하였다. box=plt.boxplot(data, labels=data_x, showmeans=True, vert=True)을 사용해서 상자그림을 작성하였다. 여기서 data는 상자로 나타낼 데이터이고, labels=data_x로 설정해서 x축 눈금 레이블로 나타내었다. showmeans=True로 설정해서 상자 안에 평균을 표시하였다. vert=True로 지정해서 그림을 수직으로 나타내었다. 작성한 그래프를 [Out 30]에 출력하였다. 그리고 딕셔너리 형태로 반환하는 상자그림의 반환 값을 box에 저장하였다. [Out 31]에 반환된 값을 출력하였다. 여기서 whisker(수염)는 제25백분위수-1.5×상자길이와 제75백분위수+1.5×상자길이의 범위 내에 있는 데이터 중에서 최댓값과 최솟값을 나타내고 상자의 양 끝에서 그 점까지 연결한 직선이다. [Out 30]에서 붉은 점선이 수염을 나타낸다. caps는 제25백분위수-1.5×상자길이와 제75백분위수+1.5×상자길이의 범위 내에 있는 데이터 중에서 최댓값과 최솟값을 나타낸다. 이것을 인접값이라고 한다. boxes는 제25백분위수와 제75백분위수로 만들어진 상자를 나타낸다. medians는 상자 안에 표시된 중앙값, fliers는 caps를 벗어나는 데이터 즉 이상치, means는 상자에 표시된 평균을 나타낸다. plt.setp()를 이용하여 반환 값들의 모양을 조정하였다. 예를 들어 plt.setp(box['whiskers'], color='r', linestyle='--')이용하여 수염의 색상을 붉은색으로 선 모양을 점선 형태로 설정하였다.

상자그림 그리기(plt.boxplot())

```
print("[Out 31]: 상자그림 작성하기-이상치,notch 표시:"'₩n')
fig = plt.figure(figsize=(4,4))
data = [23,43,56,78,34,56,24,54,66,54,32,67,56,45,55,72,150]
data_x =['data']
box=plt.boxplot(data,notch=True, sym='g.',labels=data_x,showmeans=True)
plt.ylim([20,160])
plt.setp(box['whiskers'], color='r', linestyle='--')
plt.setp(box['fliers'], markersize=10)
plt.setp(box['caps'], linestyle='--')
plt.setp(box['means'],marker='p',markersize=10)
plt.show()
```

출력결과

[Out 31]: 상자그림 작성하기-이상치,notch 표시:

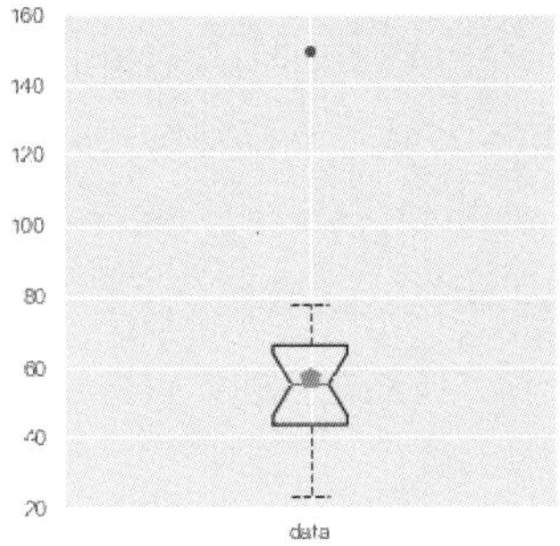

인수 sym='g.'을 설정해서 이상치를 초록색 점으로 나타내고, plt.setp(box['fliers'], markersize=10)를 이용하여 이상치의 크기를 10으로 설정하였다. notch=True로 설정해서 notch(V자형) 상자그림을 그렸다. notch는 중앙값의 신뢰구간은 나타낸다. 중앙값에 대한 95% 신뢰구간은 중앙값±1.58×IQR/ $\sqrt{n}$ 이다. 여기서 IQR은 사분위수 범위를 나타낸다. 그리고 인접값을 점선으로 표시하였다.

상자그림 그리기(plt.boxplot())

```
print("[Out 32]: 여러 개의 데이터 그룹을 동시에 상자그림 작성하기:"'₩n')
fig = plt.figure(figsize=(4,4))
score_com = [70,72,76,72,72,67,71,75,71,67,66,70,76,71,73]
score_math = [68,68,72,70,77,73,76,71,66,67,74,71,69,65,72]
data = [score_com, score_math]
data_x =['Com', 'Math']
box=plt.boxplot(data, sym='g.',labels=data_x,showmeans=True)
plt.ylim([64,80])
plt.xticks(fontsize=15)
plt.yticks(fontsize=15)
plt.setp(box['whiskers'], color='r', linestyle='--')
plt.setp(box['fliers'], markersize=10)
plt.setp(box['caps'], linestyle='--')
plt.setp(box['means'],marker='p',markersize=10)
plt.show()
```

출력결과

[Out 32]: 여러 개의 데이터 그룹을 동시에 상자그림 작성하기:

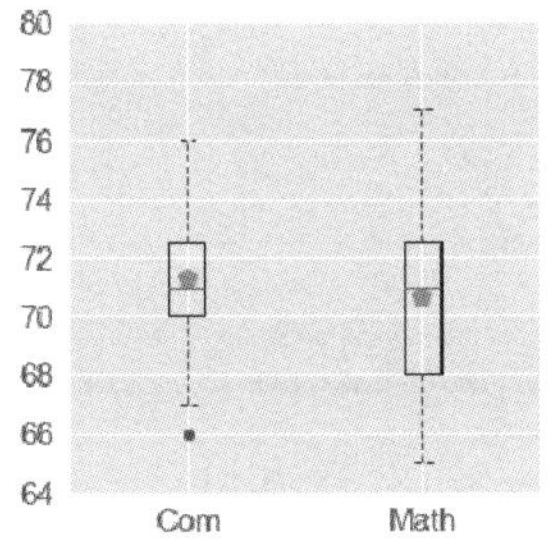

Com과 Math의 학생들 성적을 비교하기 위해서 각 학과 학생들의 성적을 상자그림으로 나타내었다. 각 학과 학생들의 성적을 결합해서 data에 저장하였다. 그리고 labels에 각 학과의 이름을 설정하여 x축 눈금의 레이블로 사용하였다. 작성된 그림을 [Out 32]에 출력하였다. 결과를 살펴보면 두 학과가 평균 점수는 거의 비슷하지만 Com학생들 간의 점수 차가 Math 학생들 사이의 점수 차보다 작게 나타났다. 즉 Com학생들의 성적은 평균 주변에 많이 모여 있고, 반면에 Math 학생들의 성적은 평균에서 멀리 떨어져 있음을 알 수 있다. Com학생 중 한명이 나머지 다른 학생들에 비해서 성적이 떨어진 것을 볼 수 있다. 즉 이상치가 있다.

데이터프레임에서 상자그림 그리기(데이터프레임.plot(kind='box'))

```
print("[Out 33]: DataFrame에서 상자그림 작성하기:"'₩n')
import pandas as pd
fig, sub = plt.subplots(1,1,figsize=(4,4))
score_com = [70,72,76,72,72,67,71,75,71,67,66,70,76,71,73]
score_math = [68,68,72,70,77,73,76,71,66,67,74,71,69,65,72]
data = {'Com': score_com,
        'Math': score_math}
df_data = pd.DataFrame(data)
print(df_data.head(3))
df_data.plot(kind='box',ax=sub,sym='rD',fontsize=15)
sub.set_xlabel('Depatment', fontsize=20)
sub.set_ylabel('Score', fontsize=20)
plt.show()
```

출력결과

```
[Out 33]: DataFrame에서 상자그림 작성하기:
   Com  Math
0   70    68
1   72    68
2   76    72
```

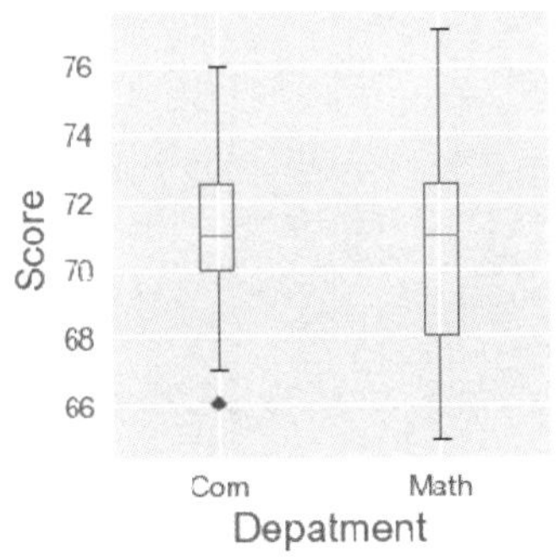

데이터프레임.plot(kind='box')를 이용해서 데이터프레임 데이터를 상자그림으로 작성한다. 주어진 데이터를 데이터프레임 형태로 만들어 df_data에 저장하였다. df_data.plot(kind='box', ax=sub, sym='rD', fontsize=15)를 이용하여 상자그림을 작성하였다. 여기서 kind='box'는 상자그림을 작성한다. fontsize는 x축과 y축의 눈금 레이블의 크기를 조정한다. sym='rD'는 이상치를 붉은 다이아몬드로 표시한다. 여기서 열이름이 x축의 눈금 레이블로 사용된 것을 볼 수 있다.

데이터프레임에서 상자그림 그리기(데이터프레임.boxplot())

```
print("[Out 34]: DataFrame에서 상자그림 작성하기:"'₩n')
import sklearn.datasets as skda
fig, sub = plt.subplots(1,1,figsize=(6,6))
iris = skda.load_iris()
df_iris = pd.DataFrame(iris['data'], columns=iris.feature_names)
df_iris['target'] = iris.target
df_iris['target_name']=df_iris.target.map({0:'Setosa', 1:'Versicolor',2:'Virginica'})
print(df_iris.head(3))
df_iris.boxplot(by='target_name',column='sepal length (cm)',sym='rD',ax=sub,₩
                fontsize=15)
sub.set_xlabel('Target_name', fontsize=20)
sub.set_ylabel('Values', fontsize=20)
plt.show()
```

출력결과

```
[Out 34]: DataFrame에서 상자그림 작성하기:
   sepal length (cm)  sepal width (cm)  petal length (cm)  petal width (cm)  ₩
0                5.1               3.5                1.4               0.2
1                4.9               3.0                1.4               0.2
2                4.7               3.2                1.3               0.2

   target  target_name
0       0       Setosa
1       0       Setosa
2       0       Setosa
```

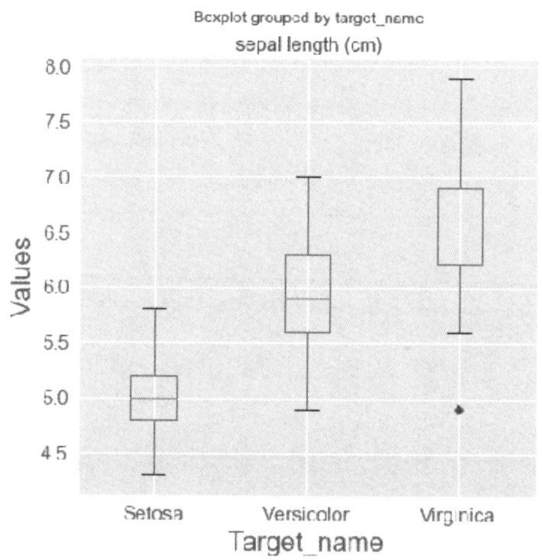

---

scikit-learn의 데이터세트 모듈에 포함된 iris데이터세트를 이용해서 상자그림을 작성해보자. load_iris()를 이용해서 iris데이터세트를 iris에 저장하였다. iris['data']를 데이

터프레임으로 변경하고, df_iris에 저장하였다. 그리고 df_iris에 target열을 추가하고, map()함수를 이용하여 target 0을 Setosa, target 1을 Versicolor, target 2를 Virginica로 맵핑하고, 그 결과를 target_name열에 할당하였다. [Out 34]에 df_iris의 일부를 나타내었다. df_iris.boxplot(by='target_name', column='sepal length (cm)', sym='rD', ax=sub, fontsize=15)를 이용하여 상자그림을 작성하였다. 여기서 by에는 각 범주를 x축의 눈금으로 나타낼 범주형 변수를 지정한다. column에는 상자로 나타낼 연속형 변수를 지정한다.

1.6 산점도

산점도는 두 양적변수 간의 관계를 나타내기 위해서 사용된다. 두 변수 중 하나는 x축 다른 하나는 y축으로 지정하고, 서로 대응되는 데이터 값을 점으로 나타낸다. 이 그림을 통해서 점들이 가지는 경향을 보고 두 변수의 관계를 예측할 수 있다. 다음 자료를 이용하여 산점도를 작성해보자.

산점도 그리기(plt.plot())

```
print("[Out 35]: 산점도 그리기:"'₩n')
fig = plt.figure(figsize=(4,4))
np.random.seed(2345)
x = np.random.normal(10,4,20)
y = 10 + 2*x + np.random.normal(0,1,20)
plt.plot(x,y,'ro')
plt.axis('equal')
plt.xlabel('x',fontsize=20)
plt.ylabel('y',fontsize=20)
plt.xticks(fontsize=15)
plt.yticks(fontsize=15)
plt.title('Scatter of X-Y', fontsize=20)
plt.show()
```

출력결과

[Out 35]: 산점도 그리기:

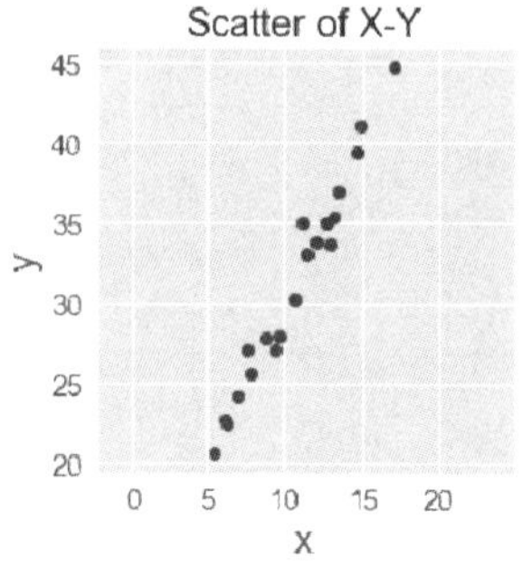

산점도를 작성하기 위해서 정규분포를 이용하여 (x, y)데이터를 만들었다. plt.plot(x, y, 'ro')를 이용하여 산점도를 작성하였다. 여기서 'ro'는 점(marker)의 색깔과 모양을 나타낸다. ro는 붉은 circle을 나타낸다. plt.axis('equal')을 이용하여 x, y축의 눈금의 간격을 동일하게 하였다.

산점도 그리기(plt.scatter())

```
print("[Out 36]: 산점도 그리기:"'₩n')
fig = plt.figure(figsize=(4,4))
np.random.seed(2345)
x = np.random.normal(10,4,20)
y = 10 + 2*x + np.random.normal(0,1,20)
plt.scatter(x,y, c='g',s=10,marker='D')
plt.axis('equal')
plt.xlabel('x',fontsize=20)
plt.ylabel('y',fontsize=20)
plt.xticks(fontsize=15)
plt.yticks(fontsize=15)
plt.title('Scatter of X-Y', fontsize=20)
plt.show()
```

출력결과

[Out 36]: 산점도 그리기:

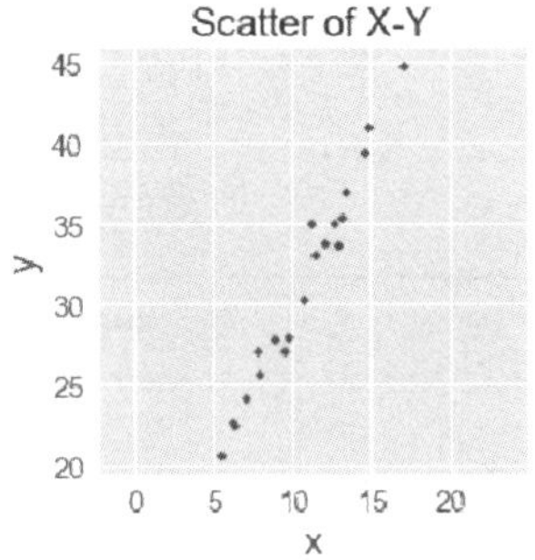

plt.scatter()를 이용해서 산점도를 작성할 수 있다. 여기서 c에는 점의 색상을, s에는 점의 크기를 지정한다.

산점도 그리기(plt.scatter())

```
print("[Out 37]: 산점도 그리기:"'₩n')
fig = plt.figure(figsize=(4,4))
np.random.seed(2345)
x = np.array([1,2,3,4,5,6,7,8,9])
y = np.array([1,2,3,4,5,6,7,8,9])
color = np.random.rand(len(x))*10
ss = np.random.rand(len(x))*100
plt.scatter(x,y, c=color,s=ss,marker='*',alpha=2)
```

```
plt.axis('equal')
plt.xlabel('x',fontsize=20)
plt.ylabel('y',fontsize=20)
plt.xticks(fontsize=15)
plt.yticks(fontsize=15)
plt.title('Scatter of X-Y', fontsize=20)
plt.show()
```

출력결과

[Out 37]: 산점도 그리기:

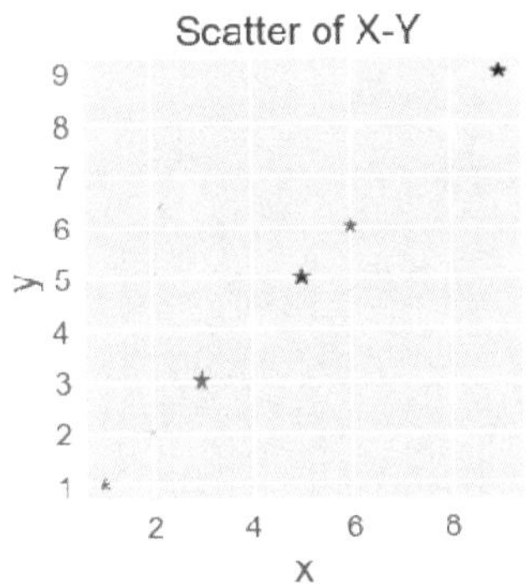

---

plt.scatter()에서 c와 s를 사용해서 점의 색상과 크기를 임으로 지정할 수 있다. [Out 37]에서 점의 색상과 크기가 점마다 다른 것을 볼 수 있다. 점의 형태가 일정할 때는 plt.plot()와 plt.scatter()가 같은 결과를 나타낸다.

데이터프레임에서 산점도 그리기(데이터프레임.plot(kind='scatter'))

```
print("[Out 38]: 데이터프레임에서 산점도 그리기:"'₩n')
fig = plt.figure()
np.random.seed(2345)
x = np.array([1,2,3,4,5,6,7,8,9])
y = np.array([1,2,3,4,5,6,7,8,9])
data = {'x':x,
        'y':y}
df_data = pd.DataFrame(data)
df_data.plot(kind='scatter',x='x',y='y',color='r',figsize=(5,5))
plt.axis('equal')
plt.xlabel('x',fontsize=20)
plt.ylabel('y',fontsize=20)
plt.xticks(fontsize=15)
plt.yticks(fontsize=15)
plt.title('Scatter of X-Y', fontsize=20)
plt.show()
```

출력결과

[Out 38]: 데이터프레임에서 산점도 그리기:

<matplotlib.figure.Figure at 0xab0bdf0>

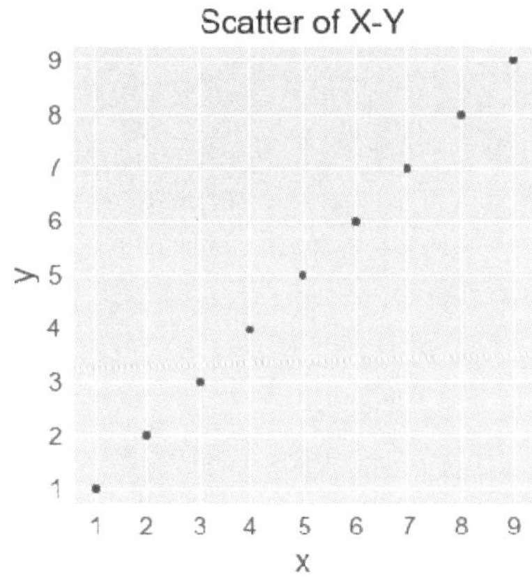

데이터프레임.plot(kind='scatter')을 이용해서 데이터프레임 데이터를 산점도로 나타낼 수 있다. kind에 scatter을 지정하고, x, y에 x, y축에 할당할 변수를 지정한다. 점의 색상과 그림의 크기를 지정하였다.

1.7 줄기와 잎 그림

줄기와 잎(stem and leaf) 그림은 데이터 값의 자릿수를 고려하여 데이터 값을 줄기와 잎으로 분리하고, 높은 자리에 있는 숫자를 줄기 나머지 자리에 있는 숫자를 잎으로 하여 작성한 그래프이다. 먼저 줄기를 크기순으로 수직으로 나열하고 각 줄기에 해당하는 잎을 줄기 오른쪽에 크기 순서대로 나열하고 줄기와 잎 사이에 수직선을 긋는다. 마지막으로 잎의 단위를 적어준다. 다음 자료를 이용해서 줄기와 잎 그림을 작성해보자.

줄기와 잎 그림 작성하기(stemgraphic.stem_graphic())

```
print("[Out 39]: 줄기_잎그림 그리기:"'₩n')
import stemgraphic as stem
fig = plt.figure()
x = [23,45,67,23,89,22,45,67,34,78,45,30, 27, 31, 16,46,56,34,78,87,55,67,74,₩
     43,13,82,54,74,14,61,62,64]
stem.stem_graphic(x,break_on=10)
plt.show()
```

출력결과

```
[Out 39]: 줄기_잎그림 그리기:
<matplotlib.figure.Figure at 0xc41c978>
```

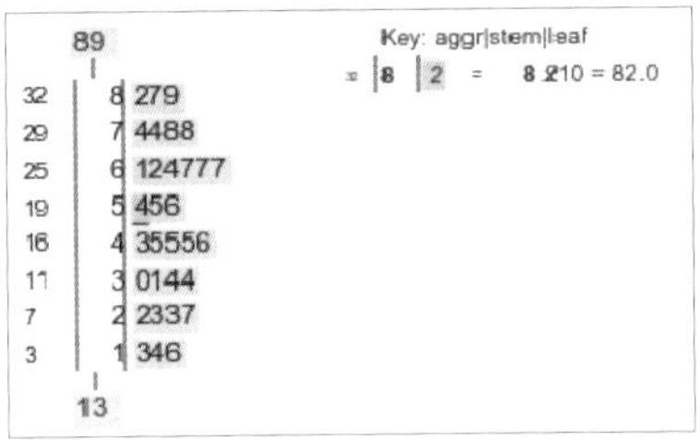

stem_graphic()을 이용해서 줄기와 잎 그림을 작성할 수 있다. 이 함수는 모듈 stemgraphic에서 제공하는 함수이다. 그래서 stemgraphic을 임포터하고 별명을 stem으로 하였다. 그러나 stemgraphic을 임포터하기 전에 이 모듈을 설치해야 한다. 설치하는 방법은 anaconda prompt에서 pip install stemgraphic==0.3.6을 입력하면 된다. stem.stem_graphic(x, break_on=10)을 사용해서 줄기와 잎 그림을 작성하고 [Out 39]에 나타내었다. 여기서 break_on은 줄기의 수를 조절하는 인수이다. break_on=10은 기본 줄기 수 1로 그림을 작성한다. 가장 왼쪽 열은 잎의 개수를 누적으로 나타낸 것이다. 데이터의 중심의 위치를 밑줄과 붉은 색으로 나타내었다. 결과에서는 54에 표시되어 있다. 그리고 줄기의 양 끝에 최솟값과 최댓값을 나타내었다. 가장 오른쪽에는 줄기와 잎의 단위를 나타낸다.

데이터프레임에서 줄기와 잎 그림 작성하기(stemgraphic.stem_graphic())

```
print("[Out 40]: 줄기 수 2배로 조정- 줄기_잎그림 그리기:"'₩n')
import pandas as pd
import stemgraphic as stem
fig = plt.figure(figsize=(4,6))
x = [23,45,67,23,89,22,45,67,34,78,45,30, 27, 31, 16,46,56,34,78,87,55,67,74,₩
     43,13,82,54,74,14,61,62,64]
y = pd.Series(x)
stem.stem_graphic(y,break_on=5)
plt.show()
```

출력결과

[Out 40]: 줄기 수 2배로 조정- 줄기_잎그림 그리기:
<matplotlib.figure.Figure at 0xcf74b70>

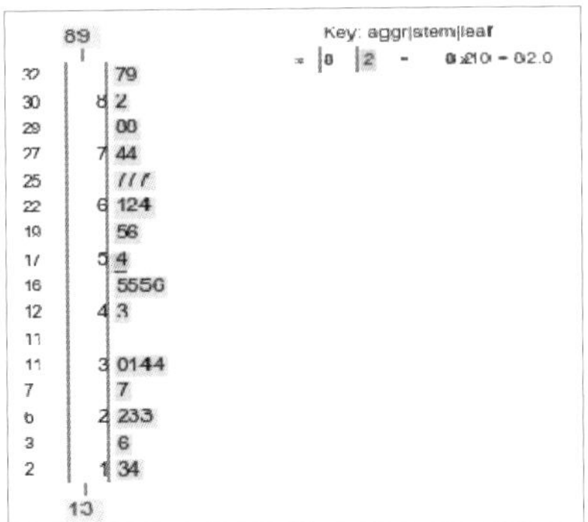

여기서 break_on=5는 줄기 수를 2배로 늘려서 그림을 작성한다. 작성한 그림을 [Out 40]에 나타내었다. 결과를 [Out 39]와 비교해보면 줄기의 수가 배로 늘었다. 잎이 0, 1, 2, 3, 4일 경우와 5, 6, 7, 8, 9일 경우를 분리해서 그림이 작성된 것을 볼 수 있다. 잎이 한 줄기에 너무 많이 달려 있을 경우에 줄기를 분리해서 작성하면 데이터의 분포상태를 좀 더 자세히 볼 수 있다.

1.8 모자이크 그림

모자이크(mosaic) 그림은 각 범주에 속하는 데이터 개수의 비율에 따라 상자를 분할해서 작성한 그래프이다. 다음과 같이 도수분포가 주어졌을 때 모자이크 그림을 작성해보자.

Age	도수	비율	백분율
20	8	0.266667	26.67
30	9	0.300000	30.00
40	13	0.43333	43.33
합계	30	1.00	100

도수분포표에서 모자이크 그림 작성하기(mosaic())

```
print("[Out 41]: 도수분포표에서 모자이크 그림 그리기:"'₩n')
import matplotlib.pyplot as plt
from statsmodels.graphics.mosaicplot import mosaic
fig = plt.figure(figsize=(6,6))
data = {'20':8, '30':9, '40':13}
m = mosaic(data, title='Age')
print("[Out 42]",m)
plt.show()
```

출력결과

[Out 41]: 도수분포표에서 모자이크 그림 그리기:
<matplotlib.figure.Figure at 0xc48b240>

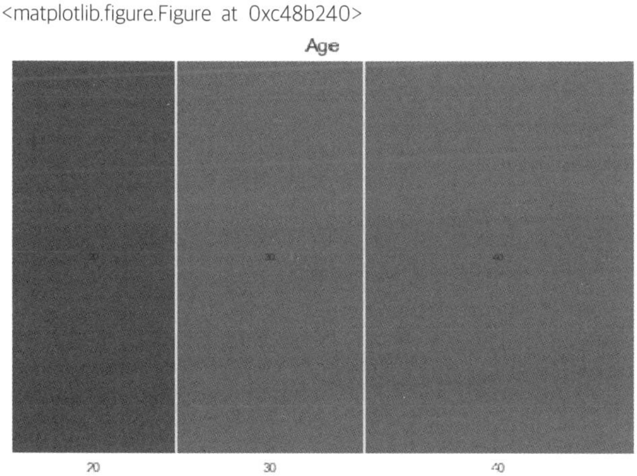

```
[Out 42] (<matplotlib.figure.Figure object at 0x000000000E2E37B8>,
 OrderedDict([(('20',), (0.0, 0.0, 0.264026402640264, 1.0)),
 (('30',), (0.26897689768976896, 0.0, 0.29702970297029702, 1.0)),
 (('40',), (0.57095709570957098, 0.0, 0.42904290429042907, 1.0))]))
<matplotlib.figure.Figure at 0xc48b240>
```

mosaic()함수를 이용해서 모자이크 그림을 작성한다. mosaic()함수는 statsmodels.graphics.mosaicplot 모듈에 있는 함수이다. 따라서 mosaic()함수를 임포터 하였다. 딕셔너리 형태로 데이터를 만들고 mosaic(data, title='Age')을 이용해서 그림을 작성하였다. [Out 42]에는 그림에서 반환하는 값을 출력하였다. credit1.csv에 저장된 다음 자료를 이용해서 Age와 Income에 대한 모자이크 그림을 작성해보자.

Age	Income	Credit	Age	Income	Credit
40	medium	excellent	40	low	bad
40	medium	fair	40	low	bad
40	high	fair	40	medium	excellent
20	medium	bad	30	medium	fair
30	high	fair	40	low	bad
20	high	fair	30	low	excellent
20	medium	bad	30	low	fair
40	medium	excellent	30	high	excellent
30	high	bad	40	medium	excellent
40	high	bad	20	low	bad
40	medium	bad	30	medium	fair
40	medium	bad	20	high	excellent
40	high	excellent	20	high	fair
30	medium	bad	20	high	bad
20	high	bad	30	medium	fair

데이터프레임에서 모자이크 그림 작성하기(mosaic())

```
print("[Out 43]: 데이터프레임에서  모자이크 그림 그리기:"'₩n')
import pandas as pd
import matplotlib.pyplot as plt
from statsmodels.graphics.mosaicplot import mosaic
fig = plt.figure(figsize=(6,6))
credit = pd.read_csv('credit1.csv',dtype={'Age':'category','Income':'category',₩
                                          'Credit':'category'})
m = mosaic(credit, ['Age', 'Income'])
plt.show()
```

출력결과

[Out 43]: 데이터프레임에서 모자이크 그림 그리기:
<matplotlib.figure.Figure at 0xc24f550>

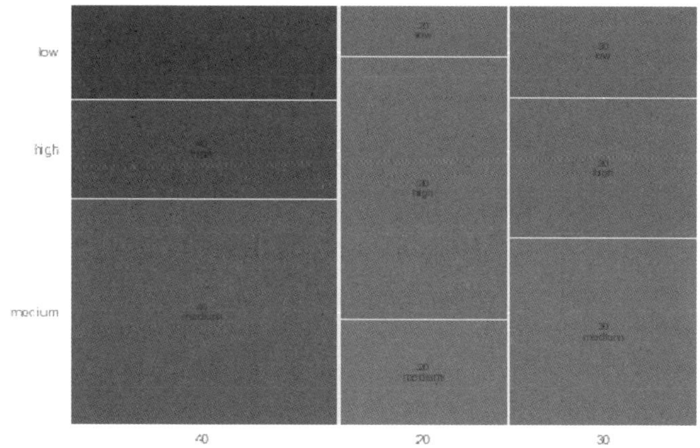

SECTION 2. 데이터 요약하기

데이터에 통계적 모형을 적용하여 예측하거나 추론하는 과정을 거치기 전에 데이터를 수치로 요약해서 데이터의 특성을 조사하는 것은 아주 중요한 작업이다. 수치요약을 통해서 데이터의 중심의 위치, 산포도, 분포의 형태, 이상치, 그리고 상대적 위치 등을 파악한다. 이렇게 데이터를 정리하고 요약하는 단계를 기술통계 혹은 데이터 탐색이라고 한다. 이러한 데이터 요약은 도표나 그림을 이용해서 실시할 수도 있다.

2.1 데이터 세트

데이터 세트는 수집된 데이터를 테이블 형태로 정리한 것이다. 파이썬에서는 데이터프레임이라고 한다. 데이터를 수집하기 위해서 관측 대상에 대해서 무엇을 조사할 것인가를 정해야한다. 예를 들어 컴퓨터 매장에서 컴퓨터를 구매할 고객이 어떤 특성을 가진 고객인가를 조사하고자 한다면 각 고객에 대해서 나이, 직업, 월수입 등과 같은 컴퓨터 구매에 영향을 줄 수 있는 특성을 조사해야 할 것이다. 이때 각 고객이 갖는 이러한 특성을 고객의 속성이라 한다. 이러한 속성은 테이블에서 열로 나타낸다. 속성은 관측 대상마다 다른 값을 가지기 때문에 변수(variable)이다. 하나의 관측 대상에 대해서 조사한 속성의 모든 값들을 관측이라 한다. 테이블에서 행으로 나타 낸 부분이다. 따라서 테이블에서 열은 한 속성에 대해서 여러 관측 대상을 조사한 값을 나타낸 것이고, 행은 한 관측 대상에 대해서 여러 가지 속성을 조사한 값을 나타낸 것이다. 양적변수를 관측해서 얻은 데이터를 양적 데이터, 질적변수를 관측해서 얻은 데이터를 질적 데이터라 한다. 양적변수는 관측된 데이터를 숫자로 나타낼 수 있는 변수이다. 이때 데이터 값은 변수의 크기 혹은 양을 나타내는 값이고, 데이터 값들끼리의 연산이 의미를 가진다. 반면에 질적변수는 관측된 데이터를 문자나 숫자로 나타낼 수 있는 변수이다. 이때 데이터 값은 단지 관측 대상을 어떤 범주로 분류하는 역할만 한다. 예를 들어 관측 대상에 대해서 성별을 조사한다면, 관측된 데이터를 M, F 혹은 0, 1로 나타낼 수 있다. 이때 0와 1은 크기를 나타내는 숫자가 아니라 단지 성별이 남자인 범주를 0으로 여자인 범주를 1로 표시한 것에 불과하다. 0과 1 사이의 연산은 아무런 의미가 없다. 양적 데이터에서 정수로 관측된 데이터를 이산형 데이터, 실수로 관측된 데이터를 연속형 데이터로 분류한다. 또한 데이터를 측정하는 척도(scale)따라 명목형(nominal)데이터, 순서형(ordinal)데이터, 구간(interval)데이터, 그리고 비율(ratio) 데이터로 구분한다. 명목형 데이터는 관측 대상이 어떤 범주에 속하는지를 나타내는 값이다. 명목형 데이터에서 범주의 종류를 수준(level)이라고 한다. 명목형 데이터의 가장 대표적인 예는 성별이다. 성별 데이터에서 수준은 남자(M), 여자(F)이다. 명목형 데이터에서 레벨들끼리 순서를 정할 수 있으면 순서형 데이터이다. 예를 들어 평점, 만족도 선호도 등이 여기에 속한다. 구간 데이터는 절대 영점이 존재하지 않는 데이터로서 데이터 사이에 거리만 의미가 있지, 비율은 의미가 없는 데이터이다. 예를 들어 오늘 기온이 20℃, 어제 온도가 10℃ 일 때 오늘 기온이 어제보다 10℃(20-10) 높다는 의미이지, 오늘 기온이 어제 보다 2배 높다는 의미는 아니다. 0℃는 온도가 없는 것이 아니다. 즉 절대 영점이 존재하지 않는다. 비율 데이터는 절대 영점을 정의할 수 있는 데이터이다. 무게가 0kg이라는 것은 무게가 없다는 의미이다. 20kg은 10kg 보다 10kg 더 무겁고, 무게가 2배라고 할 수 있다. 데이터가 어떤 유형이냐에 따라서 데이터 분석방법은 달라진다.

2.2 데이터를 도표와 그래프로 정리하기

데이터가 도표나 그래프로 정리되면 데이터의 특징을 파악할 수 있다. 데이터를 도표나 그래프로 정리하는 것은 데이터 분석에서 가장 기본이며 아주 중요한 작업이다. 데이터 분석에서 많이 이용되고 있는 도표와 그래프는 도수분포표와 분할표, 막대그래프, 원그래프, 모자이크그림, 히스토그램 그리고 산점도 등이 있다. 여기서는 도표와 그래프를 이용해서 데이터를 정리하고 해석하는 방법을 살펴보자. 다음 자료는 30명을 대상으로 연령, 월수입 그리고 신용정도를 조사해서 테이블 형태로 저장한 데이터이다. 이 데이터를 이용해서 도수분포표와 분할표를 작성해보자. 이 데이터를 엑셀 스프레드시트를 이용해서 credit1.csv 파일에 저장하였다.

Age	Income	Credit	Age	Income	Credit
40	medium	excellent	40	low	bad
40	medium	fair	40	low	bad
40	high	fair	40	medium	excellent
20	medium	bad	30	medium	fair
30	high	fair	40	low	bad
20	high	fair	30	low	excellent
20	medium	bad	30	low	fair
40	medium	excellent	30	high	excellent
30	high	bad	40	medium	excellent
40	high	bad	20	low	bad
40	medium	bad	30	medium	fair
40	medium	bad	20	high	excellent
40	high	excellent	20	high	fair
30	medium	bad	20	high	bad
20	high	bad	30	medium	fair

범주형 데이터의 도수분포표 작성하기(pd.crosstab())

```
import os
import matplotlib.pyplot as plt
import numpy as np
import pandas as pd
credit = pd.read_csv('credit1.csv',dtype={'Age':'category','Income':'category',₩
                                    'Credit':'category'})
credit_freq_age = pd.crosstab(index = credit.Age, columns='count',margins=True)
print("[Out 1]: credit의 범주형 변수 Age의 도수분포표:₩n{}".format(credit_freq_age))
credit_prop_age =pd.crosstab(index = credit.Age, columns='count', ₩
                            normalize='columns')
print("[Out 2]: credit의 Age의 도수분포표-상대도수:₩n{}".format(credit_prop_age))
```

출력결과

```
[Out 1]: credit의 범주형 변수 Age의 도수분포표:
col_0   count  All
Age
20          8    8
30          9    9
40         13   13
All        30   30
[Out 2]: credit의 Age의 도수분포표-상대도수:
col_0      count
```

```
Age
20        0.266667
30        0.300000
40        0.433333
```

[Out 1]과 [Out 2]를 정리하면 다음과 같은 Age에 대한 도수분포표를 얻을 수 있다.

Age	도수	상대도수	백분율
20	8	0.266667	26.67
30	9	0.300000	30.00
40	13	0.43333	43.33
합계	30	1.00	100

도수분포표는 각 범주에 속하는 데이터의 개수 즉 도수와 상대도수(=각 범주의 도수/전체도수)를 표로 나타낸 것이다. 결과에서 응답자 중 20대는 27%, 30대는 30%, 40대는 43% 정도인 것을 파악할 수 있다. 이처럼 범주형 자료는 각 범주에 속하는 데이터의 개수를 이용해서 분석하는 경우가 많다. 데이터를 그래프로 표현하면 그래프를 통해서 데이터의 특징을 찾아내고 탐색할 수 있다. 따라서 데이터의 특징을 그래프로 나타내는 방법을 살펴보자. 질적 데이터는 다양한 그래프로 나타낼 수 있다.

범주형 데이터를 막대그래프로 표현하기(pd.plot())

```
import matplotlib.pyplot as plt
import pandas as pd
plt.style.use('bmh')
print("[Out 3]: 범주형 데이터를 막대 그래프 표현하기:"'₩n')
fig = plt.figure(figsize=(6,6))
credit = pd.read_csv('credit1.csv',dtype={'Age':'category','Income':'category',₩
                                           'Credit':'category'})
credit_prop_age =pd.crosstab(index = credit.Age, columns='relative freq', ₩
                              normalize='columns')
credit_prop_age.plot(kind='bar', rot=0, width=0.8,legend=False)
plt.xlabel('Age', fontsize=14)
plt.ylabel('relative freq', fontsize=14)
plt.title('Bar Chart for Age', fontsize=16 )
plt.xticks(fontsize=10)
plt.show()
```

출력결과

```
[Out 3]: 범주형 데이터를 막대 그래프 표현하기:
<matplotlib.figure.Figure at 0xaf41048>
```

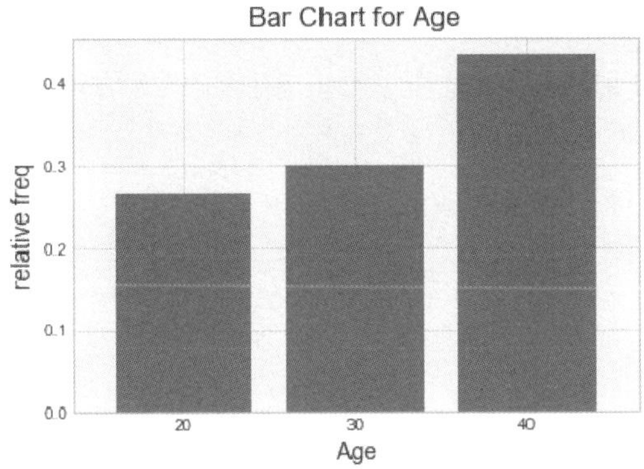

도수분포표의 상대도수를 막대의 높이로 나타내었다. 막대의 높이로 응답자가 40대, 30대, 20대 순으로 구성되어 있는 것을 파악할 수 있다.

범주형 데이터를 원그래프로 표현하기(pd.plot())

```
print("[Out 4]: 범주형 데이터를 원그래프로 표현하기:""₩n')
fig = plt.figure(figsize=(6,6))
credit = pd.read_csv('credit1.csv',dtype={'Age':'category','Income':'category',₩
                                          'Credit':'category'})
credit_prop_age =pd.crosstab(index=credit.Age, columns='relative freq', ₩
                             normalize='columns')
explode = [0,0,0.1]
credit_prop_age.plot(kind='pie',subplots='True',autopct='%1.1f%%', legend=False,₩
                     explode=explode, fontsize=15, shadow=True)
plt.ylabel('')
plt.title('Pie Chart for Age', fontsize=16 )
plt.show()
```

출력결과

```
[Out 4]: 범주형 데이터를 원그래프로 표현하기:
<matplotlib.figure.Figure at 0xad0f470>
```

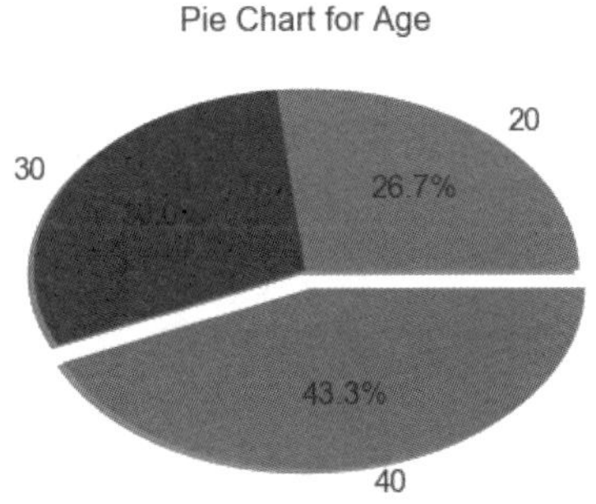

도수분포표의 상대도수를 원조각의 크기로 나타내었다. 원조각의 크기로 응답자가 40대, 30대, 20대 순으로 구성되어 있는 것을 파악할 수 있다.

범주형 데이터를 모자이크그림으로 표현하기(mosaic())

```
print("[Out 5]: 범주형 데이터를 모자이크그림으로 표현하기:"'₩n')
from statsmodels.graphics.mosaicplot import mosaic
fig = plt.figure(figsize=(6,6))
credit = pd.read_csv('credit1.csv',dtype={'Age':'category','Income':'category',₩
                                          'Credit':'category'})
mosaic(credit, ['Age'])
plt.show()
```

출력결과

```
[Out 5]: 범주형 데이터를 모자이크그림으로 표현하기:
<matplotlib.figure.Figure at 0xc0f0940>
```

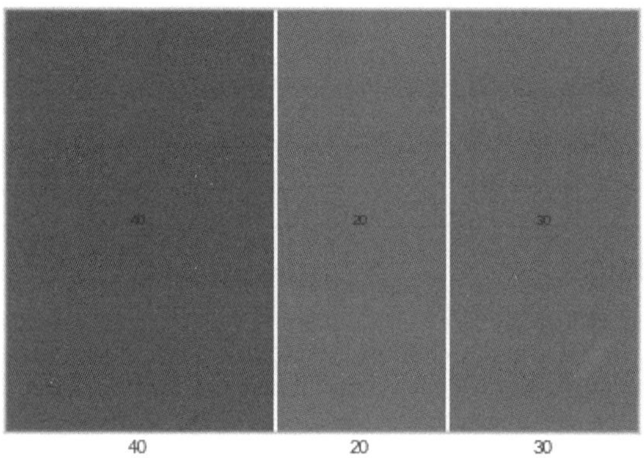

도수분포표의 상대도수를 사각형 조각의 크기로 나타내었다. 사각형 조각의 크기로 응답자가 40대, 30대, 20대 순으로 구성되어 있는 것을 파악할 수 있다.

범주형 데이터의 분할표 작성하기(pd.crosstab())

```
print("범주형 데이터의 분할표:"'₩n')
credit = pd.read_csv('credit1.csv',dtype={'Age':'category','Income':'category',₩
                                          'Credit':'category'})
credit_freq_age_Credit = pd.crosstab(index = credit.Age,₩
                                columns=credit.Credit,margins=True)
print("[Out 6]: Age와 Credit의 분할표:₩n{}".format(credit_freq_age_Credit))
credit_row_prop_age_Credit =pd.crosstab(index = credit.Age,₩
                           columns=credit.Credit,normalize='index',margins=True)
print("[Out 7]:  Age와 Credit의 분할표-행비율:₩n{}"₩
                .format(credit_row_prop_age_Credit.round(3)))
credit_col_prop_age_Credit =pd.crosstab(index = credit.Age,₩
                           columns=credit.Credit,normalize='columns',margins=True)
print("[Out 8]:  Age와 Credit의 분할표-열비율:₩n{}"₩
                .format(credit_col_prop_age_Credit.round(3)))
credit_total_prop_age_Credit =pd.crosstab(index = credit.Age,₩
                           columns=credit.Credit,normalize=True,margins=True)
print("[Out 9]:  Age와 Credit의 분할표-전체비율:₩n{}"₩
               .format(credit_total_prop_age_Credit.round(3)))
```

출력결과

```
범주형 데이터의 분할표:
[Out 6]: Age와 Credit의 분할표:
Credit     bad      excellent  fair   All
Age
20           5            1     2     8
30           2            2     5     9
40           6            5     2    13
All         13            8     9    30
[Out 7]:  Age와 Credit의 분할표-행비율:
Credit     bad    excellent    fair
Age
20      0.625      0.125     0.250
30      0.222      0.222     0.556
40      0.462      0.385     0.154
All     0.433      0.267     0.300
[Out 8]:  Age와 Credit의 분할표-열비율:
Credit     bad    excellent    fair     All
Age
20      0.385      0.125     0.222    0.267
30      0.154      0.250     0.556    0.300
40      0.462      0.625     0.222    0.433
[Out 9]:  Age와 Credit의 분할표-전체비율:
Credit     bad    excellent    fair     All
Age
20      0.167      0.033     0.067    0.267
30      0.067      0.067     0.167    0.300
40      0.200      0.167     0.067    0.433
All     0.433      0.267     0.300    1.000
```

[Out 6], [Out 7], [Out 8], [Out 9]를 정리하면 다음과 같은 Age와 Credit에 대한 분할표를 얻을 수 있다. 아래 분할표를 살펴보면 연령별로 bad:excellent:fair의 비율 패턴이 다르게 나타난 것으로 볼 수 있다. 즉 20대는 bad>fair>excellent, 30대는 fair>excellent =bad, 40대는 bad>excellent>fair 순으로 나타났다. 이 사실에서 연령에 따라 Credit의 정도가 차이가 있다는 것을 추측할 수 있다. 즉 두 범주형 변수 Age와 Credit는 서로 연관성이 있는 변수로 예측할 수 있다. 카이검정을 통해서 두 변수의 연관성을 검정할 수 있다. 이것을 그래프로 표현하면 변수간의 관계를 좀 더 명확하게 확인할 수 있다. 분할표를 이용해서 그래프를 작성해보자.

<table>
<tr><th colspan="2">도수</th><th colspan="3">Credit</th><th>합계</th></tr>
<tr><td colspan="2">행비율</td><td rowspan="3">bad</td><td rowspan="3">excellent</td><td rowspan="3">fair</td><td>합계</td></tr>
<tr><td colspan="2">열비율</td><td></td></tr>
<tr><td colspan="2">전체비율</td><td></td></tr>
<tr><td rowspan="2">Age</td><td rowspan="2">20</td><td>5</td><td>1</td><td>2</td><td>8</td></tr>
<tr><td>0.625</td><td>0.125</td><td>0.250</td><td>1.00</td></tr>
</table>

도수		Credit			합계
		0.385	0.125	0.222	0.267
		0.167	0.033	0.067	
	30	2	2	5	9
		0.222	0.222	0.556	1.00
		0.154	0.250	0.556	0.300
		0.067	0.067	0.167	
	40	6	5	2	13
		0.462	0.385	0.154	1.00
		0.462	0.625	0.222	0.433
		0.200	0.167	0.067	
합계		13	8	9	30
		0.433	0.267	0.300	1.00
합계		1.00	1.00	1.00	

범주형 데이터의 분할표을 이용한 군집막대그래프 작성하기(pd.plot())

```
print("[Out 10]:  Age와 Credit의 군집막대그래프:"'₩n')
fig = plt.figure(figsize=(6,6))
credit = pd.read_csv('credit1.csv',dtype={'Age':'category','Income':'category',₩
                                          'Credit':'category'})
credit_freq_age_Credit = pd.crosstab(index = credit.Age,columns=credit.Credit)
credit_freq_age_Credit.plot(kind='bar', stacked=False)
plt.ylabel('Frequency', fontsize=15)
plt.xlabel('Age',fontsize=15)
plt.title('Bar Chart for Age and Credit', fontsize=15 )
plt.show()
```

출력결과

```
[Out 10]:  Age와 Credit의 군집막대그래프:
<matplotlib.figure.Figure at 0xc1a80b8>
```

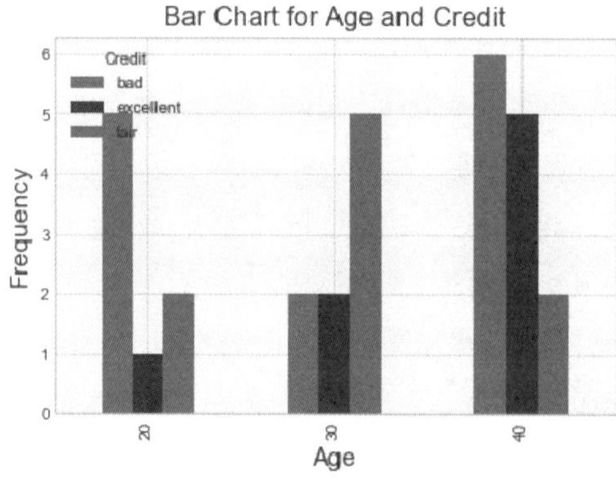

[Out 10]에서 연령별 막대의 모양이 서로 다른 패턴을 가진 것을 볼 수 있다. 따라서 두 범주형 변수 Age와 Credit는 서로 연관성이 있는 변수로 파악할 수 있다.

범주형 데이터의 분할표을 이용한 비율누적막대그래프 작성하기(pd.plot())

```
print("[Out 11]:  Age와 Credit의 비율누적막대그래프:"'₩n')
fig = plt.figure(figsize=(6,6))
credit = pd.read_csv('credit1.csv',dtype={'Age':'category','Income':'category',₩
                                          'Credit':'category'})
credit_row_prop_age_Credit = pd.crosstab(index = credit.Age,columns=credit.Credit,
                                         normalize='index')
credit_row_prop_age_Credit.plot(kind='bar', stacked=True)
plt.ylabel('Proportion', fontsize=15)
plt.xlabel('Age',fontsize=15)
plt.title('Stacked Bar Chart for Age and Credit', fontsize=15 )
plt.legend(loc='best')
plt.show()
```

출력결과

```
[Out 11]:  Age와 Credit의 비율누적막대그래프:
<matplotlib.figure.Figure at 0xafcd908>
```

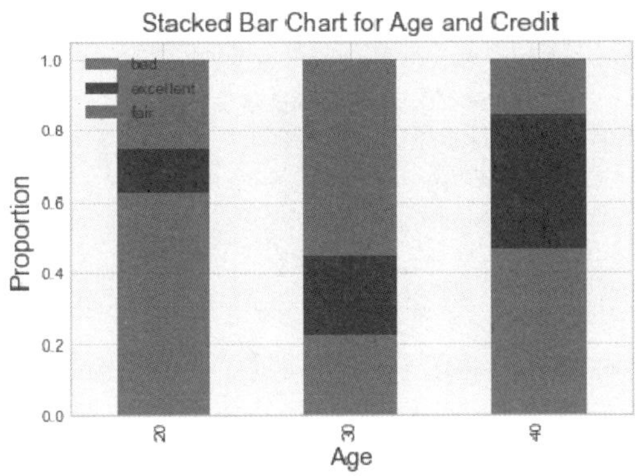

[Out 11]에서 연령별 막대의 모양이 서로 다른 패턴을 가진 것을 볼 수 있다. 따라서 두 범주형 변수 Age와 Credit는 서로 연관성이 있는 변수로 파악할 수 있다.

범주형 데이터의 모자이크 그림 작성하기(mosaic())

```
print("[Out 12]: 범주형 데이터를 모자이크그림으로 표현하기:"'₩n')
from statsmodels.graphics.mosaicplot import mosaic
fig = plt.figure(figsize=(6,6))
credit = pd.read_csv('credit1.csv',dtype={'Age':'category','Income':'category',₩
                                          'Credit':'category'})
m=mosaic(credit, ['Age','Credit'],gap=0.02)
print("[Out 13]: 그림의 반환값:₩n{}".format(m))
plt.show()
```

출력결과

```
[Out 12]: 범주형 데이터를 모자이크그림으로 표현하기:
<matplotlib.figure.Figure at 0xc271ef0>
```

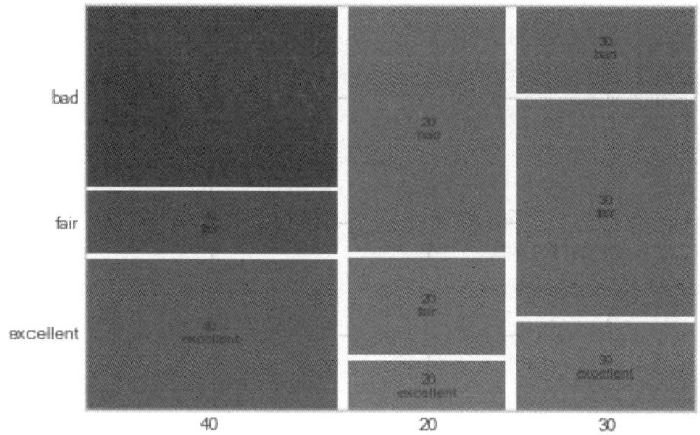

[Out 13]: 그림의 반환값:
(<matplotlib.figure.Figure object at 0x000000000BC3AFD0>,
OrderedDict([(('40', 'excellent'), (0.0, 0.0, 0.41666666667,0.37462537462537465)),
(('40','fair'), (0.0, 0.38761238761238764, 0.41666666667, 0.1498501498501498)),
(('40', 'bad'), (0.0, 0.55044955044955035, 0.41666666667, 0.44955044955044959)),
(('20', 'excellent'), (0.435897435897, 0.0, 0.2564102564102, 0.121753246753247)),
(('20', 'fair'), (0.435897435897, 0.134740259740, 0.2564102564102, 0.2435064935)),
(('20', 'bad'),(0.435897435897, 0.3912337662337, 0.2564102564102, 0.6087662337)),
(('30', 'excellent'), (0.711538461538, 0.0, 0.288461538461, 0.21645021645021645)),
(('30', 'fair'), (0.711538461538, 0.229437229437, 0.288461538461, 0.54112554112)),
(('30', 'bad'), (0.711538461538, 0.78354978354, 0.288461538461, 0.21645021645)]))

먼저 Age의 각 수준의 도수의 크기에 비례해서 사각형을 분할하고, 다음은 Age의 각 수준의 사각형을 Credit의 각 수준의 도수의 크기에 비례해서 사각형을 분할한다. [Out 12]에 그림을 출력하였다. [Out 13]은 그림에서 반환하는 값을 출력한 것이다. 이것은 각 사각형과 타일의 좌표를 나타낸다. 이것은 행백분율과 열백분율을 나타낸다. [Out 14]와 같이 gap=0.0으로 설정하면 이 값은 행백분율과 열백분율의 값과 일치한다. [Out 15]에서 그 결과를 확인할 수 있다.

출력결과

[Out 14]: 범주형 데이터를 모자이크그림으로 표현하기(gap=0.0):
<matplotlib.figure.Figure at 0xc71c668>

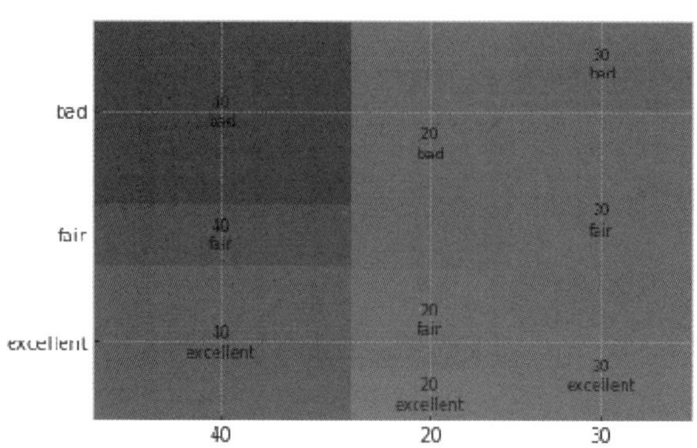

```
[Out 15]: 그림의 반환값:
(<matplotlib.figure.Figure object at 0x000000000A4A91D0>,
OrderedDict([(('40', 'excellent'), (0.0, 0.0, 0.433, 0.385)),
(('40', 'fair'), (0.0, 0.385, 0.433, 0.154)),
(('40', 'bad'), (0.0, 0.538, 0.433, 0.462)),
(('20', 'excellent'), (0.433, 0.0, 0.267, 0.125)),
(('20', 'fair'), (0.433, 0.125, 0.267, 0.25)),
(('20', 'bad'), (0.433, 0.375, 0.267, 0.625)),
(('30', 'excellent'), (0.7, 0.0, 0.300, 0.222)),
(('30', 'fair'), (0.7, 0.222, 0.300, 0.556)),
(('30', 'bad'), (0.7, 0.777, 0.300, 0.222))]))
```

다음은 연속형 데이터를 이용해서 도수분포표를 만드는 방법을 살펴보자. 연속형 데이터를 이용해서 도수분포표를 만드는 방법을 간단히 살펴보자.

연속형 데이터 도수분포표 작성하기

1. 데이터의 최솟값과 최댓값을 찾는다.
2. 데이터의 개수를 고려해서 5~20개 정도의 계급의 개수를 정한다. 계급의 개수를 정할 때 스터지공식([1+3.322$\log_{10}$n])을 많이 참고로 한다. 여기서 n은 데이터의 개수, [x]는 x 보다 큰 최소 정수이다.
3. 각 계급의 너비를 정한다((최댓값-최솟값)/계급의 개수)
4. 각 계급의 하한과 상한을 정한다. 이때 계급의 경계값에 어떠한 데이터 값도 위치하지 않게 한다.
5. 각 계급의 도수와 상대도수를 구한다.

확률 및 통계를 수강하는 학생 40명의 성적을 이용하여 도수분포표를 작성해보자.

62	84	68	50	52	85	36	70	49	26
83	79	91	68	67	81	87	50	73	44
92	58	35	81	70	63	74	63	40	84
49	84	84	59	84	84	52	70	89	76

연속형 데이터의 도수분포표 그리기(pd.cut())

```
print("[Out 16]: 연속형 데이터를 도수분포표로 표현하기:"'₩n')
score = [62,84,68,50,52,85,36,70,49,26,83,79,91,68,67,81,87,50,73,44,92,₩
        58,35,81,70,63,74,63,40,84,49,84,84,59,84,85,52,71,89,76]
data = {'score': score}
df_data = pd.DataFrame(data)
data_cut = pd.cut(df_data.score, 6)
print("[Out 17]: score를 6개의 범주로 묶는다.:₩n{}"
      .format(data_cut))
data_freq = pd.value_counts(data_cut)
print("[Out 18]: 각 범주에 속하는 자료 개수:₩n{}".format(data_freq))
data_rel_freq = data_freq/data_freq.sum()
```

```
print("[Out 19]: 각 범주의 상대도수:₩n{}".format(data_rel_freq))
data_cum_rel_freq = data_rel_freq.cumsum()
print("[Out 20]: 각 범주의 누적 상대도수:₩n{}".format(data_cum_rel_freq))
```

출력결과

```
[Out 17]: score를 6개의 범주로 묶는다.:
0        (59.0, 70.0]
1        (81.0, 92.0]
2        (59.0, 70.0]
             중략
38       (81.0, 92.0]
39       (70.0, 81.0]
Name: score, dtype: category
Categories (6, interval[float64]): [(25.934, 37.0] < (37.0, 48.0] < (48.0, 59.0] < (59.0, 70.0] < (70.0,
                                   81.0] < (81.0, 92.0]]
[Out 18]: 각 범주에 속하는 자료 개수:
(81.0, 92.0]       12
(59.0, 70.0]        8
(48.0, 59.0]        8
(70.0, 81.0]        7
(25.934, 37.0]      3
(37.0, 48.0]        2
Name: score, dtype: int64
[Out 19]: 각 범주의 상대도수:
(81.0, 92.0]      0.300
(59.0, 70.0]      0.200
(48.0, 59.0]      0.200
(70.0, 81.0]      0.175
(25.934, 37.0]    0.075
(37.0, 48.0]      0.050
Name: score, dtype: float64
[Out 20]: 각 범주의 누적 상대도수:
(81.0, 92.0]      0.300
(59.0, 70.0]      0.500
(48.0, 59.0]      0.700
(70.0, 81.0]      0.875
(25.934, 37.0]    0.950
(37.0, 48.0]      1.000
Name: score, dtype: float64
```

[Out 18], [Out 19], [Out 20]을 정리하여 score에 대한 도수분포표를 작성한다.

score	도수	상대도수	누적상대도수
25.934~37.0	3	0.075	0.075
37.0~48.0	2	0.05	0.125
48.0~59.0	8	0.2	0.325
59.0~70.0	8	0.2	0.525
70.0~81.0	7	0.175	0.7
81.0~92.0	12	0.3	1.0
합계	40	1.00	

도수분포표를 통해서 40명 학생들의 성적의 특징을 요약할 수 있다. 30%정도의 학생이 81.0점 이상이고, 약 67%의 학생이 59점 이상 인 것을 볼 수 있다. 만약 학생들 중 30% 정도를 A학점, 12%정도를 F학점을 준다면 81점 이상은 A 학점, 48점 미만은 F 학점을 줄 수 있다.

스터지공식을 이용해서 연속형 데이터의 도수분포표 그리기(pd.cut())

```
print("스터지공식을 이용한 도수분포표 작성:"'₩n')
import math
num_bins = math.ceil(1+3.322*math.log10(40))
max_score = max(df_data.score)
min_score = min(df_data.score)
width_bins = math.ceil((max_score-min_score)/num_bins)
first_class_l = min_score-1*0.5
last_class_u = first_class_l + num_bins*width_bins
bins = np.arange(first_class_l,last_class_u+width_bins, width_bins)
df_data['bins'] =pd.cut(df_data.score, bins)
print("[Out 21]:"'₩n',df_data)
freq=pd.crosstab(index=df_data.bins, columns='count')
print("[Out 22]:도수"'₩n',freq)
rel_freq=pd.crosstab(index=df_data.bins, columns='rel_freq', normalize='columns')
print("[Out 23]:상대도수"'₩n',rel_freq)
rel_freq_cumsum = rel_freq.cumsum()
print("[Out 24]: 각 범주의 누적 상대도수:₩n{}".format(rel_freq_cumsum))
rel_freq['density'] = rel_freq['rel_freq']/width_bins
print("[Out 25]:상대도수 밀도:₩n{}".format(rel_freq))
```

출력결과

```
스터지공식을 이용한 도수분포표 작성:
[Out 21]:
     score          bins
0       62  (55.5, 65.5]
1       84  (75.5, 85.5]
2       68  (65.5, 75.5]
3       50  (45.5, 55.5]
             중략
37      71  (65.5, 75.5]
38      89  (85.5, 95.5]
39      76  (75.5, 85.5]
[Out 22]:도수
 col_0          count
bins
(25.5, 35.5]      2
(35.5, 45.5]      3
(45.5, 55.5]      6
(55.5, 65.5]      5
(65.5, 75.5]      8
(75.5, 85.5]     12
(85.5, 95.5]      4
[Out 23]:상대도수
 col_0          rel_freq
bins
(25.5, 35.5]      0.050
```

```
(35.5, 45.5]      0.075
(45.5, 55.5]      0.150
(55.5, 65.5]      0.125
(65.5, 75.5]      0.200
(75.5, 85.5]      0.300
(85.5, 95.5]      0.100
[Out 24]: 각 범주의 누적 상대도수:
col_0          rel_freq
bins
(25.5, 35.5]      0.050
(35.5, 45.5]      0.125
(45.5, 55.5]      0.275
(55.5, 65.5]      0.400
(65.5, 75.5]      0.600
(75.5, 85.5]      0.900
(85.5, 95.5]      1.000
[Out 25]:상대도수 밀도:
col_0          rel_freq  density
bins
(25.5, 35.5]      0.050   0.0050
(35.5, 45.5]      0.075   0.0075
(45.5, 55.5]      0.150   0.0150
(55.5, 65.5]      0.125   0.0125
(65.5, 75.5]      0.200   0.0200
(75.5, 85.5]      0.300   0.0300
(85.5, 95.5]      0.100   0.0100
```

[Out 21], [Out 22], [Out 23], [Out 24], [Out 25] 를 정리하여 score에 대한 도수분포표를 작성한다. 상대도수밀도(density)=(상대도수/범주의 너비)이다. 계급의 너비가 균등할 때는 상대도수 밀도=상대도수이다.

score	도수	상대도수	누적상대도수	상대도수밀도
25.5~35.5	2	0.050	0.05	0.0050
35.5~45.5	3	0.075	0.125	0.0075
45.5~55.5	6	0.150	0.275	0.0150
55.5~65.5	5	0.125	0.400	0.0125
65.5~75.5	8	0.200	0.600	0.0200
75.5~85.5	12	0.300	0.900	0.0300
85.5~95.5	4	0.100	1.000	0.0100
합계	40	1.000		

이 도수분포표에서 40명 학생의 성적의 분포가 왼쪽 꼬리가 긴 형태로 파악된다.

연속형 데이터의 히스토그램 작성하기

```
print("[Out 26]: 연속형 데이터에서  히스토그램 작성하기:"'\n')
import pandas as pd
```

```
fig = plt.figure(figsize=(6,6))
df_data.plot(kind='hist',bins=bins,density=True,legend=False)
plt.xlabel('bins',fontsize=15)
plt.ylabel('density',fontsize=15)
plt.show()
```

출력결과

[Out 26]: 연속형 데이터에서 히스토그램 작성하기:
<matplotlib.figure.Figure at 0xbcf5320>

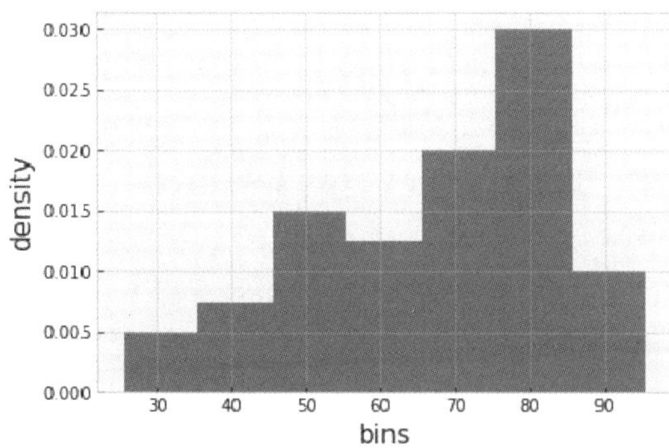

히스토그램에서 상대도수는 사각형의 면적을 나타낸다. 따라서 히스토그램에서 모든 사각형 아래의 면적은 1이다. 도수분포표에서 성적의 분포가 왼쪽으로 꼬리가 긴 형태를 가진다고 파악하였다. 히스토그램은 성적의 이러한 특징을 파악하는데 좀 더 효과적이다.

연속형 데이터의 줄기와 잎 그림 작성하기

```
print("[Out 27]: 연속형 데이터의 줄기_잎그림 그리기:"'₩n')
import stemgraphic as stem
fig = plt.figure()
score = [62,84,68,50,52,85,36,70,49,26,83,79,91,68,67,81,87,50,73,44,92,₩
        58,35,81,70,63,74,63,40,84,49,84,84,59,84,85,52,71,89,76]
stem.stem_graphic(score,break_on=10)
plt.show()
```

출력결과

[Out 27]: 연속형 데이터의 줄기_잎그림 그리기:
<matplotlib.figure.Figure at 0x8bf1a70>

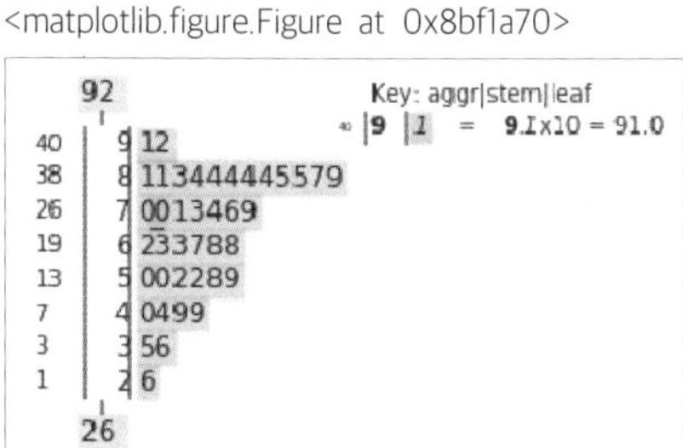

줄기와 잎 그림은 히스토그램과 더불어 양적데이터의 특성을 잘 파악할 수 있는 그림이다. 줄기와 잎 그림에서 잎의 개수가 히스토그램의 막대높이와 같은 역할을 한다. [Out 27]의 그래프를 90도 회전시켜서 보면 [Out 26]의 히스토그램과 같은 모양을 띠고 있는 것을 확인할 수 있다. 하지만 줄기와 잎 그림은 원 데이터를 줄기와 잎으로 분리해서 작성하기 때문에 원 데이터가 가진 정보를 그대로 보존하고 있다. [Out 27]에서 데이터 중에서 최솟값은 26, 최댓값은 92이고, 중앙값은 70인 것을 볼 수 있고, 전체적으로 데이터는 왼쪽으로 꼬리가 긴 형태의 분포를 띠고 있는 것을 파악할 수 있다. 적은 양의 데이터에 대해서는 줄기와 잎 그림을 편리하게 이용할 수 있다. 그러나 대용량의 데이터에 대해서는 히스토그램이 많이 사용한다. 지금 까지 도표와 그래프를 이용해서 데이터의 특징을 탐색하는 방법을 살펴보았다. 도표와 그래프가 데이터의 특징을 탐색하는데 아주 효과적인 방법이라는 것을 살펴보았다.

2.3 수치로 데이터 정리하기

양적데이터를 수치로 요약해서 데이터의 여러 가지 특성을 조사할 수 있다. 수치로 관측 대상의 특징을 파악할 수 있는 것은 관측 대상의 중심의 위치를 나타내는 중심위치측도와, 관측된 데이터들이 흩어져 있는 정도를 나타내는 산포도, 데이터들의 전체적인 분포의 형태를 나타내는 비대칭도와 첨도, 데이터들의 상대적인 위치를 나타내는 상대적위치측도 그리고 두 변수간의 상관관계를 나타내는 상관계수 등이 있다.

연속형 데이터를 수치로 요약하기(데이터프레임.describe())

```
print("[Out 28]: 연속형 데이터를 수치로 요약하기:"'₩n')
import pandas as pd
score = [62,84,68,50,52,85,36,70,49,26,83,79,91,68,67,81,87,50,73,44,92,₩
        58,35,81,70,63,74,63,40,84,49,84,84,59,84,85,52,71,89,76]
data = {'score': score}
df_data = pd.DataFrame(data)
print('{}'.format(df_data.describe()))
result = df_data.describe()
Range = result.loc['max']-result.loc['min']
print("[Out 29]: 범위(range):₩n{}".format(Range))
IQR = result.loc['75%']-result.loc['25%']
print("[Out 30]: 사분위수범위(IQR):₩n{}".format(IQR))
```

출력결과

```
[Out 28]: 연속형 데이터를 수치로 요약하기:
            score
count  40.00000
mean   67.45000
std    17.51622
```

```
min     26.00000
25%     52.00000
50%     70.00000
75%     84.00000
max     92.00000
[Out 29]: 범위(range):
score      66.0
dtype: float64
[Out 30]: 사분위수범위(IQR):
score      32.0
dtype: float64
```

양적데이터에 대해서 pd.describe()함수를 이용하면 데이터의 개수, 평균, 표준편차, 최솟값, 제1사분위수(25%), 중앙값(50%), 제3사분위수(75%), 최댓값을 얻을 수 있다. 여기서 평균과 중앙값은 데이터의 중심의 위치를 나타내는 측도이고, 표준편차와 범위 그리고 사분위수 범위는 산포도를 나타내는 측도이다. 제1사분위수와 중앙값 그리고 제3사분위수는 상대적위치측도인 제p백분위수에서 p가 25%, 50%, 75%인 경우이다. 데이터의 중심의 위치 측도인 평균과 중앙값에 대해서 알아보자.

평균 (mean)

크기가 n인 데이터 값이 $x_1, x_2, \cdots, x_n$ 이면 평균은 다음과 같이 계산된다.

$$\bar{x} = \frac{x_1 + x_2 + \cdots + x_n}{n} = \frac{\sum_{i=1}^{n} x_i}{n}$$

평균은 데이터 값들의 중심의 위치를 나타낸다. 즉 데이터 값들을 수평선상에 정렬했을 때 수평선이 수평을 유지하게 해주는 점(무게중심)이다. 평균은 일반적으로 사용하는 중심의 위치 측도이다. 그러나 데이터 값 중에서 유난히 크거나 작은 데이터(이상치)가 있다면 평균값은 크게 영향을 받는다.

이상치가 있는 경우 평균값

```
import numpy as np
x = np.array([3,4,5,6,7,9,10])
print("[Out 31]:₩n{:.3f}".format(np.mean(x)))
x_out = np.array([3,4,5,6,7,9,100])
print("[Out 32]:₩n{:.3f}".format(np.mean(x_out)))
```

출력결과

```
[Out 31]:
6.286
[Out 32]:
19.143
```

[Out 31]은 정상적인 데이터들에 대한 평균을 나타내고, [Out 32]는 100이라는 이상치가 있는 경우의 평균이다. 두 값을 비교해보면 [Out 32]의 값이 거의 3배 정도로 커졌다는 것을 볼 수 있다. 이러한 경우 평균은 대푯값으로 적당하지 못하다. 이때는 이상치에 덜 민감한 중앙값을 사용한다.

중앙값 (median)

중앙값은 데이터를 크기 순서로 나열했을 때 순서상 중앙에 위치하는 값이다. 크기가 n인 데이터 값이 $x_1, x_2, \cdots, x_n$ 일 때 중앙값을 구하는 방법을 살펴보자. 먼저 데이터를 크기 순서대로 나열한다. 크기 순서대로 나열한 데이터를 다음과 같이 나타내자.

$$x_{(1)} < x_{(2)} < \cdots < x_{(n)}$$

그리고 중앙값의 위치를 (n+1)/2를 이용해서 계산한다. 마지막으로 다음과 같이 중앙값을 계산한다.

$$\text{중앙값} = \begin{cases} x_{\left(\frac{n+1}{2}\right)}, & n: \text{홀수} \\ \dfrac{x_{\left(\frac{n}{2}\right)} + x_{\left(\frac{n}{2}+1\right)}}{2}, & n: \text{짝수} \end{cases}$$

데이터의 중심의 위치를 측정할 때 항상 평균과 중앙값을 동시에 측정하는 것이 데이터의 특성을 파악하는데 도움이 된다. 평균과 중앙값이 같으면 데이터 값들의 분포가 거의 대칭이고 두 값이 차이가 크면 데이터 내에 이상치가 존재할 수도 있다. 데이터 값들의 분포가 한 쪽으로 치우친 형태를 가진다. 즉 중앙값이 크면 왼쪽 꼬리가 길고, 평균이 크면 오른쪽 꼬리가 긴 형태이다.

이상치가 있는 경우 중앙값

```
x = np.array([3,4,5,6,7,9,10])
print("[Out 33]:₩n{:.3f}".format(np.median(x)))
x_out = np.array([3,4,5,6,7,9,100])
print("[Out 34]:₩n{:.3f}".format(np.median(x_out)))
```

출력결과

```
[Out 33]:
6.000
[Out 34]:
6.000
```

[Out 33]은 정상적인 데이터들에 대한 중앙값을 나타내고, [Out 34]는 100이라는 이상치가 있는 경우의 중앙값이다. 두 값을 비교해보면 [Out 34]의 값이 변화가 없는 것을 볼 수 있다. 중앙값은 n의 변화가 없으면 값이 변하지 않는다. 따라서 이상치가 존재하는 경우에는 이상치에 덜 민감한 중앙값을 중심의 위치 측도로 많이 이용한다.

describe()함수를 이용해서 요약한 통계량 중에서 최솟값, 제1사분위수, 중앙값, 제3사분위수, 최댓값을 다섯숫자요약이라 한다. 데이터들의 다섯숫자요약값을 이용한 그림이 상자그림이다. 상자그림은 데이터를 크기 순서대로 나열해서 데이터를 4등분해서 나타낸다. 상자그림을 작성하는 방법을 간단히 살펴보자.

상자그림 (boxplot)

먼저 다섯숫자요약 값을 구한다. 그리고 수평선(혹은 수직선)상에 제1사분위수와 제3사분위수를 표시하고, 두 값을 연결해서 상자를 만든다. 상자 안에 중앙값을 선으로 나타낸다. 그리고 상자의 길이 즉 (제3사분위수-제1사분위수=사분위수 범위(IQR-inter quartile range)을 계산한다. 상자의 하한(제1사분위수)-1.5IQR과 상자의 상한(제3사분위수)+1.5IQR위치에 가상적인 경계를 만든다. 그리고 이 경계 안에 있는 데이터 값들 중에서 최솟값과 최댓값(인접값)을 표시한다. 그리고 마지막으로 인접값과 상자의 하한과 상자의 상한을 선으로 연결한다. 이 경계를 벗어나는 데이터를 이상치라고 한다. 완성된 그래프는 아래 그림과 같다. 상자 안에 삼각형 모양은 평균을 표시한 것이다.

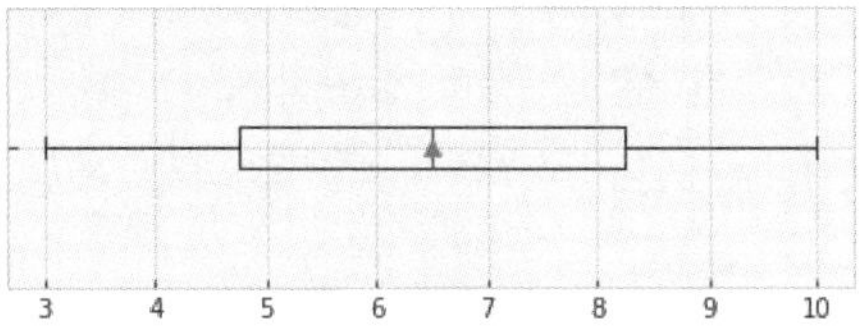

상자그림은 데이터에 대한 많은 특성을 보여준다. 데이터의 중심의 위치(중앙값-붉은 선, 평균-삼각형), 산포도(상자의 길이=IQR), 분포의 형태, 이상치 유무 등과 같은 특징을 나타낸다. 다음 3가지 종류의 상자그림을 비교해보자.

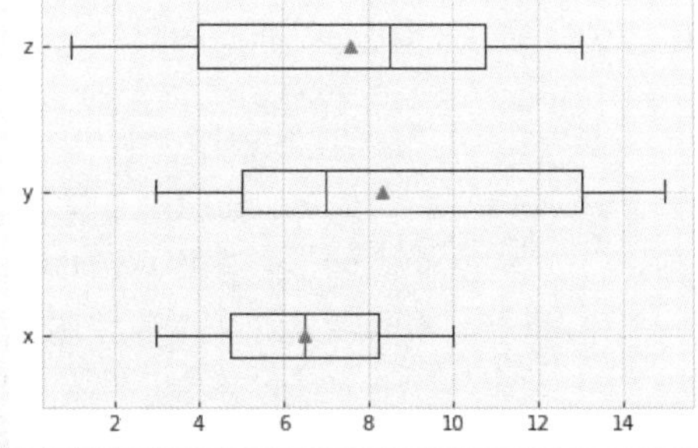

x의 상자그림은 x-데이터의 분포가 대칭, y의 상자그림은 y-데이터의 분포가 오른쪽 꼬리가 긴, z의 상자그림은 z-데이터의 분포가 왼쪽 꼬리가 긴 형태를 갖는다는 것을 보여준다. 다음 2가지 종류의 상자그림을 비교해보자.

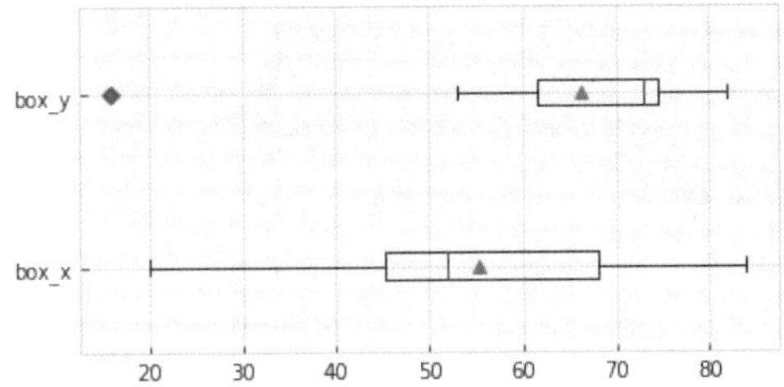

box_x와 box_y 두 상자그림을 비교해보면, box_y 데이터의 중심의 위치가 box_x 데이터의 중심의 위치 보다 높고, 또한 산포도는 box_y보다 box_x가 더 크다. box_y 데이터는 값이 큰 경우가 작은 경우보다 밀도가 더 높다. 그리고 이상치(초록색 다이아몬드)가 존재하는 것을 볼 수 있다. 반면에 box_x 데이터는 값이 작은 경우가 큰 경우보다 밀도가 더 높은 것을 볼 수 있다. 상자그림은 두 개 이상의 데이터 그룹의 특성을 비교할 때 사용하면 편리하다.

다음은 데이터의 흩어진 정도(산포도)를 나타내는 범위, 사분위수범위, 분산, 표준편차에 대해서 알아보자. 중심의 위치와 더불어 산포도는 데이터의 주요한 특징이다. 중심의 위치만으로는 데이터의 특징을 정확하게 파악할 수 없다. 중심의 위치가 같다고 하더라도 산포도가 다르면 데이터는 완전히 다른 특징을 가진다.

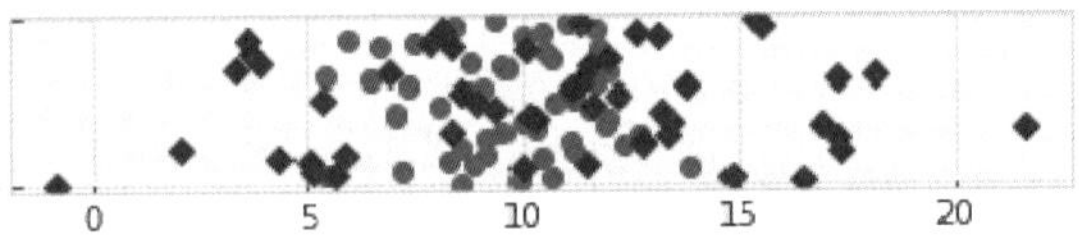

위 그림에서 붉은색 점과 파란색 다이아몬드 점의 산포도를 비교해보면 붉은색 점은 중심의 위치 10을 중심으로 모여 있고, 파란색 다이아몬드 점은 중심의 위치 10에서 멀리 떨어져 있는 것을 볼 수 있다. 이것은 파란색 점들이 붉은색 점들에 비해서 값의 변동이 심하다는 의미이다. 몇 가지 산포도 측도에 대해서 알아보자.

범위(range)

범위는 최댓값과 최솟값의 차이이다. 범위는 양쪽 끝점만 이용하기 때문에 최솟값과 최댓값 사이에 있는 데이터의 산포도는 전혀 고려하지 못한다. 또한 이상치가 있는 경우에는 범위가 지나치게 커질 수 있다. 이러한 이유로 범위는 산포도의 측도로 잘 사용되지 않는다. 그 대안으로 사분위수를 이용한다.

사분위수범위 (IQR)

사분위수는 제3사분위수(Q_3)와 제1사분위수(Q_1)의 차이이다. 제3사분위수와 제1사분위수를 구하는 방법에 대해서 살펴보자. 먼저 데이터를 크기 순서대로 나열한다.

$$x_{(1)} < x_{(2)} < \cdots < x_{(n)}$$

그리고 제1사분위수의 위치(=(n+1)/4)와 제3사분위수의 위치(=3(n+1)/4)를 구한다. 마지막으로 다음과 같이 제1사분위수와 제3사분위수를 구한다. 예를 들어 n=20일 때 Q_1의 위치는 (20+1)/4=5.25, Q_3의 위치는 3(20+1)/4=17.75이다. 보간법을 사용해서 다음과 같이 Q_1과 Q_3을 계산한다. $Q_1 = x_{(5)} + 0.25(x_{(6)} - x_{(5)})$, $Q_3 = x_{(17)} + 0.75(x_{(18)} - x_{(17)})$ 사용하는 보간법은 경우에 따라 달라질 수 있다.

표본분산 (sample varience)

크기가 n인 데이터 값이 $x_1, x_2, \cdots, x_n$ 일 때 표본분산은 편차제곱합을 (n-1)로 나눈 값이다. 데이터 값 x_i의 편차는 $x_i - \bar{x}$ 이다. 모든 데이터에 대해서 편차를 합치면 0이다. 아래 결과에서 확인할 수 있다.

편차의 합

```
print("[Out 35]: 편차와 편차의 합:"'₩n')
x = np.array([3,4,5,6,7,8,9,10])
y = np.array([3,4,5,6,7,8,13,14])
x_dev = (x-np.mean(x)).sum()
y_dev = (y-np.mean(y)).sum()
print("편차의 합:",x_dev)
print("편차의 합:",y_dev)
print("편차:",x-np.mean(x))
print("편차:",y-np.mean(y))
```

출력결과

```
[Out 35]: 편차와 편차의 합
편차의 합: 0.0
편차의 합: 0.0
편차: [-3.5 -2.5 -1.5 -0.5  0.5  1.5  2.5  3.5]
편차: [-4.5 -3.5 -2.5 -1.5 -0.5  0.5  5.5  6.5]
```

따라서 편차의 합으로 산포도를 측정할 수 없다. 편차의 부호보다는 편차의 크기에 관심이 있기 때문에 편차제곱 합($\sum_{i=1}^{n}(x_i - \bar{x})^2$)을 고려하였다. 표본분산은 편차제곱 합을 제곱합의 자유도 n-1로 나눈 값으로 정의하였다. 따라서 표본분산을 다음과 같은 수식으로 나타낼 수 있다.

$$S^2 = \frac{\sum_{i=1}^{n}(x_i - \bar{x})^2}{n-1}$$

표본분산이 크면 클수록 산포도는 크다. 데이터 값들의 변동이 심하다는 의미이다.

표본표준편차 (sample standard deviation)

$$S = \sqrt{S^2}$$

변동계수 (coefficient of variation:CV)

두 그룹의 데이터의 산포도를 비교할 때 두 종류의 데이터 값의 차이가 크거나 측정단위가 다를 때 표준편차를 이용하는 것은 의미가 없다. 이럴 때 변동계수를 이용할 수 있다. 변동계수는 데이터를 크기를 고려한 산포도라고 생각할 수 있다. 변동계수는 표준편차와 표본평균의 비로 정의된다. 따라서 다음과 같은 수식으로 나타낼 수 있다.

$$CV = \frac{s}{\bar{x}}$$

변동계수

```
print("[Out 36]: 변동계수:""₩n')
x = np.array([180,170,175,169,177,170])
y = np.array([1.8,1.7,1.75,1.69,1.77,1.70])
x_sd = x.std(ddof=1)
y_sd = y.std(ddof=1)
x_cv = x.std(ddof=1)/np.mean(x)
y_cv =y.std(ddof=1)/np.mean(y)
print("x의 표준편차:{:.4f}".format(x_sd))
print("y의 표준편차:{:.5f}".format(y_sd))
print("x의 변동계수:{:.4f}".format(x_cv))
print("y의 변동계수:{:.4f}".format(y_cv))
print("x의 평균:{:.4f}".format(np.mean(x)))
print("y의 평균:{:.4f}".format(np.mean(y)))
```

출력결과

```
[Out 36]: 변동계수
x의 표준편차:4.5056
y의 표준편차:0.04506
x의 변동계수:0.0260
y의 변동계수:0.0260
x의 평균:173.5000
y의 평균:1.7350
```

데이터 x는 cm로 측정되었고, 데이터 y는 m로 측정된 데이터이다. x와 y는 측정 단위만 다를 뿐 실제로 같은 데이터이다. 데이터가 100배로 커지면 표준편차와 평균도 100배로 커지기 때문에 x의 변동계수와 y의 변동계수는 일치한다. 위 결과에서 확인할 수 있다. 따라서 두 데이터는 같은 산포도를 가진다. 그러나 x의 표준편차는 y의 표준편차의 100배이다. 만약에 표준편차를 이용한다면 x의 산포도가 크다고 할 것이다. 이것은 잘 못된 결과이다. 결론적으로 변동계수는 측정단위와 데이터의 크기에 영향을 받지 않는 것을 알 수 있다.

다음은 데이터의 상대적 위치의 측도를 나타내는 제p백분위수와 표준점수에 대해서 살펴보자. 데이터의 상대적 위치 측도는 어떤 데이터 값이 전체 데이터의 어떤 위치에 있는 지를 나타낸다. 예를 들어 기말에 총점이 90점인 어떤 학생이 자기점수가 전체 학생들 점수에서 어느 정도의 위치에 있는지를 알 수 있다면 자기 학점을 예측할 수 있을 것이다. 상대적 위치 측도는 비교 기준이 다른 데이터를 비교하기 위해서 사용한다. 예를 들어 수능시험에서 학생들의 생물 점수와 화학 점수를 비교하고자 한다. 그러나 두 과목의 난이도가 다르기 때문에 절대적으로 비교하기 어렵다. 그러나 이러한 경우 두 과목 점수들의 상대적 위치를 비교하면 비교가 가능하다.

제P백분위수 (p-th percentile)

제P백분위수는 데이터 값 중 P%가 제P백분위수보다 작거나 같고, (100-P)%가 제P백분위수 보다 크거나 같도록 하는 값이다. 앞에서 설명한 Q_1, 중앙값, Q_3는 제25백분위수, 제50백분위수, 제75백분위수이다. 제P백분위수를 구하는 방법은 Q_1, 중앙값, Q_3를 구하는 방법과 같다. 먼저 데이터를 크기 순서대로 나열한다. 그리고 제P백분위수의 위치(=P(n+1)/100)를 구한다. 마지막으로 다음과 같이 제P백분위수를 구한다. 예를 들어 n=20일 때 제10백분위수의 위치는 10(20+1)/100=2.1이다. 보간법을 사용해서 다음과 같이 제10백분위수를 계산한다. 제10백분위수$=x_{(2)}+0.1(x_{(3)}-x_{(2)})$. 사용하는 보간법은 경우에 따라 달라질 수 있다.

제P백분위수

```
print("[Out 37]: bio와 phy의 제P백분위수:"'₩n')
bio = np.array([72,72,70,74,85,89,87,79,78,77,76,81,77,83,72,75,85,74,78,87])
phy = np.array([61,63,64,66,72,61,76,76,69,61,60,79,75,71,66,73,75,60,75,71])
data = {'bio':bio,
        'phy':phy}
df_data = pd.DataFrame(data)
percentile = df_data.quantile([0.1,0.2,0.3,0.4,0.5,0.6,0.7,0.8,0.9])
print(percentile)
```

출력결과

```
[Out 37]: bio와 phy의 제P백분위수
bio와 phy의 제P백분위수:
      bio   phy
0.1  72.0  60.9
0.2  73.6  61.0
0.3  74.7  63.7
0.4  76.6  66.0
0.5  77.5  70.0
0.6  78.4  71.4
0.7  81.6  73.6
0.8  85.0  75.0
0.9  87.0  76.0
```

bio와 phy의 점수를 비교해보자. bio 점수 78점과 phy 점수 75점을 비교해보면 원점수는 bio 점수가 높지만, phy 75점은 모든 phy 점수에서 상위 10%~20%사이에 있는 점수이고, bio 점수 78점은 모든 bio 점수에서 상위 40%~50%사이에 있는 점수로 상대적으로 비교 했을 때는 phy점수가 더 높다. bio와 phy는 시험의 난이도가 다르기 때문에 비교 기준이 다르다. 따라서 상대적 위치를 비교하는 것이 더 바람직하다.

표준점수 (z-점수)

표준점수는 어떤 데이터 값이 평균에서부터 몇 배의 표준편차만큼 떨어져 있는 지를 나타낸다. 표준점수의 절댓값이 크면 그 데이터 값은 평균에서 멀리 떨어져 있다. 크기가 n인 데이터 값이 $x_1, x_2, \cdots, x_n$ 일 때, x_i에 대한 표준점수는 다음과 같이 계산할 수 있다.

$$z_i = \frac{x_i - \bar{x}}{s},\ i = 1,2,3,\ \cdots, n$$

각 데이터 값의 표준점수 $z_1, z_2, \cdots, z_n$ 의 평균은 0이고, 표준편차는 1이다.

표준점수

```
print("[Out 38]:bio와 phy의 표준점수:""₩n')
bio = np.array([72,72,70,74,85,89,87,79,78,77,76,81,77,83,72,75,85,74,78,87])
phy = np.array([61,63,64,66,72,61,76,76,69,61,60,79,75,71,66,73,75,60,75,71])
data = {'bio':bio,
        'phy':phy}
df_data = pd.DataFrame(data)
df_data['bio_zscore'] = (df_data.bio-df_data.bio.mean())/df_data.bio.std(ddof=1)
df_data['phy_zscore'] =
        (df_data['phy']-df_data['phy'].mean())/df_data['phy'].std(ddof=1)
print(df_data)
print("표준점수 평균:₩n{:.3f}".format(np.mean(df_data.bio_zscore)))
print("표준점수 표준편차:₩n{}".format(np.std(df_data.bio_zscore,ddof=1)))
```

출력결과

```
[Out 38]:bio와 phy의 표준점수:
bio와 phy의 표준점수:
    bio  phy  bio_zscore  phy_zscore
0    72   61   -1.138440   -1.209388
1    72   63   -1.138440   -0.895261
2    70   64   -1.486055   -0.738198
3    74   66   -0.790825   -0.424071
4    85   72    1.121059    0.518309
5    89   61    1.816289   -1.209388
6    87   76    1.468674    1.146563
7    79   76    0.078213    1.146563
8    78   69   -0.095594    0.047119
9    77   61   -0.269402   -1.209388
10   76   60   -0.443209   -1.366452
```

```
bio와 phy의 표준점수:
    bio  phy  bio_zscore  phy_zscore
11   81   79    0.425829    1.617753
12   77   75   -0.269402    0.989500
13   83   71    0.773444    0.361246
14   72   66   -1.138440   -0.424071
15   75   73   -0.617017    0.675373
16   85   75    1.121059    0.989500
17   74   60   -0.790825   -1.366452
18   78   75   -0.095594    0.989500
19   87   71    1.468674    0.361246
표준점수 평균: 0.000
표준점수 표준편차: 1.0
```

bio 점수 78(=78.55-0.096×5.75)점은 평균에서 표준편차의 0.096 배 만큼 왼쪽에 위치하는 점수이다. 여기서 78.55와 5.75는 bio의 평균과 표준편차이다. 반면에 phy 점수 75점은 평균에서 표준편차의 0.9895배 만큼 오른쪽에 위치한 점수이다. 상대적으로 phy 점수가 bio점수 보다 높다. 모듈 scipy의 함수 stats.zscore()함수를 이용해서 표준점수를 계산할 수도 있다.

표준점수(stats.zscore())

```
from scipy import stats
bio = np.array([72,72,70,74,85,89,87,79,78,77,76,81,77,83,72,75,85,74,78,87])
phy = np.array([61,63,64,66,72,61,76,76,69,61,60,79,75,71,66,73,75,60,75,71])
data = {'bio':bio,
        'phy':phy}
df_data1 = pd.DataFrame(data)
data_zscore = {'bio_zscore':stats.zscore(bio,ddof=1),
               'phy_zscore':stats.zscore(phy,ddof=1)}
df_data_zscore = pd.DataFrame(data_zscore)
print(pd.concat([df_data1,df_data_zscore],axis=1))
```

모듈 scipy 함수를 임포터 하였다. stats.zscore(bio,ddof=1)에서 ddof=1은 표준편차의 분모를 n-1로 지정한다. 결과는 [Out 38]과 동일하다.

다음은 데이터 값들의 분포 형태를 파악할 수 있는 비대칭도(skewness)와 첨도(kurtosis)를 살펴보자.

비대칭도 (skewness)

크기가 n인 데이터 값이 $x_1, x_2, \cdots, x_n$ 일 때, 비대칭도는 다음과 같이 계산할 수 있다.

$$skew = \frac{n}{(n-1)(n-2)} \sum_{i=1}^{n} (\frac{x_i - \bar{x}}{s})^3$$

비대칭도가 0이면 분포는 대칭, 음이면 왼쪽으로 꼬리가 긴 모양, 양이면 오른쪽으로 꼬리가 긴 형태를 띤다.

비대칭도(데이터프레임.skew())

```
print("[Out 39]:비대칭도:"₩n')
fig = plt.figure(figsize=(6,4))
x = np.array([3,4,5,6,7,8,9,10,11,12,13])
y = np.array([1,2,3,4,5,6,7,8,13,14,15])
z = np.array([1,2,3,7,8,9,10,11,12,13,14])
data = {'x':x,
        'y':y,
        'z':z}
df_data = pd.DataFrame(data)
print(df_data.skew())
df_data.plot(kind='box',showmeans=True, vert=False)
plt.show()
```

출력결과

```
[Out 39]: 비대칭도:
x     0.000000
y     0.584307
z    -0.477926
dtype: float64
<matplotlib.figure.Figure at 0xcb480f0>
```

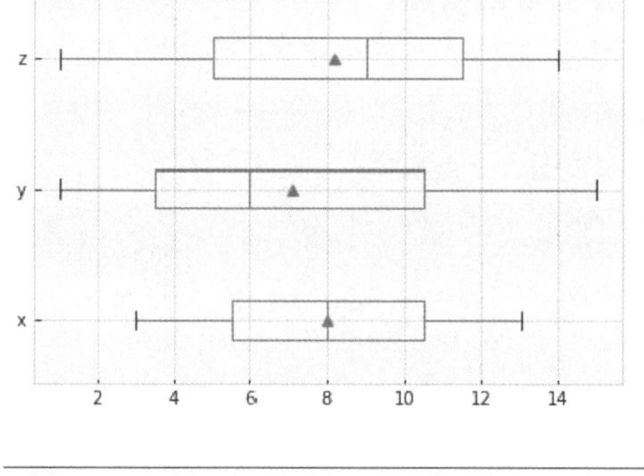

위의 결과 비대칭도와 상자그림에서 x는 대칭으로 비대칭도가 0, y는 오른쪽으로 꼬리가 긴 형태로 비대칭도가 양, z는 왼쪽으로 꼬리가 긴 형태로 비대칭도가 음인 것을 볼 수 있다.

첨도 (kurtosis)

$$kurt = \frac{n(n+1)}{(n-1)(n-2)(n-3)} \sum_{i=1}^{n} (\frac{x_i - \overline{x}}{s})^4 - \frac{3(n-1)(n-1)}{(n-2)(n-3)}$$

데이터의 분포가 정규분포를 따르면 첨도는 0, 정규분포보다 뾰족하면 첨도가 양, 정규분포보다 평평하면 첨도가 음이다.

첨도(데이터프레임.kurt())

```
print("[Out 40]: 첨도:"'₩n')
fig = plt.figure(figsize=(6,4))
x = np.array([38,39,42,42,43,43,43,43,43,44,44,47,47])
y = np.array([42,42,42,43,43,43,43,43,43,43,44,44,44])
z = np.array([41,42,42,42,43,43,43,43,43,44,44,44,45])
data = {'x':x,
        'y':y,
        'z':z}
df_data = pd.DataFrame(data)
print(df_data.kurt())
df_data.plot(kind='kde')
plt.show()
```

출력결과

```
[Out 40]: 첨도:
x     0.706436
y    -0.618182
z    -0.077922
dtype: float64
<matplotlib.figure.Figure at 0xc03bc50>
```

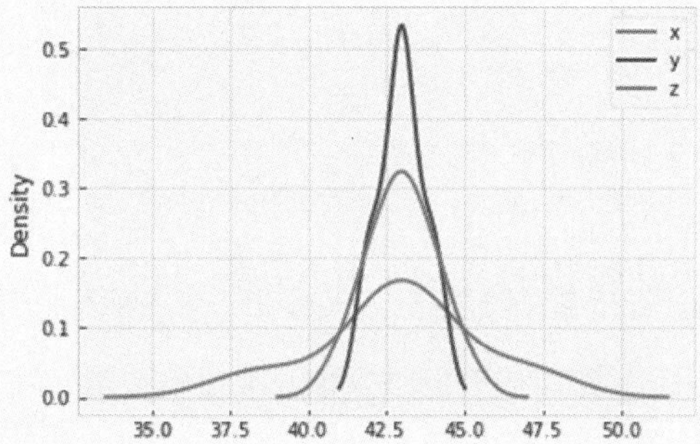

위의 결과 첨도와 밀도그림에서 첨도가 0에 가까운 z(보라색 선)를 기준으로 x(파란 선)는 z 보다 평평하고, y(자주색 선)는 z보다 뾰족하다. 따라서 x의 첨도는 양, y의 첨도는 음으로 나타났다.

다음은 scikit-learn의 데이터세트 모듈에 포함된 iris 데이터세트를 이용해서 iris의 각 속성에 대한 기술통계량을 구해보자.

iris 데이터에 대한 기술통계량

```
print("[Out 41]: iris의 속성에 대한 기술통계량:"'₩n')
import sklearn.datasets as skda
iris = skda.load_iris()
df_iris = pd.DataFrame(iris['data'], columns=iris.feature_names)
print("[Out 42]: df_iris:₩n{}".format(df_iris.head(3)))
print("[Out 43]: 꽃잎길이의 평균:₩n{:.3f}"
```

```
        .format(df_iris['sepal length (cm)'].mean()))
print("[Out 44]: iris 모든 속성의 중앙값:₩n{}".format(df_iris.median()))
print("[Out 45]: iris 모든 속성의 제P백분위수:₩n{}"
        .format(df_iris.quantile([0.1,0.25,0.5,0.75])))
print("[Out 46]: iris 모든 속성의 분산:₩n{}".format(df_iris.var(ddof=1)))
print("[Out 47]: iris 모든 속성의 표준편차:₩n{}".format(df_iris.std(ddof=1)))
print("[Out 48]: iris 모든 속성의 비대칭도:₩n{}".format(df_iris.skew()))
print("[Out 49]: iris 모든 속성의 첨도:₩n{}".format(df_iris.kurt()))
print("[Out 50]: iris 모든 속성의 요약통계:₩n{}"
        .format(np.round(df_iris.describe(),3)))
```

출력결과

```
iris의 속성에 대한 기술통계량:
[Out 42]: df_iris:
   sepal length (cm)  sepal width (cm)  petal length (cm)  petal width (cm)
0                5.1               3.5                1.4               0.2
1                4.9               3.0                1.4               0.2
2                4.7               3.2                1.3               0.2
[Out 43]: 꽃잎길이의 평균:
5.843
[Out 44]: iris 모든 속성의 중앙값:
sepal length (cm)    5.80
sepal width (cm)     3.00
petal length (cm)    4.35
petal width (cm)     1.30
dtype: float64
[Out 45]: iris 모든 속성의 제P백분위수:
      sepal length (cm)  sepal width (cm)  petal length (cm)  petal width (cm)
0.10                4.8               2.5               1.40               0.2
0.25                5.1               2.8               1.60               0.3
0.50                5.8               3.0               4.35               1.3
0.75                6.4               3.3               5.10               1.8
[Out 46]: iris 모든 속성의 분산:
sepal length (cm)    0.685694
sepal width (cm)     0.188004
petal length (cm)    3.113179
petal width (cm)     0.582414
dtype: float64
[Out 47]: iris 모든 속성의 표준편차:
sepal length (cm)    0.828066
sepal width (cm)     0.433594
petal length (cm)    1.764420
petal width (cm)     0.763161
dtype: float64
[Out 48]: iris 모든 속성의 비대칭도:
sepal length (cm)    0.314911
sepal width (cm)     0.334053
petal length (cm)   -0.274464
petal width (cm)    -0.104997
dtype: float64
[Out 49]: iris 모든 속성의 첨도:
sepal length (cm)   -0.552064
sepal width (cm)     0.290781
```

```
petal length (cm)    -1.401921
petal width (cm)     -1.339754
dtype: float64
[Out 50]: iris 모든 속성의 요약통계:
        sepal length (cm)  sepal width (cm)  petal length (cm)  ₩
count          150.000           150.000            150.000
mean             5.843             3.054              3.759
std              0.828             0.434              1.764
min              4.300             2.000              1.000
25%              5.100             2.800              1.600
50%              5.800             3.000              4.350
75%              6.400             3.300              5.100
max              7.900             4.400              6.900

        petal width (cm)
count          150.000
mean             1.199
std              0.763
min              0.100
25%              0.300
50%              1.300
75%              1.800
max              2.500
```

2.4 그룹별 데이터 비교

데이터 분석에서 그룹별로 데이터를 분석해야 할 경우가 많다. 예를 들어 세 공정에서 만드는 같은 제품의 성능을 비교하기 위해서 각 공정에서 만든 제품을 10개씩 랜덤으로 추출하여 성능을 평가한 결과 30개의 데이터를 얻었다고 하자. 이러한 경우 각 공정별로 데이터를 분리해서 분석을 한다. 다음 자료를 performance.csv에 저장하였다.

process	performance	process	performance
A	79.8	A	65.6
A	82.5	A	70.1
A	75.3	A	74.6
A	77.2	A	80.1
A	69.7	B	82.1
A	65.4	B	81.5
B	78.1	C	75.3
B	77.4	C	79.4
B	80.7	C	80.7
B	77.5	C	79.3

process	performance	process	performance
B	81.4	C	74.6
B	76.4	C	80.7
B	77.1	C	82.1
B	75.3	C	81.3
C	80.4	C	75.3

공정 별 기술통계량

```
print("공정 별 성능에 대한 기술통계량:₩n")
performance = pd.read_csv('performance.csv',dtype={'process':'category'})
print("[Out 51]: 데이터 세트₩n{}".format(performance.head()))
per_group = performance.groupby(['process'])
per_group_stat = per_group.describe()
print("[Out 52]: 공정 별 요약통계:₩n{}".format(per_group_stat))
per_group_agg = per_group.agg(['mean','median','std','skew'])
print("[Out 53]: 공정 별 기술통계:₩n{}".format(per_group_agg))
print("[Out 54]: 공정 별 제P백분위수:₩n{}"
      .format(per_group.quantile([0.1,0.2,0.80,0.95])))
def Kurt(x):
    return x.kurt(axis=0)
per_group_kurt = per_group.apply(Kurt)
print("[Out 55]: 공정 별 첨도:₩n{}".format(per_group_kurt))
def CV(x):
    return x.std(ddof=1)/x.mean()
per_group_CV = per_group.apply(CV)
print("[Out 56]: 공정 별 변동계수:₩n{}".format(per_group_CV))
print("[Out 57]: 공정 별 성능에 대한 상자그림:"'₩n')
fig, sub = plt.subplots(1,1,figsize=(6,6))
performance.boxplot(by='process',column='performance',sym='rD',ax=sub,₩
                    fontsize=10, showmeans=True, vert=False)
sub.set_xlabel('value', fontsize=15)
sub.set_ylabel('process', fontsize=15)
plt.show()
```

출력결과

```
공정 별 성능에 대한 기술통계량:
[Out 51]: 데이터 세트
   process  performance
0      A        79.8
1      A        82.5
2      A        75.3
3      A        77.2
4      A        69.7
[Out 52]: 공정 별 요약통계:
        performance
              count  mean     std       min   25%     50%    75%     max
process
A             10.0  74.03  6.088249   65.4  69.800  74.95  79.150  82.5
B             10.0  78.75  2.439604   75.3  77.175  77.80  81.225  82.1
```

```
C              10.0   78.91   2.779868   74.6  76.300  79.90  80.700  82.1
[Out 53]: 공정 별 기술통계:
        performance
              mean   median     std        skew
process
A             74.03  74.95   6.088249  -0.200766
B             78.75  77.80   2.439604   0.202742
C             78.91  79.90   2.779868  -0.731142
[Out 54]: 공정 별 제P백분위수:
              performance
process
A       0.10          65.58
        0.20          68.88
        0.80          79.86
        0.95          81.42
B       0.10          76.29
        0.20          76.96
        0.80          81.42
        0.95          81.83
C       0.10          75.23
        0.20          75.30
        0.80          80.82
        0.95          81.74
[Out 55]: 공정 별 첨도:
        performance
process
A          -1.336428
B          -1.674869
C          -1.245609
[Out 56]: 공정 별 변동계수:
        performance
process
A           0.082240
B           0.030979
C           0.035228
[Out 57]: 공정 별 성능에 대한 상자그림:
```

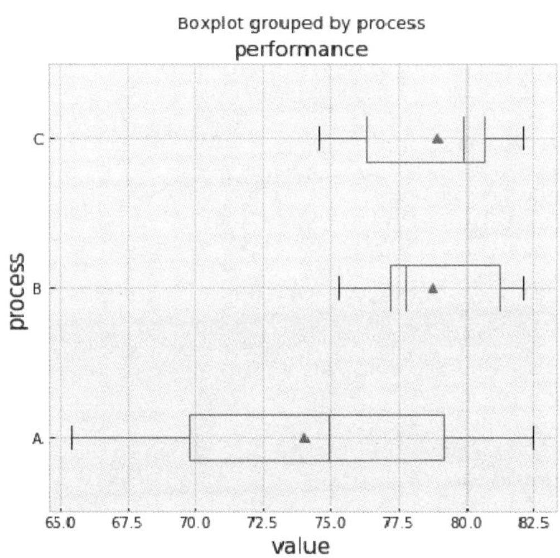

결과를 다음 표와 같이 요약해 보자.

공정	최솟값	Q_1	중앙값	Q_3	최댓값	10%	20%	80%	95%
A	65.4	69.8	74.95	79.15	82.5	65.58	68.88	79.86	81.42
B	75.3	77.18	77.80	81.23	82.1	76.29	76.96	81.42	81.83
C	74.6	76.3	79.90	80.70	82.1	75.23	75.30	80.82	81.74

공정	평균	표준편차	변동계수	비대칭도	첨도
A	74.03	6.088	0.082	-0.201	-1.336
B	78.75	2.44	0.031	0.203	-1.675
C	78.91	2.78	0.035	-0.731	-1.246

새 공정의 중심의 위치를 비교해보면 A<B<C 순으로 A와 B, C는 약간의 차이가 있다. 산포도는 A가 가장 크고, B와 C는 비슷하게 나타났다. A공정에서 만든 제품의 성능이 가장 떨어지고, 제품들 사이에 성능의 차이도 가장 크게 나타났다. B와 C공정에서 만든 제품의 성능은 비슷하게 나타났다. 전체적으로 A공정에서 만든 제품의 성능이 B와 C에 비해서 성능이 떨어지고, 성능의 변동이 심하다.

2.5 Boston Housing 데이터세트

Boston Housing 데이터세트는 보스턴 지역의 주택 가격에 영향을 주는 여러 가지 요인의 효과를 평가하기 위해서 조사된 데이터이다. 이 데이터세트는 sklearn의 데이터세트 모듈에 포함되어 있다. 여기서 이 데이터세트를 적재해서 사용할 것이다.

데이터세트

```
print("Boston Housing 데이터세트:₩n")
from sklearn import datasets
boston = datasets.load_boston()
print("[Out 58]: boston 데이터세트의 키:₩n{}".format(boston.keys()))
print("[Out 59]: boston 데이터세트의 feature_names:₩n{}"
      .format(boston['feature_names']))
print("[Out 60]: boston 데이터세트의 target:₩n{}"
      .format(boston['target']))
print("[Out 61]: boston 데이터세트의 DESCR:",boston['DESCR'][:1200]+'₩n...')
print("[Out 62]: boston 데이터세트의 data:₩n{}"
      .format(boston['data'].shape))
print("[Out 63]: boston 데이터세트의 target의 차원:₩n{}"
     .format(boston['target'].shape))
print("[Out 64]: boston 데이터세트의 data:₩n{}"
     .format(boston['data'][:2]))
```

출력결과

```
[Out 58]: boston 데이터세트의 키:
dict_keys(['data', 'target', 'feature_names', 'DESCR'])
[Out 59]: boston 데이터세트의 feature_names:
['CRIM' 'ZN' 'INDUS' ..., 'PTRATIO' 'B' 'LSTAT']
[Out 60]: boston 데이터세트의 target:
[ 24.   21.6  34.7 ...,  23.9  22.   11.9]
[Out 61]: boston 데이터세트의 DESCR: Boston House Prices dataset
===========================
Notes
------
Data Set Characteristics:
    :Number of Instances: 506
    :Number of Attributes: 13 numeric/categorical predictive
    :Median Value (attribute 14) is usually the target
    :Attribute Information (in order):
        - CRIM     per capita crime rate by town
        - ZN       proportion of residential land zoned for lots over 25,000 sq.ft.
        - INDUS    proportion of non-retail business acres per town
        - CHAS Charles River dummy variable (= 1 if tract bounds river;
                                             0 otherwise)
        - NOX      nitric oxides concentration (parts per 10 million)
        - RM       average number of rooms per dwelling
        - AGE      proportion of owner-occupied units built prior to 1940
        - DIS      weighted distances to five Boston employment centres
        - RAD      index of accessibility to radial highways
        - TAX      full-value property-tax rate per $10,000
        - PTRATIO  pupil-teacher ratio by town
        - B     1000(Bk - 0.63)^2 where Bk is the proportion of blacks by town
        - LSTAT    % lower status of the population
        - MEDV     Median value of owner-occ
[Out 62]: boston 데이터세트의 data:
(506, 13)
[Out 63]: boston 데이터세트의 target의 차원:
(506,)
[Out 64]: boston 데이터세트의 data:
[[  6.32000000e-03   1.80000000e+01   2.31000000e+00 ...,   1.53000000e+01
    3.96900000e+02   4.98000000e+00]
 [  2.73100000e-02   0.00000000e+00   7.07000000e+00 ...,   1.78000000e+01
    3.96900000e+02   9.14000000e+00]]
```

load_boston()을 이용해서 sklearn의 datasets 모듈에 있는 boston housing 데이터세트를 적재하였다. 이 데이터세트는 딕셔너리와 유사한 형태의 객체이므로 키와 값으로 구성되어 있다. [Out 58]에 키 값을 출력하였다. data 키에는 속성(feature) 값, target에는 주택의 평균가격(MEDV), feature_names에는 각 속성의 이름, DESCR에는 데이트세트에 대한 간단한 설명이 들어 있다. 그 내용을 [Out 64], [Out 60], [Out 59], [Out 61]에 출력하였다. 이 데이트세트는 506개의 주택에 대해서 13가지 특성과 주택 가격을 조사한 것이다. 따라서 data의 차원은 506×13이고, target의 차원은 506×1이다. [Out 62]와 [Out 63]에 data 배열의 크기와 target의 차원이 출력되어있다. [Out 61]에 13가지 속성에 대한 간단한 설명이 나타나 있다.

데이터세트를 데이터프레임으로 변환

```
df_boston = pd.DataFrame(boston['data'], columns=boston.feature_names)
df_boston['CHAS'] = df_boston.CHAS.map({0.0:'0',1.0:'1'})
df_boston['CHAS'] = df_boston['CHAS'].astype('category')
print("[Out 65]: boston 데이터세트의 dataframe:₩n{}"
      .format(df_boston.tail()))
df_boston['Median_price'] = boston['target']
print("[Out 66]: boston 데이터세트의 dataframe:₩n{}"
      .format(df_boston.head()))
new_df_boston = df_boston.drop('CHAS',axis=1)
print("[Out 67]: 각 속성의  요약 통계:₩n",new_df_boston.describe())
```

출력결과

```
[Out 65]: boston 데이터세트의 dataframe:
        CRIM   ZN  INDUS  CHAS    NOX     RM   AGE     DIS  RAD    TAX  ₩
501  0.06263  0.0  11.93     0  0.573  6.593  69.1  2.4786  1.0  273.0
502  0.04527  0.0  11.93     0  0.573  6.120  76.7  2.2875  1.0  273.0
503  0.06076  0.0  11.93     0  0.573  6.976  91.0  2.1675  1.0  273.0
504  0.10959  0.0  11.93     0  0.573  6.794  89.3  2.3889  1.0  273.0
505  0.04741  0.0  11.93     0  0.573  6.030  80.8  2.5050  1.0  273.0

     PTRATIO       B  LSTAT
501     21.0  391.99   9.67
502     21.0  396.90   9.08
503     21.0  396.90   5.64
504     21.0  393.45   6.48
505     21.0  396.90   7.88
[Out 66]: boston 데이터세트의 dataframe:
      CRIM    ZN  INDUS CHAS    NOX     RM   AGE     DIS  RAD    TAX  PTRATIO₩
0  0.00632  18.0   2.31    0  0.538  6.575  65.2  4.0900  1.0  296.0     15.3
1  0.02731   0.0   7.07    0  0.469  6.421  78.9  4.9671  2.0  242.0     17.8
2  0.02729   0.0   7.07    0  0.469  7.185  61.1  4.9671  2.0  242.0     17.8
3  0.03237   0.0   2.18    0  0.458  6.998  45.8  6.0622  3.0  222.0     18.7
4  0.06905   0.0   2.18    0  0.458  7.147  54.2  6.0622  3.0  222.0     18.7

        B  LSTAT  Median_price
0  396.90   4.98          24.0
1  396.90   9.14          21.6
2  392.83   4.03          34.7
3  394.63   2.94          33.4
4  396.90   5.33          36.2
 [Out 67]: 각 속성의  요약 통계:
          CRIM      ZN   INDUS     NOX      RM     AGE     DIS     RAD    TAX₩
count   506.00  506.00  506.00  506.00  506.00  506.00  506.00  506.00  506.00
mean      3.59   11.36   11.14    0.55    6.28   68.57    3.80    9.55  408.24
std       8.60   23.32    6.86    0.12    0.70   28.15    2.11    8.71  168.54
min       0.01    0.00    0.46    0.38    3.56    2.90    1.13    1.00  187.00
25%       0.08    0.00    5.19    0.45    5.89   45.02    2.10    4.00  279.00
```

```
50%      0.26    0.00    9.69    0.54    6.21    77.50    3.21    5.00   330.00
75%      3.65   12.50   18.10    0.62    6.62    94.07    5.19   24.00   666.00
max     88.98  100.00   27.74    0.87    8.78   100.00   12.13   24.00   711.00

        PTRATIO    B     LSTAT   Median_price
count   506.00  506.00  506.00   506.00
mean     18.46  356.67   12.65    22.53
std2.16  91.29    7.14    9.20
min      12.60    0.32    1.73     5.00
25%      17.40  375.38    6.95    17.02
50%      19.05  391.44   11.36    21.20
75%      20.20  396.22   16.96    25.00
max      22.00  396.90   37.97    50.00
```

pandas에서 제공하는 함수를 이용해서 데이터의 특성을 조사하기 위해서 넘파이 배열 형태의 데이터를 데이터프레임 형태로 변경하였다. 그리고 CHAS는 주택이 강가에 있으면 1, 그렇지 않으면 0의 값을 갖는 이진형 변수이다. 즉 수준 0, 1을 갖는 범주형 변수이다. 그러나 원 데이터는 실수형태로 주어졌기 때문에 데이터프레임.astype('category')를 이용해서 범주형 데이터로 변경하였다. [Out 65]에 데이터프레임을 출력하였다. target을 Median_price에 할당하고, 데이터프레임에 추가하였다. 결과의 일부를 [Out 66]에 출력하였다. 범주형 변수 CHAS를 삭제하고 새로운 데이터프레임 new_df_boston을 만들었다. [Out 67]에 각 속성에 대한 요약통계를 출력하였다. 506채 주택의 평균주택가격(Median_price)의 평균은 22.53, 중앙값은 21.20, 가장 비싼 주택의 평균 가격은 50.0, 가장 싼 주택의 평균 가격은 5.0으로 나타났다. 그리고 표준편차는 9.20, 사분위수 범위는 7.8, 범위 45이다. 범죄율의 평균 3.59, 중앙값 0.26, 최솟값 0.01, 최댓값 88.98, 사분위수 범위 3.57, 범위 88.97이다. 각 속성의 특징을 시각화하기 위해서 각 속성의 상자그림을 작성해보자.

각 속성의 상자그림

```
Skew = np.round(new_df_boston.skew(),4)
print("[Out 68]: 각 속성의 skew:₩n",Skew )
print("[Out 69]: 각 속성의 상자그림:"'₩n')
fig, sub = plt.subplots(6,2,figsize=(6,20))
sub1,sub2,sub3,sub4,sub5,sub6,sub7,sub8,sub9,sub10,sub11,sub12=sub.ravel()
df_boston['CRIM'].plot(kind='box',ax=sub1)
df_boston['ZN'].plot(kind='box',ax=sub2)
df_boston['INDUS'].plot(kind='box',ax=sub3)
df_boston['NOX'].plot(kind='box',ax=sub4)
df_boston['RM'].plot(kind='box',ax=sub5)
df_boston['AGE'].plot(kind='box',ax=sub6)
df_boston['DIS'].plot(kind='box',ax=sub7)
df_boston['RAD'].plot(kind='box',ax=sub8)
df_boston['TAX'].plot(kind='box',ax=sub9)
df_boston['PTRATIO'].plot(kind='box',ax=sub10)
```

```
df_boston['B'].plot(kind='box',ax=sub11)
df_boston['LSTAT'].plot(kind='box',ax=sub12)
plt.subplots_adjust(wspace=0.1, hspace=0.5)
plt.show()
```

출력결과

```
[Out 68]: 각 속성의 skew:
CRIM            5.2376
ZN              2.2257
INDUS           0.2950
NOX             0.7293
RM              0.4036
AGE            -0.5990
DIS             1.0118
RAD             1.0048
TAX             0.6700
PTRATIO        -0.8023
B              -2.8904
LSTAT           0.9065
Median_price    1.1081
dtype: float64
[Out 69]: 각 속성의 상자그림:
```

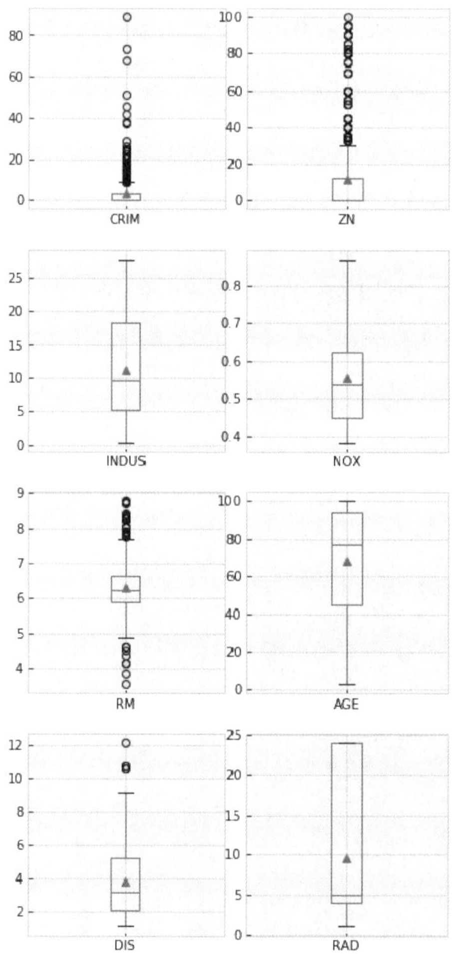

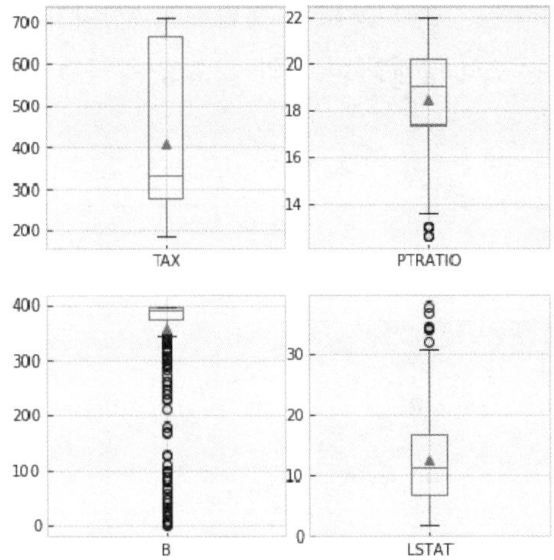

속성 CRIM, ZN, RM, DIS, PTRATIO, B, LSTAT에 이상치가 존재하는 것을 볼 수 있다. AGE, B, PTRATIO의 데이터 값은 왼쪽 꼬리가 긴 분포의 형태를 따르고, 나머지 다른 속성들의 데이터 값은 오른쪽 꼬리가 긴 형태의 분포를 띠고 있다.

평균 주택가격의 상자그림과 히스토그램

```
print("[Out 70]: Median_price의 상자그림과 히스토그램:"'₩n')
fig, sub = plt.subplots(1,2,figsize=(8,4))
sub1,sub2 = sub.ravel()
df_boston['Median_price'].plot(kind='box', ax=sub1,showmeans=True)
df_boston['Median_price'].plot(kind='hist', density=True, ax=sub2)
plt.ylabel('density')
plt.subplots_adjust(wspace=0.3)
plt.show()
```

출력결과

[Out 70] Median_price의 상자그림과 히스토그램:

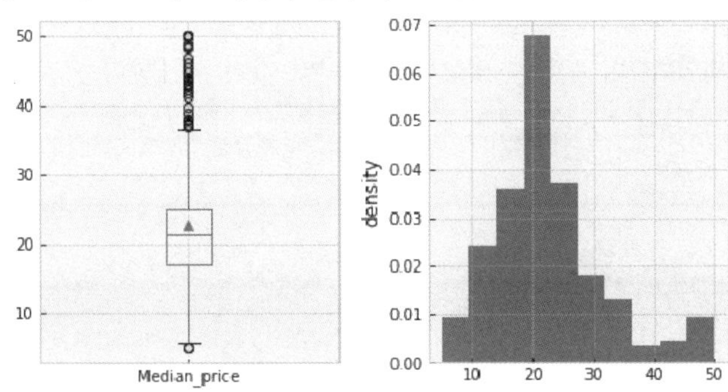

평균주택가격의 분포의 형태를 파악하기 위해서 상자그림과 히스토그램을 작성하였다. 두 그림을 살펴보면 평균주택가격의 평균과 중앙값이 22와 21 정도이고, 다른 주택에

비해서 가격이 아주 낮거나, 높은 주택이 있다는 것을 파악할 수 있다. 즉 이상치가 존재하는 것을 볼 수 있다. 오른쪽 꼬리가 긴 분포의 형태를 띠고 있다. 보통 주택가격은 평균적으로 (6, 36) 사이에서 평가되었다.

평균 주택가격의 요약통계량

```
Median_price_stat = df_boston['Median_price'].describe()
print("[Out 71]: Median_price의 요약통계:₩n{}".format(Median_price_stat))
IQR = Median_price_stat['75%']-Median_price_stat['25%']
one_step =1.5*IQR
bound_l = Median_price_stat['25%']-one_step
bound_u = Median_price_stat['75%']+one_step
print("[Out 72]: Median_price의 상자그림의 경계:₩n ({:.3f},{:.3f})"
      .format(bound_l,bound_u))
```

출력결과

```
[Out 71]: Median_price의 요약통계:
 count    506.000000
 mean      22.532806
 std        9.197104
 min        5.000000
 25%       17.025000
 50%       21.200000
 75%       25.000000
 max       50.000000
 Name: Median_price, dtype: float64
[Out 72]: Median_price의 상자그림의 경계:
 (5.062,36.963)
```

평균주택가격의 요약통계량을 [Out 71]에 출력하였다. 이 결과를 살펴보면 평균과 중앙값이 22.5, 21.2이고, 제1사분위수가 17.02, 제3사분위수 25, 최솟값이 5.0, 최댓값이 50.0이다. 상자의 아랫면과 윗면에서 1.5×IQR 만큼 떨어진 경계값은 (5.06, 36.96)이다. 결과가 [Out 72]에 출력되었다. 이 구간을 벗어나는 데이터 값이 존재한다는 것을 상자그림에서 확인하였다. 어떤 관측이 이상치인지 찾아보자.

평균 주택가격에서 이상치 찾기

```
price_5 = df_boston.loc[df_boston['Median_price']<=bound_l,]
print("[Out 73]: 가격이 5.062 보다 작은-이상치:₩n",np.round(price_5,2))
price_37 = df_boston.loc[df_boston['Median_price']>=bound_u,]
print("[Out 74]: 가격이 36.963 보다 큰 곳:₩n",np.round(price_37.describe(),2))
idx = df_boston['Median_price'] <=bound_u
price_537 = df_boston.loc[idx,]
iidx = price_537['Median_price'] >= bound_l
price_5_37 = price_537.loc[iidx,]
print("[Out 75]: 가격이 5.062와 36.963 사이:₩n",np.round(price_5_37.describe(),2))
```

출력결과

```
[Out 73]: 주택가격이 5.062 보다 작은-이상치:
      CRIM     ZN   INDUS  CHAS  NOX    RM     AGE     DIS    RAD   TAX  ₩
398  38.3518  0.0   18.1     0  0.693  5.453  100.0  1.4896  24.0  666.0
405  67.9208  0.0   18.1     0  0.693  5.683  100.0  1.4254  24.0  666.0
     PTRATIO    B     LSTAT  Median_price
398     20.2  396.90  30.59           5.0
405     20.2  384.97  22.98           5.0
[Out 74]: 주택가격이 36.963 보다 큰 곳:
       CRIM     ZN  INDUS    NOX     RM     AGE    DIS    RAD     TAX  ₩
count  38.00  38.00  38.00  38.00  38.00  38.00  38.00  38.00   38.00
mean    1.29  21.57   7.76   0.52   7.61  65.80   3.45   7.32  334.97
std     2.35  33.49   6.87   0.09   0.77  29.45   1.83   6.83  145.86
min     0.01   0.00   0.46   0.39   4.97   8.40   1.13   1.00  193.00
25%     0.06   0.00   2.89   0.44   7.23  34.88   2.07   4.00  244.25
50%     0.35   0.00   3.97   0.50   7.81  74.65   2.89   5.00  291.50
75%     1.07  20.00  15.13   0.60   8.06  91.32   5.01   8.00  401.75
max     9.23  95.00  19.58   0.67   8.72 100.00   8.91  24.00  666.00
      PTRATIO       B  LSTAT  Median_price
count   38.00   38.00  38.00   38.00
mean    16.38  385.24   4.27   45.70
std      2.36   10.91   1.78    4.72
min     13.00  347.88   1.73   37.00
25%     14.70  378.00   3.14   42.42
50%     16.65  387.88   3.74   47.50
75%     17.80  393.34   4.77   50.00
max     20.20  396.90   9.53   50.00
[Out 75]: 주택가격이 5.062와 36.963 사이:
         CRIM      ZN    INDUS     NOX      RM     AGE     DIS     RAD    TAX₩
count  466.00  466.00  466.00  466.00  466.00  466.00  466.00  466.00  466.00
mean     3.57   10.58   11.38    0.56    6.18   68.67    3.83    9.67  413.11
std      8.24   22.18    6.79    0.12    0.58   28.05    2.12    8.79  168.54
min      0.01    0.00    0.74    0.38    3.56    2.90    1.14    1.00  187.00
25%      0.08    0.00    5.64    0.45    5.88   45.18    2.10    4.00  284.00
50%      0.25    0.00    9.90    0.54    6.16   77.50    3.27    5.00  335.00
75%      3.70   12.50   18.10    0.62    6.51   94.10    5.24   24.00  666.00
max     88.98  100.00   27.74    0.87    8.78  100.00   12.13   24.00  711.00
      PTRATIO       B   LSTAT  Median_price
count  466.00  466.00  466.00  466.00
mean    18.62  354.20   13.28   20.72
std      2.06   94.68    6.93    6.45
min     12.60    0.32    1.98    5.60
25%     17.40  374.59    7.79   16.50
50%     19.10  391.96   12.12   20.60
75%     20.20  396.40   17.21   24.08
max     22.00  396.90   37.97   36.50
```

상자의 아랫면과 윗면에서 1.5×IQR 만큼 떨어진 경계값은 (5.062, 36.963)이다. 이 경계를 벗어나는 데이터 값은 이상치이다. 5.062를 벗어나는 관측은 398행과 405행에 위치한 관측이다. 결과를 [Out 73]에 출력하였다. 이 주택은 평균 가격이 5.00인

가장 싼 주택이다. 이러한 주택의 특성을 살펴보면 CRIM, INDUS, NOX, AGE, RAD, TAX, PTRATIO, LSTAT, B는 높고, ZN, RM, DIS은 낮게 나타났다. 그리고 강변에 있는 주택이 아니다. 36.963을 벗어나는 관측들의 요약 통계를 [Out 74]에 출력하였다. 이 그룹에 속하는 주택들은 평균 가격이 36.963이상인 비싼 주택들이다. 평균주택 가격의 평균은 45.70이다. (5.062, 36.963)사이에 속하는 주택들의 데이터 값에 대한 요약 통계를 [Out 75]에 출력하였다. 여기에 속하는 주택들의 평균주택가격의 평균은 20.72이다. 이 두 그룹의 특성을 비교해자.

주택가격이 (5.062, 36.963)사이에 속하는 주택과 36.963이상에 속하는 주택 속성비교

```
print("[Out 76]:(5.062,36.963)에 속하는 주택과 36.963 이상의 주택 속성 비교:"'₩n')
fig, sub = plt.subplots(2,1,figsize=(6,4),sharex=True)
sub1,sub2=sub.ravel()
price_37['RM'].plot(kind='box',ax=sub1,showmeans=True, vert=False)
price_5_37['RM'].plot(kind='box',ax=sub2,showmeans=True,vert=False)
plt.show()
fig, sub = plt.subplots(2,1,figsize=(6,4),sharex=True)
sub1,sub2=sub.ravel()
price_37['DIS'].plot(kind='box',ax=sub1,showmeans=True,vert=False)
price_5_37['DIS'].plot(kind='box',ax=sub2,showmeans=True,vert=False)
plt.show()
fig, sub = plt.subplots(2,1,figsize=(6,4),sharex=True)
sub1,sub2=sub.ravel()
price_37['LSTAT'].plot(kind='box',ax=sub1,showmeans=True,vert=False)
price_5_37['LSTAT'].plot(kind='box',ax=sub2,showmeans=True,vert=False)
plt.show()
fig, sub = plt.subplots(2,1,figsize=(6,4),sharex=True)
sub1,sub2=sub.ravel()
price_37['RAD'].plot(kind='box',ax=sub1,showmeans=True,vert=False)
price_5_37['RAD'].plot(kind='box',ax=sub2,showmeans=True,vert=False)
plt.show()
fig, sub = plt.subplots(2,1,figsize=(6,4),sharex=True)
sub1,sub2=sub.ravel()
price_37['PTRATIO'].plot(kind='box',ax=sub1,showmeans=True,vert=False)
price_5_37['PTRATIO'].plot(kind='box',ax=sub2,showmeans=True,vert=False)
plt.show()
fig, sub = plt.subplots(2,1,figsize=(6,4),sharex=True)
sub1,sub2=sub.ravel()
price_37['CRIM'].plot(kind='box',ax=sub1,showmeans=True,vert=False)
price_5_37['CRIM'].plot(kind='box',ax=sub2,showmeans=True,vert=False)
plt.show()
fig, sub = plt.subplots(2,1,figsize=(6,4),sharex=True)
sub1,sub2=sub.ravel()
price_37['ZN'].plot(kind='box',ax=sub1,showmeans=True,vert=False)
price_5_37['ZN'].plot(kind='box',ax=sub2,showmeans=True,vert=False)
plt.show()
fig, sub = plt.subplots(2,1,figsize=(6,4),sharex=True)
sub1,sub2=sub.ravel()
p rice_37['INDUS'].plot(kind='box',ax=sub1,showmeans=True,vert=False)
```

```
price_5_37['INDUS'].plot(kind='box',ax=sub2,showmeans=True,vert=False)
plt.show()
fig, sub = plt.subplots(2,1,figsize=(6,4),sharex=True)
sub1,sub2=sub.ravel()
price_37['NOX'].plot(kind='box',ax=sub1,showmeans=True,vert=False)
price_5_37['NOX'].plot(kind='box',ax=sub2,showmeans=True,vert=False)
plt.show()
fig, sub = plt.subplots(2,1,figsize=(6,4),sharex=True)
sub1,sub2=sub.ravel()
price_37['AGE'].plot(kind='box',ax=sub1,showmeans=True,vert=False)
price_5_37['AGE'].plot(kind='box',ax=sub2,showmeans=True,vert=False)
plt.show()
fig, sub = plt.subplots(2,1,figsize=(6,4),sharex=True)
sub1,sub2=sub.ravel()
price_37['TAX'].plot(kind='box',ax=sub1,showmeans=True,vert=False)
price_5_37['TAX'].plot(kind='box',ax=sub2,showmeans=True,vert=False)
plt.show()
fig, sub = plt.subplots(2,1,figsize=(6,4),sharex=True)
sub1,sub2=sub.ravel()
price_37['B'].plot(kind='box',ax=sub1,showmeans=True,vert=False)
price_5_37['B'].plot(kind='box',ax=sub2,showmeans=True,vert=False)
plt.show()
```

출력결과

[Out 76]:(5.062,36.963)에 속하는 주택과 36.963 이상의 주택 속성 비교:

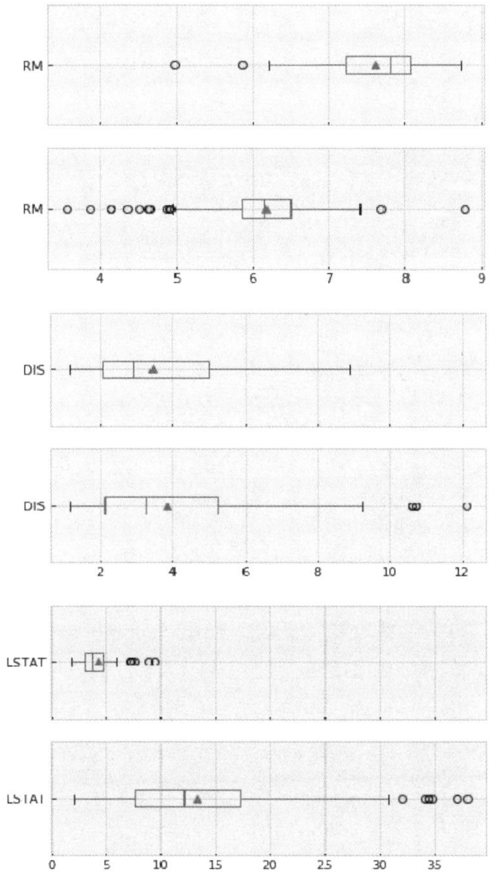

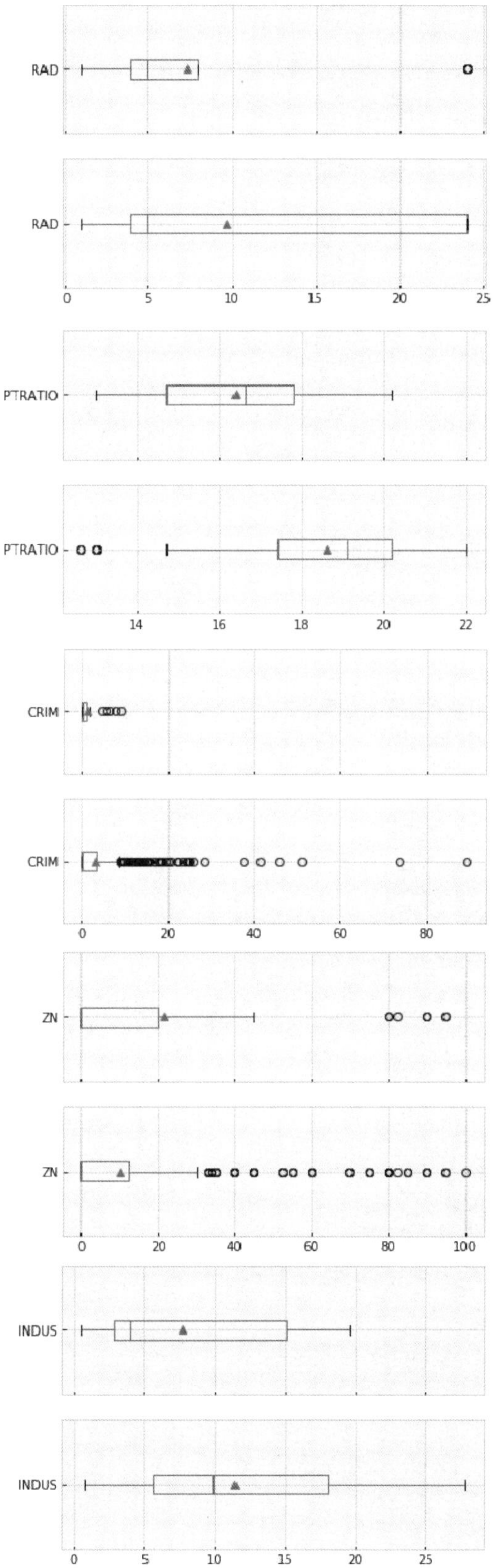
RAD
RAD
0
5
10
15
20
25
PTRATIO
PTRATIO
14
16
18
20
22
CRIM
CRIM
0
20
40
60
80
ZN
ZN
0
20
40
60
80
100
INDUS
INDUS
0
5
10
15
20
25

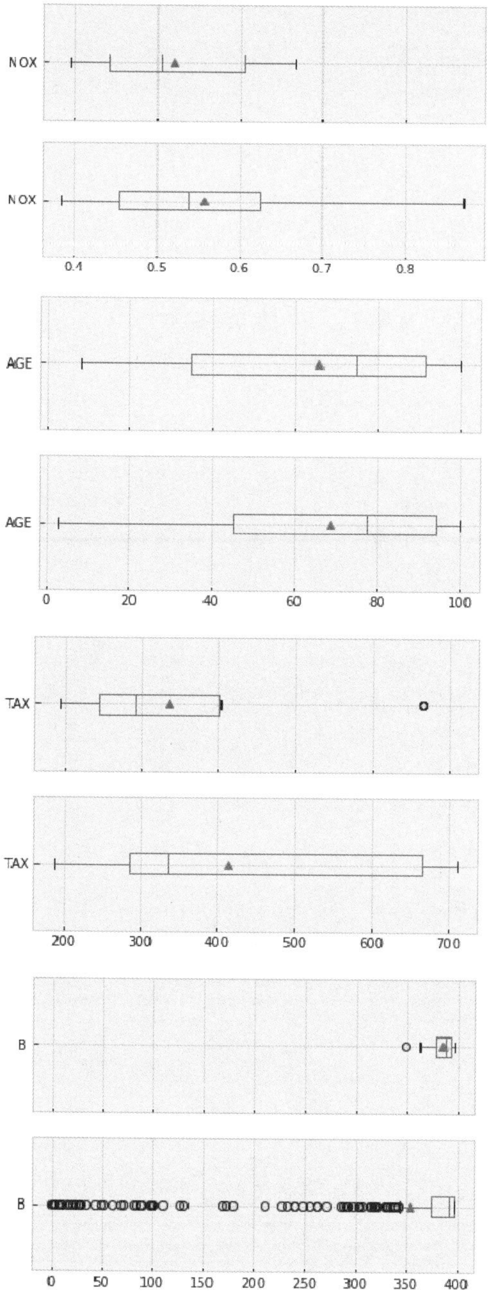

이 두 그룹의 특성을 비교해자. 36.963 이상의 그룹에 속하는 주택 일수록 RM이 크고, LSTAT가 낮고, RAD가 좋고, NOX가 낮고, TAX가 낮고, PTRATIO가 낮게 나타났다. CRIM은 두 집단이 비슷하나, (5.062,36.963) 그룹에서는 CRIM이 아주 높은 경우가 많이 존재한다. B도 두 집단이 비슷하나, (5.062,36.963) 그룹에서는 B가 아주 낮은 경우가 많이 존재한다. 다른 속성에 대해서는 비슷하게 나타났다.

CHAS 별로 주택가격 비교

```
CHAS_group = df_boston.groupby(['CHAS'])
CHAS_group_price = CHAS_group['Median_price'].describe()
print("[Out 77]: CHAS 그룹별 Median_price의 요약통계:₩n{}"
      .format(CHAS_group_price))
print("[Out 78]: CHAS 그룹별 price의 상자그림:"'₩n')
fig, sub = plt.subplots(1,1,figsize=(6,6))
df_boston.boxplot(by='CHAS',column='Median_price',sym='rD',ax=sub,₩
                  fontsize=10, showmeans=True, vert=False)
sub.set_xlabel('PRICE', fontsize=15)
sub.set_ylabel('CHAS', fontsize=15)
plt.show()
```

출력결과

```
[Out 77]: CHAS 그룹별 Median_price의 요약통계:
      count  mean    std    min   25%  50%   75%   max
CHAS
0     471.0  22.094  8.831   5.0  16.6  20.9  24.80  50.0
1      35.0  28.440 11.817  13.4  21.1  23.3  33.15  50.0
[Out 78]: CHAS 그룹별 price의 상자그림:
```

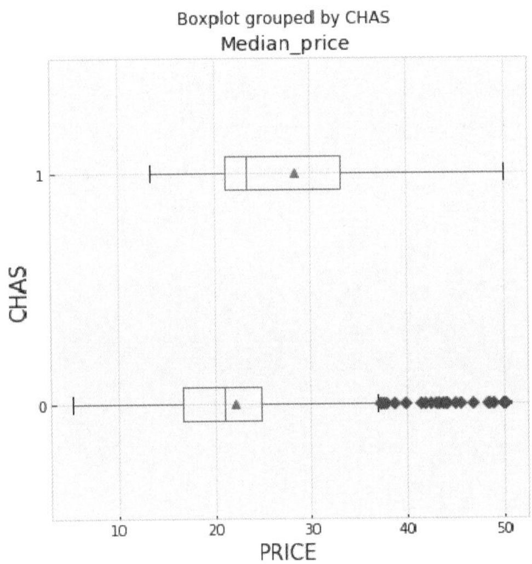

36.963 이상 주택에 대한 CHAS 그룹별 Median_price의 요약통계와 상자그림:

```
price_37_group = price_37.groupby(['CHAS'])
price_37_group_price = np.round(price_37_group['Median_price'].describe(),3)
print("[Out 79]: 36.963 이상 주택에 대한 CHAS 그룹별 Median_price의 요약통계:₩n{}".format(price_37_group_price))
print("[Out 80]: 36.963 이상 주택에 대한 CHAS 그룹별 Median_price의₩
    상자그림:"'₩n')
fig, sub = plt.subplots(1,1,figsize=(6,6))
price_37.boxplot(by='CHAS',column='Median_price',sym='rD',ax=sub,₩
                 fontsize=10, showmeans=True, vert=False)
sub.set_xlabel('PRICE', fontsize=15)
sub.set_ylabel('CHAS', fontsize=15)
```

```
plt.show()
```

출력결과

[Out 79]: 36.963 이상 주택에 대한 CHAS 그룹별 Median_price의 요약통계:

```
        count   mean    std   min   25%   50%   75%   max
CHAS
0        31.0  44.855  4.800  37.0  41.5  44.8  50.0  50.0
1         7.0  49.429  1.512  46.0  50.0  50.0  50.0  50.0
```

[Out 80]: 36.963 이상 주택에 대한 CHAS 그룹별 Median_price의 상자그림:

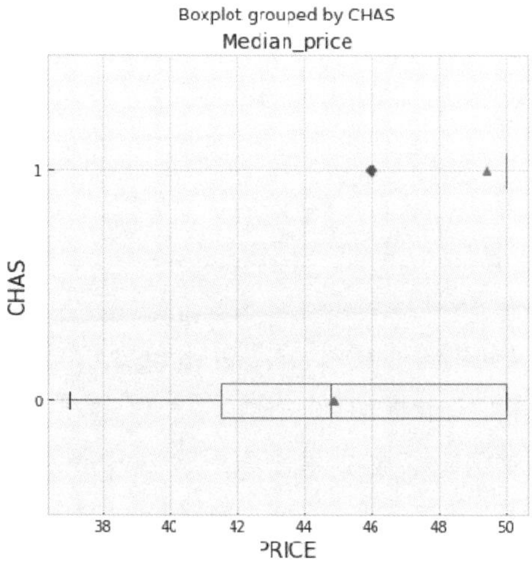

(5.062,36.963)에 속하는 주택에 대한 CHAS 그룹별 Median_price의 요약통계와 상자그림:

```
price_5_37_group = price_5_37.groupby(['CHAS'])
price_5_37_group_price = np.round(price_5_37_group['Median_price'].describe(),3)
print("[Out 81]: (5.062,36.963)에 속하는 주택에 대한 CHAS 그룹별 Median_price의₩
     요약통계:₩n{}".format(price_5_37_group_price))
print("[Out 82]:(5.062,36.963)에 속하는 주택에 대한 CHAS 그룹별 Median_price의₩
      상자그림:"'₩n')
fig, sub = plt.subplots(1,1,figsize=(6,6))
price_5_37.boxplot(by='CHAS',column='Median_price',sym='rD',ax=sub,₩
                   fontsize=10, showmeans=True, vert=False)
sub.set_xlabel('PRICE', fontsize=15)
sub.set_ylabel('CHAS', fontsize=15)
plt.show()
```

출력결과

[Out 81]: (5.062,36.963)에 속하는 주택에 대한 CHAS 그룹별 Median_price의 요약통계:

```
      count    mean    std   min     25%    50%     75%   max
CHAS
0     438.0  20.561  6.470   5.6  16.200  20.40  23.900  36.5
1      28.0  23.193  5.707  13.4  19.825  22.15  26.775  35.2
```

[Out 82]:(5.062,36.963)에 속하는 주택에 대한 CHAS 그룹별 Median_price의 상자그림:

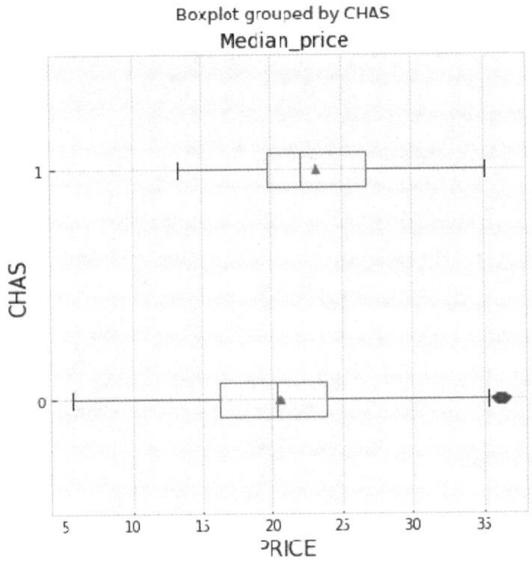

조사 대상 중에 강변에 있는 주택이 35곳 그렇지 않는 곳이 471개이다. 전반적으로 강변에 있는 주택들이 그렇지 않은 주택에 비해서 상대적으로 가격이 좀 더 높게 나타났다. 36.963 이상 주택 중에서 강변 주택이 7개, 그렇지 않은 곳이 31개이다.

CHAS 별로 범죄율 비교

```
CHAS_group_CRIM = CHAS_group['CRIM'].describe()
print("[Out 83]: CHAS 그룹별 CRIM의 요약통계:₩n{}".format(CHAS_group_CRIM))
CHAS_group_CRIM_percentile = CHAS_group['CRIM']₩
    .quantile([0.1,0.2,0.3,0.4,0.8,0.85,0.9,0.95])
print("[Out 84]: CHAS 그룹별 CRIM의 백분위수:₩n{}"
    .format(CHAS_group_CRIM_percentile))
```

출력결과

```
[Out 83]: CHAS 그룹별 CRIM의 요약통계:
        count  mean   std    min    25%    50%    75%    max
CHAS
0       471.0  3.723  8.872  0.006  0.080  0.245  3.686  88.976
1        35.0  1.852  2.494  0.015  0.125  0.448  3.398  8.983
[Out 84]: CHAS 그룹별 CRIM의 백분위수:
CHAS
0    0.10   0.037,  0.20   0.062,  0.30   0.094,  0.40   0.145
     0.80   5.692,  0.85   8.176,  0.90  11.160,  0.95  16.343
1    0.10   0.061,  0.20   0.109,  0.30   0.183,  0.40   0.369
     0.80   3.598,  0.85   4.185,  0.90   5.483,  0.95   7.057
Name: CRIM, dtype: float64
```

CHAS 별로 범죄율 비교

```
print("[Out 85]: CHAS 그룹별 CRIM의 상자그림:"'₩n')
fig, sub = plt.subplots(1,1,figsize=(6,6))
```

```
df_boston.boxplot(by='CHAS',column='CRIM',sym='rD',ax=sub,₩
                    fontsize=10, showmeans=True, vert=False)
sub.set_xlabel('CRIM', fontsize=15)
sub.set_ylabel('CHAS', fontsize=15)
plt.show()
```

출력결과

[Out 85]: CHAS 그룹별 CRIM의 상자그림:

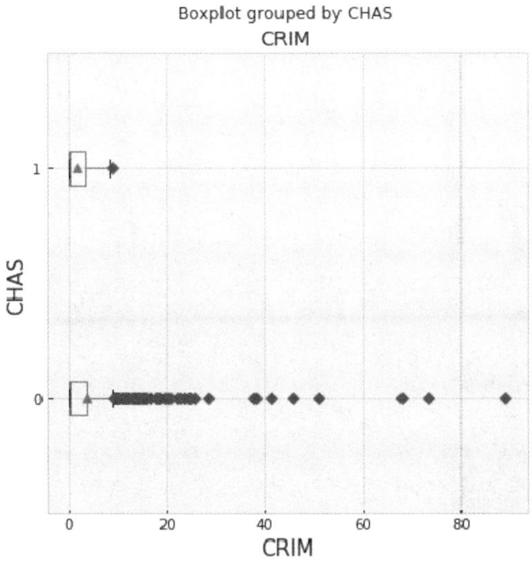

강변 지역이 그렇지 않은 지역보다 범죄율이 상대적으로 낮게 나타났다. 하지만 하위 50%에서는 강변지역이 그렇지 않은 지역보다 범죄율이 더 높게 나타났고, 상위 25%에서 강변지역이 아닌 곳의 범죄율이 아주 높게 나타났기 때문에 전체적으로 강변이 아닌 지역에서 범죄율이 높게 나타났다.

각 속성과 주택가격의 산점도

```
print("[Out 86]: 각 속성과 집값의 산점도:"'₩n')
fig, sub = plt.subplots(6,2,sharey=True,figsize=(6,20))
sub1,sub2,sub3,sub4,sub5,sub6,sub7,sub8,sub9,sub10,sub11,sub12=sub.ravel()
df_boston.plot(kind='scatter',x='CRIM', y='Median_price',ax=sub1)
df_boston.plot(kind='scatter',x='ZN', y='Median_price',ax=sub2)
df_boston.plot(kind='scatter',x='INDUS', y='Median_price',ax=sub3)
df_boston.plot(kind='scatter',x='NOX', y='Median_price',ax=sub4)
df_boston.plot(kind='scatter',x='RM', y='Median_price',ax=sub5)
df_boston.plot(kind='scatter',x='AGE', y='Median_price',ax=sub6)
df_boston.plot(kind='scatter',x='DIS', y='Median_price',ax=sub7)
df_boston.plot(kind='scatter',x='RAD', y='Median_price',ax=sub8)
df_boston.plot(kind='scatter',x='TAX', y='Median_price',ax=sub9)
df_boston.plot(kind='scatter',x='PTRATIO', y='Median_price',ax=sub10)
df_boston.plot(kind='scatter',x='B', y='Median_price',ax=sub11)
df_boston.plot(kind='scatter',x='LSTAT', y='Median_price',ax=sub12)
plt.subplots_adjust(wspace=0.05, hspace=0.5)
plt.show()
```

출력결과

[Out 86]: 각 속성과 집값의 산점도:

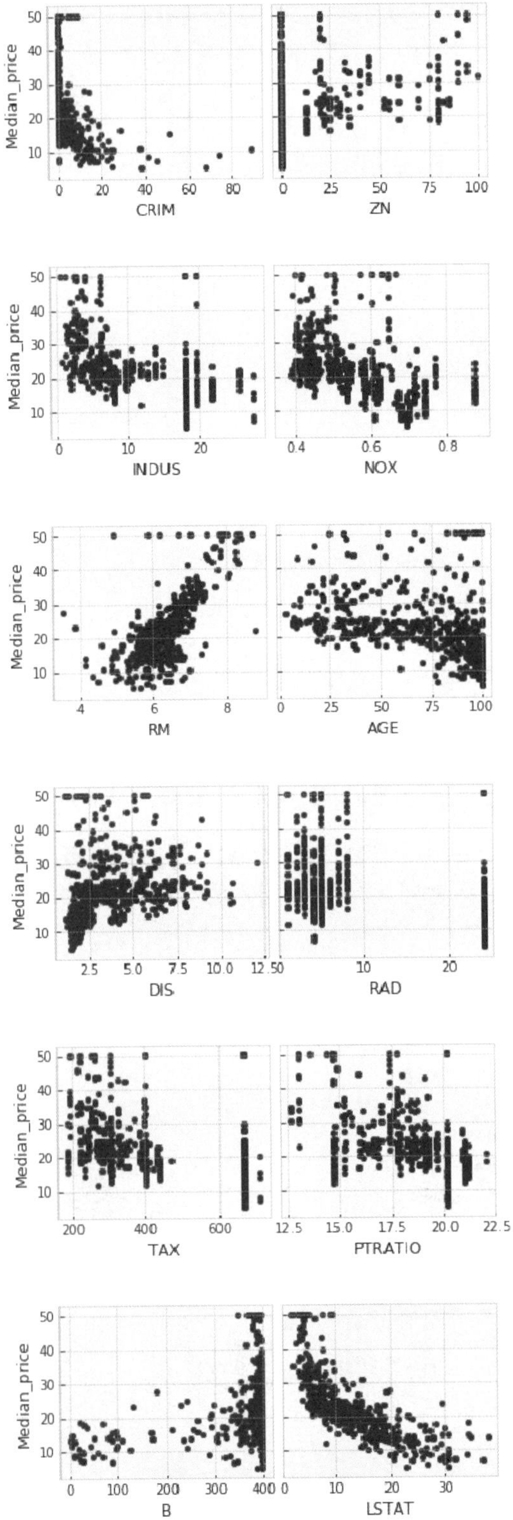

[Out 86]에 출력된 각 속성과 평균주택가격의 산점도를 살펴보자. CRIM은 작을수록 ZN은 클수록, INDUS는 작을수록, NOX는 작을수록, RM이 높을수록, AGE는 작을수록, DIS는 작을수록, RAD는 좋을수록, TAX가 낮을수록, PTRATIO가 낮을수록, B는 클수록, LSTAT가 낮을수록 평균주택가격이 높음을 알 수 있다.

각 속성의 상관계수 행렬

```
print("[Out 87]: 각 속성의 상관계수 행렬:₩n",np.round(new_df_boston.corr(),3))
```

출력결과

```
[Out 87]: 각 속성의 상관계수 행렬:
               CRIM     ZN   INDUS    NOX     RM    AGE    DIS    RAD    TAX ₩
CRIM          1.000 -0.199  0.404  0.418 -0.220  0.351 -0.378  0.622  0.580
ZN           -0.199  1.000 -0.534 -0.517  0.312 -0.570  0.664 -0.312 -0.315
INDUS         0.404 -0.534  1.000  0.764 -0.392  0.645 -0.708  0.595  0.721
NOX           0.418 -0.517  0.764  1.000 -0.302  0.731 -0.769  0.611  0.668
RM           -0.220  0.312 -0.392 -0.302  1.000 -0.240  0.205 -0.210 -0.292
AGE           0.351 -0.570  0.645  0.731 -0.240  1.000 -0.748  0.456  0.506
DIS          -0.378  0.664 -0.708 -0.769  0.205 -0.748  1.000 -0.495 -0.534
RAD           0.622 -0.312  0.595  0.611 -0.210  0.456 -0.495  1.000  0.910
TAX           0.580 -0.315  0.721  0.668 -0.292  0.506 -0.534  0.910  1.000
PTRATIO       0.288 -0.392  0.383  0.189 -0.356  0.262 -0.232  0.465  0.461
B            -0.377  0.176 -0.357 -0.380  0.128 -0.274  0.292 -0.444 -0.442
LSTAT         0.452 -0.413  0.604  0.591 -0.614  0.602 -0.497  0.489  0.544
Median_price -0.386  0.360 -0.484 -0.427  0.695 -0.377  0.250 -0.382 -0.469
              PTRATIO      B  LSTAT  Median_price
CRIM            0.288 -0.377  0.452        -0.386
ZN             -0.392  0.176 -0.413         0.360
INDUS           0.383 -0.357  0.604        -0.484
NOX             0.189 -0.380  0.591        -0.427
RM             -0.356  0.128 -0.614         0.695
AGE             0.262 -0.274  0.602        -0.377
DIS            -0.232  0.292 -0.497         0.250
RAD             0.465 -0.444  0.489        -0.382
TAX             0.461 -0.442  0.544        -0.469
PTRATIO         1.000 -0.177  0.374        -0.508
B              -0.177  1.000 -0.366         0.333
LSTAT           0.374 -0.366  1.000        -0.738
Median_price   -0.508  0.333 -0.738         1.000
```

LSTAT와 평균주택가격의 상관계수는 -0.738, RM과 평균주택가격의 상관계수는 0.695, PTRATIO와 평균주택가격의 상관계수는 -0.508이다. LSTAT는 낮을수록, RM은 높을수록, PTRATIO는 낮을수록 평균주택가격이 높음을 알 수 있다.

각 속성의 산점도 행렬

```
import pandas as pd
print("[Out 88]: 각 속성의 산점도 행렬:₩n")
```

```
pd.plotting.scatter_matrix(new_df_boston, diagonal='hist',figsize=(20,20),alpha=0.2)
plt.show()
```

출력결과

[Out 88]: 각 속성의 산점도 행렬:

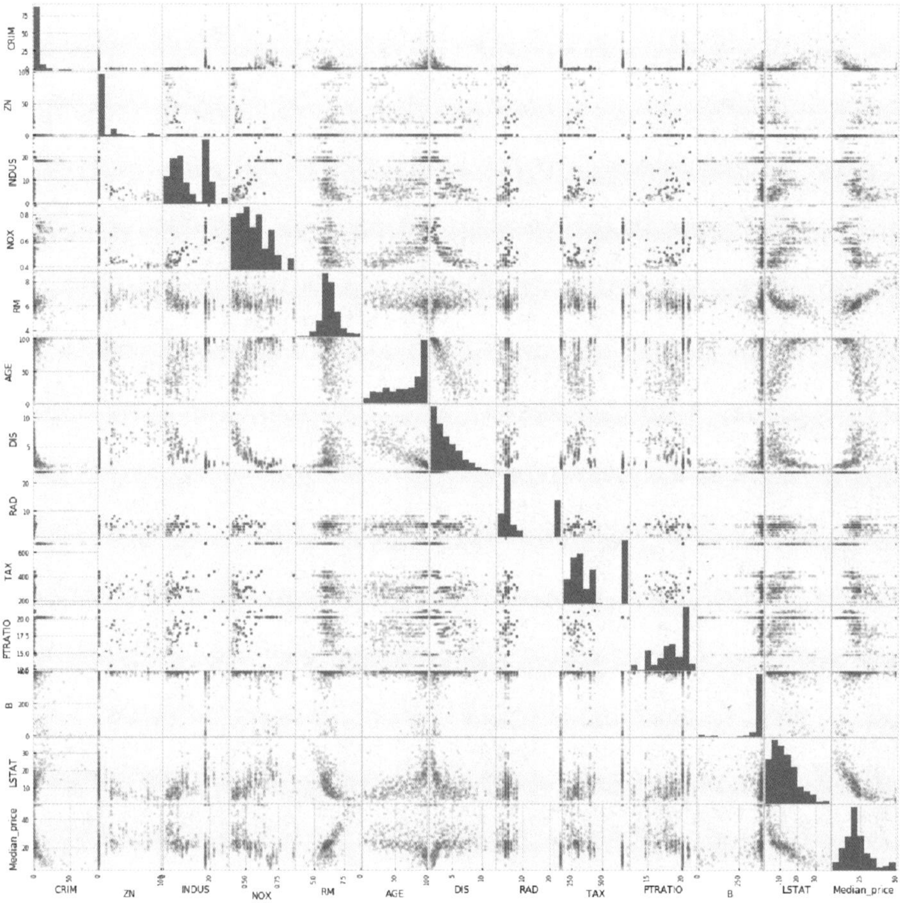

pd.plotting.scatter_matrix()를 이용해서 산점도행렬을 그렸다. 모든 속성들 간의 산점도를 동시에 나타낸 것이다. 평균주택가격과 다른 속성들 간의 산점도를 살펴보면 LSTAT, RM 그리고 PTRATIO은 평균가격과 선형관계를 나타내고 있다. LSTAT, RM 그리고 PTRATIO 등은 주택가격에 영향을 미치는 변수로 예측할 수 있다.

SECTION 3. 확률분포

모집단은 관심의 대상이 되는 모든 개체의 관측값의 집합이다. 모집단의 특성을 나타내는 상수인 모수는 모르는 값이다. 이러한 모수에는 모평균, 모분산, 모비율 등 여러 가지가 있다. 이러한 모수들을 추측하기 위해서 모집단의 일부를 추출한 표본의 특성을 이용한다. 이처럼 표본을 이용하여 모집단을 추론하는 방법을 추론 통계학이라 한다. 표본의 특성이 모집단을 어느 정도 정확하게 추측하는지를 평가하는 이론적인 근거가 필요하다. 확률은 이러한 근거를 제시해준다. 여기서 확률과 확률분포에 대해서 살펴보자.

3.1 확률

우리는 평소에 확률이란 용어를 많이 사용하고 있다. 예를 들어 내일 비가 올 확률, 복권에 당첨될 확률, 선거에서 A 후보가 당선될 확률 등이 있다. 이와 같이 확률이란 불확실한 상황에서 어떤 일이 일어날 가능성을 수치로 나타낸 것이다. 어떤 실험에서 일어날 수 있는 모든 가능한 결과들의 집합을 표본공간이라 하고, 이 공간의 부분집합을 사건이라 한다. 어떤 사건이 일어날 확률은 (부분집합의 원소의 개수)/(표본공간의 원소의 개수)로 계산할 수 있다. 예를 들어 두 개의 동전을 던지는 실험에서 앞면을 H, 뒷면을 T로 나타냈을 때, 표본공간은 {HH, HT, TH, TT}이다. 이 집합의 부분집합을 하나의 사건으로 볼 수 있다. 예를 들어 두 개의 동전을 던져서 앞면이 두 개인 경우, 앞면이 한 개인 경우, 앞면이 한 개 이상인 경우를 하나의 사건으로 볼 수 있다. 앞면이 한 개 이상인 경우는 {HH, HT, TH}이므로, 앞면이 한 개 이상 나올 확률은 3/4이다. 이것은 확률의 고전적인 정의이다. 확률을 실제 사건이 일어나는 상대도수의 극한값으로 정의하기도 한다. 실제로 동전을 던지는 시뮬레이션을 해보자.

동전을 던지는 시뮬레이션

```
import numpy as np
import pandas as pd
np.random.seed(2431)
coin = np.random.randint(0,2,10)
data = {'x':coin}
df = pd.DataFrame(data)
result =pd.crosstab(index = df.x, columns='relative freq',normalize=True)
print("[Out 1]: 동전을 10번 던진 결과:\n{}".format(result))
coin = np.random.randint(0,2,100)
data = {'x':coin}
```

```
df = pd.DataFrame(data)
result =pd.crosstab(index = df.x, columns='relative freq',normalize=True)
print("[Out 2]: 동전을 100번 던진 결과:₩n{}".format(result))
coin = np.random.randint(0,2,1000)
data = {'x':coin}
df = pd.DataFrame(data)
result =pd.crosstab(index = df.x, columns='relative freq',normalize=True)
print("[Out 3]: 동전을 1000번 던진 결과:₩n{}".format(result))
coin = np.random.randint(0,2,1000000)
data = {'x':coin}
df = pd.DataFrame(data)
result =pd.crosstab(index = df.x, columns='relative freq',normalize=True)
print("[Out 4]: 동전을 1000000번 던진 결과:₩n{}".format(result))
```

출력결과

```
[Out 1]: 동전을 10번 던진 결과:
col_0          relative freq
x
0                   0.3
1                   0.7
[Out 2]: 동전을 100번 던진 결과:
col_0          relative freq
x
0                  0.43
1                  0.57
[Out 3]: 동전을 1000번 던진 결과:
col_0          relative freq
x
0                 0.507
1                 0.493
[Out 4]: 동전을 1000000번 던진 결과:
col_0          relative freq
x
0              0.499141
1              0.500859
```

[Out 1], [Out 2], [Out 3], [Out 4]를 표로 정리를 해보자. 아래 표를 보면 시행 n이 커지면 H의 상대도수가 0.5로 접근한다. 이것이 우리가 알고 있는 동전을 던졌을 때 앞면이 나올 확률이다. 사건 E가 일어날 확률을 다음과 같은 식으로 표시할 수 있다.

$$p(E) = \lim_{n \to \infty} \frac{n(E)}{n}$$

여기서 n: 시행 횟수, $n(E)$: 사건 E가 일어난 횟수이다.

시행 횟수(n)	H의 상대도수	T의 상대도수	합계
10	0.3	0.7	1.0
100	0.43	0.57	1.0
1000	0.507	0.493	1.0
1000000	0.4999	0.5009	1.0

다음 주사위를 던지는 시뮬레이션을 해보자.

주사위를 던지는 시뮬레이션

```
die = np.random.randint(1,7,100)
data = {'x':die}
df = pd.DataFrame(data)
result =pd.crosstab(index = df.x, columns='relative freq',normalize=True)
print("[Out 5]: 주사위 100번 던진 결과:₩n{}".format(result))
die = np.random.randint(1,7,1000000)
data = {'x':die}
df = pd.DataFrame(data)
result =pd.crosstab(index = df.x, columns='relative freq',normalize=True)
print("[Out 6]: 주사위 1000000번 던진 결과:₩n{}".format(result))
```

출력결과

```
[Out 5]: 주사위 100번 던진 결과:
col_0        relative freq
x
1                 0.09
2                 0.21
3                 0.15
4                 0.18
5                 0.23
6                 0.14
[Out 6]: 주사위 1000000번 던진 결과:
col_0      relative freq
x
1             0.166830
2             0.166061
3             0.167075
4             0.167136
5             0.166232
6             0.166666
```

[Out 5], [Out 6]을 표로 정리를 해보자. 아래 표를 보면 시행 n이 커지면 각 눈의 상대도수가 0.166667로 접근한다. 이 값이 주사위를 던졌을 때 각 눈이 나타날 확률이다.

시행 횟수(n)	1의 상대도수	2의 상대도수	3의 상대도수	4의 상대도수	5의 상대도수	6의 상대도수
100	0.09	0.21	0.15	0.18	0.23	0.14
1000000	0.166830	0.166061	0.167075	0.167136	0.166232	0.16666

내일이 비가 올 확률이 70%라는 의미는 과거에 내일과 같은 기상 조건을 가졌던 1000일 중에서 700일 정도가 비가 왔다는 의미이다.

3.2 확률분포

확률변수는 실험 결과에 어떤 수치를 부여하는 변수이다. 표본공간 상에서 정의된 함수로 말하기도 한다. 예를 들어 동전을 두 개 던지는 실험에서 확률변수 X를 앞면의 개수로 정의하면 X가 취하는 값은 0, 1, 2이다. X=0인 경우는 두 개의 동전을 던지는 실험에서 앞면이 나타나지 않은 경우이고, X=1인 경우는 앞면이 한 번, X=2인 경우는 앞면이 두 번 나타나는 경우이다. P(X=0)=1/4, P(X=1)=1/2, p(X=1)=1/4이다. 확률변수 X에 관한 확률을 결정하는 것을 확률분포라고 한다. 확률분포는 X가 취할 수 있는 값이 이산이냐, 연속이냐에 따라서 이산확률분포와 연속확률분포로 나누어진다. 이러한 확률분포를 수학적 모형으로 표현할 수 있다. 이산확률분포를 나타내는 식을 확률질량함수, 연속확률분포를 나타내는 식을 확률밀도함수라 한다. X가 취하는 값이 이산이면 이산확률변수, 연속이면 연속확률변수라고 한다.

확률질량함수와 확률밀도함수의 성질

이산확률변수 X의 확률질량함수를 p(x)=P(X=x)라고 하면 p(x)는 다음을 만족한다.

1) 모든 x에 대해서 $p(x) \geq 0$
2) $\sum_{all\,x} p(x) = 1$
3) $P(a \leq X \leq b) = \sum_{a \leq x \leq b} p(x)$

X의 평균과 분산은 다음과 같이 정의된다.

$$\mu = E(X) = \sum_{all\,x} xp(x)$$

$$\sigma^2 = var(X) = E((x-\mu)^2)$$

이때 평균 μ와 분산 σ^2은 모집단의 평균이고 분산이다. 따라서 모평균, 모분산 이라고 한다.

연속확률변수 X의 확률밀도함수를 f(x)라고 하면 f(x)는 다음을 만족한다.

1) 모든 x에 대해서 $f(x) \geq 0$

2) $\int_{-\infty}^{\infty} f(x)dx = 1$

3) P(a≤X≤b)= $\int_{a}^{b} f(x)\,dx$ p(x)

X의 평균과 분산은 다음과 같이 정의된다.

$$\mu\text{=E(X)=} \int_{-\infty}^{\infty} xf(x)\,dx \text{ xp(x)}$$

$$\sigma^2\text{=var(X)=E((X-}\mu)^2)$$

확률변수의 분포함수

확률변수 X의 누적분포함수는 다음과 같이 정의된다.

$$F(x) = p(X \le x)$$

3.3 이산확률분포

어떤 실험의 결과에서 나오는 사건에 대해서 확률변수를 정의하고, 그 확률변수의 확률분포를 찾고, 이 확률분포를 이용하여 모집단의 특성을 추론한다. 다양한 실험 결과에 대한 여러 가지 확률분포가 있다. 먼저 통계학에서 널리 알려진 이산확률분포를 살펴보자.

이항분포 (Binomial distribution)

이항분포는 대표적인 이산확률분포이다. 실험 결과가 단 두 가지 결과 {S(성공), F(실패)}로 나타나는 시행을 베르누이시행이라 한다. 사회 현상에서 이러한 베르누이시행과 같은 패턴을 가지는 실험이 아주 많다. 예를 들어 동전을 던지는 실험, 윷놀이, 어떤 공정에서 만든 제품이 불량품인지 양품인지를 검사하는 실험, 고객들이 어떤 상품을 구매할지 그렇지 않을지를 검사하는 실험 등, 모집단이 두 개의 범주로 이루어진 실험은 모두 여기에 속한다. 베르누이시행을 n번 독립적으로 시행했을 때, 확률변수 X를 n번 중에서 성공의 횟수라고 정의한다. 이때 성공이 일어날 확률을 p로 가정한다. 이러한 경우에 확률변수 X는 시행횟수가 n이고, 성공이 일어날 확률이 p인 이항분포를 따른다고 한다. 이때 n, p는 확률분포의 형태를 나타내는 모수이다. 시행횟수가 n이고, 성공이 일어날 확률이 p인 이항분포를 X~B(n, p)로 나타낸다. 이항분포의 확률질량함수는 다음과 같다.

$$p(x) = \begin{cases} \dfrac{n!}{x!(n-x)!} p^x (1-p)^{n-x}, & x = 0,1,2,\cdots,n \\ 0 & ,\text{그 외} \end{cases}$$

이항확률변수 X의 평균과 분산은 다음과 같이 주어진다.

$$\mu = E(X)=np,\ \ \sigma^2\text{=np(1-p)}$$

이항분포의 확률질량함수 값(p(X=x))

```
from scipy.stats import binom
n, p = 5, 0.4
p_x = binom.pmf(3,n,p)
data = {'prob':p_x}
bi_pmf = pd.Series(data)
print("[Out 7]: B(5,0.4)에서 x=3일 때 확률:₩n{}".format(bi_pmf))
```

출력결과

```
[Out 7]: B(5,0.4)에서 x=3일 때 확률:
prob     0.2304
dtype: float64
```

scipy.stats 모듈에서 제공하는 binom.pmf()를 이용하기 위해서 binom을 임포터 하였다. binom.pmf는 p(X=x)의 값을 구하는 함수이다. X~B(5, 0.4) 일 때 p(X=3)의 값을 구하고 그 값을 p_x에 저장하였다. 그리고 p_x를 series형태로 변경하여 [Out 7]에 출력하였다. [Out 7]의 의미를 살펴보자. 예를 들어 A 매장에서 과거의 데이터에 의하면 40%의 고객이 B 제품을 구입했다. 임의로 5명의 고객을 추출했을 때 정확하게 3명이 제품 B를 구입할 확률이 0.2304라는 의미이다. 확률변수를 5명 중 제품 B를 구입한 고객의 수로 정의하면 X~B(5, 0.4)를 따른다. 왜냐하면 고객이 제품 B를 구입하거나 그렇지 않거나 둘 중에 하나이므로 베루누이시행에 해당한다. 그리고 5명은 서로 영향을 주지 않기 때문에 독립시행이다. 즉 베르누이시행을 독립적으로 5번 시행 한 것과 같기 때문이다. 따라서 확률을 이항분포를 이용해서 구할 수 있다.

이항분포 B(5,0.4)의 분포표.

```
n, p = 5, 0.4
x = np.arange(0,6)
pmf_x = binom.pmf(x,n,p)
data = {'x':x,
        'prob':pmf_x}
bi_px = pd.DataFrame(data,columns=['x','prob'])
print("[Out 8]: B(5,0.4)의 이항분포표:₩n{}".format(bi_px))
```

출력결과

```
[Out 8]: B(5,0.4)의 이항분포표:
   x     prob
0  0  0.07776
1  1  0.25920
2  2  0.34560
3  3  0.23040
4  4  0.07680
5  5  0.01024
```

X ~ B(5, 0.4) 일 때 x=0, 1, 2, 3, 4, 5에서 p(X=x)의 값을 구하였다. 결과를 [Out 8]에 출력하였다.

```
이항분포 B(5,0.4)의 누적이항분포표.
n, p = 5, 0.4
x = np.arange(0,6)
cdf_x = binom.cdf(x,n,p)
data = {'x':x,
        'cum_prob':cdf_x}
bi_cdf =  pd.DataFrame(data,columns=['x','cum_prob'])
print("[Out 9]: B(5,0.4)의 누적이항분포표:₩n{}".format(bi_cdf))
```

```
출력결과
[Out 9]: B(5,0.4)의 누적이항분포표:
   x  cum_prob
0  0   0.07776
1  1   0.33696
2  2   0.68256
3  3   0.91296
4  4   0.98976
5  5   1.00000
```

X ~ B(5, 0.4) 일 때 x=0, 1, 2, 3, 4, 5에서 binom.cdf()을 이용해서 p(X≤ x)의 값을 구하였다. 결과를 [Out 9]에 출력하였다. [Out 8]과 [Out 9]를 표로 정리하면 다음과 같은 B(5, 0.4)에 대한 이항분포표를 얻을 수 있다.

x	p(X=x)	p(X ≤ x)
0	0.07776	0.07776
1	0.25920	0.33696
2	0.34560	0.68256
3	0.23040	0.91296
4	0.07680	0.98976
5	0.01024	1.0000

```
이항분포는 n,p의 값에 따라서 확률질량함수의 형태가 결정된다.
x = np.arange(0,6)
pmf_x = binom.pmf(x,5,0.3)
data = {'x':x,
        'prob':pmf_x}
t_px = pd.DataFrame(data,columns=['x','prob'])
x = np.arange(0,6)
pmf_x = binom.pmf(x,5,0.5)
data = {'x':x,
        'prob':pmf_x}
```

```
t_pxx = pd.DataFrame(data,columns=['x','prob'])
x = np.arange(0,6)
pmf_x = binom.pmf(x,5,0.1)
data = {'x':x,
        'prob':pmf_x}
t_pxxx = pd.DataFrame(data,columns=['x','prob'])
x = np.arange(0,6)
pmf_x = binom.pmf(x,5,0.9)
data = {'x':x,
        'prob':pmf_x}
t_pxxxx = pd.DataFrame(data,columns=['x','prob'])
print("[Out 10]: B(5,0.3), B(5,0.5),B(5,0.1),B(5,0.9)의 확률질량함수 비교₩n{}")
fig, sub = plt.subplots(2,2,figsize=(8,6),sharey=True)
sub1,sub2,sub3,sub4 =sub.ravel()
t_px['prob'].plot(kind='bar',ax=sub1, width=0.2,title='B(5,0.3)',rot=0)
t_pxx['prob'].plot(kind='bar',ax=sub2,width=0.2,title='B(5,0.5)',rot=0)
t_pxxx['prob'].plot(kind='bar',ax=sub3,width=0.2,title='B(5,0.1)',rot=0)
t_pxxxx['prob'].plot(kind='bar',ax=sub4,width=0.2,title='B(5,0.9)',rot=0)
plt.subplots_adjust(wspace=0., hspace=0.2)
plt.show()
```

출력결과

[Out 10]: B(5,0.3), B(5,0.5),B(5,0.1),B(5,0.9)의 확률질량함수 비교

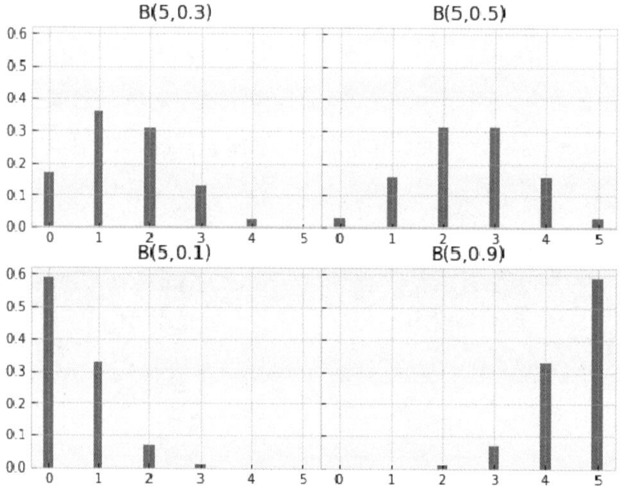

이항분포의 모양은 n, p의 값에 의해서 결정된다. 따라서 n과 p를 이항분포의 모수라고 한다. [Out 10]은 B(5, 0.3), B(5, 0.5), B(5, 0.1), B(5, 0.9)의 확률질량함수 그래프를 나타낸 것이다.

이항분포의 통계치(평균, 분산, 비대칭도, 첨도)

```
n,p = 10, 0.5
mean, var, skew, kurt = np.round(binom.stats(n, p, moments='mvsk'),3)
data = {'mean':mean,
```

```
            'var':var,
            'skew':skew,
            'kurt':kurt
            }
bi_stat = pd.Series(data, index=['mean','var','skew','kurt'])
print("[Out 11]: 이항분포의 평균,분산,비대칭도,첨도:₩n{}".format(bi_stat))
```

출력결과

```
[Out 11]: B(10,0.5)의 평균,분산,비대칭도,첨도:
mean     5.0
var      2.5
skew     0.0
kurt    -0.2
dtype: float64
```

---

binom.stats()을 이용하여 평균, 분산, 비대칭도, 첨도를 구하였다. 평균은 np=5, 분산은 np(1-p)=2.5, 비대칭도는 $E((X-\mu)^3)/\sigma^3$이고, 첨도는 $(E((X-\mu)^4)/\sigma^4)-3$이다. 여기서 $E((X-\mu)^3)=\sum_{i=1}^{10}(x_i-\mu)^3 p(X=x)=0$, $E((X-\mu)^4)=\sum_{i=1}^{10}(x_i-\mu)^4 p(X=x)=-0.2$이다.

B(10,0.5)의 확률질량함수와 누적분포함수 그래프

```
print("[Out 12]: B(10,0.5)의 확률질량함수₩n{}")
fig, sub = plt.subplots(1,1,figsize=(6,4))
x = np.arange(0,11)
pmf_x = binom.pmf(x,10,0.5)
data = {'x':x,
        'prob':pmf_x}
t_px_10 = pd.DataFrame(data,columns=['x','prob'])
t_px_10['prob'].plot(kind='bar',ax=sub, width=0.2,rot=0,title='B(10,0.5)')
plt.show()

print("B(10,0.5)의 누적분포함수 그래프:₩n")
from scipy.stats import binom
fig, sub = plt.subplots(1, 1)
x = np.arange(0,11)
n, p = 10,0.5
sub.plot(x, binom.cdf(x, n, p), 'bo', ms=7)
sub.hlines(binom.cdf(x,n,p),[0,1,2,3,4,5,6,7,8,9,10],[1,2,3,4,5,6,7,8,9,10,11],₩
                colors='b',alpha=0.5)
plt.ylabel('p(X<=x)')
plt.xlabel('x')
plt.show()
```

출력결과

```
[Out 12]: B(10,0.5)의 확률질량함수
```

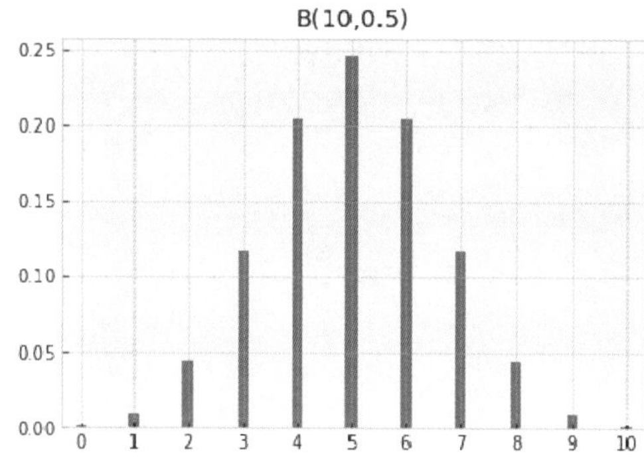

[Out] B(10,0.5)의 누적분포함수 그래프:

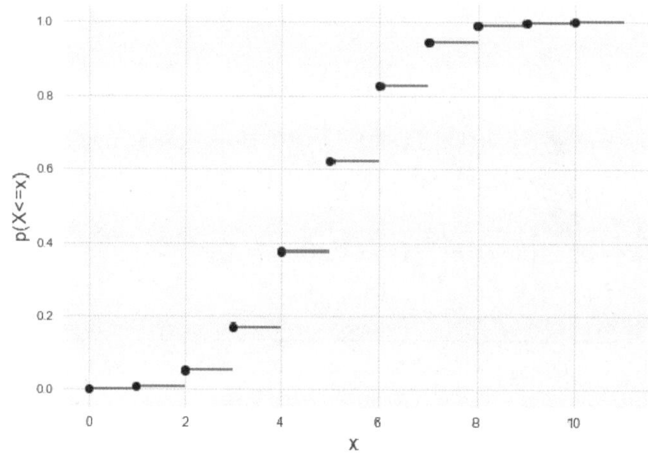

B(10, 0.5)의 그래프를 [Out 12]에 출력하였다. 결과를 살펴보면 이 분포의 중심은 5 즉 평균이고, 분산은 분포의 산포도 2.5, 이 분포는 5에 대해서 대칭이므로 비대칭도 0이다. 정규분포보다 평평한 분포 즉 첨도가 -0.2이다.

3.4 연속확률분포

확률변수가 취할 수 있는 값이 연속인 확률변수 즉 연속확률변수의 확률분포에 대해서 살펴보자. 연속확률변수의 확률분포를 연속확률분포라고 한다. 연속확률분포에서 가장 중요한 정규분포에 대해여 살펴보자.

정규분포 (Normal distribution)

정규분포는 가장 널리 사용되는 확률분포이다. 정규분포는 다음 그림과 같이 종모양의 좌우 대칭인 확률밀도함수의 모양을 가진다.

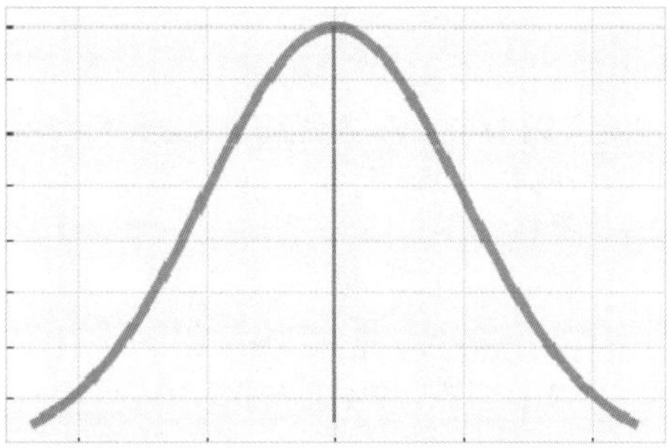

정규분포는 일반적으로 다음과 같은 특징을 가진다. 평균에 대해서 대칭이고, 정규분포를 따르는 확률변수 X는 다음과 같이 평균 주위의 값을 많이 취하고, $\mu \pm 3\sigma$ 를 벗어나는 값은 거의 취하지 않는다.

$$p(\mu - 1\sigma \le X \le \mu + 1\sigma) = 0.6827$$
$$p(\mu - 2\sigma \le X \le \mu + 2\sigma) = 0.9545$$
$$p(\mu - 3\sigma \le X \le \mu + 3\sigma) = 0.9973$$

확률변수 X가 평균이 μ이고, 표준편차가 σ인 정규분포를 따른다면 $X \sim N(\mu, \sigma^2)$으로 나타내고, 다음과 같은 확률밀도함수를 가진다.

$$f(x) = \frac{1}{\sqrt{2\pi\sigma^2}} e^{-\frac{(x-\mu)^2}{2\sigma^2}}, \quad -\infty \le x \le \infty$$

여기서 $\pi = 3.14159\cdots$, $e = 2.71828\cdots$

정규확률변수 X의 평균과 분산은 다음과 같이 주어진다.

$$\mu = E(X), \ Var(X) = \sigma^2$$

정규분포의 모양은 μ와 σ에 의해서 결정된다. μ는 분포의 중심 위치를 정해주고, σ는 분포의 모양을 나타내는 모수이다. 평균이 0, 표준편차가 1이 되도록 확률변수 X를 다음과 같이 표준화 시킨 새로운 확률변수 Z를 표준정규확률변수라 하고, Z의 확률분포를 표준정규분포라 한다.

$$Z = \frac{X - \mu}{\sigma}$$

N(10,16)의 확률밀도함수 값

```
from scipy.stats import norm
mu, sigma = 10, 4
fx = norm.pdf(10,mu,sigma)
data = {'prob':fx}
normal_fx = pd.Series(data)
print("[Out 13]: x=10일 때 N(10,16)의 확률밀도함수 값₩n{}".format(normal_fx))
x = np.linspace(norm.ppf(0.001,mu,sigma),norm.ppf(0.999,mu,sigma), 100)
fx = norm.pdf(x,mu,sigma)
data = {'x':x,
        'pdf':fx}
normal_fx = pd.DataFrame(data,columns=['x','pdf'])
print("[Out 14]: N(10,16)의 확률밀도함수 값₩n{}".format(normal_fx.head()))
```

출력결과

```
[Out 13]: x=10일 때 N(10,16)의 확률밀도함수 값
prob    0.099736
dtype: float64
[Out 14]: N(10,16)의 확률밀도함수 값
          x       pdf
0 -2.360929  0.000842
1 -2.111213  0.001019
2 -1.861498  0.001229
3 -1.611782  0.001475
4 -1.362066  0.001765
```

scipy.stats 모듈에서 제공하는 norm.pdf()를 이용하기 위해서 norm을 임포터 하였다. norm.pdf는 X~N(μ, σ^2)의 확률밀도함수의 값을 구하는 함수이다. 디폴트는 $\mu=0$, $\sigma=1$이다. X~N(10, 16) 일 때 f(10)의 값을 구하고 그 값을 fx에 저장하였다. 그리고 fx를 series형태로 변경하여 [Out 13]에 출력하였다. 이 값은 f(10)=1/$\sqrt{2\pi \times 16}$=0.099736이다. [Out 14]에는 100개의 x값에 대한 확률밀도함수 값을 나타내었다. norm.ppf(α)는 p(X≤x)=α(0≤α≤1)을 만족하는 x값을 나타낸다.

N(10,16)의 확률밀도함수 그래프

```
print("[Out 15]: N(10,16)의 확률밀도함수 그래프:₩n")
fig, sub = plt.subplots(1,1)
x = np.linspace(norm.ppf(0.001,mu,sigma),norm.ppf(0.999,mu,sigma), 100)
sub.plot(x, norm.pdf(x,mu,sigma), 'r-', lw=5, alpha=0.6)
sub.vlines([-2,2,6,10,14,18,22],[0,0,0,0,0,0,0],₩
           [0.0011,0.0134,0.0605,0.099736,0.0605,0.0134,0.0011],₩
           colors='b', lw=3, alpha=0.5)
plt.title('N(10,16)')
plt.show()
print("[Out 16]: N(10,16)의 (mu-sigma, mu+sigma), (mu-2sigma, mu+2sigma),₩
      (mu-3sigma, mu+3sigma) 사이의 넓이:₩n")
print("(mu-sigma, mu+sigma):",norm.cdf(14,10,4)-norm.cdf(6,10,4))
print("(mu-2sigma, mu+2sigma):",norm.cdf(18,10,4)-norm.cdf(2,10,4))
```

```
print("(mu-3sigma, mu+3sigma):",norm.cdf(22,10,4)-norm.cdf(-2,10,4))
```

출력결과

[Out 15]: N(10,16)의 확률밀도함수 그래프:

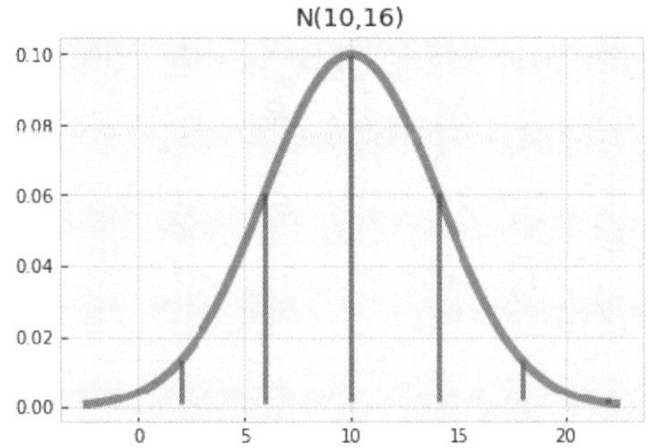


```
[Out 16]: N(10,16)의 (mu-sigma, mu+sigma), (mu-2sigma, mu+2sigma),
(mu-3sigma, mu+3sigma) 사이의 넓이:
(mu-sigma, mu+sigma)=(6,14): 0.682689492137
(mu-2sigma, mu+2sigma)=(2,18): 0.954499736104
(mu-3sigma, mu+3sigma)=(-2,22): 0.997300203937
```

[Out 15]에 N(10,16)의 확률밀도함수 그래프를 나타내었다. 그래프를 살펴보면 평균 10에 대해서 대칭이고, 종모양이다. 그리고 $p(\mu-1\sigma \le X \le \mu+1\sigma)=p(6 \le X \le 14)=0.6827$, $p(\mu-2\sigma \le X \le \mu+2\sigma)=p(2 \le X \le 18)=0.9545$, $p(\mu-3\sigma \le X \le \mu+3\sigma)=p(-2 \le X \le 22)=0.9973$이 만족하는 것을 [Out 16]에서 확인할 수 있다. 이를 [Out 15]의 그래프 상에 파란 수직선으로 표시하였다.

N(0,1)의 누적분포함수 값(p(Z ≤ z))

```
z = np.linspace(norm.ppf(0.5),norm.ppf(0.999), 100)
cdf = norm.cdf(z)
data = {'z':z, 'cdf':cdf}
s_normal_cdf = pd.DataFrame(data,columns=['z','cdf'])
print("[Out 17]: 표준정규분포표₩n{}".format(s_normal_cdf.head(10)))
print("[Out 18]: p(Z<=1.6)의 넓이:₩n")
fig, sub = plt.subplots(1, 1)
x = np.linspace(norm.ppf(0.01),norm.ppf(0.99), 100)
y = x[x<=1.6]
sub.plot(x, norm.pdf(x),'r-', lw=3, alpha=0.6)
sub.vlines(y,0,norm.pdf(x), colors='b', lw=10, alpha=0.5)
plt.show()
```

출력결과

```
[Out 17]: 표준정규분포표
          z         cdf
0   0.000000    0.500000
1   0.031214    0.512451
2   0.062429    0.524889
```

```
3   0.093643   0.537304
4   0.124858   0.549682
5   0.156072   0.562012
6   0.187287   0.574282
7   0.218501   0.586481
8   0.249716   0.598596
9   0.280930   0.610618
[Out 18]: p(Z<=1.6)의 넓이:
```

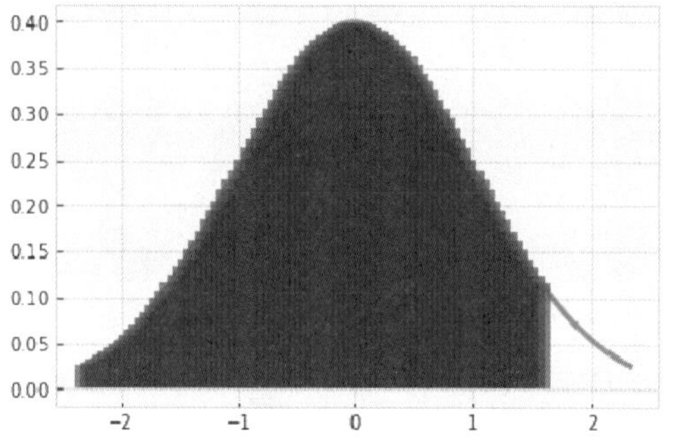

norm.cdf(x,μ,σ)는 $X \sim N(\mu,\sigma^2)$의 $p(X \le x)$를 구하는 함수이다. 디폴트는 $\mu=0$, $\sigma=1$이다. [Out 17]은 표준정규분포표를 출력한 것이다. 컴퓨터에서 제공되는 함수를 이용할 수 없는 경우에는 일반적으로 통계학 책 부록에 주어진 표준정규분포표를 이용해서 정규분포의 확률을 계산한다. 예를 들어 한 학생이 확률 및 통계 시험에서 78점을 맞았다. 이 성적이 상위 몇 %에 속하는지 생각해보자. 확률변수 X를 확률 및 통계의 성적으로 정의하고, $X \sim N(70, 25)$이라고 가정할 수 있다면, 이 확률분포를 이용해서 $p(X \ge 78)$를 구할 수 있다. X를 평균이 0, 표준편차가 1이 되도록 표준화를 시키면 표준정규분포표를 이용할 수 있다. 그럼 확률을 구해보자.

$$p(X\ge78) = p(\frac{X-70}{5} \ge \frac{78-70}{5}) = p(Z\ge1.6) = 1-p(Z\le1.6) = 1-0.9452 = 0.0548$$

이므로 78점은 상위 5.5%에 속하는 점수이다. 여기서 $p(Z \le 1.6) = 0.9452$는 표준정규분포표를 이용해서 구한 값이다. 만약 norm.cdf()함수를 이용한다면 다음과 같이 사용할 수 있다.

확률 P(Z≤1.6) 계산

```
print(norm.cdf(1.6))
```

확률 P(X≤78) 계산

```
print(norm.cdf(78,70,5))
```

출력결과

```
0.9452007083
```

물론 컴퓨터를 이용한다면 표준화하지 않고 바로 계산할 수 있다. p(X ≤ 78)의 값을 norm.cdf(x,μ,σ)을 이용해서 계산하고, 출력하였다. [Out 18]의 그래프에서 음영 부분은 p(Z≤1.6)를 나타낸 것이다.

표준정규분포의 α%백분위수

```
alpha = np.linspace(0,0.999,200)
quan = norm.ppf(alpha)
data = {'alpha':alpha,
        'quan':quan}
s_normal_quan = pd.DataFrame(data, columns=['alpha','quan'])
print("[Out 19]: 표준정규분포의 백분위수:₩n{}".format(s_normal_quan.head(10)))
```

출력결과

```
[Out 19]: 표준정규분포의 백분위수:
      alpha        quan
0  0.000000        -inf
1  0.005020  -2.574442
2  0.010040  -2.324842
3  0.015060  -2.168501
4  0.020080  -2.052091
5  0.025101  -1.958247
6  0.030121  -1.879024
7  0.035141  -1.810093
8  0.040161  -1.748823
9  0.045181  -1.693492
```

p(Z≤z)=α를 만족하는 z를 표준정규분포의 α%백분위수라고 한다. norm.ppf(α)를 이용해서 z 값을 구할 수 있다. 예를 들어 p(Z≤z)=0.040161을 만족하는 z값은 -1.7488이다. [Out 18]에서 음영 부분이 0.9452가 되게 하는 z값은 1.6이다. 예를 들어 어떤 자격시험에서 상위 30%만 합격을 시킨다면, 몇 점 이상을 맞아야 합격할 수 있을 까? 확률변수 X를 자격시험 성적으로 정의하고, X~N(70, 25)이라고 가정할 수 있다면, 이 확률분포를 이용해서 p(X≥x)=0.3을 만족하는 x를 구할 수 있다. X를 평균이 0, 표준편차가 1이 되도록 표준화를 시키면 표준정규분포표를 이용할 수 있다. 그럼 x값을 구해보자.

$$p(X \geq x) = 0.3,$$

$$p\left(\frac{X-70}{5} \geq \frac{x-70}{5}\right) = p\left(Z \geq \frac{x-70}{5}\right) = 1-p\left(Z \leq \frac{x-70}{5}\right) = 0.3$$

$$p\left(Z \leq \frac{x-70}{5}\right) = 0.7$$

$$\frac{x-70}{5} = 0.5244,\ x = 70+5\times 0.5244 = 72.622$$

적어도 72.622 이상 되어야만 자격시험에 합격할 수 있다. (x-70)/5=0.5244는 표준정규분포표를 이용하였다. norm.ppf()를 이용한다면 다음과 같이 구할 수 있다.

확률 P(X≥x)=0.3을 만족하는 x 값 계산

```
x=70+5*norm.ppf(0.7)
print(x)
print(norm.ppf(0.7,70,5))
```

출력결과

```
72.6220025635
```

물론 컴퓨터를 이용한다면 표준화하지 않고 바로 계산할 수 있다. $p(X \leq x)=0.7$를 만족하는 x 값을 norm.ppf(0.7, 70, 5)를 이용해서 계산하고, 출력하였다.

정규분포의 확률밀도함수 모양 비교

```
print("[Out 20]: N(5,16), N(10,16), N(7,25), N(7,9)의 확률밀도함수 비교₩n")
fig = plt.figure(figsize=(6,6))
x = np.linspace(-10,25,100)
plt.plot(x, norm.pdf(x,5,4),'r-', lw=3, alpha=0.6,label='N(5,16)')
plt.plot(x, norm.pdf(x,10,4),'b--', lw=3, alpha=0.6,label='N(10,16)')
plt.plot(x, norm.pdf(x,7,5),'k-.', lw=3, alpha=0.6,label='N(7,25)')
plt.plot(x, norm.pdf(x,7,3),'m:', lw=3, alpha=0.6,label='N(7,9)')
plt.axis()
plt.xlabel('x')
plt.ylabel('f(x)')
plt.legend(loc='best')
plt.title('Normal Distribution')
plt.show()
```

출력결과

[Out 20]: N(5,16), N(10,16), N(7,25), N(7,9)의 확률밀도함수 비교

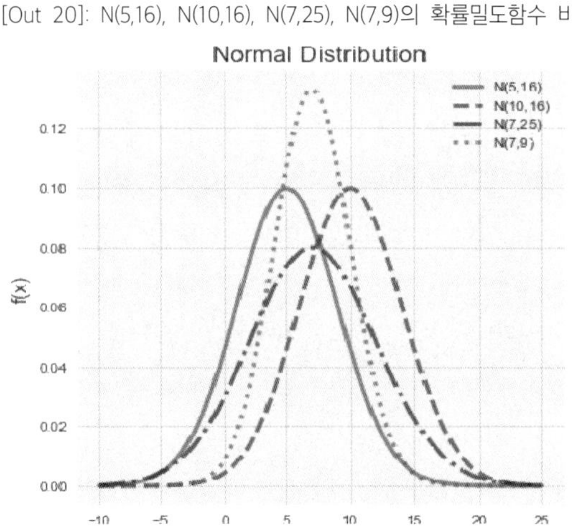

정규분포에서 μ는 분포의 중심의 위치를 나타내고, σ는 분포의 퍼짐정도를 나타낸다. N(5, 16)과 N(10, 16)의 그래프를 비교해보면 N(5, 16)을 오른쪽으로 5만큼 평행 이동하면 N(10, 16) 된다. 두 분포는 분산이 같기 때문에 퍼짐정도는 같다. N(7, 25)와 N(7, 9)를 비교해보면 중심의 위치는 같고, N(7, 25)가 N(7, 9)보다 분산이 크기 때문에 퍼짐정도가 더 크다.

표준정규분포의 누적분포함수

```
print("[Out 21]: 표준정규분포의 누적분포함수:₩n")
fig, sub = plt.subplots(1, 1)
x = np.linspace(-4,4, 100)
sub.plot(x, norm.cdf(x),'r-', lw=3, alpha=0.6)
sub.vlines(1.6,0,0.945, colors='b', lw=3, alpha=0.5)
sub.hlines(0.945,-4,1.6,colors='b',alpha=0.5)
plt.ylabel('p(Z<=z)')
plt.xlabel('z')
plt.show()
```

출력결과

[Out 21]: 표준정규분포의 누적분포함수p(Z≤z):

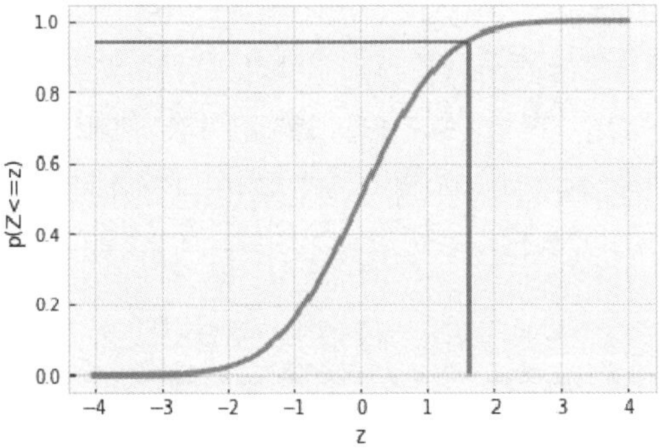

[Out 21]은 표준정규분포의 누적분포함수 그래프를 작성한 것이다. z=1.6 일 때 곡선과 만나는 점의 y좌표 값 0.945가 p(Z≤1.6)의 값이다. p(Z≤z) =0.954 일 때 곡선과 만나는 점의 x좌표 값 1.6이 p(Z≤z) =0.954를 만족하는 z값이다.

N(5,16)의 평균, 분산, 비대칭도, 첨도

```
print("[Out 22]: N(5,16)의 평균, 분산, 비대칭도, 첨도:₩n")
mean, var, skew, kurt = np.round(norm.stats(5,4, moments='mvsk'),3)
data = {'mean':mean,
        'var':var,
        'skew':skew,
        'kurt':kurt
        }
norm_stat = pd.Series(data, index=['mean','var','skew','kurt'])
print(norm_stat)
```

출력결과

```
[Out 22]: N(5,16)의 평균, 분산, 비대칭도, 첨도:
mean     5.0
var     16.0
skew     0.0
kurt     0.0
dtype: float64
```

norm.stats()을 이용하여 평균, 분산, 비대칭도, 첨도를 구하였다. 정규분포이기 때문에 비대칭도와 첨도가 모두 0이다.

3.5 표본분포

모집단의 특성을 나타내는 모수는 모르는 값이기 때문에 표본의 특성으로부터 얻은 정보를 이용하여 모집단의 특성을 추론한다. 이러한 방법을 추론 통계학이라 한다. 여기서 모집단이란 조사하고자 하는 관심 대상집단 전체를 말한다. 모집단의 특성을 추론하기 위해서 임의로 추출한 모집단의 일부를 표본이라 한다. 모집단에서 임의로 추출한 표본을 $(X_1, X_2, \cdots, X_n)$ 이라고 할 때, 이 표본으로 이루어진 함수 $\mathrm{T}(X_1, \cdots, X_n)$ 을 통계량이라 한다. 통계량의 확률분포를 표본분포라고 한다. 표본분포는 모집단 추론에 사용된다.

표본평균의 분포 $X_1, X_2, \cdots, X_n$ 을 평균이 μ, 표준편차가 σ인 정규모집단에서 추출한 확률(임의)표본이라고 할 때 $\overline{X}$는 평균이 μ, 표준편차가 $\sigma/\sqrt{n}$ 인 정규분포를 따른다. 따라서

$$Z = \frac{\overline{X} - \mu}{\sigma/\sqrt{n}} \sim N(0,1)$$

이다.

$\overline{X}$의 확률분포

```
print("[Out 23]:N(10,25)에서 추출한 확률표본의 표본평균의 확률분포₩n{}")
fig = plt.figure(figsize=(10,6))
r_normal = norm.rvs(10,5,size=(100,20),random_state=0)
x = np.linspace(5,15,100)
df = pd.DataFrame(r_normal)
df['sample_mean'] = df.mean(axis=1)
print("[Out 24]: df:₩n{}".format(df.head()))
```

```
plt.hist(df['sample_mean'],density=True)
df['sample_mean'].plot(kind='kde')
plt.plot(x, norm.pdf(x,10,math.sqrt(25/20)),'k:', lw=5, alpha=0.6,label='N(10,25/20)')
plt.xlabel('sample_mean')
plt.ylabel('density')
plt.legend(loc='best',fontsize=15)
plt.title('pdf of sample mean vs pdf of N(10,25/20)')
plt.show()
```

출력결과

[Out 23]:N(10,25)에서 추출한 확률표본의 표본평균의 확률분포

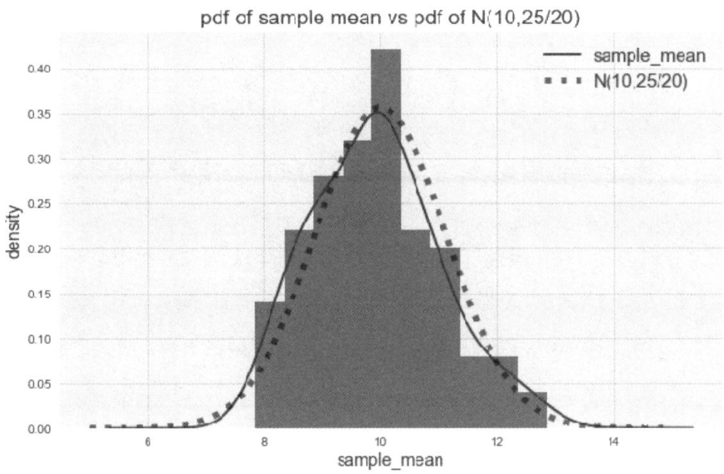

[Out 24]: df:

	0	1	...	19	sample_mean
0	11.565339	5.729521	...	5.729521	12.846673
1	8.063366	8.488486	...	8.488486	10.278752
2	6.828390	8.186294	...	8.186294	8.024585
3	8.442237	10.280827	...	10.280827	8.239145
4	10.634560	12.009947	...	12.009947	12.106046

[5 rows x 21 columns]

---

norm.rvs()함수를 이용해서 N(10, 25)에서 크기가 20개인 확률표본을 100개 만들었다. 각 표본에 대해서 평균을 계산하고 데이터프레임에 sample_mean열을 추가하였다. 그 결과를 [Out 24]에 출력하였다. 100개의 평균에 대한 히스토그램과 확률밀도곡선을 붉은 실선으로 그렸다. 그리고 표본평균의 이론적 분포 N(10, 26/20)의 확률밀도함수의 그래프를 점선으로 겹쳐서 나타내었다. 결과를 [Out 23]에 출력하였다. 두 그래프를 비교해보면 거의 비슷한 모양을 띄는 것을 볼 수 있다. 다시 말해서 $\overline{X} \sim N(\mu, \frac{\sigma^2}{n})$인 것을 확인할 수 있다.

표본평균의 분포 $X_1, X_2, \cdots, X_n$ 을 평균이 μ, 표준편차가 σ인 정규모집단에서 추출한 확률(임의)표본이라고 할 때 $\overline{X}$는 평균이 μ, 표준편차가 $\sigma/\sqrt{n}$ 인 정규분포를 따른다. 따라서

$$Z = \frac{\overline{X} - \mu}{\sigma/\sqrt{n}} \sim N(0,1)$$

이다. 만약에 표준편차를 모르고 표본의 크기가 작을 때 표준편차 σ 대신 표본표준편차 S를 이용한다. σ 대신 표본표준편차 S를 입력한 변수를 T라고 하면, T는 자유도가 $n-1$인 t-분포를 따른다. 즉

$$T = \frac{\overline{X} - \mu}{S/\sqrt{n}} \sim t(n-1)$$

T ~ t(n)의 평균과 분산은 다음과 같다.

$$E(T) = 0 \quad Var(T) = \frac{n}{n-2},\ n > 2$$

t(5)와 N(0,1)의 비교

```
print("[Out 25]:N(0,1)과 t(5)의 비교:₩n")
from scipy.stats import t
fig = plt.figure(figsize=(10,6))
x = np.linspace(-3,3,100)
plt.plot(x, norm.pdf(x),'k:', lw=5, alpha=0.6,label='N(0,1)')
plt.plot(x, t.pdf(x, 5),'r-', lw=5, alpha=0.6, label='t pdf')
plt.xlabel('x')
plt.ylabel('density')
plt.legend(loc='best',fontsize=15)
plt.title('N(0,1) vs t(5)')
plt.show()
mean, var, skew, kurt = t.stats(5, moments='mvsk')
data = {'mean':mean, 'var':var, 'skew':skew,'kurt':kurt }
t_stat = pd.Series(data, index=['mean','var','skew','kurt'])
print("[Out 26]: t(5)-통계량:₩n", t_stat)
mean, var, skew, kurt = norm.stats(moments='mvsk')
data = {'mean':mean, 'var':var, 'skew':skew, 'kurt':kurt }
norm_stat = pd.Series(data, index=['mean','var','skew','kurt'])
print("[Out 27]: N(0,1)의 통계량:₩n",norm_stat)
```

출력결과

```
[Out 25]:N(0,1)과 t(5)의 비교:
```

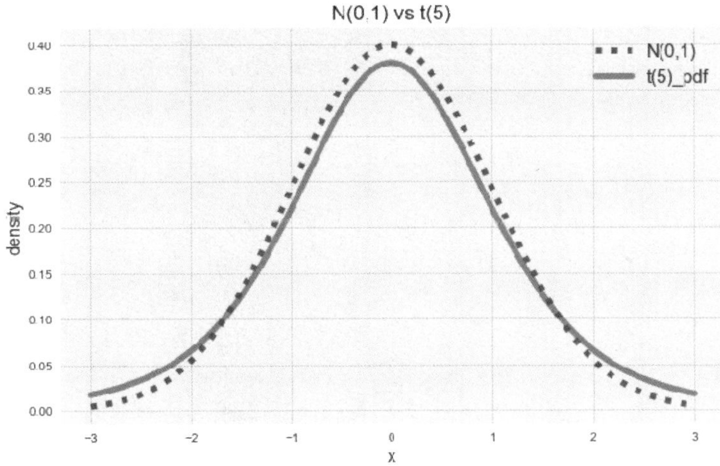


```
[Out 26]: t(5)-통계량:
mean      0.0
var     1.667
skew      0.0
kurt      6.0
dtype: object
[Out 27]: N(0,1)의 통계량:
mean      0.0
var       1.0
skew      0.0
kurt      0.0
dtype: object
```

[Out 25]에 t-분포와 N(0,1)의 확률밀도함수를 그래프로 나타냈다. 그래프를 보면 t-분포도 표준정규분포와 마찬가지로 0에 대해서 대칭이다. [Out 26]과 [Out 27]에 출력된 두 분포의 통계량을 보면 skew=0인 것을 볼 수 있다. t-분포는 표준정규분포 에 비해 좀 평평한 분포이다. 두 분포의 첨도(kurt)를 비교해보면 t-분포의 첨도가 6.0인 것을 확인할 수 있다.

---

t(5)의 누적분포함수 값(p(T ≤ t))

```
x = np.linspace(t.ppf(0.01,5),t.ppf(0.99,5), 100)
df = 5
cdf = t.cdf(x,df)
data = {'t':x,
        'cdf':cdf,
        'df':df}
```

t(5)의 누적분포함수 값(p(T ≤ x))

```
t_cdf = pd.DataFrame(data,columns=['df','t','cdf'])
print("[Out 28]: t(5)-누적분포표:₩n{}".format(t_cdf.tail(10)))
print("[Out 29]: p(T<=0)의 넓이:₩n")
fig, sub = plt.subplots(1, 1)
```

```
x = np.linspace(t.ppf(0.01,5),t.ppf(0.99,5), 100)
y = x[x<=0]
sub.plot(x, t.pdf(x,5),'r-', lw=3, alpha=0.6)
sub.vlines(y,0,t.pdf(x,5), colors='b', lw=10, alpha=0.5)
plt.show()
```

출력결과

```
[Out 28]: t(5)-누적분포표:
    df        t        cdf
90   5  2.753125  0.979920
91   5  2.821103  0.981470
92   5  2.889081  0.982888
93   5  2.957060  0.984187
94   5  3.025038  0.985376
95   5  3.093016  0.986467
96   5  3.160995  0.987466
97   5  3.228973  0.988384
98   5  3.296952  0.989226
99   5  3.364930  0.990000
[Out 29]: p(T<=0)의 넓이:
```

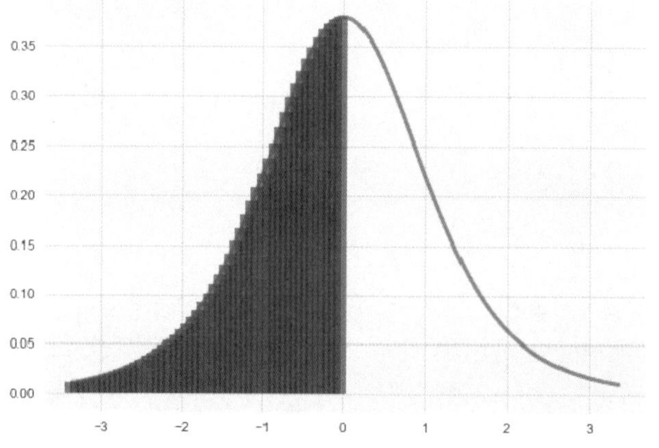

t.cdf(x, df)함수를 이용해서 p(T≤x)를 구한다. [Out 28]에 t(5)의 누적분포함수 값의 일부를 출력하였다. t_분포는 0에 대해서 대칭이기 때문에 p(T≤0)의 크기는 0.5이다. [Out 29]에서 음영부분이 이것을 나타낸다.

t(5)의 누적분포함수 그래프

```
print("[Out 30]: t(5)의 누적분포함수:₩n")
fig, sub = plt.subplots(1, 1)
x = np.linspace(-3,3, 100)
sub.plot(x, t.cdf(x,5),'r-', lw=3, alpha=0.6)
sub.vlines(0,0,0.5, colors='b', lw=3, alpha=0.5)
sub.hlines(0.5,-3,0,colors='b',alpha=0.5)
plt.ylabel('p(T<=t)')
plt.xlabel('t')
plt.show()
```

출력결과

[Out 30]: t(5)의 누적분포함수:

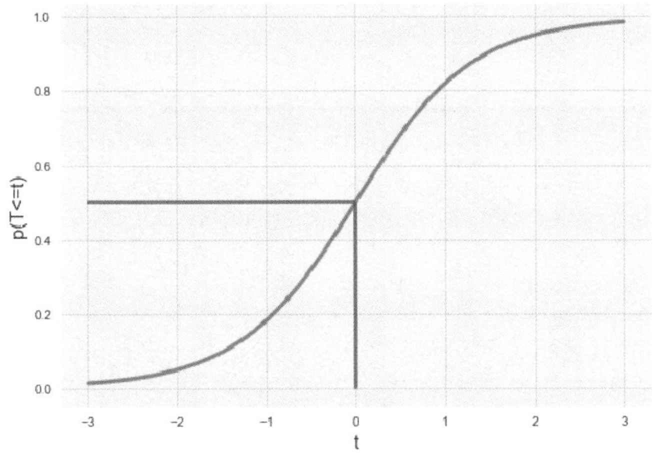

[Out 30]은 t(5)-분포의 누적분포함수 그래프를 작성한 것이다. t=0 일 때 곡선과 만나는 점의 y좌표 값 0.5가 p(T≤0)의 값이다. p(T≤t) =0.5 일 때 곡선과 만나는 점의 x좌표 값 0이 p(T≤t) =0.5를 만족하는 t값이다.

t(5)-분포의 α%백분위수

```
alpha = np.array([0.1,0.05,0.025,0.010,0.005,0.9,0.95,0.975,0.99,0.995])
df = 5
quan = t.ppf(alpha,df)
data = {'alpha':alpha,
        'quan':quan,
        'df':df
        }
t_quan = pd.DataFrame(data, columns=['df','alpha','quan'])
print("[Out 31]: t(5)-분포의 백분위수:₩n{}".format(t_quan))
```

출력결과

```
[Out 31]: t(5)-분포의 백분위수:
   df  alpha      quan
0   5  0.100 -1.475884
1   5  0.050 -2.015048
2   5  0.025 -2.570582
3   5  0.010 -3.364930
4   5  0.005 -4.032143
5   5  0.900  1.475884
6   5  0.950  2.015048
7   5  0.975  2.570582
8   5  0.990  3.364930
9   5  0.995  4.032143
```

p(T≤t)=α를 만족하는 t값을 t-분포의 α%백분위수라고 한다. t.ppf(α, df)를 이용해서 t값을 구할 수 있다. 예를 들어 p(T≤t)=0.900을 만족하는 t값은 1.475884이다. [Out 29]에서 음영 부분이 0.5가 되게 하는 t값은 0이다.

중심극한정리 (central limit theorem)

$X_1, X_2, \cdots, X_n$ 을 평균이 μ, 표준편차가 σ인 모집단에서 추출한 확률(임의)표본이라고 할 때, $\overline{X}$는 $n \to \infty$ 일수록 근사적으로 평균이 μ, 표준편차가 $\sigma/\sqrt{n}$ 인 정규분포를 따른다. 따라서

$$Z = \frac{\overline{X} - \mu}{\sigma/\sqrt{n}} \approx N(0,1)$$

이것을 중심극한정리라고 한다.

몇 가지 예를 통해서 중심극한정리를 살펴보자.

이산균일분포에서 추출한 확률표본의 평균에 대한 확률분포

```
print("[Out 32]:이산균일분포에서 추출한 임의 표본의 표본평균의 확률분포\n{}")
from scipy.stats import randint
fig = plt.figure(figsize=(10,6))
r_d_uniform = randint.rvs(10,21,size=(100,20),random_state=0)
df = pd.DataFrame(r_d_uniform)
df['sample_mean'] = df.mean(axis=1)
plt.hist(df['sample_mean'],density=True)
df['sample_mean'].plot(kind='kde')
x = np.linspace(10,20,100)
plt.plot(x, norm.pdf(x,15,math.sqrt(10/20)),'k:', lw=5, alpha=0.6,\
         label='N(15,10/20)')
plt.xlabel('sample_mean')
plt.ylabel('density')
plt.legend(loc='best',fontsize=15)
plt.title('probability distribution of sample mean vs N(15,10/20)')
plt.show()
```

출력결과

[Out 32]:이산균일분포에서 추출한 임의 표본의 표본평균의 확률분포

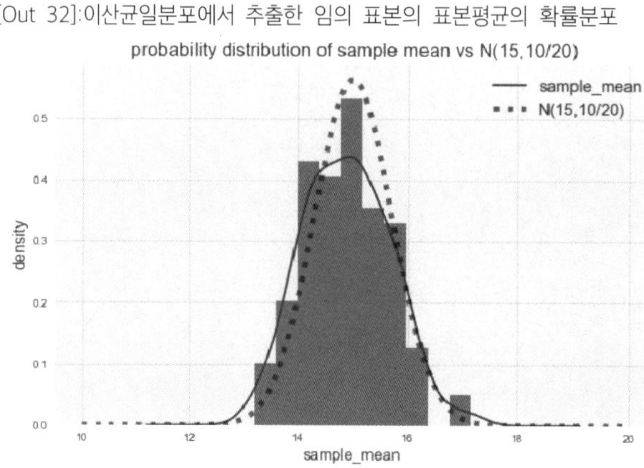

randint.rvs()를 이용하여 다음과 같은 이산균일분포에서 크기가 20개인 확률표본을 100개 만들고 데이터프레임을 만들었다.

$$p(x) = \begin{cases} \frac{1}{11}, x = 10,11,12,13,14,15,16,17,18,19,20 \\ 0, \text{그외} \end{cases}$$

각 표본에 대해서 평균을 계산하고 데이터프레임에 sample_mean열을 추가하였다. 100개의 평균에 대한 히스토그램과 확률밀도곡선을 붉은 실선으로 그렸다. 그리고 표본평균의 이론적 분포 N(15, 10/20)의 확률밀도함수의 그래프를 점선으로 겹쳐서 나타내었다. 결과를 [Out 32]에 출력하였다. 두 그래프를 비교해보면 거의 비슷한 모양을 띄는 것을 볼 수 있다. 다시 말해서 $\overline{X}$가 근사적으로 N(15,10/20)을 따른다는 것을 확인할 수 있다. 이산균일분포의 평균 μ=E(X)=15, 분산 σ^2=Var(X)=10 이므로 $E(\overline{X}) = \mu = 15$, $Var(\overline{X}) = \frac{\sigma^2}{n} = \frac{10}{20}$ 이다.

연속균일분포 U(10,20)에서 추출한 확률표본의 평균에 대한 확률분포

```
print("[Out 33]:U(10,20)에서 추출한 임의 표본의 표본평균의 확률분포₩n")
from scipy.stats import uniform
fig = plt.figure(figsize=(10,6))
r_uniform = uniform.rvs(10,10,size=(100,40),random_state=5)
x = np.linspace(12,18,100)
df = pd.DataFrame(r_uniform)
df['mean'] = df.mean(axis=1)
plt.hist(df['mean'],density=True)
df['mean'].plot(kind='kde')
plt.plot(x, norm.pdf(x,15,math.sqrt(8.33/40)),'k:', lw=5, alpha=0.6,₩
         label='N(15,8.33/40)')
plt.xlabel('mean')
plt.ylabel('density')
plt.legend(loc='best',fontsize=15)
plt.title('probability distribution of sample mean vs N(15,8.33/40)')
plt.show()
```

출력결과

[Out 33]:U(10,20)에서 추출한 임의 표본의 표본평균의 확률분포

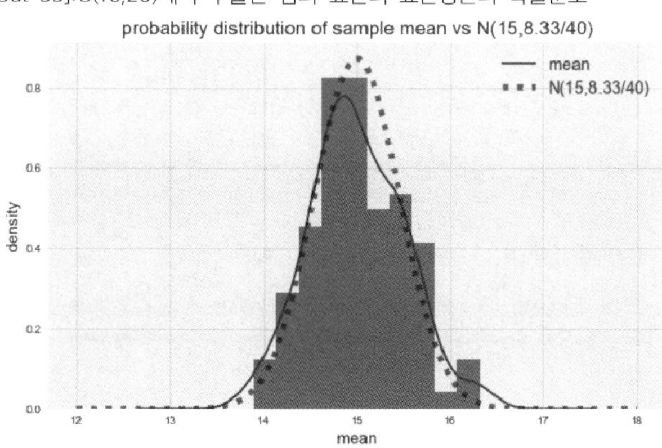

uniform.rvs(loc, loc+scale)를 이용하여 연속균일분포 U(10, 20)에서 크기가 20개인 확률표본을 100개 만들고 데이터프레임을 만들었다. 각 표본에 대해서 평균을 계산하고 데이터프레임에 sample_mean열을 추가하였다. 100개의 평균에 대한 히스토그램과 확률밀도곡선을 붉은 실선으로 그렸다. 그리고 표본평균의 이론적 분포 N(15, $\frac{8.33}{40}$)의 확률밀도함수의 그래프를 점선으로 겹쳐서 나타내었다. 결과를 [Out 33]에 출력하였다. 두 그래프를 비교해보면 거의 비슷한 모양을 띄는 것을 볼 수 있다. 다시 말해서 $\overline{X}$가 근사적으로 N(15, $\frac{8.33}{40}$)을 따른다는 것을 확인할 수 있다. 연속균일분포의 평균 $\mu = E(X) = 15$, 분산 $\sigma^2 = Var(X) = 8.33$ 이므로 $E(\overline{X}) = \mu = 15$, $Var(\overline{X}) = \frac{\sigma^2}{n} = \frac{8.33}{40}$ 이다. 여기서 n이 커질수록 정규분포에 가까워진다.

카이제곱분포 (S^2의 분포)

$X_1, X_2, \cdots, X_n$ 을 평균이 μ, 표준편차가 σ인 정규모집단에서 추출한 확률(임의)표본이라고 할 때 확률변수

$$X^2 = \frac{\sum_{i=1}^{n}(X_i - \overline{X})^2}{\sigma^2} = \frac{(n-1)S^2}{\sigma^2} \sim \chi^2(n-1)$$

이다. 즉 확률변수 X^2은 자유도가 n-1인 카이제곱 분포를 따른다. 자유도가 k인 카이제곱분포의 평균은 k, 분산은 2k이다.

카이제곱분포의 확률밀도함수 그래프

```
print("[Out 34]: chisq(2), chisq(5), chisq(10)의 확률밀도함수 비교₩n")
from scipy.stats import chi2
fig = plt.figure(figsize=(6,6))
x = np.linspace(0,20,100)
plt.plot(x, chi2.pdf(x,2),'r-', lw=3, alpha=0.6,label='chi2(2)')
plt.plot(x, chi2.pdf(x,5),'b--', lw=3, alpha=0.6,label='chi2(5)')
plt.plot(x, chi2.pdf(x,10),'k-.', lw=3, alpha=0.6,label='chi2(10)')
plt.axis()
plt.xlabel('x')
plt.ylabel('f(x)')
plt.legend(loc='best',fontsize=15)
plt.title('Chi2 Distribution')
plt.show()
mean, var, skew, kurt = chi2.stats(10, moments='mvsk')
data = {'mean':mean,
        'var':var,
        'skew':skew,
        'kurt':kurt
        }
chi2_stat = pd.Series(data, index=['mean','var','skew','kurt'])
```

```
print("[Out 35]: chisq(10)의 통계치₩n{}".format(chi2_stat))
```

출력결과

[Out 34]: chisq(2), chisq(5), chisq(10)의 확률밀도함수 비교

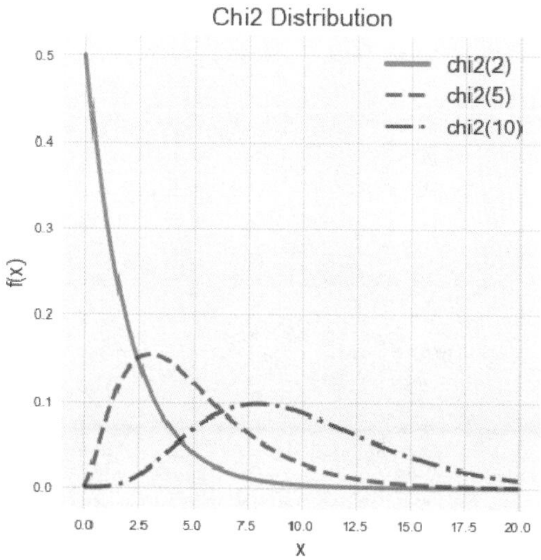


```
[Out 35]: chisq(10)의 통계치
 mean      10.0
 var       20.0
 skew    0.8945
 kurt       1.2
 dtype: object
```

자유도가 2, 5, 10인 카이제곱분포의 확률밀도함수 그래프를 [Out 34]에 출력하였다. 자유도가 커질수록 정규분포 모양에 가까워지고 있다. [Out 35]에 자유도가 10인 카이제곱분포의 통계치를 출력하였다. 평균은 자유도 10, 분산은 자유도의 2배이므로 20이다. 확률분포가 오른쪽으로 꼬리가 긴 형태이므로 skew가 0.8945로 나타났다.

chi2(10)의 누적분포함수 값

```
x = np.linspace(0,20,100)
df = 10
cdf = chi2.cdf(x,df)
data = {'chisq':x, 'cdf':cdf, 'df':df}
chi2_cdf = pd.DataFrame(data,columns=['df','chisq','cdf'])
print("[Out 36]: chi2(10)-누적분포표:₩n{}".format(chi2_cdf.tail(10)))
print("[Out 37]: p(chi2(10)<=20)의 넓이:₩n")
fig, sub = plt.subplots(1, 1)
x = np.linspace(0,25, 100)
y = x[x<=20]
sub.plot(x, chi2.pdf(x,10),'r-', lw=3, alpha=0.6)
sub.vlines(y,0,chi2.pdf(x,10), colors='b', lw=10, alpha=0.5)
plt.show()
```

출력결과

```
[Out 36]: chi2(10)-누적분포표:
    df       chisq       cdf
90  10  18.181818  0.948027
91  10  18.383838  0.951176
92  10  18.585859  0.954151
93  10  18.787879  0.956959
94  10  18.989899  0.959609
95  10  19.191919  0.962108
96  10  19.393939  0.964465
97  10  19.595960  0.966686
98  10  19.797980  0.968778
99  10  20.000000  0.970747
[Out 37]: p(chi2(10)<=20)의 넓이:
```

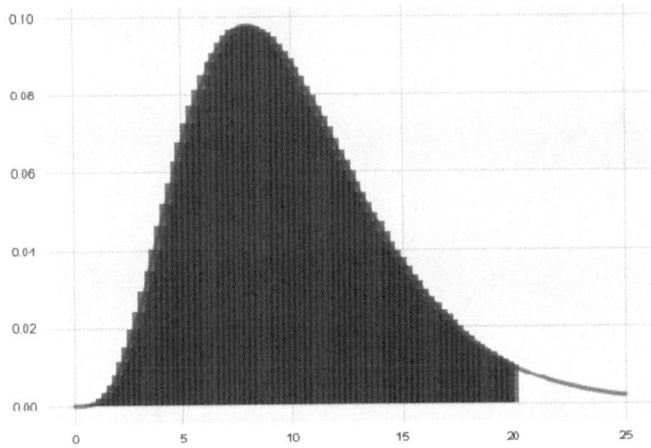

chi2.cdf(x, df)함수를 이용해서 p($X^2 \le$x)를 구한다. [Out 36]에 chi2(10)의 누적분포함수 값의 일부를 출력하였다. p($X^2 \le$20)의 크기는 0.970747이다. [Out 37]에서 음영 부분이 이것을 나타낸다.

chi2(10)의 백분위수

```
alpha = np.array([0.1,0.05,0.025,0.010,0.005,0.9,0.95,0.975,0.99,0.995])
df = 10
quan = chi2.ppf(alpha,df)
data = {'alpha':alpha,
        'quan':quan,
        'df':df
        }
chi2_quan = pd.DataFrame(data, columns=['df','alpha','quan'])
print("[Out 38]: chi2(10)-분포의 백분위수:₩n{}".format(chi2_quan))
```

출력결과

```
[Out 38]: chi2(10)-분포의 백분위수:
   df  alpha      quan
0  10  0.100  4.865182
1  10  0.050  3.940299
```

```
2  10  0.025   3.246973
3  10  0.010   2.558212
4  10  0.005   2.155856
5  10  0.900  15.987179
6  10  0.950  18.307038
7  10  0.975  20.483177
8  10  0.990  23.209251
9  10  0.995  25.188180
```

$p(X^2 \leq x)=\alpha$를 만족하는 x값을 chi2-분포의 α%백분위수라고 한다. chi2.ppf(α, df)를 이용해서 x값을 구할 수 있다. 예를 들어 $p(X^2 \leq x)=0.975$를 만족하는 x값은 20.483이다.

chi2(10)의 누적분포함수 그래프

```
print("[Out 39]: chi2(10)의 누적분포함수 그래프:₩n")
fig, sub = plt.subplots(1, 1)
x = np.linspace(0,25, 100)
sub.plot(x, chi2.cdf(x,10),'r-', lw=3, alpha=0.6)
sub.vlines(20.483,0,0.975, colors='b', lw=3, alpha=0.5)
sub.hlines(0.975,0,20.483,colors='b',alpha=0.5)
plt.ylabel('p(chi2<=x)')
plt.xlabel('chi2')
plt.show()
```

출력결과

[Out 39]: chi2(10)의 누적분포함수 그래프:

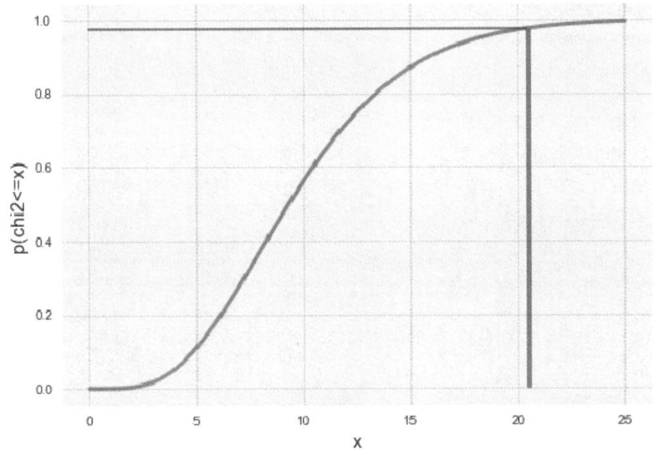

[Out 39]은 chi2(10)-분포의 누적분포함수 그래프를 작성한 것이다. x=20.483 일 때 곡선과 만나는 점의 y좌표 값 0.975가 p(chi2≤20.483)의 값이다. p(chi2≤x)=0.975 일 때 곡선과 만나는 점의 x좌표 값 20.483이 p(chi2≤x) =0.975를 만족하는 x값이다.

F-분포 (표본분산의 비 분포)

$X_1, X_2, \cdots, X_m$ 을 평균이 μ_1, 표준편차가 σ_1인 정규모집단에서 추출한 확률(임의)표본이고, $Y_1, Y_2, \cdots, Y_n$ 을 평균이 μ_2, 표준편차가 σ_2인 정규모집단에서 추출한 확률표본이라고 할 때 확률변수

$$F = \frac{S_1^2}{S_2^2}\frac{\sigma_2^2}{\sigma_1^2} \sim F(m-1, n-1)$$

이다. 즉 확률변수 F은 분자자유도가 m-1,분모의 자유도가 n-1인 F-분포를 따른다. 자유도가 (k, v)인 F-분포의 평균과 분산은 다음과 같다.

$$\text{E(F)} = \frac{v}{v-2}, v>2 \ , \ \text{Var(F)} = \frac{2v^2(k+v-2)}{k(v-2)^2(v-4)}, v>4$$

F(10,24), F(20,30), F(2,4)의 확률밀도함수 그래프

```
print("[Out 40]: F(10,24), F(20,30), F(2,4)의 확률밀도함수 비교₩n")
from scipy.stats import f
fig = plt.figure(figsize=(6,6))
x = np.linspace(0,5,100)
plt.plot(x, f.pdf(x,10,24),'r-', lw=3, alpha=0.6,label='F(10.24)')
plt.plot(x, f.pdf(x,20,30),'b--', lw=3, alpha=0.6,label='F(20.30)')
plt.plot(x, f.pdf(x,2,4),'k-.', lw=3, alpha=0.6,label='F(2,4)')
plt.axis()
plt.xlabel('x')
plt.ylabel('f(x)')
plt.legend(loc='best',fontsize=15)
plt.title('F- Distribution')
plt.show()
mean, var, skew, kurt = f.stats(10,24, moments='mvsk')
data = {'mean':mean, 'var':var, 'skew':skew, 'kurt':kurt }
F_stat = pd.Series(data, index=['mean','var','skew','kurt'])
print("[Out 41]: F(10,24)의 통계치₩n{}".format(F_stat))
```

출력결과

[Out 40]: F(10,24), F(20,30), F(2,4)의 확률밀도함수 비교

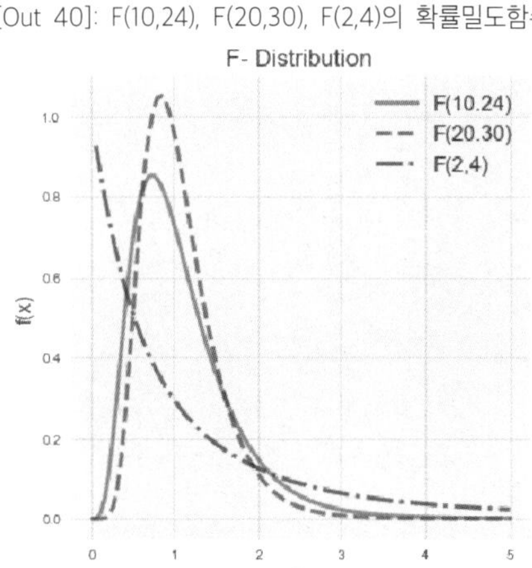

[Out 41]: F(10,24)의 통계치

```
mean    1.0909090909090908
var     0.3808264462809917
```

```
skew     1.649915822768611
kurt     5.343750000000001
dtype: object
```

자유도가 (2, 4), (10, 24), (29, 30)인 F-분포의 확률밀도함수 그래프를 [Out 40]에 출력하였다. [Out 41]에 F(10, 24)의 통계치를 출력하였다. 평균은 24/(24-2)=1.091, 분산은 0.380이다. 확률분포가 오른쪽으로 꼬리가 긴 형태이므로 skew가 1.6499로 나타났다.

F(10,24)의 누적분포함수 값

```
from scipy.stats import f
x = np.linspace(0,5,10)
df1, df2 = 10, 24
cdf = f.cdf(x,df1,df2)
data = {'f':x, 'cdf':cdf, 'df1':df1, 'df2':df2}
F_cdf = pd.DataFrame(data,columns=['df1','df2','f','cdf'])
print("[Out 42]: F(10,24)-누적분포표:₩n{}".format(F_cdf.head(10)))
print("[Out 43]: p(F(10,24)<=2.25)의 넓이:₩n")
fig, sub = plt.subplots(1, 1)
x = np.linspace(0,5, 100)
y = x[x<=2.25]
sub.plot(x, f.pdf(x,10,24),'r-', lw=3, alpha=0.6)
sub.vlines(y,0,f.pdf(x,10,24), colors='b', lw=10, alpha=0.5)
plt.show()
```

출력결과

```
[Out 42]: F(10,24)-누적분포표:
   df1  df2         f       cdf
0   10   24  0.000000  0.000000
1   10   24  0.555556  0.167067
2   10   24  1.111111  0.606378
3   10   24  1.666667  0.852572
4   10   24  2.222222  0.946942
5   10   24  2.777778  0.980411
6   10   24  3.333333  0.992420
7   10   24  3.888889  0.996909
8   10   24  4.444444  0.998673
9   10   24  5.000000  0.999402
[Out 43]: p(F(10,24)<=2.25)의 넓이:
```

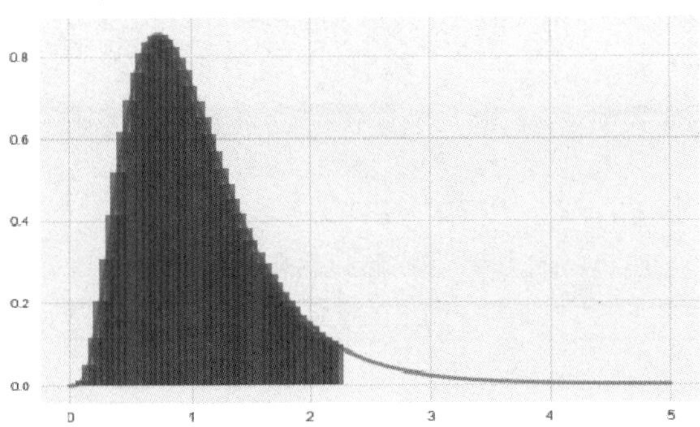

f.cdf(x, df1, df2)함수를 이용해서 p(F≤x)를 구한다. [Out 42]에 F(10, 24)의 누적분포 함수 값의 일부를 출력하였다. p(F≤2.2547)의 크기는 0.95이다. [Out 43]에서 음영부분이 이것을 나타낸다.

F(10,24)의 백분위수

```
alpha = np.array([0.1,0.05,0.025,0.010,0.005,0.9,0.95,0.975,0.99,0.995])
df1, df2 = 10, 24
quan = f.ppf(alpha,df1,df2)
data = {'alpha':alpha,
        'quan':quan,
        'df1':df1,
        'df2':df2}
F_quan = pd.DataFrame(data, columns=['df1','df2','alpha','quan'])
print("[Out 44]: F(10,24)-분포의 백분위수:₩n{}".format(F_quan))
```

출력결과

```
[Out 44]: F(10,24)-분포의 백분위수:
   df1  df2  alpha      quan
0   10   24  0.100  0.459047
1   10   24  0.050  0.365330
2   10   24  0.025  0.297144
3   10   24  0.010  0.231111
4   10   24  0.005  0.193304
5   10   24  0.900  1.877480
6   10   24  0.950  2.254739
7   10   24  0.975  2.639590
8   10   24  0.990  3.168069
9   10   24  0.995  3.586972
```

p(F≤x)=α를 만족하는 x값을 F-분포의 α%백분위수라고 한다. f.ppf(α, df1, df2)를 이용해서 x값을 구할 수 있다. 예를 들어 p(F≤x)=0.95를 만족하는 x값은 2.2547이다.

F(10,24)의 누적분포함수 그래프

```
print("[Out 45]: F(10,24)의 누적분포함수 그래프:₩n")
fig, sub = plt.subplots(1, 1)
x = np.linspace(0,5,100)
sub.plot(x, f.cdf(x,10,24),'r-', lw=3, alpha=0.6)
sub.vlines(2.2547,0,0.95, colors='b', lw=3, alpha=0.5)
sub.hlines(0.95,0,2.2547,colors='b',alpha=0.5)
plt.ylabel('p(F<=x)')
plt.xlabel('x')
plt.show()
```

출력결과

```
[Out 45]: F(10,24)의 누적분포함수 그래프:
```

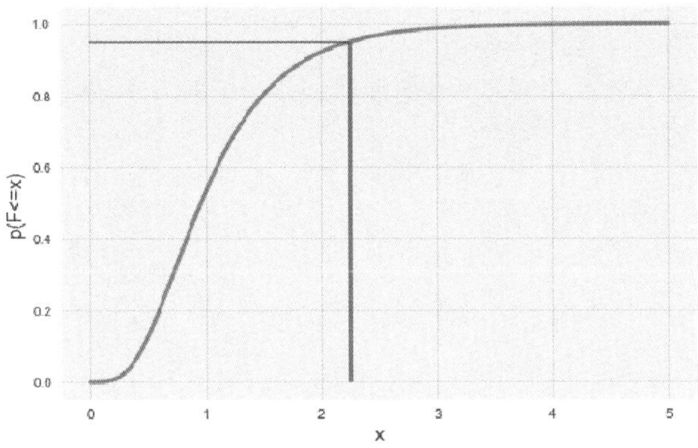

[Out 45]은 F(10.24)-분포의 누적분포함수 그래프를 작성한 것이다. x=2.2547 일 때 곡선과 만나는 점의 y좌표 값 0.95가 p(F≤2.2547)의 값이다. p(F≤x)=0.95 일 때 곡선과 만나는 점의 x좌표 값 2.2547이 p(F≤x)=0.95를 만족하는 x값이다.

SECTION 4. 모수에 대한 추정과 검정

모집단의 특성을 나타내는 모수는 일반적으로 알려져 있지 않다. 모수에는 모평균, 모분산, 모표준편차 그리고 모비율 등이 있다. 이러한 모수를 추측하기 위해서 모집단에서 표본을 추출하고 추출된 표본을 관측해서 데이터를 얻고 이 데이터에 통계적 모형을 적용하여 모수를 추측하게 된다. 이러한 과정을 통계적 추론이라 한다. 통계적 추론에는 추정과 가설검정이 있다. 여기서 모수에 대한 추정과 가설검정에 대해서 살펴보자.

4.1 추정

모수를 추정하는 방법에는 두 가지가 있다. 하나의 모수를 한 개의 값으로 추정하는 점추정과 모수가 포함 될 것이라고 기대되는 구간을 추정하는 구간추정이 있다.

점추정 (point estimation)

$X_1, X_2, \cdots, X_n$ 을 모수가 θ인 모집단에서 추출한 확률표본이라고 할 때 θ의 점추정량은 확률표본의 함수 $T(X_1, X_2, \cdots, X_n)$로 정의된다. 일반적으로 θ의 점추정량을 $\hat{\theta}$로 나타낸다. 즉 $\hat{\theta} = T(X_1, X_2, \cdots, X_n)$이다. 실제 데이터 값을 입력한 $\hat{\theta} = T(x_1, x_2, \cdots, x_n)$을 점추정값이라고 한다. 추정량은 확률변수이고, 추정값은 하나의 값이다. 만약 모수가 모평균이면 표본평균이, 모분산이면 표본분산, 모비율이면 표본비율이 각 모수의 점추정량이다. 점추정량이 모수를 어느 정도 정확하게 추정을 했는지를 나타내는 값이 추정량의 표준편차이다. 즉 $\sqrt{Var(\hat{\theta})} = \sqrt{E(\hat{\theta}-\theta)^2}$ 이다. 이것을 추정량의 표준오차라고 한다. 표준오차가 작을수록 추정량의 정밀도는 높아진다. 하지만 추정량이 모수와 어느 정도 오차가 있는 지는 파악할 수 없다.

구간추정 (interval estimation)

만약 점추정량의 확률분포를 알면 신뢰수준 (1-α)100%에서 추정량의 오차의 한계를 찾을 수 있다. 즉 $|\hat{\theta}-\theta|\le\epsilon$, 여기서 ϵ이 추정량의 오차한계이다. 예를 들어 만약에 $X_1, X_2, \cdots, X_n$ 이 평균이 μ, 표준편차가 σ인 정규모집단에서 추출한 확률표본이라면, $\hat{\mu}=\overline{X}$의 분포는 다음과 같다.

$$\overline{X} \sim N(\mu, \frac{\sigma^2}{n}) \quad 혹은 \quad Z=\frac{\overline{X}-\mu}{\frac{\sigma}{\sqrt{n}}} \sim N(0,1)$$

표준정규분포에서 다음과 같은 사실을 알 수 있다.

p(-1.96≤Z≤1.96) = 0.95

아래 프로그램에서 확인할 수 있다.

p(-1.96≤Z≤1.96) = 0.95

```
import scipy.stats as scstats
print(scstats.norm.cdf(1.96)-scstats.norm.cdf(-1.96))
```

출력결과

0.950004209704

따라서

$$p(\ |\overline{X}-\mu| \le 1.96\frac{\sigma}{\sqrt{n}}\ ) = 0.95$$

이다. μ의 점추정량인 표본평균의 95% 오차한계는 $1.96\frac{\sigma}{\sqrt{n}}$ 이다. 즉 표본평균과 모평균의 오차가 이 범위 $(-1.96\frac{\sigma}{\sqrt{n}}$, $1.96\frac{\sigma}{\sqrt{n}}$)안에 포함되리라고 95%정도 기대한다는 의미이다. 이처럼 구간추정은 오차한계의 개념을 포함한 추정방법이다. $X_1, X_2, \cdots, X_n$ 을 모수가 θ인 모집단에서 추출한 확률표본이라고 할 때 θ의 구간추정은 다음과 같이 정의된다.

$$p(L(X_1, X_2, \cdots, X_n) \le \theta \le U(X_1, X_2, \cdots, X_n)) = 1-\alpha$$

를 만족하는 구간 (L($x_1, x_2, \cdots, x_n$), U($x_1, x_2, \cdots, x_n$))으로 정의된다. 이것을 신뢰수준이 (1-α)100%인 모수 θ의 구간추정 혹은 신뢰구간이라 한다. 간단한 시뮬레이션을 통해서 신뢰수준 의미를 살펴보자.

95% 신뢰수준의 의미

```
import scipy.stats as scstats
print("신뢰수준 95%  의미")
r_normal = scstats.norm.rvs(10,5,size=(100,20),random_state=13)
df = pd.DataFrame(r_normal)
df['sample_mean'] = df.mean(axis=1)
df['standard_error_bound'] = scstats.norm.ppf(0.975)*5/math.sqrt(20)
df['|sample_mean-10|'] = abs(df['sample_mean']-10)
df['Boolean'] = df['|sample_mean-10|'] < df['standard_error_bound']
print("[Out 1]: df:₩n{}".format(df.loc[:,['sample_mean','standard_error_bound',₩
      '|sample_mean-10|', 'Boolean']][19:26]))
Boolean = pd.crosstab(index = df.Boolean, columns='count',normalize='columns')
print("[Out 2]: 오차의 한계를 벗어나는 추정치의 비율:₩n{}".format(Boolean))
```

출력결과

```
신뢰수준 95%  의미
[Out 1]: df:
     sample_mean  standard_error_bound  |sample_mean-10|  Boolean
19    10.459757              2.191306          0.459757     True
20    11.040161              2.191306          1.040161     True
21     9.402226              2.191306          0.597774     True
22     7.798113              2.191306          2.201887    False
23    11.232106              2.191306          1.232106     True
24     8.447477              2.191306          1.552523     True
25     8.464411              2.191306          1.535589     True
[Out 2]: 오차의 한계를 벗어나는 추정치의 비율:
col_0     count
Boolean
False      0.05
True       0.95
```

95% 신뢰수준의 의미를 살펴보기 위해서 N(10, 25)에서 크기가 20개인 확률표본을 100개 만들었다. 각 표본에 대해서 평균을 계산하고, 계산된 100개의 표본평균을 모평균의 점추정 값으로 사용하였다. 그리고 실제 모평균 10과의 차이에 대한 절댓값과 오차한계 값, $1.96\frac{5}{\sqrt{20}}$ =2.191306을 구하였다. 그리고 계산된 값들을 새로운 변수 sample_mean, |sample_mean-10|, standard_error_bound에 할당하여 데이터프레임에 추가하였다. 마지막으로 |sample_mean-10| 값과 standard_error_bound 값을 비교하여 그 결과를 Boolean변수에 저장하고 데이터프레임에 추가하였다. [Out 1]에 데이터프레임의 일부를 출력하였다. 결과를 보면 22행의 Boolean 값이 False 인 것을 볼 수 있다. 100개 중에서 False의 비율이 얼마인가를 보기위해서 Boolean의 도수분포표를 작성하고 그 결과를 [Out 2]에 출력하였다. Boolean 값이 False라는 것은 $|\overline{X}-\mu|$가 오차한계를 벗어난다는 의미다. 100개의 $|\overline{X}-\mu|$ 중에서 5개 즉 5%가 오차의 한계를 벗어나고, 95%가 오차의 한계 범위 안에 있는 것을 확인할 수 있다. 신

뢰수준은 확률의 개념이다. 즉 똑 같은 실험을 반복적으로 계속했을 때 95% 정도는 오차의 한계 범위 안에서 모평균을 추정할 수 있다는 의미이다.

4.2 검정

가설검정은 모집단에 대해서 가설을 설정하고 모집단에서 추출한 표본을 이용하여 가설의 채택여부를 결정하는 통계적 추론방법이다.

가설검정의 절차

$X_1, X_2, \cdots, X_n$ 을 모수가 θ인 모집단에서 추출한 확률표본이라고 할 때 θ에 대한 가설검정의 절차를 살펴보자.

1) 가설을 세운다.

가설에는 귀무가설(H_0)과 교대가설(H_1) 있다. 표본에서 추출한 데이터를 이용하여 입증하기를 원하는 가설을 교대가설에 세우고, 교대가설과 상반되는 가설을 귀무가설에 세운다. 예를 들어 현재 자동차의 연비를 13km가 되도록 만들어 지고 있다. 연비를 높이기 위해서 새로운 엔진이 개발되었다. 새로운 엔진은 기존의 엔진에 비해서 제조원가는 비슷하지만 연비가 더 좋다고 주장한다. 이러한 주장을 입증하기 위해서 통계적 가설검정을 실시한다. μ를 새로운 엔진의 평균 연비라고 하면 다음과 같이 가설을 세운다.

$$H_0 : \mu = 13$$
$$H_1 : \mu > 13$$

일반적으로 기존에 모수 값이 θ_0로 주어졌을 때 θ에 대한 가설은 다음과 같은 세 가지 유형을 가진다.

① $H_0 : \theta = \theta_0$, $H_1 : \theta > \theta_0$　② $H_0 : \theta = \theta_0$, $H_1 : \theta < \theta_0$　③ $H_0 : \theta = \theta_0$, $H_1 : \theta \neq \theta_0$

2) 유의수준(α)

표본의 데이터를 이용해서 가설을 채택할 것인지 기각할 것인지를 결정해야하기 때문에 오류가 발생할 수도 있다. 가설 검정에서 발생할 수 있는 오류는 두 가지가 있다.

	H_0 : 참	H_0 : 거짓
H_0 : 채택	정상	제2종 오류
H_0 : 기각	제1종 오류	정상

유의수준은 H_0가 참일 때 H_0를 기각하고 H_1을 채택하므로 발생하는 오류인 제1종 오류를 범할 확률의 최대 허용한계이다. 의미는 신뢰수준과 같다. 예를 들어 유의수준을 5%로 설정하였다면, 자동차를 10대씩 100번을 추출해서 연비를 측정하는 실험을 실시하여 얻은

데이터를 이용해서 가설검정을 실시한다면 100개의 검정 결과에서 5%정도는 제1종 오류를 범할 수 있다는 것이다. 일반적으로 많이 사용되는 유의수준은 1%, 5%, 10% 등이다.

3) 검정통계량
H_0를 채택할 것인지 혹은 기각할 것인지를 결정할 때 사용하는 통계량이다. 이 통계량은 표본의 데이터를 이용해서 사용할 수 있다.

4) 기각영역
H_0를 기각할 검정통계값의 영역 나타낸다.

5) p_값(유의확률)
표본의 데이터를 이용해서 H_0를 기각시키는 최소유의수준

6) 4) 혹은 5)번을 이용해서 유의성을 판단하고, 결과를 해석한다.

4.3 한 모집단의 모평균에 대한 추정과 검정

모평균에 대한 점추정, 구간추정 그리고 검정에 대해서 살펴보자. 추정과 검정을 실시하기 위해서 표본분포를 이용해야한다. 모집단의 환경에 따라서 표본분포는 다르기 때문에 여러 가지 모집단 환경에서 살펴보자.

모평균의 점추정

$X_1, X_2, \cdots, X_n$ 을 모평균이 μ, 모표준편차가 σ인 모집단에서 추출한 확률표본이라고 할 때 모평균 μ의 점추정량은 표본평균 $\overline{X}$이다. 무한모집단인 경우 $E(\overline{X})=\mu$이고 $Var(\overline{X})=\frac{\sigma^2}{n}$이다. $\overline{X}$의 표준오차인 $SE(\overline{X})=\frac{\sigma}{\sqrt{n}}$는 추정량 표본평균의 정밀도를 나타낸다. 표준오차가 작을수록 정밀도가 높은 추정량이다. 실제로 모표준편차 σ는 모르기 때문에 표본표준편차 S를 사용한 값 $\widehat{SE}(\overline{X})=\frac{S}{\sqrt{n}}$ 을 이용한다.

모평균의 구간추정 - 대표본인 경우(n≥30)

$X_1, X_2, \cdots, X_n$ 을 평균이 μ, 표준편차가 σ인 모집단에서 추출한 확률표본이라고 할 때, $\overline{X}$는 $n\to\infty$ 일수록 근사적으로 평균이 μ, 표준편차가 $\sigma/\sqrt{n}$ 인 정규분포를 따른다. 따라서

$$Z=\frac{\overline{X}-\mu}{\sigma/\sqrt{n}}\approx N(0,1)$$

이다. 구간추정과 가설검정에서 이 확률분포를 사용한다. 표준정규분포의 성질로부터 다음식이 성립한다.

$$p(-z_{\alpha/2} \le Z \le z_{\alpha/2}) = 1-\alpha$$

여기서 z_α는 $p(Z \le z_\alpha) = 1-\alpha$를 만족하는 값이다. 즉 표준정규분포의 $(1-\alpha)$100%백분위수이다. Z를 대입하면 다음과 같이 나타난다.

$$p\left(-z_{\alpha/2} \le \frac{\overline{X}-\mu}{\frac{\sigma}{\sqrt{n}}} \le z_{\alpha/2}\right) = 1-\alpha$$

μ에 대해서 이식을 정리하면 다음과 같은 결과를 얻는다.

$$p\left(\overline{X} - z_{\alpha/2}\frac{\sigma}{\sqrt{n}} \le \mu \le \overline{X} + z_{\alpha/2}\frac{\sigma}{\sqrt{n}}\right) = 1-\alpha$$

따라서 모평균 μ의 $100(1-\alpha)$% 신뢰구간은 다음과 같이 주어진다.

$$\left(\bar{x} - z_{\alpha/2}\frac{\sigma}{\sqrt{n}},\ \bar{x} + z_{\alpha/2}\frac{\sigma}{\sqrt{n}}\right)$$

σ 모르는 경우에는 S를 대신 사용한다.

모평균의 가설검정 - 대표본인 경우(n≥30)

1) 가설

① $H_0 : \mu = \mu_0$, $H_1 : \mu > \mu_0$　② $H_0 : \mu = \mu_0$, $H_1 : \mu < \mu_0$　③ $H_0 : \mu = \mu_0$, $H_1 : \mu \ne \mu_0$

2) 유의수준 α

3) 검정통계량

$$Z_0 = \frac{\overline{X}-\mu_0}{\sigma/\sqrt{n}} \approx N(0,1) \ ,$$

σ 모르는 경우에는 S를 대신 사용한다.

4) 기각영역

$H_1 : \mu > \mu_0 \ : \ Z_0 \ge z_\alpha$
$H_1 : \mu < \mu_0 \ : \ Z_0 \le -z_\alpha$
$H_1 : \mu \ne \mu_0 \ : \ |Z_0| \ge z_{\alpha/2}$

5) p-값

$H_1 : \mu > \mu_0 \ : \ p(Z \ge Z_0)$
$H_1 : \mu < \mu_0 \ : \ p(Z \le Z_0)$
$H_1 : \mu \ne \mu_0 \ : \ 2P(Z \ge |Z_0|)$

6) Z_0가 4)번 영역에 속하거나 혹은 p-값 $\le\alpha$ 이면 유의수준 α 에서 귀무가설을 기각 한다. 그리고 결과를 해석한다.

건강음료를 만드는 A회사의 제품에 용량이 50ml로 표시되어 있다. 판매되는 제품의 용량이 실제로 50ml가 되는지를 확인하기 위해서 A회사 제품을 임의로 40개를 추출하여 내용물 용량을 측정하였다. 측정된 데이터를 이용하여 A회사에서 만드는 제품의 평균 용량에 대해서 통계적 추론을 해보자.

모평균의 점추정(대표본)

```
data = np.array([50, 45, 48, 48, 52, 54, 48, 50, 47, 49, 52, 51, 53, 53, 46,
                 51, 52, 52, 53, 46, 50, 54, 53, 54, 49, 48, 45, 48, 50, 45,
                 47, 48, 53, 46, 48, 48, 48, 52, 45, 46])
Mean = np.mean(data)
Std = np.std(data, ddof=1)
Std_error = Std/math.sqrt(40)
Std_error_bd = scstats.norm.ppf(0.975)*Std_error
print("[Out 3]: 표본평균:{:.4f},표본표준편차:{:.4f},표준오차:{:.4f},오차한계:{:.4f}₩n"
      .format(Mean, Std, Std_error,Std_error_bd))
```

출력결과

```
[Out 3]: 표본평균: 49.4250,표본표준편차: 2.8724,표준오차: 0.4542,오차한계:0.8901
```

측정된 데이터를 np.array 형태로 입력하여 data를 만들었다. 그리고 평균, 표준편차, 표준오차($=\frac{S}{\sqrt{n}}$) 그리고 95% 오차한계($=1.96\frac{S}{\sqrt{n}}$)를 계산하고 결과를 [Out 3]에 출력하였다. 결과를 살펴보면, A회사에서 만드는 건강 음료의 내용물의 평균 용량은 49.43으로 추측할 수 있다. 내용물의 용량에 대한 확률분포는 모르지만 표본의 크기가 40이므로 표본평균의 분포가 근사적으로 정규분포를 따른다는 사실(중심극한정리)을 이용하여 95% 오차한계를 계산한 결과가 0.8901이다. 따라서 내용물의 평균 용량은 49.4250±0.8901이 될 것이라고 95% 정도 기대할 수 있다.

모평균의 구간추정(대표본-모분산이 미지인 경우))

```
import scipy.stats as scstats
print("[Out 4]: 모평균에 대한 100(1-alpha)% 신뢰구간(모분산 미지인 경우):₩n")
def interval_estimation_z(x,sigma,alpha):
    Mean = np.mean(x)
    if sigma == None:
        sigma = np.std(x,ddof=1)
    else:
        sigma=sigma
    n = len(x)
    Std_error = sigma/math.sqrt(n)
    z_alpha_half = scstats.norm.ppf(1-alpha/2)
    Std_error_bd = z_alpha_half*Std_error
    LB = Mean - Std_error_bd
    UB = Mean + Std_error_bd
    print("표본평균:{:.4f},표본표준편차:{:.4f},표준오차:{:.4f},오차한계:{:.4f}₩n95%신뢰구간:₩
```

```
({:.4f},{:.4f})".format(Mean,sigma, Std_error,Std_error_bd,LB,UB))
data = np.array([50, 45, 48, 48, 52, 54, 48, 50, 47, 49, 52, 51, 53, 53, 46,
                 51, 52, 52, 53, 46, 50, 54, 53, 54, 49, 48, 45, 48, 50,
                 45, 47, 48, 53, 46, 48, 48, 48, 52, 45, 46])
x = data
alpha = 0.05
sigma=None
interval_estimation_z(x,sigma,alpha)
```

출력결과

```
[Out 4]: 모평균에 대한 100(1-alpha)% 신뢰구간(모분산 미지인 경우):
표본평균:49.4250,표본표준편차:2.8724,표준오차:0.4542,오차한계:0.8901
95% 신뢰구간: (48.5349,50.3151)
```

모평균 μ에 대한 100(1-α)% 신뢰구간을 구하는 함수 interval_estimation_z를 만들고, 이 함수를 이용해서 신뢰구간을 구하고 결과를 [Out 4]에 출력하였다. 모평균 μ에 대한 95% 신뢰구간은 (48.5349, 50.3151)이다. 실제 A회사에서 만드는 제품의 내용물의 평균이 구간 (48.5349, 50.3151)사이에 있을 가능성이 95%라고 기대할 수 있다.

모평균의 가설검정(대표본-모분산이 미지인 경우))

```
import scipy.stats as scstats
print("[Out 5]: 모평균에 대한 z_검정(모분산 미지인 경우):₩n")
def Z_test(x,mu0,sigma,alpha,alter):
    Mean = np.mean(x)
    if sigma == None:
        sigma = np.std(x,ddof=1)
    else:
        sigma=sigma
    n = len(x)
    Std_error = sigma/math.sqrt(n)
    z0 = (Mean-mu0)/Std_error
    if alter == 'less':
        p_value = scstats.norm.cdf(z0)
        if p_value <= alpha:
            print("표본평균: {:.4f}, 표본표준편차: {:.4f}, 표준오차: {:.4f}₩nz0={},₩
p_value:{:.4f}, result:{}".format(Mean,sigma, Std_error, z0,p_value, 'reject'))
        else:
            print("표본평균: {:.4f}, 표본표준편차: {:.4f}, 표준오차: {:.4f}₩nz0={},₩
p_value:{:.4f}, result:{}".format(Mean,sigma, Std_error, z0,p_value, 'accept'))
    if alter == 'greater':
        p_value = 1-scstats.norm.cdf(z0)
        if p_value <= alpha:
            print("표본평균: {:.4f}, 표본표준편차: {:.4f}, 표준오차: {:.4f}₩nz0={},₩
p_value:{:.4f}, result:{}".format(Mean,sigma, Std_error, z0,p_value, 'reject'))
        else:
            print("표본평균: {:.4f}, 표본표준편차: {:.4f}, 표준오차: {:.4f}₩nz0={},₩
p_value:{:.4f}, result:{}".format(Mean,sigma, Std_error, z0,p_value, 'accept'))
    if alter == 'two.sided':
```

```
        p_value = 2*(1-scstats.norm.cdf(abs(z0)))
        if p_value <= alpha:
            print("표본평균: {:.4f}, 표본표준편차: {:.4f}, 표준오차: {:.4f}₩nz0={},₩
p_value:{:.4f}, result:{}".format(Mean,sigma, Std_error, z0,p_value, 'reject'))
        else:
            print("표본평균: {:.4f}, 표본표준편차: {:.4f}, 표준오차: {:.4f}₩nz0={},₩
p_value:{:.4f}, result:{}".format(Mean,sigma, Std_error, z0,p_value, 'accept'))
data = np.array([50, 45, 48, 48, 52, 54, 48, 50, 47, 49, 52, 51, 53, 53, 46,
                 51, 52, 52, 53, 46, 50, 54, 53, 54, 49, 48, 45, 48, 50,
                 45, 47, 48, 53, 46, 48, 48, 48, 52, 45, 46])
x = data
mu0,sigma,alpha,alter = 50, None, 0.05, 'two.sided'
Z_test(x,mu0,sigma,alpha,alter)
```

출력결과

```
[Out 5]: 모평균에 대한 z_검정(모분산 미지인 경우):
표본평균: 49.4250, 표본표준편차: 2.8724, 표준오차: 0.4542
z0=-1.2660591444037852, p_value:0.2055, result:accept
```

유의수준 α100%에서 모평균에 대한 z_검정을 할 수 있는 함수 Z_test를 만들고, 이 함수를 이용하여 가설검정을 실시하였다. 이 함수에서 alter='less'는 $H_0:\mu=\mu_0$ vs $H_1:\mu<\mu_0$ (좌측검정) 일 때, alter='greater'은 $H_0:\mu=\mu_0$ vs $H_1:\mu>\mu_0$ (우측검정) 일 때, alter='two.sided'는 $H_0:\mu=\mu_0$ vs $H_1:\mu\neq\mu_0$ (양측검정)일 때 적용된다. 이 함수로 검정한 결과를 [Out 5]에 출력하였다. 다음과 같은 과정을 거쳐 내용물의 평균 용량을 50ml라고 할 수 있을지 유의수준 5%에서 검정을 해보자.

1) 가설

$$H_0:\ \mu=50 \text{ vs } H_1:\ \mu\neq 50$$

2) 유의수준 0.05

3) 검정통계량

$$Z_0=\frac{\overline{X}-\mu_0}{S/\sqrt{n}}=\frac{49.425-50}{0.4542}= \text{-1.266([Out 5]에서 } z_0\text{값)}$$

4) p-값

$$\text{p\_값}=2p(Z\geq|Z_0|)=2p(Z\geq|-1.266|)=0.2055\text{([Out 5]에서 p\_value)}$$

5) p-값=0.2055 ≥ α=0.05 이므로 유의수준 5%에서 귀무가설 H_0를 수락한다. 즉 유의수준 5%에서 A회사에서 만드는 재품은 내용물의 평균 용량이 50ml이라고 할 수 있는 근거가 있다.

모평균의 구간추정과 가설검정 - 모집단이 정규분포이고 소표본인 경우 (σ: 아는 경우)

$X_1, X_2, \cdots, X_n$ 을 평균이 μ, 표준편차가 σ인 정규모집단에서 추출한 확률표본이라고 할 때 $\overline{X}$는 평균이 μ, 표준편차가 $\sigma/\sqrt{n}$인 정규분포를 따른다. 따라서

$$Z = \frac{\overline{X} - \mu}{\sigma/\sqrt{n}} \sim N(0,1)$$

이므로 대표본인 경우와 동일한 과정을 거쳐서 구간추정과 가설검정을 할 수 있다.

N(10, 25)에서 랜덤하게 10개의 표본을 추출하였다. 이 데이터를 이용해서 모평균 μ에 대한 통계적 추론을 해보자

모평균의 구간추정(정규모집단, 소표본, 모분산 아는 경우))

```
import scipy.stats as scstats
print("[Out 6]: 모평균에 대한 100(1-alpha)% 신뢰구간(모분산 아는 경우):₩n")
data = scstats.norm.rvs(10,5,10, random_state=2314)
x = data
sigma, alpha = 5, 0.05
interval_estimation_z(x,sigma,alpha)
```

출력결과

```
[Out 6]: 모평균에 대한 100(1-alpha)% 신뢰구간(모분산 아는 경우):
 표본평균:11.9546, 표본표준편차:5.0000, 표준오차:1.5811, 오차한계:3.0990
 95% 신뢰구간: (8.8556,15.0536)
```

[Out 4]에서 만든 interval_estimation_z 함수를 사용하여 모평균 μ에 대한 100(1-α)% 신뢰구간을 구하고 결과를 [Out 6]에 출력하였다. 모평균 μ에 대한 95% 신뢰구간은 (8.8556, 15.0536)이다.

모평균의 가설검정(정규모집단, 소표본, 모분산 아는 경우))

```
print("[Out 7]: 모평균에 대한 z_검정(모분산 아는 경우):₩n")
data = scstats.norm.rvs(10,5,10, random_state=2314)
x = data
mu0, sigma, alpha, alter = 10, 5, 0.05, 'two.sided'
Z_test(x,mu0,sigma,alpha,alter)
```

출력결과

```
[Out 7]: 모평균에 대한 z_검정(모분산 아는 경우):
표본평균: 11.9546, 표본표준편차: 5.0000, 표준오차: 1.5811
z0=1.2361838841878463,p_value:0.2164, result:accept
```

[Out 5]에서 만든 Z_test 함수를 이용하여 모평균에 대한 z_검정을 실시하였다. 그리고 그 결과를 [Out 7]에 출력하였다. 다음과 같은 과정을 거쳐 유의수준 5%에서 모평균을 10이라고 할 수 있는지를 검정을 해보자.

1) 가설

$$H_0: \mu=10 \text{ vs } H_1: \mu \neq 10$$

2) 유의수준 0.05

3) 검정통계량

$$Z_0 = \frac{\overline{X}-\mu_0}{\sigma/\sqrt{n}} = \frac{11.9546-10}{1.5811} = 1.2362\text{([Out 7]에서 } z_0\text{값)}$$

4) p-값

$$\text{p\_값}=2p(Z \geq |Z_0|)=0.2164\text{([Out 7]에서 p\_value)}$$

5) p-값=0.2164 ≥ α=0.05 이므로 유의수준 5%에서 귀무가설 H_0를 수락한다. 즉 유의수준 5%에서 $\mu=10$이라고 할 수 있는 근거가 있다.

모평균의 가설검정에서 p_값 영역(양측검정)

```
print("[Out 8]: 모평균 검정에 대한 p-value 영역:\n")
fig, sub = plt.subplots(1, 1)
x = np.linspace(scstats.norm.ppf(0.01),scstats.norm.ppf(0.99), 100)
y = x[x>=1.2362]
z = x[x<=-1.2362]
w = x[x<=-1.96]
t = x[x>=1.96]
sub.plot(x, scstats.norm.pdf(x),'r-', lw=3, alpha=0.6)
sub.vlines(y,0,scstats.norm.pdf(y), colors='b', lw=10, alpha=0.5)
sub.vlines(z,0,scstats.norm.pdf(z), colors='b', lw=10, alpha=0.5)
sub.vlines(w,0,scstats.norm.pdf(w), colors='r', lw=10, alpha=0.5)
sub.vlines(t,0,scstats.norm.pdf(t), colors='r', lw=10, alpha=0.5)
sub.text(-1.8, 0.2, "p-value=%6.4f" % (scstats.norm.cdf(-1.2362)),
         horizontalalignment='center')
sub.text(1.8, 0.2, "p-value=%6.4f" % (1-scstats.norm.cdf(1.2362)),
         horizontalalignment='center')
sub.text(-2.0, 0.1, "alpha=%5.3f" % (scstats.norm.cdf(-1.96)),
         horizontalalignment='center')
sub.text(2.0, 0.1, "alpha=%5.3f" % (1-scstats.norm.cdf(1.96)),
         horizontalalignment='center')
```

출력결과

[Out 8]: 모평균 검정에 대한 p-value 영역:

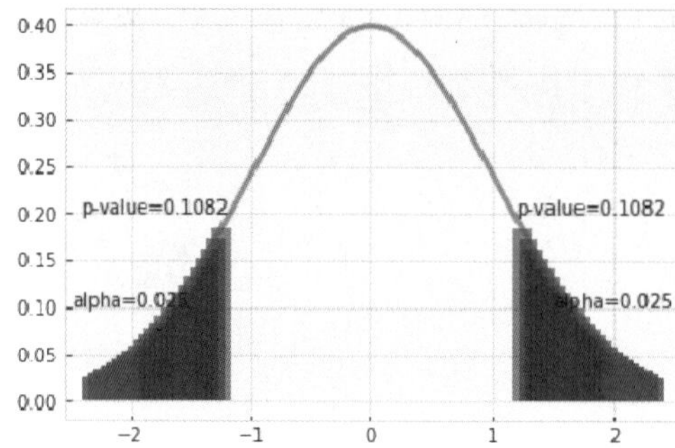

p_값=2p(Z≥|-1.2362|)=0.2164의 영역을 그래프 상에 파란색 음영으로 나타내었다. α= 2p(Z≥1.96)=0.05의 영역을 그래프 상에 붉은색 음영으로 나타내었다. p_값이 α보다 크다. 귀무가설이 수락되었다.

모평균의 구간추정과 가설검정 - 모집단이 정규분포이고 소표본인 경우 (σ:미지인 경우)

$X_1, X_2, \cdots, X_n$ 을 평균이 μ, 표준편차가 σ인 정규모집단에서 추출한 확률표본이라고 할 때 $\overline{X}$는 평균이 μ, 표준편차가 $\sigma/\sqrt{n}$ 인 정규분포를 따른다. 따라서

$$Z = \frac{\overline{X}-\mu}{\sigma/\sqrt{n}} \sim N(0,1)$$

이다. σ대신 표본표준편차 S를 사용했을 때 새로운 변수 T를 다음과 같이 정의하면 T는 자유도가 n-1인 t-분포를 따른다. 즉

$$T = \frac{\overline{X}-\mu}{S/\sqrt{n}} \sim t(n-1)$$

따라서 모평균 μ의 100(1-α)% 신뢰구간은 다음과 같이 정의할 수 있다. t(n-1)-분포의 성질로부터 다음 식이 성립한다.

$$p(\ -t(n-1,\alpha/2) \le T \le t(n-1,\alpha/2)\ ) = 1-\alpha$$

여기서 $t(n-1,\alpha)$ 는 p($T \le t(n-1,\alpha)$) $=1-\alpha$ 를 만족하는 값이다. 즉 t(n-1)-분포의 (1-α)100%백분위수이다. T를 대입하면 다음과 같이 나타난다.

$$p(\ -t(n-1,\alpha/2) \le \frac{\overline{X}-\mu}{\frac{S}{\sqrt{n}}} \le t(n-1,\alpha/2)\ ) = 1-\alpha$$

μ에 대해서 이식을 정리하면 다음과 같은 결과를 얻는다.

$$p(\ \overline{X}-t(n-1,\alpha/2)\frac{S}{\sqrt{n}} \le \mu \le \overline{X}+t(n-1,\alpha/2)\frac{S}{\sqrt{n}}\ ) = 1-\alpha$$

따라서 모평균 μ의 100(1-α)% 신뢰구간은 다음과 같이 주어진다.

$$(\bar{x} - t(n-1, \alpha/2)\frac{S}{\sqrt{n}} \ , \ \bar{x} + t(n-1, \alpha/2)\frac{S}{\sqrt{n}})$$

다음과 같은 과정을 거쳐 가설검정을 할 수 있다.

1) 가설

① $H_0 : \mu = \mu_0$ ② $H_0 : \mu = \mu_0$ ③ $H_0 : \mu = \mu_0$
$H_1 : \mu > \mu_0$ $H_1 : \mu < \mu_0$ $H_1 : \mu \neq \mu_0$

2) 유의수준 α

3) 검정통계량

$$T_0 = \frac{\overline{X} - \mu_0}{S/\sqrt{n}} \sim t(n-1) \ ,$$

4) 기각영역

$H_1 : \mu > \mu_0 \ : \ T_0 \geq t(n-1, \alpha)$
$H_1 : \mu < \mu_0 \ : \ T_0 \leq -t(n-1, \alpha)$
$H_1 : \mu \neq \mu_0 \ : \ |T_0| \geq t(n-1, \alpha/2)$

5) p-값

$H_1 : \mu > \mu_0$: p($T \geq T_0$)
$H_1 : \mu < \mu_0$: p($T \leq T_0$)
$H_1 : \mu \neq \mu_0$: 2P($T \geq |T_0|$)

6) T_0가 4)번 영역에 속하거나 혹은 p-값 $\leq \alpha$ 이면 유의수준 α 에서 귀무가설을 기각 한다. 그리고 결과를 해석한다.

A 자동차회사에서 현재 생산되고 있는 D 자동차의 평균 연비는 12km/l이다. 연비를 향상하기 위해서 새로운 엔진을 개발하였다. 새로 개발한 엔진을 탑재한 차량 15대를 임의 추출하여 평균 연비를 측정하였다. 이 데이터를 이용하여 평균 연비에 대한 통계적 추론을 실시해보자. 단 자동차 연비는 정규분포를 따른다고 가정한다.

모평균의 구간추정(정규모집단, 소표본, 모분산 미지인 경우))

```
import scipy.stats as scstats
print("[Out 9]: 모평균에 대한 100(1-α)% 신뢰구간:₩n")
def interval_estimation_t(x,alpha):
    Mean = np.mean(x)
    sigma = np.std(x,ddof=1)
    n = len(x)
    Std_error = sigma/math.sqrt(n)
    t_alpha_half = scstats.t.ppf(1-alpha/2,n-1)
    Std_error_bd = t_alpha_half*Std_error
    LB = Mean - Std_error_bd
```

```
    UB = Mean + Std_error_bd
    print("표본평균:{:.4f},표본표준편차:{:.4f},표준오차:{:.4f},오차한계:{:.4f}₩n95% 신뢰 구간: ({:.4f},{:.4f})".format
(Mean, sigma, Std_error, Std_error_bd, LB, UB))
data = np.array([ 12.6,  14.6,  12.6,  14.7, 13.4,  13.8,  14.2,  13.5,
                  12.8,  12.5,  12.2,  14.2, 13.3,  12.4,  14.6])
x = data
alpha = 0.05
interval_estimation_t(x,alpha)
```

출력결과

```
[Out 9]: 모평균에 대한 100(1-α)% 신뢰구간(정규모집단-소표본-모분산 미지인 경우):
표본평균:13.4267, 표본표준편차:0.8827, 표준오차:0.2279, 오차한계:0.4888
95% 신뢰구간: (12.9378,13.9155)
```

모평균 μ에 대한 100(1-α)% 신뢰구간을 구하는 함수 interval_estimation_t를 만들고, 이 함수를 이용해서 신뢰구간을 구하고 결과를 [Out 9]에 출력하였다. 평균 연비에 대한 95% 신뢰구간은 (12.9387, 13.9155)이다.

모평균의 가설검정(정규모집단, 소표본, 모분산 미지인 경우))

```
import scipy.stats as scstats
print("[Out 10]: 모평균에 대한 가설검정:₩n")
def t_test(x,mu0,alpha,alter):
    n=len(x)
    df=n-1
    t0, pvalue=scstats.ttest_1samp(x,mu0)
    if alter == 'less':
        p_value = scstats.t.cdf(t0,df)
        if p_value <= alpha:
            print("t0={:.4f},p_value={:.4f}, result={}".format(t0,p_value,'reject'))
        else:
            print("t0={:.4f},p_value={:.4f}, result={}".format(t0,p_value, 'accept'))
    if alter == 'greater':
        p_value = 1-scstats.t.cdf(t0,df)
        if p_value <= alpha:
            print("t0={:.4f},p_value:{:.4f}, result:{}".format(t0,p_value, 'reject'))
        else:
            print("t0={:.4f},p_value:{:.4f}, result:{}".format(t0,p_value, 'accept'))
    if alter == 'two.sided':
        p_value = pvalue
        if p_value <= alpha:
            print("t0={:.4f},p_value:{:.4f}, result:{}".format(t0,p_value, 'reject'))
        else:
            print("t0={:.4f},p_value:{:.4f}, result:{}".format(t0,p_value, 'accept'))
    if alter == 'two.sided':
        p_value = pvalue
        if p_value <= alpha:
            print("t0={:.4f},p_value:{:.4f}, result:{}".format(t0,p_value, 'reject'))
        else:
```

```
        print("t0={:.4f},p_value:{:.4f}, result:{}".format(t0,p_value, 'accept'))
data = np.array([ 12.6,  14.6,  12.6,  14.7, 13.4,  13.8,  14.2,  13.5,
                  12.8,  12.5,  12.2,  14.2, 13.3,  12.4 ,  14.6])
x = data
mu0, alpha, alter = 12, 0.05, 'greater'
t_test(x,mu0,alpha,alter)
```

출력결과

```
[Out 10]: 모평균에 대한 가설검정:
t0=6.2594, p_value:0.0000, result:reject
```

유의수준 α100%에서 모평균에 대해 t_검정을 할 수 있는 함수 t_test를 만들고, 이 함수를 이용하여 가설검정을 실시하였다. scipy.stats 모듈에서 t_검정을 할 수 있는 함수 ttest_1samp함수를 제공하고 있다. 그러나 이 함수는 양측검정에 대한 p-값만 반환한다. 따라서 ttest_1samp 함수를 이용하여 검정통계량 값 t0를 구하고 t0를 이용하여 단측검정에 대한 p-값을 구할 수 있도록 t_test함수를 만들었다. t_test를 이용해서 검정한 결과를 [Out 10]에 출력하였다. 다음과 같은 과정을 거쳐 평균연비가 좋아졌다고 할 수 있는지 유의수준 5%에서 검정을 해보자.

1) 가설

$$H_0: \mu=12 \text{ vs } H_1: \mu>12$$

2) 유의수준 0.05

3) 검정통계량

$$T_0 = \frac{\overline{X}-\mu_0}{S/\sqrt{n}} = \frac{13.4267-12}{0.8827/\sqrt{15}} = 6.26\text{([Out 10]에서 t0값)}$$

4) p-값

$$\text{p-값}=p(T \geq T_0)=p(T \geq 6.26)=0.000\text{([Out 10]에서 p\_value)}$$

5) p-값=0.000 ≤ α=0.05 이므로 유의수준 5%에서 귀무가설 H_0를 기각한다. 즉 유의수준 5%에서 평균연비가 향상 되었다고 할 수 있는 근거가 있다.

모평균의 가설검정에서 p_값 영역(우측검정)

```
print("[Out 11]: 모평균 검정에 대한 p-value 영역:₩n")
fig, sub = plt.subplots(1, 1)
x = np.linspace(scstats.t.ppf(0.001,14),scstats.t.ppf(0.999,14), 100)
y = x[x>=6.2594]
```

```
z = x[x>=1.7613]
sub.plot(x, scstats.t.pdf(x,14),'r-', lw=3, alpha=0.6)
sub.vlines(y,0,scstats.t.pdf(y,14), colors='b', lw=10, alpha=0.5)
sub.vlines(z,0,scstats.t.pdf(z,14), colors='r', lw=10, alpha=0.5)
sub.text(4.0, 0.08, "p-value=%6.4f" % (1-scstats.t.cdf(6.2594,14)),
          horizontalalignment='center')
sub.text(3.0, 0.05, "alpha=%5.3f" % (1-scstats.t.cdf(1.7613,14)),
horizontalalignment='center')
plt.show()
```

출력결과

[Out 11]: 모평균 검정에 대한 p-value 영역(우측검정):

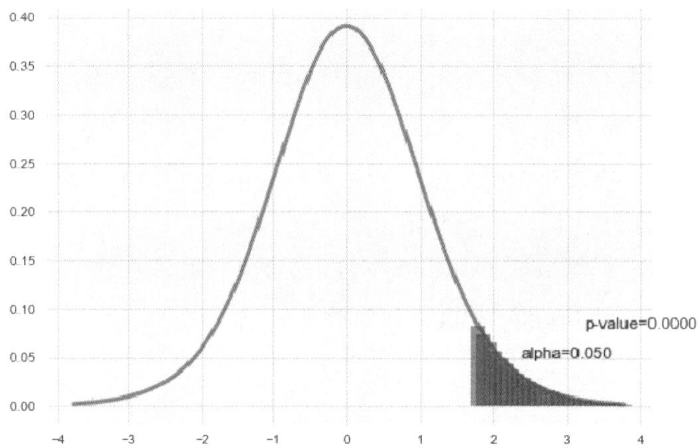

p_값=p(T≥6.26)=0.000의 영역을 그래프 상에 파란색 음영으로 나타내었다. α= p(T≥ 1.7613)=0.05의 영역을 그래프 상에 붉은색 음영으로 나타내었다. p_값이 α보다 작다. 귀무가설이 기각 되었다.

4.4 두 모집단의 모평균에 대한 추정과 검정

두 모집단의 모평균에 대한 추론은 두 모평균의 차이에 대한 추정과 검정이다. 두 모평균의 차이에 대한 추론은 모집단으로부터 표본을 추출하는 방법에 따라서 달라진다. 두 모집단으로부터 표본을 추출하는 방법은 완전히 독립적으로 두 모집단에서 각각 표본을 추출하는 방법과 두 집단을 서로 짝을 지어서 한 쌍씩 표본을 추출하는 방법이 있다. 전자를 두 표본이 서로 독립이라 하고, 후자를 쌍체표본이라 한다.

두 표본이 서로 독립일 때 두 모평균의 차이에 대한 추정과 가설검정 - 대표본인 경우

$X_1, X_2, \cdots, X_m$ 을 모평균이 μ_1, 모표준편차가 σ_1인 모집단에서 추출한 확률표본이고, $Y_1, Y_2, \cdots, Y_n$ 을 모평균이 μ_2, 모표준편차가 σ_2인 모집단에서 추출한 확률표본이라고 할 때 $\overline{X}-\overline{Y}$ 는 근사적으로 평균이 $\mu_1-\mu_2$ 이고, 분산이 $\frac{\sigma_1^2}{m}+\frac{\sigma_2^2}{n}$ 인 정규분포를 따른다. 그래서

$$Z=\frac{(\overline{X}-\overline{Y})-(\mu_1-\mu_2)}{\sqrt{\frac{\sigma_1^2}{m}+\frac{\sigma_2^2}{n}}}\approx N(0,1)$$

이다. 따라서 $\mu_1-\mu_2$에 대한 100(1-α)% 신뢰구간은 다음과 같이 구할 수 있다.

$$((\overline{x}-\overline{y})-z_{\alpha/2}\sqrt{\frac{\sigma_1^2}{m}+\frac{\sigma_2^2}{n}}\ ,\ (\overline{x}-\overline{y})+z_{\alpha/2}\sqrt{\frac{\sigma_1^2}{m}+\frac{\sigma_2^2}{n}}\ )$$

다음은 모평균 차이에 대한 가설검정을 살펴보자.

1) 가설

① H_0 : $\mu_1=\mu_2$ ② H_0 : $\mu_1=\mu_2$ ③ H_0 : $\mu_1=\mu_2$
　H_1 : $\mu_1>\mu_2$ 　H_1 : $\mu_1<\mu_2$ 　H_1 : $\mu_1\neq\mu_2$

2) 유의수준 α

3) 검정통계량

$$Z_0=\frac{(\overline{X}-\overline{Y})}{\sqrt{\frac{\sigma_1^2}{m}+\frac{\sigma_2^2}{n}}}\approx N(0,1)$$

4) 기각영역

H_1 : $\mu_1>\mu_2$: $Z_0\geq z_\alpha$
H_1 : $\mu_1<\mu_2$: $Z_0\leq -z_\alpha$
H_1 : $\mu_1\neq\mu_2$: $|Z_0|\geq z_{\alpha/2}$

5) p-값

H_1 : $\mu_1>\mu_2$: p($Z\geq Z_0$)
H_1 : $\mu_1<\mu_2$: p($Z\leq Z_0$)
H_1 : $\mu_1\neq\mu_2$: 2P($Z\geq |Z_0|$)

6) Z_0가 4)번 영역에 속하거나 혹은 p-값 ≤α 이면 유의수준 α에서 귀무가설을 기각 한다. 그리고 결과를 해석한다. σ_1, σ_2 모르는 경우에는 S_1, S_2를 대신 사용한다. 여기서 S_1, S_2는 각 표본의 표본표준편차이다.

건강음료를 만드는 A회사와 B회사에서 생산되는 제품의 용량을 비교하기 위해서 판매되는 A, B회사 제품을 각각 40개 씩 추출하여 제품의 용량을 측정하였다. 측정된 데이터를 이용하여 두 회사에서 생산되는 제품의 평균 용량의 차이에 대해서 통계적 적 추론을 해보자. (data1-회사 A, data2-회사 B)

두 모평균의 차이에 대한 구간추정-대표본(두 표본이 서로 독립일 때)

```
print("[Out 12]: 두 모평균의 차이에 대한 100(1-alpha)% 신뢰구간
    (모분산 미지인 경우):₩n")
def interval_estimation_two(x,y,varx,vary,alpha):
    Meanx = np.mean(x)
    Meany = np.mean(y)
    if varx == None:
        varx = np.var(x,ddof=1)
    else:
        varx = varx
    if vary == None:
        vary = np.var(y,ddof=1)
    else:
        vary = vary
    m = len(x)
    n = len(y)
    Std_error =math.sqrt((varx/m)+(vary/n))
    z_alpha_half = scstats.norm.ppf(1-alpha/2)
    Std_error_bd = z_alpha_half*Std_error
    LB = (Meanx-Meany) - Std_error_bd
    UB = (Meanx-Meany) + Std_error_bd
    print("(x_bar, y_bar):({:.4f},{:.4f}),(x_var, y_var):({:.4f},{:.4f})₩n95% 신뢰구간:₩
    ({:.4f},{:.4f})".format(Meanx,Meany,varx,vary,LB,UB))
data1 = np.array([53, 54, 50, 51, 53, 50, 50, 51, 54, 54, 51, 52, 54, 52, 54,
                  53, 54, 52, 54, 52, 54, 51, 51, 50, 51, 51, 51, 51, 50, 54,
                  51, 50, 50, 53, 52, 51, 50, 53, 51, 51])
data2 = np.array([50, 53, 54, 50, 45, 45, 46, 52, 51, 54, 47, 49, 50, 47, 49,
                  47, 49, 52, 52, 54, 46, 52, 45, 51, 54, 54, 52, 51, 54, 46,
                  45, 46, 53, 53, 48, 54, 53, 52, 48, 51])
x = data1
y = data2
alpha, varx, vary = 0.05, None, None
interval_estimation_two(x,y,varx,vary,alpha)
```

출력결과

```
[Out 12]: 두 모평균의 차이에 대한 100(1-alpha)% 신뢰구간(모분산 미지인 경우):
(x_bar, y_bar):(51.8500,50.1000),(x_var, y_var):(2.1821,9.6821)
95% 신뢰구간: (0.6826,2.8174)
```

두 모평균의 차 $\mu_1 - \mu_2$ 에 대한 100(1-α)% 신뢰구간을 구하는 함수 interval_estimation_two 함수를 만들고, 이 함수를 이용해서 신뢰구간을 구하고 결과를 [Out 12]에 출력하였다. 모평균 $\mu_1 - \mu_2$ 에 대한 95% 신뢰구간은 (0.6826, 2.8174)이다.

두 모평균의 차이에 대한 가설 검정-대표본(두 표본이 서로 독립일 때)

```
print("[Out 13]: 두 모평균의 차이에 대한 z_검정(모분산 미지인 경우):₩n")
def Z_test_two(x,y,diff,varx,vary,alpha,alter):
    Meanx = np.mean(x)
    Meany = np.mean(y)
    if varx == None:
        varx = np.var(x,ddof=1)
    else:
        varx = varx
    if vary == None:
        vary = np.var(y,ddof=1)
    else:
        vary = vary
    m = len(x)
    n = len(y)
    Std_error =math.sqrt((varx/m)+(vary/n))
    z0 = ((Meanx-Meany)-diff)/Std_error
    if alter == 'less':
        p_value = scstats.norm.cdf(z0)
        if p_value <= alpha:
            print("(x_bar, y_bar):({:.4f},{:.4f}),(x_var,y_var):({:.4f},{:.4f})₩nz0={:.4f},₩
p_value:{:.4f}, result:{})".format(Meanx, Meany,varx,vary,z0,p_value, 'reject'))
        else:
            print("(x_bar, y_bar):({:.4f},{:.4f}),(x_var,y_var):({:.4f},{:.4f})₩nz0={:.4f},₩
p_value:{:.4f}, result:{})".format(Meanx, Meany,varx,vary,z0,p_value, 'reject'))
    if alter == 'greater':
        p_value = 1-scstats.norm.cdf(z0)
        if p_value <= alpha:
            print("(x_bar, y_bar):({:.4f},{:.4f}),(x_var,y_var):({:.4f},{:.4f})₩nz0={:.4f},₩
p_value:{:.4f}, result:{})".format(Meanx, Meany,varx,vary,z0,p_value, 'reject'))
        else:
            print("(x_bar, y_bar):({:.4f},{:.4f}),(x_var,y_var):({:.4f},{:.4f})₩nz0={:.4f},₩
p_value:{:.4f}, result:{})".format(Meanx, Meany,varx,vary,z0,p_value, 'reject'))
    if alter == 'two.sided':
        p_value = 2*(1-scstats.norm.cdf(abs(z0)))
        if p_value <= alpha:
            print("(x_bar, y_bar):({:.4f},{:.4f}),(x_var,y_var):({:.4f},{:.4f})₩nz0={:.4f},₩
p_value:{:.4f}, result:{})".format(Meanx, Meany,varx,vary,z0,p_value, 'reject'))
        else:
            print("(x_bar, y_bar):({:.4f},{:.4f}),(x_var,y_var):({:.4f},{:.4f})₩nz0={:.4f},₩
p_value:{:.4f}, result:{})".format(Meanx, Meany,varx,vary,z0,p_value, 'reject'))
data1 = np.array([53, 54, 50, 51, 53, 50, 50, 51, 54, 54, 51, 52, 54, 52, 54,
                  53, 54, 52, 54, 52, 54, 51, 51, 50, 51, 51, 51, 51, 50, 54,
                  51, 50, 50, 53, 52, 51, 50, 53, 51, 51])
data2 = np.array([50, 53, 54, 50, 45, 45, 46, 52, 51, 54, 47, 49, 50, 47, 49,
                  47, 49, 52, 52, 54, 46, 52, 45, 51, 54, 54, 52, 51, 54, 46,
                  45, 46, 53, 53, 48, 54, 53, 52, 48, 51])
x = data1
y = data2
diff, varx, vary, alpha, alter = 0, None, None, 0.05, 'two.sided'
Z_test_two(x,y,diff,varx,vary,alpha,alter)
```

출력결과

```
[Out 13]: 두 모평균의 차이에 대한 z_검정(모분산 미지인 경우):
(x_bar, y_bar):(51.8500, 50.1000),(x_var, y_var):(2.1821, 9.6821)
z0=3.2133,p_value:0.0013, result:reject)
```

유의수준 α100%에서 두 모평균 차 $\mu_1-\mu_2$에 대해 z_검정을 할 수 있는 함수 Z_test_two를 만들고, 이 함수를 이용하여 가설검정을 실시하였다. 그리고 그 결과를 [Out 13]에 출력하였다. 다음과 같은 과정을 거쳐 유의수준 5%에서 두 모평균의 차이가 있다고 할 수 있는지 유의수준 5%에서 검정을 해보자.

1) 가설

$$H_0:\ \mu_1=\mu_2 \ \text{ vs } \ H_1:\ \mu_1\neq\mu_2$$

2) 유의수준 0.05

3) 검정통계량

$$Z_0=\frac{(\overline{X}-\overline{Y})}{\sqrt{\frac{S_1^2}{m}+\frac{S_2^2}{n}}}=\frac{51.85-50.1}{\sqrt{\frac{2.181}{40}+\frac{9.682}{40}}}=3.213\ \text{[Out 13]에서 } z_0]$$

4) p-값

p_값=2p(Z≥|Z_0|)=2p(Z≥3.213)=0.0013([Out 13]에서 p_value)

5) p-값=0.0013 ≤ α=0.05 이므로 유의수준 5%에서 귀무가설 H_0를 기각한다. 즉 유의수준 5%에서 두 모평균의 차이가 있다고 할 수 있는 근거가 있다.

두 표본이 서로 독립일 때 두 모평균의 차이에 대한 추정과 가설 검정 - 소표본-정규모집단-분산 아는 경우

$X_1, X_2, \cdots, X_m$ 을 모평균이 μ_1, 모표준편차가 σ_1인 정규모집단에서 추출한 확률표본이고, $Y_1, Y_2, \cdots, Y_n$ 을 모평균이 μ_2, 모표준편차가 σ_2인 정규모집단에서 추출한 확률표본이라고 할 때 $\overline{X}-\overline{Y}$ 는 평균이 $\mu_1-\mu_2$이고, 분산이 $\sigma_1^2/m+\sigma_2^2/n$ 인 정규분포를 따른다. 그래서

$$Z=\frac{(\overline{X}-\overline{Y})-(\mu_1-\mu_2)}{\sqrt{\frac{\sigma_1^2}{m}+\frac{\sigma_2^2}{n}}}\sim N(0,1)$$

이다. 따라서 대표본 일 때와 동일한 방법으로 분석할 수 있다.

[Out 12]와 [Out 13]에서 정의한 interval_estimation_two() 함수와 Z_test_two()함수를 이용해서 구간추정과 가설검정을 할 수 있다.

두 표본이 서로 독립일 때 두 모평균의 차이에 대한 추정과 가설 검정 - 소표본-정규 모집단-분산을 모르지만 $\sigma_1^2 = \sigma_2^2 = \sigma^2$ 인 경우

$X_1, X_2, \cdots, X_m$ 을 모평균이 μ_1, 모표준편차가 σ_1인 정규모집단에서 추출한 확률표본이고, $Y_1, Y_2, \cdots, Y_n$ 을 모평균이 μ_2, 모표준편차가 σ_2인 정규모집단에서 추출한 확률표본이라고 할 때 $\overline{X} - \overline{Y}$ 는 평균이 $\mu_1 - \mu_2$ 이고, 분산이 $\frac{\sigma_1^2}{m} + \frac{\sigma_2^2}{n}$ 인 정규분포를 따른다. 따라서

$$Z = \frac{(\overline{X} - \overline{Y}) - (\mu_1 - \mu_2)}{\sqrt{\frac{\sigma_1^2}{m} + \frac{\sigma_2^2}{n}}} \sim N(0,1)$$

그러나 $\sigma_1^2 = \sigma_2^2 = \sigma^2$ 이기 때문에 Z는 다음과 같이 정리할 수 있다.

$$Z = \frac{(\overline{X} - \overline{Y}) - (\mu_1 - \mu_2)}{\sqrt{\sigma^2(\frac{1}{m} + \frac{1}{n})}} \sim N(0,1)$$

σ^2은 모르는 값이기 때문에 두 표본으로부터 다음과 같이 추정할 수 있다.

$$\hat{\sigma}^2 = S_p^2 = \frac{(m-1)S_1^2 + (n-1)S_2^2}{m+n-2}$$

S_p^2를 합동분산이라고 한다. σ^2대신 S_p^2를 대입한 새로운 확률변수 T는 자유도가 m+n-2인 t-분포를 따른다. 즉

$$T = \frac{(\overline{X} - \overline{Y}) - (\mu_1 - \mu_2)}{\sqrt{S_p^2(\frac{1}{m} + \frac{1}{n})}} \sim t(m+n-2)$$

이다. T의 확률분포를 이용해서 두 모평균의 차이에 대한 통계적 추론을 할 수 있다. 먼저 구간추정에 대해서 살펴보자. $\mu_1 - \mu_2$에 대한 100(1-α)% 신뢰구간은 다음과 같이 구할 수 있다.

$$\left((\overline{x} - \overline{y}) - t(m+n-2, \alpha/2)\sqrt{S_p^2(\frac{1}{m} + \frac{1}{n})}\ ,\ (\overline{x} - \overline{y}) + t(m+n-2, \alpha/2)\sqrt{S_p^2(\frac{1}{m} + \frac{1}{n})}\right)$$

다음은 모평균 차이에 대한 가설검정을 살펴보자.

1) 가설

① H0 : $\mu_1 = \mu_2$ ② H0 : $\mu_1 = \mu_2$ ③ H0 : $\mu_1 = \mu_2$
H1 : $\mu_1 > \mu_2$ H1 : $\mu_1 < \mu_2$ H1 : $\mu_1 \neq \mu_2$

2) 유의수준 α

3) 검정통계량

$$T_0 = \frac{(\overline{X}-\overline{Y})}{\sqrt{S_p^2(\frac{1}{m}+\frac{1}{n})}} \sim t(m+n-2)$$

4) 기각영역

H1 : $\mu_1 > \mu_2$: $T_0 \geq t(m+n-2,\alpha)$
H1 : $\mu_1 < \mu_2$: $T_0 \leq -t(m+n-2,\alpha)$
H1 : $\mu_1 \neq \mu_2$: $|T_0| \geq t(m+n-2,\alpha/2)$

5) p-값

H1 : $\mu_1 > \mu_2$: p($T \geq T_0$)
H1 : $\mu_1 < \mu_2$: p($T \leq T_0$)
H1 : $\mu_1 \neq \mu_2$: 2P($T \geq |T_0|$)

6) T_0가 4)번 영역에 속하거나 혹은 p-값 $\leq\alpha$ 이면 유의수준 α에서 귀무가설을 기각 한다. 그리고 결과를 해석한다.

식물학자가 A 꽃의 품종을 분류하기 위해서 2가지 품종의 A 꽃을 각각 20개 씩 추출하여 꽃잎의 길이를 측정하였다. 측정된 데이터를 이용하여 두 가지 품종의 평균 꽃잎의 길이가 차이가 있는지 통계적 추론을 실시 해보자. 단 두 품종의 꽃잎의 길이의 분포는 분산이 같은 정규분포를 따른다.

두 표본이 서로 독립일 때 두 모평균의 차이에 대한 구간추정-소표본-정규모집단-분산을 모르지만 $\sigma_1^2 = \sigma_2^2 = \sigma^2$ 인 경우

```
print("[Out 14]: 두 모평균의 차이에 대한 구간추정(정규모집단,소표본, varx=vary=var₩
      미지인 경우):₩n")
def interval_estimation_two_equal(x,y,alpha):
    Meanx = np.mean(x)
    Meany = np.mean(y)
    varx = np.var(x,ddof=1)
    vary = np.var(y,ddof=1)
    m = len(x)
    n = len(y)
    df = m+n-2
    sp = math.sqrt(((m-1)*varx+(n-1)*vary)/df)
    Std_error =sp*math.sqrt((1/m)+(1/n))
    t_alpha_half = scstats.t.ppf(1-alpha/2,df)
    Std_error_bd = t_alpha_half*Std_error
    LB = (Meanx-Meany) - Std_error_bd
    UB = (Meanx-Meany) + Std_error_bd
    print("(x_bar, y_bar):({:.4f},{:.4f}), (x_var, y_var):({:.4f},{:.4f})₩n₩
sp:{:.4f}, 95% 신뢰구간:({:.4f},{:.4f})".format(Meanx,Meany,varx,vary,sp,LB,UB))
data1 = np.array([5.9, 6.1, 5.4, 6.2, 5.7, 5.1, 5.6, 6.2, 6.1, 5.3,
```

```
                6.2, 5.8, 6.1, 6.1, 5.3, 6.1, 5.6, 6.7, 6.2, 5.9])
data2 = np.array([5.0, 5.3, 4.5, 5.4, 4.8, 4.2, 4.7, 5.3, 5.2, 4.4,
                5.3, 5.0, 5.2, 5.2, 4.4, 5.2, 4.7, 5.8, 5.4, 5.0])
x = data1
y = data2
alpha=0.05
interval_estimation_two_equal(x,y,alpha)
```

출력결과

[Out 14]:두 모평균의 차이에 대한 구간추정(정규모집단,소표본, $\sigma_1^2=\sigma_2^2=\sigma^2$ 미지인 경우):
(x_bar, y_bar):(5.8800,5.0000), (x_var, y_var):(0.1596,0.1695), sp:0.4056,
95% 신뢰구간:(0.6203,1.1397)

두 모평균의 차 $\mu_1-\mu_2$에 대한 100(1-α)% 신뢰구간을 구하는 함수 interval_estimation_two_equal 함수를 만들고, 이 함수를 이용해서 신뢰구간을 구하고 결과를 [Out 14]에 출력하였다. 모평균 $\mu_1-\mu_2$에 대한 95% 신뢰구간은 (0.6203, 1.1397)이다. 두 품종의 꽃의 평균 꽃잎 길이의 차가 0.6203과 1.1387사이에 있을 가능성이 95%라고 기대할 수 있다.

두 표본이 서로 독립일 때 두 모평균의 차이에 대한 가설 검정-소표본-정규모집단-분산을 모르지만 $\sigma_1^2=\sigma_2^2=\sigma^2$ 인 경우

```
print("[Out 15]: 두 모평균의 차이에 대한 검정(정규모집단,소표본, varx=vary=var₩
    미지인 경우):₩n")
def t_test_ind_equal_var(x,y,alpha,alter):
    m=len(x)
    n=len(y)
    df=m+n-2
    t0, pvalue=scstats.ttest_ind(x,y,equal_var=True)
    if alter == 'less':
        p_value = scstats.t.cdf(t0,df)
        if p_value <= alpha:
            print("t0={:.4f},p_value={:.4f}, result={}".format(t0,p_value,'reject'))
        else:
            print("t0={:.4f},p_value={:.4f}, result={}".format(t0,p_value, 'accept'))
    if alter == 'greater':
        p_value = 1-scstats.t.cdf(t0,df)
        if p_value <= alpha:
            print("t0={:.4f},p_value:{:.4f}, result:{}".format(t0,p_value, 'reject'))
        else:
            print("t0={:.4f},p_value:{:.4f}, result:{}".format(t0,p_value, 'accept'))
    if alter == 'two.sided':
        p_value = pvalue
        if p_value <= alpha:
            print("t0={:.4f},p_value:{:.4f}, result:{}".format(t0,p_value, 'reject'))
        else:
            print("t0={:.4f},p_value:{:.4f}, result:{}".format(t0,p_value, 'accept'))
data1 = np.array([5.9, 6.1, 5.4, 6.2, 5.7, 5.1, 5.6, 6.2, 6.1, 5.3,
```

```
                    6.2, 5.8, 6.1, 6.1, 5.3, 6.1, 5.6, 6.7, 6.2, 5.9])
data2 = np.array([5.0, 5.3, 4.5, 5.4, 4.8, 4.2, 4.7, 5.3, 5.2, 4.4,
                    5.3, 5.0, 5.2, 5.2, 4.4, 5.2, 4.7, 5.8, 5.4, 5.0])
x = data1
y = data2
alpha, alter = 0.05, 'greater'
t_test_ind_equal_var(x,y,alpha,alter)
```

출력결과

[Out 15]: 두 모평균의 차이에 대한 검정(정규모집단,소표본, $\sigma_1^2=\sigma_2^2=\sigma^2$ 미지인 경우):
t0=6.8606, p_value:0.0000, result:reject

유의수준 α100%에서 두 모평균의 차에 대해 t_검정을 할 수 있는 함수 t_test_ind_equal_var를 만들고, 이 함수를 이용하여 가설검정을 실시하였다. scipy.stats 모듈에서 두 표본이 독립일 때 두 모평균 차이에 대한 t_검정을 할 수 있는 함수 ttest_ind 함수를 제공하고 있다. 이때 ttest_ind 함수의 인수 equal_var=True로 설정한다. 그러나 이 함수는 양측검정에 대한 p-값만 반환한다. 따라서 ttest_ind 함수를 이용하여 검정통계량 값 t_0를 구하고 t_0를 이용하여 단측검정에 대한 p-값을 구할 수 있도록 t_test_ind_equal_var 함수를 만들었다. t_test_ind_equal_var를 이용해서 검정한 결과를 [Out 15]에 출력하였다. 다음과 같은 과정을 거쳐 두 품종의 꽃의 평균 꽃잎의 길이가 차이가 있다고 할 수 있는지 유의수준 5%에서 검정을 해보자.

1) 가설

$$H_0:\ \mu_1=\mu_2 \quad \text{vs} \quad H_1:\ \mu_1 \neq \mu_2$$

2) 유의수준 0.05

3) 검정통계량

$$T_0=\frac{(\overline{X}-\overline{Y})}{\sqrt{S_p^2(\frac{1}{m}+\frac{1}{n})}}=\frac{5.88-5.0}{0.4056\sqrt{\frac{1}{20}+\frac{1}{20}}}= \ 6.8606(\text{[Out 15]에서 t0})$$

4) p-값

p-값=2p(T≥| T_0 |)=p(T≥6.8606)=3.79852e-08=0.000([Out 15]에서 p_value)

5) p-값=0.000 ≤ α=0.05 이므로 유의수준 5%에서 귀무가설 H_0를 기각한다. 즉 유의수준 5%에서 두 품종의 꽃의 평균 꽃잎의 길이가 차이가 있다고 할 수 있는지 근거가 있다.

두 표본이 서로 독립일 때 두 모평균의 차이에 대한 추정과 가설 검정 - 소표본-정규 모집단-분산을 모르고 $\sigma_1^2 \neq \sigma_2^2$ 인 경우

$X_1, X_2, \cdots, X_m$ 을 모평균이 μ_1, 모표준편차가 σ_1인 정규모집단에서 추출한 확률표본이고, $Y_1, Y_2, \cdots, Y_n$ 을 모평균이 μ_2, 모표준편차가 σ_2인 정규모집단에서 추출한 확률표본이라고 할 때 $\overline{X}-\overline{Y}$ 는 평균이 $\mu_1-\mu_2$ 이고, 분산이 $\frac{\sigma_1^2}{m}+\frac{\sigma_2^2}{n}$ 인 정규분포를 따른다. 따라서

$$Z=\frac{(\overline{X}-\overline{Y})-(\mu_1-\mu_2)}{\sqrt{\frac{\sigma_1^2}{m}+\frac{\sigma_2^2}{n}}} \sim N(0,1)$$

이다. σ_1^2과 σ_2^2 대신 S_1^2과 S_2^2를 대입한 새로운 확률변수 T는 자유도가 df인 t-분포를 따른다. 즉

$$T=\frac{(\overline{X}-\overline{Y})-(\mu_1-\mu_2)}{\sqrt{\frac{S_1^2}{m}+\frac{S_2^2}{n}}} \sim t(df)$$

여기서 자유도 df는 다음과 같다.

$$\text{df}=\frac{(S_1^2/m+S_2^2/n)^2}{\frac{(S_1^2/m)^2}{m-1}+\frac{(S_2^2/n)^2}{n-1}}$$

이다. T의 확률분포를 이용해서 두 모평균의 차이에 대한 통계적 추론을 할 수 있다. 먼저 구간추정에 대해서 살펴보자. $\mu_1-\mu_2$에 대한 100(1-α)% 신뢰구간은 다음과 같이 구할 수 있다.

$$\left((\overline{x}-\overline{y})-t(df,\alpha/2)\sqrt{\frac{S_1^2}{m}+\frac{S_2^2}{n}}\right., \quad \left.(\overline{x}-\overline{y})+t(df,\alpha/2)\sqrt{\frac{S_1^2}{m}+\frac{S_2^2}{n}}\right)$$

다음은 모평균 차이에 대한 가설검정을 살펴보자.

1) 가설

① $H_0 : \mu_1=\mu_2$, $H_1 : \mu_1>\mu_2$ ② $H_0 : \mu_1=\mu_2$, $H_1 : \mu_1<\mu_2$ ③ $H_0 : \mu_1=\mu_2$, $H_1 : \mu_1\neq\mu_2$

2) 유의수준 α

3) 검정통계량

$$T_0=\frac{(\overline{X}-\overline{Y})}{\sqrt{\frac{S_1^2}{m}+\frac{S_2^2}{n}}} \sim t(df)$$

4) 기각영역

$H_1 : \mu_1>\mu_2$: $T_0 \geq t(df,\alpha)$
$H_1 : \mu_1<\mu_2$: $T_0 \leq -t(df,\alpha)$
$H_1 : \mu_1\neq\mu_2$: $|T_0| \geq t(df,\alpha/2)$

5) p-값

$$H_1 : \mu_1 > \mu_2 : p(T \geq T_0)$$
$$H_1 : \mu_1 < \mu_2 : p(T \leq T_0)$$
$$H_1 : \mu_1 \neq \mu_2 : 2P(T \geq |T_0|)$$

6) T_0가 4)번 영역에 속하거나 혹은 p-값 $\leq\alpha$이면 유의수준 α 에서 귀무가설을 기각 한다. 그리고 결과를 해석한다.

A 도시에서 강변에 있는 주택과 그렇지 않은 지역에 있는 주택 가격을 비교해보기 위해서 강변 주택과 그렇지 않은 주택을 각각 20채씩을 추출하여 평균 주택가격을 조사하였다. 이 데이터를 이용하여 강변 주택과 그렇지 않은 주택의 평균 가격을 비교하는 통계적 추론을 해보자. 여기서 주택 가격의 분포는 각각 정규분포를 따르지만 분산은 같다고 할 수 없다.(data1- 강변 주택 자료, data2- 그렇지 않은 주택 자료)

두 표본이 서로 독립일 때 두 모평균의 차이에 대한 구간추정 - 소표본-정규모집단-분산을 모르고 $\sigma_1^2 \neq \sigma_2^2$ 인 경우

```
print("[Out 16]: 두 모평균의 차이에 대한 구간추정(정규모집단,소표본, σ1² ≠ σ2² ₩
      미지인 경우):₩n")
def interval_estimation_two_not_equal(x,y,alpha):
    Meanx = np.mean(x)
    Meany = np.mean(y)
    varx = np.var(x,ddof=1)
    vary = np.var(y,ddof=1)
    m = len(x)
    n = len(y)
    df_n = ((varx/m)+(vary/n))**2
    df_d = ((varx/m)**2/(m-1)) + ((vary/n)**2/(n-1))
    df = math.ceil(df_n/df_d)
    Std_error =math.sqrt((varx/m)+(vary/n))
    t_alpha_half = scstats.t.ppf(1-alpha/2,df)
    Std_error_bd = t_alpha_half*Std_error
    LB = (Meanx-Meany) - Std_error_bd
    UB = (Meanx-Meany) + Std_error_bd
    print("(x_bar, y_bar):({:.4f},{:.4f}), (x_var, y_var):({:.4f},{:.4f})₩n₩
df:{:.4f}, 95% 신뢰구간:({:.4f},{:.4f})".format(Meanx,Meany,varx,vary,df,LB,UB))
data1 = np.array([29.03, 34.34, 16.67, 36.63, 23.49, 19.71, 20.78, 35.51,
                  32.36, 14.88, 35.75, 27.40, 33.46, 32.36, 14.76, 32.58,
                  21.26, 46.72, 36.98, 28.98])
data2 = np.array([22.54, 26.50, 13.29, 28.21, 18.39, 18.10, 16.37, 27.38,
                  25.02, 11.96, 27.55, 21.31, 25.84, 25.02, 11.87, 25.19,
                  16.73, 35.75, 28.48, 22.50])
x = data1
y =data2
alpha = 0.05
interval_estimation_two_not_equal(x,y,alpha)
```

출력결과

[Out 16]: 두 모평균의 차이에 대한 구간추정(정규모집단,소표본, $\sigma_1^2 \neq \sigma_2^2$ 미지인 경우):
(x_bar, y_bar):(28.6825,22.4000), (x_var, y_var):(74.0267,39.8731)
df:35.0000, 95% 신뢰구간:(1.4378,11.1272)

두 모평균의 차 $\mu_1 - \mu_2$ 에 대한 100(1-α)% 신뢰구간을 구하는 함수 interval_estimation_two_not_equal 함수를 만들고, 이 함수를 이용해서 신뢰구간을 구하고 결과를 [Out 16]에 출력하였다. 모평균 $\mu_1 - \mu_2$ 에 대한 95% 신뢰구간은 (1.4378, 11.1272)이다.

두 표본이 서로 독립일 때 두 모평균의 차이에 대한 가설검정 - 소표본-정규모집단-분산을 모르고 $\sigma_1^2 \neq \sigma_2^2$ 인 경우

```
print("[Out 17]: 두 모평균의 차이에 대한 가설검정(정규모집단,소표본, σ1² ≠ σ2² ₩
        미지인 경우):₩n")
def t_test_ind_not_equal_var(x,y,alpha,alter):
    m=len(x)
    n=len(y)
    varx = np.var(x,ddof=1)
    vary = np.var(y,ddof=1)
    df_n = ((varx/m)+(vary/n))**2
    df_d = ((varx/m)**2/(m-1)) + ((vary/n)**2/(n-1))
    df = df_n/df_d
    t0, pvalue=scstats.ttest_ind(x,y,equal_var=False)
    if alter == 'less':
        p_value = scstats.t.cdf(t0,df)
        if p_value <= alpha:
            print("t0={:.4f},p_value={:.4f}, result={}".format(t0,p_value,'reject'))
        else:
            print("t0={:.4f},p_value={:.4f}, result={}".format(t0,p_value, 'accept'))
    if alter == 'greater':
        p_value = 1-scstats.t.cdf(t0,df)
        if p_value <= alpha:
            print("t0={:.4f},p_value:{:.4f}, result:{}".format(t0,p_value, 'reject'))
        else:
            print("t0={:.4f},p_value:{:.4f}, result:{}".format(t0,p_value, 'accept'))
    if alter == 'two.sided':
        p_value = pvalue
        if p_value <= alpha:
            print("t0={:.4f},p_value:{:.4f}, result:{}".format(t0,p_value, 'reject'))
        else:
            print("t0={:.4f},p_value:{:.4f}, result:{}".format(t0,p_value, 'accept'))
data1 = np.array([29.03, 34.34, 16.67, 36.63, 23.49, 19.71, 20.78, 35.51,
                  32.36, 14.88, 35.75, 27.40, 33.46, 32.36, 14.76, 32.58,
                  21.26, 46.72, 36.98, 28.98])
data2 = np.array([22.54, 26.50, 13.29, 28.21, 18.39, 18.10, 16.37, 27.38,
                  25.02, 11.96, 27.55, 21.31, 25.84, 25.02, 11.87, 25.19,
                  16.73, 35.75, 28.48, 22.50])
x = data1
y =data2
```

```
alpha, alter = 0.05, 'greater'
t_test_ind_not_equal_var(x,y,alpha,alter)
```

출력결과

[Out 17]: 두 모평균의 차이에 대한 가설검정(정규모집단,소표본, $\sigma_1^2 \neq \sigma_2^2$ 미지인 경우):
t0=2.6326, p_value:0.0063, result:reject

유의수준 α100%에서 두 모평균의 차에 대해 t_검정을 할 수 있는 함수 t_test_ind_not_equal_var를 만들고, 이 함수를 이용하여 가설검정을 실시하였다. scipy.stats 모듈에서 두 표본이 독립일 때 두 모평균 차이에 대한 t_검정을 할 수 있는 함수 ttest_ind 함수를 제공하고 있다. 이때 ttest_ind 함수의 인수 equal_var= False로 설정한다. 그러나 이 함수는 양측검정에 대한 p-값만 반환한다. 따라서 ttest_ind 함수를 이용하여 검정통계량 값 t_0를 구하고 t_0를 이용하여 단측검정에 대한 p-값을 구할 수 있도록 t_test_ind_not_equal_var 함수를 만들었다. t_test_ind_not_equal_var를 이용해서 검정한 결과를 [Out 17]에 출력하였다. 다음과 같은 과정을 거쳐 강변에 있는 주택 가격이 그렇지 않은 주택 가격보다 높다고 할 수 있는지 유의수준 5%에서 검정을 해보자. 강변 주택의 평균 가격을 μ_1, 그렇지 않은 주택의 평균 가격을 μ_2라고 하자.

1) 가설

$$H_0: \mu_1 = \mu_2 \ \text{ vs } \ H_1: \mu_1 > \mu_2$$

2) 유의수준 0.05

3) 검정통계량

$$T_0 = \frac{(\overline{X} - \overline{Y})}{\sqrt{\frac{S_1^2}{m} + \frac{S_2^2}{n}}} = \frac{28.6825 - 22.40}{\sqrt{\frac{74.0267}{20} + \frac{39.8731}{20}}} = \ 2.6326 \text{([Out 17]에서 t0)}$$

4) p-값

p-값=p(T≥ T_0)=p(T≥2.6326)=0.00623([Out 17]에서 p_value)

5) p-값=0.00623 ≤ α=0.05 이므로 유의수준 5%에서 귀무가설 H_0를 기각한다. 즉 유의수준 5%에서 강변 주택의 평균가격이 그렇지 않은 주택 가격 보다 더 높다고 할 수 있는 근거가 있다.

두 표본이 쌍체(짝진)표본일 때 두 모평균의 차이에 대한 추정과 가설 검정

두 모평균의 차이에 대한 통계적 추론을 실시할 때 표본을 쌍으로 짝을 지어서 관측해야만 하는 경우가 있다. 예를 들어 식이요법이 체중 감량에 도움을 주는지를 검토하기 위해서 같은 사람에 대해서 식이요법 전후의 체중을 측정해야만 체중감량에 영향을 주는 다른 요인을 최소화 할 수 있다. 즉 서로 다른 사람에 대해서 식의 요법 전후의 체중을 독립적으로 측정한다면 다른 요인에 의해서 체중이 감소할 수도 있다. 예를 운동량, 건강상태 등 여러 가지 요인이 있을 수 있다. 쌍으로 짝진 표본은 다음과 같이 나타낼 수 있다.

쌍 번호	1	2	3	4	…	n
모집단 I(μ_1)	X_1	X_2	X_3	X_4	…	X_n
모집단 II(μ_2)	Y_1	Y_2	Y_3	Y_4	…	Y_n
$D_i = X_i - Y_i$	D_1	D_2	D_3	D_4	…	D_n

$$\overline{D} = \frac{\sum_{i=1}^{n} D_i}{n} = \overline{X} - \overline{Y}, \quad S_D^2 = \frac{\sum_{i=1}^{n} (D_i - \overline{D})^2}{n-1}$$

이다. $D_1, D_2, \cdots, D_n$ 을 모평균이 μ_D, 모분산이 σ_D^2인 정규모집단에서 추출한 랜덤표본이라면

$$\overline{D} \sim N(\mu_D, \frac{\sigma_D^2}{n})$$

이므로

$$Z = \frac{\overline{D} - (\mu_1 - \mu_2)}{\sigma_D / \sqrt{n}} \sim N(0,1)$$

이다. 따라서

$$T = \frac{\overline{D} - (\mu_1 - \mu_2)}{S_D / \sqrt{n}} \sim t(n-1)$$

이분포를 사용하여 쌍체표본에 대한 통계적 추론을 실시한다. $\mu_1 - \mu_2$ 에 대한 100(1-α)% 신뢰구간은 다음과 같이 구할 수 있다.

$$(\bar{d} - t(n-1, \alpha/2)\frac{S_D}{\sqrt{n}}, \ \bar{d} + t(n-1, \alpha/2)\frac{S_D}{\sqrt{n}})$$

다음은 모평균 차이에 대한 가설검정을 살펴보자.

1) 가설

① $H_0 : \mu_1 = \mu_2$ ② $H_0 : \mu_1 = \mu_2$ ③ $H_0 : \mu_1 = \mu_2$

$H_1 : \mu_1 > \mu_2$ $H_1 : \mu_1 < \mu_2$ $H_1 : \mu_1 \neq \mu_2$

2) 유의수준 α

3) 검정통계량

$$T = \frac{\overline{D}}{S_D/\sqrt{n}} \sim t(n-1)$$

4) 기각영역

$$H_1 : \mu_1 > \mu_2 \ : \ T_0 \ge t(n-1,\alpha)$$
$$H_1 : \mu_1 < \mu_2 \ : \ T_0 \le -t(n-1,\alpha)$$
$$H_1 : \mu_1 \ne \mu_2 \ : \ |T_0| \ge t(n-1,\alpha/2)$$

5) p-값

$$H_1 : \mu_1 > \mu_2 \ : \ p(T \ge T_0)$$
$$H_1 : \mu_1 < \mu_2 \ : \ p(T \le T_0)$$
$$H_1 : \mu_1 \ne \mu_2 \ : \ 2P(T \ge |T_0|)$$

6) T_0가 4)번 영역에 속하거나 혹은 p-값 $\le \alpha$이면 유의수준 α에서 귀무가설을 기각 한다. 그리고 결과를 해석한다.

운동 센터에서 체중 조절을 위한 새로운 프로그램을 개발 하였다. 프로그램의 효과를 검토하기 위해서 임의로 20명을 추출하여 프로그램에 참여 하기 전에 몸무게를 측정하고, 프로그램 참여 3개월 후에 몸무게를 측정하였다. 이 데이터를 이용하여 운동 프로그램이 효과가 있다고 할 수 있는지 통계적 추론을 실시해보자. 단 운동 전 후의 몸무게의 차이는 정규분포로 가정한다. 프로그램 참여 전 평균 체중 μ_1, 참여 후 평균 체중 μ_2라고 하자. (data1-참가 전 체중, data2-참가 후 체중)

두 표본이 쌍체(짝진)표본 일 때 두 모평균의 차이에 대한 구간(정규모집단)

```
print("[Out 18]: 두 모평균의 차이에 대한100(1-alpha)% 신뢰구간(정규모집단-쌍체표본):₩n")
def interval_estimation_t_pair(x,y,alpha):
    d = x - y
    Mean = np.mean(d)
    sigma = np.std(d,ddof=1)
    n = len(d)
    Std_error = sigma/math.sqrt(n)
    t_alpha_half = scstats.t.ppf(1-alpha/2,n-1)
    Std_error_bd = t_alpha_half*Std_error
    LB = Mean - Std_error_bd
    UB = Mean + Std_error_bd
    print("표본평균:{:.4f},표본표준편차:{:.4f},표준오차:{:.4f},₩n95% 신뢰구간:₩
({:.4f},{:.4f})".format(Mean,sigma, Std_error,LB,UB))
data1 = np.array([82.4, 83.4, 77.9, 82.9, 81.6, 83.0, 82.1, 74.2, 76.9,
                  83.6, 75.0, 80.7, 91.1, 88.4, 88.1, 76.7, 80.2, 74.4,
                  90.4,83.9])
```

```
data2 = np.array([80.2, 75.0, 72.0, 76.7, 74.2, 79.5, 81.6, 81.7, 80.7,
                  80.2, 78.2, 73.9, 81.9 ,74.4, 73.1, 82.7, 70.2, 80.1,
                  84.5,78.6])
x, y = data1, data2
alpha = 0.05
interval_estimation_t_pair(x,y,alpha)
```

출력결과

```
[Out 18]: 두 모평균의 차이 대한 100(1-alpha)% 신뢰구간(정규모집단-쌍체표본):
표본평균:3.8750, 표본표준편차:6.4537, 표준오차:1.4431,
95% 신뢰구간: (0.8546,6.8954)
```

두 모평균의 차 $\mu_1-\mu_2$에 대한 100(1-α)% 신뢰구간을 구하는 함수 interval_estimation_t_pair 함수를 만들고, 이 함수를 이용해서 신뢰구간을 구하고 결과를 [Out 18]에 출력하였다. 모평균 $\mu_1-\mu_2$에 대한 95% 신뢰구간은 (0.8546, 6.8954)이다.

두 표본이 쌍체(짝진)표본 일 때 두 모평균의 차이에 대한 검정(정규모집단)

```
print("[Out 19]: 두 모평균의 차이 대한 검정(정규모집단-쌍체표본):₩n")
def t_test_pair(x,y,alpha,alter):
    n=len(y)
    df= n-1
    t0, pvalue=scstats.ttest_rel(x,y)
    if alter == 'less':
        p_value = scstats.t.cdf(t0,df)
        if p_value <= alpha:
            print("t0={:.4f},p_value={:.4f}, result={}".format(t0,p_value,'reject'))
        else:
            print("t0={:.4f},p_value={:.4f}, result={}".format(t0,p_value, 'accept'))
    if alter == 'greater':
        p_value = 1-scstats.t.cdf(t0,df)
        if p_value <= alpha:
            print("t0={:.4f},p_value:{:.4f}, result:{}".format(t0,p_value, 'reject'))
        else:
            print("t0={:.4f},p_value:{:.4f}, result:{}".format(t0,p_value, 'accept'))
    if alter == 'two.sided':
        p_value = pvalue
        if p_value <= alpha:
            print("t0={:.4f},p_value:{:.4f}, result:{}".format(t0,p_value, 'reject'))
        else:
            print("t0={:.4f},p_value:{:.4f}, result:{}".format(t0,p_value, 'accept'))
data1 = np.array([82.4, 83.4, 77.9, 82.9, 81.6, 83.0, 82.1, 74.2, 76.9,
                  83.6, 75.0, 80.7, 91.1, 88.4, 88.1, 76.7, 80.2, 74.4,
                  90.4,83.9])
data2 = np.array([80.2, 75.0, 72.0, 76.7, 74.2, 79.5, 81.6, 81.7, 80.7,
                  80.2, 78.2, 73.9, 81.9 ,74.4, 73.1, 82.7, 70.2, 80.1,
                  84.5,78.6])
x, y = data1, data2
alpha,alter = 0.05, 'greater'
```

```
t_test_pair(x,y,alpha,alter)
```

출력결과

[Out 19]: 두 모평균의 차이 대한 검정(정규모집단-쌍체표본):
t0=2.6852, p_value:0.0073, result:reject

쌍체표본에 대해 유의수준 α100%에서 두 모평균의 차에 대해 t_검정을 할 수 있는 함수 t_test_pair를 만들고, 이 함수를 이용하여 가설검정을 실시하였다. scipy.stats 모듈에서 쌍체표본 일 때 두 모평균 차이에 대한 t_검정을 할 수 있는 함수 ttest_rel 함수를 제공하고 있다. 그러나 이 함수는 양측검정에 대한 p-값만 반환한다. 따라서 ttest_rel 함수를 이용하여 검정통계량 값 t_0를 구하고 t_0를 이용하여 단측검정에 대한 p-값을 구할 수 있도록 t_test_pair 함수를 만들었다. t_test_pair를 이용해서 검정한 결과를 [Out 19]에 출력하였다. 다음과 같은 과정을 거쳐 운동 프로그램이 체중 조절에 영향을 준다고 할 수 있는지 검정을 해보자. 참가 전 평균 체중을 μ_1, 참가 후 평균 체중을 μ_2라고 하자.

1) 가설

$$H_0:\ \mu_1 = \mu_2 \ \text{ vs } \ H_1:\ \mu_1 > \mu_2$$

2) 유의수준 0.05

3) 검정통계량

$$T = \frac{\overline{D}}{S_D/\sqrt{n}} = \frac{3.8750}{6.4537/\sqrt{20}} = 2.6852\text{([Out 19]에서 t0 값)}$$

4) p-값

p-값=p(T≥ T_0)=p(T≥2.6852)=0.0073([Out 19]에서 p_value)

5) p-값=0.0073 ≤ α=0.05 이므로 유의수준 5%에서 귀무가설 H_0를 기각한다. 즉 유의수준 5%에서 운동 프로그램은 체중을 감량하는데 영향을 미친다고 할 수 있는 근거가 있다.

4.5 일원배치법

두 개 이하의 모집단 평균에 대한 통계적 추론방법을 앞에서 알아보았다. 그럼 여기서는 세 개 이상의 모집단 평균에 대한 통계적 추론방법을 살펴보자. 어떤 요인에 대한 반응치가 요인의 여러 조건(수준)에 따라 차이가 나는지에 대한 관심을 가질 수 있다. 예를 들어 네 종류의 자동차의 평균 연비를 비교한다든지, 어떤 화학약품의 합성공정에서 온도에 따라 수율을 비교하거나, 제조공정에 따른 생산성 비교 등이 연구 목적인 경우가 많다. 여러 제조공정의 생산성을 비교하기 위해서 실험을 한 결과 생산성의 차이를 보였다면 이 차이가 제조공정에 의한 차이 인지 다른 요인 때문에 생긴 차이인지를 확실히 알 수가 없다. 예를 들어 작업자의 능력의 차이일 수도 있다. 관심 있는 속성의 각 수준에서 반응치를 정확하게 비교하려면 각 수준에서 실험 조건이 동일해야 한다. 관심 있는 속성이 한 개인 경우에 요인의 각 수준에서 실험 조건을 동일하게하기 위한 실험방법으로 일원배치법을 사용한다. 확률화의 원칙에 따라 실험을 실시해서 얻은 반응치를 이용하여 인자의 각 수준에 따라 반응치가 차이가 있는지를 조사하는 분석방법을 일원배치법이라 한다. 인자의 각 수준에서 랜덤하게 실험을 실시하는 방법을 확률화의 원칙이라 한다. 예를 들어 네 가지 제조공정(P1, P2, P3, P4)에 4명을 할당해서 생산성을 조사할 수 있다. 하지만 이런 경우에는 작업자의 능력이 생산성에 영향을 미칠 수 있다. 그러므로 제조공정에 따른 생산성 차이를 비교하기 위해서는 각 공정에서 반복실험을 실시해야한다. 따라서 한 공정에 각각 4명씩의 작업자를 할당하여 실험을 실시하려고 한다. 즉 각 공정에서 4회 반복실험을 하는 결과와 같다. 그래서 총 실험 횟수는 16회이다. 각 실험단위에 1-16까지 번호를 붙인다. 그리고 작업자 16명에게 랜덤하게 1번부터 16번까지 번호를 하나 선택하게 한다. 1, 2, 3, 4번을 선택한 작업자는 P1공정, 5, 6, 7, 8번을 선택한 작업자는 P2공정, 9, 10, 11, 12번을 선택한 작업자는 P3공정, 13, 14, 15, 16번을 선택한 작업자는 P4 공정에 할당해서 실험을 실시한다. 이러한 실험 원칙이 확률화의 원칙이다.

일원배치법

반응치에 영향을 미치는 요인이 한 개인 경우에 실시하는 분석법이 일원배치법이다. 목적은 각 수준에서 반응치의 모평균을 비교하는 것이다. i-번째 수준의 j-번째 관측값을 y_{ij}라고하면, y_{ij}에 대해 다음과 같은 모형을 생각할 수 있다.

$$y_{ij} = \mu_i + \epsilon_{ij},\ i = 1,2,3,\ \cdots,k\ ,\ j = 1,2,3,\ \cdots,r$$

여기서 μ_i는 각 수준에서 반응값의 모평균, ϵ_{ij} 오차항으로 평균이 0, 분산이 σ^2인 정규분포로 가정한다. 각 수준의 반응값의 모평균이 같은지를 검정해보자.

1) 가설

H_0: $\mu_1 = \mu_2 = \cdots = \mu_k$

H_1: H_0가 아님.

2) 유의수준 α

3) 검정통계량

$$F_0 = \frac{MST}{MSE} \sim F(k-1, kr-1)$$

① 제곱합(변동분해)

$$\sum_{i=1}^{k}\sum_{j=1}^{r}(y_{ij} - \bar{y})^2 = \sum_{i=1}^{k}\sum_{j=1}^{r}(\bar{y}_{i}\,. - \bar{y})^2 + \sum_{i=1}^{k}\sum_{j=1}^{r}(y_{ij} - \bar{y}_{i}\,.)^2$$

여기서 $\bar{y}_{i}\,. = \frac{\sum_{j=1}^{r} y_{ij}}{r}$, $\bar{y} = \frac{\sum_{i=1}^{k}\sum_{j=1}^{r} y_{ij}}{kr}$ 이다.

그리고 $\sum_{i=1}^{k}\sum_{j=1}^{r}(y_{ij} - \bar{y})^2$:총제곱합이라 하고 SSTO로 나타낸다.

$\sum_{i=1}^{k}\sum_{j=1}^{r}(\bar{y}_{i}\,. - \bar{y})^2$:처리제곱합이라 하고 SST로 나타낸다.

마지막으로 $\sum_{i=1}^{k}\sum_{j=1}^{r}(y_{ij} - \bar{y}_{i}\,.)^2$:잔차제곱합이라 하고 SSE로 나타낸다.

② 제곱합의 자유도

SSTO의 자유도=kr-1, SST의 자유도=k-1, SSE의 자유도 = k(r-1)

③ 평균제곱(=제곱합/자유도)

$$MST = \frac{SST}{k-1}\ ,\ MSE = \frac{SSE}{k(r-1)}$$

4) 기각영역

$$F_0 \geq F(k-1, r(k-1), \alpha)$$

5) p-값

p-값=P($F \geq F_0$)

6) F_0가 기각영역에 속하거나, p-값≤α이면, 귀무가설을 기각한다.

이러한 과정을 다음과 같은 표로 정리한 것을 분산분석표라고 한다.

요인	제곱합	자유도	평균제곱	F-값	p-값
처리	SST	k-1	MST	F_0	$P(F \geq F_0)$
잔차	SSE	k(r-1)	MSE		
계	SSTO	kr-1			

4가지 운동 프로그램(T1, T2, T3, T4)의 효과를 비교하기 위해서 16명의 지원자를 랜덤하게 4그룹으로 4명씩 나누고, 각 그룹에 4가지 운동 프로그램을 2개월 동안 실행한 후 체중 감소량을 조사하였다. 이 데이터를 이용하여 운동 프로그램에 따른 체중 감소량이 차이가 있는지를 검정해보자. scipy.stats 모듈의 f_oneway()함수를 이용하는 방법과 statsmodels 모듈의 ols().fit()함수와 stats.anova_lm()함수를 사용하는 방법을 설명하겠다.

분산분석(일원배치법)

```
import scipy.stats as scstats
print("[Out 20]: 일원배치법-분산분석:₩n")
T1 = np.array([7.7, 6.4, 6.9, 8.2])
T2 = np.array([8.7, 7.4, 7.9, 9.2])
T3 = np.array([5.7, 4.4, 4.9, 6.2])
T4 = np.array([6.7, 5.4, 5.9, 7.2])
F_statistics, p_Value = scstats.f_oneway(T1,T2,T3,T4)
print(F_statistics)
print(p_Value)
```

출력결과

```
[Out 20]: 일원배치법-분산분석:
F-통계량:10.3093
p_value:0.0012
```

모듈 scipy.stats에서 제공하는 f_oneway()함수를 이용해서 F-통계량과 p_value를 구하였다. 결과를 [Out 20]에 출력하였다. 이 결과를 이용해서 유의수준 5%에서 4가지 운동 프로그램의 효과를 비교하는 검정을 해보자. 각 수준의 평균 체중 감소량을 $\mu_i, i=1,2,3,4$ 이라고 하자.

1) 가설

$H_0 : \mu_1 = \mu_2 = \mu_3 = \mu_4$ vs H_1: 적어도 한 개 이상의 μ_i는 나머지와 다르다.

2) 유의수준 $\alpha = 0.05$

3) 검정통계량

F=10.3093([Out 20]에서 F-통계량)

4) p-값

p_value=0.0012([Out 20]에서 p_value)

5) p_값: 0.0012 ≤ $\alpha = 0.05$이므로 유의수준 5%에서 귀무가설을 기각한다. 즉 유의수준 5%에서 운동 프로그램의 종류가 체중 감량에 영향을 미친다고 할 수 있는 근거가 있다.

분산분석(일원배치법): 분산분석표 작성

```
import statsmodels.api as sma
from statsmodels.formula.api import ols
print("[Out 21]: 분산분석용 데이터 형태:₩n")
T1 = np.array([7.7, 6.4, 6.9, 8.2])
T2 = np.array([8.7, 7.4, 7.9, 9.2])
T3 = np.array([5.7, 4.4, 4.9, 6.2])
T4 = np.array([6.7, 5.4, 5.9, 7.2])
group = np.array(['T1','T1','T1','T1','T2','T2','T2','T2',
                  'T3','T3','T3','T3','T4','T4','T4','T4'])
t = np.array([7.7, 6.4, 6.9, 8.2,
              8.7, 7.4, 7.9, 9.2,
              5.7, 4.4, 4.9, 6.2,
              6.7, 5.4, 5.9, 7.2])
data = {'group':group,
        'weight':t}
df_data = pd.DataFrame(data)
print(df_data)
model = ols('weight ~ group',
            data=df_data).fit()
anova_table = sma.stats.anova_lm(model, typ=2)
print("[Out 22]: 분산분석표:₩n")
print("==================분산분석표==================₩n",anova_table)
print("=============================================")
```

출력결과

```
[Out 21]: 분산분석용 자료의 형태:
   group  weight
0     T1     7.7
1     T1     6.4
2     T1     6.9
3     T1     8.2
4     T2     8.7
5     T2     7.4
6     T2     7.9
7     T2     9.2
8     T3     5.7
9     T3     4.4
10    T3     4.9
11    T3     6.2
12    T4     6.7
13    T4     5.4
14    T4     5.9
15    T4     7.2
[Out 22]: 분산분석표:
==================분산분석표==================
          sum_sq    df          F   PR(>F)
group      20.00   3.0  10.309278  0.00122
Residual    7.76  12.0        NaN      NaN
=============================================
```

statsmodels.formula.api 모듈의 ols().fit() 함수를 이용해서 모형을 적합하고, statsmodels.api 모듈의 stats.anova_lm() 함수를 사용해서 분산분석법 일원배치법을 실시하였다. 그리고 그 결과를 [Out 22]에 출력하였다. [Out 21]에 출력된 분산분석용 데이터 형태로 만들기 위해서 데이터프레임 df_data를 만들었다. ols().fit()를 사용해서 모형을 적합하고, 그 결과를 이용해서 분산분석표를 만든다. 이 결과를 이용해서 운동 프로그램의 효과를 비교하는 검정을 해보자.

1) 가설

   $H_0 : \mu_1 = \mu_2 = \mu_3 = \mu_4$ vs H_1: 적어도 한 개 이상의 μ_i는 나머지와 다르다.

2) 유의수준 $\alpha = 0.05$

3) 검정통계량([Out 22])

   ① 제곱합

   SST=20, SSE=7.76, SSTO=SST+SSE=27.76

   ② 자유도

   SST의 자유도(df_T): 3, SSE의 자유도(df_E): 12

   ③ 평균제곱

   MST=SST/df_T=20/3=6.667, MSE=SSE/df_E=7.76/12=0.647

   ④ F값

   F=MST/MSE=6.667/0.647=10.309

   ⑤ p_값

   p_value=0.0012

4) p_값: 0.0012 ≤ $\alpha = 0.05$이므로 유의수준 5%에서 귀무가설을 기각한다. 즉 유의수준 5%에서 운동 프로그램의 종류가 체중 감량에 영향을 미친다고 할 수 있는 근거가 있다.

분산분석에서 각 운동 프로그램의 종류에 따라 평균체중 감량이 차이가 있다는 결론을 얻었다. 그 다음 모수에 대한 추론에 대해서 알아보자.

분산분석 후 각 수준의 모평균 μ_i에 대한 100(1-α)% 신뢰구간:

$\epsilon_{ij} \sim N(0, \sigma^2)$ 이면, $y_{ij} \sim N(\mu_i, \sigma^2)$ 이므로 $\bar{y}_i . \sim N(\mu_i, \sigma^2/r)$ 이다. 따라서

$$T = \frac{\bar{y}_i . - \mu_i}{\sqrt{\frac{MSE}{r}}} \sim t(n-k)$$

이다. 여기서 n=kr, k: 수준 수, r: 각 수준의 반복수이다. 따라서 μ_i에 대한 100(1-α)% 신뢰구간은 다음과 같이 구할 수 있다.

$$\left(\bar{y}_{i\cdot} - t(n-k,\alpha/2)\sqrt{\frac{MSE}{r}}\ ,\ \bar{y}_{i\cdot} + t(n-k,\alpha/2)\sqrt{\frac{MSE}{r}}\ \right)$$

분산분석 후 각 수준의 모평균 μ_i에 대한 100(1-α)%신뢰구간:

```
print("[Out 23]: 각 수준의 모평균에 대한 신뢰구간:₩n")
import statsmodels.api as sma
from statsmodels.formula.api import ols
model = ols('weight ~ group',data=df_data).fit()
anova_table = sma.stats.anova_lm(model, typ=2)
def interval_estimation_anova(x,alpha):
    Mean = np.mean(x)
    r = len(x)
    df = anova_table.loc['Residual','df']
    SSE =  anova_table.loc['Residual','sum_sq']
    MSE = SSE/df
    Std_error=math.sqrt(MSE/r)
    t_alpha_half = scstats.t.ppf(1-alpha/2,df)
    Std_error_bd = t_alpha_half*Std_error
    LB = Mean - Std_error_bd
    UB = Mean + Std_error_bd
    print("y_bar:{:.4f},SSE:{:.4f},df:{:.4f},MSE:{:.4f},Std_error:{:.4f},₩n95% 신뢰구간:₩
({:.4f},{:.4f})".format(Mean,SSE, df,MSE,Std_error,LB,UB))
for i,j in zip([T1, T2, T3, T4],["T1","T2","T3","T4"]):
    x=i
    alpha=0.05
    print("수준 {}의 모평균에 대한 95% 신뢰구간:".format(j))
    interval_estimation_anova(x,alpha)
    print("=========================================================")
```

출력결과

```
[Out 23]: 각 수준의 모평균에 대한 신뢰구간:
 수준 T1의 모평균에 대한 95% 신뢰구간:
 y_bar:7.3000,SSE:7.7600,df:12.0000,MSE:0.6467,Std_error:0.4021,
 95% 신뢰구간: (6.4239,8.1761)
=================================================================
 수준 T2의 모평균에 대한 95% 신뢰구간:
 y_bar:8.3000,SSE:7.7600,df:12.0000,MSE:0.6467,Std_error:0.4021,
 95% 신뢰구간: (7.4239,9.1761)
=================================================================
 수준 T3의 모평균에 대한 95% 신뢰구간:
 y_bar:5.3000,SSE:7.7600,df:12.0000,MSE:0.6467,Std_error:0.4021,
 95% 신뢰구간: (4.4239,6.1761)
=================================================================
 수준 T4의 모평균에 대한 95% 신뢰구간:
 y_bar:6.3000,SSE:7.7600,df:12.0000,MSE:0.6467,Std_error:0.4021,
 95% 신뢰구간: (5.4239,7.1761)
=================================================================
```

각 수준의 모평균의 μ_i에 대한 100(1-α)% 신뢰구간을 구하는 함수 interval_estimation_anova 함수를 만들고, 이 함수를 이용해서 신뢰구간을 구하고 결과를 [Out 23]에 출력하였다. 모평균 μ_1에 대한 95% 신뢰구간은 (6.4239, 8.1761), μ_2에 대한 95% 신뢰구간은 (7.4239, 9.1761), μ_3에 대한 95% 신뢰구간은 (4.4239, 6.1761), μ_4에 대한 95% 신뢰구간은 (5.4239, 7.1761)이다. 여기서 df, SSE, MSE는 데이터프레임 anova_table에 있는 값이다.

분산분석 후 각 수준의 모평균 $\mu_i - \mu_j$에 대한 100(1-α)% 신뢰구간:

$\mu_i - \mu_j$에 대한 100(1-α)% 신뢰구간은 다음과 같이 구할 수 있다.

$$\left((\bar{y}_i. - \bar{y}_j.) - t(n-k, \alpha/2)\sqrt{MSE(\frac{1}{r}+\frac{1}{r})}\ ,\ (\bar{y}_i. - \bar{y}_j.) + t(n-k, \alpha/2)\sqrt{MSE(\frac{1}{r}+\frac{1}{r})}\right)$$

분산분석 후 각 수준의 모평균 $\mu_i - \mu_j$에 대한 100(1-α)%신뢰구간:

```
print("[Out 24]: 각 수준의 모평균의 차이에 대한 신뢰구간:₩n")
model = ols('weight ~ group', data=df_data).fit()
anova_table = sma.stats.anova_lm(model, typ=2)
def interval_estimation_diff_anova(x,y,alpha):
    Mean_1 = np.mean(x)
    Mean_2 = np.mean(y)
    m = len(x)
    n = len(y)
    df = anova_table.loc['Residual','df']
    SSE =  anova_table.loc['Residual','sum_sq']
    MSE = SSE/df
    Std_error=math.sqrt(MSE*((1/m)+(1/n)))
    t_alpha_half = scstats.t.ppf(1-alpha/2,df)
    Std_error_bd = t_alpha_half*Std_error
    LB = (Mean_1-Mean_2) - Std_error_bd
    UB = (Mean_1-Mean_2) + Std_error_bd
    print("y1_bar:{:.4f},y2_bar:{:.4f},SSE:{:.4f},df:{:.4f},MSE:{:.4f},₩
std_error:{:.4f}₩n95% 신뢰구간:({:.4f},{:.4f}):"
          .format(Mean_1,Mean_2,SSE, df,Std_error,MSE,LB,UB))
for i,p in zip([T1,T2,T3,T4],["T1","T2","T3","T4"]):
  for j,q in zip([T1,T2,T3,T4],["T1","T2","T3","T4"]):
    x, y=i, j
    alpha=0.05
    if p!=q:
      print("수준 {}-수준 {}의 모평균의 차이에 대한 95% 신뢰구간:".format(p,q))
      interval_estimation_diff_anova(i,j,alpha)
      print("==================================================")
```

출력결과

```
[Out 24]: 각 수준의 모평균의 차이에 대한 신뢰구간:
```

```
수준 T1-수준 T2의 모평균의 차이에 대한 95% 신뢰구간:
y1_bar:7.3000,y2_bar:8.3000,SSE:7.7600,df:12.0000,MSE:0.6467,std_error:0.5686
95% 신뢰구간:(-2.2389,0.2389):
==================================================================
수준 T1-수준 T3의 모평균의 차이에 대한 95% 신뢰구간:
y1_bar:7.3000,y2_bar:5.3000,SSE:7.7600,df:12.0000,MSE:0.6467,std_error:0.5686
95% 신뢰구간:(0.7611,3.2389):
==================================================================
수준 T1-수준 T4의 모평균의 차이에 대한 95% 신뢰구간:
y1_bar:7.3000,y2_bar:6.3000,SSE:7.7600,df:12.0000,MSE:0.6467,std_error:0.5686
95% 신뢰구간:(-0.2389,2.2389):
==================================================================
수준 T2-수준 T1의 모평균의 차이에 대한 95% 신뢰구간:
y1_bar:8.3000,y2_bar:7.3000,SSE:7.7600,df:12.0000,MSE:0.6467,std_error:0.5686
95% 신뢰구간:(-0.2389,2.2389):
==================================================================
수준 T2-수준 T3의 모평균의 차이에 대한 95% 신뢰구간:
y1_bar:8.3000,y2_bar:5.3000,SSE:7.7600,df:12.0000,MSE:0.6467,std_error:0.5686
95% 신뢰구간:(1.7611,4.2389):
==================================================================
수준 T2-수준 T4의 모평균의 차이에 대한 95% 신뢰구간:
y1_bar:8.3000,y2_bar:6.3000,SSE:7.7600,df:12.0000,MSE:0.6467,std_error:0.5686
95% 신뢰구간:(0.7611,3.2389):
==================================================================
수준 T3-수준 T1의 모평균의 차이에 대한 95% 신뢰구간:
y1_bar:5.3000,y2_bar:7.3000,SSE:7.7600,df:12.0000,MSE:0.6467,std_error:0.5686
95% 신뢰구간:(-3.2389,-0.7611):
==================================================================
수준 T3-수준 T2의 모평균의 차이에 대한 95% 신뢰구간:
y1_bar:5.3000,y2_bar:8.3000,SSE:7.7600,df:12.0000,MSE:0.6467,std_error:0.5686
95% 신뢰구간:(-4.2389,-1.7611):
==================================================================
수준 T3-수준 T4의 모평균의 차이에 대한 95% 신뢰구간:
y1_bar:5.3000,y2_bar:6.3000,SSE:7.7600,df:12.0000,MSE:0.6467,std_error:0.5686
95% 신뢰구간:(-2.2389,0.2389):
==================================================================
수준 T4-수준 T1의 모평균의 차이에 대한 95% 신뢰구간:
y1_bar:6.3000,y2_bar:7.3000,SSE:7.7600,df:12.0000,MSE:0.6467,std_error:0.5686
95% 신뢰구간:(-2.2389,0.2389):
==================================================================
수준 T4-수준 T2의 모평균의 차이에 대한 95% 신뢰구간:
y1_bar:6.3000,y2_bar:8.3000,SSE:7.7600,df:12.0000,MSE:0.6467,std_error:0.5686
95% 신뢰구간:(-3.2389,-0.7611):
==================================================================
수준 T4-수준 T3의 모평균의 차이에 대한 95% 신뢰구간:
y1_bar:6.3000,y2_bar:5.3000,SSE:7.7600,df:12.0000,MSE:0.6467,std_error:0.5686
95% 신뢰구간:(-0.2389,2.2389):
==================================================================
```

각 수준의 모평균의 차 $\mu_i - \mu_j$에 대한 100(1-α)% 신뢰구간을 구하는 함수 interval_ estimation_diff_anova 함수를 만들고, 이 함수를 이용해서 모평균 차이에 대한 신뢰구간을 구하고 결과를 [Out 24]에 출력하였다. 모평균 $\mu_1 - \mu_2$ 에 대한 95% 신뢰구간은 (-2.2389, 0.2389)이다. 분산분석에서 가설이 기각되면 각 수준간의 평균차이 검정을 통해서 각 수준의 평균을 비교한다. 이러한 검정을 다중비교라고 한다. 다중비교 방법에는 최소유의검정(least significant different test:LCD)과 Tukey 방법 등 여러 가지가 있다. 여기서는 최소유의방법만 소개하겠다.

분산분석 후 각 수준의 모평균에 대한 차이 검정(다중비교):

$$\bar{y}_{i.} - \bar{y}_{j.} \geq t(n-k, \alpha/2)\sqrt{MSE(\frac{1}{r}+\frac{1}{r})}$$

이면 두 모평균은 차이가 있다고 할 수 있다. 이때 $t(n-k, \alpha/2)\sqrt{MSE(\frac{1}{r}+\frac{1}{r})}$ 를 최소유의차(LSD)라고 한다.

분산분석 후 각 수준의 모평균에 대한 차이 검정(다중비교):

```
print("[Out 25]: 최소유의차 검정:₩n")
model = ols('weight ~ group',data=df_data).fit()
anova_table = sma.stats.anova_lm(model, typ=2)
def LSD(x,y,alpha):
    Mean_1 = np.mean(x)
    Mean_2 = np.mean(y)
    m = len(x)
    n = len(y)
    df = anova_table.loc['Residual','df']
    SSE = anova_table.loc['Residual','sum_sq']
    MSE = SSE/df
    Std_error=math.sqrt(MSE*((1/m)+(1/n)))
    t0 = (Mean_1-Mean_2)/Std_error
    p_value = 2*(1-scstats.t.cdf(abs(t0),df))
    if p_value <= alpha:
            print("t0={:.4f},p_value:{:.4f}, result:{}".format(t0,p_value, 'reject'))
    else:
            print("t0={:.4f},p_value:{:.4f}, result:{}".format(t0,p_value, 'accept'))
for i,p in zip([T1,T2,T3,T4],["T1","T2","T3","T4"]):
    for j,q in zip([T1,T2,T3,T4],["T1","T2","T3","T4"]):
        x, y=i, j
        alpha=0.05
        if p!=q:
          print("수준 {}-수준 {}의 모평균의 차이에 대한 LSD 검정:".format(p,q))
          LSD(i,j,alpha)
          print("==================================================")
```

출력결과

```
[Out 25]: 최소유의차 검정:
수준 T1-수준 T2의 모평균의 차이에 대한 LSD 검정:
t0=-1.7586,p_value:0.1041, result:accept
```

```
==================================================================
수준 T1-수준 T3의 모평균의 차이에 대한 LSD 검정:
t0=3.5173,p_value:0.0042, result:reject
==================================================================
수준 T1-수준 T4의 모평균의 차이에 대한 LSD 검정:
t0=1.7586,p_value:0.1041, result:accept
==================================================================
수준 T2-수준 T1의 모평균의 차이에 대한 LSD 검정:
t0=1.7586,p_value:0.1041, result:accept
==================================================================
수준 T2-수준 T3의 모평균의 차이에 대한 LSD 검정:
t0=5.2759,p_value:0.0002, result:reject
==================================================================
수준 T2-수준 T4의 모평균의 차이에 대한 LSD 검정:
t0=3.5173,p_value:0.0042, result:reject
==================================================================
수준 T3-수준 T1의 모평균의 차이에 대한 LSD 검정:
t0=-3.5173,p_value:0.0042, result:reject
==================================================================
수준 T3-수준 T2의 모평균의 차이에 대한 LSD 검정:
t0=-5.2759,p_value:0.0002, result:reject
==================================================================
수준 T3-수준 T4의 모평균의 차이에 대한 LSD 검정:
t0=-1.7586,p_value:0.1041, result:accept
==================================================================
수준 T4-수준 T1의 모평균의 차이에 대한 LSD 검정:
t0=-1.7586,p_value:0.1041, result:accept
==================================================================
수준 T4-수준 T2의 모평균의 차이에 대한 LSD 검정:
t0=-3.5173,p_value:0.0042, result:reject
==================================================================
수준 T4-수준 T3의 모평균의 차이에 대한 LSD 검정:
t0=1.7586,p_value:0.1041, result:accept
==================================================================
```

최소유의차검정(LSD)방법은 t-검정을 이용한다. 각 수준의 모평균의 차를 검정할 수 있는 함수 LSD를 만들고 이 함수를 이용해서 각 수준의 모평균의 차를 검정하고 결과를 [Out 25]에 출력하였다. μ_1과 μ_2는 유의수준 5%에서 차이가 없고, μ_1과 μ_3는 유의수준 5%에서 차이가 있고, μ_1과 μ_4는 유의수준 5%에서 차이가 없다. 다른 수준에 대해서도 [Out 25]에서 결과를 확인할 수 있다. ols().fit()함수는 여러 가지 요약통계를 제공한다.

ols().fit()함수에서 반환하는 여러 가지 요약통계:

```
print("[Out 26]: ols().fit()가 반환하는 값:₩n")
print("SSE의 자유도₩n",model.df_resid)
print("MSE₩n",model.mse_resid)
print("MST₩n",model.mse_model)
```

```
print("F-값\n",model.fvalue)
print("p-값\n",model.f_pvalue)
print("신뢰구간\n",model.conf_int(0.05))
print("t-검정에 대한 p-값\n", model.pvalues)
print("요약통계\n",model.summary())
```

출력결과

```
[Out 26]: ols().fit()가 반환하는 값:
SSE의 자유도: 12.0,  MSE: 0.646666666667
MST: 6.66666666667, F-값: 10.3092783505
p-값: 0.00121988609591
신뢰구간
                     0          1
Intercept     6.423947   8.176053
group[T.T2]  -0.238925   2.238925
group[T.T3]  -3.238925  -0.761075
group[T.T4]  -2.238925   0.238925
t-검정에 대한 p-값:
Intercept      4.302429e-10
group[T.T2]    1.040903e-01
group[T.T3]    4.244769e-03
group[T.T4]    1.040903e-01
dtype: float64

요약통계:
                            OLS Regression Results
==============================================================================
Dep. Variable:                 weight   R-squared:                       0.720
Model:                            OLS   Adj. R-squared:                  0.651
Method:                 Least Squares   F-statistic:                     10.31
Date:                Tue, 22 May 2018   Prob (F-statistic):            0.00122
Time:                        15:15:26   Log-Likelihood:                -16.914
No. Observations:                  16   AIC:                             41.83
Df Residuals:                      12   BIC:                             44.92
Df Model:                           3
Covariance Type:            nonrobust
==============================================================================
                 coef    std err          t      P>|t|      [0.025      0.975]
------------------------------------------------------------------------------
Intercept      7.3000      0.402     18.156      0.000       6.424       8.176
group[T.T2]    1.0000      0.569      1.759      0.104      -0.239       2.239
group[T.T3]   -2.0000      0.569     -3.517      0.004      -3.239      -0.761
group[T.T4]   -1.0000      0.569     -1.759      0.104      -2.239       0.239
==============================================================================
Omnibus:                        6.718   Durbin-Watson:                   1.968
Prob(Omnibus):                  0.035   Jarque-Bera (JB):                1.604
Skew:                           0.000   Prob(JB):                        0.449
Kurtosis:                       1.449   Cond. No.                         4.79
==============================================================================
```

ols().fit()함수는 여러 가지 통계량을 반환한다. 이러한 통계량을 [Out 26]에 출력하였다. 결과를 살펴보면 df_resid는 잔차의 자유도, mse_resid는 잔차의 평균제곱, mse_model은 처리의 평균제곱, fvalue는 F-값, f_pvalue는 F-검정의 p-값, conf_int()은 μ_1에 대한 95% 신뢰구간, $\mu_2 - \mu_1$ 에 대한 95% 신뢰구간, $\mu_3 - \mu_1$ 에 대한 95% 신뢰구간, $\mu_4 - \mu_1$ 에 대한 95% 신뢰구간을 반환한다. pvalue는 최소유의검정의 p-값을 반환한다. 즉 $H_0 : \mu_1 = \mu_2$ vs $H_0 : \mu_1 \neq \mu_2$ 에 대한 p-값, $H_0 : \mu_1 = \mu_3$ vs $H_0 : \mu_1 \neq \mu_3$ 에 대한 p-값, $H_0 : \mu_1 = \mu_4$ vs $H_0 : \mu_1 \neq \mu_4$ 에 대한 p-값을 반환한다. summary()는 모델에 대한 여러 가지 통계량을 나타낸다. 모형의 적합도를 측정하는 통계량인 결정계수(R-squared), 수정된 결정계수(Adj. R-squared), F-값(F-statistic), p_값(Prob (F-statistic)), Log-Likelihood, AIC, BIC 값을 제공한다. 각 수준의 모평균 차이에 대한 신뢰구간과 검정통계량 값, p-값을 제공한다. 이외에도 다른 통계량을 제공한다.

SECTION 5. 선형회귀 분석

목표변수가 입력변수들에 의해서 어떻게 변하는지를 예측하기 위해서 관측된 데이터에 적합한 모형을 찾아서 분석하는 방법이 회귀분석이다. 목표변수에 영향을 주는 변수를 입력변수라 하고, 입력변수로부터 영향을 받는 변수를 목표변수라 한다. 목표변수에 영향을 주는 입력변수가 한 개인 경우를 단순회귀분석이라 하고, 두 개 이상인 경우를 다중회귀분석이라 한다. 목표변수와 입력변수가 선형관계인 경우 선형회귀분석이라 한다. 여기서 선형회귀분석에 대해서 알아보자.

5.1 단순선형회귀모형

단순선형회귀모형

단순선형회귀모형은 목표변수에 영향을 주는 입력변수가 한 개이고, 두 변수의 관계가 선형관계인 경우이다. 먼저 두 변수에 대한 산점도를 작성하고 두 변수의 관계를 가장 잘 나타낼 수 있는 함수로 모형을 설정한다. 단순선형회귀모형은 다음과 같이 정의된다.

$$y_i = \alpha + \beta x_i + \epsilon_i \ , i = 1, 2, \cdots, n$$

여기서 y_i: 목표변수, x_i: 입력변수, α와 β는 회귀계수로 추정되어야 할 모수이다. ϵ_i은 오차항으로 평균이 0이고, 분산은 σ^2인 정규분포를 따른다. 그리고 서로 독립이다. 단순선형회귀모형에서 회귀계수를 추정하기 위해서 일반적으로 최소제곱법을 이용한다.

최소제곱법

단순선형회귀모형에서 회귀계수를 추정하기 위해서 일반적으로 최소제곱법을 이용한다. 최소제곱법에 의해서 추정된 α와 β의 추정량 $\hat{\alpha}$와 $\hat{\beta}$을 최소제곱추량이라 한다. α와 β의 최소제곱추량 $\hat{\alpha}$와 $\hat{\beta}$은 다음과 같은 오차제곱합을 최소화한 α와 β이다.

$$Q=\sum_{i=1}^{n}\epsilon_i^2=\sum_{i=1}^{n}(y_i-\alpha-\beta x_i)^2$$

$\hat{\alpha}$와 $\hat{\beta}$은 Q를 편미분해서 얻을 수 있다. 그 결과는 다음과 같다.

$$\hat{\beta}=\frac{\sum_{i=1}^{n}(x_i-\bar{x})(y_i-\bar{y})}{\sum_{i=1}^{n}(x_i-\bar{x})^2}\ ,\ \hat{\alpha}=\bar{y}-\hat{\beta}\bar{x}$$

입력 변수 x_i에 대해서 목표변수 y_i는 $\hat{y_i}=\hat{\alpha}+\hat{\beta}x_i$ 로 예측할 수 있다. 이때 $\hat{y_i}=\hat{\alpha}+\hat{\beta}x_i$ 를 추정된 회귀직선이라 한다.

단순선형회귀모형 추정:

```
x = scstats.randint.rvs(10,50,size=20,random_state=1234)
y = 9 + 1.4*x + scstats.norm.rvs(0,5,size=20,random_state=1234)
print("[Out 27]:산점도:₩n")
plt.scatter(x,y)
slope, intercept, r_value, p_value, std_err= scstats.linregress(x,y)
print("[Out 28]: slope:{:.4f}, intercept:{:.4f}, r_value:{:.4f}, p_value:{:.4f}₩
        std_err:{:.4f}".format(slope, intercept, r_value, p_value, std_err))
yhat = intercept + slope*x
print("[Out 29] 선형회귀모형")
print("intercept:{:.4f}, slope:{:.4f}".format(intercept,slope))
print("yhat = {:.4f}+{:.4f}x".format(intercept,slope))
y_yhat = {'x':x,
          'y':y,
          'yhat':yhat}
df_y_yhat =pd.DataFrame(y_yhat)
df_y_yhat['residual']=df_y_yhat.y-df_y_yhat.yhat
print("[Out 30]:관측값-추정치-잔차:₩n{}".format(df_y_yhat))
print("[Out 31]:추정된 회귀직선을 나타낸 산점도:₩n")
fig, sub = plt.subplots(1, 1)
sub.scatter(x,y, label='obs')
sub.plot(x, yhat, 'r', label='fitted line')
sub.legend()
plt.show()
```

출력결과

[Out 27]:산점도:

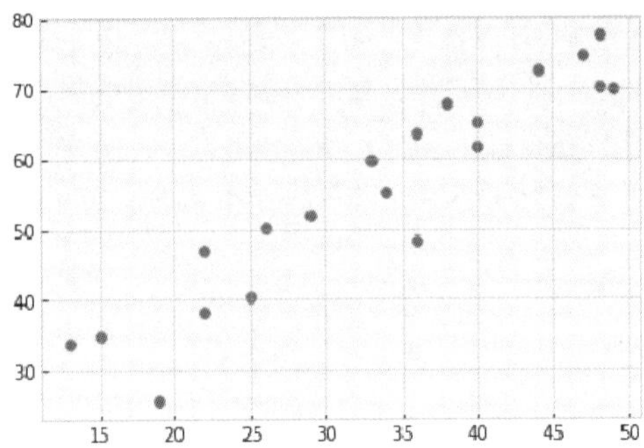

[Out 28]: slope:1.2622, intercept:13.5182, r_value:0.9384, p_value:0.0000
std_err:0.1095

[Out 29] 선형회귀모형

intercept:13.5182, slope:1.2622

yhat = 13.5182+1.2622x

[Out 30]:관측값-추정치-잔차:

	x	y	yhat	residual
0	29	51.957176	50.122240	1.834936
1	48	70.245122	74.104194	-3.859073
2	22	46.963535	41.286783	5.676752
3	34	55.036741	56.433280	-1.396540
4	25	40.397056	45.073407	-4.676351
5	33	59.635815	55.171072	4.464743
6	36	63.697942	58.957697	4.740245
7	40	61.817382	64.006529	-2.189147
8	40	65.078482	64.006529	1.071953
9	36	48.186575	58.957697	-10.771121
10	38	67.950179	61.482113	6.468066
11	15	34.959730	32.451326	2.508404
12	26	50.166621	46.335615	3.831005
13	19	25.493726	37.500158	-12.006432
14	22	38.129613	41.286783	-3.157169
15	47	74.810592	72.841986	1.968606
16	44	72.627267	69.055362	3.571905
17	48	77.645460	74.104194	3.541265
18	13	33.805791	29.926909	3.878882
19	49	69.865472	75.366402	-5.500930

[Out 31]:추정된 회귀직선을 나타낸 산점도:

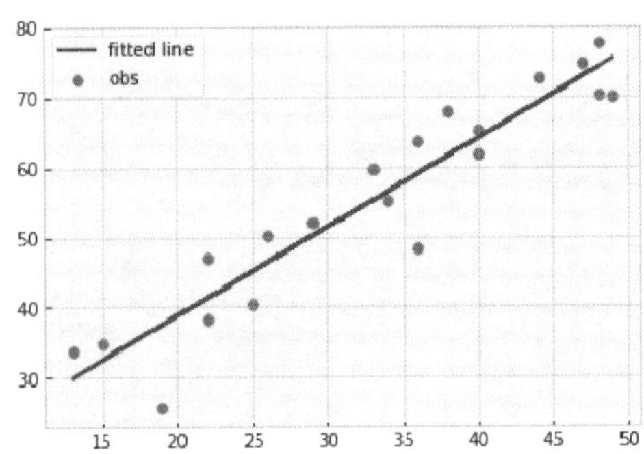

난수를 발생시켜 임의로 만든 데이터를 이용하여 단순선형회귀모형을 추정해보자. randint.rvs()와 norm.rvs()를 이용하여 임의로 데이터를 만들고 두 데이터를 산점도로 나타내었다. 결과는 [Out 27]에 출력하였다. 산점도에서 두 변수는 선형관계를 나타내고 있다. 두 변수의 관계를 단순선형회귀모형으로 가정하고 회귀계수를 α와 β를 추정하였다. 모듈 scipy.stats에서 제공하는 linregress()함수를 사용해서 단순선형회귀모형을 추정하였다. 이 함수는 회귀직선의 기울기, 절편, 상관계수, 추정량의 표준오차, 회귀계수 검정에 대한 p-값을 반환한다. linregress()함수를 실행한 결과를 [Out 28]에 출력하였다. 결과를 살펴보면 $\hat{\beta}$=1.2622(slope), $\hat{\alpha}$=13.5182(intercept), 두 변수의 상관계수(r)=0.9384(r_value), p-값=0.0000, 추정량의 표준오차($\sqrt{Var(\hat{\beta})}$)=0.1095(std_err)이다. 따라서 추정된 회귀직선은 $\hat{y_i} = 13.5182 + 1.2622x_i$ 이다. 이 결과가 [Out 29]에 나타나있다. 회귀직선의 기울기는 x의 변화에 따른 y의 변화율을 나타낸다. 즉 x가 한 단위 증가하면 y는 1.2622의 비율로 증가한다. 절편은 $x=0$일 때 y값을 나타낸다. 상관계수는 두 변수의 선형관계의 정도를 나타낸다. 상관계수는 -1과 1사이에 있는 값으로 상관계수가 ± 1에 가까울수록 두 변수가 선형관계가 강하고, 0에 가까울수록 선형관계가 약하다. 상관계수가 + 일 때는 양의 상관, - 일 때는 음의상관을 나타낸다. 양의 상관은 x가 증가하면, y도 증가하는 경우이고, 음의 상관은 x가 증가하면, y는 감소하는 경우이다. 추정량의 표준오차는 추정량의 정밀도(모수와의 오차)를 나타낸다. 표준오차가 작을수록 정밀도가 높다. p-값은 나중에 다시 살펴보자. [Out 30]에는 실제 관측값과 추정된 회귀직선으로 예측한 값 그리고 잔차를 출력하였다. 예를 들어 $x=29$일 때 실제 관측값 $y=51.957176$이다. 추정된 회귀모형을 이용해서 예측한 값은 50.122240이다. 즉 $\hat{y_i} = 13.5182 + 1.2622 \times 29 =$ 50.122240이다. $y_i - \hat{y_i}$을 잔차(residual)라고 한다. $x_i = 29$일 때 잔차는 1.834946(=51.957176 - 50.12224)이다. [Out 31]에서 붉은 직선과 점들의 수직 거리가 잔차를 나타낸다. 잔차가 작을수록 추정된 회귀직선이 실제 데이터를 잘 설명해 주는 것이다.

추정된 회귀직선의 정밀도 측정

주어진 x_i에서 실제 관측값과 추정된 회귀직선으로 예측한 값의 차이를 잔차라고 한다. 즉

$$r_i = y_i - \hat{y_i}, i = 1, 2, \cdots, n$$

을 잔차라고 한다. 잔차가 작을수록 추정된 회귀직선은 실제 데이터에 적합한 모형이다. 따라서 모형의 정밀도를 파악하기 위해서 잔차를 이용한다. 잔차의 합은 항상 0이다. [Out 32]에서 확인

잔차의 합:

```
print("[Out 32]:잔차의 합:{}₩n".format(sum(df_y_yhat.residual)))
```

출력결과

```
[Out 32]:잔차의 합:2.4868995751603507e-14
```

따라서 잔차의 제곱합(SSE)를 이용한다.

$$SSE=\sum_{i=1}^{n}(y_i-\hat{y_i})^2$$

SSE의 자유도는 n-2이다. 따라서 평균제곱(MSE)=SSE/(n-2)이다. MSE를 오차항의 분산 σ^2의 추정량으로 사용한다. 즉 $\widehat{\sigma^2}$= MSE이다. 결국 MSE는 실제 관측값 y_i과 예측값 $\hat{y_i}$의 거리를 나타낸다. 따라서 MSE가 작을수록 추정된 회귀직선은 실제 데이터에 더 적합하다고 할 수 있다. 만약 목표변수 y_i만 고려한다면 평균 $\bar{y}$를 이용해서 y_i를 예측할 것이다. 이때 오차는 $y_i-\bar{y}$이다. $y_i-\bar{y}$를 다음과 같이 나타낼 수 있다.

$$y_i-\bar{y}=(y_i-\hat{y_i})+(\hat{y_i}-\bar{y})$$

여기서 $y_i-\hat{y_i}$는 잔차이고, $\hat{y_i}-\bar{y}$는 x_i를 고려해서 y_i를 예측한 값과 x_i를 고려하지 않고 y_i를 예측한 값의 차이이다. $\hat{y_i}-\bar{y}$값이 클수록 x_i를 고려한 모형이 그렇지 않은 모형보다 예측력이 더 좋다고 할 수 있다. 양변을 제곱하고 모든 관측값에 대해서 합하면 다음과 같은 결과를 얻는다.

$$\sum_{i=1}^{n}(y_i-\bar{y})^2=\sum_{i=1}^{n}(y_i-\hat{y_i})^2+\sum_{i=1}^{n}(\hat{y_i}-\bar{y})^2$$

$\sum_{i=1}^{n}(y_i-\bar{y})^2$을 총제곱합(SSTO), $\sum_{i=1}^{n}(y_i-\hat{y_i})^2$을 잔차제곱합(SSE), $\sum_{i=1}^{n}(\hat{y_i}-\bar{y})^2$을 회귀제곱합(SSR)이라 한다. SSTO는 고정된 값이고, 추정된 회귀직선에 따라서 SSR값과 SSE값이 변한다. SSR이 커지면 SSE가 작아지고, SSR이 작아지면, SSE는 커진다. SSTO에서 SSR이 차지하는 비율을 결정계수라하고 R^2로 나타낸다.

$$R^2=\frac{SSR}{SST}$$

$0\le R^2\le 1$이다. R^2의 값이 1에 가까울수록 추정된 회귀모형이 실제 데이터에 더 적합하다는 의미이다. 결정계수는 표본상관계수의 제곱이다. 다음은 회귀모형의 유의성 검정에 대해서 살펴보자. 즉 기울기 $\beta=0$인지를 검정해보자. $\beta=0$이면 입력변수는 목표변수에 영향을 미치지 못한다는 의미다. 다시 말해서 회귀모형이 유의적이지 못하다는 말이다.

1) 가설

$$H_0:\ \beta=0 \text{ vs } H_1:\ \beta\neq 0$$

2) 유의수준 α

3) 검정통계량

① 제곱합

$$SSTO=\sum_{i=1}^{n}(y_i-\bar{y})^2,\ SSR=\sum_{i=1}^{n}(\hat{y_i}-\bar{y})^2,\ SSE=\sum_{i=1}^{n}(y_i-\hat{y_i})^2$$

② 자유도

SSR의 자유도=1, SSE의 자유도=n-2

③ 평균제곱

MSR=SSR/1, MSE=SSE/(n-2)

$$F_0=\frac{MSR}{MSE}\sim F(1,n-2)$$

4) p-값 = $P(F \geq F_0)$

5) p-값$\leq \alpha$ 이면 가설을 기각한다. 이상을 정리하면 다음과 같은 분산분석표를 얻을 수 있다.

요인	제곱합	자유도	평균제곱	F-값	p-값
회귀(모델)	SSR	1	MSR	F_0	$P(F \geq F_0)$
잔차	SSE	n-2	MSE		
계	SSTO	n-1			

MSE 값이 작고, R^2 값이 1에 가깝고, F_0 값이 크면 추정된 회귀모형의 정밀도가 높다.

추정된 회귀직선의 정밀도 측정

```
print("[Out 33]:결정계수와 분산분석표:")
import statsmodels.api as sma
from statsmodels.formula.api import ols
model = ols('y ~ x',data=df_y_yhat).fit()
anova_table = sma.stats.anova_lm(model, typ=2)
print("==================분산분석표====================₩n",anova_table)
print("=============================================================")
SSE = anova_table.loc['Residual','sum_sq']
SSR = anova_table.loc['x','sum_sq']
SSTO = SSR+SSE
Rsq = SSR/SSTO
print("[Out 34]:R-squared:",Rsq)
print("[Out 35]:MSR:₩n{}".format(model.mse_model))
print("[Out 36]:MSE:₩n{}".format(model.mse_resid))
```

출력결과

```
[Out 33]:결정계수와 분산분석표:
==================분산분석표============================
                sum_sq    df           F        PR(>F)
x          3911.549489   1.0  132.826777  9.640921e-10
Residual    530.073021  18.0         NaN           NaN
========================================================
```

```
[Out 34]:R-squared:
0.8806577957049699
[Out 35]:MSR:
3911.5494892758716
[Out 36]:MSE:
29.44850116810166
```

---

statsmodels.formula.api 모듈의 ols().fit() 함수를 이용해서 모형을 적합하고, statsmodels.api 모듈의 stats.anova_lm() 함수를 사용해서 분산분석표를 출력하였다. 그 결과를 [Out 33]에 출력하였다. 그리고 [Out 34]에 결정계수를 출력하였다. 이 결과를 이용해서 회귀모형의 유의성 검정을 해보자.

1) 가설

$$H_0:\ \beta=0 \ \text{ vs }\ H_1:\ \beta\neq 0$$

2) 유의수준 $\alpha=0.05$

3) 검정통계량([Out 33])

① 제곱합

SSR=3911.55, SSE=530.07, SSTO=SST+SSE=4441.62

② 자유도

SSR의 자유도(df_R)=1, SSE의 자유도(df_E)=18

③ 평균제곱

MSR=SSR/df_R=3911.55, MSE=SSE/df_E=530.07/18=29.45

④ F값

F=MSR/MSE=3911.55/29.45=132.83

⑤ p_값

p_value=0.0000

4) p_값: 0.0000 ≤ $\alpha=0.05$이므로 유의수준 5%에서 귀무가설을 기각한다. 즉 유의수준 5%에서 회귀직선은 유의하다.

[Out 34]에서 결정계수 값이 0.88이다. 이것은 회귀직선이 실제 데이터를 88%정도 설명해준다는 의미이고, [Out 31]의 산점도와 더불어 단순선형회귀모형이 실제 데이터에 적합하다는 의미이다. [Out 35]와 [Out 36]에는 ols().fit()에서 반환하는 결과 중 MSR과 MSE를 출력하였다. ols().fit()함수는 다양한 통계량을 반환한다. 몇 가지 통계량을 살펴보자.

ols.fit()함수에서 반환하는 여러 가지 요약통계:

```
print("ols.fit()의 반환값")
print("[Out 37]:회귀계수:₩n{}".format(model.params))
print("[Out 38]:결정계수:₩n{}".format(model.rsquared))
print("[Out 39]:F-값:₩n{}".format(model.fvalue))
print("[Out 40]:p-값(F-검정):₩n{}".format(model.f_pvalue))
print("[Out 41]:예측값(fittedvalue):₩n{}".format(model.fittedvalues))
print("[Out 42]:잔차:₩n{}".format(model.resid))
```

출력결과

```
ols.fit()의 반환값
[Out 37]:회귀계수:
 Intercept     13.518203
 x              1.262208
 dtype: float64
[Out 38]:결정계수:
 0.8806577957049699
[Out 39]:F-값:
 132.8267767159853
[Out 40]:p-값(F-검정):
 9.640920673673768e-10
[Out 41]:예측값(fittedvalue):
 0     50.122240
 1     74.104194
 2     41.286783
 3     56.433280
 4     45.073407
 5     55.171072
 6     58.957697
 7     64.006529
 8     64.006529
 9     58.957697
 10    61.482113
 11    32.451326
 12    46.335615
 13    37.500158
 14    41.286783
 15    72.841986
 16    69.055362
 17    74.104194
 18    29.926909
 19    75.366402
 dtype: float64
[Out 42]:잔차:
 0      1.834936
 1     -3.859073
 2      5.676752
 3     -1.396540
 4     -4.676351
 5      4.464743
 6      4.740245
 7     -2.189147
```

```
8        1.071953
9      -10.771121
10       6.468066
11       2.508404
12       3.831005
13     -12.006432
14      -3.157169
15       1.968606
16       3.571905
17       3.541265
18       3.878882
19      -5.500930
dtype: float64
```

ols().fit()함수는 다양한 통계치를 제공한다. params는 회귀계수의 LSE값, rsquared는 결정계수 값, fvalue는 회귀모형의 유의성 검정의 F-값, f_pvalue는 F-값에 대한 p-값, fittedvalues는 입력변수 x에 대한 $\hat{y}$ 값, resid는 잔차 값을 반환한다. 이외에도 많은 통계치를 제공한다.

```
summary()
print("[Out 43]:요약통계량:₩n{}".format(model.summary()))
```

출력결과

```
[Out 43]:요약통계량:
                            OLS Regression Results
==============================================================================
Dep. Variable:                      y   R-squared:                       0.881
Model:                            OLS   Adj. R-squared:                  0.874
Method:                 Least Squares   F-statistic:                     132.8
Date:                Thu, 24 May 2018   Prob (F-statistic):           9.64e-10
Time:                        00:29:42   Log-Likelihood:                -61.152
No. Observations:                  20   AIC:                             126.3
Df Residuals:                      18   BIC:                             128.3
Df Model:                           1
Covariance Type:            nonrobust
==============================================================================
                 coef    std err          t      P>|t|      [0.025      0.975]
------------------------------------------------------------------------------
Intercept     13.5182      3.833      3.527      0.002       5.465      21.571
x              1.2622      0.110     11.525      0.000       1.032       1.492
==============================================================================
Omnibus:                        3.799   Durbin-Watson:                   2.315
Prob(Omnibus):                  0.150   Jarque-Bera (JB):                2.735
Skew:                          -0.904   Prob(JB):                        0.255
Kurtosis:                       2.883   Cond. No.                         111.
==============================================================================
```

summary()함수를 이용하면 선형회귀분석에 대한 여러 가지 통계치를 볼 수 있다. SSE의 자유도(Df Residuals), SSR의 자유도(Df Model)이 출력되고, 실제 데이터에 적합한 모형을 선택하는 기준이 되는 여러 가지 통계량, 결정계수(R-squared), 수정된 결정계수(Adj. R-squared), F-값(F-statistic), p-값(Prob(F-statistic)), 로그-우도값(Log-Likelihood), AIC, BIC 값을 제공한다. 결정계수, 수정된 결정계수, F-값 등은 클수록, p-값, AIC, BIC값은 작을수록 회귀모형의 설명력이 뛰어남을 나타낸다. 회귀계수에 대한 추론 통계량을 제공한다. 자세한 내용은 회귀계수의 추론에서 설명할 것이다. 오차항의 독립성을 검정하는 Durbin-Waston 통계량, 데이터가 정규분포의 왜도와 첨도와 일치하는지를 검정하는 JB 통계량과 Omnibus 통계량 등을 제공한다. JB와 Omnibus 통계량은 오차항의 정규성을 검정하는데 사용된다. Prob 값이 0.05보다 크기 때문에 정규분포를 따른다고 할 수 있는 근거가 있다. 그리고 선형회귀모형에서는 몇 가지 기본 가정이 있다. 이러한 가정이 만족하는지는 잔차를 검토해보아야 한다. 단순회귀모형의 타당성을 검토할 때는 위에서 언급한 결정계수, F-값, MSE, AIC 등과 같은 여러 가지 통계치와 더불어 잔차분석을 통하여 종합적으로 검토해야 한다. 그러면 잔차분석에 대해서 살펴보자.

잔차분석

선형회귀분석에는 기본적인 가정이 있다. 먼저 모형이 선형이다. 오차항은 서로 독립이고 평균이 0이고, 분산이 σ^2인 정규분포를 따른다고 가정한다. 이러한 가정을 선형성(모형이 선형), 정규성(오차항이 정규분포), 독립성(오차항이 서로 독립), 등분산성(오차항이 같은 분산 σ^2을 갖는다)이라 한다. 이러한 가정이 만족되지 않으면 최소제곱추정량 이 가장 좋은 추정량이 될 수 없다. 이러한 잔차분석은 잔차와 예측값($\hat{y}$)의 산점도 혹은 잔차와 x_i의 산점도를 이용해서 분석할 수 있다. 이러한 산점도를 잔차그림이라고 한다. 만약 회귀모형이 타탕하고 모든 가정이 만족한다면 잔차그림에서 잔차는 0을 중심으로 완전 랜덤하게 흩어져 있어야한다. 잔차그림의 형태를 보고 어떤 가정이 만족하지 않는 지를 파악한다. 회귀분석의 기본가정을 만족하지 못했을 때 나타나는 몇 가지 잔차그림을 살펴보자.

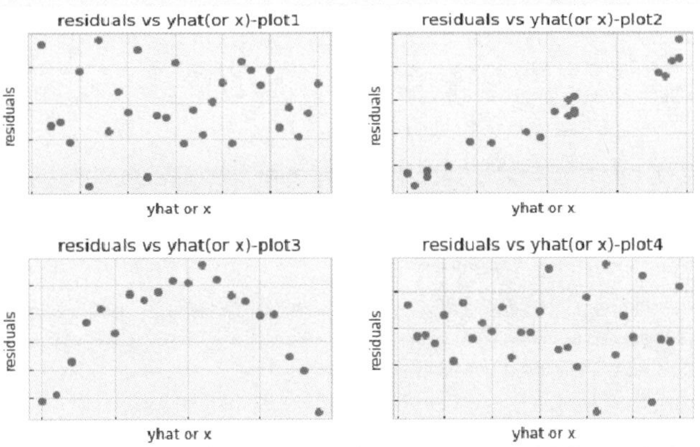

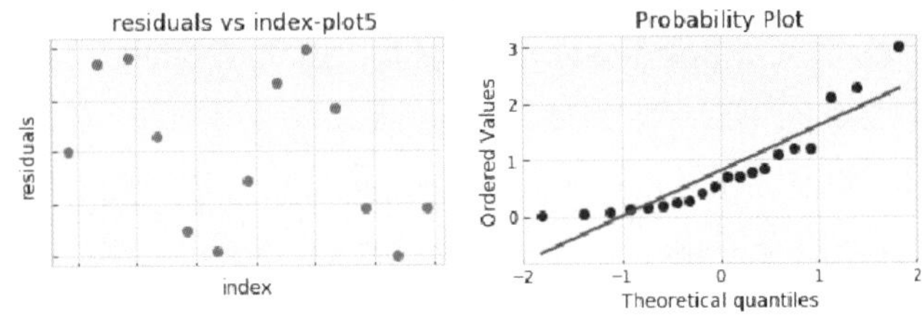

plot1은 모든 가정이 만족하는 경우에 나타나는 그림이다. 이때는 잔차가 0을 중심으로 완전히 랜덤하게 나타난다. plot2의 경우 잔차-$\hat{y}$의 그래프이면 절편이 필요한 모형에서 절편이 빠진 경우, 잔차-x의 그래프이면 다중회귀에서 x_i가 빠진 경우에 나타날 수 있는 형태이다. plot3은 선형모형이 타당하지 않은 경우에 생길 수 있는 형태이다. plot4는 등분산성이 만족하지 않을 때 나타날 수 있는 모양이다. plot5는 오차항의 독립성이 만족되지 않을 때 나타날 수 있다. 잔차의 Q-Q그림(probability plot)에서 점들이 직선을 많이 벗어나기 때문에 정규성 가정이 만족되지 않을 때 이러한 현상이 나타난다.

[Out 33]에서 실시한 회귀분석 결과를 이용하여 잔차분석을 실시해 보자.

잔차분석:

```
print("[Out 44]:잔차분석")
fig, sub = plt.subplots(3,2,figsize=(10,10))
sub1,sub2,sub3,sub4,sub5,sub6 =sub.ravel()
sub1.plot(model.fittedvalues,model.resid,'o')
sub1.set_xlabel('yhat')
sub1.set_ylabel('residuals')
sub1.set_title('residuals vs yhat')
scstats.probplot(model.resid, dist="norm", plot=sub2)
sub2.set_title('Normal Q_Q plot')
model_resid=model.resid
std_resid = model_resid.std(ddof=1)
stand_resid =model_resid/std_resid
sqrt_abs_std_resid = np.sqrt(abs(stand_resid))
sub3.plot(model.fittedvalues,sqrt_abs_std_resid,'o')
sub3.set_xlabel('yhat')
sub3.set_ylabel('sqrt(|standardized residuals|)')
sub3.set_title('sqrt(|standardized residuals|) vs yhat' )
sub4.plot(np.arange(1,len(model_resid)+1), stand_resid, 'o')
sub4.set_xlabel('Observation number')
sub4.set_ylabel('standardized residuals')
sub4.set_title('Index plot of residuals')
sub5.plot(x, stand_resid, 'o')
sub5.set_xlabel('x')
sub5.set_ylabel('standardized residuals')
sub5.set_title('standardized residuals vs x')
sub6.boxplot(stand_resid)
```

```
sub6.set_xlabel('x')
sub6.set_ylabel('standardized residuals')
sub6.set_title('boxplot of standardized residuals')
plt.subplots_adjust(wspace=0.3,hspace=0.4)
plt.show()
```

출력결과

[Out 44]:잔차분석

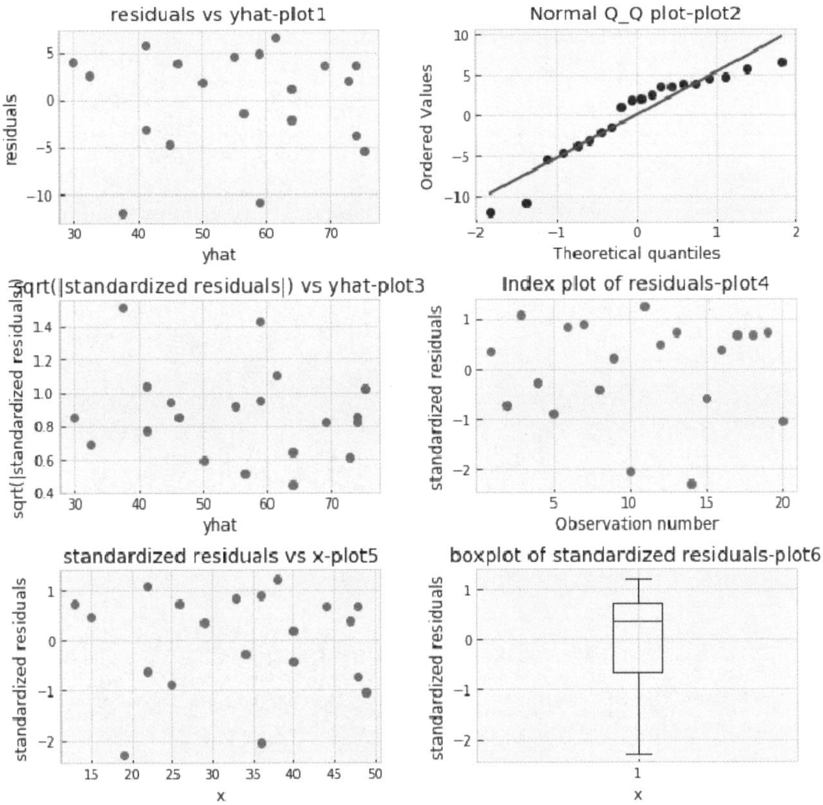

plot1, plot3, plot5에서 잔차그림에서 잔차들이 0을 중심으로 완전히 랜덤하게 나타난 것을 볼 수 있다. 따라서 회귀모형이 타당하다고 할 수 있다. plot2의 Q_Q그림에서도 점들이 직선 가까이에 위치해 있고, index 그림인 plot4에서도 점들이 특별한 패턴을 가지지 않고 랜덤하게 흩어져있다. plot6에 있는 잔차의 상자그림을 통해서 데이터들 사이에 이상치가 존재하지 않는 것을 볼 수 있다. 종합적으로 볼 때 추정된 회귀모형은 주어진 데이터에 적합한 모형이라고 판단할 수 있다. 다음은 회귀계수들에 대한 추론에 대해서 살펴보자.

단순선형회귀에 대한 추론

α와 β의 점추정량은 $\hat{\alpha}$과 $\hat{\beta}$이다. 그리고 $var(\hat{\alpha})$와 $var(\hat{\beta})$는 다음과 같이 주어진다.

$$var(\hat{\alpha}) = \sigma^2(\frac{1}{n}+\frac{\bar{x}^2}{SSX}),\quad var(\hat{\beta}) = \frac{\sigma^2}{SSX}$$

여기서, $SSX=\sum_{i=1}^{n}(x_i-\bar{x})^2$ 이다.

$\hat{\sigma^2}$=MSE를 이용하여 $var(\hat{\alpha})$와 $var(\hat{\beta})$의 점추정량을 다음과 같이 구할 수 있다.

$$\widehat{var}(\hat{\alpha}) = MSE(\frac{1}{n}+\frac{\bar{x}^2}{SSX}),\quad \widehat{var}(\hat{\beta}) = \frac{MSE}{SSX}$$

그리고 점추정량 $\hat{\alpha}$과 $\hat{\beta}$의 표준오차는 다음과 같이 주어진다.

$$\widehat{SE}(\hat{\alpha}) = \sqrt{MSE(\frac{1}{n}+\frac{\bar{x}^2}{SSX})},\quad \widehat{SE}(\hat{\beta}) = \sqrt{\frac{MSE}{SSX}}$$

단순선형회귀모형에서 오차항은 평균이 0, 분산이 σ^2인 정규분포를 따르기 때문에 $\hat{\alpha}$과 $\hat{\beta}$은 다음 사실을 만족한다.

$$\hat{\beta} \sim N(\beta, \frac{\sigma^2}{SSX}),\quad \hat{\alpha} \sim N(\alpha, \sigma^2(\frac{1}{n}+\frac{\bar{x}^2}{SSX}))$$

σ^2 대신 MSE를 사용한 새로운 통계량 T는 자유도가 n-2인 t-분포를 따른다. 즉

$$T=\frac{\hat{\beta}-\beta}{\sqrt{\frac{MSE}{SSX}}} \sim t(n-2),$$

$$T=\frac{\hat{\alpha}-\alpha}{\sqrt{MSE(\frac{1}{n}+\frac{\bar{x}^2}{SSX})}} \sim t(n-2)$$

이다. 따라서 α와 β의 100(1-α)%의 신뢰구간은 다음과 같이 구할 수 있다.

$$(\hat{\alpha}-t(n-2,\alpha/2)\sqrt{MSE(\frac{1}{n}+\frac{\bar{x}^2}{SSX})},\quad \hat{\alpha}+t(n-2,\alpha/2)\sqrt{MSE(\frac{1}{n}+\frac{\bar{x}^2}{SSX})})$$

$$(\hat{\beta}-t(n-2,\alpha/2)\sqrt{\frac{MSE}{SSX}},\quad \hat{\beta}+t(n-2,\alpha/2)\sqrt{\frac{MSE}{SSX}})$$

기울기 β에 대한 검정:

1) 가설

① $H_0 : \beta=\beta_0$ ② $H_0 : \beta=\beta_0$ ③ $H_0 : \beta=\beta_0$

$H_1 : \beta>\beta_0$ $H_1 : \beta<\beta_0$ $H_1 : \beta\neq\beta_0$

2) 유의수준 α

3) 검정통계량

$$T_0 = \frac{\hat{\beta} - \beta_0}{\sqrt{\frac{MSE}{SSX}}} \sim t(n-2)$$

4) 기각영역

H$_1$: $\beta > \beta_0$: $T_0 \geq t(n-2,\alpha)$

H$_1$: $\beta < \beta_0$: $T_0 \leq -t(n-2,\alpha)$

H$_1$: $\beta \neq \beta_0$: $|T_0| \geq t(n-2,\alpha/2)$

5) p-값

H$_1$: $\beta > \beta_0$: p($T \geq T_0$)

H$_1$: $\beta < \beta_0$: p($T \leq T_0$)

H$_1$: $\beta \neq \beta_0$: 2P($T \geq |T_0|$)

6) T_0가 4)번 영역에 속하거나 혹은 p-값 $\leq \alpha$이면 유의수준 α 에서 귀무가설을 기각 한다. 그리고 결과를 해석한다.

기울기 α에 대한 검정:

1) 가설

① H$_0$: $\alpha = \alpha_0$ ② H$_0$: $\alpha = \alpha_0$ ③ H$_0$: $\alpha = \alpha_0$

H$_1$: $\alpha > \alpha_0$ H$_1$: $\alpha < \alpha_0$ H$_1$: $\alpha \neq \alpha_0$

2) 유의수준 α

3) 검정통계량

$$T_0 = \frac{\hat{\alpha} - \alpha_0}{\sqrt{MSE(\frac{1}{n} + \frac{\bar{x}^2}{SSX})}} \sim t(n-2)$$

4) 기각영역

H$_1$: $\alpha > \alpha_0$: $T_0 \geq t(n-2,\alpha)$

H$_1$: $\alpha < \alpha_0$: $T_0 \leq -t(n-2,\alpha)$

H$_1$: $\alpha \neq \alpha_0$: $|T_0| \geq t(n-2,\alpha/2)$

5) p-값

H$_1$: $\alpha > \alpha_0$: p($T \geq T_0$)

H$_1$: $\alpha < \alpha_0$: p($T \leq T_0$)

H$_1$: $\alpha \neq \alpha_0$: 2P($T \geq |T_0|$)

6) T_0가 4)번 영역에 속하거나 혹은 p-값 $\leq \alpha$이면 유의수준 α 에서 귀무가설을 기각 한다. 그리고 결과를 해석한다.

회귀계수의 추론:

```
print("[Out 45]: 회귀계수에 대한 추론")
model = ols('y ~ x',data=df_y_yhat).fit()
```

```
anova_table = sma.stats.anova_lm(model, typ=2)
print(model.summary())
```

출력결과

[Out 45]: 회귀모형 추정

```
                         OLS Regression Results
==================================================================
                coef     std err        t       P>|t|     [0.025     0.975]
------------------------------------------------------------------
Intercept     13.5182    3.833       3.527     0.002     5.465     21.571
x              1.2622    0.110      11.525     0.000     1.032      1.492
==================================================================
```

[Out 45]는 summary()결과 중에서 일부분을 나타낸 것이다. 기울기 β에 대한 추정치 $\hat{\beta}$=1.2622이고, 절편 α에 대한 추정치 $\hat{\alpha}$=13.5182이다. 추정된 회귀직선은 $\hat{y} = 15.5182 + 1.2622x$ 이다. 그리고 $\widehat{SE}(\hat{\beta}) = 0.110$, $\widehat{SE}(\hat{\alpha}) = 3.833$ 이다. α의 95% 신뢰구간 (5.465, 21.571)이고, β의 95% 신뢰구간 (1.032, 1.492)이다. 신뢰수준 95%에서 입력변수가 한 단위 증가했을 때 목표변수는 평균적으로 1.032이상, 1.492이하의 비율로 증가한다고 할 수 있다. 그리고 유의수준 5%에서 회귀직선의 유의성을 실시해보자.

1) 가설

$$H_0 : \beta = 0 \quad \text{vs} \quad H_1 : \beta \neq 0$$

2) 유의수준 0.05

3) 검정통계량

$$T_0 = \frac{\hat{\beta} - \beta_0}{\sqrt{\frac{MSE}{SSX}}} = \frac{\hat{\beta} - 0}{\widehat{SE}(\hat{\beta})} = \frac{1.2622}{0.1095187} = \frac{1.2622}{0.110} = 11.525$$

([Out 45]에서 t열 x에 해당하는 값)

4) p-값

p-값=2p(T(18)≥11.525)=0.000 ([Out 45]에서 p>|t| 열 x에 해당하는 값)

5) p-값=0.000 ≤α=0.05 이므로 귀무가설을 기각한다. 유의수준 5%에서 회귀직선이 유의하다고 할 수 있다.

다음은 절편이 필요한 모형인가를 유의수준 5%에서 검정을 해보자.

1) 가설

$$H_0 : \alpha = 0 \quad \text{vs} \quad H_1 : \alpha \neq 0$$

2) 유의수준 0.05

3) 검정통계량

$$T_0 = \frac{\hat{\alpha} - \alpha_0}{\sqrt{MSE(\frac{1}{n} + \frac{\bar{x}^2}{SSX})}} = \frac{\hat{\alpha} - 0}{\widehat{SE}(\hat{\alpha})} = \frac{13.5182}{3.833} = 3.527$$

([Out 45]에서 t열 intercept에 해당하는 값)

4) p-값

p-값=2p(T(18)≥3.527)=0.002 ([Out 45]에서 p>|t| 열 intercept에 해당하는 값)

5) p-값=0.002 ≤ α=0.05 이므로 귀무가설을 기각한다. 유의수준 5%에서 절편이 0이 아니라고 할 수 있다.

모집단 회귀직선 $\alpha + \beta x$에 대한 추론

X=x_i일 때 $\alpha + \beta x_i$ 의 점추정량 : $\hat{y}_i = \hat{\alpha} + \hat{\beta} x_i$, 그리고 $var(\hat{\alpha} + \hat{\beta} x_i)$ 는 다음과 같이 주어진다.

$$var(\hat{\alpha} + \hat{\beta} x_i) = \sigma^2 (\frac{1}{n} + \frac{(x_i - \bar{x})^2}{SSX})$$

$\hat{\sigma}^2$=MSE를 이용하여 $var(\hat{\alpha} + \hat{\beta} x_i)$ 의 점추정량을 다음과 같이 구할 수 있다.

$$\widehat{var}(\hat{\alpha} + \hat{\beta} x_i) = MSE(\frac{1}{n} + \frac{(x_i - \bar{x})^2}{SSX})$$

그리고 점추정량 $\hat{\alpha} + \hat{\beta} x_i$ 의 표준오차는 다음과 같이 주어진다.

$$\widehat{SE}(\hat{\alpha} + \hat{\beta} x_i) = \sqrt{MSE(\frac{1}{n} + \frac{(x_i - \bar{x})^2}{SSX})}$$

단순선형회귀모형에서 오차항은 평균이 0, 분산이 σ^2인 정규분포를 따르기 때문에 $\hat{\alpha} + \hat{\beta} x_i$ 은 다음 사실을 만족한다.

$$\hat{\alpha} + \hat{\beta} x_i \sim N(\alpha + \beta x_i, \sigma^2 (\frac{1}{n} + \frac{(x_i - \bar{x})^2}{SSX}))$$

σ^2 대신 MSE를 사용한 새로운 통계량 T는 자유도가 n-2인 t-분포를 따른다. 즉

$$T = \frac{(\hat{\alpha} + \hat{\beta} x_i) - (\alpha + \beta x_i)}{\sqrt{MSE(\frac{1}{n} + \frac{(x_i - \bar{x})^2}{SSX})}} \sim t(n-2)$$

이다.

따라서 $\alpha + \beta x_i$ 의 100(1-α)%의 신뢰구간은 다음과 같이 구할 수 있다.

$$((\hat{\alpha} + \hat{\beta} x_i) - t(n-2, \alpha/2) \sqrt{MSE(\frac{1}{n} + \frac{(x_i - \bar{x})^2}{SSX})} \quad ,$$

$$(\hat{\alpha} + \hat{\beta} x_i) + t(n-2, \alpha/2) \sqrt{MSE(\frac{1}{n} + \frac{(x_i - \bar{x})^2}{SSX})} \quad)$$

$\alpha+\beta x_i$ 에 대한 검정을 실시해보자.

1) 가설

① $H_0: \alpha+\beta x=\alpha+\beta x_i$ ② $H_0: \alpha+\beta x=\alpha+\beta x_i$

$H_1: \alpha+\beta x>\alpha+\beta x_i$ $H_1: \alpha+\beta x<\alpha+\beta x_i$

③ $H_0: \alpha+\beta x=\alpha+\beta x_i$

$H_1: \alpha+\beta x\neq\alpha+\beta x_i$

2) 유의수준 α

3) 검정통계량

$$T_0=\frac{(\hat{\alpha}+\hat{\beta}x_i)-(\alpha+\beta x_i)}{\sqrt{MSE(\frac{1}{n}+\frac{(x_i-\bar{x})^2}{SSX})}}\sim t(n-2)$$

4) 기각영역

$H_1: \alpha+\beta x>\alpha+\beta x_i$: $T_0\geq t(n-2,\alpha)$

$H_1: \alpha+\beta x<\alpha+\beta x_i$: $T_0\leq -t(n-2,\alpha)$

$H_1: \alpha+\beta x\neq\alpha+\beta x_i$: $|T_0|\geq t(n-2,\alpha/2)$

5) p-값

$H_1: \alpha+\beta x>\alpha+\beta x_i$: $p(T\geq T_0)$

$H_1: \alpha+\beta x<\alpha+\beta x_i$: $p(T\leq T_0)$

$H_1: \alpha+\beta x\neq\alpha+\beta x_i$: $2P(T\geq |T_0|)$

6) T_0가 4)번 영역에 속하거나 혹은 p-값 $\leq\alpha$ 이면 유의수준 α에서 귀무가설을 기각 한다. 그리고 결과를 해석한다.

단순선형회귀 분석:

```
print("[Out 46]: 단순선형 회귀분석")
def reg_infer(x,y,xi,alpha):
    n = len(x)
    data = {'x':x,
            'y':y}
    df =pd.DataFrame(data)
    model = ols('y ~ x',data=df).fit()
    anova_table = sma.stats.anova_lm(model, typ=2)
    print("===================분산분석표=================₩n",anova_table)
   print("=====================================================")
   print(model.summary())
   print("Out 47:predict in data:₩ n{}".format(model.fittedvalues))
   new_pred=model.predict(exog=dict(x=xi))
   print("[Out 48]:predict in new_data:₩n{}".format(new_pred))
   ssx=sum((x-np.mean(x))**2)
   t = scstats.t.ppf(1-alpha/2,n-2)
   mse = model.mse_resid
   x0 = {'xi':xi}
   df_x0 = pd.DataFrame(x0)
```

```
    df_x0['new_pred']=new_pred
    df_x0['xi_xbar_sq']=(((df_x0.xi-np.mean(x))**2)/ssx)+(1/n)
    df_x0['std_err'] = t*np.sqrt(df_x0.xi_xbar_sq*mse)
    df_x0['lu'] = df_x0.new_pred - df_x0.std_err
    df_x0['uu'] = df_x0.new_pred + df_x0.std_err
    print("[Out 49]:모회귀모형의 신뢰구간:₩n{}".format(df_x0))
    print("[Out 50]:모회귀모형의 신뢰대:₩n")
    fig,sub = plt.subplots(1,1,figsize=(8,6))
    df_x0.plot(kind='line',x='xi', y='lu',ax=sub, c='r',style='--',label='low_bound')
    df_x0.plot(kind='line',x='xi', y='uu',ax=sub, c='r',style='--',label='upper_bound')
    sub.plot(x,y,'o',label='obs')
    sub.plot(x,model.fittedvalues,'r', label='OLS')
    sub.legend(loc='best')
    plt.show()
    print("[Out 51]:잔차분석")
    fig, sub = plt.subplots(3,2,figsize=(10,10))
    sub1,sub2,sub3,sub4,sub5,sub6 =sub.ravel()
    sub1.plot(model.fittedvalues,model.resid,'o')
    sub1.set_xlabel('yhat')
    sub1.set_ylabel('residuals')
    sub1.set_title('residuals vs yhat-plot1')
    scstats.probplot(model.resid, dist="norm", plot=sub2)
    sub2.set_title('Normal Q_Q plot-plot2')
    model_resid=model.resid
    std_resid = model_resid.std(ddof=1)
    stand_resid =model_resid/std_resid
    sqrt_abs_std_resid = np.sqrt(abs(stand_resid))
    sub3.plot(model.fittedvalues,sqrt_abs_std_resid,'o')
    sub3.set_xlabel('yhat')
    sub3.set_ylabel('sqrt(|standardized residuals|)')
    sub3.set_title('sqrt(|standardized residuals|) vs yhat-plot3' )
    sub4.plot(np.arange(1,len(model_resid)+1), stand_resid, 'o')
    sub4.set_xlabel('Observation number')
    sub4.set_ylabel('standardized residuals')
    sub4.set_title('Index plot of residuals-plot4')
    sub5.plot(x, stand_resid, 'o')
    sub5.set_xlabel('x')
    sub5.set_ylabel('standardized residuals')
    sub5.set_title('standardized residuals vs x-plot5')
    sub6.boxplot(stand_resid)
    sub6.set_xlabel('x')
    sub6.set_ylabel('standardized residuals')
    sub6.set_title('boxplot of standardized residuals-plot6')
    plt.subplots_adjust(wspace=0.3,hspace=0.4)
    plt.show()
x = scstats.randint.rvs(10,50,size=20,random_state=1234)
y = 9 + 1.4*x + scstats.norm.rvs(0,5,size=20,random_state=1234)
xi = np.sort(scstats.randint.rvs(10,50,size=20, random_state=0))
alpha = 0.05
reg_infer(x,y,xi,alpha)
```

출력결과

```
[Out 46]: 단순선형 회귀분석
=================분산분석표==========================
```

```
               sum_sq    df           F        PR(>F)
x         3911.549489   1.0  132.826777  9.640921e-10
Residual   530.073021  18.0         NaN           NaN
======================================================
 OLS Regression Results
==============================================================================
Dep. Variable:                      y   R-squared:                       0.881
Model:                            OLS   Adj. R-squared:                  0.874
Method:                 Least Squares   F-statistic:                     132.8
Date:                Sun, 27 May 2018   Prob (F-statistic):           9.64e-10
Time:                        11:50:14   Log-Likelihood:                -61.152
No. Observations:                  20   AIC:                             126.3
Df Residuals:                      18   BIC:                             128.3
Df Model:                           1
Covariance Type:            nonrobust
==============================================================================
                 coef    std err          t      P>|t|      [0.025      0.975]
------------------------------------------------------------------
Intercept     13.5182      3.833      3.527      0.002       5.465      21.571
x              1.2622      0.110     11.525      0.000       1.032       1.492
==============================================================================
Omnibus:                        3.799   Durbin-Watson:                   2.315
Prob(Omnibus):                  0.150   Jarque-Bera (JB):                2.735
Skew:                          -0.904   Prob(JB):                        0.255
Kurtosis:                       2.883   Cond. No.                         111.
==============================================================================
[Out 47]:predict in data
0     50.122240
1     74.104194
2     41.286783
3     56.433280
4     45.073407
5     55.171072
6     58.957697
7     64.006529
8     64.006529
9     58.957697
10    61.482113
11    32.451326
12    46.335615
13    37.500158
14    41.286783
15    72.841986
16    69.055362
17    74.104194
18    29.926909
19    75.366402
dtype: float64
[Out 48]:predict in new_data:
0    26.140285
1    27.402493
2    29.926909
3    29.926909
4    33.713534
```

```
5      37.500158
6      41.286783
7      47.597823
8      50.122240
9      52.646656
10     55.171072
11     55.171072
12     56.433280
13     56.433280
14     56.433280
15     71.579778
16     72.841986
17     74.104194
18     75.366402
19     75.366402
dtype: float64
```

[Out 49]:모회귀모형의 신뢰구간:

	xi	new_pred	xi_xbar_sq	std_err	lu	uu
0	10	26.140285	0.269225	5.915600	20.224685	32.055885
1	11	27.402493	0.250733	5.708834	21.693659	33.111327
2	13	29.926909	0.216194	5.301070	24.625839	35.227980
3	13	29.926909	0.216194	5.301070	24.625839	35.227980
4	16	33.713534	0.170495	4.707580	29.005954	38.421114
5	19	37.500158	0.132128	4.144179	33.355979	41.644337
6	22	41.286783	0.101092	3.624925	37.661858	44.911707
7	27	47.597823	0.065657	2.921330	44.676493	50.519153
8	29	50.122240	0.057185	2.726350	47.395889	52.848590
9	31	52.646656	0.051971	2.599103	50.047553	55.245759
10	33	55.171072	0.050016	2.549748	52.621324	57.720820
11	33	55.171072	0.050016	2.549748	52.621324	57.720820
12	34	56.433280	0.050261	2.555970	53.877311	58.989250
13	34	56.433280	0.050261	2.555970	53.877311	58.989250
14	34	56.433280	0.050261	2.555970	53.877311	58.989250
15	46	71.579778	0.116732	3.895258	67.684520	75.475036
16	47	72.841986	0.127566	4.072011	68.769975	76.913997
17	48	74.104194	0.139215	4.253869	69.850325	78.358063
18	49	75.366402	0.151678	4.440204	70.926198	79.806607
19	49	75.366402	0.151678	4.440204	70.926198	79.806607

[Out 50]:모회귀모형의 신뢰대:

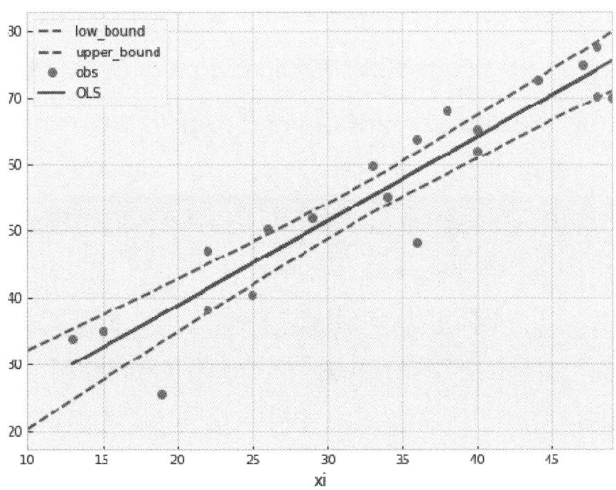

[Out 51]:잔차분석

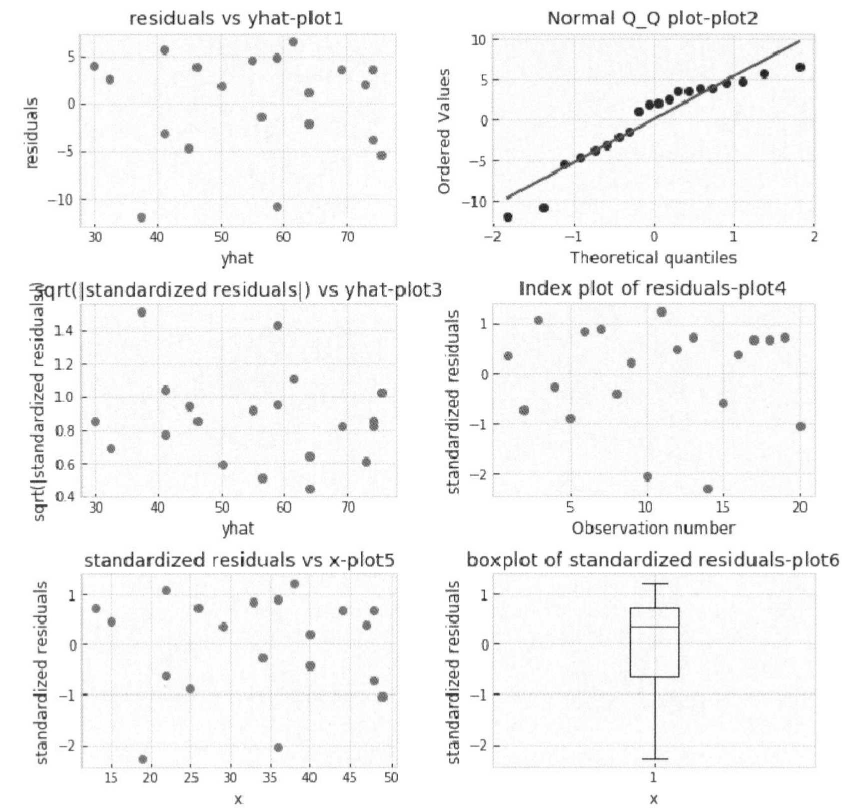

단순선형회귀분석을 일괄적으로 할 수 있는 함수 reg_infer()함수를 만들고 이 함수를 이용해서 단순선형회귀분석을 실시하였다. 분산분석표와 summary() 결과 그리고 잔차분석 결과는 앞에서 모두 설명하였다. 여기서는 모회귀모형 $E(y|x)=\alpha+\beta x$ 의 추론에 대해서만 설명하겠다. [Out 47]은 fittedvalues를 이용해서 입력변수 x에 대한 $\hat{y}_i$ 값을 구한 것이다. [Out 48]은 predict(exog=dict(x=xi))를 사용해서 새로운 입력변수 값 xi에 대해서 $\hat{y}_i=\hat{\alpha}+\hat{\beta}$xi를 구한 것을 출력하였다. 즉 13.5182+1.2622x1 =13.5182+1.2622×10=26.1402이다. 이것은 [Out 48]의 0행의 new_pred 값이다. 같은 방법으로 20개의 모든 새로운 값에 대해서 $\hat{y}_i=\hat{\alpha}+\hat{\beta}$xi를 구한 값들이 new_pred 열의 값들이다. 그리고 20개의 모든 점에 대해서 $E(y_i|x_1)=\alpha+\beta$ xi의 95% 신뢰구간을 구해서 lu열과 uu열에 나타내었다. 즉 x1=10일 때 $\alpha+\beta$x1의 신뢰구간은 (20.224685, 32.055885)이다. 즉 x1=10일 때 신뢰수준 95%에서 모회귀직선의 값은 평균적으로 (20.224685, 32.05585) 사이에 있다고 할 수 있다. 이 신뢰구간을 그래프 상에 나타내고 신뢰구간의 상한과 하한을 각각 점선으로 연결하였다. 이 결과를 [Out 50]에 출력하였다. 점선들로 이루어진 영역이 $E(y_i|x_1)=\alpha+\beta$ xi의 신뢰영역이고 신뢰대라고 한다. 모양은 가운데가 잘록하고 양 끝으로 갈수록 영역이 넓어지는 형태를 가진다.

[Out 51]은 잔차분석의 결과를 나타낸다. 잔차그림의 모든 점들이 0을 중심으로 랜덤하게 흩어져있기 때문에 선형회귀분석의 기본가정은 만족한다고 할 수 있다. 그리고 결정계수와 수정된 결정계수가 약 88%로 추정된 회귀직선으로 실제 데이터를 설명할 수 있는 정도가 88%정도이고, 회귀직선의 유의성 검정에서 p_값이 0.000을 아주 작기 때문에 회귀직선 유의하고, JB와 Omnibus통계량의 p_값이 0.05보다 크기 때문에 오차항의 정규성도 만족한다고 할 수 있다. 종합적으로 볼 때 추정된 회귀직선은 실제 데이터에 적합한 모형이라고 할 수 있다.

5.2 다중선형 회귀모형

다중선형회귀모형은 두 개 이상의 입력변수를 포함하는 모형을 말한다. 입력변수가 p개인 다중선형회귀모형은 다음과 같이 표현할 수 있다.

$$y_i = \alpha + \beta_1 x_{1i} + \beta_2 x_{2i} + \cdots + \beta_p x_{\pi} + \epsilon_i \,, i = 1,2,\cdots n$$

여기서 $\epsilon_i \sim N(0, \sigma^2)$ 이고, 서로 독립이다.

최소제곱법

$Q = \sum_{i=1}^{n} \epsilon_i^2 = \epsilon^t \epsilon = (Y - X\underline{\beta})^t (Y - X\underline{\beta})$ 를 최소화하는 $\underline{\beta}$값인 $\hat{\underline{\beta}}$이 $\underline{\beta}$의 최소제곱추정량이다. 이때 $\hat{Y} = X\hat{\underline{\beta}}$ 를 추정된 회귀직선이라 한다.

여기서

$$Y = (y_1, y_2, \cdots, y_n)^t \;,\; \underline{\beta} = (\alpha, \beta_1, \beta_2, \cdots, \beta_p)^t \;,\; \underline{\epsilon} = (\epsilon_1, \epsilon_2, \cdots, \epsilon_n)$$

이고, X는 다음과 같다.

$$X = \begin{pmatrix} 1 & x_{11} & \cdots & x_{p1} \\ 1 & x_{12} & \cdots & x_{p2} \\ \vdots & \vdots & \cdots & \vdots \\ 1 & x_{1n} & \cdots & x_{pn} \end{pmatrix}$$

Q를 β에 대해서 미분하여 얻은 $\hat{\underline{\beta}}$은 다음과 같다.

$$\hat{\underline{\beta}} = (X^t X)^{-1} X^t Y$$

따라서 추정된 회귀직선은 다음과 같이 주어진다.

$$\hat{Y} = X\hat{\beta} = X(X^t X)^{-1} X^t Y$$

다중선형회귀 분석:

```
import matplotlib.pyplot as plt
import numpy as np
import pandas as pd
import scipy.stats as scstats
import math
import statsmodels
import statsmodels.api as sma
from statsmodels.formula.api import ols
import seaborn as sns
import numpy.linalg as nplin
plt.style.use('bmh')
x1 = np.array([10.34,13.35,12.06,14.50,14.46,10.91,10.94,14.61,15.71,15.13,
               11.50,12.51,13.78,13.99,11.59,12.93,12.52,9.10,14.41,15.18])
x2 = np.array([171,166,174,189,182,157,164,176,162,177,153,163,175,164,174,
               185,185,150,152,157])
x3 = np.array([31,59,49,63,66,64,51,62,48,67,64,43,48,36,63,58,60,46,38,65])
y = np.array([46.80,27.86,34.42,5.03,8.18,35.67,38.05,18.91,26.70,6.07,37.88,
              39.19,26.63,33.29,22.11,13.07,16.97,58.27,43.86,18.14])
data={'x1':x1,
      'x2':x2,
      'x3':x3,
      'y':y}
df = pd.DataFrame(data)
print("[Out 1]: 데이터세트:₩n",df.head())
print("[Out 2]: 산점도 행렬:₩n")
fig = plt.figure()
pd.plotting.scatter_matrix(df, diagonal='hist',figsize=(10,10),alpha=1)
plt.show()
cor = df.corr()
print("[Out 3]: 상관계수 행렬", df.corr())
print("[Out 4]: 상관계수 행렬의 히트맵 ")
fig = plt.figure()
sns.heatmap(cor,annot=True, fmt=".3f", linewidth=4)
plt.show()
```

출력결과

[Out 1]: 데이터세트:

	x1	x2	x3	y
0	10.34	171	31	46.80
1	13.35	166	59	27.86
2	12.06	174	49	34.42
3	14.50	189	63	5.03
4	14.46	182	66	8.18

[Out 2]: 산점도 행렬:

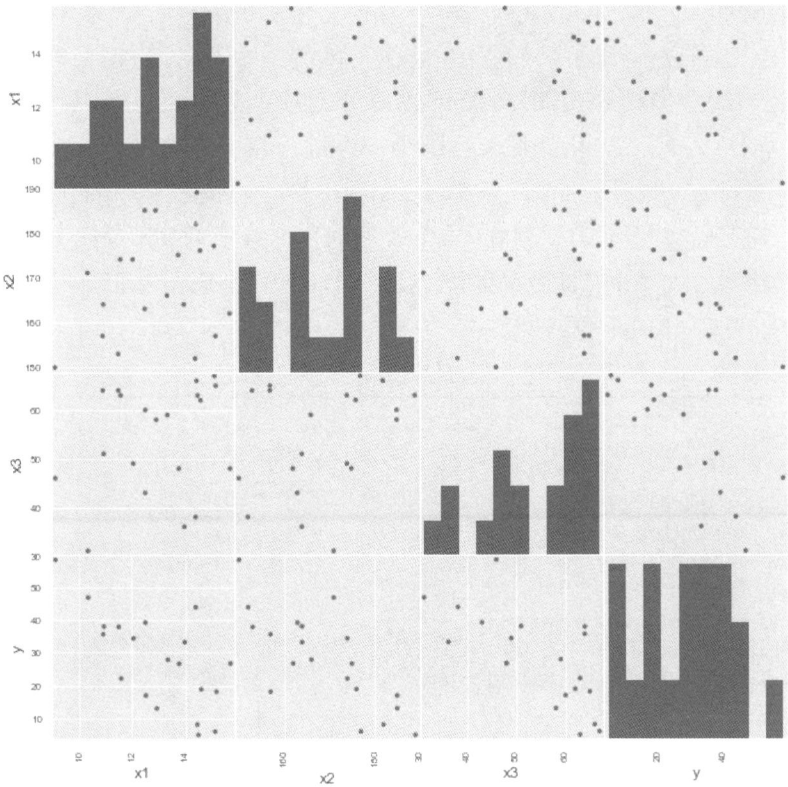

[Out 3]: 상관계수 행렬

	x1	x2	x3	y
x1	1.000000	0.286922	0.240674	-0.678141
x2	0.286922	1.000000	0.324930	-0.762970
x3	0.240674	0.324930	1.000000	-0.694876
y	-0.678141	-0.762970	-0.694876	1.000000

[Out 4]: 상관계수 행렬의 히트맵

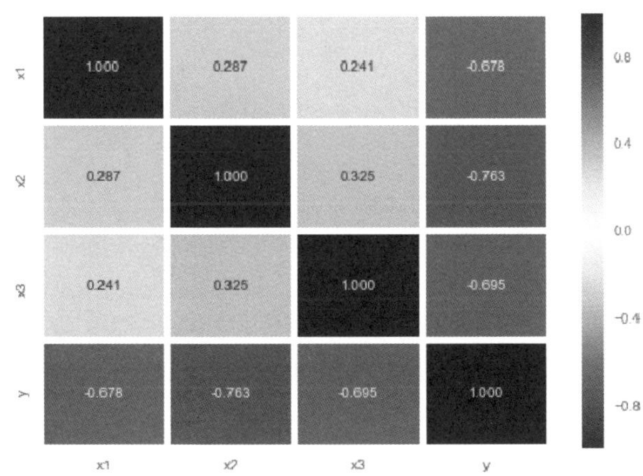

다중선형회귀분석을 실시하기 위해서 데이터프레임을 만들고 [Out 1]에 출력하였다. 회귀분석을 실시하기 전에 변수들 간의 상관관계를 검토하기 위해서 산점도 행렬과

상관계수 행렬을 [Out 2]와 [Out 3]에 출력하였다. 산점도 행렬을 살펴보면 x1, x2, x3 값이 증가하면 y값은 감소하는 경향을 나타낸다. [Out 3]에서도 x1, x2, x3와 y의 상관계수를 살펴보면 -0.678, -0.763, -0.695로 음의 상관이 있는 것을 볼 수 있다. [Out 4]는 상관계수 행렬을 히트맵으로 나타낸 것이다. 히트맵을 작성하기 위해서 seaborn을 임포터하고 별명을 sns로 하였다. seaborn에서 제공하는 heatmap()함수를 이용해서 히트맵을 작성하였다. 여기서 annot=True는 그림에 데이터 값을 표시하기 위해서 사용하였고, fmt=".3f"는 데이터 값을 나타내는 형식을 지정한 것이고, linewidth=4는 선의 너비를 나타낸다.

다중선형회귀 분석:

```
model = ols('y ~ x1 + x2 + x3' ,data=df).fit()
anova_table = sma.stats.anova_lm(model, typ=2)
print("[Out 5]:회귀계수 추정치₩n",model.params)
data = {'residuals': model.resid,
        'fittedvalues':model.fittedvalues,
        'standardized_residuals':model.resid_pearson}
df_resid = pd.DataFrame(data)
print("[Out 6]:잔차, 추정된 모회귀직선 값, 표준화된 잔차:₩n")
print(df_resid)
print("[Out 7]:standardized residulas₩n",model.resid/np.sqrt(model.mse_resid))
print("[Out 8]:SSR={}".format(model.ess))
print("[Out 9]:SSE={}".format(model.ssr))
print("[Out 10]:SSTO={}".format(model.ess+model.ssr))
print("[Out 11]:df_R={}".format(model.df_model))
print("[Out 12]:df_E={}".format(model.df_resid))
print("[Out 13]:MSR={}".format(model.mse_model))
print("[Out 14]:MSE={}".format(model.mse_resid))
print("[Out 15]:F-값={}".format(model.fvalue))
print("[Out 16]:p_값={}".format(model.f_pvalue))
```

출력결과

```
[Out 5]:회귀계수 추정치
Intercept     205.323987
x1             -3.390332
x2             -0.612619
x3             -0.556261
dtype: float64
[Out 6]:잔차, 추정된 모회귀직선 값, 표준화된 잔차:
   fittedvalues  residuals  standardized_residuals
0     48.265961  -1.465961               -0.557229
1     25.548860   2.311140                0.878491
2     30.584040   3.835960                1.458092
3      5.334690  -0.304690               -0.115816
4      8.089857   0.090143                0.034264
5     36.553542  -0.883542               -0.335844
6     39.394885  -1.344885               -0.511206
7     13.482066   5.427934                2.063220
8     26.117020   0.582980                0.221598
```

```
9      8.325170   -2.255170      -0.857216
10    37.003723    0.876277       0.333083
11    39.134767    0.055233       0.020995
12    24.696310    1.933690       0.735018
13    37.398280   -4.108280      -1.561604
14    24.389847   -2.279847      -0.866596
15    15.889292   -2.819292      -1.071645
16    16.166807    0.803193       0.305303
17    56.991070    1.278930       0.486136
18    42.213251    1.646749       0.625948
19    21.520562   -3.380562      -1.284990
[Out 7]:standardized residulas
0    -0.557229
1     0.878491
2     1.458092
3    -0.115816
4     0.034264
5    -0.335844
6    -0.511206
7     2.063220
8     0.221598
9    -0.857216
10    0.333083
11    0.020995
12    0.735018
13   -1.561604
14   -0.866596
15   -1.071645
16    0.305303
17    0.486136
18    0.625948
19   -1.284990
[Out 8]:SSR=3826.0263372787817
[Out 9]:SSE=110.73836272121787
[Out 10]:SSTO=3936.7646999999997
[Out 11]:df_R=3.0
[Out 12]:df_E=16.0
[Out 13]:MSR=1275.3421124262607
[Out 14]:MSE=6.921147670076117
[Out 15]:F-값=184.26743268898275
[Out 16]:p_값=1.2921641118350098e-12
```

params()함수를 이용해서 회귀계수의 추정치를 [Out 5]에 출력하였다. 결과를 살펴보면 다음과 같다.

$$\hat{\alpha} = 205.3240, \quad \hat{\beta}_1 = -3.3903, \quad \hat{\beta}_2 = -0.6126, \quad \hat{\beta}_3 = -0.5563$$

따라서 추정된 회귀직선은 다음과 같다.

$$\hat{y_i} = 205.3240 - 3.3903x_{1i} - 0.6126x_{2i} - 0.5563x_{3i}$$

여기서 $\hat{\beta}_1$=-3.3903의 의미는 다른 입력변수들이 고정되었을 때 x_1이 1단위 증가할 때 y의 변화율을 나타낸다. 입력변수 x_1은 종속변수에 음의 방향으로 영향을 미치고 있다는 것을 알 수 있다. 역시 상관계수가 음의 값을 가지는 것을 위에서 확인 하였다. fittedvalues를 이용하여 x_1, x_2, x_3 값이 주어졌을 때 모회귀직선의 추정값을 구하였다. x_{11}=10.34, x_{12}=171, x_{13}=31일 때 $\hat{y_1}$ = 205.3240-3.3903×10.34-0.6126×171-0.5563×31=48.26, 그리고 resid를 이용해서 잔차를 출력하였다. $r_1 = y_1 - \hat{y}_1$ = 46.80-48.28=-1.46. resid_pearson을 이용해서 표준화된 잔차 ($r_i/\sqrt{MSE}$)을 구하였다. 여기서 MSE는 mse_resid를 사용해서 구할 수 있다. 이 결과를 [Out 6]에 출력하였다. resid_pearson = $r_i/\sqrt{MSE}$ 인 것을 [Out 7]에서 확인하였다. 분산분석표를 이용하여 데이터의 성질을 설명하는데 회귀모형이 유의적인지 검정을 해보자. 다음과 같은 과정을 거쳐서 회귀모형의 유의성을 검정할 수 있다.

1. 가설:

$H_0 : \beta_1 = \beta_2 = \beta_3 = 0$ vs $H_1 : H_0$가 아님(적어도 하나의 β_i는 0이 아니다.)

2. 유의수준 α=0.01

3. 검정통계량

① 제곱합

SSR=$\sum_{i=1}^{n}(\hat{y}_i - \bar{y})^2 = \underline{\hat{\beta}}^t X^t \underline{y} - n(\bar{y})^2$

(ess를 사용해서 SSR값을 [Out 8]에 출력하였다.)

SSE=$\sum_{i=1}^{n}(y_i - \hat{y}_i)^2 = \underline{y}^t\underline{y} - \underline{\hat{\beta}}^t X^t \underline{y}$

(ssr를 사용해서 SSE값을 [Out 9]에 출력하였다.)

SSTO = SSR+SSE

([Out 10]에 출력하였다.)

② 자유도

SSR의 자유도(df_R)=입력변수의 개수(df_model를 이용해서 [Out 11]에 출력하였다.)

SSE의 자유도(df_E)=관측수 - 입력변수의 개수 -1(df_resid를 이용해서 [Out 12]에 출력하였다.)

SSTO의 자유도=관측수 - 1(SSR의 자유도 + SSE의 자유도)

③ 평균제곱(제곱합/자유도)

MSR=SSR/df_R (mse_model을 이용해서 [Out 13]에 출력하였다.)

MSE=SSE/df_E (mse_resid를 이용해서 [Out 14]에 출력하였다.)

검정통계량: $F_0 = \frac{MSR}{MSE} \sim F($ df_R, df_E)(fvalue를 이용해서 [Out 15]에 출력하였다.)

4. p_값(f_pvalue를 이용해서 [Out 16]에 출력하였다.)

$$\mathrm{P}(F \geq F_0)$$

5. p_값 $\leq \alpha$이면 귀무가설 기각.

출력결과를 이용해서 다음과 같은 분산분석표를 만들 수 있다.

요인	제곱합	자유도	평균제곱	F-값	p-값
회귀(모델)	3836.026	3	1275.342	184.267	0.000
잔차	110.738	16	6.921		
계	3936.764	19			

p-값이 유의수준 보다 작기 때문에 귀무가설을 기각한다. 즉 유의수준 1%에서 추정된 회귀모형이 데이터를 설명하는데 유의하다고 할 수 있다.

다중선형회귀 분석:

```
print("[Out 17]:",model.summary())
```

출력결과

```
[Out 17]:
                         OLS Regression Results
==============================================================
Dep. Variable:                  y   R-squared:           0.972
Model:                        OLS   Adj. R-squared:      0.967
Method:             Least Squares   F-statistic:         184.3
Date:            Thu, 07 Jun 2018   Prob (F-statistic): 1.29e-12
Time:                    20:18:36   Log-Likelihood:    -45.493
No. Observations:              20   AIC:                 98.99
Df Residuals:                  16   BIC:                 103.0
Df Model:                       3
Covariance Type:        nonrobust
==============================================================
```

추정된 회귀직선이 주어진 데이터를 어느 정도 잘 설명하여 주고 있고, 모회귀직선을 어느 정도 정확하게 예측하는지를 살펴보자. 다중선형회귀 모형에서 오차의 분산은 σ^2으로 가정한다. 하지만 분산은 모르는 값으로 추정량으로 MSE을 사용한다. 위에서 기술한 바와 같이 MSE는 다음과 같이 정의되었기 때문에 MSE가 작을수록 데이터들이 추정된 회귀직선 주의에 가깝게 밀집되어 있다. 즉 회귀직선의 정밀도가 높다는 의미이다.

$$\text{MSE}=\frac{SSE}{n-p-1}=\frac{\sum_{i=1}^{n}(y_i-\hat{y}_i)^2}{n-p-1}$$

또한 회귀직선의 설명력을 측정하는 측도로 결정계수, 수정된 결정계수, F-값, F-값에 대한 p-값, AIC, BIC 등이 있다. [Out 17]에서 결정계수가 0.972이다. 추정된 회귀모형으로 데이터를 설명할 수 있는 정도가 97.2%이라는 의미이다. 모형의 설명력이 상당히 뛰어나다는 의미다. 결정계수는 입력변수의 개수가 많아지면 증가하기 때문에 다음과 같이 정의된 수정된 결정계수를 이용하기도 한다.

$$R_{adj}^2=1-\frac{(n-1)(1-R^2)}{n-p-1}$$

회귀모형의 유의성 검정에 사용되는 F-값이 클수록 혹은 p-값이 작을수록 회귀모형의 유의한 정도가 강해진다. [Out 17]에서 p-값(prob F-statistics 값)이 거의 0.000이므로 회귀모형의 설명력이 상당히 높다는 것을 알 수 있다. AIC와 BIC 값은 작을수록 좋은 모형이라고 할 수 있다.

출력결과

[Out 17]:

OLS Regression Results

	coef	std err	t	P>|t|	[0.025	0.975]
Intercept	205.3240	8.893	23.088	0.000	186.472	224.176
x1	-3.3903	0.348	-9.728	0.000	-4.129	-2.652
x2	-0.6126	0.056	-10.980	0.000	-0.731	-0.494
x3	-0.5563	0.058	-9.538	0.000	-0.680	-0.433

[Out 17]에 모회귀계수의 점추정치, 추정량의 표준오차, 모회귀계수 $\beta_i=0$인지 검정하는 t-검정통계량, t-검정통계량에 대한 p-값, β_i에 대한 95% 신뢰구간을 출력하였다.

회귀계수에 대한 추정량은 앞에서 기술한 바가 있고, 추정량의 표준오차는 추정량의 정밀도를 나타낸다. 표준오차가 작을수록 추정량의 정밀도가 높다. 각 추정량의 표준오차는 다음과 같다.

$$Var(\hat{\beta}) = (X^t X)^{-1}\sigma^2$$

여기서 σ^2은 모르기 때문에 추정량으로 MSE를 사용한다. 따라서 $Var(\hat{\beta})$의 추정량은 다음과 같이 나타낼 수 있다.

$$\widehat{Var}(\hat{\beta}) = (X^t X)^{-1} MSE$$

$\widehat{Var}(\hat{\beta}) = (X^t X)^{-1} MSE$ 는 β_i들 사이의 분산-공분산을 나타내는 행렬이므로 이 행렬의 대각선 원소는 $\hat{\beta}_i$의 분산 $Var(\hat{\beta}_i)$이고, 대각선 이외의 원소는 $\hat{\beta}_i$와 $\hat{\beta}_j$의 공분산 $cov(\hat{\beta}_i, \hat{\beta}_j)$를 나타낸다.

$X^t X$와 $(X^t X)^{-1}$ 행렬과 $\widehat{Var}(\hat{\beta})$:

```
import statsmodels.api as sma
import numpy.linalg as nplin
data_x = {'x1':x1,
          'x2':x2,
          'x3':x3}
df_x = pd.DataFrame(data_x)
X =sma.add_constant(df_x)
print("[Out 18]: 입력변수 행렬₩n", X)
XTX = np.dot(X.T,X)
print("[Out 19]: XTX₩n",XTX)
XTX_inv = nplin.inv(XTX)
print("[Out 20]: XTX의 역행렬₩n",XTX_inv)
var_beta_hat = XTX_inv*model.mse_resid
print("[Out 21]: 회귀계수 추정량의 분산공분상 행렬₩n",var_beta_hat)
print("[Out 22]: 회귀계수 추정량의 분산공분상 행렬₩n",model.cov_params())
```

출력결과

```
[Out 18]: 입력변수 행렬
   const     x1   x2  x3
0    1.0  10.34  171  31
1    1.0  13.35  166  59
2    1.0  12.06  174  49
3    1.0  14.50  189  63
4    1.0  14.46  182  66
5    1.0  10.91  157  64
6    1.0  10.94  164  51
7    1.0  14.61  176  62
```

```
8    1.0   15.71  162  48
9    1.0   15.13  177  67
10   1.0   11.50  153  64
11   1.0   12.51  163  43
12   1.0   13.78  175  48
13   1.0   13.99  164  36
14   1.0   11.59  174  63
15   1.0   12.93  185  58
16   1.0   12.52  185  60
17   1.0    9.10  150  46
18   1.0   14.41  152  38
19   1.0   15.18  157  65
[Out 19]: XTX
[[  2.00000000e+01  2.59520000e+02  3.37600000e+03  1.08100000e+03]
 [  2.59520000e+02  3.43132060e+03  4.39243000e+04  1.41199800e+04]
 [  3.37600000e+03  4.39243000e+04  5.72490000e+05  1.83277000e+05]
 [  1.08100000e+03  1.41199800e+04  1.83277000e+05  6.07650000e+04]]
[Out 20]: XTX의 역행렬
[[  1.14267766e+01  -9.40383997e-02  -6.06427542e-02  1.47941853e-03]
 [ -9.40383997e-02   1.75477932e-02  -6.38802976e-04  -4.77924550e-04]
 [ -6.06427542e-02  -6.38802976e-04   4.49792973e-04  -1.29383761e-04]
 [  1.47941853e-03  -4.77924550e-04  -1.29383761e-04   4.91435881e-04]]
[Out 21]: 회귀계수 추정량의 분산공분상 행렬
[[  7.90864083e+01  -6.50853651e-01  -4.19717457e-01  1.02392741e-02]
 [ -6.50853651e-01   1.21450868e-01  -4.42124973e-03  -3.30778639e-03]
 [ -4.19717457e-01  -4.42124973e-03   3.11308359e-03  -8.95484119e-04]
 [  1.02392741e-02  -3.30778639e-03  -8.95484119e-04   3.40130030e-03]]
[Out 22]: 회귀계수 추정량의 분산공분상 행렬
            Intercept         x1         x2         x3
Intercept   79.086408  -0.650854  -0.419717   0.010239
x1          -0.650854   0.121451  -0.004421  -0.003308
x2          -0.419717  -0.004421   0.003113  -0.000895
x3           0.010239  -0.003308  -0.000895   0.003401
```

입력변수 데이터프레임 df_x에 add_constant()함수를 사용하여 상수항을 추가하였다. 그 결과를 [Out 18]에 출력하였다. [Out 18]에서 첫 열에 1이 추가된 것을 볼 수 있다. add_constant()함수 사용하기 위해서 모듈 statsmodels.api을 임포터하고 별명을 sma로 하였다. T함수와 np.dot()함수를 이용하여 $X^t X$를 구하고 그 결과를 [Out 19]에 출력하였다. inv()함수를 이용해서 $X^t X$의 역행렬을 구하고 [Out 20]에 출력하였다. inv()함수를 사용하기 위해서 numpy.linalg를 임포터하고 별명을 nplin으로 하였다. 그리고 $\widehat{Var}(\hat{\underline{\beta}}) = (X^t X)^{-1} MSE$ 을 구하고, 그 결과를 [Out 21]에 출력하였다. $\widehat{Var}(\hat{\alpha}) = 79.086$, $\widehat{Var}(\hat{\beta}_1) = 0.1215$, $\widehat{Var}(\hat{\beta}_2) = 0.0031$, $\widehat{var}(\hat{\beta}_3) = 0.0034$이다. 분산들의 제곱근 값 $\sqrt{\widehat{Var}(\hat{\alpha})} = 8.893$, $\sqrt{\widehat{Var}(\hat{\beta}_1)} = 0.348$, $\sqrt{\widehat{Var}(\hat{\beta}_2)} = 0.056$, $\sqrt{\widehat{Var}(\hat{\beta}_3)} = 0.058$이 [Out 17]에 있는 각 추정량의 std err(표준오차)이다. [Out 22]는 회귀분석 요약에서 cov_params()함수를 이용해서 $\widehat{Var}(\hat{\underline{\beta}})$ 를 구한 결과이다. 따라서 [Out 21]과

[Out 22]는 결과가 같다. 다음은 모회귀모형(E(y|x))의 추정량 $\hat{y}$의 정밀도를 살펴보자.

$\widehat{Var}(\hat{y})$:

```
new_x = np.array([1,15.1,173,50])
var_y_hat = np.dot(np.dot(new_x.T, XTX_inv),new_x)*model.mse_resid
print("[Out 23]: y_hat의 분산₩n",var_y_hat)
```

출력결과

```
[Out 23]: y_hat의 분산
1.0131632166
```

모회귀모형의 추정량 $\hat{y}$의 표준오차를 구해보자.

$$Var(\hat{y}) = Var(\underline{x}^t\hat{\beta}) = \underline{x}^t(X^tX)^{-1}\underline{x}\,\sigma^2$$

$x_1 = 15.1,\ x_2 = 173,\ x_3 = 50$ 일 때 $Var(\hat{y}) = 1.0132$이다. 다음은 β_i에 대한 100(1-α)% 신뢰구간과 가설검정에 대해서 살펴보자. 먼저 β_i에 대한 100(1-α)% 신뢰구간은 다음과 같이 구할 수 있다.

$$\hat{\beta_i} \pm t(n-p-1, \alpha/2)\sqrt{\widehat{Var}(\hat{\beta_i})}$$

[Out 17]에서 $\hat{\beta_1}$에 대한 95% 신뢰구간은 -3.3903±2.119×0.348=(-4.129, -2.652) 여기서 $t(16, 0.025)$ =2.119이다. [Out 17]에서 [0.025 0.975]에 해당하는 부분이다. 다른 모수에 대한 결과도 볼 수 있다. conf_int()함수를 이용하면 각 모회귀계수의 신뢰구간을 구할 수 있다.

$\hat{\beta_i}$의 100(1-α)% 신뢰구간:

```
print("[Out]: 모회귀계수의 신뢰구간:₩n{}".format(model.conf_int(0.05)))
```

출력결과

```
[Out ]: 모회귀계수의 100(1-α)%신뢰구간:
                    0           1
Intercept  186.471555  224.176419
x1          -4.129115   -2.651550
x2          -0.730899   -0.494339
x3          -0.679895   -0.432626
```

다음 절차에 따라 $\beta_i = 0$에 대한 검정을 살펴보자. β_1에 대한 가설 검정을 실시해보자.

1) 가설

$$H_0 : \beta_1 = 0 \text{ vs } H_1 : \beta_1 \neq 0$$

2) 유의수준 5%

3) 검정통계량

$$T_0 = \frac{\widehat{\beta_1} - 0}{\sqrt{\widehat{Var}(\widehat{\beta_1})}} = \frac{-3.390332 - 0}{0.3484982}$$ = -9.7284 ([Out 17]에서 t열에 출력된 값)

4) 기각영역

$$|T_0| = |-9.7284| \geq t(16.0.025) = 2.119$$ 이므로 H_0 를 기각한다.

5) p-값 = 2p(t(16) ≥|-9.7284|) = 4.02370514685e-08=0.000으로 유의수준 0.05보다 작기 때문에 유의수준 5%에서 귀무가설을 기각한다. 따라서 유의수준 5%에서 입력변수 x_1이 목표변수 y에 영향을 미치는 변수라고 할 수 있다. [Out 17]의 결과를 이용해서 다른 회귀계수에 대해서도 같은 방법으로 검정을 실시할 수 있다. [Out 17]에서 P>|t| 값을 보면 모두 유의수준 보다 작다. 따라서 모든 입력변수가 목표변수를 예측하는데 유의하게 영향을 미치고 있음을 알 수 있다.

출력결과

```
[Out 17]:
                              OLS Regression Results
==============================================================================
Omnibus:                    0.584   Durbin-Watson:                   1.854
Prob(Omnibus):              0.747   Jarque-Bera (JB):                0.403
Skew:                       0.322   Prob(JB):                        0.817
Kurtosis:                   2.737   Cond. No.                     2.69e+03
==============================================================================
```

Durbin_Watson 값은 오차항의 자기상관관계를 검정하는 통계량이다. 이 값은 근사적으로 2(1-ρ)이다. 여기서 ρ는 일차자기상관계수이다. Durbin_Watson은 0과 4사이에 있는 값이다. $\rho = 0$이면 Durbin_Watson은 2이다. 따라서 이 값이 2에 가까우면 자기상관관계가 존재하지 않는다. n=20이고, 독립변수가 3개일 때 이 값이 1.68보다 크면 오차항의 자기상관관계가 존재하지 않는다고 할 수 있다(Durbin_Waston 검정표 이용). Omnibus, Jarque_Bera는 정규성을 검정하는 값이다. 각 통계량의 p-값이 0.05보다 크기 때문에 오차항의 정규성이 만족된다고 볼 수 있다. Skew는 비대칭도, Kurtosis는 첨도를 나타낸다. 정규분포의 비대칭도 값은 0이고, 첨도는 3 혹은 0이다. 여기서는 Pearson's definition을 사용했기 때문에 첨도가 3이다.

추가자승합:

```
print("[Out24]:₩n================분산분석표=============₩n",anova_table)
print("=====================================================")
```

출력결과

```
[Out 24]:
==================분산분석표========================
              sum_sq    df           F        PR(>F)
x1        655.031302   1.0   94.642006  4.023635e-08
x2        834.389360   1.0  120.556503  7.370019e-09
x3        629.636328   1.0   90.972821  5.283190e-08
Residual  110.738363  16.0         NaN           NaN
=====================================================
```

다중회귀분석에서 어떤 변수를 모형에 포함할 것인지를 결정해야 할 때가 있다. 이러한 경우에 변수를 모형에 포함시켰을 때와 포함시키지 않았을 때의 SSR을 비교해서 그 차이가 크면 변수를 포함시키고 그렇지 않으면 포함시키지 않는다. 회귀분석 결과에서 제공되는 분산분석표를 이용하여 이러한 사실을 살펴보자. 완전모형이 다음과 같이 주어졌다고 생각하자.

$$y_j = \alpha + \beta_1 x_{1j} + \beta_2 x_{2j} + \beta_3 x_{3j} + \epsilon_j$$

입력변수 x_1을 모형에 포함시킬 필요가 있는지를 검토하고자 한다. 즉 $\mathrm{H}_0 : \beta_1 = 0$ vs $\mathrm{H}_1 : \beta_1 \neq 0$를 검정한다. x_1이 포함되지 않은 축소모형 $y_j = \alpha + \beta_2 x_{2j} + \beta_3 x_{3j} + \epsilon_j$ 의 SSR과 완전모형의 SSR을 비교한다.

추가자승합:

```
model = ols('y ~ x1 + x2 + x3' ,data=df).fit()
full_ssr = model.ess
print("[Out 25]: 완전모형에서 SSR:₩n",full_ssr)
model1 = ols('y~x2+x3', data=df).fit()
reduce_ssr = model1.ess
print("[Out 26]: 축소모형 y= beta0 + beta2*x2+beta3*x3+e 에서 SSR:₩n",
reduce_ssr)
print("[Out 27]: 완전모형의 SSR-축소모형의 SSR:", full_ssr-reduce_ssr)
F_value = (full_ssr-reduce_ssr)/model.mse_resid
```

```
print("[Out 28]: F-값", F_value)
print("[Out 29]: p-값", 1-scstats.f.cdf(F_value,1,model.df_resid))
```

출력결과

```
[Out 25]: 완전모형에서 SSR: 3826.02633728
[Out 26]: 축소모형 y=beta0+beta2*x2+beta3*x3+e 에서 SSR: 3170.99503577
[Out 27]: 완전모형의 SSR-축소모형의 SSR: 655.031301513
[Out 28]: F-값 94.6420063171
[Out 29]: p-값 4.02363474761e-08
```

ess()함수를 이용해서 각 회귀모형의 회귀자승합(SSR)을 구하고, [Out 25]와 [Out 26]에 출력하였다. 두 모형의 SSR의 차이를 [Out 27]에 출력하였다. 이 값이 [Out 24]의 분산분석표에 있는 x1의 sum_sq 값이다. 이것은 x_1을 모형에 추가하면 회귀자승합이 655.03 만큼 증가한다는 의미이다. 이 값이 유의미한 값인지는 F-검정을 통해서 할 수 있다. F-값은 "655.03/완전모형의 MSE" 즉 655.03/6.921이다. [Out 28]에 출력하였다. 이 값이 [Out 24]의 분산분석표에서 x1의 F-값 94.64이다. p-값=p(F≥F-값)은 [Out 29]에 출력하였다. 이 값이 [Out 24]의 분산분석표에서 x1의 PR(>F) 값이다. p-값이 거의 0.000이므로 귀무가설이 기각되고 x_1을 모형에 추가시키는 것은 아주 유의미하다. 다른 변수에 대해서도 똑 같은 과정을 거쳐서 검정을 할 수 있다. 여기서는 그 결과만 나타내겠다.

추가자승합:(x2)

```
model2 = ols('y~x1+x3', data=df).fit()
reduce_ssr = model2.ess
print("[Out 30]: 축소모형 y= beta0 + beta1*x1+beta3*x3+e 에서 SSR:₩n",
reduce_ssr)
print("[Out 31]:완전모형의 SSR-축소모형의 SSR:", full_ssr-reduce_ssr)
F_value = (full_ssr-reduce_ssr)/model.mse_resid
print("[Out 32]: F-값", (full_ssr-reduce_ssr)/model.mse_resid)
print("[Out 33]: p-값", 1-scstats.f.cdf(F_value,1,model.df_resid))
```

출력결과

```
[Out 30]: 축소모형 y= beta0 + beta1*x1+beta3*x3+e 에서 SSR:  2991.63697763
[Out 31]:완전모형의 SSR-축소모형의 SSR: 834.389359644
[Out 32]: F-값 120.55650297
[Out 33]: p-값 7.37001881745e-09
```

추가자승합:(x3)

```
model3 = ols('y~x1+x2', data=df).fit()
reduce_ssr = model3.ess
print("[Out 34]: 축소모형 y= beta0 + beta1*x1+beta2*x2+e 에서 SSR:₩n",
reduce_ssr)
```

```
print("[Out 35]:완전모형의 SSR-축소모형의 SSR:", full_ssr-reduce_ssr)
F_value = (full_ssr-reduce_ssr)/model.mse_resid
print("[Out 36]: F-값", (full_ssr-reduce_ssr)/model.mse_resid)
print("[Out 37]: p-값", 1-scstats.f.cdf(F_value,1,model.df_resid))
```

출력결과

```
[Out 34]: 축소모형 y= beta0 + beta1*x1+beta2*x2+e 에서 SSR: 3196.39000923
[Out 35]:완전모형의 SSR-축소모형의 SSR: 629.636328049
[Out 36]: F-값 90.972820992
[Out 37]: p-값 5.28318955251e-08
```

결론적으로 모든 입력변수가 목표변수를 설명하는데 유의미하게 영향을 미치고 있음을 볼 수 있다. 분자의 자유도가 1인 F-분포=(t-분포)^{2}이기 때문에 [Out 17]의 t-값을 제곱하면 [Out 24]의 F-값과 일치한다.

잔차분석

```
print("[Out 38]: 잔차의 요약통계:₩n", df_resid['residuals'].describe())
print("[Out 39]: 표준화된 잔차의 요약통계:₩n"
                ,df_resid['standardized_residuals'].describe())
print("[Out 40]:잔차분석")
fig, sub = plt.subplots(4,2,figsize=(15,15))
sub1,sub2,sub3,sub4,sub5,sub6,sub7,sub8 =sub.ravel()
sub1.plot(model.fittedvalues,model.resid,'o')
sub1.set_xlabel('Fitted Value')
sub1.set_ylabel('residuals')
sub1.set_title('residuals vs Fitted_Value-plot1')
model_stand_resid=model.resid_pearson
scstats.probplot(model_stand_resid, dist="norm", plot=sub2)
sub2.set_ylabel('stand_residual')
sub2.set_title('Normal Q_Q plot-plot2')
sqrt_abs_std_resid = np.sqrt(abs(model_stand_resid))
sub3.plot(model.fittedvalues,sqrt_abs_std_resid,'o')
sub3.set_xlabel('Fitted Value')
sub3.set_ylabel('sqrt(|standardized residuals|)')
sub3.set_title('sqrt(|standardized residuals|) vs Fitted_Value-plot3' )
sub4.plot(np.arange(1,len(model_stand_resid)+1), model_stand_resid, 'o')
sub4.set_xlabel('Observation number')
sub4.set_ylabel('standardized residuals')
sub4.set_title('Index plot of residuals-plot4')
sub5.plot(df['x1'], model_stand_resid, 'o')
sub5.set_xlabel('x1')
sub5.set_ylabel('standardized residuals')
sub5.set_title('standardized residuals vs x1-plot5')
sub6.plot(df['x2'], model_stand_resid, 'o')
sub6.set_xlabel('x2')
sub6.set_ylabel('standardized residuals')
sub6.set_title('standardized residuals vs x2-plot5')
sub7.plot(df['x3'], model_stand_resid, 'o')
sub7.set_xlabel('x3')
```

```
sub7.set_ylabel('standardized residuals')
sub7.set_title('standardized residuals vs x3-plot5')
sub8.boxplot(model_stand_resid)
sub8.set_ylabel('standardized residuals')
sub8.set_title('boxplot of standardized residuals-plot6')
plt.subplots_adjust(wspace=0.15,hspace=0.4)
plt.show()
```

출력결과

```
[Out 38]: 잔차의 요약통계:
 count        2.000000e+01
 mean        -1.035616e-13
 std          2.414194e+00
 min         -4.108280e+00
 25%         -1.663263e+00
 50%          7.268808e-02
 75%          1.370884e+00
 max          5.427934e+00
 Name: residuals, dtype: float64
[Out 39]: 표준화된 잔차의 요약통계:
 count        2.000000e+01
 mean        -3.940182e-14
 std          9.176629e-01
 min         -1.561604e+00
 25%         -6.322254e-01
 50%          2.762957e-02
 75%          5.210889e-01
 max          2.063220e+00
 Name: standardized_residuals, dtype: float64
[Out 40]:잔차그림
```

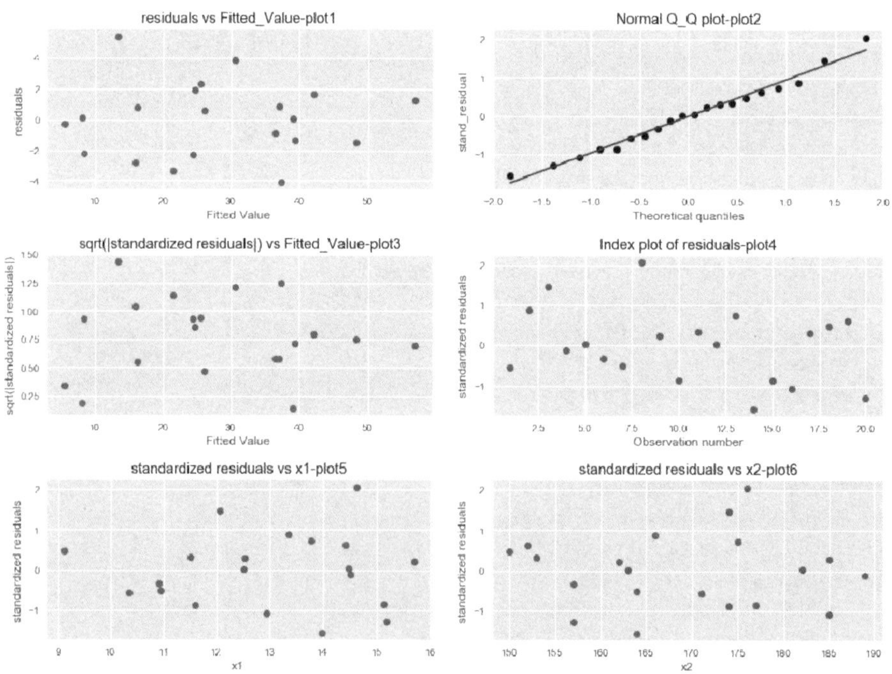

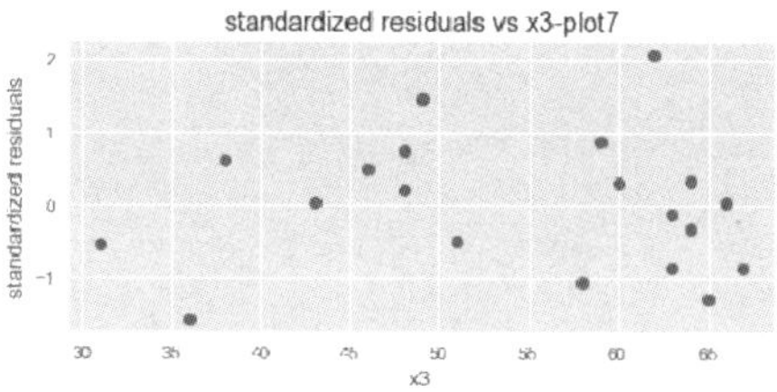

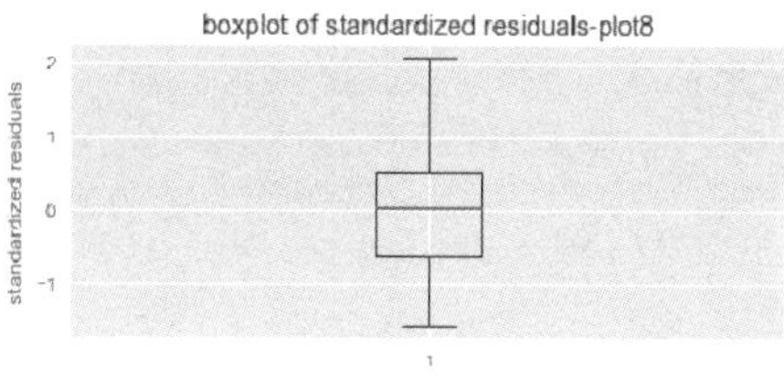

잔차와 표준화된 잔차의 요약 통계를 [Out 38]과 [Out 39]에 출력하였다. 여기서 잔차의 합 $\sum_{i=1}^{n} r_i = 0$ 인 것을 확인할 수 있다. 표준화된 잔차의 표준편차가 근사적으로 1인 것을 [Out 39]에서 확인할 수 있다. ols().fit()를 실행한 결과에서 제공하는 resid_pearson은 표준편차가 1이 되도록 표준화한 잔차이다. 즉 잔차/ $\sqrt{MSE}$ 이다. plot1은 r_i 와 $\hat{y}$에 대한 잔차 그림이고 plot3은 표준화된 잔차의 절댓값의 제곱근과 $\hat{y}$에 대한 그림이다. plot5, plot6, plot7은 x_i와 표준화된 잔차의 그림이다. plot4는 데이터의 인덱스와 표준화된 잔차의 그림이다. 이러한 그림에서 점들이 특별한 패턴을 가지지 않고 랜덤하게 흩어져 있기 때문에 회귀모형의 기본 가정이 만족한다고 할 수 있다. plot2는 Q-Q plot이다. 점들이 붉은 직선과 거의 일치하기 때문에 정규성이 만족된다. 그리고 plot6는 잔차의 상자그림이다. 특별히 잔차가 큰 값을 갖는 데이터는 없는 것으로 나타났다. 다음은 이상치와 영향을 많이 주는 데이터에 대해서 살펴보자. 데이터가 다른 데이터들이 갖는 경향에서 많이 벗어나는 데이터를 이상치라고 한다. 이러한 이상치는 회귀분석결과에 많은 영향을 미치기 때문에 검출해서 적절한 조치를 취해야 한다. 회귀분석 결과에 크게 영향을 미치는 데이터를 영향을 주는 데이터라고 한다. 영향을 크게 주는 관측치에는 이상치가 포함될 수도 있다. 이러한 이상치와 영향을 많이 주는 데이터를 찾는 방법을 살펴보자.

이상치와 영향을 많이 주는 관측치

```
data_x = {'x1':x1,
          'x2':x2,
          'x3':x3}
df_x = pd.DataFrame(data_x)
X =sma.add_constant(df_x)
print("[Out 41]: 입력변수 행렬₩n", X)
XTX = np.dot(X.T,X)
print("[Out 42]: XTX₩n",XTX)
XTX_inv = nplin.inv(XTX)
print("[Out 43]: XTX의 역행렬₩n",XTX_inv)
XTy = np.dot(X.T,y)
print("[Out 44]: XTy₩n",XTy)
reg_coef = np.dot(XTX_inv,XTy)
print("[Out 45]: 회귀계수 추정치:₩n",reg_coef)
xc = np.dot(X,nplin.inv(XTX))
```

```
XXTX_invXT = np.dot(xc,X.T)
print("[Out 46]: X(XTX)_invXT:₩n",XXTX_invXT)
diag_hat = np.diag(XXTX_invXT)
print("[Out 47]: X(XTX)_invXT의 대각원소:₩n",diag_hat)
r_int_stud = model.resid/np.sqrt(model.mse_resid*(1-diag_hat))
n=20
p=3
r_stud = r_int_stud*np.sqrt((n-p-2)/(n-p-1-r_int_stud**2))
dffits = np.sqrt((diag_hat)/(1-diag_hat))*r_stud
cooks = (diag_hat/((p+1)*(1-diag_hat)))*r_int_stud**2
data_out = {'r_i':model.resid,
            'h_ii':diag_hat,
            'r_int_stud':r_int_stud,
            'r_stud':r_stud,
            'dffits':dffits,
            'cook':cooks}
df_out = pd.DataFrame(data_out,columns=['r_i','h_ii','r_int_stud','r_stud', 'dffits','cook'])
print("[Out 48]: 이상치와 영향을 크게 주는 관측치:₩n",df_out)
```

출력결과

```
[Out 41]: 입력변수 행렬
    const     x1   x2  x3
0     1.0  10.34  171  31
1     1.0  13.35  166  59
2     1.0  12.06  174  49
3     1.0  14.50  189  63
4     1.0  14.46  182  66
5     1.0  10.91  157  64
6     1.0  10.94  164  51
7     1.0  14.61  176  62
8     1.0  15.71  162  48
9     1.0  15.13  177  67
10    1.0  11.50  153  64
11    1.0  12.51  163  43
12    1.0  13.78  175  48
13    1.0  13.99  164  36
14    1.0  11.59  174  63
15    1.0  12.93  185  58
16    1.0  12.52  185  60
17    1.0   9.10  150  46
18    1.0  14.41  152  38
19    1.0  15.18  157  65
[Out 42]: XTX
 [[ 2.00000000e+01   2.59520000e+02   3.37600000e+03   1.08100000e+03]
 [  2.59520000e+02   3.43132060e+03   4.39243000e+04   1.41199800e+04]
 [  3.37600000e+03   4.39243000e+04   5.72490000e+05   1.83277000e+05]
 [  1.08100000e+03   1.41199800e+04   1.83277000e+05   6.07650000e+04]]
[Out 43]: XTX의 역행렬
 [[ 1.14267766e+01  -9.40383997e-02  -6.06427542e-02   1.47941853e-03]
 [ -9.40383997e-02   1.75477932e-02  -6.38802976e-04  -4.77924550e-04]
 [ -6.06427542e-02  -6.38802976e-04   4.49792973e-04  -1.29383761e-04]
 [  1.47941853e-03  -4.77924550e-04  -1.29383761e-04   4.91435881e-04]]
[Out 44]: XTy
```

```
[557.1  6889.0985  91587.57  28003.59]
[Out 45]: 회귀계수 추정치:
 [ 205.32398672  -3.3903324  -0.61261935  -0.55626063]
[Out 46]: X(XTX)_invXT:(hat matrix)
 [[0.39766287 -0.03078587  0.16525654 ...,  0.1690462   0.06859116 0.21086268]
 [-0.03078587  0.07117716  0.02018384 ...,  0.04594825  0.05252615 0.11707704]
 [0.16525654 0.02018384  0.09787799 ...,  0.0704362   0.00915064 -0 .05939098]
 ...,
 [0.1690462 0.04594825  0.0704362  ...,  0.34236449  0.05289562  -0.00308187]
 [0.06859116  0.05252615  0.00915064 ...,  0.05289562  0.32263371  0.15142029]
 [-0.21086268 0.11707704 -0.05939098 ...,-0.00308187 0.15142029  0.30038804]]
[Out 47]: X(XTX)_invXT의 대각원소:(H의 대각원소)
 [ 0.39766287  0.07117716  0.09787799 ...,  0.34236449  0.32263371
  0.30038804]
[Out 48]: 이상치와 영향을 크게 주는 관측치:
          r_i       h_ii   r_int_stud    r_stud     dffits      cook
0   -1.465961  0.397663  -0.717982  -0.706660  -0.574180  0.085083
1    2.311140  0.071177   0.911530   0.906434   0.250923  0.015918
2    3.835960  0.097878   1.535155   1.609675   0.530210  0.063924
3   -0.304690  0.214504  -0.130676  -0.126594  -0.066155  0.001166
4    0.090143  0.154399   0.037262   0.036080   0.015417  0.000063
5   -0.883542  0.255067  -0.389116  -0.378556  -0.221513  0.012961
6   -1.344885  0.115466  -0.543549  -0.531216  -0.191929  0.009642
7    5.427934  0.108970   2.185744   2.526968   0.883703  0.146067
8    0.582980  0.248869   0.255686   0.248074   0.142794  0.005415
9   -2.255170  0.167369  -0.939429  -0.935772  -0.419547  0.044349
10   0.876277  0.274093   0.390941   0.380348   0.233717  0.014427
11   0.055233  0.103988   0.022180   0.021476   0.007316  0.000014
12   1.933690  0.104608   0.776768   0.766698   0.262060  0.017623
13  -4.108280  0.239810  -1.791059  -1.939477  -1.089325  0.252991
14  -2.279847  0.144259  -0.936797  -0.932998  -0.383072  0.036985
15  -2.819292  0.160316  -1.169481  -1.184083  -0.517383  0.065281
16   0.803193  0.176179   0.336368   0.326844   0.151148  0.006049
17   1.278930  0.342364   0.599467   0.587061   0.423580  0.046771
18   1.646749  0.322634   0.760548   0.750080   0.517667  0.068878
19  -3.380562  0.300388  -1.536283  -1.611062  -1.055662  0.253342
```

[Out 41]에 상수항이 포함된 입력변수 행렬 X를 출력하였다. [Out 42]에 X^tX 행렬을 출력하였다. [Out 43]에 $(X^tX)^{-1}$행렬을 출력하였다. [Out 44]에 X^ty 행렬을 출력하였다. 회귀계수의 추정량은 $\hat{\beta}=(X^tX)^{-1}X^ty$ 이다. [Out 45]에 회귀계수의 추정치를 나타내었다. 따라서 $\hat{y}=X\hat{\beta}=X(X^tX)^{-1}X^Ty$ 이다. 이때 $X(X^tX)^{-1}X^T$를 "hat 행렬"이라하고 H로 나타낸다. [Out 46]에 행렬 H를 출력하였다. H의 i-번째 대각행렬 h_{ii}를 [Out 47]에 출력하였다. h_{ii}는 이상치와 영향을 크게 주는 데이터를 검출하는데 이용된다. [Out 48]에는 이상치와 영향을 많이 주는 데이터를 찾는데 사용되는 측도들의 값을 출력하였다. 결과에서 r_i는 잔차를 나타낸다. 큰 잔차의 절댓값을 가지는 관측치는 이상치로 간주한다. 이러한 이상치는 그 원인을 규명하여 수정한 후에 다시

회귀분석을 하는 것이 바람직하다. r_int_stud는 다음과 같이 계산할 수 있다.

$$\text{r\_int\_stud} = \frac{r_i}{\sqrt{MSE(1-h_{ii})}}\text{, 여기서 } Var(r_i) = (1-h_{ii})\sigma^2$$

r_int_stud를 표준화잔차 혹은 내적으로 스트던트된 잔차(iternally studentized)라고 한다. r_int_stud의 절댓값이 크면 그 관측치는 이상치로 생각할 수 있다. r_stud는 다음과 같이 계산할 수 있다.

$$\text{r\_stud} = \frac{r_i}{\sqrt{MSE(i)(1-h_{ii})}} = \text{r\_int\_stud}[(\text{n-p-2})/(\text{n-p-1-r\_int\_stud}^2)]^{\frac{1}{2}}$$

r_stud를 스트던트화잔차라고 한다. r_stud ≥t(n-p-2,$\alpha/2$)이면 관측치를 이상치로 볼 수 있다. h_{ii}는 행렬 H의 대각선 원소이다. 이 값이 크면 영향을 크게 주는 관측치로 판단할 수 있다. diffts는 다음과 같이 정의 된다.

$$\text{diffits} = \left(\frac{h_{ii}}{1-h_{ii}}\right)^{\frac{1}{2}}\text{r\_stud}$$

diffits는 DIFFITS이다. cook은 Cook distance이다.

$$\text{cook} = \frac{h_{ii}}{(p+1)(1-h_{ii})}\text{r\_int\_stud}^2$$

h_{ii}, DIFFITS, Cook_distance 값이 크면 영향을 크게 미치는 관측치로 생각할 수 있다. ols().fit()를 실행한 후 get_influence()를 사용해서 Cook_distance와 DIFFTIS 값 그리고 스트던트화잔차를 직접 얻을 수 있다.

이상치와 영향을 많이 주는 관측치

```
cd = model.get_influence()
cook, p = cd.cooks_distance
print("[Out 49]: COOK-distance:₩n",cook)
print("[Out 50]:",p)
diffits, p = cd.dffits
print("[Out 51]: DIFFITS:₩n",diffits)
print("[Out 52]:",p)
resid_student = cd.resid_studentized_external
print("[Out 53]:스트던트화 잔차",resid_student)
```

출력결과

```
[Out 49]: COOK-distance:
[0.08508295   0.01591803   0.06392408 ...,   0.04677066   0.06887776  0.25334239]
[Out 50]:
[0.9858321   0.99944477   0.99172399 ...,   0.99544397   0.99046859  0.90338341]
[Out 51]: DIFFITS:
[-0.57418028   0.25092285   0.53021035...,0.42357968  0.51766748  -1.05566228]
[Out 52]: 0.894427191
[Out 53]:스트던트화 잔차
[-0.7066601  0.90643428  1.60967547    ...,  0.5870612  0.75008038  -1.61106217]
```

[Out 49], [Out 51], [Out 53]에 Cook, DIFFITS, 스트던트화잔차를 출력하였다. 이 값들을 [Out 48]의 결과와 비교해보면 같은 결과를 가지는 것을 볼 수 있다. Cook≥ p, DIFFITS≥ p이면 영향을 크게 주는 관측치라고 볼 수 있다. 이상치와 영향을 크게 미치는 관측치는 검출되지 않았다.

부 록

자료분석을 위한 **파이썬 프로그램**

참고문헌

- Prabhanjan Narayanachar Tattar(2017). Statistical Application Development with R and Python(2nd ed). Pack.
- 한창진, 이병욱 옮김(2017). Foundations for Analytics with Python-파이썬 데이터 분석 입문. 한빛미디어.
- 박은정, 김한결, 하성주 옮김(2017). 밑바닥부터 시작하는 데이터과학. 인사이트.
- 웨스 맥키니 지음, 김영근 번역(2017). Python for Data Analysis(5th). 한빛미디어(O'RELLY).
- 폴 배리 지음, 우정은 번역(2017). Head First Python(개정판). 한빛미디어(O'RELLY).
- 박해선 옮김(2017). Introduction to Machine Learing with Python. 한빛미디어(O'RELLY).
- 천인국(2017). 두근두근 파이썬. 생능출판.
- 서진수, 최경우(2016). 왕초보! 파이썬 배워 크롤러 DIY 하다!. 도서출판 더알음.
- 박성현(1987). 회귀분석(개정판). 대영사.

- https://docs.python.org/3/tutorial.
- https://docs.python.org/3/library.
- https://pandas.pydata.org-docs/stable.
- https://matplotlib.org/api.
- https://matplotlib.org/examples/api.
- https://scipy.org.
- https://docs.scipy.org/doc/scipy/reference/stats.html
- StatsModels_Statistics in Python

찾아보기